風水原理講論

第1卷 總論 및 風水 原理論

황영웅 黃英雄

1970   한양대학교 공과대학 전기공학 전공
1979   한양대학교 산업경영대학원 국토개발 전공
1989   College of Buddhist Studies L.A. Buddhism 전공(B.A)
1991   College of Buddhist Studies L.A. Buddhism 전공(M.A)
1993   동국대학교 불교대학원 선(禪)학 전공
2021   대구한의대학교 명예철학박사

1988   비봉풍수지리연구학회 설립
2003   경기대학교 국제문화대학원 풍수지리학과 대우교수
2009   영남대학교 환경보건대학원 환경설계학과 객원교수

前 김대중 대통령 묘역 조성 위원장
前 김영삼 대통령 묘역 조성 위원장

風水原理講論
第1卷 總論 및 風水 原理論

초판 발행   2002년 02월 25일 (비매품)
증보판 발행 2019년 05월 30일 (비매품)
개정판 발행 2021년 03월 19일 (550세트 한정판)

지은이 비봉산인 황영웅 | **펴낸이** 이찬규 | **펴낸곳** 북코리아
등록번호 제03-01240호 | **전화** 02-704-7840 | **팩스** 02-704-7848
이메일 sunhaksa@korea.com | **홈페이지** www.북코리아.kr
주소 13209 경기도 성남시 중원구 사기막골로 45번길 14 우림2차 A동 1007호
ISBN 978-89-6324-731-1 (93180)
       978-89-6324-736-6 (세트)

값 150,000원

風水原理講論

"人間生命의 再創造를 爲하여"

第1卷
總論 및 風水 原理論

飛鳳山人 黃英雄 著

북코리아

後學에게 드리는 글

萬物의 영장인 우리네 人類는 이 地球上에 생겨남 以來로 오늘에 이르기까지, 한량없는 文化의 發展과 가공할 利益文明의 發達 속에서, 그 끝 가는 곳은 예측조차 못하는 채, 쉬임 없는 역사의 수레에 이끌려 思量 없는 어제를 지세우고, 分別없는 來日을 向해 덧없이 걸어가고 있다.

無知와 자만과 貪慾과 어리석음은 날이 갈수록 그 度를 더해가는데, 人生內面에 간직된 밝은 智慧와 善吉의 品性들은 外面世界의 物質的 價值構造 틀에 빠져 그 빛을 잃은 지 오래이다.

自然의 不確實性 속에서 반드시 살아남지 않으면 아니 되는 우리 人類의 至高한 生存價値는 이제 人間自身이 만들어 놓은 文明과 文化라는 커다란 덫에 걸려, 그 本來의 目的價値를 상실하게 되었고, 급기야는 文明의 노예가 되고, 文化의 꼭두각시가 되어, 人間의 本性마저 유린당하고 마는 地境에까지 다다르게 되었는도다.

오호라!
地球라는 限定된 空間環境과 消滅進行이라는 時間的 存在秩序 앞에서 不確實한 自然과 人間事의 허다한 難題들은 과연 얼마나 밝혀지고 해결될 수 있을 것인가?

과연 어떻게 하면 우리 人類가 滅亡하지 아니하고 永續하면서 새로운 人類種族을 再創造 發展시키고 지혜로운 번영을 도모할 수가 있을 것인가?

無邊廣大한 우주 바다와 티끌만 한 太陽界의 生命環境!

그 울 속에서, 다람쥐 쳇바퀴 맴을 돌 듯 덧없이 왔다가는 덧없이 또 가야만 하는,

何 많은 무릇 生靈들의 허망한 因緣輪廻!

숨 한번 내쉰 것이 다시 들지 못하면
영원히 그 목숨은 끊겨져야 하고,
어젯밤 감은 눈이 아침나절 다시 못 뜨면
그 생명 영원한 죽음일지니,
한 움큼 한 모금의 산소덩이가 그것이 곧 人間의 본모습이요,
목을 타고 드나드는 숨결소리가 그것이 곧 生命의 現顯일러라.

이 茫然한 現實 앞에서 人類의 보다 밝고, 지혜로운 來日을 設計할 者, 과연 어디에서 찾을 것이며, 至高한 人間의 거룩한 生命들을 安樂과 安寧으로 이끌어 갈 용기 있는 善知識은 과연 얼마나 고대하고 기다려야 하는가?

東西古今을 통하여
至高至善한 길을 찾아
한 줄기 햇살이 되어, 온 누리 밝혀 보려는 이름 모를 先覺者들이야 어찌 機數였으리요마는,

世上을 救援하고 人類를 弘益케 할 위대한 소망과 간절한 바람은 아직도 다함이 없어 애절키만 하구나!

後學이여!
우리도 이제 깨어나 보자!
眞理를 바로 보고 使命을 찾자!
넓고 푸른 창공에 한 점 티 없이 맑은 마음처럼,
어제를 돌아보고 내일을 살피면서
오늘의 진실됨을 거짓 없이 바로보자!
眞理의 천사가 나를 부르고,
깨달음의 여신이 나를 감싸 안을 때,
내 한 몸 햇살이 되어
온 누리 밝힐 聖者가 될 때까지,
後學이여! 精進하자! 使命으로 살자!

人類의 興亡이 그대에게 매달리고,
十方의 榮枯盛衰가 그대 왔기를 기다리나니,
그대 가슴에 흘러넘치는 맑고 고운 智慧의 甘露水로,
世世永永 無窮할 眞理의 塔을 씻자.
子孫萬代 이어갈 새 生命을 創造하자.
거룩한 三昧에 드넓은 天地에서,
우리 先祖 子孫들이 한데 어울려
두둥실 춤을 추고 노래 부르는 平和의 極樂圓을 함께 가꾸자.
永遠의 安樂土를 함께 일구자.

後學이여!
하나의 生命體가 무수한 生命들과 이 땅에서 함께 共存하고 있는 現實은 時空
을 超越한 過·現·未의 삼세 고리가 不可分의 緣分이 되어 묶여 있음을 말함이며, 人類가 지닌 現象의 幸·不幸이 나와 함께 자리하고 있음은 모두의 幸·不幸 씨앗이 나와의 因緣고리에 이끌려 싹이 터온 所以 일러라.

어찌 우연하게 생겨나 나 여기 왔다한들,

前生의 業報 탓하고 無心할 수만 있겠는가?

三世의 因緣 탓하고 無情할 수가 있겠는가?

무릇 人間의 수많은 갈등과 고통을 지켜만 보면서, 나약한 人間으로 태어나 황망하게 이대로 가야 할 宿命임을 통탄하고 있기보다는

미력이나마 人類生存에 보탬이 될 수 있는 보다 밝은 智慧를 터득케 하고 실천케 하기 위해,

더 넓고 더 높은 眞理의 光明을 찾아,

窮究하고,

發見하며,

廻向精進해 나아가려는 것이

그것이 오히려 오늘을 살아가는 賢者의 보람이요, 참길이 되리로다.

後學이여!

이제 감히 그대들의 양어깨 위에 人類의 큰 등불을 짊어지라고 권하고 싶노라.

그대들의 양손에

世上을 救援하고 열어갈 大寶劍을 쥐어주고 싶노라.

그리하여 그대들의 이어짐이

人類의 大救援이 되고,

大創造가 되어 질 것을

기도하고 또 기도하고 싶노라.

弘益人間과 順天의 難題 앞에서 반드시 숨겨야 할 하늘의 機密됨을 오늘 이렇게 두려움으로 吐露코저 하는 것은 보다 큰 救援과 보다 높은 創造의 使命에선

後學에게 智慧와 勇氣와 光明을 주기 위함이며, 後日 後學에게 지워질 天機漏洩의 罪를 오늘 앞당기어 代身 罰받고자 함이로다.

後學이여!
이 한 권의 機密은 天神과 地神의 일러줌을 옮긴 것이로다.
까닭에 그 해석과 사용이 잘못됨은 결단코 용서받지 못할 것이며, 종래는 神의 노여움을 얻을 것이 분명한즉, 寤寐不忘 窮究하며 터득하여 正直하게 善用할 것을 당부하고 또 당부하노라.

올바른 깨우침과 광명한 실천으로
참人間, 밝은 社會, 복된 人類가 再創造되기를 고대하면서,
天機漏洩로 順天을 거역하고 三業으로 지은 惡業의 罪를 天神과 地神에게 엄숙히 엎드려 용서받고자 하노라.

佛紀 2535年 立春
安養 飛鳳山 普德寺에서
飛鳳山人 黃 英 雄

自畵像

出家者도 아닌 것이
齊家者도 아닌 것이
前生에 지은 罪가 하도 무거워
긴 겨울 冬柏처럼
이렇게 歲月만 머금고 산다.

平生토록 德을 빌고 罪를 갚아도
이내몸이 얽은 業緣 끊을 길 없어
어제도 오늘도 侍墓살이에
못다한 業障消滅
시름만 달래누나.

아쉬움의 긴 날들은 덧없이 흘러가고
불쌍한 因緣衆生 救援할 길 가히 없는데
허다한 人生彷徨 막을 곳도 바이없어
오늘도 저무는 저 서녁노을에는
잿빛 아쉬움만 하늘 가득하는구나!

歲月아!
가는 衆生도 오는 因緣도
모두가 하나같은 眞如의 모습일러니
이런人生 저런 衆生 애닲어 하지 말고
지은 業障 못다 갚은 한탄 신세 잠시 접고
念佛 三昧 精進으로 究竟이나 하러 가세
參禪 三昧 入定으로 涅槃에나 놀러가세.

目 次

第1篇 總論

第2篇 風水 原理論

『風水原理講論』全體 目次

圖版 目次

表 目次

第1篇 總論

第1章　　　　　　　　　　　存在의 窮究와
人間 創造 原理의 理解

제1절 存在의 概念

存在 一切界는 絶對 平等界다. 絶對平等은 恒常如如하며 生滅도 增減도 善惡도 美醜도 없다. 集合도 離散도 없고 同調도 干涉도 없으며 時間도 空間도 없고 있고 없음도 없다. 이것이 存在의 絶對本性이요, 絶對主體이며 絶對主體意志인 絶對靈魂이다.

이 絶對主體의 絶對意志 特性은 宇宙 一切界에 現象하여 宇宙一切 平等性을 相續하고, 無常界에 두루 自在하여 자유로히 그 意志를 나툼으로써, 諸 因緣存在界와 個體存在界에 種子種性과 個體種性을 創造, 相續, 流轉해간다.

이와 같이 創造된 現象의 諸 存在個體는 宇宙 一切場 속의 諸 個體 因緣特性들과 相互關係作用하면서도 一切 平等的인 絶對廻向特性의 相續流轉은 永續하는 까닭에, 現象存在의 個體種子에는 絶對平等 廻向的 特性의 一切化 本性이 種性이 되어 內藏하고 있음과도 같으며, 現象 個體種子種性이 絶對本性의 絶對意志에 支配되어 끊임없는 廻向的 變易을 持續하고 있음과도 같게 된다.

이렇듯 絶對主體의 絶對意志는 一切 가운데서는 如如寂寂 平等하나, 現象 속에서는 自由自在하여 現象個體 存在를 無常케 하고, 無常個體種性을 變易케 한다. 까닭에, 宇宙의 一切 特性場은 個體의 個體特性場 集合이 全體 特性場化하여 나타나는 것과 同一하다.

一切 特性場은 無特性의 恒常的 平等場이나, 個體 特性場은 生滅性의 無常的

變易場이다. 따라서 어느 한 個體 存在 特性場의 變易發生은 또 다른 個體特性場의 變易을 誘導하지 아니하고는 全體 特性場의 平等을 回復시킬 수 없고, 個體現象이 存在함과 동시에 全體現象이 一切 平等場을 維持하게 되는 限, 個體場의 緣起變易的 流轉은 끊이지 아니한다.

再論하면, 絶對主體本性은 宇宙一切 平等性을 遺傳하고 宇宙一切 平等性은 個體現象의 平等廻向性을 相續시키면서 個體種性을 形成하고, 個體種性은 또 다른 個體種性과 因緣關係 合成하여 또 다른 個體種子를 再創造 相續해간다. 宇宙 存在一切場이 絶對恒常意志로 全體平等特性場을 完成하고 있는 內面에서는, 個體存在 間의 諸 現象들이 平等指向的인 一切宇宙의 相續意志를 좇아 無盡 緣起的 變易相인 無常의 生滅秩序를 끊임없이 展開해가고, 이들 無常의 個體變易 現象들은 個體 異質의 差別的 特性場으로부터 全體同質의 平等的 特性場으로의 廻向을 爲한 恒常的인 一切化 作用을 持續하고 있다.

이런 까닭에, 無盡緣起의 個體特性場과 平等安定의 全體特性場 간에는 個體 意志이면서 全體意志에 廻向하고, 全體意志이면서도 個體意志를 平等化시켜가는, 同一場 속에서의 異質的 調和關係가 再創造 維持되고 있음을 알 수 있다.

이렇게 調和롭게 相互關係하고 있는 宇宙 一切場과 宇宙 個體場이, 恒常平等 의 同質이면서도 無常變易의 異質인 것은 全體와 個體가 同質的 構造體이면서도 異質的 作用力을 지녔고, 異質的 作用體이면서도 同質的 醇化力을 지녔기 때문에, 全體特性이 個體中에 創造되고 個體特性이 全體中에 還元하여, 全體 卽 個 體가 되고 個體 卽 全體가 되는 現象임을 意味한다.

그러면 이제부터 存在에 대한 깊은 疑問들에 對하여 하나하나 조금씩 조심스 러운 베일을 벗겨 보기로 하자.

絶對存在, 絶對主體, 絶對意志, 絶對靈魂 等으로 불리고 있는 이 一切存在는 왜 恒常如如하고 絶對平等한 것인가? 그리고 個體存在의 現象意志는 어찌하여 變易 無常的이고 絶對平等指向的이어야 하는가?

이 물음의 解答을 얻기 전에 우선 먼저 우리는 存在가 지닌 理想的인 存在의 條件을 찾아보지 않으면 아니 된다. 왜냐하면 存在의 當體는 存在할 수 있을 때 에만 비로소 存在인 것이기 때문에, 存在가 存在할 수 있는 가장 理想的 條件은 存在의 最上安定일 뿐 그 밖에는 다른 아무것도 없다. 最上 安定構造가 最上의

存在條件임이 분명할진데, 最上存在의 最上安定은 絶對平等한 것이어야 하고 恒常如如한 것일 수밖에 없다.

　最上의 理想的인 存在安定條件이 完成되기 爲하여는, 먼저 絶對主體의 絶對 自由意志인 平等廻向 充足條件에 一致合一해야 하고 絶對存在의 最上安定條件 이 되기에 充分한 寂滅的 고요를 體性으로 하면서, 다른 어떤 不安定한 時空的, 生滅的 形態條件도 찾아볼 수 없는 圓滿如如함이 恒常해야 한다. 그러나 現象界 에서는 이러한 理想的 安定條件을 充足시킬 수 있는 存在形態가 單純單一하게 드러나지 않고, 多少 複雜多端한 다음의 3가지 安定構造 樣式에 의해서 그 存在 形態가 創造 維持되고 있음을 發見할 수 있다(〈그림 1-1〉 存在의 安定維持秩序 참조).

　그 하나는 存在의 寂滅還元的 平等維持 方式이고, 다른 하나는 存在의 生起 變易的 平等維持 方式이며, 또 다른 하나는 寂滅還元도 生起變易도 아닌 存在의

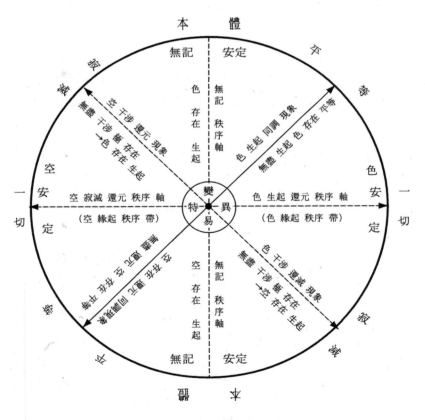

〈그림 1-1〉 存在의 安定維持秩序

無記意志的 平等維持 方式이다.

첫째 方式(存在의 寂滅還元的 平等維持 方式)은 Negative 存在安定 方式으로서, 끝없는 寂滅의 本性을 좇아 現象의 還滅存在를 Negative性 'Zero' Energy場으로 還元시켜감으로써 窮極的으로 絶對平等 廻向을 成就해가는 空의 存在安定 方式이고, 둘째 方式(存在의 生起變易的 平等維持 方式)은 Positive 存在安定 方式으로서 끝없는 無常의 因緣을 좇아 現象의 生起存在를 相依的 均衡 Energy場인 Positive的 'Zero' Energy場으로 緣起變易시킴으로써 窮極的으로 絶對平等廻向해가는 色의 存在安定 方式이며, 셋째 方式(寂滅還元도 生起變易도 아닌 存在의 無記 意志的 平等維持 方式)은 Neutral 存在安定 方式으로서 空과 色의 存在特性을 함께 지닌 채 現象存在 形態를 維持하고는 있으나, 空의 存在가 지닌 寂滅還元 意志나 色의 存在가 지닌 生起變易 意志를 發顯하지 못하고, 다만 本性으로부터 相續된 平等意志와 色·空 存在의 全體 意志에 支配되어 'Zero' Energy場을 完成해가는 無記存在安定 方式이 그것이다(存在의 變易 及 安定秩序圖 參照).

그러면 이러한 3가지의 存在安定 方式이 單一의 獨立秩序에 의해서 維持되지 아니하고 무엇 때문에 同時 一切的으로 合成되어 나타나게 되는 것인가? 이 解答을 얻기 爲하여 色과 空과 無記의 存在가 지닌 各各의 平等維持 特性을 보다 具體的으로 살펴보기로 하자.

우선 無記存在의 平等維持 特性을 살펴볼 때 現象의 無記存在는 비록 本性으로부터의 平等廻向 意志를 相續받고 있으나, 그 속에는 「體는 色과 空의 合成體이되 그 相은 Positive的 安定方式의 色存在 特性도, Negative的 安定方式의 空存在 特性도 아닌 中性的 特異存在의 特性이」 자리하고 있어서 이를 完全 平等으로 廻向시키는 데에는 그 相續意志만으로는 不可能하다.

이는 無記存在가 相續받은 本性意志가 中性的 無記存在의 體 平等 維持를 指向함에는 充分하나 無記存在 스스로가 지녀야 할 相 平等維持意志를 創出하지는 못함에 따라, 生起 變易的 平等意志도 寂滅 還元的 平等意志도 스스로는 나타내지 못하고, 다만 色·空 存在의 平等維持意志에 支配되어 그 平等을 指向해갈 뿐이다. 따라서 無記存在가 絶對平等을 完成하기 爲해서는 體 平等 維持의 相續意志 以外에도 相 平等 維持를 爲한 別途 外部의 色·空 平等意志가 作用하지 않으

면 아니 된다.

　이런 까닭에, 色存在의 生起變易 意志와 空存在의 寂滅還元 意志가 同時 一切的으로 作用하지 않고는 無記存在의 絶對安定은 完成될 수 없고, 色·空 存在의 絶對安定 없이 無記存在의 絶對安定은 이루어지지 않는다.

　그러면, 色의 存在安定 方式만으로는 어찌하여 絶對平等安定에 廻向할 수가 없는 것인가? 이 問題에 對해서는, 色存在가 지닌 體安定 意志의 本性廻向 特性과 相安定 意志의 生起變易 特性過程을 細心히 살펴볼 必要가 있다.

　色存在의 體安定 意志는 本體로부터 相續받은 相續意志에 의한 平等指向 特性으로 色體가 지닌 固有의 絶對廻向意志이다. 이는 本來가 如如寂寂하여 그 相이 無限한 時空을 輪廻하며 變易해갈지라도 本然의 體를 바꾸는 일도 依支함도 없이 恒常 本性에 廻向하며 絶對安定을 維持해가는 反面, 그 相의 安定維持意志는 相依 相對的 色存在 關係 속에서 生起的 變易過程을 通해서만 비로소 絶對平等的 色存在 均衡場을 完成시키려는 無盡 緣起的 變易指向 特性의 絶對 廻向意志이다.

　이러한 色存在의 生起變易的 相安定 維持過程에는 반드시 다음의 3가지 現象特性이 나타나게 된다. 하나는 同調的 生起 存在現象이고, 다른 하나는 干涉的 還滅 存在現象이며, 또 다른 하나는 無記 存在化 現象이다.

　먼저의 境遇 色存在는 無限 同調的 生起作用에 따라 無量의 生起變易 現象을 일으키게 되는데, 이 無量의 生起變易 속에서 生起되는 一切 色存在는 無限 同調的 變易意志에 의해 無限 同調的 平等場을 形成하고자 하며, 이 無限 同調的 平等場 完成으로부터 色存在가 指向하는 絶對安定을 成就─色存在의 平等을 完成해가는 이른바 Positive的 存在 安定維持 現象이다.

　다음의 境遇 色存在는 無限 干涉的 變易作用으로 因해 無量의 色存在 干涉現象變易을 일으키게 하고, 이 無量의 無限干涉的 現象變易은 無限干涉的 還滅存在를 現象化시켜 結局은 反生起的 存在特性인 空存在 特性으로 現象을 變易시키게 되므로, 空存在의 安定意志인 寂滅 還元的 平等維持 特性意志가 同時 一切的으로 作用하지 않고서는 干涉的 變易存在의 絶對平等 廻向은 결코 完成될 수가 없다.

　그리고 또 다른 境遇 色存在는, 그가 지닌 生起 變易的 安定過程 中에서 生起

同調意志도 干涉 還滅意志도 아닌 同調와 干涉의 同時意志에 의해 同時 兩 特性의 特異 變易現象이 發生하기도 하는데, 이때의 同時 兩 特性 作用에 의한 現象 變易存在는, 色存在 生起特性도 空存在 還滅特性도 아닌 無記存在의 特性을 띠고 있어서 이를 絶對 安定시키기 爲해서는 無記存在의 安定維持 意志가 別途로 作用하지 않으면 아니 된다.

따라서 色存在는 色存在 自體의 生起 變易的 安定維持 方式만으로는 絶對安定을 完成할 수 없고, 空存在의 寂滅 還元的 安定維持 方式과 無記存在의 無記的 安定維持 方式이 同時 一切的으로 作用할 때에만 비로소 色存在의 絶對安定이 完成되는 것이다.

그러면 또 하나 남은 空의 存在安定 方式만으로는 絶對安定 維持를 成就할 수 없는 것인가? 이 問題에 對해서도 먼저 空存在가 지니고 있는 存在特性을 좀 더 細心히 觀察해보기로 하자.

空의 存在가 形成展開되는 것은 色存在의 緣起意志에 의한 干涉的 緣起變易 現象에서 그 原理를 찾아볼 수 있겠다. 色의 緣起 變易意志 中, 干涉的 還滅 緣起 變易過程에는 無盡緣起에 의한 無盡 干涉還滅存在가 發生하게 된다. 이 無盡 干涉還滅存在는 色存在의 特性이 점차 사라진, 그리하여 끝내는 色存在의 特性을 거의 상실한 空存在 特性의 因子形態를 取하게 된다.

卽 無盡 干涉還滅存在가 그 還滅이 다하고 그 干涉이 다하여 窮極의 無盡에 이르면 結局 色存在의 特性은 거의 상실되고 空存在 特性에 가까운 反色存在 形態의 Negative的 存在特性으로 變易하게 된다. 이때가 色存在가 空存在로 變易하는 特異 變易点인데, 이 点에서의 變易現象은 特異한 存在形態의 變易으로, 色의 特性도 空의 特性도 아닌 中性的 兩 存在 特性을 나타내면서 色과 空이 동시에 存在하는 特異現象 存在場이기도 하고, 干涉 緣起의 變換場이기도 하다. 이 特異存在 變換点을 지나면 비로소 緣起存在는 空存在의 寂滅 還元的 安定維持 意志를 發顯하면서 空存在로서의 無盡 還元的 緣起變易이 始作되게 된다.

이렇게 始作되는 空存在의 變易은 色存在에서와 類似한 秩序의 緣起 變易相인, 空存在의 還元 同調的 緣起變易과 空存在의 還元 干涉的 緣起變易, 그리고 空存在의 還元 無記的 緣起變易 等 三 變易秩序의 緣起現象이 일어나게 된다.

空存在의 還元 同調的 緣起變易作用은 窮極的으로 寂滅還元의 Negative的

存在安定을 完成하게 되는 것이고, 還元 干涉的 緣起變易 現象은 還元存在의 無盡 干涉的 緣起作用에 의해 終極에는 反空存在 特性을 지닌 Positive的 特性 存在를 生起－色存在의 根本原因 因子를 生起하게 된다. 그리고 空存在의 還元 無記的 緣起變易 現象 亦是 無盡 緣起的 無記變易에 의해 無記存在 特性의 中性的 存在因子를 窮極的으로 生起하게 되고, 이 中性 特性의 存在因子가 旣 無記 存在 場에 合成되어 無記存在의 再創造 集合이 이루어지게 된다.

위에서 空存在 還元過程을 잘 살펴보았듯이, 空의 存在에 있어서 還元 同調的 緣起變易過程에 의한 該當 秩序 속의 存在는 寂滅還元이 可能하였으나, 다른 두 秩序의 存在過程은 오히려 反空存在的 特性을 生起하게 되므로 이들 反特性 存在를 再還元시키기 爲해서는 色存在의 安定維持 方式이나 無記存在의 安定維持 方式이 別途 同時 一切的으로 作用되지 아니하고는 도저히 空存在의 絶對安定을 完成할 수 있는 自力意志를 發見할 수가 없다.

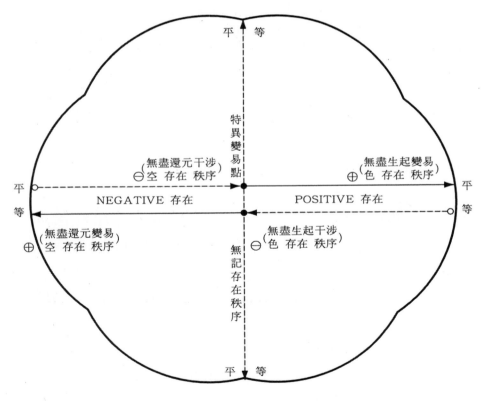

〈그림 1-2〉色·空·無記 存在의 變易秩序

이와 같은 原理에 따라 現象 色·空·無記界의 存在安定維持는 위의 三 原理 方式의 同時一切的 秩序 속에서만 成就可能하며, 따라서 色·空·無記의 三 存 在는 同時 一切的 秩序 속에서만 存在할 수 있다. 卽, 이것이 存在의 絶對平等이 며 恒常不滅이며 無始無終이며 一切意志이며 不一不二의 本性이다.

지금까지 우리는 存在가 지닌 一切 平等維持 現象과 그 秩序 속에 대해서 考 察해보았다. 그런데 아직도 풀리지 않는 疑問이 있으니 그것은 存在의 實相은 정 녕 存在하는 것인가? 그리고 存在하는 것이라면 왜 存在해야 하는가? 이 疑問에 대해서도 우리는 지금까지의 存在思考를 整理하면서 좀 더 곰곰이 生覺해보기로 하자.

앞에서도 잠깐 언급했듯이 存在가 存在할 수 있는 理想的 條件形態는 絶對平 等的이어야 하고 恒常不滅的이어야 한다는 것은 이미 살펴 알았다. 이 恒常不滅 的이고 絶對平等的인 存在形態는 最上의 存在安定을 維持해주는 絶對條件인 까 닭에 窮極的 絶對存在의 實相은 絶對平等과 恒常不滅, 그 自體인 寂滅이다. 이 寂滅의 存在相은 寂滅 그 스스로가 存在理由이면서 存在條件이 되는 까닭에 寂 滅하기 爲해서 存在하지 않으면 아니 되고, 存在하기 爲해서 寂滅하지 않으면 아 니 되는, 同時 一切的이고 本來 恒常的이며 無始無終的인 自由意志 特性體다.

이 同時 一切的 自由意志는 寂滅의 平等的 本體特性이요, 本來 恒常的 自由 意志는 寂滅의 不滅的 本性特性이며, 無始無終의 自由意志는 寂滅의 絶對的 存 在根源特性이다. 寂滅의 平等은 絶對安定의 本모습이고, 絶對安定은 變易의 窮 極廻向處이며, 恒常不滅은 無常의 本相이다.

緣起變易의 現象은 絶對存在의 安定意志에서 일어나고, 無常因緣의 生滅相 은 恒常寂滅의 廻向意志에서 일어나며, 有始有終의 個體相은 無始無終의 輪廻 意志에서 生한다. 이것은 一切가 個體의 本모습이고, 個體는 一切의 一定 모습 인 것과 같아 一切卽 個體이고, 個體卽 一切인 存在平等의 恒常的 本性不滅과, 無常的 現象不滅 理致를 말함이다. 따라서 絶對存在 없는 現象存在는 不可能하 며, 現象存在 없는 絶對存在 亦是 不可能하다. 이렇게 볼 때에 現象은 絶對本體 의 絶對必要存在이면서 絶對必要條件이고, 絶對本體는 現象의 絶對必要存在이 면서 絶對必要條件이 된다.

그렇지만 一切 存在가 있으므로 해서 個體存在가 現象하는 것은 아니며, 個體存在가 있으므로 해서 一切存在가 構成되는 것도 아니다. 一切와 個體는 同時一切的으로 存在하였기에 無始無終이요, 現象과 本體는 한 몸이기에 不二가 되며 本性과 現象變易이 함께 있으니 不一이다.

　　자! 이제 우리는 認識의 世界를 宇宙로 돌려서 푸대 없는 자루 속에 色과 空과 無記의 氣運이 가득 찬 宇宙를 다시 한번 천천히 살펴보기로 하자. 色이 다하여 空이 되고 空이 다하여 色이 되는 동안 無記의 氣運은 色과 空의 지렛대 노릇을 하면서 色空의 平衡을 維持해간다.

　　어느 것이 먼저고 어느 것이 나중인 것도 없이 同時 한 자리에 一切가 생겨나서, 現象도 本體도 구별 없이 絶對平等을 維持해가나 宇宙 가득한 色은 宇宙 가득한 空을 그 還元處로 삼고, 宇宙 가득 찬 空은 宇宙 가득 찬 色을 그 還元處로 삼아 가득 찬 無記의 通路를 따라 끝없이 輪廻하며 生滅을 거듭해간다.

　　때문에 色은 空에서 因緣하여 生起하고, 空은 色에서 因緣하여 生起하며 色이 滅하고 나면 空이 따라서 滅하고, 空이 滅하고 나면 色 또한 따라서 滅하게 되니 色은 即 空이 되고 空은 即 色이 되어 色·空이 한 몸으로 그 모습만 바뀐다. 그러나 부대 없는 本體 자루는 그 그릇만 가득할 뿐, 變하는 것은 아무것도 없다.

　　色 空이 變하면 變하는 데로, 色이 차면 色을 가득 담고 空이 차면 空을 가득 담으며 함께 차면 함께 도 가득 담는다. 生함도 滅함도 없으며, 無常도 緣起도 없이, 늘지도 줄지도 않는 부대 없는 자루는 恒常如如하고 恒常淸靜하며 恒常寂滅하고 恒常平等하다.

　　이 끝없는 恒常을 따라 絶對 가운데서 緣起를 일으키고, 平等 속에서 差別相을 나투이며 寂滅 가운데서 變易을 일으키고, 恒常 속에서 無常을 열어가니 하나의 몸이로되 둘의 모습이요, 둘로 나투이되 하나밖에 없다. 이 하나밖에 없는 本體자루가 부대 없이 存在하니 하나마저도 없는 것을 어찌 하나라곤들 말할 수가 있겠는가?

　　後學이여! 이와 같은 存在의 眞理를 바로 깨달아 自然과 生命의 올바른 理致를 크게 터득할 것이며, 自然과 生命의 根本을 바르게 안 연후에 비로소 風水의 참理致를 찾아 깨우치도록 熱誠으로 窮究하고 一心으로 精進하시라.

제2절 人間創造 原理

1. 人間 創造 原理圖(1)

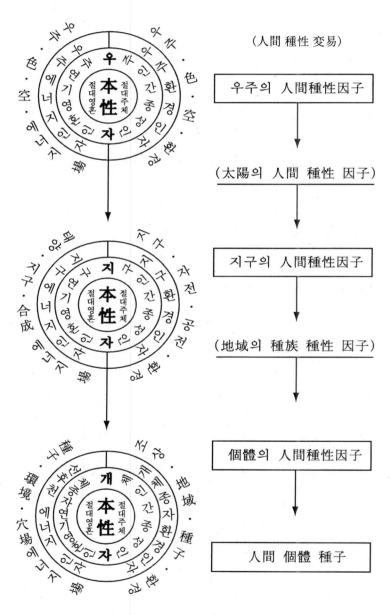

〈그림 1-3〉人間 創造 原理圖(1)

2. 人間 創造 原理圖(2) 〈人間構成의 四大變易 因子〉

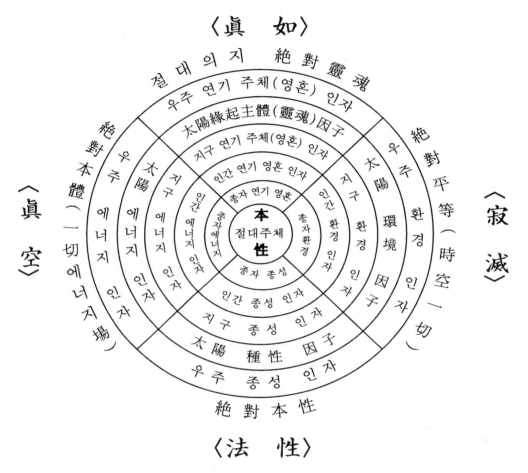

〈그림 1-4〉人間 創造 原理圖(2) 〈人間構成의 四大變易 因子〉

제3절 人間 再創造論

1. 人間創造 因子와 그 構成

1) 人間 種性因子와 個體 種子因子의 創造秩序

人間種性이란, 人間 生命體 形成의 根本因子로서 宇宙本性으로부터 비롯되는 宇宙의 人間種性因子가 그 本이다. 이는 人間이 地球에서 生겨나고 地球가 太陽界에서 생겨났으며, 太陽界가 宇宙로부터 생겨났음에 宇宙自體에 이미 人間種性은 생겨 있었음이다. 이것이 곧 宇宙意志인 宇宙靈魂 속에 자리한 人間 種性의 遺傳相續主體이다.

이는 다시 太陽界에 因緣하여 太陽 人間 種性因子로 變易하고, 太陽 緣起靈魂 속에서 維持한다. 太陽界의 人間 種性因子는 또 地球에 因緣하여 地球 人間 種性因子로 變易하며, 地球 緣起靈魂 속에서 各種의 諸 因緣들과 和하여 種族別 人間 種性因子를 形成해간다. 또 種族別 人間 種性因子는 各 氏族別 種性因子를 만들고 各 氏族別 種性因子는 다시 各 家系別 種性因子를 만들고, 各 家系別 種性因子는 各 個人別 種性因子를 만들어, 비로소 個體種子 變易의 人間 創造秩序가 이루어지게 된다.

勿論 이 過程에는 人間 種性과 絶對靈魂을 本으로 한 各 種마다의 緣起靈魂 卽 地域 緣起靈魂, 種族 緣起靈魂, 氏族 緣起靈魂, 祖上 種子 緣起靈魂 等의 몸을 빌려가며 그 種性이 維持 變易해감을 잊어서는 아니 된다.

여기서 緣起靈魂이란 緣起主體意志를 말하는 것으로서, 種性의 本性(絶對主體意志)인 絶對靈魂이 各色의 變易因緣들인 太陽, 地球, 地域, 種族, 氏族, 祖上 等의 因緣特性作用에 따른 反 平等的 影響을 받게 되는데, 이러한 反 意志的 影響作用 때문에, 種性主體인 絶對意志는 本性維持保存을 爲한 本性 回歸特性을 發露하여 主體를 安定코저 한다.

이 本性 維持保存特性의 發顯은 反因緣特性作用을 띄게 되는 現象變易을 일으켜 諸 因緣特性들을 合成調節하고, 本性에 廻向케 하며 絶對平等으로 回歸케 하

여 평온 安定케 한다. 이러한 役割能力을 種性이 지닌 緣起 主體意志 또는 緣起靈魂이라 하며, 種性色界에 두루 現象하여 種性 絶對靈魂을 지키고 廻向해간다.

이와 같이 本來의 種性이 單一化된 個體의 種子因子로 變易하는 種性 變易體속에는 根本種性을 繼承維持하려는 種性 遺傳特性과 外部因緣과 合成平等해지려는 緣起變易特性이 나타나게 되는데, 어떠한 生命體이든 一端 種性因子가 生命組織 結合體를 構成하여 種子因子로서의 特性變易을 일으키게 되면 하나의 生命組織 속에는 組織全體를 支配, 維持, 調節, 繼承하려는 强力한 種子 保存意志의 特性이 作用한다. 이것은 種子因子 固有의 種子識에 의한 存在 維持特性임과 동시에 種子因子가 갖고 있는 種子主體의 絶對意志인 靈魂의 本모습이기도 하다. (이는 어떤 種子因子에서도 그 本性이 內藏되어 있음을 의미하는 것으로 種子를 따라 끊임없이 遺傳相續한다.)

이렇듯 種性因子는 그가 지닌 意志的 作用에 의해 本性을 잃지 않은 채 種子因子로 現象變易해가고, 또 變易된 種子因子 속에 遺傳內藏된 種子識은 비록 種性의 變易識일지라도 種性을 잃지 않으려는 自由意志 卽, 種子緣起 靈魂의 保護維持와 本性絶對靈魂의 繼承 保存秩序를 지켜가면서 새로운 生命體를 組織結合하는 再創造의 現象世界를 열어간다.

좀 더 具體的으로 人間創造 原理圖에 의한 種性因子의 種子 現象化 過程을 考察해보기로 하자.

人間種性은 絶對本性으로부터 緣起 主體意志에 따라 變易創造되는 것으로서, 寂滅的 絶對平等의 主體本性이 宇宙因緣을 攝藏하게 되면, 絶對主體가 지닌 絶對靈魂意志는 宇宙因緣特性의 不平等 無常性에 대한 絶對平等指向의 反 因緣特性 作用을 일으키는『宇宙 緣起主體 因子』를 形成하게 되고, 이 緣起 主體因子는, 그의 緣起主體意志로 하여금 宇宙環境과 宇宙 Energy場을 緣分 因子化하여 宇宙種性 因子를 創出케 한 後 宇宙 色 空界에 두루 그 本性을 遺傳시켜 現象으로 나투이게 하는데, 이때에 人間의 種性도 함께 宇宙種性因子 속에서 內藏되어 있다가 太陽 種性因子와 地球 種性因子를 因緣相續 받으면서 人間 環境因子와 人間 Energy 因子를 緣分 攝藏한 後 個體 人間種性을 創造하고 人間種子를 再創造한다.

≪이와 같이 絶對本性이 宇宙의 色 空別 因緣을 따라 反 因緣特性을 동시에

創出하면서 色 空別 緣起 主體意志를 創造하게 되면, 이 主體意志인 緣起靈魂은 色 空別 環境要素를 『相』因子로, 色 空別 Energy要素를 『用』因子로 삼아, 色 空別 種性因子『體』를 構成한 뒤 이를 現象 種子化시킨다. 卽, 現象種子의 再創造는 『性』을 種性因子로 하고, 「體」를 種子因子로 하여 變易하게 된다.≫ 이것은 絕對本性이 지닌 絕對 平等維持의 絕對 靈魂能力 모습이며, 本體의 廻向特性 發露現象이다.

이렇듯 絕對本性의 絕對本體는 宇宙의 色空因緣을 攝藏하면 宇宙緣起 主體意志에 따른 宇宙 種性因子를, 太陽界의 色空因緣을 攝藏하면 太陽 緣起主體 意志에 따른 太陽種性 因子를, 地球의 色空因緣을 攝藏하면 地球 緣起主體 意志에 따른 地球 種性因子를, 그리고 人間의 色空因緣을 攝藏하면 人間 緣起主體 意志에 따른 人間 種性因子를 各各 形成하여 그 種子體를 現象化시켜간다. 그러면 여기서 人間 種性因子가 地球의 色空環境에서 어떻게 人間 種子化되어가는가? 하는 것을 보다 더 細密히 觀察해 볼 必要가 있다.

絕對本性이 絕對靈魂의 自律意志에 의해 宇宙 가득한 色 空 因緣을 一切場으로 攝藏하고, 絕對 平等廻向性의 反 因緣 緣起主體意志를 創出함으로써 色空別 現象變易을 恒常케 함은 地球의 色空 因緣體에서도 그 原理는 마찬가지이다. 本性 속의 宇宙 緣起 靈魂에 의해 生成된 宇宙 因緣體가 本體本性과 이를 지키는 本性 廻向意志에 支配되어 一切現象을 變易해가듯이, 宇宙內의 無量한 色空 現象界에서도 本性과 그 廻向意志가 色空 主體意志로 되어 來世 色空 因緣體를 相續的으로 再創造해간다는 뜻이다.

따라서 宇宙 現象界內에서의 太陽 色空 因緣體는 本性과 이를 둘러싼 宇宙緣起 主體意志에 의해 現象變易하여 太陽界內의 色空 因緣體들을 創造해가고, 太陽界의 地球 色空 因緣體는 本性과 이를 둘러싼 太陽 緣起主體意志에 의해 現象變易 再創造되며, 地球의 萬物 色空 因緣體는 本性과 이를 둘러싼 地球 緣起主體意志에 의해 現象變易을 繼續해간다. 이렇게 하여 人間의 色空 因緣體 亦是 本性과 이를 둘러싼 人間 緣起主體意志에 의해 人間種性이 創造되고, 그것이 因子化하여 相續 遺傳性을 지닌 人間種子의 個體因子로 現象變易 再創造되어간다.

그러면 여기서 말하는 本性廻向的 人間 緣起主體意志 形成은 어떻게 이루어지는 것인가? 人間의 緣起主體意志란 本性의 如如性과는 달리 매우 복잡하여 멀리로는, 本體本性의 絶對 平等 廻向意志가 지닌 現象 色空 緣起意志로부터 始作하여 宇宙 緣起主體意志의 靈魂相續을 받고, 다시 宇宙 色空界 緣起主體意志의 靈魂相續과 太陽 緣起主體意志의 靈魂相續 그리고 地球 緣起主體意志의 靈魂相續을 차례로 받으면서, 가까이는 地域別, 種族別, 氏族別, 緣起 主體意志의 靈魂相續을 同時 一切로 하여 個體人間 種子 緣起主體意志의 種子靈魂을 形成하게 되는 것이니, 現世 人間個體 種子因子의 種性 속에는 이미 絶對本性과 現象色空, 緣起靈魂, 宇宙 緣起靈魂, 宇宙 色空界 緣起靈魂, 太陽 緣起靈魂, 太陽界 色空 緣起靈魂, 地球 緣起靈魂, 地球萬物 緣起靈魂, 地域別 緣起靈魂, 種族別 緣起靈魂, 氏族別 緣起靈魂, 個體人間別 緣起靈魂 等의 同時 一切로 含藏된 無盡 緣起靈魂이 因子化되어 人間種子 緣起靈魂으로 자리하게 되며, 이로부터 個體人間의 色空 環境『相』因子와 個體人間의 色空 Energy『用』因子를 因緣으로 한 個體人間 種性의 『體』因子를 構成하여 그 遺傳因子를 相續하면서 現象 種子因子로 再創造 變易해간다(前記 言及).

따라서 現象種子 因子에는 先天種性 因子로부터 遺傳 相續된 無盡 緣起靈魂의 合成인 相續靈魂과 種子 現象色空에 대한 色空 緣起靈魂이 絶對靈魂을 中心으로 하여 함께 자리하게 됨으로써 現象 個體種子因子는 『體』가 되고, 그 種子集合 靈魂인 種子靈魂因子는 「性」이 되어 種性 再 遺傳 相續의 緣起的 現象變易이 持續되어간다.

2) 環境因子와 그의 創造役割

種性因子의 特性作用이 生命 組織體의 集合構成과 生命 集合體의 支配, 維持, 繼承으로 나타남에 따라 그 緣起的 變易活動이 繼續되는 生命體 流轉過程과, 그 集合的 要素로서의 因緣關係 現象에 對하여서도 보다 細密한 考察과 研究가 必要하다 할 것이다.

種性因子가 生命集合을 일으키며 種子化하고 드디어 種子因子로서의 새 生命體 變易 再創造를 가져올 수 있는 根源的 바탕은 空間的 因緣合成特性因子와 時間的 因緣接觸特性因子에 의한 緣起的 變易關係作用에서 그 重要原理 要素를 發見할 수가 있겠다.

現象의 一切存在가 緣起變易하고 있는 基本 特性 中에는 『存在의 空間的 構造變易 特性』과 『時間的 位相變位特性』의 두 가지 基礎存在特性 要素를 同時 一切的으로 함께 지녀야 하는데, 種性因子가 現象變易을 일으켜 種子因子로 再創造되기 爲해서도 亦是, 이 두 가지의 緣分的 特性因子가 不可分 그 結合關係를 維持하지 않으면 아니 된다. 왜냐하면, 그러한 結合關係의 維持 없이는 種性因子 主體가 現象存在의 因緣을 接할 수 있는 理致가 없고, 現象因緣을 집으로 삼지 않고서는 결코 種子因子의 再創造 變易을 일으킬 수가 없기 때문이다.

即, 種性因子가 現象의 環境 속에서 現象變易을 일으키기 爲해서는 「언제인가?」라고 하는 時間的 位相變位 特性과, 「어느 곳에인가?」라고 하는 空間的 構造變易 特性이 갖고 있는 두 特性의 合成因子인 『環境 因子』의 變易的 特性 關係作用이 重要한 創造原理를 만들어가고 있다.

따라서 地球의 人間種性이 『地球의 어느 곳에서』라는 空間的 環境對象과, 『어느 때 어떻게 만나서』라는 時間的 環境接合特性에 따라 各各 다른 個體의 人間種子因子를 形成 創出해가기 때문에, 現實의 生存人間은 이미 空間的 構造變易特性을 띤 『地域 環境』의 空間因子와, 時間的 位相變位 特性을 지닌 『現在 이 순간 環境』의 時間因子가 合成變易된 環境因子 特性을 몸에 지닌 채 種子化되어 있다. 이것이 곧 個體人間을 創造하는 種子環境因子의 役割이다.

이와 같은 硏究는 東洋의 易理學이나 西洋의 占星學이 지닌 『時空間的 特性과 人間種子의 特性把握』試圖 形態에서도 그 한 方法提示를 發見할 수 있듯이, 보다 現代的이고 보다 科學的 方法으로 集中的인 研究努力이 繼續된다면 人間種子 形成을 爲한 環境因子把握은 보다 밝아질 수 있을 것이다.

그러면 여기서는 人間創造 原理圖에서 나타나는 環境因子의 形成秩序와 그 創造役割에 關하여 좀 더 자세히 考察해보기로 하자.

人間本性이 絶對本體의 緣起主體意志에 의해 形成된 宇宙環境 속에서, 宇宙人間種性因子로 現象變易해감에는 宇宙 Energy場과 더불어 宇宙環境이 지니고 있는 色空環境의 因緣結合이 매우 重要한 原理要素가 되고 있는데, 이 宇宙의 色空 環境이란 곧 宇宙에 充滿한 空間 속에서, 無量의 은하 알갱이들이 일으키는 限量 없는 空間變易現象들을, 時間的 空間的 因緣 結合特性因子로 把握하고 槪念化한 것을 뜻한다.

이들 宇宙의 色空環境因子는 一切 色空 Energy 因子와 더불어 色空 緣起 主體의 意志 實現體인 種性變易體 形成을 主導하는 同時 一切的 役割分擔 因子이다. 따라서 種性因子가 種子化하는 過程에서의 環境因子는 씨앗을 심을 場所와 時期만큼이나 重要한 緣分的 役割을 한다고 볼 수가 있겠다.

特히 人間種子에 있어서의 環境因子인 宇宙 色空 環境因子와 太陽 環境因子 及 地球環境因子 그리고 地域別, 種族別, 家門別, 個體人間 種子別 그 環境因子들은 人間 個體種性 種子가 形成, 維持, 保全, 繼承되어가는 現象 變易過程에서는 매우 깊고 多樣한 總體的 緣分因子가 되어 그 關係作用을 特性化하고 있다. 이런 까닭에, 個體人間 種性種子를 構造化하고 있는(緣起 靈魂因子나 Energy 因子와 더불어) 個體人間種子環境因子의 遺傳相續特性 속에는 위의 宇宙色空一切 環境因子特性이 이미 總括的으로 合成 內在되어 個體種子 因子內에서 緣分 特性化하고 있다는 事實을 쉽게 理解할 수 있을 것이다.

이제 여기에서, 個體人間 種子環境要素가 어떻게 構造化되어있고 具體的으로 어떻게 緣分 因子化하고 있는 것인가?에 對해서 再整理해보기로 한다.

人間種子의 環境因子는 地域別, 地區別, 種族·氏族別, 地球環境特性인 地理的 生滅空間 環境特性과, 種子 個體因子的 生滅 時間環境特性 及 時空間別 選擇特性 等의 諸 因子가 合成化된, 多次元 集合의 複合特性 因子이다. 따라서 이것은 種性因子가 그 變易體인 個體種子因子를 再創造 維持하기 爲한 必須不可缺의 現象 緣分因子로서, 個體 人間種子가 現象變易 流轉을 持續하는 限, 時空的 生滅 環境因子의 種子 緣起靈魂意志에 따른 種性 及 種子 Energy 要素와의 同時 一切的 緣分作用은 그치지 아니한다.

卽, 時空的 環境因子는 人間種子가 現象化하는 過程에서 空間的으로는 種子의 生滅 位相을 供給하고, 時間的으로는 種子의 生滅리듬을 供給하여 存在의 生態的 環境을 完成해간다.

3) Energy 因子의 特性과 役割

(1) 先天 Energy 因子

人間이 人間으로서의 한 生命體를 形成해가는 過程은 前記에서도 言及한 바와 같이 무엇보다 種性의 現象變易體인 種子因子가 遺傳相續 될 때에 비로소 生命活動이 始作되는 것인데, 이때의 相續된 種子는 種性, 靈魂, 環境 等의 相續因子 全般에 걸친 遺傳的 因子要素를 內包한 채, 先天因子의 諸 特性을 維持, 保存, 再創造하면서, 現象變易을 持續해가는 相續의 主體因子가 되고 있다. 이 主體的 因子의 具體的인 變易現象은 相續種子의 主體가 含藏하고 있는 Energy 因子의 特性作用 形態에 따라서 人間生命 結合體의 相別特徵이 形體化되어 나타나는 것이다.

그리고 또, 後天 Energy 因子의 同調·干涉役割을 점차적으로 强하게 또는 弱하게 需用해가면서, 第二의 相續種子에 대한 Energy 傳移를 爲하여 種子當體의 特性維持保護와 離散·還元 變易 Energy의 調節 安定 役割도 함께 擔當한다. 窮極的으로 後天種子에 相續될 先天的 特性因子 一切를 安定 保持시키고 이를 遺傳相續種子로 現象變易시켜, 끝없는 再創造를 可能케 하는 種子의 '質料因的' 根本要素가 되고 있다는 것이 先天 Energy 因子가 지닌 가장 위대한 役割特性이라 할 수 있다.

"勿論 여기에서 注目해야 할 것은 이 先天 Energy 因子가 特性化하고 있는 集合과 維持, 離散과 還元이라는 變易相은, 種性種子에 內藏된 先天의 相續 緣起 靈魂 意志作用과 後天的 緣起靈魂의 意志活動에서 비롯된다는 것을 認識하는 것이다."

이 境遇, 結合生命種子에는 先天으로부터 이어온 遺傳特性 一切가 相續되어 있는 까닭에 Energy 因子 亦是, 先天의 因子 特性을 그대로 相續함으로써 先天種子의 Energy 特性 一切와 相續遺傳種子의 根本生命 Energy 一切를 함께 물려받게 된다.

이와 같이 相續된 種子 Energy 特性과 基礎生命 活動 Energy의 役割因子를 先天 Energy 因子라 말한다. 이 先天 Energy 因子는 色 空 現象變易의 秩序와 함께하는 集合과 離散이라는 兩大 變易作用原理를 그대로 特性化함으로써, Energy의 集合과 維持發達은 勿論, 生命種子 結合體의 善惡·無記·美醜·强弱 等의 諸 特性을 決定짓는 데에도 크나큰 役割을 擔當하게 된다.

(2) 後天 Energy 因子

이는 遺傳相續된 後天의 種性因子가 後天의 環境 속에서 後天의 緣起靈魂에 의한 質料因을 얻어 後天種子를 만들어갈 때, 先天으로부터 相續한 根本生命 Energy를 成長, 保護, 育成 及 繼承 保存시키는 데 必要로 하는 後天的 生命活動의 Energy 要素를 말한다. 이 後天 Energy는 旣存 環境 Energy場인 地・水・火・風의 Energy 要素와 이로부터 醇化된 祖上 遺體 Energy場에서 傳達되는 還元同質의 Energy 要素 그리고 生命活動過程에서 섭취하는 各種의 영양소와 呼吸 Energy 等으로 크게 나누어 區別할 수 있다.

卽, 人間相續種子가 先天으로부터 물려받은 生命體를 育成 維持 保存 及 繼承하는 데 必要한 後天的 Energy는 대체적으로 多元化된 集合特性의 Energy 形態로서 크게는 宇宙天體 Energy場을, 가까이는 地球와 祖上의 Energy場을, 活動空間과 陽基로부터는 地域特性의 空間環境 Energy場을 各各 그 바탕으로 하여, 呼吸과 음식과 몸체와 意識으로 吸收 또는 集合시켜가는 種子外的 Energy 要素가 된다.

이 後天 Energy 要素들을 그 特性作用 形態에 따라 分類해볼 것 같으면 다음 두 가지 形態로 區別할 수가 있다. 하나는, 直接的으로 祖上還元 Energy場이나 宇宙 及 地球 Energy場 또는 陽基 Energy場의 同質的 同調作用이나 異質的 干涉作用에 의해 後天種子의 Energy 因子 特性을 決定짓는 形態이고, 다른 하나는 呼吸作用이나 음식물 섭취방법에 의해 間接的으로 Energy 因子 特性을 決定짓는 形態인데, 前者는 過去 發生的이고 他律 從屬的인 Energy 因子 特性이 있는 반면에, 後者는 現在 指向的이고 自律 選擇的인 Energy 因子 特性이 서로 다르다고 하겠다.

그러나 이것은 後天 Energy 因子 特性이 直接的인 合成形態이건 間接的인 合成形態이건 두 가지 形態 모두가 다 重要한 生命維持 Energy로서, 어느 쪽도 소홀히 할 수 없는 同調 Energy場과 同質 Energy 要素를 前提로 한다는 것을 意味한다.

비록 위에서 檢討해본 바는 두 形態特性의 Energy 因子가 意志的인 것과 意志外的인 것으로 서로 다르게 區別되어 나타나는 듯하다. 그러나 他律 從屬的인 直接 Energy 合成이나, 自律 選擇的인 間接 Energy 合成이나, 結局은 두

Energy 特性이 多少間의 時空間 要素를 要求할지라도, 반드시 自律 選擇的 方法을 指向하지 아니하고는 絶對로 그 特性들을 改良, 改善할 수가 없다.

即, 先天의 種子 Energy 因子는 그 先天種子識인 先天種子 緣起靈魂에 支配되어 特性作用을 일으키듯이, 後天 Energy 因子 亦是 後天種子識인 後天緣起靈魂에 支配되어 그 特性作用을 나타내므로, 後天種子의 靈魂意志가, 過去發生的인 先天種子의 還元 Energy* 地域 空間 Energy場** 特性을 意圖的으로 同調化시켜가지 아니하고는 第二, 第三의 後天 相續種子를 改良 改善시킬 方法은 다른 아무것도 없다는 것을 認識하지 않으면 아니 된다.

4) 靈魂因子의 特性과 創造役割

지금까지 人間種性이 宇宙種性으로부터 變易되어 地球人間種性으로, 그리고 또, 個體人間 種性因子로 變易하여 오면서, 環境因子의 時空要素와 先後天 種子의 Energy 因子를 緣分으로 하는 새로운 種子 生命體의 創造過程을 살펴보았다.

그런데 이 모든 創造的 現象變易은 前記 1)에서 言及한 바 있는, 種性因子의 固有意志인 絶對靈魂과 緣起靈魂의 두 意志作用에 따라서 種子生命이 形成維持되고, 善・惡・無記의 因子特性이 決定된다는 事實을 再認識할 必要가 있다.

絶對靈魂을 本으로 하는 宇宙 種性因子가 宇宙色空界에 緣起遺傳하여 現象個體種子因子로 變易하게 되면, 個體種子種性은 先天의 固有意志인 絶對靈魂을 바탕으로 한 先天 緣起靈魂을 相續하게 되고, 이 相續靈魂은 後天色空을 緣分으로 하는 種子 緣起意志를 形成, 後天 緣分的 緣起靈魂을 創造하게 된다. 이렇게 創造된 後天 緣起靈魂은 先天相續의 絶對靈魂 속에서 새로운 後天種子 生命體를 支配・保護・育成하면서 後天因子 相續을 爲한 生命 再創造 活動을 繼承해가게 된다. 이것이 곧 種子 靈魂의 種子相續 及 緣起變易意志 作用인 種子識이 되는 것이다.

이와 같이 種子因子 속에 內藏된 種子識의 生命活動意志는 個體種子 生命體

---

* 先天種子의 還元 Energy는 直接祖上 Energy를 말한다.
** 地域空間 Energy場은 間接生活 Energy를 말한다.

가 지닌 種性因子의 固有 遺傳特性이 되며 本性指向 特性이 된다. 이 本性 指向的 種子識은 本대로의 宇宙識으로부터 種性意志로 變易되고, 다시 色·空別 種子識으로 個體化된 것이기 때문에 根本的으로는 本性 指向的 存在意志이나 그 變易過程에는 各種의 因緣結合關係가 進行되어 왔고, 그 各 單位過程 마다에는 本性 指向的 意志特性과 同調 또는 干涉되는 無數한 因緣關係의 緣起意志特性이 作用함으로써, 本性 指向特性과는 多少 變易된 種子識으로 그 모습을 바꾸어가게 마련이다.

따라서 個體別 種子識은 本性 指向的 種性 存在意志를 本으로 하면서, 因緣化合的 再創造 特性을 나타내는 變易 指向的 緣起存在意志이기도 하다. 이러한 두 存在意志가 함께 緣起合成하여 作用하게 됨으로써 現象 色 空界 속을 無常하게 變易해가면서도 種子 固有의 主體意志를 상실함이 없이 現象種子를 再創造 維持케 하는 種子靈魂의 因子的 特性을 決定짓게 하는 것이다.

위에서 살펴본 바와 같이, 種性의 人間根本 靈魂이 한 個體種子 속에서 靈魂 變易을 하는 過程에는 本性 指向的 相續主體와 變易 指向的 緣起主體의 두 意志 作用이 함께 同時一切的으로 役割하고 있음을 알 수 있다.

種性種子의 本性 指向的 相續主體는 現象種子를 根本種性으로 廻向시키려는 特性으로 말미암아 그 廻向이 完成되지 않는 限, 無常의 現象種性을 本性指向的 變易으로 끝없이 廻向케 하는 不滅的 主體意志를 지녔고, 變易指向的 緣起主體 는 現象이 無常性을 斷切치 않는 한 그리고 그 絶對平等이 回復되지 않는 한 亦是, 無常的 緣起變易意志를 끊어버릴 수 없어 色 空 緣起靈魂의 끝없는 生滅作用이 거듭되게 한다.

不滅的 主體意志는 絶對的 永遠 不變性과 淸淨光明함이 그 本이기 때문에, 色 空緣分에 대한 反 緣分的 本性廻向 意志作用을 그 特性으로 하는 反面, 生滅的 緣起 主體意志는 變易的 無常性과 相依的 緣起性이 그 本으로 되어 있어 色 空 緣分에 대한 醇化的 緣起 生滅意志와 善·惡·美·醜, 大·小·强·弱의 現象變易을 特性化해간다. 이는 種性 種子의 本性指向的 相續主體와 變易 指向的 緣起 主體가 마치 꺼지지 않고 타오르는 불꽃과 같아서 本性의 불꽃 그 自體는 어둠의 色空現象과는 상관없이 스스로 如如히 불타고 있으나, 現象의 어둠은 本性 불꽃의 相續 불빛에 의해 無明을 깨고 光明한 變易으로 밝아져 간다.

비록, 어둠에 대한 反 現象的 불빛의 緣起 意志特性이 불꽃의 本性에 根源하여 無明을 밝혀가는 本性 相續的인 것이긴 해도, 불꽃이 타오르고, 불빛을 내는 것과 불빛이 비추어져 어둠을 밝히는 것과는 서로가 그 意志를 各各 달리하고 있다. 불꽃은 다만 스스로 불타오르고 불빛은 무심히 불꽃으로부터 흘러나올 뿐이요, 光明은 無明을 밝혀서 어둠의 現象을 變易시켜줄 뿐이다. 따라서 불꽃은 어둠이 있고 없고에 關係없이 저절로 타오르는 自律 恒常的 意志이고, 불빛은 불꽃으로부터 그 빛을 물려받아 밖의 境界에 뜻을 나투이는 種性 相續的 意志이며, 光明은 어둠을 따라서 無明을 비추어 밝히는 緣起 變易的 意志이다.

이렇게 볼 때 絶對靈魂의 主體는 永遠히 타는 불꽃과 같고, 種性種子의 先天靈魂은 그 불꽃에서 나오는 불빛과도 같으며, 後天種子의 緣起靈魂은 先天相續種性의 불빛 靈魂에 의해 現象 어둠의 緣分 따라 無明을 밝혀가는 光明과도 같다고 말할 수 있다. 다시 말해서 絶對本性과 相續種性과 緣起靈魂, 이것은 불꽃과 불빛과 光明이 지닌 特性과 같아서, 本性의 불꽃이 恒常하는 限 種性의 불빛은 色 空마다에 그 相續을 그치지 않는다.

그러나 色空 緣起意志인 光明은 어둠의 因緣을 따라 더 밝아지기도 하고 더 어두워지기도 한다. 現象의 無明이 光明에 의해 그 어둠을 끝내면 불빛 또한 더 밝혀가기를 끝내고 그 빛을 잠재우지만, 無明이 깊어지고 現象이 어둠에 젖어들면 光明의 意志는 어둠 따라 더욱 깊이 파고들어 그 어둠이 끝날 때까지 밝혀가기를 멈추지 않는다. 이것이 곧 불꽃이 지닌 本性의 如如함이요, 불빛이 지닌 相續種性의 廻向意志이며 光明이 지닌 緣起主體의 反 緣分的 緣起變易作用이다.

이상에서 살펴본 바와 같이, 種性種子가 지닌 絶對本性은 恒常的인 絶對平等意志를 지닌 까닭에, 어떠한 現象의 緣起的 變易作用에도 그 主體靈魂은 물들지 않으나, 다만 宇宙 色空의 現象因緣을 만나고 無常의 不平等과 無明의 變易을 만나게 됨으로써, 이들 現象들을 平等케 하고 光明케 하며 本性으로 廻向케 하려는, 本來 指向的인 特性意志가 發顯되게 되는 것이다.

이 本來 指向的 特性意志가 곧 宇宙色空 緣起意志이며 色空種性 속에서 자리함으로써 色空 種性緣起靈魂이 되고, 이것이 다시 相續하여 相續意志가 되는데, 이 種性 相續意志는 絶對本體의 絶對靈魂과 色 空 및 種性 緣起靈魂으로 構成되었으므로 相續 靈魂의 合成 意志 即 合成 相續 靈魂이 되는 것이다.

이러한 合成 相續靈魂은 先天의 種子에 再相續되어 種子 緣分과 因緣化合하게 되는데, 이때에도 先天의 緣起意志形成과 同一原理의 反 緣分的 緣起意志가 種子內에 再形成되어 個體種子 緣起靈魂을 創造해간다. 이렇게 되어 個體種子 因子 속에는 本性의 絶對靈魂과 宇宙色空 緣起靈魂과 人間種性 緣起靈魂 及 人間個體 種子 緣起靈魂의 合成인 種子靈魂이 創造되게 되는 것이다.

이렇듯 創造된 種子靈魂은 絶對本性의 廻向意志인 相續靈魂에 因緣하여 탄생한 연고로, 그 自由意志는 絶對的으로 本性 廻向的이며 本來 指向的이다. 이 本性 廻向的인 種子靈魂의 支配意志는 이것을 만나면 저것을 生하게 하고 저것을 만나면 이것을 生하게 하며, 生을 만나면 滅의 意志를 發顯케 하고 滅을 만나면 生의 意志를 發顯케 하며, 集을 만나면 散의 意志를 나투이게 하고 散을 만나면 集의 意志를 나투이게 한다.

種子 生命體가 集合의 特性을 나타내는 것은 離散特性의 緣分을 만난 種子靈魂이 集合의 緣起意志를 發顯함이요, 種子生命體가 그 集合을 끝내고 還滅해가는 것은 새로운 集合特性의 緣分을 만난 種子靈魂이 離散의 緣起意志를 發顯함이다.

集合의 緣起意志는 種子靈魂 속에 內在한 相續 靈魂意志에 同調的인 『生起 緣起』意志이고, 離散의 緣起意志는 種子靈魂 속에서 內在한 相續靈魂意志에 干涉的인 『還滅 緣起』意志로서, 이는 모두 個體種子 生命體의 種子靈魂 中 緣起靈魂主體가 지니고 있는 緣起變易的 安定維持의 意志發顯이다.

이와 같이 個體種子의 靈魂意志가 現象의 一切緣分들과 關係하여 緣起 靈魂을 發顯시키고 種子 生命體를 生滅케 하며, 離合集散케 하고 同調干涉케 하며, 또 새로운 種子生命體를 再創造 變易케 하는 등의 이 모든 作用들은 그 種子 本性이 絶對平等 廻向意志를 實現化시키는 過程에서 나타나는 緣起平等 主體의 無盡 緣起的 生滅變易 現象으로서, 現象緣分이 種性種子에 關係하여 因緣作用을 그치지 아니하는 限, 種子靈魂의 緣起意志 또한 그치지를 아니한다.

이런 까닭에 種子靈魂은 相續靈魂의 本性廻向 成就度에 따른 緣起靈魂의 意志發顯程度를 決定짓게 되므로, 相續靈魂이 種性緣分의 色空 無明에 젖어있는 程度가 强하면 强할수록 種子 色空 緣起靈魂의 因緣化 意志는 보다 强하게 되어 種子緣分들을 더욱 집착하게 된다. 이것이 곧 種子靈魂의 相續的 集合意志이며

現象 色 因緣體 同調集合 生起作用의 主體가 되고 있다.

　反對로 相續靈魂이 種性緣分의 色空 無明에 執着하는 程度가 弱하면 弱할수록 種子 色空 緣起靈魂의 因緣化 意志는 보다 弱하게 되어 種子緣分들을 더욱 멀리하게 된다. 이것이 곧 種子靈魂의 相續的 離散意志이며 現象 生命體 干涉還滅 緣起作用의 主體가 되고 있다.

　이리하여 相續 生命體 속의 種子靈魂因子에는 先天의 種性 生滅意志가 이미 相續되어 있게 되는 것이고, 이 相續意志에 따라 生의 集合意志로도, 滅의 離散意志로도, 同調 干涉 現象化시킬 수 있는 種子緣起靈魂의 具體的 意志가 決定되는 것이다. 따라서 種子生命體의 生滅意志는 先天 色空緣分의 特性에 따라서 그 先天 特性의 生滅體를 現象化하고, 後天 色空緣分의 特性에 의해서 그 生滅體 後天 特性을 合成, 全體 生滅體 特性을 創造해간다.

　이렇게 볼 때에 現象의 諸 種子 生命體는 本性의 絶對靈魂을 淸淨 그대로 相續內藏하지 못하고, 結局은 相續靈魂의 先天的 支配意志와 緣起靈魂의 色空緣分 及 種性種子緣分에 대한 執着意志合成에 의해서 種子의 生滅形態와 그 特性들을 決定하게 된다.

　生命種子 自體가 지닌 善惡 無記 及 壽命 特性 亦是 全的으로 種性種子 靈魂의 自律意志에 의해서 決定된다고 봐야 할 것이며, 그 同調的 選擇意志를 어떻게 發顯하고 그 干涉的 選擇意志를 어떻게 發顯하느냐에 따라서 生의 善惡 美醜 强弱特性과 滅의 善惡 美醜 强弱特性 及 生과 滅의 週期特性이 現象化하는 것이다.

　種子의 緣起的 主體意志가 現象의 어떤 緣分들과 關係하여 同調 또는 干涉하는 이 모든 變易作用들은 어디까지나 그 意志가 지닌 自律 選擇的 能力이며 生滅의 創造的 能力이라고 말할 수 있다. 이 意志能力은 맑고 아름다운 相續靈魂을 지니고 있을 때는 맑고 아름다운 同質性의 緣分을 選擇하고, 어둡고 凶暴한 相續靈魂을 지니고 있을 때는 凶暴하고 醜惡한 緣分을 選擇하게 마련이다. 人間 生命體가 善吉한 靈魂을 發顯하여 맑고 아름다운 모습을 지닐 때는 吉하고 善한 生命緣分을 同調하여 吉善의 生命因子를 增大發展시키게 되는 것이고, 凶하고 醜惡한 것에 緣起主體가 자극되어 그 選擇意志를 움직일 때에는 吉善의 生命體도 不善의 緣分에 干涉되어 吉善의 生命活動이 中斷케 된다.

　本性 廻向的인 善吉한 靈魂의 生起 同調的 平等意志에 의해 選擇同調된 吉善

의 生命活動은 吉善의 生命體 現象으로 變易을 持續하나, 死滅緣分을 얻은 緣起
主體는 先·後天 Energy 因緣과 環境因子 緣分을 따라 種子因子의 退化現象을
促進해간다.

萬若, 緣起主體意志가 繼續的으로 凶惡 不善해지면, 그 作用意志能力 또한
凶惡 不善의 緣分만을 持續的으로 選擇하고 干涉받게 하여 結局은 種子 生命因
子가 凶惡 不善한 惡種子로 淘汰 死滅되고 만다. 이 境遇의 死滅 淘汰는 種子因
子의 現象 變易過程 中 相續性의 中斷과 種性種子의 退化를 意味하므로, 種性本
來로 되돌아가는 生起同調的 平等 指向的 特性의 再創造 過程이 아닌 種性 改惡
의 干涉的 變易過程을 意味하게 된다.

이와 같이 種性種子는 그가 지닌 種子靈魂 中 種子緣起 靈魂의 緣分 選擇意志
와 相續靈魂의 善惡意志에 의해 그 特性이 나타나게 되는 것이므로, 現象界의 無
量한 一切緣分存在가 그 無常한 變易 緣起性을 斷滅치 않는 限 緣起主體가 지닌
選擇意志 또한 영원히 斷切되지 아니할 것이며, 이러한 斷滅과 斷切이 없는 限
緣起靈魂과 相續靈魂의 選擇作用에 의한 善惡 無記 現象은 끝없이 再創造 變易
되게 되는 것이다.

2. 人間 再創造論

人間種性이 現象의 色空緣起 靈魂에 依하여 個體種子因子를 再創造해간다는
것은 人間 固有의 特性創造 因子인 種性種子가 緣起靈魂의 緣起變易的 本性廻向
意志를 따라 自體種性因子를 相續遺傳시키면서, 無常의 色空 緣起現象種子를
同時 一切的으로 再變易케 함이라는 것을 前記 人間再創造論에서 이미 考察해보
았다.

이렇게 볼 때, 人間의 創造原理 中 그 中心要素는 亦是 種性因子의 遺傳主體
가 되는 種子因子가 그 本이라 할 수 있겠으나, 그러나 種子因子를 包含하는 環
境因子의 關係的 條件과 Energy 因子의 質料因的 緣分特性 그리고 靈魂因子의
意志的 關係作用 等이 함께 充足 調和되지 않고서는, 어느 單獨因子 自體만으로
는 種性種子의 具體的인 現象變易 形態가 이루어질 수 없다.

人間生命體의 本來種性은 絶對主體意志인 絶對靈魂에 의해 種性種子를 비롯한 一切의 色空緣分을 支配하고 이에 따른 色空 緣起靈魂을 主管함으로써 種子의 光明한 因子相續과 遺傳的 特性의 善美한 轉移를 確保할 수 있게 하는 『性』因子的 要素라 할 수 있고, 또 人間生命體의 環境的 要素는 種子因子가 現象化함에 있어서 必要 不可缺한 空間的 時間的 位相리듬을 供給하는 『相』因子的 要素라 할 수 있으며, 그리고 人間生命體의 Energy 要素 또한 種子가 지닌 質料因的 生命活動力으로서 種子當體의 維持保全力과 他緣分間의 關係作用을 顯現시키는 『用』因子的 要素라 할 수 있다.

따라서 種子因子를 『體』因子的 要素로 삼고 있는 人間生命體가 形態的 現象體로 種子 變易되기 爲해서는, 種子環境的 要素와 種子 質料因的 要素가 함께 緣分關係하는 外에도 種子 相續靈魂에 의해 形成된 緣起意志의 緣分選擇能力과 緣分調和作用을 빼놓을 수 없다. 이 因緣現象에 대한 選擇的 調和能力이야말로, 種子의 緣起主體인 緣起靈魂이 지니고 있는 偉大한 意志作用이자 再創造作業의 主管者的 支配能力이라고 말할 수가 있겠다.

따라서 種子의 色空 緣分에 대한 同調的 生起變易 緣分選擇이냐 干涉的 死滅還元 緣分 選擇이냐를 判斷하는 것은 오로지 種子靈魂의 相續緣起主體가 決定하는 意志作用이며, 種子環境 緣分特性因子와 種子 Energy 緣分特性 因子를 現象 色空 因緣들 속에서 特性的으로 選別하여 重要種子 緣分要素로 合成變易시켜가는 役割 亦是, 種子靈魂의 緣起意志作用에 의한 選擇的 決定能力이라고 말할 수가 있다.

이와 같은 種子靈魂의 選擇的 決定能力은 人間의 個體種子種性을, 色空緣分의 反種性的 緣起作用으로부터 本性廻向的 緣起作用으로 保護轉換 改善시켜갈 수 있다는 意志的 實踐 可能性을 지닌 再創造 能力으로 보아야 할 것이다.

이러한 再創造的 可能要素에 對해서 좀 더 細部的인 研究 檢討를 進行해보자.

1) 種性因子와 個體 種子因子의 再創造

人間種性은 本來가 宇宙識으로부터 遺傳되어온 人間本性인 까닭에, 種性因子로부터 相續받은 人間個體 種子因子 亦是, 宇宙本體로부터 相續遺傳된 種性

種子와 宇宙色空因緣 및 地球 色空 因緣으로부터 生起變易된 緣起種子가 合成되어 因子化한 것으로서, 이는 어디까지나 그 因子特性이 本性 指向的인 遺傳因子特性과 緣起變易的인 生起因子特性의 두 가지 形態를 取하면서 現象變易하고 있음을 意味한다.

따라서 個體 種子因子의 善·惡·美醜는 本性指向的 相續遺傳因子가 지닌 善·惡·美醜의 特性을 基礎種性으로 하여 그 種性種子特性과 相互 同調 干涉되는 現象 色空의 時空間的 接合環境因子 及 先後天的 現象種子 色空緣分의 接合 Energy 因子 等과의 緣起變易的 諸 特性이 合成되어 나타나는 現象으로서, 이의 意志決定은 亦是 種性種子가 지닌 相續靈魂의 本性 廻向意志와 緣起種子가 지닌 緣起靈魂의 變易 指向的 平等維持 意志가 함께 作用하여 나타난다.

이러한 까닭에, 個體人間 種性種子가 그 因子를 改善 再創造하기 爲하여서는 우선 本性이 淸淨한 種性因子를 保存 繼承할 수 있는 遺傳的 因子特性 改善에 最善을 期해야 하고, 동시에 緣起種子의 最善을 爲해서 本性 廻向的인 種子緣起 靈魂을 干涉色空의 惡緣으로부터 超脫케 하고, 相續種性의 先天靈魂을 보다 더 밝고 淸淨한 相續靈魂으로 昇化시켜 現象色空의 淸淨한 緣起靈魂을 再創造케 하며, 이 淸淨한 靈魂으로 하여금 現象色空의 諸 緣分들을 平等指向的 生起 同調場으로 一切化시켜가는 善 緣起的 再創造 作業의 精進이 한층 加速되어야 할 것이다.

이와 같이, 種性種子因子의 再創造 作業은 窮極的으로는 種子靈魂의 淸淨化에 의한 無明汚濁의 完全한 解脫이다. 이 解脫靈魂의 밝은 意志에 따라 至高至善의 色空緣分을 選擇케 하고, 最高最善의 生起同調的 現象 再創造 能力을 發顯케 하여 全美한 種性 種子因子의 遺傳相續特性이 光明케 하는 것이다.

2) 環境因子의 再創造

人間種性因子가 個體種子因子로 現象變易하는 過程에는 環境因子의 時空的 接合安定特性이 重要한 役割을 擔當하고 있음을 이미 前述에서 밝혀 알았다.

再論커니와 環境因子의 時空接合特性은 種性因子가 種子因子體로 現象變易하기 爲하여 그 必須바탕인 空間存在 因緣體를 安定結合시키는 時間的 現象 接

觸因子 間의 關係特性을 말하는 것으로서, 空間緣分인 現象色空의 安定變易構造와 時間緣分인 現象色空의 變易 Rhythm 秩序가 同時 一切的으로 同調合成되어 나타나는 種性因子의 現象結合秩序特性이자, 種子個體의 容器的特性 因子라 附言할 수 있다.

따라서 環境因子는 全的으로 空間環境의 色空緣分이 지닌 質料因的 體 位相關係作用과, 空間環境의 體 位相 關係作用時 發生하는 體 變易 Rhythm 特性의 關係秩序가 그 主 特性 因子가 되고 있다. 即, 種子 Energy 因子가 지닌 種性種子의 質料因的 先天 Energy 因子는 種子當體가 지닌 內的인 相續遺傳 Energy 因子라고 볼 수 있고, 後天 Energy 因子는 그가 지닌 後天種子 當體外的의 色空環境 Energy 要素라고 볼 수 있는 反面, 種子環境因子는 種子 當體外的에서 緣分하는 色空環境의 體 位相 變易秩序 因子로서, 種子 現象化 時點에 時空的 安定環境을 提供하는 胎生的 環境因子라고 볼 수 있다.

勿論 窮極的으로는, 環境的 要素가 質料因的 構造體이면서 Energy 關係作用에 의해서 그 時空的 秩序가 生成維持되는 까닭에, 種性種子 變易過程 中 種子因子를 再創造하는 後天的 Energy 因子 關係特性과는 서로 같은 役割特性을 지닌 것으로 誤解하기 쉬우나 엄정히 살펴본다면 分明히 環境因子가 지닌 時空的 體 位相 秩序 特性과 後天 Energy 因子의 質料因的 作用力 特性과는 確實히 서로 다른 特性因子槪念을 把握할 수가 있다. 即, 前者는 씨앗이 땅에 떨어져 묻히는(언제 어떤 곳에서) 現象의 變易因子이고, 後者는 땅에 묻힌 씨앗이 땅속의 Energy 作用에 依하여 싹을 틔우는(어떤 힘이 어떤 作用으로) 現象變易의 因子이다.

따라서 後天 Energy 因子를 現象의 『力用的』 關係特性因子로 把握해보았을 때, 環境因子는 現象의 『形相的』 關係特性因子로 把握하는 것이 보다 原理的인 理解라 할 것이니, 이러한 環境因子를 보다 安定的이고 再創造的인 特性因子로 改良改善키 爲하여서는, 무엇보다 種子緣分空間環境의 最善 位相 選擇意志와 種子接合 時間緣分의 最吉 選擇能力을 最大로 上昇시키는 것만이 가장 效果的인 再創造 作業이라 할 수 있을 것이다.

現實的 過程에서 『地球 中 어느 곳』이라는 空間環境의 限界性과 人間壽命 Rhythm에 따른 時間環境의 制限的 接合特性은 限定된 時空環境의 生存틀 속

에서는 그 選擇의 制約이 어쩔 수도 없지만, 그러나 주어진 空間環境의 位相條件과 形成된 時間環境의 Rhythm 條件下에서도 最善의 選擇意志에 의한 最吉의 安定環境條件을 創出해내는 것은 最適最上의 環境因子를 再創造해낼 수 있는 가장 唯一한 方法이라 할 것이다.

이와 같은 選擇은 種性 相續靈魂과 種子緣起靈魂의 再創造意志에 따른 最大의 決定能力에 의해 可能해진다. 이 最善意志와 最善選擇 能力이야말로 淸淨한 種子靈魂의 밝은 解脫과 種性種子의 本性廻向 成就를 實現할 수 있는 至高至善의 아름다움이라 할 것이다.

3) Energy 因子의 再創造

個體種子因子가 지닌 種性種子의 先天 Energy因子와 後天環境의 Energy場 及 後天的 祖上 Energy場은 相互 同調 干涉하면서 種子 固有의 Energy因子 特性을 形成하게 된다는 것은 前述에서 이미 잘 알고 왔다. 그러면, 이렇게 形成된 Energy 因子는 어떻게 改善되고 再創造되어야 할 것인가?

우선 먼저 先天 Energy 因子의 改善條件을 確認해보자.

個體種子가 健實하기 爲해서는 무엇보다 先天種性種子의 强健함이 있어야하듯이 個體種子가 그 Energy 因子의 健實함을 維持하기 爲해서는 先天의 健實한 Energy 因子를 相續받지 않으면 아니 된다. 이는 過去先天種子의 Energy 因子 改良 없이는, 現在 後天種子의 Energy 因子를 改善하는 것은 限界가 있다는 것을 意味한다. 卽, 質料因的 種子改良은 個體種子 當代에서는 그 限界性이 있으므로 數代를 두고 持續的으로 健實한 種子를 維持 改良해갈 때에 비로소 그 因子改善이 可能해지는 것이다. 이것은 種子의 未來에 대한 種性의 깨달음 없이는 不可能한 것이며 種子 緣起靈魂이 無明에 어두워지면 어두워질수록 當代 種子改良은 不振해지고 그 Energy 因子는 退化한다.

다음으로 後天 Energy 因子의 改善 事項을 찾아보면

첫째, 種子의 生命活動環境이 지닌 良質 Energy場의 選擇에 의한 Energy 因子 改善이다. 個體種子의 入胎 及 孕育의 諸 條件과 出産 成長 空間 그리고 後天的 生活 住居 環境 等의 諸 Energy場 改善은 種子의 後天 Energy因子 再創

造에 基本이 되는 作業이다. 이 空間 Energy場 改善은 最適의 現象 Energy場을 最善 最吉의 因緣으로 選擇하는 것으로서 이는 種子의 先天的 相續靈魂과 種子緣起靈魂의 意志能力이 決定하는 事項이다.

둘째, 祖上의 還元同質 Energy場 改善에 의한 後天種子 Energy 因子 改良이다. 이는 同質의 遺傳形質에 의한 祖上과 子孫의 同調 Energy場을 보다 生起的으로 改善시키자는 것이다. 先天種子와 後天種子 間에는 相續遺傳因子에 의한 同質遺傳形質의 Energy場이 形成되고 있다.

先天種子의 還元 Energy場은 「Negative」 特性을 띄고 있고, 後天種子 生命體의 Energy場은 「Positive」 特性을 띤 同一場의 同調 Energy 特性을 지니고 있는 까닭에, 先天種子의 還元 Energy 特性이 變易을 일으키면 同一場 속의 後天種子生命 Energy 特性 또한 동시에 變易을 일으키게 된다. 따라서 先天種子의 還元 Energy 特性을 가장 理想的으로 安定시켜갈 때에, 後天種子의 生命體 Energy場은 理想的 安定을 取할 수 있게 되는 것이고, 先天種子의 粗惡한 還元 Energy場을 改善改良시켜갈 때에, 後天種子 生命體의 Energy 因子는 改善改良되는 것이다.

先天種子의 還元 Energy場 改善은 무엇보다 祖上으로부터의 健實한 Energy 因子 遺傳相續과 先天種子의 理想的 維持管理에 따른 健全한 還元 Energy體 維持 및 그 Energy場의 極大化 努力이 매우 重要한 事項이기도 하지만, 이를 保護維持 및 增大시킬 수 있는 還元環境의 選擇 亦是, 보다 못지않은 重大 再創造 要件임을 再認識하지 않으면 아니 될 것이다.

種子 Energy體 還元環境의 選擇이란 種子生命體 活動環境의 選擇과 同一한 意義를 지닌 最善最吉의 環境 Energy場 確保意志로서, 種子 還元 Energy體가 最吉善의 還元環境 Energy場을 얻게 됨으로써만 同一同調의 良質 共調 Energy場을 얻을 수 있는 것이고, 이의 前提 속에서만 良質의 後天 種子 Energy 因子는 改善改良될 수 있는 것이다. 위와 같은 諸 努力이 成就될 때에 先天相續 Energy 因子도, 後天活動 空間 Energy場도, 還元環境 Energy場도, 그리고 總體的 Energy 因子도 改善 改良 再創造될 수 있는 것이다.

4) 靈魂因子의 再創造

지금까지 人間個體의 種子因子를 再創造해가는 過程에서 種性因子가 環境因子와 Energy 因子의 關係作用을 받아 새로운 種子因子로 變易 再創造되어가는 것은 直接的으로는 各個 構成因子의 改善改良 及 緣分 改善作業이 무엇보다 重要하겠지만, 이보다 더 重要한 것은 다름 아닌 이들 要素를 主帝하고 選擇하는 種性主體 意志 及 種子靈魂이라는 것을 이미 깨달았다.

이러하듯, 種性을 主帝하고 緣分을 選擇하며 種子를 維持·保存·相續·遺傳·繼承해가는 이 모든 役割이, 種性種子의 絶對靈魂과 相續靈魂 及 緣起靈魂의 善惡美醜에 따라 決定되는 것이라고 볼 때에, 種性 主體意志나 種子靈魂의 醇化改善에 의한 淸淨性 維持繼承이야말로 各個 因子가 지닌 關係役割 能力보다 더 큰 主帝者的 作用意志와 同調緣分選擇 能力을 지닌 種子의 根源的 再創造 作業 要素가 되고 있다고 보아야 할 것이다.

따라서 個體現象 種子가 그가 지닌 種子靈魂을 맑고 깨끗이 만드는 作業은, 過去 先天種子를 改善 改良할 수 있는 過去改善의 效果를 기대할 수는 없어도 未來種子를 改善改良하고 現在種子를 가다듬으며, 後天種子 再創造 作業의 기틀을 세우고 그 作業을 主帝케 하는 根源的 大事業임에는 틀림없다. 無明에 물들고 色空緣分에 混濁해진 種子靈魂을 淸淨無垢한 本來靈魂으로 廻向케 하기 爲하여서는, 무엇보다도 맑고 깨끗한 緣起靈魂을 發顯케 함이 앞서야 한다.

맑고 깨끗한 緣起靈魂의 發顯은 맑고 깨끗한 精神과 淸淨業力을 가꿈으로부터 始作되고, 맑고 깨끗한 精神과 業力은 맑고 깨끗한 肉體識인 眼識·耳識·鼻識·舌識·身識·意識의 六識作用으로부터 비롯되며, 맑고 깨끗한 六識作用은 맑고 깨끗한 六根인 眼根·耳根·鼻根·舌根·身根·意根의 바른 境界觀으로부터 만들어지고, 맑고 깨끗한 六根의 바른 境界觀은 맑고 깨끗한 善環境 安定으로부터 形成되며, 맑고 깨끗한 善環境 安定은 맑고 깨끗한 先後天 種子의 善 Energy 同調로부터 이루어지고, 맑고 깨끗한 善 Energy 同調는 맑고 깨끗한 種子相續靈魂의 同調平等的 生起選擇 作用意志로부터 形成 始作되고 發顯 成就되는 것이다. 이것이 곧 種子靈魂의 再發顯이요, 種子의 再醇化이며, 種子環境과 그 Energy의 再創造 秩序라 할 것이다.

以上의 再創造 原理에서 살펴본 바와 같이, 現象의 個體種子가 後天的 被相續인 現實에서 그 스스로가 할 수 있는 可能한 再創造 作業이란 先後天 種子의 善 Energy 因子를 再創造 管理하고, 種子靈魂의 淸淨醇化에 의한 生起同調的 平等指向意志를 最上昇化하여 善 緣分環境 選擇에 대한 能力 極大化를 이루어내는 일 以外엔 다른 아무것도 할 수 있는 길이 없다.

個體種子 靈魂이 平等 醇化 改善 安定됨으로써 淸淨無垢한 最上昇 靈魂境으로 再創造 昇華되기까지에는 매우 오랜 기간의 種子 變易過程과 種子 緣起靈魂의 거듭나기가 뒤따르지 않으면 아니 된다. 一時的 當代種子에서 모든 改良改善의 絶對的 完成은 不可能한 것이고, 最善의 當代種子 改善意志 發顯으로부터 끊임없는 持續的 再創造의 努力 繼承만이 最上昇의 靈魂因子를 再創造 維持할 수 있는 길이 되리라 믿는다.

3. 人間 再創造를 爲한 結論

지금까지 우리는 人間種性 種子의 創造過程과 再創造 原理에 對해서 考察해 보았다. 宇宙絶對本性이 宇宙現象의 色空因緣에 의해 人間種性을 生起하고, 人間種性은 그 因子를 遺傳相續하면서 現象의 人間種子를 再創造하여 個體人間 種子因子를 遺傳相續해간다.

이 緣起變易過程에서 遺傳主體가 되는 種子因子는 그 相續變易의 主帝者인 種子靈魂의 支配下에 先天種性을 相續받고, 種子의 環境要素的 因子와 種子의 Energy 要素的 因子와의 集合因緣 關係特性을 構造化하여 個體人間形態의 人間種子를 形象化해간다.

이러한 人間種子의 遺傳相續은 各 個別 因緣集合 要素들의 善·惡·美·醜·大·小·强·弱 等의 諸 特性에 따라 그 因子特性도 함께 달라지며, 그러한 個別 因緣要素들에 대한 選擇 及 合成意志는 全的으로 種子靈魂의 淸淨無垢한 絶對平等性 廻向에 의해서만 現象化하는 것이다.

따라서 現在의 旣成化된 人間 個體種子로서의 實現可能한 再創造 努力이란, 靈魂의 淸淨醇化와 그에 의한 種子環境의 最善最吉 選擇 그리고 種子 先後天

Energy 因子의 最善 最大化 作業일 뿐이며, 또 이와 같은 改善·改良 作業의 持續的인 實踐 努力만이 現在와 未來를 光明케 하고, 最善最吉의 人間種子를 再創造할 수 있는 最善의 길인 것이다.

이러한 觀點에서 살펴볼 때, 現在 우리 人間이 靈肉으로 믿고 修行하는 종교적 신앙정신과 智慧와 肉身으로 믿고 窮究하는 風水的 삶의 깊은 調和가 함께 上昇·發展하여 나아가게 된다면, 우리 人間이 바라고 찾는 위대한 靈肉的 人間 再創造 作業은 보다 빨리 進行되고 成就되어갈 것임이 分明하다 할 것이다.

靈魂을 밝고 맑게 닦아 마음을 고요히 바르게 간직하면서, 積善과 積德으로 光明한 風水의 智慧를 터득하고 精進해가는 것은 人類를 福되게 하고 世上을 弘益케 하며, 來日을 거룩케 하라는 本性絶對者의 엄숙한 命令이자 人間의 一大使命이다.

第2章

Energy場 存在와
그 變易 秩序

제1절 Energy場 存在의 特性 槪要

1. 宇宙의 共力場과 太陽 Energy 共力場

1) 宇宙의 共力場과 太陽界

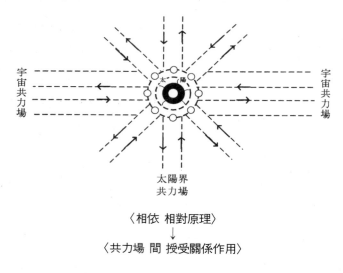

〈相依 相對原理〉
↓
〈共力場 間 授受關係作用〉

〈그림 1-5〉宇宙의 共力場과 太陽系

2) 太陽界의 共力場과 地球 Energy Field

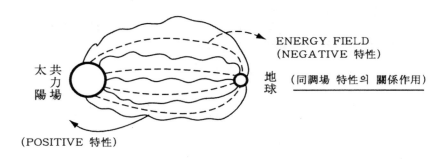

〈그림 1-6〉太陽界의 共力場과 地球 ENERGY Field

3) 太陽界의 共力 變化와 地球 Energy Field 變化

(1) 太陽界의 質量 變化와 地球 重力 變化

(2) 太陽界의 Energy Field 變化와 地球環境 變化

(3) 宇宙 共力場과 地球 Energy Field

2. 地球 共力場과 人間 Energy場

1) Energy場에서의 存在 關係

(1) 同調와 干涉의 特性

(2) 集合과 離散의 特性

(3) 安定과 變易의 特性

2) 地球 共力場과 人間 Energy場의 關係

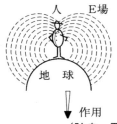

人 E場

地 球

↓ 作用

○ 生起的 造化作用과 消滅的 破壞作用(緣起性)
○ 變易的 輪廻作用(無常性)
○ Energy 保全作用(不滅性)

(胎息・孕育・成長 消滅 動進長生・靜退消死 → 成住壞空)

〈그림 1-7〉 地球 共力場과 人間 ENERGY場의 關係

3) 祖上 ↔ 子孫 間의 人間 Energy場

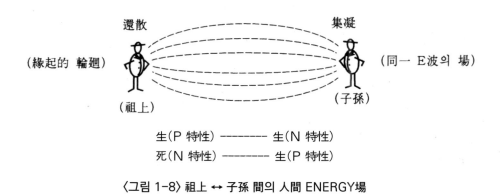

還散   集凝

(緣起的 輪廻)   (同一 E波의 場)

(祖上)   (子孫)

生(P 特性) -------- 生(N 特性)
死(N 特性) -------- 生(P 特性)

〈그림 1-8〉 祖上 ↔ 子孫 間의 人間 ENERGY場

4) 地球共力場 ↔ 祖上 Energy場 ↔ 子孫 Energy場 間의 存在 Energy 關係特性
⇒ 合成 Energy 特性創出

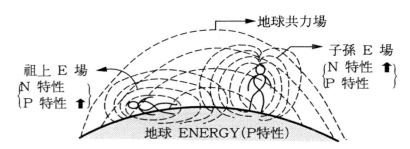

地球共力場

子孫 E 場
N 特性 ↑
P 特性

祖上 E 場
N 特性
P 特性 ↑

地球 ENERGY(P特性)

〈그림 1-9〉 地球共力場 ↔ 祖上 Energy場 ↔ 子孫 Energy場 間의 存在 Energy 關係特性
⇒ 合成 Energy 特性創出

3. Energy場 特性 原理와 風水地理的 環境 特性

1) Energy 共力場의 特性 原理

(1) 共力 → 個體 Energy 間의 合成作用에 의해 發生

(2) 共力場 → 合成共力의 相互關係가 미치는 領域에서 形成

(3) <u>個體特性 維持</u>와   <u>合成特性의 創出</u> → 個體卽 全體
         ↑   ↑

(4) (同調的 同類集合) + (異滅的 全體特性) → 同時 流轉

(5) 自由 關係的 變易

2) 人間 Energy場의 特性原理

(1) 人間 Energy場의 形成 = (宇宙 Energy場 + 地球 Energy場 + 祖上 Energy場)의 合成共力

(2) 人間 Energy場 特性

   ① 本性 回歸 特性(本性 還元特性)

   ② 同類 同調 特性(異類 干涉特性)

   ③ 緣起變易의 特性

(3) 人間 生·死體 Energy場의 特性

   ① 祖上死體 Energy場 − (還元 分散特性 〉集·維)

   ② 子孫生體 Energy場 − (凝集 維持特性 〉還·散)

3) 風水地理的 環境 Energy場과 人間 Energy場

○ 山·水·風·火 共力場 ↔ 人間 Energy場 : 均衡과 安定의 調和

○ 合成 共力 Energy場의 昇化 → 人類發展

※ 人間 Energy場의 理想的 條件

   ① Energy 維持 保全의 原則

   ② Energy 還元 秩序의 原則

   ③ Energy 輪廻 生起의 原則

제2절 Energy場 存在와 山穴 및 人體 Energy場

1. 存在特性과 人體特性의 關係

1) 一切存在

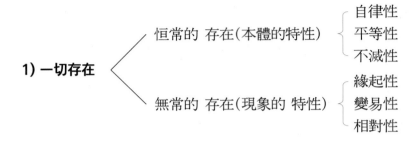

恒常的 存在(本體的特性) ┤ 自律性 / 平等性 / 不滅性

無常的 存在(現象的 特性) ┤ 緣起性 / 變易性 / 相對性

2) 無常存在의 現象的 特性

　(1) 個體的 特性(種子特性)

　(2) 個體間의 關係的 特性
　　　關係作用 : 同調的 作用・干涉的 作用・無記的 作用

　(3) 存在關係의 同調的 作用
　　　① 生命體 創造作用
　　　② 生命 Energy 再充積 作用
　　　③ 生命 活動 維持 作用 → 集合特性(生起 生成 生住)
　　　④ 生命 Energy 還元 作用 → 還元特性(離散 壞滅 還元)

　(4) 存在關係의 干涉的 作用
　　　① 生命體 壞滅作用
　　　② 生命 Energy 分散 作用
　　　③ 生命 活動 停止 作用
　　　④ 反 Energy 作用

　(5) 存在關係의 無記的 作用
　　　① 同調的 無記 作用
　　　② 干涉的 無記 作用

2. 存在特性과 人體特性 Curve

(1) 人體特性은 諸 存在特性 中 一個體 存在다.

(2) 個體 人間特性은 一切存在特性과 同一하다.

(3) 同一 Energy場 속에서의 同一特性 存在는 相互 同調한다.

(4) 同一 Energy場 속에서도 異質的 特性存在는 相互 干涉한다.

(5) 人體 Energy場이 他存在特性과 同一場 속에서 同一特性을 維持하면 人
體 內에는 同調的 生命 Energy가 發生한다.

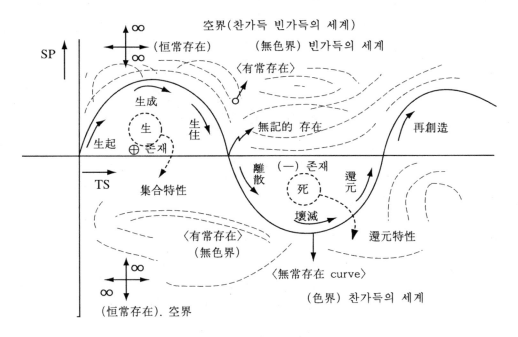

〈그림 1-10〉諸 存在 特性 WAVE

3. 地球環境 Energy場 ↔ 地氣山穴 Energy場
↖ 人體 Energy場 ↗

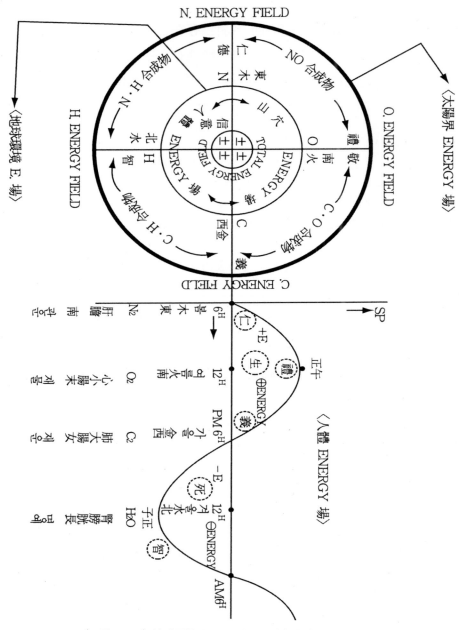

〈그림 1-11〉地球環境 Energy場 ↔ 地氣山穴 Energy場
↖ 人體 Energy場 ↗

4. 人體 Energy場의 形成과 Energy 同調原理

1) 祖上과 子孫의 人體 Energy Rhythm

(1) 同一遺傳因子에 의한 同一遺傳形質

(2) 同一 Energy場 特性에 의한 同一特性 Wave

(3) 同一 Energy波에 의한 同調 Wave 形成

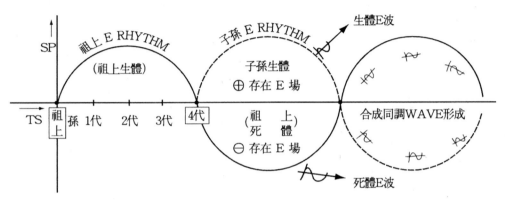

〈그림 1-12〉祖上과 子孫의 人體 Energy Rhythm

2) 祖上 Energy ↔ 子孫 Energy 間의 同調 原理

(1) 同調 Wave가 形成되면 Energy 增幅現象이 생긴다.

(2) 集合特性의 ⊕存在 Energy는 還元特性의 ⊖存在 Energy를 吸收한다.

(3) 生體 Energy는 死體 Energy 同調에 의해 生命 Energy 極大化가 된다.

(4) 4代孫 生體 ⊕Energy場은 祖上 死體 ⊖Energy場의 還元處가 된다.

(5) 子孫 ⊕Energy場과 祖上 ⊖Energy場 合成이 後孫의 生命 Energy場이 된다.

3) 同調 Energy 作用이 子孫에게 나타내는 可視 現象

(1) 健康生體 Rhythm의 增幅 現象

(2) 情神 Energy(能力)의 極大化 現象

(3) 全人的(仁·義·禮·智·信의 圓滿相) 人格 形成

※ 干涉 Energy가 作用하면 위와 反對現象이 나타난다.

5. 現象存在의 相對關係와 그 Energy場

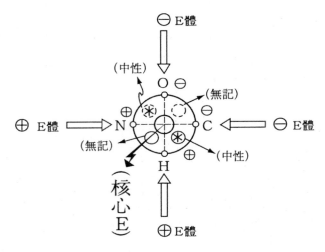

〈그림 1-13〉 現象存在의 Energy Balance

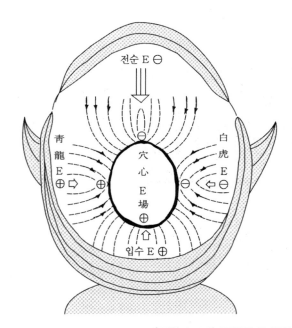

※ 入首 Energy＋纏脣 Energy＝0

※ 靑龍 Energy＋白虎 Energy＝0

※ 穴心 Energy＝Total 合成 Energy＝0

※ 즉 穴場 내에는 四神砂 Energy가
Balancing 되어있다.

※ 現象의 一切存在는 相對的 Energy
均衡에 의해 그 生命現象을 維持해간다.

〈그림 1-14〉 四神砂의 相對 關係와 Energy場

6. 空間 Energy와 立體 Energy와의 關係

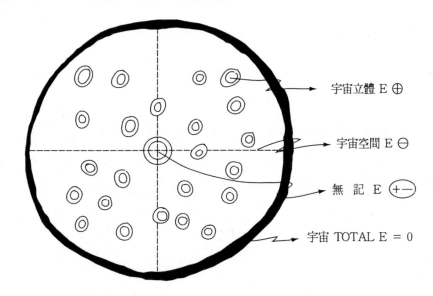

〈그림 1-15〉空間 Energy와 立體 Energy와의 關係

7. 局空間 Energy와 四神砂 Energy와의 關係

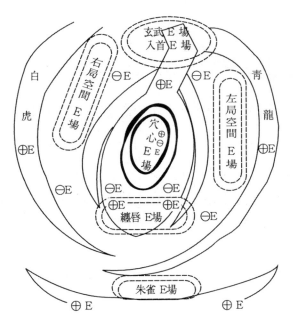

※ 四神砂 Energy體 : ⊕Energy時
　　局空間 Energy場 : ⊖Energy

※ 局空間 Energy(場)
　　＋四神砂 Energy(體)＝0
　　＝穴心 Energy場

※ 따라서 穴心 Energy場은 四神砂
　　Energy體와 局空間 Energy場의
　　均衡場 속에 있다.

※ 相對的 關係이므로 固有極性이 아님

〈그림 1-16〉局空間 Energy와 四神砂 Energy와의 關係

8. 諸 存在 및 穴星과 人體 Energy場의 特性 原理

※ 地球核 Energy場과 人體 Energy場의 Energy 同調特性

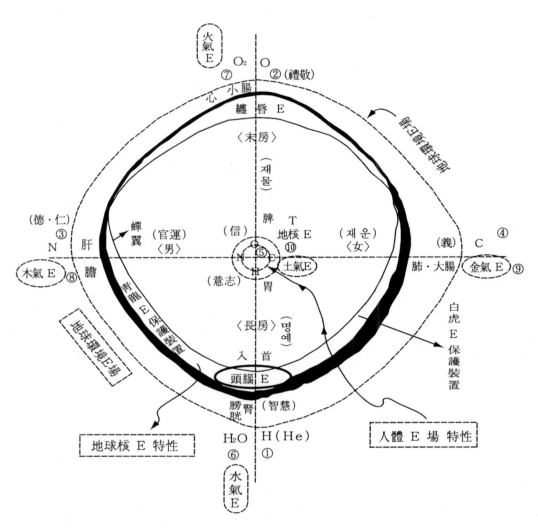

〈그림 1-17〉地球核 Energy場과 人體 Energy場의 Energy 同調特性

※ 地球(宇宙)의 一切存在 中 圓滿相의 Energy體(Energy 核果) 形態 特性
은 上記圖와 同一한 Energy場을 갖는다.

9. Energy 統一場의 原理

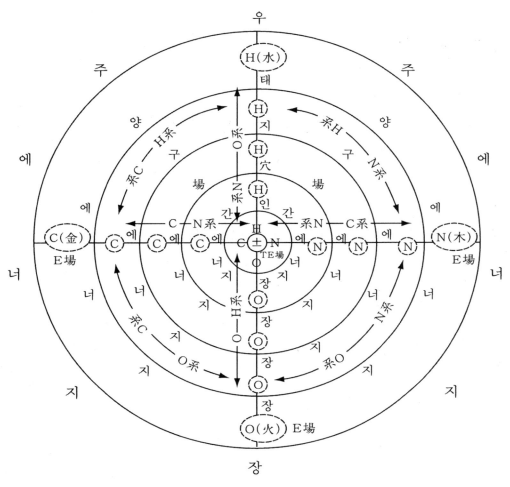

〈그림 1-18〉 Energy 統一場의 原理

※ 萬物相(同調相, 干涉相, 無記相)은 統一 Energy場 속에서 相互關係한다.
H - N - O - C Energy場 同調合成은 T(土) 凝縮場을 生成 核化한다.

제3절 存在의 生滅秩序

1. 存在의 生滅原理

1) 0次元의 存在

　（1）元因子와 元緣子 及 無記子의 一切相 : ○相
　（2）時空一切로 生滅以前의 一切平等相

2) 1次元의 存在

　（1）元因子와 元緣子 及 無記子의 混沌相 : ●·○相
　（2）內外의 不平等 關係 以前相으로 生滅性의 混沌이 일어남
　（3）因子個體와 緣子個體가 自特性을 나타내지 못하므로 空特性임

3) 2次元의 存在

　（1）元因子와 元緣子 個體存在의 特性獨立關係相 : ⊕⊖顯氣
　（2）內外 不平等 關係性이 作用되므로 生滅性의 發現
　（3）空과 間의 特性이 비롯되고 無記特性이 共存한다.

4) 3次元의 存在

　（1）元因子와 元緣子 合成果相 ⇒ 第一果相(⊕⊖의 合成)
　（2）個體存在間의 關係形成으로 生滅이 現象化한다.
　（3）空間과 時間의 1次的 特性 存在相이 始現된다.

5) 4次元의 存在

　（1）果因과 (果)緣의 合成 果相 : 第一果의 因緣相
　（2）第一果因 + 3次元의 因緣 → 第二果
　（3）時空의 2次的 特性關係 存在相이 緣起的으로 發生

6) 5次元의 存在

(1) 第二果를 因緣으로 한 : 第二果 因緣相

(2) 第二果因 + 4次元의 因緣 = 第三果

(3) 時空의 3次的 特性關係 存在相이 緣起的으로 發生

7) 多次元의 存在

(1) 第三果 以上의 多次元果를 因緣으로 한 多元果相(多元因緣相)

(2) 多元果因 + 多元 因緣 = 多元果相

(3) 時空의 多元次的 關係作用이 緣起的(無盡緣起)으로 發生

8) 無限次元의 存在

(1) 多元果를 因緣으로 한 無限次元의 因緣相

(2) 多元果因(無限果因) + 無限因緣 = 無限因果相(無限無記因緣發生)

(3) 無限時空의 無盡 關係作用에 의해 無盡因緣果가 發生

   (無盡同調果, 無盡干涉果, 無盡無記果)

9) ⊕ 無限同調果

(1) 無限生成界의 極大⊕ ∞ 果相(極大界)

(2) ⊕宇宙場의 形成으로 自性은 平等指向的이다.

(3) ⊖宇宙場의 相對關係에 의해 干涉이 生起하면서 不平等이 始發

10) ⊖無限 干涉果

(1) 無限消滅界의 極大⊖ ∞ 果相(極微界)

(2) ⊖宇宙場의 形成으로 自性은 平等指向的이다.

(3) ⊕宇宙場의 相對關係에 의해 干涉이 生起하고 不平等 始發

   (本干涉은 事實相 同調關係로서 同調生成果의 始發이 됨)

11) ⊕∞ 生成과 ⊖∞ 消滅과 無記

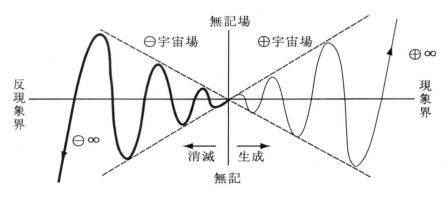

〈그림 1-19〉 ⊕∞ 生成과 ⊖∞ 消滅과 無記

12) ⊕∞ 同調界와 ⊖∞ 干涉界의 調和와 均衡 ⇒ 平等性

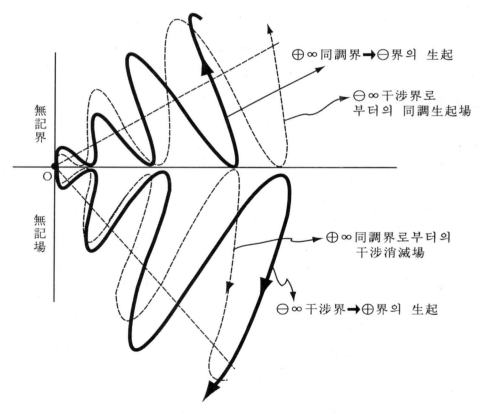

〈그림 1-20〉 ⊕∞ 同調界와 ⊖∞ 干涉界의 調和와 均衡 ⇒ 平等性

2. 現象存在의 變易 秩序

1) 無常界의 Energy 變易 秩序

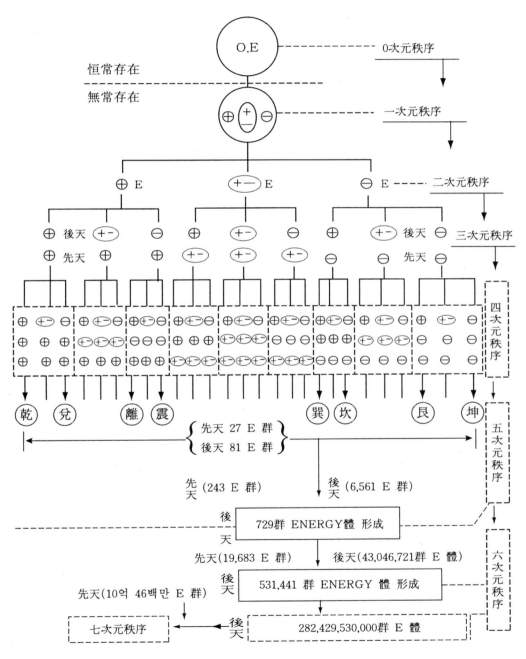

〈그림 1-21〉無常界의 Energy 變易 秩序

2) 無常界 Energy의 系列別 變易

(1) 一次元 秩序 ： ⊕ · ⊕ · ⊖의 混沌相으로 無系列

(2) 二次元 秩序 ： ⊕系 1, ⊕系 1, ⊖系 1

(3) 三次元 秩序 ： ⊕⊖系 4, ⊕系 5 ⇒ 9群

⊕系 3   ① 眞陽系 ： 1
       ② 無記系 ： 1
       ③ 陰陽配合系 ： 1

⊕系 3   ① 眞無記系 ： 1
       ② 陽混合系 ： 1
       ③ 陰混合系 ： 1

⊖系 3   ① 眞陰系 ： 1
       ② 無記系 ： 1
       ③ 陰陽配合系 ： 1

(4) 四次元 秩序 ： ⊕⊖系 8(八卦), ⊕系 19 ⇒ 27群

⊕系 9   ① 眞陽系 ： 1(乾)
       ② 無記系 ： 5
       ③ 陰陽配合系 ： 3(兌·離·震)

⊕系 9   ① 眞無記系 ： 1
       ② 陽混合系 ： 4
       ③ 陰混合系 ： 4

⊖系 9   ① 眞陰系 ： 1(坤)
       ② 無記系 ： 5
       ③ 陰陽配合系 ： 3(巽·坎·艮)

(5) 五次元 秩序 : ⊕⊖系 64, ⊕系 665 ⇒ 729群

⊕系 243
① 眞陽系 : 1
② 無記系 : 211
③ 陰陽配合系 : 31

⊕系 243
① 眞無記系 : 1
② 陽混合系 : 121
③ 陰混合系 : 121

⊖系 243
① 眞陰系 : 1
② 無記系 : 211
③ 陰陽配合系 : 31

(6) 系列別 Energy 變易 Graph

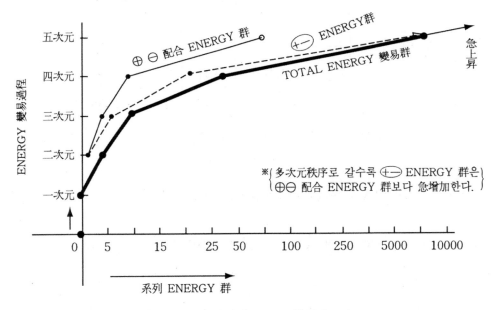

〈그림 1-22〉系列別 Energy 變易 Graph

3) 無常 Energy 界의 先後天 變易秩序 解說

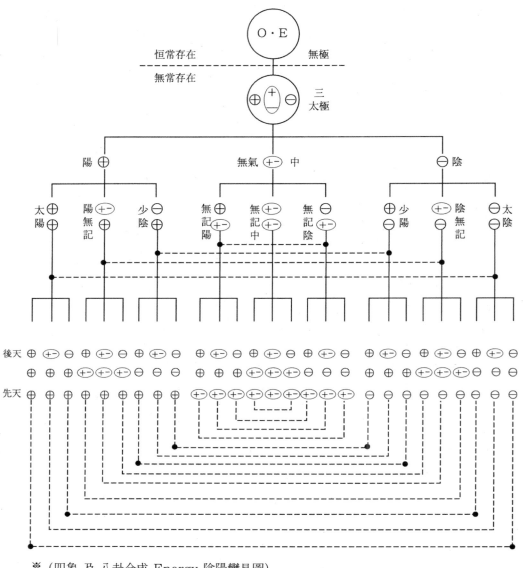

※ (四象 及 八卦合成 Energy 陰陽變易圖)

〈그림 1-23〉無常 Energy 界의 先後天 變易秩序 解說

4) 無常 Energy 變易과 分布

(1) 先天 Energy 分布

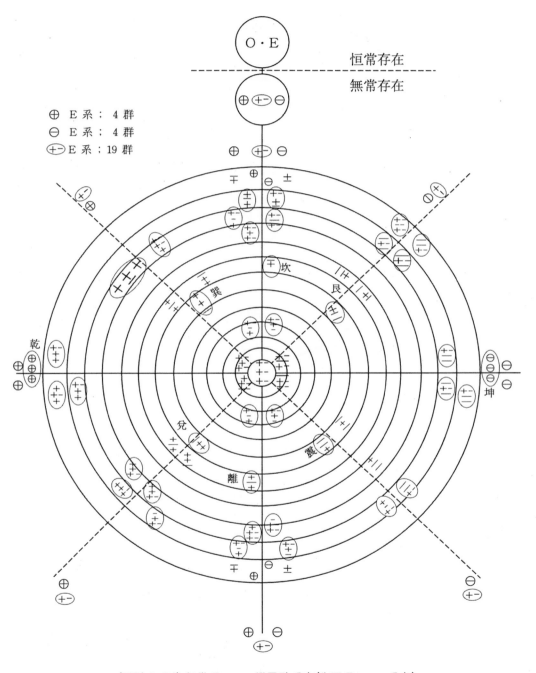

(2) 後天 Energy 分布

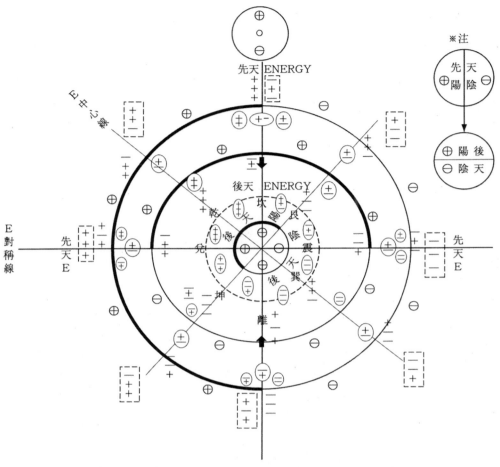

〈그림 1-25〉 無常 Energy 變易과 分布(後天 Energy 分布)

Energy 變易의 제4차원 秩序 中 無記變易 Energy群을 제외한 8개群 八卦만을 觀察한 後天 變易은

① 乾 Energy群이 ⊕Energy 中心으로 옮기고, 그의 對稱 位相에 坤 Energy 群이 자리 이동한다.

② 坎・離 Energy群은 乾・坤의 中心 位相으로 變易이 없다.

③ 艮 中 巽 Energy群은 對稱 Energy 位相을 찾아 옮기고, 兌 Energy는 ⊕Energy 安定處로 옮기며, 그 對稱 Energy 震은 對稱 位相에 머문다.

제4절 地氣 Energy場論

1. 氣의 종류

(1) 天體氣 – 天體 Energy場(Energy Field)

　天體 Energy場의 構造

　① 태양 Energy 및 그 Energy場

　② 달 Energy 및 그 Energy場

　③ 태양 위성 Energy 및 그 Energy場

　④ 其他 우리 은하계 Energy 및 그 Energy場

　⑤ 其他 天體 Energy 및 그 Energy場

(2) 地氣 – 地氣 Energy場

(3) 人間氣 – 人間 Energy場

(4) 其他氣 – 其他 Energy場

2. 地氣 發生 原理

(1) 地氣 Energy場 정의

　太陽系 Energy場의 一元的 存在

(2) 地氣 Energy場의 發生 배경

　太陽系 Energy場 相續 → 태양 Energy 및 그 Energy場 同調로부터 시작하여 이하 11종의 Energy 및 그 Energy場을 보유한다.

(3) 地氣 Energy場의 構造

　① 地球 核 Energy 및 그 Energy場

　② 重力 Energy 및 그 Energy場

　③ 强力 Energy 및 그 Energy場(地球 核 Energy)

　④ 引力 Energy 및 그 Energy場(求心力)

　⑤ 斥力 Energy 및 그 Energy場(遠心力)

⑥ 地 磁氣 Energy 및 그 Energy場(引力과 斥力에 의해 생긴다)

⑦ 地 電氣 Energy 및 그 Energy場

⑧ 弱力 Energy 및 그 Energy場(地球表面 땅덩어리의 地球입자 Energy 요소)
  - 核元素子(陽子＋中性子＋電子) → 각종 分子 → 粒子
  - 弱力場은 地球 덩어리가 가진 전체적 Energy場
  - 地球表面에 나타나는 Energy場은 弱力場이 가장 강하다. 地表Energy의 75％ 차지

⑨ 熱 Energy 및 그 Energy場(地球 고유 熱 Energy ＋ 태양 복사 Energy)

⑩ 風 Energy 및 그 Energy場(熱에 의해 發生)

⑪ 水 Energy 및 그 Energy場

※ ⑫ 地氣 全體에 天體 Energy場이 同調作用한다.

이상의 Energy 및 그 Energy場 同調가 地表로 移動하여 循環하는 現象을 소위 地氣 Energy 및 그 Energy場이라 통칭한다.(①～⑪의 합성 : 地球氣 또는 地氣)

3. 地氣 Energy 및 그 Energy場의 流轉

• 地球 核 Energy → 地表移動 Energy 및 그 Energy場 → 山脈 形性 → 12가지 Energy場이 山脈을 따라 移動
(⊕循環 Energy 및 그 Energy場) → 成穴(穴核 Energy 및 그 Energy場) → 地球 核으로 Return(⊖地球 核 Energy)

（1）Positive(⊕) 特性 : 地表 循環 및 內部 移動
（2）Negative(⊖) 特性 : 地球 內部로 Return

(3) Positive 循環 Energy + Negative 地球 核 Energy = 地氣 同調 凝
　　縮場 → 成穴

(4) 循環 Energy는 穴場에서 生氣 Energy化한다.

• 天體 Energy場은 Positive(⊕)Energy와 Negative(⊖)Energy를 컨트
　롤한다.
　天體 Energy場이 地球 Energy場과 同調 → 山脈 발달, 圓形 穴場 形成
　天體 Energy場이 地球 Energy場과 干涉 → 바다, 사막, 지판 분열

제5절 同氣感應論

1. 同氣感應의 槪要

1) 同氣感應의 生態工學的 分類

(1) 生氣 Energy 및 그 Energy場 感應
- 生命現象(集合同調 現象) → 生氣感應
(2) 死氣 Energy 및 그 Energy場 感應
- 消滅現象(離散干涉 現象) → 死氣感應
(3) 無記氣 Energy 및 그 Energy場 感應
- 無記現象(生死不明 現象), 一切 存在系를 無記化시킴 → 無記氣感應

2) 生氣感應의 種類

(1) 生氣 Energy場 感應(醇化感應)
① 立體 Energy場 感應 : 中國 立體 板 構造 Energy場 感應 特性
② 地氣 → 祖上 亡者 生氣 醇化感應(祖上 屍身 還元 Energy 醇化感應)
③ 地氣 → 人間 子孫 生氣醇化感應(집터, 일터, 쉼터의 地氣感應)
(2) 同期 Energy 同調感應
① 線 構造 Energy場 感應 : 韓國 山脈 構造 Energy Element 感應 特性
② 地氣 → 祖上 生氣 同調感應(還元 同調感應)
③ 祖上 → 子孫 同期同調感應(祖上 → 子孫 間 Energy 周波數 同調感應)
(3) 生氣化學的 感應 : 攝生, 呼吸, 其他 補助食品에 의한 生命活動 中의 生氣感應

3) 死氣 Energy 感應 – 消滅 Energy 및 그 Energy場 感應

골짜기, 강가, 산꼭대기, 들판, 매립지, 낮은 곳, 파인 곳, 엎어진 곳, 넘어진 곳, 늪지대, 돌무더기, 모래땅, 산등어리, 無脈地, 바다, 강, 사막

4) 無記氣感應 - 無記 Energy場 感應

산자락, 支脚後端, 穴場後端, 山의 背面 및 側面

2. 同氣感應의 原理 解釋

1) 生氣 Energy場 感應

氣란 宇宙萬物에 存在하는 一切 存在의 根本 Energy로서 地球表面에 실려 있는 모든 生命體나 無生物의 生長收藏 및 消滅 還元을 主管하는 生氣와 死氣, 無記氣의 3種類를 말한다.

風水에서 氣란 앞서 간략히 說明한 바와 같이 地氣가 지닌 12여 가지 Energy場(核力場, 天體 Energy 同調場, 强力場, 重力場, 引力場, 斥力場, 磁氣力場, 電氣力場, 弱力場, 熱力場, 風力場, 水力場) 中의 生氣와 死氣 및 無記氣를 주로 뜻하며, 땅의 地氣 中 萬物을 生成케 하는 生命特性과 萬物을 消滅케 하는 還元特性, 그리고 生成도 還元도 아닌 無記特性으로 區分된다. 그 中 生氣는 生命力이 躍動하여 움직이는 것을 말하는데 이러한 生氣는 天地間을 流行하여 서로 같은 氣끼리 同調, 照應, 醇化케 하는 相互感應 作用을 하게 된다. 이것을 風水에서는 生氣的 同氣感應이라 한다.

즉, 生氣感應이란 地球上에 存在하는 모든 生命體가 地球表面에 存在하는 一切의 生命 Energy를 그 母體인 天地氣로부터 供給받는 秩序體系를 意味한다. 따라서 人間生命 Energy體는 人間構造特性의 生命 Energy를 天地氣로부터 胎生的 特性에 의해 集合構造化하는데, 餘他 生命體 亦是 이와 같은 根本 生命 Energy를 吸收, 供給, 集合시켜가는 原理는 大同小異하다 하겠다. 이렇듯 地球上의 어떤 生命體도 天地氣 中의 各各의 種姓的 生命 Energy를 同調, 醇化 또는 轉移, 吸收에 의한 方法으로 集合構造化함으로써 그 本然의 生命現想을 綿綿히 이어가고 있는 것이다.

2) 同期 Energy 同調感應

人間이 쉬고 活動하는 衣食住 次元에서 얻어지는 天地氣 生命 Energy場 傳達 現象인 生氣感應을 同氣感應 또는 生氣 Energy 醇化過程이라고 한다면, 祖上의 還元 Energy 및 그 Energy場으로부터 子孫이 供給받는 同一 Energy 및 同一 周波數에 의한 Energy 傳達現象은 同期同調的 感應現象이라 말할 수 있다.

이와 같은 同期同調的 感應이 이루어지기 위해서는 다음의 條件이 形成되어야 한다.

① 遺傳因子가 相互 同一할 것
② 遺傳形質이 相互 同一할 것
③ Energy 周波數가 相互 同調할 것

위의 3가지 條件이 成立될 때 비로소 子孫의 集合 Energy場(⊕Energy場)과 祖上의 還元 Energy場(⊖Energy場)이 相互 同調 作用을 일으켜 Energy 準位 增幅에 의한 同期感應的 生氣 Energy가 圓滿히 傳達된다고 할 수 있다.

3) 生氣化學的 感應

人間은 飮食物이나 呼吸, 其他 補助食品 等을 통해 生命活動을 維持, 營爲해 나간다. 이러한 生命 活動 속에서 地表 生命 Energy體로부터 生命 Energy를 供給받아 物理化學的으로 吸收하는 感應體系를 生氣 化學的 同氣感應이라고 한다.

人間生命 Energy體는 同氣感應, 同期感應, 生氣 化學的 感應의 3가지 同氣 感應 形態로 根本 生命 Energy(地氣 Energy)를 供給받는데, 父母直系 祖上이 살아있을 때에는 祖上과 子孫間에 同氣感應 形態로 生氣 Energy를 交流하다가 父母直系 祖上이 돌아가신 뒤에는 祖上의 還元 Energy가 同一遺傳形質(同一 Energy體 및 同一 Energy 주파수)을 가진 直系子孫에게 同期感應되어 그 Energy가 傳達된다. 同期感應은 同一 遺傳形質을 지니고 있는 父母祖上과 直系子孫間에만 可能하며 兄弟 間에는 父母直系祖上과는 달리 同氣感應만이 이루어진다.

3. 同氣感應論과 同期感應論

風水思想의 基本要諦는 葬者乘生氣的 宅地選定과 同氣感應的 裁穴技法에 있다. 亡者의 靈肉이 地靈地氣로부터 醇化感應 받아 擴大 增幅된 生靈生命氣運이 그 Energy場보다 더 큰 生命氣運으로 變換되어 子孫에게 傳達될 수 있는 感應的 秩序體系는 東西洋을 莫論하고 埋葬式 葬禮 構造 形態에서는 모두가 大同小異하다. 天地氣가 지니고 있는 人間生命 Energy를 亡者나 生者에게 醇化同調시키고, 醇化同調된 生靈 生命 Energy를 同期(동일 주파수 특성) 子孫 生命 Energy體에 同期同調시킴으로써, 人間의 祖上과 子孫이 함께 天地人 統一境界 Energy場으로 合一되어가도록 하는 것이 主된 風水思想의 生氣感應, 즉 同氣感應 및 同期感應의 構造體系이다.

1) 同氣感應論(Energy場 傳達過程)

天人地 合一的 存在觀은 天人地 一切的 同氣觀으로 발전하였고, 이는 다시 天地人 生氣同氣觀으로 再 發展되면서 結局은 人間 生命體에 대한 天地氣 同氣感應論으로 誕生하게 되었다. 同氣感應은 地氣 生命 Energy場이 人間 亡者와 그 땅의 地氣가 同氣感應함으로써 天地氣 生命 Energy場이 漸次的으로 醇化, 生氣 同調되어 人間 生命 Energy를 供給하는 것이다. 즉 天地氣 Energy에 의해 醇化應氣된 生氣 Energy場이 同調 感應現象을 일으키며 전달되는 과정을 말한다.

2) 同期感應論(Energy體 傳達過程)

同期感應은 醇化된 人間亡者의 遺傳相續體에 의한 同一周波數 Energy體(Energy Body)의 同期同調 過程을 통해 後孫의 人間生命 Energy를 供給하는 過程이다. 人間遺傳 Energy體 同調라는 同期的 生命Energy 感應 原理는, 亡者의 死後世界 空間 속에 天地氣의 人間生命 Energy를 醇化, 增幅시킴으로써 亡者의 靈肉安寧과 還元廻向을 漸次的으로 極大化시키고, 亡者의 極大化된 還元廻向 Energy를 동일 주파수 遺傳 相續體 後孫에게 急速히 同期同調方式으로

傳達케 하는 秩序體系이다.

　　祖上의 體魄이 生氣가 가득한 明堂吉地에 모셔진다면 祖上과 그 直系子孫은 遺傳的 生氣同調 體系를 통해 同期同調感應 效果가 極大化되어 더 큰 能率的 生氣感應現象을 일으키게 되고, 그 增幅된 Energy場으로 子孫들의 生命現象이 富貴旺丁하게 되는 데 반해, 凶地에 埋葬된 白骨은 나쁜 Energy 및 그 Energy場의 干涉作用에 의해 그 凶氣가 子孫에게 傳達되어 消滅됨으로 인해 子孫들이 被害를 입게 된다는 것이 風水地理의 根本인 同期感應의 原理이다.

第3章　韓半島의 自生的 風水思想과 東아시아 風水思想

제1절 韓半島의 自生的 風水思想 概要

1. 韓半島의 自生的 風水思想 背景

어느 國家 어느 民族을 막론하고 그 國家 民族은 나름대로의 生命秩序와 生活文化를 개척하면서 人間 文明社會를 일구어왔다.

食生活의 해결방법으로부터 住居生活의 安定方式에 이르기까지 有限 被造的 人間 生命體는 自然存在, 특히 地球 胎生 環境 生命場의 絶對的 영향 속에서 가장 效率的인 人間 生命文化를 이어가고자 부단하게 노력해왔음을 人類歷史가 잘 말해주고 있다.

人間 生命體의 效率的 運營, 管理, 生存方式의 效果的 對案 設定, 未來 指向的 人間文化 창달, 自然 同調的 善 生命活動 等 人間 삶의 諸 과제들을 해결하기 위해 우리 人類는 人間의 內面世界와 外面世界를 넘나들면서 땅과 人間과 하늘과의 因緣關係를 살피기 시작했고 드디어는 땅과 人間과 하늘이 相互 因緣하여 關係하는 同質의 同一 生命場 存在로서 살고 있다는 三位 一切的 生命觀을 定立하기에까지 이르렀다.

人間生命의 價値觀이 人間과 自然의 共通的 生命觀으로 발전해가면서, 地球 地表環境이 제공하는 地球 生命 Energy場의 善惡・美醜가 人間生命 Energy場의 善惡・美醜를 결정하는 데 있어서 너무나 큰 要素가 되고 있다는 것도 또한

再認識하게 되었다.

人類가 人間生命 Energy場을 결정짓는 胎生環境 Energy場이 얼마나 값지고 긴요한 것인가를 파악하게 되면서부터 人類文明의 최우선 과제로 등장하게 되는 것이, 보다 安定된 삶의 터전과, 보다 善美한 生活環境 즉 善 生命 同種 Energy場의 確保問題이다. 이것은 분명히 人類의 最大 恩惠를 最大의 選擇意志로 弘益케 할 수 있는 最吉의 선물이라고 할 수 있을 것이다.

어느 地域, 어느 國家, 어느 人類, 어느 生命體에 있어서도 이러한 最吉 선물을 얻어 지니려는 人間 노력과 意志發顯은 너무도 자연스러운 것이며, 自生的으로 발달되는 信仰的 思想的 文化的 特性 역시 서로 달리 그 原理를 지녀갈 수밖에는 없다고 할 것이다.

韓半島의 隆起 Energy體 地質 形成構造에 의한 地勢地形特性은 中國의 板 Energy體 再凝縮 褶曲 形成過程의 地勢地形特性과 日本의 火山爆發에 의한 火成巖質 土質構造 地勢地形特性 등과 매우 다른 정교 세밀하고 다양한 地表 Energy體 및 그 Energy場 特性 構造를 지니고 있다.

비록 白頭山 火山噴出로 인한 地表隆起 Energy體 構造의 不安定的 要素와, 楸哥嶺 地球谷, 중서남부의 地向斜帶 및 一部 部分的 構造谷으로 인한 隆起 不安定 現象이 發生하고는 있으나 그러함에도 그 根本的 地質 Energy體 構造特性과 地勢 Energy場 特性은 人體 生命構造 形成 維持와 保存 및 生活文化 발달 과정에서 크게 차이가 난다고 볼 수 있다.

우선 造山 形成過程의 差別로 인한 人體 Energy場 構造特性 및 文化 形成過程의 差別性이 서로 다르고, 다음으로 그 差別性에 따른 地勢地氣環境의 文化發生과 維持 保存方式이 서로 다르다.

韓半島의 單一形態構造 造山活動에 따른 人體生命 Energy場 特性과 그 文化特性은 比較的 單純 獨立 指向的이며, 個體部分 成就 指向的 特性을 維持해가고 있는 반면, 中國大陸의 複合 包括的이며 全體 融合 成就 指向的 文化特性과, 日本列島의 地勢地氣 不安 解消的 爭取 指向特性 과정에서 發生 전개된 文化 形態特性과는 매우 다른 質的 現象的 差別性을 지니고 있음이 분명하다.

이렇듯 韓半島의 地理地勢環境에 적응하는 自生的 風水文化 역시 周邊國의 差別的 地勢地形環境에서 形成된 風水文化와는 그 發生原理와 秩序體系가 확연

히 다르게 전개되고 있음 또한 확실하다.

이러한 地理地勢 地表 Energy體 및 Energy場 構造特性과 그 形成秩序에 的確하는 風水地理的 理論體系와 風水文化를 再確認하고 그 理論體系를 보다 명료하게 정리 보급시킴으로써 韓半島 地理地勢地形에 알맞은 人間 生命文化를 再創造 발전시켜가야 한다는 것은 너무도 당연한 일이라 할 것이다.

2. 風水思想의 信仰的 自生過程

1) 地域環境의 生態的 自然觀

(1) 地域別 環境別 生體別 生態環境 Energy場의 派別的 人間特性 存在

(2) 差別的 存在特性에 의한 對 自然 適應能力의 多樣性과 生活方式의 特異性

(3) 歷史 및 傳統에 의한 風習과 慣習과 思考化가 가져오는 地域的 삶의 方式 形成

2) 自然의 威脅的 對象에 대한 再認識

(1) 第一段階 깨우침의 과정

自然對象의 공포, 두려움, 不可能, 不可抗力性, 豫測不能的 變化性 等의 干涉的 消滅意志에 대한 避難意識으로부터 漸進的 理解 및 和解認識으로 適應해가는 自然에의 깨우침을 얻어가게 된다.

(2) 第二段階 깨우침의 발전과정

光明, 廣闊, 生起的 生命 緣分, 攝生, 安住, 平安 生命現象의 歡喜 等 自然의 生氣的 同調意志에 대한 感謝, 恭敬, 順應 選擇 等의 積極的 生活意識으로 깨달음의 발전이 진행되었다.

(3) 第三段階 智慧의 발달

보다 積極的 順應과 選擇의 意志發顯으로 避凶取吉의 智慧발달이 일어나게 된다.

3) 自生的 風水思想의 胎動

(1) 初期過程

風水思想의 胎動 초기에는 生命의 再認識, 愛着, 維持 保全的 渴望으로부터 해결 指向的 渴求意識으로 발전(紀元前 原始 – 舊石器 – 新石器)

(2) 中期過程

風水思想의 胎動 中期過程에는 生命維持的 生活方便의 質的 量的 向上을 위해 터전적 選擇 意識이 强力하게 발달하게 된다(新石器 – 靑銅鐵器 – 三國時代).

(3) 近世過程

風水思想의 胎動 近世過程에서는 自然同調的 터전 選擇意志로부터 보다 效率的인 人間生命 同調環境 選擇意識의 自體的 發顯, 즉 風水思想이 胎動하게 되고 수준 높은 삶의 選擇的 智慧로 발전하게 된다(三國時代 – 朝鮮時代 – 現代).

3. 自生風水의 學問的 智慧와 信仰的 生活觀

1) 自然環境의 畏敬的 對象에 대한 秩序把握과 風水的 自然觀 定立

(1) 畏敬的 自然觀으로부터 宇宙의 主宰者的 意志 把握과 風水的 自然意志 確認
(2) 自然運行秩序와 人間生命秩序의 同調的 秩序把握과 自然生命同調秩序 環境의 發顯
(3) 風水信仰의 生活化에 대한 價値發見과 上昇的 삶의 智慧 確立

2) 風水的 環境秩序의 再認識과 風水思想의 生活的 智慧 발전

(1) 自然環境 Energy場과 人間生命 Energy場의 同質 同調的 生命 Energy

場 發顯으로부터 風水的 生命 Energy의 同調·干涉에 대한 價値觀 定立
과 同調的 生命場의 視空間的 認識

(2) 自然環境 生命場의 구체적 生命 Energy場 特性變化와 變易秩序 파악으
로부터 順應과 共存의 思想定立

(3) 日常的 生活全般에 대한 環境順應과 共存의 智慧攄得으로부터 學問의 智
慧化가 촉진됨으로써 自然에 대한 발전적 思想定立과 人間의 構造的 理
性이 再發見된다.

(4) 터전문화의 발전으로부터 生活文明의 效用性 再認識

(5) 風水的 생활관을 弘益人間의 價値哲學으로 昇華 발전

(6) 宇宙 自律意志에 대한 人間 選擇意志의 믿음이 信仰的 價値 形態로 발전
되어 오늘에 이름

4. 自生 風水思想의 效用的 價値

1) 自然意志의 智慧攄得과 合理的 人間意志 再創造

(1) 宇宙意志 → 太陽系 意志 → 地球 意志 → 地球 表面體 意志 → 人間意志
(萬物意志)의 同調的 同質性을 發見하게 된다.

(2) 同調 同質性의 自律意志 發見으로부터 人間意志의 再創造 노력과 天地
人의 合一的 善 意志 具現을 이룩함으로써 人間의 善 生命意識을 발달시
킨다.

(3) 善 生命 意志 → 善 文化 창달 → 善 文明 社會建設 → 持續的 弘益人間의
大乘的 삶의 哲學을 구현한다.

2) 터전 選擇의 效用性

(1) 生産 터전의 選擇 價値

安定生産 및 成長 維持處를 確保하고 種族繁殖의 效率性을 제고시킨다.

(2) 作業 터전의 選擇 價値

風水火災로부터의 胎出 可能한 智慧를 確保하고 좋은 작무터전의 確保와 持續可能한 작업터전의 安定性 및 效率性을 제고시킨다.

(3) 休息 터전의 選擇 價値

善 生命意志와 터전의 選擇 智慧에 의한 보다 效率的 休息 安樂處 및 보다 效果的 休息 快適處를 成就함으로써 持續的이고 質 높은 活動 Energy를 再充積시킨다.

3) 生活 選擇의 效用性

(1) 風水 原理的 住生活의 選擇 價値

背山臨水 形態의 地表 Energy 흐름 把握으로 住 活動空間의 效率的 配置 管理는 勿論, 天災地變으로부터의 安全 維持處를 確保할 수 있다.

(2) 風水 原理的 食生活의 選擇 價値

穴場 Energy 및 穴核 Energy의 特性 파악으로부터 人體 Energy의 同調·干涉 特性을 파악하게 되고 이들 相關關係에서의 調整的 食生活을 研究 實踐하게 된다. → 韓醫學의 발달 및 食生活 文化의 발전과 代替醫學의 발전

(3) 風水 原理的 衣生活의 選擇 價値

環境 Energy場 變化와 人間 Energy場 變化의 秩序에 順應하는 人間의 衣生活 智慧를 발달시킴으로써 보다 自然的인 衣 適應 文化가 向上될 수 있다. 地域環境別 衣 生活 樣式의 特異性과 多樣性은 이를 단적으로 말해준다.

① 韓國 : 白衣民族
② 中國 : 黃衣民族 – 中央集中 慾求 意識(酉金不 및 補完意識)(單一地板 Energy源)
③ 日本 : 多樣性 – 多樣한 地質 Energy場의 變化에 대한 對應意識 發露

제2절 韓半島 風水信仰의 自生的 背景과 그 痕迹

1. 고인돌 遺物과 先史文化

(1) 生命의 維持 本能과 죽음에 대한 恐怖와 苦惱

- 生命의 認識과 生命文化의 발전
- 生命의 確保, 維持, 管理 本能
- 現世觀과 死後觀의 胎動

(2) 生命 維持 管理 保全處의 選擇意志와 死後 安定處의 選擇意志

- 生命 再生産의 安定性, 持續性, 便利性, 確實性의 保障 意識으로부터 風水
  環境의 效用性 認識과 選擇의 노력
- 生命의 維持, 管理, 保全的 風水環境 選擇의 노력
- 死後 生命에 대한 安定的 管理 認識과 安定處에 대한 選擇意志

(3) 自然崇拜信仰과 生活터전 文化의 胎動

- 自然의 認識過程에서 發生한 信仰的 風水觀 胎動
- 生命活動過程에서 發生한 信仰的 風水觀 胎動
- 死後의 來世認識過程에서 發生한 信仰的 風水觀 胎動

(4) 先史文化의 風水的 要素와 信仰的 要素

- 先史人의 風水的 生活觀(食生活 위주에서 住生活 위주로)
- 先史人의 風水的 自然觀(샤머니즘적 自然崇拜에서 自然의 理解와 順應으로)
- 先史人의 風水的 生活觀(生과 死의 만남으로 認識)

(5) 고인돌 遺物의 風水的 要素와 信仰的 要素

- 고인돌 構造의 風水的 要素 : 天人地 一切觀的 고인돌 形態
- 고인돌 施設處의 風水的 要素 : 地氣 入力處의 選擇方式에 따른 山地脈上 무덤군
- 고인돌 保存方式의 風水的 要素 : 天地人과 死後 緣生, 風水害로부터 保護 될 수 있는 터전과 管理方式이다.

2. 甕棺 遺物과 伽倻人의 風水觀

(1) 甕棺의 效用性 認識과 風水思想의 定立

- 死後觀의 確立 : 永生意識과 死後世界에 대한 還生觀
- 甕棺의 價値認識과 效用性 確認 : 理想的 還元을 위한 永久 保全方式의 開 發과 子孫感應에 대한 再認識
- 甕棺의 風水的 智慧 確立 : 水浸이나 吹風에 대한 方策으로서의 甕棺 葬法 은 風水害로부터 保護될 수 있는 가장 效果的 方法이며, 現在까지 더 좋은 方法은 없다.

(2) 甕棺 製造의 風水的 文化性

- 甕棺의 效率的 利用을 위한 製造技法 발달로 人體와 비슷한 長球形의 甕器 棺을 제조했다.
- 材質 選擇과 製品 管理能力의 발달로 土器的 製品特性을 잘 살리고 있다.
- 生命維持(生命觀의 定立)와 死後管理(死後觀의 定立)에 대한 思想性과 文 化性 발달

(3) 死後 環境觀에서 본 生命 環境觀의 實體 파악

- 生命觀의 發展的 思想確立으로 前生觀, 尊嚴性, 價値性, 自尊性의 確立
- 死後 來世觀의 思想的 발전으로 現生의 延長認識과 死後 還生의 因緣觀 定立
- 環境의 重要性, 效用性, 價値性 確立

(4) 伽倻人의 自然觀과 風水觀의 確立

- 自然과 人間의 同體觀
- 前生 ↔ 現生 ↔ 來生의 三世 一切觀
- 風水 信仰의 智慧 發見
- 自生的 風水思想의 確立

3. 古墳文化 遺物에서 본 三國時代의 風水觀

(1) 高句麗 古墳壁畵와 風水思想

- 高句麗 古墳壁畵에서 본 風水思想 : 甕棺 等의 直接 埋葬的 傳統風水思想으로
  부터 中國風水思想과 合流되어 나타난 것이 古墳 等의 石室 埋葬形態이다.
- 四神砂의 保護 環境 意識과 生活方式 즉, 風水的 生活樣式에서 본 風水思想
- 風水思想의 現代的 발전과 風水 環境認識의 變化

(2) 都邑風水와 國運觀

- 村落 風水觀에서 都邑 風水觀으로 발전
- 都邑 風水觀에서 國家 風水觀으로 발전
- 國運觀과 國家 風水觀과의 同質的 構造認識 定立

(3) 風水環境에 대한 認識 增大와 風水的 生死文化觀의 漸進的 발전

- 風水環境의 高次元的 認識 : 地氣 Energy場(地氣), 天體 Energy場(天氣), 人體 Energy場(人氣)의 分析으로부터 合一的 同調觀 形成
- 生命現象의 風水的 認識과 生活風水의 발달로 衣食住 및 作務터전의 選擇的 生活
- 死後 世界에 대한 宗敎的 認識(來世觀의 定立)과 風水的 認識(死後 感應觀의 定立)의 발달로 明堂 穴處에 대한 定意와 思想 定立

4. 近現代 墓地 遺物에서 나타난 死後 文化 形態觀

(1) 石物 墓地文化

- 祖孫 同氣 感應論의 歪曲 : 死後 안정처인 明堂의 無分別的 確保 意欲이 歪曲된 禍福 墓地文化를 誕生시켰고, 限定된 明堂의 限定된 利用意志가 歪曲되었다.
- 石物 治粧과 子孫 安寧의 歪曲 : 孝思想의 歪曲과 人爲的 明堂造作에 의해 無差別的인 國土 毁損과 治粧文化가 盛行하게 되었다.
- 虛禮虛飾의 疲弊文化 : 死者에 대한 歪曲된 恭敬心과 子孫의 그릇된 孝思想이 現在의 虛禮虛飾的 葬禮文化를 誕生케 하였다.

(2) 共同墓地 文化

- 墓地難 : 無分別한 埋葬文化가 山地 荒廢化를 불러왔고 그나마 埋葬 加用地조차 確保가 어렵게 되었다.
- 共同墓域의 必要性 認識 : 共同墓地 開發의 必要性이 認識되기가 바쁘게 그나마 共同墓域 역시 그 意味가 喪失되기에 이르렀다.
- 治粧文化의 殘存, 共同墓域의 弊端(自然破壞, 死後 不安, 石物 殘存)

(3) 火葬 葬禮文化

- 國土利用의 再認識 : 限定된 明堂利用의 特殊的 社會現象은 共同善 指向目標의 否定的 社會側面을 드러내게 함으로써 國土의 無分別한 毁損만을 가져왔다. 이에 대한 對案이 不可避하게 된 것이 火葬文化이다.
- 葬禮文化의 變質(佛敎 茶毘式과 槪念 變質) : 火葬方式은 佛敎의 傳統方式으로서 完全消滅 燒却을 原則으로 함에 반해 納骨 殘存의 現實 火葬法은 잘못된 葬禮 慣習이다.
- 火葬文化의 弊端(遺骨處理의 非效率性 自然 毁損의 加增) : 納骨函, 遺骨處理問題, 石物使用의 지나침 등은 천년 후의 地球 破壞를 불러오는 대단히 잘못된 文化이다.

(4) 死後文化의 混亂

- 死後觀의 混亂 生死一切觀의 崩壞, 生命文化의 混亂, 生前과 死後의 同一進行 리듬특성 망각
- 死後 還元意志의 混沌 : 죽음의 定義는 死後 物質還元과 靈魂回向에 있다. 이것은 모든 生命體의 根本意志이다. 그러나 이러한 回向處인 所謂 明堂論의 不信이 팽배해지고, 靈魂과 肉身 不滅性의 懷疑가 깊어짐으로써 子孫 便宜 爲主 意識이 만연하게 되는 오늘날의 葬禮文化는 分明 잘못되고 있다.
- 死後 還元方式의 混亂 : 이와 같은 葬墓制의 混亂을 막기 위해 99%의 民衆은 完全 燃燒 方式의 火葬이나 火葬後의 樹木葬을 권장하고, 1% 이하의 必要 可能者만이 埋葬을 可能케 해야 한다. 이것은 法이나 身分이나 差別에서 이루어질 수 없는 自律的 意志라야 한다.

5. 近現代 生活文化에서 나타나는 生活風水의 智慧와 混沌

(1) 外來風水理論의 導入과 自生風水原理의 乖離에서 發生한 智慧와 混沌

地域的 差別的 地表 地氣 Energy場에 根據한 自生的 風水原理는 國家마다 地域마다 각각 다르기 때문에 現在의 中國 立體構造 및 板構造 地域에서 發生한 風水原理는 우리 韓半島 線構造 Energy體의 自生的 風水理論과는 多少의 差異가 있음을 깨우쳐야 한다.

(2) 都市計劃에서 나타나는 生活風水의 智慧와 混沌

都市計劃의 根幹이 西歐 文物的 理論에 입각해 있는 까닭에 山脈構造가 유난히 발달해 있는 韓半島의 都市構造計劃이 西歐的 都市計劃 構造方式에 依存해간다는 것은 거의가 파괴적이라 할 수 있다.

(3) 公共施設計劃에서 나타나는 生活風水의 智慧와 混沌

公共施設 역시 韓半島의 地理的 與件에 맞는 背山臨水的 風水原理와 東西舍宅論이 아닌 局勢 水勢 爲主의 坐向 出入이 결정되어야 옳을 것이다.

(4) 各種 産業施設計劃에서 나타나는 生活風水의 智慧와 混沌

産業施設 역시 자원과 인력과 시간의 낭비를 최소화하고 産業 극대화를 이루기 위해서는 반드시 自生的 風水原理에 입각하지 않으면 아니 된다.

(5) 家宅風水의 智慧와 混沌

특히 家宅風水의 混亂은 이루 말할 수 없이 크다고 할 것이다. 첫째로 無知에 의한 無分別的 家宅文化가 초래하는 文化는 매우 큰 混亂을 불러오고 있다. 둘째로 外來 風水理論에 의한 家宅風水의 混亂 또한 막심하다.

(6) 인테리어 風水의 智慧와 混沌

인테리어 風水 역시 中國大陸의 東西 舍宅論에 의거한 日本式 인테리어 技法이 活用되고 있으나 이 또한 韓國의 山勢, 局勢, 水勢에 의한 自生的 風水理論과는 거리가 멀다. 분명코 內部 空間 風水原理 역시 韓半島에 있어서는 韓國的인 것이라야 한다.

(7) 共同 住居施設 計劃의 智慧와 混沌

共同 住居施設 計劃의 基本趣旨는 大量 住居人을 위한 大量 住居供給方案이다. 따라서 大量的 需要와 大量的 供給計劃은 그 자체부터가 個體的 住居 長點을 補完할 수 없는 次善策임은 더 이상 論할 필요가 없다. 때문에 이와 같은 共同 住居施設은 個人的 差別性을 最大한 確保할 수 있는 方案으로 再 設計되지 않으면 아니 되고 南向爲主의 無分別한 團地造成計劃과 內部構造의 Energy場 흐름 計劃은 재삼 檢討되지 않으면 아니 된다.

제3절 自生的 風水思想과 터전문화

1. 地球 地質 構造 特性과 人間生命 터전의 稀少性

(1) 地球全體의 人間生命 Energy 同調場 터전 比率 : 약 25%(陸地)

地球全體의 人間生命 Energy 干涉場 터전 比率 : 약 75%(바다, 南北極)

(2) 人間生命 Energy 同調場 中 陸地 可用 터전 比率 : 약 25%

人間生命 Energy 同調場 中 陸地 消滅性 터전 比率 : 약 75%(사막, 강, 하천, 호수 등)

(3) 陸地 可用 터전 Energy場 中 生命活動 可能 터전 比率 : 약 25%

陸地 可用 터전 Energy場 中 生命 不可能 터전 比率 : 약 75%(계곡 및 산등성)

(4) 生命活動 可能 Energy場 中 生氣 Energy場 比率 : 약 25%(山腹 Energy場)

生命活動 可能 Energy場 中 消滅性 Energy場 比率 : 약 75%(山背(脊) Energy場)

(5) 陸地 生氣 Energy場 中 凝縮 核果 Energy場 比率 : 약 25%

陸地 生氣 Energy場 中 凝縮 緣分 Energy場 比率 : 약 75%

※ 人間 生命 文化의 터전 可用地는 地球의 0.4%에 불과한 희소적 한정 터전 이다.

2. 韓半島의 地質的 特性과 터전 문화의 특성

(1) 線構造 中心 山脈 Energy場으로서의 韓半島 터전문화 특성

① 線構造 山脈 Energy場

韓半島 地質構造의 약 75%의 Energy體는 線構造 Energy體로 組織되고

나머지 25%의 地質이 立體構造 Energy體 또는 板構造 Energy體로 構成되어 있다.

② 線構造 山脈 Energy場의 터전적 특성

線構造 山脈 Energy場에서 形成된 생활터전은 比較的 광활하지 못한 反面, Energy 凝縮特性이 강하여 그 組織 밀도가 긴밀함은 물론 單位 地氣 Energy場의 發生강도가 매우 크고 빠르다. 따라서 人間生命 Energy場 發生能力이 매우 강하고 섬세하다.

③ 韓半島의 線構造 Energy場 特性에 따른 터전적 문화 형태

線構造 Energy體의 人間生命 Energy場은 강하면서 섬세하고 躍動的이면서 銳敏하며, 多樣하면서 具體的이고 날카로우면서 康健하다.

衝突的이면서도 정중하며 고집스러우면서도 겸손하고 독립적이면서도 충만하며 사나우면서도 인자하다. 이와 같이 地質特性의 人間生命 Energy場은 平和와 安定을 보다 더 희구하고 智慧와 禮스러움을 더욱더 渴望한다. 이러한 人間生命 Energy場의 바탕은 전쟁보다는 평화를, 욕심보다는 인내를, 거짓보다는 정직을 사랑하는 倍達民族의 韓半島 白衣의 고유한 文化를 건설하였다고 볼 수 있다.

(2) 韓半島의 地勢 Energy場별 터전文化의 特徵

① 白頭大幹 山勢의 Energy場 개요와 그 문화 특징

白頭山 기저 中心 線 Energy 構造 山脈이 南北으로 크게 白頭大幹을 그리고 나서 東北으로 장백정간, 서북으로 청북정맥, 청남정맥, 西로 해서정맥, 임진북 예성남정맥, 한북정맥, 한남정맥, 한남금북정맥, 금북정맥, 금남정맥, 금남호남 정맥, 南으로 호남정맥, 낙남정맥, 東南으로 낙동정맥 그리고 마지막 한라산 Energy體를 그렸다(산경표 참조).

그러나 白頭大幹의 山 Energy 흐름은 東高西低하는 偏脈 Energy體로서 地板의 中心을 安定시키는 데에는 완전하지 못했다. 더구나 白頭山 基底 中心의 隆

起 Energy 이동은 白頭大幹으로의 南進 集中 山脈化를 도모하지 못하고 北進 山脈 分擘하여 송화강과 우스리강의 끝자락까지 Energy 분산이 發生함으로써 백두 이남의 강건 善美한 中心 大幹 形成은 미완으로 끝날 수밖에 없었다. 따라서 白頭大幹 자락의 生命 Energy場과 그 文化形成은 長遠 持續性的이거나 圓滿 忍耐性的이기보다는 창의 섬세적이고, 분석 비판적이며, 협동 조화적이거나 평등 和解的이기보다는 신속 과감성적이고 예리 독단성적인 특성의 다양하고 독특한 生活文化를 形成하게 되었다.

이러한 韓半島 고유의 地勢環境 Energy場 특성은, 여기에서 피고 지는 白衣民族의 독창적인 한글문화와 창작예술 그리고 철학적 종교문화와 진취적 교육문화를 꽃피우게 하였다.

② 東高西低 山水 Energy場 터전문화 특징

白頭大幹의 東은 국토의 中心山脈 통로 언저리가 되어 그 자락에 形成된 동해안으로는 맑은 바다를 생활터전으로 한 漁村文化가 평화롭게 꽃을 피웠고, 西는 낮은 구릉과 평야를 생활터전으로 한 農業文化가, 西南海岸 島嶼로는 역시 바다를 생활터전으로 한 海洋漁業文化가 발달하게 되었다.

③ 韓半島의 山 水 風 Energy場 因緣

국토의 70%가 山地인 韓半島는 山과 因緣하지 않은 어떠한 生活文明도 生命現象도 발전할 수 없었다. 山水와 더불어 태어났고 山水와 더불어 자라났으며 山水와 더불어 되돌아갔다. 모든 것은 山水의 이치에 따라했고 山水의 흐름에 順應했으며 山水風의 意志를 알고자 하였다. 터전의 특성에 적합한 生命活動意志는 自然의 被造物인 人間文化 暢達을 위해 더없이 밝은 智慧요 수단임을 깨달으면서 韓半島의 線構造 Energy場 文明은 線構造 Energy場 特性을 따라 발달해가고 있다.

바람 치는 산꼭대기에선 결코 살아남을 수 없다는 風殺의 智慧를 배웠고, 늪지대와 골짜기를 피해 앉은 촌락을 보고 陰濕의 干涉을 알았으며, 강바람, 모래바람, 바닷바람에는 오래도록 머물지 않아야 하는 避凶取吉의 삶을 方式을 얻었다.

산을 등진 背山處에서 生命의 따사로움을 깨달았고, 물을 안은 臨水處에서

生活의 풍요로움을 맛보았을 때 韓半島의 子孫들은 터전의 참 바른 信仰을 智慧롭게 길러왔고, 風水의 고유한 철학을 거룩하게 다듬으며 존엄한 自生意志를 면면히 일구어왔다.

3. 東洋 周邊國의 地質的 構成과 터전문화의 특징

(1) 中國의 山勢 Energy體 構成과 터전문화의 특징

① 中國의 山勢 Energy場 특성

中國大陸은 西北과 西南으로 광대한 立體 Energy 構造體의 山勢 Energy場을, 그리고 中央을 비롯한 東南部로는 거의 大部分이 板 Energy 構造體의 地勢 Energy場을 形成하고 있다.

티벳고원과 에베레스트산의 形成過程 中 아시아 대륙판과 유라시아판 그리고 인도양판과 비울빈판 및 태평양판 等의 移動 凝縮하는 秩序에 의해 재차 集合 隆起되는 자락에서 中國大陸의 西北部 地質構造 大部分은 立體 Energy 構造體의 山脈을 形成하고 있다고 볼 수 있다. 이러한 立體構造 Energy場 特性은 人間 生命 Energy場을 장중하고 후덕하게 하며 집합적이면서 원만하게 하고 보수적이면서 靜的이게 한다. 그러나 東南部의 광활한 板構造 Energy場은 황하 양자강의 두 강에 의해 윤택하고 기름진 農耕文化의 最大 發祥地를 形成케 하였고, 온화하면서 근면한, 조용하면서 인내하는, 그리고 하늘을 보고 공경하는 마음을, 땅을 밟으며 감사해하는 마음을 익힌 順天 順從의 人間生命 Energy場을 발달시켜왔다고 볼 수 있다(天人 合一思想 順天智).

② 中國의 터전문화 發生 背景

中國의 터전문화는 황하와 양쯔강의 두 농경 축에 의해 한족의 中心文化가 形成되고, 북으로는 화북평원에 이르는 華北 文化圈이 그리고 東으로는 동이문화에 의한 東方文化圈이 形成 발달되었다.

BC 4,000~10,000년경에 이르는 동안 韓半島의 先史文化를 中心으로 한 동이문화와 바다로부터 멀리 남방 해양문화를 수용함으로써 同一권역의 中國 동방문화는 한족문명을 中心 中華文明으로 발전케 하는 기틀이 되었다. 이는 風水 地理的으로도 韓半島의 地板의 凝縮 同調 없이 中國의 華北 華南 및 東部의 地板 安定의 不安定함을 증명함과 같다.

③ 中國의 터전문화와 風水思想

前記의 文化發生 배경지인 황하와 양쯔의 兩대강 언저리엔 농경문명이 발달함으로 인해 농경에 필요한 천문과 歷이 주로 발달하게 되었고, 이에 따른 갑골문자와 陰陽五行의 特性作用原理學이 크게 발전하였다.

따라서 天文, 人文, 地理의 모든 形而上下學的 諸 原理는 存在本性인 太極으로부터 現象的인 陰陽思想과 八卦五行이 근본원리가 된 秩序에 의해 運行 維持되고 있음을 설명한다. 그러나 西南 大陸 立體 Energy 構造體의 靜的 內面指向性이 文化構造 集合 Energy場틀과 동북부 大陸板 Energy 構造體의 靜的 外面指向性 離散 Energy場틀이 만들어낸 文化構造와 風水思想은 韓半島 線 Energy 構造體의 動的 生起 指向性 生氣 活動 Energy場틀에서 形成된 文化構造와 風水思想의 形態가 일반적으로는 同質인 것 같으나, 그 具體的 내용은 크게 다르다.

우선 衣(多樣) 食(多樣) 住(集合指向)의 生活文化나 文字의 文化(이두와 한글)가 白衣의 菜食的 溫突文化를 즐기면서 이두와 한글을 사랑하는 우리의 單一 倍達民族과는 매우 다른 中華의 板構造的 住宅文化를 건설해왔다.

물론 文明의 發生歷史와 過程이 우리와 달라 韓半島를 비롯한 이웃 國家에 많은 영향을 끼쳤음은 사실이나 오히려 그러한 영향적 사실이 大陸的 環境 Energy場 特性과는 매우 다른 韓半島에는 다소 본질을 혼탁케 한 사대적 결과를 초래케 한 歷史가 되었다고 볼 수 있다. 가장 두드러진 文化의 歪曲이 생활터전을 選擇하는 터잡기 문화 즉 風水思想이다.

中國 西南部의 立體構造 山勢나 中國 東北部의 板構造的 平原地形에서 胎動된 天文爲主의 支配的 터잡기 原理는 地勢爲主的 風水理論에 의해 발달된 基本 思想보다 훨씬 優位에서 生活化되고 慣習化하여 東方의 國家 等은 물론, 全 東西 洋을 지배하는 根幹的 理論으로 歪曲 변질되고 말았다. 특히 韓半島의 섬세한 山脈形態의 線構造 地勢에서는 天氣爲主보다는 地氣爲主의 根本理論이 더욱 慣習

화되고 生活化되었으나, 朝鮮時代에 들어서면서 모든 문물이 事大化하고 性理化하여 더욱더 中國의 風水思想은 점차적으로 잠식되어 韓半島 風水思想 全般을 天氣爲主의 風水觀으로 전향케 하였다. 이때부터 韓半島의 自生風水는 산중으로 숨어버린 동기를 얻게 되고 말았다.

(2) 日本의 山勢 Energy體 構成과 터전문화의 특징

① 日本의 山脈構造는 火山 山脈 立體 Energy場 構造로서 中國과 유사한 듯하나 火山噴出에 의한 山脈構造로서 中國의 再凝縮 秩序와는 매우 다르다.

② 그러나 日本 역시 中國의 문화 권역에서 벗어나지 못하고 우리와 유사한 경로를 통해 터잡기 문화가 발달하였다.

③ 따라서 日本 역시 독특 고유한 自生的 風水觀이 形成될 수밖에 없고 그러한 기미가 이미 오래전부터 陰宅爲主보다는 陽宅爲主의 風水觀으로 변천해간다고 볼 수 있다. 이것은 火山脈下의 地質構造를 지닌 板構造的 日本으로서는 매우 다행한 일이기도 하나, 그러나 日本 역시 風水思想의 自生力이 무너지고 大陸的 東西 舍宅論에 依存한 陽宅理論이 大勢를 이루고 있음은 分明 憂慮가 된다고 보아야 할 것이다.

(3) 대만의 山勢 Energy 特性과 터전문화의 특징

대만 역시 섬 全體가 立體構造的 山脈 Energy體로서 그 文化的 背景이나 터잡기 思想이 中國의 남동부와 거의 비슷한 영향권에서 形成되었다고 보아야 할 것이다. 그러나 대만의 自生的 風水觀은 分明 大陸的 風水觀과는 다소 다른 地勢와 水勢 爲主의 터전관이 더 깊숙이 뿌리하고 있음을 간과해서는 아니 된다.

제4절 風水環境 Energy場 特性과 人體構造 Energy場 特性의 形成

1. 韓半島의 風水環境 Energy場 特性

(1) 韓半島의 風水地理的 環境 特性

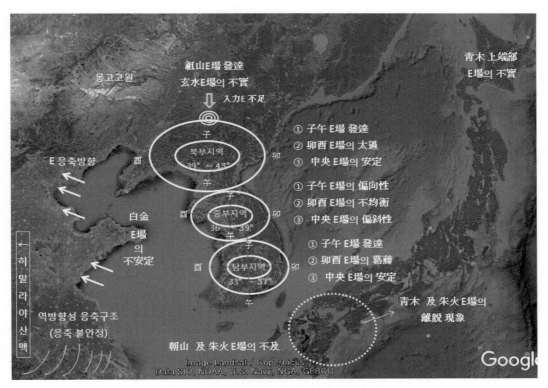

〈그림 1-26〉韓半島의 風水地理的 環境 特性

(2) 白頭大幹의 風水環境 Energy場 特性

韓半島 全體의 地勢地形을 살펴보면

① 中國板과 달리 白頭山板의 독립된 마그마 隆起構造의 山脈秩序
② 隆起過程에서의 폭발성 분화에 의한 隆起 Energy 消滅現象, 융기 자체는
善性으로 발전구조이지만 소멸 진행될 때에는 서로가 干涉하여 투쟁, 파

괴적 特性으로 변모해간다.

③ 一部 Energy 消滅로 인한 進行山脈의 단축현상
(특히 송화강을 따르는 離脫山脈 Energy 흐름에 의한)

④ 백두산 장백산맥, 마천령산맥, 함경산맥, 개마고원 낭림산맥을 제외하고는 거의 대부분의 山脈이 白頭山 분화 Energy 消滅現象으로 인한 산맥진행과정의 단축 또는 변형이 발생하였다.

⑤ 따라서 白頭大幹 중 장백정간(함경산맥), 청북정맥(강남산맥, 적유령산맥), 청남정맥(묘향산맥), 해서정맥(언진산맥, 멸악산맥), 임진북예성남정맥(마식령산맥)까지는 比較的 隆起 Energy 消滅特性의 영향이 적은 反面, 楸哥嶺構造谷이 發生한 원인적 要素와 白頭大幹 中 태백산맥의 偏脈性 短縮化現象은 매우 많은 비중의 消滅的 干涉 Energy 영향을 받은 것임이 分明함을 증명한다.

⑥ 태백산맥 이후의 한북정맥(광주산맥), 白頭大幹(소백산맥), 낙동정맥, 한남정맥(차령산맥), 한남금북정맥, 금북정맥, 금남정맥, 금남호남정맥(노령산맥), 낙남정맥 등은 白頭山板 中心 Energy 이탈로 그 隆起 Energy 진행질서와 발달을 단축시키고 말았다(제주도의 隆起 Energy 特性形態가 이를 증명하듯 멀고 약하다).

(3) 韓半島의 北部環境 Energy場 特性

① 白頭山 隆起 Energy의 火山噴出로 인한 地表 Energy 退化 및 消滅化

② 白頭山 天池의 송화강 形成 Energy 이탈과 압록강 두만강의 背走 이탈 Energy 發生으로 白頭大幹의 安定 Energy 진행이 위축된 점

③ 주로 立體 Energy 分擘秩序에 의한 大幹山脈, 高原 等의 形成으로 比較的 안정적인 生命 地氣 Energy場 形成이 부족했다.

④ 大幹脈의 발달로 小山脈의 安定과 精巧함이 부족하다.

⑤ 장백정간과 청북정맥의 白頭大幹에 대한 主勢 Energy 干涉現象으로 逆性的 特性이 발달하였고 이에 따라 白頭大幹 主 Energy 進行特性이 不實 不良한 現象을 초래하였다.

(4) 韓半島의 中部環境 Energy場 特性

① 楸哥嶺構造谷의 分水嶺 발생으로 白頭大幹 Energy의 휴식 정체현상이 發生

② 北部 白頭山 隆起根源 Energy의 폭발, 噴出, 이탈로 인한 一部 不實 不良 特性의 白頭大幹 Energy體가 진행하는 地域的 風水現象

③ 태백산맥의 偏脈性, 동부 偏向性, 한북정맥(광주산맥)의 진행 Energy 미흡에 따른 枝龍脈 발달의 부실

④ 한남금북정맥의 逆龍 特性에 따른 진행 Energy 부실과 隱變易 Energy體 形成 빈도가 높다.

⑤ 매우 드물게도 一部 回龍顧祖形 善 特性 枝龍 Energy體 발달로 吉地의 陰陽宅 構造가 형성되기도 하였다(청주, 충주, 천안, 여주, 이천, 안성, 평택, 용인, 진천, 인천, 강남, 안양 等).

⑥ 西出東流 水系形 또는 南出北流 水系形 陰陽宅 構造體가 比較的 드물게 形成되기도 하였다.

(5) 韓半島의 南部環境 Energy場 特性

① 白頭大幹의 分擘現象이 比較的 多樣하게 발달하고 있다.

② 소백산맥, 낙동정맥, 한남금북정맥, 금남정맥, 금남호남정맥, 호남정맥, 낙남정맥 등이 多樣하게 分擘됨으로써, 多樣한 形態의 風水地理的 環境을 形成하고 있다(五變易 秩序의 胎動, 立體分擘, 線分擘, 正分擘, 不正分擘 等).

③ 白頭大幹의 근본 隆起 Energy 진행 부실로 인한 옥천지향사대, 영남지괴, 소백산육괴, 경기지괴 등의 지판분열 또는 단층습곡현상이 표면화되고, 이에 따른 山脈의 건실한 흐름현상이 지속되지 못하였다.

④ 위의 영향에 따라 南部地域의 山脈 Energy 발달구조는 立體分擘 및 線 Energy體 分擘 特性이 다소 부실 불량한 山脈 Energy場 構造를 形成함으로써 금남호남정맥과 낙남정맥의 진행방향은 서로가 干涉的인 分擘形態를 構造化하였고, 相互 間 分散的인 形勢를 이루었다.

2. 韓半島의 風水環境別 人體 Energy場 特性構造

(1) 風水環境 Energy場과 人間生命 Energy場 特性

① 風水環境 Energy場과 人間生命 Energy場의 同調·干涉
  (人間生命 Energy場의 發生背景)

　㉠ 風水地理的 地勢地氣 Energy場과 當該 地域 人間生命活動 Energy場
　　間의 因果性 → 必然的 醇化性

　㉡ 地氣 Energy場의 生氣 特性과 人體 Energy場의 生命 生氣 特性 간의
　　同氣 同質 同調特性 現象 → 因果的 必然性과 相續性

　㉢ 地表地氣 Energy場의 差別性에 따른 人間生命活動 Energy場 特性의
　　差別性 → 同類 同質의 從屬性

　㉢ 地氣 Energy場 및 人體 Energy場 特性의 同調·干涉的 差別性에 의
　　한 思想과 文化의 差別特性現象 發生

　㉣ 人間 再創造의 差別的 特性化 → 人間 自律意志 特性의 差別現象

② 韓半島 風水環境의 人間生命 Energy場 發生原理

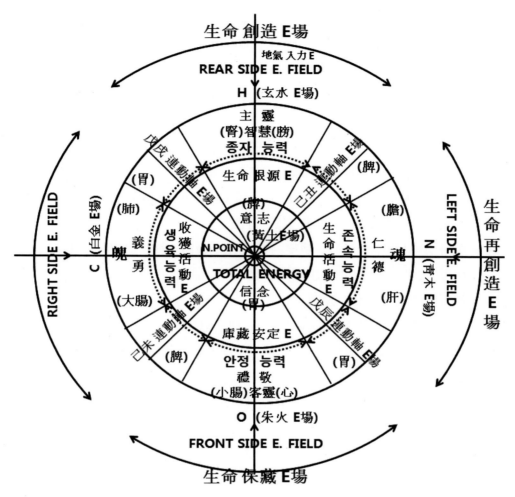

<그림 1-27> 隆起構造 地表 Energy體의 人間生命 Energy場 形成構造

(2) 白頭大幹 地理環境의 人體 Energy場

① 北部地域 風水環境 Energy場의 人體 Energy場 形成

　㉠ 白頭山 隆起 Energy원의 발달에 따른 隆起 Energy場 종속 순화특성
　　이 人間 生氣 Energy場 발달을 더디게 저해한다.

　㉡ 고원산악지대의 太過性으로 인한 隆起 Energy, 火山 Energy, 噴出

Energy 進行特性 等이 人間生命活動 Energy場 增大보다 더 큰 障碍 要因이 됨으로써 生命 再創造 活動에는 다소 干涉的 特性의 反生氣的 역할이 크다고 볼 수 있다. → 生氣 Energy場 不安

ⓒ 比較的 散氣 進行 Energy場인 山脈 흐름특성과 隆起凝縮 Energy場인 高原地帶特性 間의 葛藤的 Energy場 특성으로 人體 Energy場 均衡 發達 特性이 圓滿하지 못하다. → 重厚性, 突進性, 爭鬪性, 大勢從屬的 氣質

② 中部地域 風水環境 Energy場의 人體 Energy場 形成

ⓐ 楸哥嶺構造谷(楸哥嶺地球帶) 形成 발달로 인한 태백산맥의 東部 偏脈性 山脈構造가 발달 → 白頭山 隆起 Energy 噴出로 人體 Energy場의 不實 不均 不安定 偏向性 氣質 特性

ⓑ 한북정맥(광주산맥)의 隱變易性 Energy體 진행 → 비록 서울 수도의 대형 穴場을 발달시키긴 하였으나 靑木 偏向的 人體 Energy場 構造와 進行意志의 斷續性 發顯

ⓒ 한북정맥의 입력 Energy 부진과 태백산맥의 중부권 장악력 부족으로 한남정맥의 북진현상이 發生 → 再起, 回生 氣質 發達, 同時 葛藤構造

ⓓ 한북정맥에 대한 한남정맥의 後着으로, 한강 이북의 安定 穴場 形成 不振 → 대치, 대립, 갈등, 成穴完成意志에 대한 불신, 번뇌 等 不確實性 的 人格 Energy場 形成

ⓔ 북한강과 남한강의 天惠的인 風水環境 Energy場 供給으로 不安定한 한북정맥의 安着이 可能해졌다. → 隆起 來脈 Energy의 不振過程이 風水環境 Energy場에 의해 다소간의 安定을 찾았고, 多重의 生命活動 安定空間을 確保함으로써 大都市 設置 計劃에 보다 유리한 대규모 人間生命活動 Energy場 권역이 形成되었다.

③ 南部地域 風水環境 Energy場의 人體 Energy場 形成

ⓐ 白頭大幹 中 태백산맥 종단이전부의 오대산 → 치악산 → 중동부 산맥을 잇는 分擘現象들은 中南部地域의 地氣生命 Energy場을 供給하는데는 크게 기여하였다. 그러나 한남정맥과 남한강의 北西進 水勢가 서

로 조우하면서 相互 葛藤的 和解를 成就해감으로써 이 地域 環境의 活動生命 人格體에는 比較的 葛藤과 合一的 和合性을 지닌 圓滿指向的 人體生命 Energy場을 特性化시켰다.

    ⓒ 白頭大幹이 태백산맥의 終端에서 分擘함으로써 태백산을 분기점으로 소백산맥과 낙동정맥이 分擘되는데, 여기서부터 낙동강의 발원이 시작하여 남지강과 만나는 風水地理的 會合意志 實現現象을 구체화하였다. 남부 동남권의 낙남정맥 말단부 신어산 하부와 낙동정맥 말단부 금정산 하단의 會合意志는 절묘한 風水環境的 關鎖現象을 창출하였고, 이에 따른 人間生活 環境 Energy場의 발달은 比較的 善性의 安定的 人體生命活動 Energy場 特性을 조성하였다.

    ⓒ 白頭大幹의 금남정맥과 호남정맥의 分擘 발달은 금강, 섬진강, 영산강을 形成함으로써 韓半島의 理想的 평야지대를 창출하였다. 풍부한 식량자원의 確保는 人體健康 生命 Energy場을 한층 후덕 풍요케 하였고, 이들 善 生命 Energy場 발달은 干涉的 山脈 分擘現象에서 發生하는 葛藤的 人體生命 Energy場의 결함을 충분히 뛰어넘고 있다.

(3) 韓半島 風水環境 Energy場의 不安定 要素와 人體 Energy場의 改善 對策

① 韓半島 風水環境 Energy場의 不安定 要素

    ㉠ 白頭山 火山噴出로 인한 半島板 隆起 Energy의 發散 干涉現象으로 全體的 板隆起 Energy 離脫形態가 나타났고, 山脈 발달의 원만성과 理想的 진행이 부족한 상태가 되었다.

    ㉡ 따라서 北部地域은 Energy體 保全能力에 있어서는 다소 安定的이나 火山土質의 地表 Energy 遮斷現象으로 人體生命活動 Energy場 形成은 매우 不振한 狀態이다.

    ㉢ 楸哥嶺地球帶(楸哥嶺構造谷) 發生으로 白頭大幹 來龍脈의 흐름이 偏脈性이며 不安定하였다.

    ㉣ 中西南部의 옥천지향사대를 따라 白頭大幹 및 中西部 地域 한남, 금북정맥의 隱變易 또는 休脈現象이 나타남으로써 이 地域 地氣 生命

Energy場에 의한 人體生命 Energy場의 건전한 발달이 다소 不安定的이다.

ⓜ 남부 울산, 언양, 경주지역의 구조곡에 의한 不安定的 造山 形成過程에 따라 土質의 理想的 生氣 Energy場 발달이 이루어지지 못하였다. → 퇴적암 또는 변성암 토질

ⓗ 제주를 비롯한 島嶼地域의 火山噴出形 土質에서 起因되는 人體生命 Energy場 발달 不足現象이 나타나고 있다.

② 人體 Energy場의 改善對策

　ⓐ 北部 高原 및 山脈 火山地帶의 人體 Energy場 改善對策

　　ⓐ 生命空間의 局 Energy場 補完을 위한 四神砂 均衡 Energy場 確保 勢力과 生活構造 建築物 配置 및 造景에 의한 均衡 生命 Energy場 確保

　　ⓑ 均等的 裨補的 地氣 및 風水空間 生命 Energy場 確保를 위한 都市計劃의 根源的 設計와 裨補設計

　　ⓒ 부족한 生命 Energy場 確保를 위한 攝生計劃과 實踐

　ⓛ 中部地域의 偏脈性 및 隱變易 山脈構造에 따른 人體 Energy場 不均形成 改善方案

　　ⓐ 楸哥嶺地溝谷의 斷脈現象에 따른 中北部地域의 人體 Energy場 改善 → 大體的으로 生命 持久力의 不足現象이므로 玄水, 靑木, 白金 Energy場 補完 管理

　　ⓑ 中東部地域의 偏脈性 Energy場 補完을 위한 都市計劃의 白金 Energy場 補完 設計 管理

　　ⓒ 中西部地域의 逆進山脈現象에 따른 健康 및 人性管理 → 回龍顧祖形 都市 및 住居計劃으로 逆性的 人體生命 Energy場을 改善 補完 管理

　ⓒ 南部地域의 東西干涉 山脈흐름 現象에 따른 葛藤的 人體生命 Energy場의 改善對策

　　ⓐ 南東部地域의 山脈集中現象으로 인한 閉鎖的, 獨善的, 衝突的 人體 構造 Energy場 補完을 위한 都市 및 住居計劃의 開放的 空間

Energy場 確保 管理

ⓑ 南西部地域의 獨立的 力動構造 山脈과 海岸開放地形에 따른 人性 安定 均衡觀 不足特性 補完을 위한 都市 및 住居計劃의 藏風 設計 管理

ⓒ 南南部 島嶼地域의 吹風 侵水構造에 따른 不安定 人體 Energy場 構造改善 → 四神 Energy場 確保 管理를 위한 藏風 得水的 都市計劃 및 住宅設計와 均衡的 攝生管理에 대한 研究 開發

3. 中國大陸의 風水環境 Energy場 特性과 人體 Energy場 構造

(1) 中國大陸의 風水的 地質 Energy場 構造 特性

① 板構造 Energy體의 2차 凝縮過程 山脈

中國大陸의 大部分이 마그마 1차 凝固過程의 板構造 Energy體가 유라시아판, 인도판, 비율빈판, 태평양판의 이동에 의해 現在 2次 再凝縮過程이 진행 중이다.

② 히말라야산맥의 褶曲進行中인 大陸板 再凝縮 特性이 中國大陸全般을 立體的 Energy體構造(히말라야 偏向的) 性向으로 現象化시키고 있다.

③ 隆起構造의 線構造性 地表 Energy體 및 그 Energy場 構造特性과는 매우 다른 褶曲構造의 立體構造性 地表 Energy體 및 그 Energy場 構造特性을 形成하고 있다.

④ 隆起의 線構造 中心 地表 Energy場 變易特性과 中國大陸 全般의 立體構造中心 地表 Energy場 變易特性은 相互 異質的이면서, 서로가 다른 纖細性과 大局性, 衝突性과 包容性, 生氣性과 消滅性, 安定性과 平等性, 葛藤性과 調和性, 活動性과 觀照性, 實踐性과 企劃性 等에 대해 그 正義와 解法觀이 特徵的이다.

⑤ 韓半島의 穴場 中心 細密 Energy場 風水論理構造와 中國大陸의 局 Energy場 中心 包括的 風水論理構造와는 比較的 同質의 同氣(生氣)感應 原理이긴 하나, 보다 具體的 同期同調感應原理論에서는 매우 다른 差別性이 存在한다.

⑥ 局 中心 Energy場 原理構造는 大體的이며 包括的인 反面, 大局的이며 重厚 總量的이다.

⑦ 주로 大陸全體가 板 Energy場의 變易構造와 立體 Energy場의 變易構造인 까닭에 穴場形成의 周密性이나 正確性 側面에서 集中 集約的 凝縮構造特性이 韓半島의 穴場形成過程 特性과 매우 다르다.

(2) 中國大陸 風水環境의 人體 Energy場 構造特性

① 四神 局 Energy場의 凝縮 Energy場이 貧弱한 大江河 流域의 板 構造 生命 Energy場 特性은 比較的 서남부에 비해 劣惡한 反面, 活水 活山의 智慧的 삶의 方式으로 善生命 Energy場을 創出 維持하고 있다.

② 西北南部의 山脈凝縮地域은 주로 立體 再凝縮 構造 Energy場 特性이 支配的인 까닭에 巨視的 思考와 總括的 論理構造가 大勢的 人格 Energy場 特性이라고 볼 수 있으며, 山脈 再凝縮 過程에서 發生하는 生起的 潛在 Energy場 特性과 消滅的 立體構造 Energy場 特性이 兩極的으로 形成된 多樣한 人體 Energy場 構造特性이라 할 수 있다.

③ 人體生命 Energy場 構造가 大陸的 地質特性에 起因된 것이기도 하지만, 서로 다른 多樣性의 매우 差別的인 風水地理的 人格體 Energy場 構造를 지닌 까닭에 生命營爲方式이나 그 文化形態가 各樣各色의 特異秩序를 創出 適應 包容하는 合理的 삶을 살아간다고 볼 수 있다.

④ 褶曲活動에 의한 偏向的 凝縮은 偏向的 合一 構造特性으로 發顯되어 國民性과 人間性이 다소 偏向的으로 形成하기 쉬운 吸收的 合一構造로 나타나기도 한다. 주변 나라를 邊方國으로 인식하기도 한다.

4. 日本列島의 風水環境 Energy場 特性과 人體 Energy場 構造

(1) 日本列島의 風水的 地質 Energy場 構造特性

① 日本列島의 風水地理的 地氣 Energy場 構造特性은 大體的으로 火山噴出에 의한 隆起爆發過程의 生起 消滅的 複合 生命 Energy場 構造秩序이다.

② 따라서 후지산을 비롯한 여러 個所의 活火山 發散 秩序가 現在進行中인 까닭에 安定的 地板 生命 Energy場 維持管理가 매우 어려운 현실이다.

③ 따라서 旣存 現象 根本 地板의 現在 進行的 移動變易構造 地氣 Energy場은 매우 不安定한 人體生命 Energy場 秩序를 形成하고 있다.

④ 또 地表 地氣 Energy場 역시 火山 噴出에 의한 火山岩 土質構造 Energy體로서 人體生命 Energy場의 生起 및 再創造 特性이 매우 不安定的이다. 따라서 埋葬方式의 祖上 生命 Energy場 傳達이 매우 劣惡한 까닭에 埋葬 祖上의 生氣 Energy場 感應보다는 生活方式에서 補完할 수 있는 住居地의 生命 Energy場과 攝生管理 및 食生活 管理에서 보다 더 理想的인 生命 Energy場 創出을 圖謀해가고 있다.

⑤ 列島의 全般的 地板 下降과 地震現象으로 持續的 生命活動 空間 安定條件은 매우 否定的이다.

(2) 日本列島 風水環境의 人體 Energy場 構造 特性

① 基本 地板 不安定 特性에 따른 持久的 生命活動 意志 不安 → 脫出 欲望 潛在性의 噴出的 氣質, 탈출 개척정신, 침략 지향적

② 火山噴出 地表 Energy場 特性에 따른 定住意識의 不安定 → 衣食住 生活의 多辯性, 皮毛健康의 不安

③ 列島別 風水環境의 差別性에 의한 生命 Energy場 特性 多樣化 → 理性的 氣質的 根本 生命 Energy場 特性이 風水地理的 環境多樣性 生命 Energy場 特性으로 變化

④ 火山噴出과 地震 多發的 地板 Energy場 構造特性上 維持, 保全, 忍耐, 挑戰, 冒險, 鬪爭, 再創造, 協同 等의 人間生存根本 Energy場의 발달 → 進就性, 爭取性

⑤ 地理的 變化의 敏感性에 適應키 위한 自然順應의 原初的 善 氣質 발달과 自然克服의 鬪爭的 再創造性 발달

제5절 韓半島의 自生的 風水思想

1. 地球表面 Energy體의 構造的 特徵

地球表面 Energy體의 基礎構造는 地板 Energy體 構造로서 마그마 隆起過程에서 形成된 隆起 立體 Energy 構造體와 隆起 地表 移動過程에서 形成되는 線 Energy 構造體 그리고 隆起 過程에서 爆發 發散되는 火山 立體 Energy 構造體 및 複合 Energy 構造體로 循環과 發散의 活動類形을 달리하고 있다.

2. 韓半島의 地表 Energy體 構造와 文化

다행히 韓半島는 白頭山과 漢拏山의 地表 Energy 爆發 發散을 제외하고는 거의 대부분이 隆起 立體 Energy 構造體에서 線 Energy 移動 構造體로 轉換하는 장엄한 白頭大幹을 그 骨格으로 하고 있다.

東高西低의 山脈 地形 地氣 Energy場은 一般的으로 木旺 金虛의 風水的 生命 Energy場을 形成하여 進取的이고 發展 指向的이며 纖細하고 勇猛的이며 創意的이고 分析的인 반면, 西低 地氣 特性을 補完하는 白衣民族 文化의 純粹 多樣과 獨自 正直의 地勢 地氣 親和的 諸 文化를 形成해왔다.

까닭에 韓半島의 信仰的 風水思想은 독특한 特性의 原理와 理論을 完成하게 됨으로써 他 周邊國과는 매우 다른 自生的 風水思想을 발전시켜왔다고 하겠다.

3. 韓半島 自生風水의 具體的 特徵 - 陽宅理論의 特徵

地表構造 差異에서 오는 山 Energy 흐름과 그에 따른 山 Energy體의 機能的 役割特性이 서로 差別的이다.

例 1) 立體 構造 Energy體의 聚氣 構造와 線 構造 Energy體의 聚氣 構造는 서로 다르다.

 - 立體 聚氣 : 最終 上部 立形 構造가 支配的(板構造 凝縮 集合體)
 - 線構造 聚氣 : 最終 上部 線型 또는 板構造가 支配的(隆起構造 凝縮 集合體)

例 2) 立體構造의 分擘秩序와 線構造 Energy體의 分擘秩序가 서로 다르다.

 - 立體分擘 : 支脚 構造 特性을 주로 하는 分擘 構造
 - 線 Energy體 分擘 : 支脚과 分擘脈은 전혀 그 出身 原理로부터 形態別 特性에 이르기까지가 서로 다르다.

例 3) 板構造 地氣 Energy場과 線構造 地氣 Energy場의 特性이 다르다.

 - 板構造 地氣 Energy場 : 分布 均一하고 調和的이나 Energy 密度가 낮고 集中이 不足하다.
 - 線構造 地氣 Energy場 : 多發的이고 集中的이며 Energy 密度가 높다.

例 4) 天體 Energy場의 緣分比率이 서로 다르다.

 - 板構造 地氣 Energy場 : 天體 Energy 緣分比率이 相對的으로 높이 認識됨으로써 方位 Energy를 중요시한다.
 - 線構造 地氣 Energy場 : 地勢, 局勢, 水勢에 의한 穴場 力量 評價가 主因이며, 方位 Energy場에 대한 認識比率이 相對的으로 낮다.

例 5) 陽宅의 坐向法이 他國과 다르다.

 - 他國 板構造 Energy 및 立體 Energy 構造 : 八卦 方位에 의한 東西 舍宅論
 - 韓國 線 Energy 構造 : 十二 Energy場 方位에 의한 主 地勢, 局勢, 風水勢에 의한 建物 配置 및 坐向 결정(東西 舍宅論 排除)

例 6) 인테리어 設計 基準이 다르다.

 - 他國 板構造 Energy 및 立體 Energy 構造 : 八卦 方位의 東西 舍宅論 根據原則 設計
 - 韓國 線 Energy 構造 : 周邊 地勢 Energy場에 의한 坐向과 風水勢 入力 Energy場 側 出入原則 設計

4. 韓半島 周邊國의 터전觀

中國을 중심으로 한 臺灣 日本 等 아세아 권역 전반은 中國 大陸의 立體 Energy 構造에 適合한 風水理論이 발전 전파되었고, 화북 화남을 중심으로 한 八卦方位論과 東西 舍宅論이 主流를 이루고 있다고 할 수 있다.

分明 陽宅의 24山論이나 八卦 方位論 等의 東西 舍宅論은 우리의 線構造 特性 地氣 Energy場에서는 마치 局 Energy場을 確認하는 程度의 限界性的일 뿐 穴場을 把握하는 詳細한 穴 Energy 測定 理論으로는 不可할 뿐 아니라 매우 適合지 않다고 볼 수 있다.

5. 自生的 風水 地理學의 발전 과제

어느 地域, 어느 國家, 어느 民族이든 그들이 살아가는 方式과 文化는 그들만의 自然 生態的 特性場에 支配되어 발전하고 消滅해왔다. 生命 基盤의 地勢 地氣 Energy場의 善惡美醜, 大小強弱, 高低長短, 正斜平峻의 吉凶에 따라 地域 民族의 性相과 興亡盛衰가 결정되었고, 生命 Energy場의 氣質 形象에 따라 그들 나름대로의 生命文化가 形成되어 進行되고 있다.

때문에 보다 鮮明한 삶의 문화가 가치롭게 발전되기 위해서는 보다 分明하고 細密한 地域特性의 生命 Energy場 研究가 先行되어야 할 것이고, 이에 따르는 國土 地域別 地氣 및 環境 Energy場 研究 Center가 國家 主導的 次元에서 設立되어야 할 것은 勿論, 地區 地域別 地氣 環境 Energy場 Diagram이 風水 地氣別 디테일한 地區目錄으로 전산화되어 國家 民族 運營 計劃에 크게 利用되어야 할 것이다.

이것이 千態萬象의 地域別 自生的 風水 環境 Energy場 原理를 思想化하고 學問化하고 應用化하여 弘益케 하는 가장 좋은 方案이 될 것이라 본다.

(본장은 第4卷 原理講論 別冊附錄의 "4. 學術 세미나 및 강의자료" 중 "①韓半島의 自生的 風水思想과 그 文化"의 일부를 편집 게재한 것으로, 원문을 보고자 하면 참조하시기 바랍니다.)

第4章　　風水原理 講論의 背景과 目的

제1절 自然環境과 人間存在 確認

1. 自然과 人間

(1) 自然의 Energy場 고리 現象

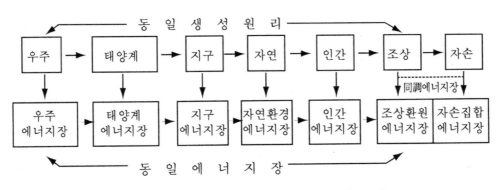

〈그림 1-28〉自然의 Energy場 고리 現象

(2) 地球 Energy 凝結 모습과 人間 Energy 凝結 모습
(3) 人間의 生命 現象과 死後의 還元 Energy

2. 祖上 遺骨의 Energy場 形態와 子孫 Energy場 모습

(1) 祖上 墓所의 Energy 凝結 形態
(2) 子孫別 Energy 反應 모습
(3) 圓滿한 Energy 環境과 圓滿한 人格 形成

3. 住居環境 Energy場과 人間生活 改善

(1) 좋은 집터와 좋은 生活環境 Energy場
(2) 立體 環境 Energy場과 空間 環境 Energy場 調和
(3) 弘益人間의 再創造

4. Energy場 改善과 人間 形成因子 再創造

(1) 種子因子의 改造
(2) 環境因子의 改造
(3) Energy 因子의 改造
(4) 靈魂因子의 改造

제2절 風水地理學의 研究와 姿勢

1. 風水地理 理論의 韓國的 現實

    (1) 人類의 「터」文化와 信仰
    (2) 風水地理의 易理學的 論理 發展과 그 誤謬
    (3) 活用의 問題點

2. 風水地理學의 바른 理解와 普及

    (1) 風水地理學의 現代的 理解와 研究
    (2) 地理의 多樣性과 普遍性
    (3) 바른 學文의 傳達 努力과 使命

3. 研究와 活用의 마음 姿勢

    (1) 研究者의 마음가짐
    (2) 活用者의 마음가짐
    (3) 超越 智識의 成就
    (4) 超越 認識의 境地
    (5) 完成의 境界

제3절 風水地理學의 現代的 照明

1. 風水의 意味

1) 自然環境의 智慧로운 選擇 → 人間 文化 暢達

    (1) 낳을 터의 選擇 : 生産環境의 選擇的 智慧
    (2) 살   터의 選擇 : 生活環境의 選擇的 智慧
    (3) 죽을 터의 選擇 : 還元環境의 選擇的 智慧

2) 人間 生命現象의 바른 認識 → 生과 死의 調和

    (1) 人間의 生과 死 : 同體의 變化 現象
    (2) 生命의 去와 來 : 還元과 生起 現象
    (3) 遺傳形質과 遺傳因子 : 輪廻 過程

3) 孝의 바른 認識(祖上을 便케 함이 참孝道이다)

    (1) 生前의 孝 : 마음의 平安
    (2) 死後의 孝 : 肉身의 平穩 → 靈魂의 安定

2. 生存과 淘汰의 自然 均衡 原理 → 超越的 生命 認識

    (1) 生存原理 : 生命 Energy의 集合 特性 現象
    (2) 淘汰原理 : 生命 Energy의 離散 特性 現象
    (3) 生存과 淘汰의 選擇 : 善命과 惡命의 選擇
    (4) 人間 生存의 最善策 : 人間 改造 努力
    (5) 善人과 惡人의 生命 Energy 構造
        ① 全人的 Energy 構造 : 圓滿 Energy場 構造
        ② 偏向的 Energy 構造 : 部分的 缺陷 構造

3. 發福과 所應의 原理

1) 自然과 人間의 Energy場 고리 特性

(1) 自然環境 Energy場 고리

「宇宙 Energy場 ↔ 太陽界 Energy場 ↔ 地球 Energy場」

(2) 地球環境 Energy場 고리(山·火·風·水)

「地球 Energy場 ↔ 地表山脈 Energy場 ↔ 山穴 Energy場」

(3) 人體 Energy場 고리

「地氣 及 山穴 Energy場 ↔ 祖上 Energy場
                ↑   ↕
   住居環境 Energy場 → 子孫 Energy場」

2) 山·火·風·水·人 Energy體의 相互 關係作用

(1) 無常–變易–緣起에 의한 無盡 關係作用

(2) 同調 干涉 無記에 의한 善·惡·美·醜·無記 現象

3) 同調關係와 干涉關係 特性

(1) 同調關係 特性 : ① 集合 Energy 增幅 現象

                ② 還元 Energy 吸收 現象

(2) 干涉關係 特性 : ① 集合 Energy 破壞 現象

                ② 還元 Energy 離散 現象

(3) 無記關係 特性 : 停滯 現象

4. 人間 再創造 努力과 人類의 繁榮

(1) 種性 改造 : 祖上의 還元 Energy 因子 改良 → 本性 回復

(2) 業力 改善 : 生命活動 過程에서의 善業力과 積德

(3) 善種子의 調和와 平等 : 個體 善種子 Energy體 간의 同調에 의한 全體
善 Energy場 形成 → 人類 平等 平和

제4절 風水地理學의 經驗과 認識

1. 人體 組織에 대한 山穴 Energy의 영향

(1) 精神 作用에 미치는 영향(入力 Energy 作用 及 反作用)
(2) 肉體 活動에 미치는 영향(穴場 Energy의 均衡과 調和)
(3) 其他 運勢에 미치는 영향(山穴 Energy의 善惡美醜大小强弱)

2. 人間 疾病과 豫防管理

(1) 先天 疾病의 原因과 豫防(먼 祖上의 穴 Energy場)
(2) 後天 疾病의 原因과 豫防(가까운 祖上의 穴 Energy場)
(3) 癌의 原因과 그 豫防 管理(穴 Energy場 分析把握)
(4) 精神 疾患의 原因과 豫防 管理(入首頭腦 Energy場)
(5) 凶運의 豫見과 改運(來脈 Energy場의 分析과 改善)
(6) 묘터와 집터의 Energy場 形成과 그 영향(疾病과 直結)
(7) 健康과 富・貴・孫의 關係(入力 Energy 特性과 穴 Energy場)

3. 全 人格의 人間改造

(1) 人性의 調和 : 穴 Energy 平等場의 形成
(2) 健康의 均衡 : Energy-Rhythm의 同調
(3) 思考의 合理 : 宇宙 Energy場과 一切
(4) 行爲의 圓滿 : Energy 無常性의 發現
(5) 慈悲의 結實 : 一切存在의 平等 Energy場

제5절 風水地理學의 科學的 研究

1. 風水地理의 生活 要素的 原理

    (1) 生活環境의 選擇과 適應 能力의 限界
    (2) 人類生活의 터전 條件과 文化發展의 相關關係
    (3) 住居의 安樂 要素와 生活의 快適 要素

2. 人間의 生命形成과 維持保存

    (1) 自然環境 Energy에 의한 人間生命 形成
    (2) 人間 生命體의 바른 認識
    (3) 生成과 維持 保存과 還元 秩序

3. 風水의 環境工學的 研究

    (1) 風水地理的 環境의 Energy 形態
    (2) 環境 Energy場에 대한 工學的 解釋
    (3) 理想的 生活環境과 明堂局의 Energy場
    (4) 明堂局에서의 生命 造化 現象
    (5) 環境工學的 風水理論의 研究

4. 風水의 人體工學的 研究

    (1) 人體의 Total Energy場
    (2) 人體 Energy場의 連結고리 特性
    (3) 生者와 死者 間의 Energy場 고리 特性

(4) 人體 Energy場 變化와 人體組織 Rhythm

(5) 人體 Energy場과 識 Energy Field의 關係

5. 風水地理의 物理學的 研究

(1) 元素로서의 人間 Energy體

(2) 元素로서의 地球 Energy體

(3) Energy體 間의 相互關係 作用

6. 風水地理의 醫學的 解釋과 研究方法

(1) 環境 Energy場과 健康 Rhythm

(2) 風水地理的 Energy場에서의 人體 變化 現象

(3) Energy場에 의한 肉體 造化와 精神 造化 作用

7. 風水地理의 科學外的 智慧

(1) 運勢의 吉凶과 風水的 解釋

(2) 風水地理的 發福과 災殃

(3) 風水의 因緣的 意味와 再創造的 智慧

8. 生命科學으로서의 風水學 研究

(1) 生命의 發生 條件과 過程 研究 : 穴核 Energy 形成 原理

(2) 生命의 傳達 過程과 維持 方法 研究 : 凝縮 Energy場 維持

(3) 理想的 生命維持 環境 研究 : 環境 Energy場의 同調

(4) 生命의 消滅過程과 Energy 變化 : 還元 Energy場의 同調

(5) 善生命의 再創造 努力 : 全人格 Energy場의 同調

9. 環境 Energy場과 人間 Energy場의 調和

(1) 六大 Energy場 : 地・水・火・風・空・識 Energy場

(2) 五代 五氣 元素 : $\overset{(水)}{H}・\overset{(火)}{O}・\overset{(木)}{N}・\overset{(金)}{C}・\overset{(土)}{T}$

(3) 五性 形態 :　智・禮・仁・義・信

第5章　風水地理學의 研究 課題

제1절 風水地理學의 研究 課題

1. 學問에 임하는 자세

(1) 자연의 이치를 학문의 기준으로 삼는다.

(2) 눈에 보이는 현상에 대한 과정과 原因을 糾明한다.

(3) 自我와 我執을 버리고 無心으로 自然을 대한다.

(4) 空理空論을 止揚하고 實事求是를 指向한다.

(5) 先覺者의 理論을 熟知하여 溫故而知新한다.

(6) 風水地理 學問으로 自我完成을 이룩한다.

(7) 弘益人間의 理念을 俱現한다.

2. 觀山 時 마음가짐

(1) 大自然인 山을 尊嚴한 生命體로 대한다.

(2) 山은 人間보다 根源的인 母體임을 銘心한다.

(3) 墓所에 묻힌 유해를 살아 활동하는 生命體로 認識한다.

(4) 山의 마음이 되어 山을 보고 듣고 느낀다.

3. 點穴 時 유의사항

(1) 定穴 前에 해당 가문의 조상묘 현상과 자손의 현재 실상을 면밀히 검토하여 穴場과 子孫의 太過不及을 調節한다.
(2) 조상 묫자리는 各各의 子孫 特性에 맞추도록 한다.
(3) 人丁과 財物의 發顯은 다르다.
(4) 完璧한 穴處는 없으나 最善의 穴核을 찾는다.
(5) 現實 여건상 凶地밖에 없을 경우는 次善策으로 火葬을 選擇

4. 移葬 時 유의사항

(1) 現在狀況을 면밀히 검토한 후에 移葬 여부를 決定한다.
　　(5代祖 이하 墓所를 전부 鑑定한다.)
(2) 새로 安葬할 묘터가 기존 터보다 월등히 좋아야 한다.
(3) 집안에 특별한 憂患이 없는데 子孫의 慾心으로 移葬을 自行해서는 안된다.
(4) 子孫의 慾心보다 祖上에 대한 孝誠이 앞서야 한다.

제2절 現代 風水地理의 研究 方向

1. 地球 形成 Energy와 生命 Energy

(1) 宇宙 Energy場과 地球 形成 Energy
(2) 山核 Energy 形成과 生命 Energy(地球 Energy場과 生命 Energy場)
(3) 宇宙-地球-地上萬物 Energy의 共力的 因果關係
(4) 山脈의 綠起作用과 山脈의 形成
(5) 山, 水, 風, 火, 方位의 相依關係

2. 山, 水, 風, 火, 方位 Energy의 生成原理

(1) 山 Energy의 生成과 그 變易 秩序
(2) 水 Energy의 生成과 그 變易 秩序
(3) 風 Energy의 生成과 그 變易 秩序
(4) 火 Energy의 生成과 그 變易 秩序
(5) 方位 Energy의 生成과 그 變易 秩序

3. 山, 水, 風, 火, 方位 Energy의 力學的 關係

(1) 山과 水 Energy의 力學的 關係
(2) 山과 風 Energy의 力學的 關係
(3) 風과 水 Energy의 力學的 關係
(4) 火-山-水-風 Energy와의 力學的 關係作用
(5) 相互 方位 Energy 間의 力學的 關係作用
(6) Vital-Energy 核 保全과 山, 水, 風, 火, 方位의 調和

4. 山-水-風-火-方位의 變易과 그 Energy 特性

    (1) 山의 變易과 그 Energy 特性
    (2) 水의 變易과 그 Energy 特性
    (3) 風의 變易과 그 Energy 特性
    (4) 火의 變易과 그 Energy 特性
    (5) 方位의 變易과 그 Energy 特性

5. 穴脈과 山, 水, 風, 火, 方位 Energy

    (1) 高山 穴脈과 山, 水, 風, 火, 方位 Energy
    (2) 平問 穴脈과 山, 水, 風, 火, 方位 Energy
    (3) 平地 穴脈과 山, 水, 風, 火, 方位 Energy
    (4) 陰宅에 미치는 山, 水, 風, 火, 方位 Energy
    (5) 陽宅에 미치는 山, 水, 風, 火, 方位 Energy

6. 穴 Energy場(山核 Energy)의 死體 Energy 保全 및 還元作用

    (1) 山穴의 Energy場과 그 核
    (2) 核Energy의 特性
    (3) 死體 保全과 還元作用

7. 死體 Vital-Energy場과 生體 Vital-Energy場

    (1) 生體 및 死體 Vital-Energy 特性
    (2) 穴 Energy場에서의 死體 Vital-Energy 變化
    (3) 生體 Vital-Energy와 死體 Vital-Energy의 關係

8. 人間 吉凶과 穴의 發應

(1) 人間 吉凶의 變化 原理

(2) 穴의 Vital-Energy 變化와 善惡 美醜

(3) 人間 興亡盛衰와 明堂의 成住 壞空

제3절 現代 風水地理의 Energy Field論

1. 陰宅과 陽宅의 Energy場 論

(1) 陰宅 Energy場의 一般 形態
(2) 陽宅 Energy場의 一般 形態
(3) 陰宅과 陽宅 Energy場의 特性

2. 山과 脈의 Energy體 및 그 Energy場

(1) 山 Energy의 性質과 脈의 흐름
(2) 山脈 Energy의 形態變化와 活動
    ① 太祖山의 山脈 Energy 및 그 Energy場
    ② 中祖山의 山脈 Energy 및 그 Energy場
    ③ 小祖山의 山脈 Energy 및 그 Energy場
(3) 玄武, 朱雀의 山과 脈 Energy 및 그 Energy場
(4) 龍虎의 山과 脈 Energy 및 그 Energy場
(5) 入首의 山과 脈 Energy 및 그 Energy場
(6) 穴과 明堂의 山과 脈 Energy 및 그 Energy場
(7) 纏脣과 餘脈 Energy 및 그 Energy場

3. 山脈 Energy體의 變換과 마디(節)

(1) 山脈 Energy體의 變換点과 그 生成原理
(2) 마디(節)에서의 Energy 變化
(3) 山脈 Energy體의 生老病死
(4) 마디(節)의 機能과 役割
(5) 山脈 Energy의 變化 法則

4. 穴의 主山과 玄武 Energy體 및 그 Energy場

(1) 主山 Energy體의 形成과 來脈 變化
(2) 主山의 Energy 特性과 그 機能
(3) 主山의(朝山에 의한) Energy Balance
(4) 玄武 Energy體의 形成과 來脈 變化
(5) 玄武의 Energy 特性과 그 機能
(6) 玄武의(案山에 의한) Energy Balance
(7) 主山과 玄武와 穴의 調和 Energy 및 그 Energy場 同調

5. 穴의 從山과 龍虎 Energy

(1) 主山 Energy와 從山 Energy의 緣起的 變化
(2) 從山 Energy의 形成과 來脈 變化
(3) 從山의 Energy 特性과 그 機能
(4) 從山의 Energy Balance
(5) 龍虎의 生死와 穴 Energy 關係

6. 穴의 案帶(朱雀 山水) Energy 및 그 Energy場과 朝山 Energy場

(1) 朱雀의 形成과 Energy 特性
(2) 朱雀 및 朝山 Energy의 機能과 役割
(3) 朱雀의(玄武에 의한) Energy Balance

7. 穴의 入首頭腦 Energy體와 明堂의 凝縮 Energy

(1) 入首脈의 形成과 그 Energy 特性
(2) 入首頭腦의 Energy 凝縮 特性과 供給 特性

(3) 入首頭腦 Energy의 機能과 役割

(4) 入首頭腦 Energy와 穴場Energy 因果 原理

(5) 入首頭腦 Energy와 明堂 纏脣 및 左右蟬翼의 Energy Balance

8. 穴 Energy場 論

(1) 穴 Energy場의 形成과 그 Energy 特性

(2) 穴 Energy場의 機能과 役割

(3) 穴場 核 Energy의 保護

    ① 穴의 主 Energy 凝結과 補助應氣

    ② 穴核의 保護와 Energy 特性

       ㉠ 頭腦의 穴核 保護(Energy 供給 機能)

       ㉡ 入穴脈 眉砂의 穴核 保護(Energy 通路 機能)

       ㉢ 蟬翼의 穴核 保護(Energy 保護)

       ㉣ 明堂의 穴核 保護(Energy 容器 機能)

       ㉤ 纏脣의 穴核 保護(Energy 容器 機能)

       ㉥ 曜星의 穴核 保護(Energy 凝縮 機能)

       ㉦ 禽星의 穴核 保護(Energy 調節 機能)

    ③ 其他 樂山과 托山, 鬼砂의 保護 特性(Energy Balancing 機能)

(4) 穴場 核 Energy體의 因緣果와 善惡美醜

(5) 穴場에서의 刑沖破害殺(善惡 無記 緣分) Energy 干涉

9. 得破 Energy場 論

(1) 得破 Energy의 槪念

(2) 陽得 Energy 및 그 Energy場

(3) 陰得 Energy 및 그 Energy場

(4) 陽破 Energy 및 그 Energy場

(5) 陰破 Energy 및 그 Energy場

(6) 得處(山得 및 水得)의 Energy 和合 및 供給

(7) 破處(山破 및 水破)의 Energy 調節 및 保護

10. 砂格 Energy場 論

(1) 周邊砂 Energy體의 形成과 그 Energy 特性

(2) 周邊砂 Energy體의 機能과 役割

(3) 枝龍의 Energy 變化와 支脚의 Energy 變化 特性

(4) 橈棹 Energy體의 形成과 그 役割

(5) 橈棹의 Energy 變化와 그 特性

(6) 止脚 Energy體의 役割과 形態 特徵

11. 明堂과 纏脣 Energy場

(1) 明堂 Energy의 形成과 機能

(2) 纏脣 Energy의 形成과 機能

(3) 明堂의 山核 Energy 貯藏容器 特性과 纏脣 Energy體의 保護容器 特性

12. 樂山과 鬼星 Energy 및 그 Energy場

(1) 樂山 Energy의 形成과 機能

(2) 托山 Energy의 形成과 機能

(3) 鬼星 Energy의 形成과 機能

제4절 風水地理 理論의 科學的 解析

1. 一般 理論의 解析

    (1) 存在의 無常原理와 緣起的 變易

    (2) 存在 WAVE와 人間 存在 CURVE

    (3) 五行과 五氣의 科學

    (4) 陰陽 理論과 周易의 科學的 解析

    (5) 山脈의 Energy 運動 法則과 方位(理)論

2. 山脈의 生死 去來(原理)法

    (1) 山脈의 生動 原理

    (2) 山脈의 死藏 原理

    (3) 山脈의 去來 法則

3. 山脈의 開帳과 穿心原理

    (1) 開帳의 原理와 法則

    (2) 穿心의 原理와 法則

    (3) 開帳과 穿心의 穴場 孕育 原理

4. 山脈의 五變易과 그 原理

    (1) 正變易의 緣起 原理

    (2) 垂變易의 緣起 原理

    (3) 縱變易의 緣起 原理

(4) 橫變易의 緣起 原理

(5) 隱變易의 緣起 原理

(6) 其他變易의 緣起 原理

5. 山脈의 祖 · 宗 · 父母와 過峽의 原理

(1) 祖宗父母山의 生成과 Energy 合成 原理

(2) 過峽의 生成과 Energy 流動 原理

(3) 過峽의 生死와 砂格의 關係作用

6. 穴場의 生成 原理와 造化作用

(1) 入首頭腦의 生成과 Energy 合成 原理

(2) 蟬翼 明堂 纏脣의 生成과 Energy 合成 原理

(3) 穴核 Energy 生成 原理와 그 造化作用

7. 山脈의 眞假 順逆 및 背面 法則

(1) 眞龍脈과 假龍脈의 生成 原理

(2) 順龍脈과 逆龍脈의 生成 原理

(3) 山脈의 背面 生成 原理

8. 水理의 科學的 解析

(1) 得水의 科學的 解析

(2) 破口의 科學的 解析

(3) 朝應水의 科學的 解析

(4) 黃泉水의 科學的 解析

(5) 直來 直去水의 科學的 解析

9. 周邊砂의 保護 管理 作用 原理

(1) 四神砂의 作用 原理

(2) 樂山, 托山의 作用 原理

(3) 鬼星과 官星의 作用 原理

(4) 支脚과 橈棹의 作用 原理

(5) 其他 砂의 作用 原理

10. 藏風의 科學的 解析

(1) 藏風 Energy의 生起 原理

(2) 防風 Energy의 塞氣 原理

(3) 風 Energy의 太過不及 關係作用

11. 善, 惡, 無記龍의 形成과 運勢의 吉凶禍福

(1) 善, 惡, 無記龍의 形成 原理

(2) 善, 惡, 無記龍의 發應 原理

(3) 運勢의 變易原理와 吉凶禍福

(4) 祖上의 墓穴 Energy 特性과 子孫의 Energy 特性

(5) 子孫의 性格特性 形成과 健康特性 形成

제5절 看山論

1. 陰宅의 看山 要訣

    (1) 主山脈의 形態와 氣象(主勢)

    (2) 來龍脈의 形態와 氣象(龍勢)

    (3) 玄武頂의 形態와 氣象(龍勢)

    (4) 龍虎의 形態와 氣象(局勢)

    (5) 朱雀, 朝山의 形態와 氣象(局勢)

    (6) 入首의 形態와 氣象(穴勢)

    (7) 頭腦의 形態와 氣象(穴勢)

    (8) 峨眉砂(蟬翼)의 形態와 氣象

    (9) 穴場(核場)의 形態와 氣象

    (10) 明堂과 纏脣의 形態와 氣象

    (11) 得處의 形態와 氣象

    (12) 破口處의 形態와 氣象

    (13) 重要砂의 形態와 氣象

2. 陰宅의 藏風 要訣

    (1) 四神砂의 藏風 機能

    (2) 入首頭腦 纏脣의 藏風 機能

    (3) 기타 藏風砂의 形態와 氣象

    (4) 造山과 砂城의 藏風 能力

    (5) 造林과 造景의 藏風 能力

3. 陰宅의 得破 簡潔

(1) 陽得法

(2) 陰得法

(3) 陽破法

(4) 陰破法

(5) 破口處의 具備要件

4. 陰宅의 穴場 簡潔

(1) 穴形 四格

(2) 穴星과 正穴處

(3) 穴形의 善, 惡, 無記

(4) 穴星의 變易

(5) 穴場(核)의 Energy 供給路

(6) 穴場의 五氣 Balance 裝置

(7) 穴核 Energy의 强弱有無 및 調節裝置

(8) 穴土와 穴星

(9) 穴核과 刑沖破害殺

5. 陽宅의 看山 要訣

(1) 主山(後山)과 鎭山

(2) 龍勢와 局勢

(3) 穴場과 形態

(4) 明堂水와 朱雀水

(5) 周邊砂勢의 應氣와 Energy Balance

6. 陽宅의 藏風 要訣

(1) 砂에 의한 藏風
(2) 造林에 의한 藏風
(3) 造山에 의한 藏風

7. 陽宅의 得水 要訣

(1) 玄武水(得水)
(2) 朱雀水(得水)
(3) 靑龍水(得水)
(4) 白虎水(得水)
(5) 穴場 明堂水(得水)

8. 陽宅地의 選擇 要訣

(1) 鎭山(後山) Energy場의 善惡, 美醜
(2) 周邊砂 凝縮의 均衡点
(3) 穴板(宅地)의 安定과 Energy 凝集
(4) 得水와 豊饒
(5) 交通과 快適
(6) 局勢의 安定과 和氣
(7) 沖, 殺, 刑, 破, 害

제6절 陰宅 裁穴論

1. 主山脈의 測定

(1) 主山脈의 善, 惡, 無記 測定
(2) 主山脈의 陰, 陽 Energy 測定
(3) 主山脈의 背, 面 測定

2. 來龍脈의 測定

(1) 來龍脈의 善, 惡, 無記 測定
(2) 來龍脈의 陰, 陽 Energy 測定
(3) 來龍脈의 Energy 容量 및 勢氣 測定

3. 入首脈의 測定

(1) 玄武頂과 入首脈의 Energy量 및 强度 測定
(2) 入首脈의 變位 測定
(3) 入首의 左右旋 및 正斜 偏直 測定
  * 局 Energy場 測定
  * 穴 Energy場 測定

4. 頭腦 Energy 測定

(1) 頭腦 Energy의 强度 및 크기 測定
(2) 頭腦의 形象 및 變化 測定
(3) 吉, 凶, 善, 惡, 無記 測定

5. 蟬翼의 測定

(1) 蟬翼의 安定과 Energy 均衡
(2) 蟬翼 Energy의 强度 및 크기 測定
(3) 蟬翼의 吉, 凶과 善, 惡, 無記 測定

6. 纏脣의 測定

(1) 纏脣의 穴 保護 形態 및 正斜 偏直 測定
(2) Energy 貯藏能力 測定
(3) 纏脣의 順, 逆 및 善, 惡, 無記 測定

7. 穴心 測定

(1) 穴心相 및 形態 Balance 測定
(2) 穴心의 核点과 基本 凝縮 Energy 測定
(3) 穴心 周邊 應氣点과 善, 惡, 無記 測定

8. 穴深 測定

(1) 穴場의 形態 Balance와 强弱 厚薄 潤澤 測定
(2) 穴場의 石脈 및 水脈 測定
(3) 穴場內 風水路 및 刑沖破害殺 測定
(4) 穴場土의 酸度 및 凝結 密度 測定
(5) 穴心의 深度 測定

9. 穴場의 壽命 測定

(1) 龍의 壽命
(2) 保護砂 Energy의 壽命
(3) 入首節의 壽命
(4) 穴場의 壽命
(5) 穴心 Energy의 壽命

10. 亡人과 穴場 間 生氣同調 測定

(1) 老小別 測定
(2) 强弱別 測定
(3) 運勢別 測定

11. 祖孫 間 同期 同調 測定

(1) 子孫別 同期 位相 測定
(2) 子孫別 同期 同調 力量 測定
(3) 子孫別 運氣 同調 測定

12. 歲運別 穴場 Energy 發現 同調 測定

(1) 歲運別 穴場 發應 測定
(2) 歲運別 祖-孫 同調 測定
(3) 歲運別 合成 同調 測定

제7절 陰宅의 造葬論

1. 穴板 닦기

(1) 入首 蟬翼의 安全 및 補完
(2) 砂城 다듬기 및 坐向 보기
(3) 壙中 짓기(外壙 및 內壙 짓기)
(4) 明堂 및 纏脣 고르기

2. 屍身 모시기

(1) 入棺 모시기
(2) 脫棺 모시기
(3) 分金 보기

3. 灰 다지기와 墓墳 짓기

(1) 灰 다지기와 흙덮기
(2) 墓墳 짓기
(3) 坐向 맞추기

4. 石物 設置와 造景

(1) 물매잡기와 基礎 다지기
(2) 石物 設置
(3) 잔디 및 나무 심기

5. 擇日法

(1) 四課法(風水易理에 基準)

(2) 呼沖法(風水易理에 基準)

(3) 下棺 時間 決定과 方位(風水易理에 基準)

    ① 五行 流周論

    ② 三合 同調論(半合包含)

    ③ 六合 同調論

    ④ 刑, 沖, 破, 害 神殺論 등을 基準으로 할 것

제8절 陽宅論

1. 地相

(1) 宅地의 形態와 氣象

(2) 背山과 臨水의 原則

(3) 宅地의 地勢와 坐向

2. 家相

(1) 建築物의 形態와 氣象

(2) 內部構造와 Energy 흐름

(3) 理想的 家相

3. 東·西舍宅論의 虛와 實

(1) 方位 槪念과 入穴脈 Energy 흐름

(2) 東·西舍宅 理論의 背景과 誤謬

(3) 東·西舍宅의 坐向 吉凶 限界性

4. 基頭 測定法

(1) 基頭의 槪念과 Energy 凝結点

(2) 基頭 測定法

(3) 基頭 Energy와 各 方位間의 Energy

5. 環竟 Energy場과 住居 Energy場 關係

(1) 明堂의 形態와 機能
(2) 明堂과 建物과의 均衡
(3) 明堂과 住宅과의 Energy 흐름
(4) 明堂과 庭園과의 Energy 흐름
(5) 明堂-建物-庭園-大門 間의 Energy 力學關係

6. 內部構造 設計와 出入門 配置

(1) 內部構造와 基頭의 位置 決定
(2) 建物 內部에서의 東西舍宅
(3) 出入門의 位置와 內部 Energy 흐름

제9절 陰宅 鑑定論

1. 龍(山)脈의 測定(大小强弱 善惡美醜의 吉凶)

  (1) 生死 去來龍의 確認과 點檢
  (2) 善惡美醜와 大小强弱의 吉凶 確認
  (3) 變換 節數와 吉凶 測定

2. 玄武 朱雀의 應對 Energy 測定

  (1) 玄武 朱雀의 氣象과 價値 測定
  (2) 玄武 朱雀의 Energy Balance 測定
  (3) 玄武 朱雀의 Energy 合成 反應과 그 善惡 吉凶 確認

3. 靑龍 白虎의 應對 Energy 測定

  (1) 靑龍 白虎의 變化 氣象과 價値 測定
  (2) 靑龍 白虎의 Energy Balance 測定
  (3) 穴場에서의 龍虎 Energy 合成 反應

4. 明堂과 纏脣의 容積 測定

  (1) 明堂의 Energy 容器 特性과 容積 測定
  (2) 纏脣의 Energy 容器 保護作用과 Energy 調節能力 測定
  (3) 明堂과 纏脣의 善, 惡, 吉, 凶

5. 得과 破의 測定

(1) 陽得의 測定
(2) 陰得의 測定
(3) 得의 先後와 善, 惡, 吉, 凶
(4) 陽破의 測定
(5) 陰破의 測定
(6) 破의 先後와 善, 惡, 美, 醜, 吉, 凶
(7) 入力 Energy와 出力 Energy Balance

6. 其他 周邊砂의 測定

(1) 其他 周邊砂와 四神砂와의 關係
(2) 其他 周邊砂와 穴場과의 關係
(3) 周邊砂의 善, 惡, 美, 醜, 吉, 凶

7. 穴場과 穴心 Energy 測定

(1) 穴場 Energy 入力 與否 測定
(2) 穴場의 Energy 蓄積 容量 測定
(3) 穴場心의 Energy 强度 測定
(4) 穴場과 穴心의 善, 惡, 美, 醜, 吉, 凶
(5) 穴場 Energy 流出 與否 測定

8. 穴場과 人間 因緣의 良否 測定

(1) 穴場과 亡人의 因緣 測定
(2) 穴場과 亡人과 子孫의 因緣 測定
(3) 歲運別 合成 因緣 測定

第6章   因緣和合法

※ **類類相從 原理**

(1) 物質類의 相從 原理(형상, 상종, 인상)
(2) 體 相從(利己的 상종) 原理
       (인성)
(3) 時空類 相從 原理
   空間性 類 相從, 時間性 類 相從

※ 世運類와 相從하니
  世間類와 相從한다.
  따라서 善性類 善 相從하고
        惡性類 惡 相從하며
        無記類와 無記 相從한다.

※ 善類 則 善運 屬하고
  惡類 則 惡運 屬하며
  無記類 則 無記運 屬한다.

※ 不共業 則 共業運에 相續하고
  共業 卽 世業에 相續하며
  世業 卽 天地業에 相續한다.

※ 無明的 無記 卽 消滅境이요

　　鮮明的 無明 卽 大道境이라

　　無明的은 不覺地(못 깨달은 것)

　　無記는 無分別

　　消滅境은 死 無記

　　光明寂은 覺地(깨달은 것)

　　大道境은 生 無記

　　無記는 非道

(1) 물질(동질)화합 : 화학적 결합
(2) 體 상종 : 물리적 결합(개는 개, 사람은 사람끼리 결합)
(3) 視空間 結合

　　사람도 → 공간

　　물질세계도 공간

　　열매 열리는 (시기)공간적 상종

　　공간적 결합 → 시공간 결합

※ 공간과 시간
　　- '내'가 버스를 타는 것은 '나'라는 體와 '버스'라는 공간과 인연 합일되어
　　　타고 가는 것 → 시공결합
　　- 사고를 당하는 버스를 타는 것 또한 나의 리듬과 맞아서 탄 것이다. →
　　　시공결합
　　- 시간과 공간은 함께 결합하며, 시간 따로 공간 따로 결합은 되지 않는다.
　　　세운 역시 버스를 타는 운과 맞았기 때문이다.
　　- 바람이 불면 꽃잎이 떨어지고, 가을이 오면 단풍이 드는 것이 세운이다.

　　따라서
　　- 善性類 結合 : 착한 사람은 착한 사람끼리, 선한 사람은 선한 사람끼리
　　　일을 構想한다.

- 惡性類 結合 : 惡한 놈은 惡한 놈끼리 만나서 惡한 일을 構想한다.

유유상종도 ⊖⊕의 화합이다.

物質 ⊖   歲運 → 時

  體 ⊕   世間 → 空

  時 ⊖   世間은 歲運에 支配된다.

  空 ⊕

선운 결합은 선운을 증대케 한다.

악운 결합은 악운을 증대케 한다.

不共業은 → 個體業

  共業은 → 全體業

※ 三間 因緣 相從法

1. 人間 因緣 類類相從

2. 空間 因緣 類類相從

3. 時間 因緣 類類相從

사람 인연, 터 인연, 시절 인연의 合一的 類類相從 秩序

지구는 하늘에 隸屬된다. 예를 들어 壬辰年에 發生한 共業은 世業으로 壬辰年運에 從屬(隸屬)한다. 壬辰年은 六十甲子 中 甲申順中에 隸屬된다.

世業은 天地에 예속된다.

天地人 三道를 證得함이 爲之正道라고 한다.

空間
時間 이 類類相從하는 것은 本體에 緊密히 類類相從함이다.

세운 역시 본체에 긴밀히 유유상종함이다.

因子
緣子 體는 本體 → 理性과 氣相(肉體)으로 나누는데

이성이 主가 된다. 이성은 영혼이 主이고 心性이다.

조상相續 영혼은 본질성

　　　심성은 相續영혼

　　　肉體識은 精神意識

氣相 → 肉體識

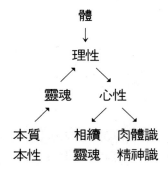

전부를 정화시키고 本靈만 남게 해야 한다.

因 → 선악요소

緣 → 선악연

※ 조상相續을 이겨내는 방법 2가지

　　懺悔하고 感謝하는 것

　　感謝하고 恩惠 갚는 것

참회 은혜를 빼놓고 완성된 삶은 거짓 완성이다.

참회와 은혜가 빠진 성공은 미완성이다.

참회와 은혜가 없는 성공은 절대로 선한 완성이 아니고 악한 성공이다.

참회가 없는 것은 모래밭에 집을 짓는 것과 같고, 은혜가 없는 성공은 빚쟁이다.

빚더미가 그 위에 있다. 무엇이든 두 가지가 빠진다면 악성공이다.

두 가지 중 한 가지가 빠지면 반쪽 성공이다.

이 모든 것은 感謝의 영혼이 缺如된 까닭이다.

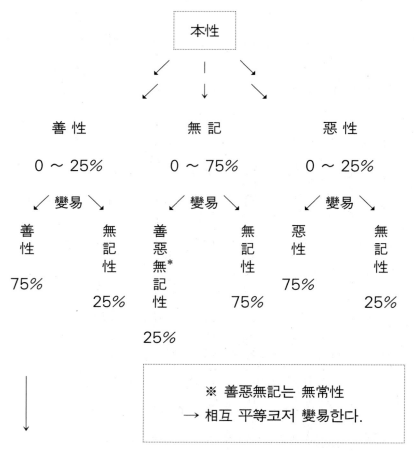

※ 變易性 : 25% → 25%×25/100＝6.25%

第2篇 風水 原理論

第1章 風水地理의 理論 槪要

제1절 風水地理의 原理槪念

1. 風水地理의 五大原理 槪念

(1) 山(地氣·相) : 地 Energy의 根源體(Energy 本體)

(2) 火(天氣) : 和氣 保溫 緣分體

(3) 風(地氣＋天氣) : 地 Energy의 育成 및 調和(節) 緣分體

(4) 水(地氣＋天氣) : 地 Energy의 育成 保存 緣分體

(5) 方位(Energy緣) : 地 Energy의 選擇方法 관계작용

　　　　　　　　　　　　　乘氣 및 應氣의 效率化

2. 山과 穴의 形成 原理 槪念

(1) 主因 : 地球 Energy (地氣)

(2) 主緣 : 天體 Energy (天氣)

(3) 助緣 : 山·火·風·水·方位

(4) 山의 形成 : (1)＋(2)

(5) 山脈의 形成 : (4)＋〔(2)＋(3)〕

(6) 成局 : (5)＋〔(2)＋(3)〕

(7) 山穴(山 核果) : (5)＋(6)＋〔(1)＋(2)＋(3)〕

3. 山의 生死 · 去來와 龍脈의 無記 槪念

(1) 生脈 : 躍動과 屈伸의 變易 龍脈(生命 Energy 흐름體)
(2) 死脈 : 躍動과 屈伸의 無變易 龍脈(生命 Energy 소멸體)
(3) 無記脈 : 生 · 死 · 去 · 來가 없는 不平等 變易 龍脈
           (動, 靜, 曲, 直과 去來 行止가 不確實)
(4) 去脈 : 穴場 Energy의 聚藏 없이 山水 同行
(5) 來脈 : 穴場 Energy의 聚藏을 위해 堂穴處로 到來

4. 山 − 山脈 − 山穴의 流轉原理 槪念

〈표 2-1〉山−山脈−山穴의 流轉原理 槪念

	Energy源 →	Energy體 →	Energy 移動相 →	Energy 同調 및 干涉作用 →	Energy 顯果
(1)	生地氣 Energy →	生氣山 →	生氣山脈 →	生氣局 →	生氣穴
(2)	死地氣 Energy →	死氣山 →	死氣山脈 →	死氣局 →	死氣穴
(3)	無記地 Energy →	無記山 →	無記山脈 →	無記局 →	無記穴
(4)	去(行)地氣 Energy →	去(行)山 →	去(行)山脈 →	去(行)局 →	假穴
(5)	來(成住)地 Energy →	來(成住)山 →	來(成住) 山脈 →	來(成住)局 →	成(住)穴
(6)	破地氣 Energy →	破山體 →	破山脈 →	破局 →	破穴
(7)	散地氣 Energy →	散山體 →	散山脈 →	散局 →	散穴

제2절 諸 原理와 原則 槪要

1. 風水地理의 五大原理 解說

(1) 山 : 地氣 Energy의 發顯體. 地球生命 Energy 根源處.
   根(地氣中心 → 祖宗山), 本身(主山), 枝葉(左右 龍虎), 果實(穴場)

(2) 火 : 天氣 Energy의 發顯體. 和氣 補溫, 氣의 運行
   根(天體, 12恒星), 本身(太陽), 枝葉(太陽界 行星), 果實(造化熱)

(3) 風 : (天氣＋地氣) Energy
   地氣生命 Energy의 育成 補完 (地表 Energy 移動) Energy 調節
   및 循環

(4) 水 : (天氣＋地氣) Energy
   地氣生命 Energy의 育成 補完 (地表 Energy 移動) Energy 調潤
   및 運搬 保護

(5) 方位 : (天氣＋地氣) Energy의 流轉 方向, 前記 Energy의 應氣作用線
   및 凝縮角의 決定

2. 地氣生命 Energy의 移動과 凝縮原理 槪要

(1) Energy 形成의 原則(主山 形成 原理)
   地氣生命 Energy 因子 + 緣分 Energy 同調 = 地氣生命 Energy의 形
   像化(主山 形成)

(2) Energy 移動의 原則(山脈 形成 原理)
   Energy 本體(地氣生命 Energy의 形像體) + 緣分 Energy 同調 =
   Energy 變化(移動)體(山脈 形成)

(3) Energy 合成의 原則(穴星 形成 原理)
   Energy 變化體 + 緣分 Energy 同調 = Energy 合成局 및 穴星 形成
   (山核果)

（4）核 Energy 保存의 法則(四神砂의 均衡 原理)

穴星 Energy體 + 周邊 Energy場의 均衡(緣分 Energy 均衡) = 穴星 Energy 保存 維持

（5）核 Energy 凝縮의 原則(穴心 形成 原理)

核果 保存體 + 緣分 Energy 凝結作用 = 融結凝縮 Energy의 核心 形成(核心, 穴心)

제3절 山·水·風·火의 理氣論

1. 山의 理氣(善, 惡, 無記, 根性 已發 中)

(1) 山의 性 : ⊕性, ⊖性, ⊕性
(2) 山의 體 : 靜中動
(3) 山의 相 : 生起
(4) 山의 用 : 收藏·生育
※ 起伏, 長短, 高卑, 厚薄, 大小가 吉凶 決定

2. 水의 理氣

(1) 水의 性 : ⊕性, ⊖性, ⊕性
(2) 水의 體 : 動中靜
(3) 水의 相 : 流轉
(4) 水의 用 : 調潤, 醇化
※ 曲折, 長短, 大小, 深淺, 緩急이 吉凶 決定

3. 風의 理氣

(1) 風의 性 : ⊕性, ⊖性, ⊕性
(2) 風의 體 : 動中起
(3) 風의 相 : 飛散
(4) 風의 用 : 換易
※ 山 〉水 ⋯ 絶滅. 山 〈 水 : 衰殘. 山＝水＝風＝火 ⇒ 醇化 成穴

4. 火의 理氣

(1) 火의 性 : ⊕性, ⊖性, ⊕性
(2) 火의 體 : 熱
(3) 火의 相 : 昇炎
(4) 火의 用 : 燥溫・酸化

5. 〈山・水・風・火〉化成理氣

(1) 〈山・水・風・火〉性 : ⊕性, ⊖性, ⊕性
(2) 〈山・水・風・火〉體 : 生氣脈
(3) 〈山・水・風・火〉相 : 生龍 成局
(4) 〈山・水・風・火〉用 : 成穴, 成核, 成果

제4절 Energy體 生成의 緣起法

1. 宇宙

    (1) 本體氣(本體 Energy)의 元 모습
    (2) 本體氣에 因緣하여 生起함

2. 天體

    (1) 宇宙氣(宇宙 Energy)의 易 모습
    (2) 宇宙氣에 因緣하여 生起함

3. 地球

    (1) 天體氣의(天體 Energy) 相續 모습
    (2) 天體氣에 因緣하여 生起함

4. 地上萬物 : (⊕性)

    (1) 地球氣의(地球 Energy) 相用 모습
    (2) 地球氣에 因緣하여 生起함

5. 山, 火, 風, 水 : (⊖性)

    (1) 地球 Energy의 작용변화 모습(⊖)
    (2) 1, 2, 3, 4에 因緣하여 生起함

6. 山果, 山穴

(1) 山, 火, 風, 水 Energy 융결 모습
(2) 山, 火, 風, 水에 因緣하여 生起함

7. 人間

(1) 山果, 山穴 Energy의 生命 모습
(2) 山果, 山穴에 因緣하여 生起함

8. 生氣地

(1) 生, 成, 住의 Energy 모습
(2) 集合特性에 因緣하여 維持되고 있다.

9. 死氣地

(1) 散, 滅, 還의 Energy 모습
(2) 還元特性에 因緣하여 維持되고 있다.

10. 無記地

(1) 無記 氣의 Energy 모습
(2) 無記特性에 因緣하여 維持되고 있다.

11. 四大 五氣의 Energy 變易

(1) 緣生 輪廻

　　水緣 生氣木·木緣 生氣火·火緣 生氣土·土緣 生氣金·金緣 生氣水 ⇌

(2) 緣死 輪廻

　　水緣 死滅火·火緣 死滅金·金緣 死滅木·木緣 死滅土·土緣 死滅水 ⇌

12. 人間의 緣起原理

(1) 主因 : 地氣 中 人氣

(2) 主緣 : 天氣＋地表氣

(3) 助緣 : 山·火·風·水

(4) 生· 滅· 緣起

　　① 天氣〈生/滅〉→ 地氣

　　② 地氣〈生/滅〉→ 穴氣

　　③ 穴氣〈生/滅〉→ 人氣

　　④ 人氣〈生/滅〉→ 孫氣

13. 地球와 人間의 形性 Energy(性相)

(1) 地球 :　形 – ⊖ Energy　　　性 – ⊕ Energy

(2) 人間 :　形 – ⊕ Energy　　　性 – ⊖ Energy

(3) 山穴 :　形 – ⊕ Energy　　　性 – ⊖ Energy

(4) 火體 :　形 – ⊕ Energy　　　性 – ⊖ Energy

(5) 風體 :　形 – ⊖ Energy　　　性 – ⊕ Energy

(6) 水體 :　形 – ⊖ Energy　　　性 – ⊕ Energy

14. 山 · 火 · 風 · 水의 緣起原理

(1) 山의 生成活動

① 主因 : 地氣 中 土氣(地表氣)

② 主緣 : 天氣＋地中氣

③ 助緣 : 山, 火, 風, 水 Energy

(2) 山穴의 生成 維持

① 主因 : 山脈氣. 山 Energy

② 主緣 : 天氣＋地表氣

③ 助緣 : 山, 火, 風, 水 Energy

(3) 火의 生成活動

① 主因 : 天氣 中 火氣 Energy

② 主緣 : 地氣 中 火氣 Energy

③ 助緣 : 山, 火, 風, 水 Energy

(4) 風의 生成活動

① 主因 : 天氣 中 火氣 Energy

② 主緣 : 地氣 中 水氣 Energy

③ 助緣 : 山, 火, 風, 水 Energy

(5) 水의 生成維持

① 主因 : 地氣 中 水氣 Energy

② 主緣 : 天氣 中 火氣 Energy

③ 助緣 : 山, 火, 風, 水 Energy

15. 五大 Energy의 形과 性(性相論)

(1) H Energy(水氣)

① 形 : ⊖ 매끄럽고 가늘다(서늘함)

② 性 : ⊕ 集進

(2) O Energy(火氣)

① 形 : ⊕ 예리하고 뜨겁다(알알함)

② 性 : ⊖ 散化

(3) N Energy(木氣)

① 形 : ⊕⊖ 둔하며 가볍다(선뜩함)

② 性 : ⊖⊕ 合換

(4) C Energy(金氣)

① 形 : ⊕ 무겁고 매끄럽다(진중함)

② 性 : ⊕ 聚融

(5) Total Energy(土氣)

① 形 : ⊕ 평하며 溫하다(안온함)

② 性 : ⊖ 定平

제5절 5大 Energy의 同調와 干涉 原理

1. 山·火·風·水·方位의 相關關係

(1) 山은 地氣 Energy 移動 維持體로서, 그 Energy의 크기, 흐름, 方位는, 山脈自體에서 旣 決定되나, 風, 水의 영향에 따라서 그 Energy 크기와 흐름이 크게 變化 決定된다.

(2) 따라서 龍脈에서 穴場에 이르기까지 各 節마다 脈氣 Energy의 特性을 確認하여 穴場의 Energy 凝縮力量을 調査하여야 한다.

(3) 火의 要素는 그 Energy 決定量이 거의 一定하여 變化量은 極少數로 微微하므로 方向性만 고려한다.

(4) 本脈(主山) Energy體에 대한 他 周邊砂 Energy體의 相關關係는 매우 重要한 것이므로, Energy體를 保護 維持하기도 하나, 破壞 消滅케도 한다.

(5) 山·火·風·水·方位는 相互 同調的 關係作用과 相互 干涉的 關係作用, 그리고 相互 無記的 關係作用을 한다.

(6) 同調的 相關關係가 發生하면 龍脈氣는 生起的 機能을 나타내고, 穴場에 生成 Energy를 供給한다.

(7) 干涉的 相關關係가 發生하면 龍脈氣는 壞滅的 破壞現象이 나타나고, 穴場에 消滅 死氣를 供給한다.

(8) 無記的 相關關係가 發生하면 山脈과 穴場은 모두 無記的 特性으로 나타난다.

2. 山·火·風·水·方位의 同調的 生起作用
(主 同調作用 − 生起·生調·生成·生住)

(1) 山의 生起同調

主山과 周邊砂 間의 同調的 相生作用으로 山脈 또는 穴場에 生氣가 供給된

다(Energy 生調作用. Energy 凝縮作用. Energy 保護作用. Energy場 擴大
作用).

(2) 火의 生起同調

太陽, 地熱의 溫和氣가 山脈 穴場 Energy에 生調하여 生氣供給

(3) 風의 生起同調

主山脈과 穴場 Energy를 交流 移動 局 Energy場을 變易, 藏聚시킴으로써
生氣를 調節한다.

(4) 水의 生起同調

主山脈과 穴場 Energy의 生育 · 調潤 · 醇化 · 聚融으로 生起調節한다.

(5) 方位의 生起同調

主山 및 穴場 Energy의 흐름과 安定을 위해 Energy 拱應과 凝縮을 決定
한다.

3. 山 · 火 · 風 · 水 · 方位의 干涉的 壞滅作用
(主 干涉作用 – 刑 · 沖 · 破 · 害 殺*)

(1) 山의 干涉作用

主山脈의 Energy體 흐름과, 穴場의 Energy 凝結을 妨害함으로써, 龍脈을
病들게 하고, 穴場이 老死케 한다.

① 山의 刑 : 砂山이 逼迫, 窒塞, 背逆함
② 山의 沖 : 砂山의 面이 主山 및 穴場을 沖剋함

---

* ① 刑 – 때리고 누름(壓, 探, 刑) ② 沖 – 밀고 침(沖, 射) ③ 破 – 깨고 부숨(破, 射, 剋, 斷)
  ④ 害 – 빗 찌르고 밀침(反, 壓, 箭, 割, 走) ⑤ 殺 – 치고 꽂음(〈剋＝剋〉, 穿, 射)

③ 山의 破 : 尖砂山의 破壞的 作用으로 脈氣 傷痕
④ 山의 害 : 砂山의 壓迫, 反·背, 走·割, 箭 等으로 氣散
⑤ 山의 殺 : 直尖射砂의 剋穿으로 脈氣와 穴星이 壞滅된 것

(2) 火의 干涉作用

주로 天火, 地火, 砂火의 干涉作用

① 天火의 刑·沖·破·害 殺 − 龍脈, 穴場, 局 Energy의 均衡程度에 따라, 天氣 火 Energy 干涉作用은 變化한다.
② 地火의 刑·沖·破·害 殺 − 地熱 Energy의 太過, 不及에 따라 脈氣와 穴場에의 Energy 干涉作用이 變化한다.
③ 砂火의 刑·沖·破·害 殺 − 火山砂 또는 火氣砂 Energy의 太過 不及 程度에 따라 脈氣와 穴場 Energy에 Energy 干涉作用이 變化한다.

(3) 風의 干涉作用

주로 天風, 地風(季節風, 局地風), 自生風, 木根風에 의한 干涉作用으로, 主山 脈氣 또는 穴場 Energy의 逸散 및 破損이 發生한다.

① 天風의 刑·沖·破·害 殺 − 天氣 木 Energy에 의한 破壞 干涉作用
② 季節風의 刑·沖·破·害 殺 − 四季에 따른 風 Energy의 變化와 干涉에 따른 破壞作用
③ 局地風의 刑·沖·破·害 殺 − 地域 間 地勢 間의 溫度變化에 따라 局地的으로 發生하는 成局外風 Energy의 干涉作用
④ 自生風의 刑·沖·破·害 殺 − 四神砂(成局) 不均衡과 惡性 Energy干涉에 따라 自然發生하는 局火風 Energy의 干涉作用
⑤ 木根風의 刑·沖·破·害 殺* − 木根에 의한 風入作用으로, 穴場 穴心이 破壞된다.

---

* 木根의 程度에 따라 區別
刑 - 감는다, 沖 - 뼛속을 파고든다, 破 - 부수고 모염 發生, 害 - 헤치고 덮는다, 殺 - 녹이고 흩트려 놓는다

(4) 水의 干涉作用

水의 太過 不及에 의해 主山 脈氣 또는 穴場 Energy가 浸下 또는 燥暴 乾寒케 하는 干涉作用

① 水의 刑 - 大溪 水流가 山脈 또는 穴場을 때리고 浸下시킨다.
② 水의 沖 - 急傾水가 山脈 또는 穴場을 치고 밀친다.
③ 水의 破 - 大河水가 山脈 또는 穴場을 때리고 부순다.
④ 水의 害 - 中溪水가 山脈 또는 穴場을 찌르고 밀치고 빨아낸다.
⑤ 水의 殺 - 大河, 大溪, 直射水가 山脈 또는 穴場을 치고 꽂아 陷沒시킨다.

(5) 方位의 干涉

主山 脈氣와 穴場 Energy의 흐름선을 妨害 또는 刑·沖·破·害 殺하는 周邊砂 Energy의 干涉作用

① 方位의 刑 - 山脈氣 또는 穴場 Energy 線과 $\pm\angle 90°$角의 干涉線
② 方位의 衝沖 - 山脈氣 또는 穴場 Energy 線과 $\pm\angle 180°$角의 干涉線
③ 方位의 破 - 山脈氣 또는 穴場 Energy 線과 $\pm\angle 90°$角의 干涉線
④ 方位의 害 - 山脈氣 또는 穴場 Energy 線과 $\pm\angle 150°$, $\angle 90°$, $\angle 30°$角의 干涉線
⑤ 方位의 殺 - 山脈氣 또는 穴場 Energy 線과 $\pm\angle 90°$, $\pm\angle 180°$角의 干涉線

4. 風의 作用과 地氣 Energy 變易(보우퍼트 方式에 의한 地 Energy 變易)

〈표 2-2〉風의 作用과 地氣 Energy 變易

계급	風의 名稱	地表現象	風速 m/s	地氣 Energy 變易象
0	고요	연기가 똑바로 올라가고, 해면이 잔잔하다.	0.0~0.2	最適安定
1	실바람	나뭇잎이 흔들리고, 얼굴에 감촉되며 해면에 작은 물결이 인다.	0.3~1.5	安定的이다
2	남실바람	가는 가지가 흔들리고, 깃발이 흔들리며, 흰 물결이 가끔 인다.	1.6~3.3	表面地氣 Energy가 흔들린다
3	산들바람	가는 가지와 나뭇잎이 계속 흔들리고, 흰 물결이 자주 인다.	3.4~5.4	表面地氣 Energy가 조금씩 離脫한다
4	건들바람	먼지가 일고 종잇조각이 날리며 해면의 반 정도가 흰 파도.	5.5~7.9	表面地氣 Energy가 흩날린다
5	흔들바람	작은 나무 전체가 흔들리고, 강물은 잔물결. 해면에는 전체가 흰 파도.	8.0~10.7	表面地氣 Energy가 부서진다
6	된바람	우산 받기가 힘들고, 큰 나뭇가지와 전선이 흔들리며, 흰 파도가 넓게 인다.	10.8~13.8	表面地氣 Energy가 부서져 흩어진다
7	센바람	나무 전체가 흔들리고, 걷기 곤란하며 흰 파도가 차차 높아진다.	13.9~17.1	表面地氣 Energy가 심하게 파괴된다
8	큰바람	나무의 잔가지가 꺾기고 걸을 수가 없으며 풍랑이 높아진다.	연속 17.2~20.7	地表 Energy가 消滅된다
9	큰센바람	건축물과 나무가 다소 파손되고 풍랑이 굉장히 높아진다.	연속 20.8~24.4	內部地氣 Energy가 破損된다
10	노대바람	건축물 피해가 커지고 풍랑은 사납게 높아진다.	연속 24.5~28.4	內部地氣 Energy가 破損되어 흩어진다
11	왕바람	건축물이 크게 파손되고 풍랑은 무섭게 밀려온다.	연속 28.5~32.6	內部地氣 Energy가 심하게 破損되어 흩어진다
12	싹쓸바람	보기 드문 큰 재해를 일으키고 중소형 선박이 전복된다.	연속 32.7 이상	內部地氣 Energy가 消滅한다

5. 山·水·風·火의 變易相

(1) 生·住·異·滅   成·住·壞·空

(2) 陰·陽·生·剋   生·死·去·來

(3) 胎·息·孕·育   生·老·病·死

(4) 動·進·長·生   靜·退·消·死

(5) 善·惡·美·醜   正·斜·平·峻

(6) 高·低·長·短   尊·卑·貴·賤

(7) 起·伏·行·止   縱·橫·順·逆

(8) 老·少·長·幼   男·女·拱·揖

(9) 仁·義·禮·智   忠·孝·慈·愛

(10) 圓·方·尖·削   充·滿·空·缺

(11) 剛·柔·强·弱   厚·薄·肥·瘦

(12) 聚·突·散·漫   偏·直·難·折

(13) 圓·曲·歸·抱   起·馳·頓·桎

(14) 遠·近·明·暗   淸·厚·長·明

(15) 沖·化·無記   變易·生起

제6절 佩鐵의 原理論

1. 佩鐵의 槪要(相對方位論的 善性 生氣 E場의 측정)

(1) 絶對方位 E場은 穴場의 근본방위 E場
(2) 相對方位 E場은 穴場의 패철방위 E場
(3) 絶對的 方位 E場에 대한 相對的 方位 E場 觀察
(4) 패철의 상대방위 E場은 절대방위 E場의 6.25% 연분작용
(5) 絶對 方位 : 穴場의 絶對的 生滅 方位

$$
\left.\begin{array}{l}
玄水\ E場(壬子癸) \\
朱火\ E場(丙午丁) \\
靑木\ E場(甲卯乙) \\
白金\ E場(庚酉辛)
\end{array}\right\}
\qquad
\left.\begin{array}{l}
戌乾亥\ 右天門\ E場 \\
丑艮寅\ 左天門\ E場 \\
辰巽巳\ 左地門\ E場 \\
未坤申\ 右地門\ E場
\end{array}\right\}
$$

(6) 相對 方位 : 地域的, 穴場 構成的, 相對的 變易 方位

$$
\begin{aligned}
&※\ 變易性 : 25\%\ 生氣性 \ \rightarrow \quad 25\% \times 25/100 = 6.25\%(生起性) \\
&\qquad\qquad\quad \downarrow(變易) \qquad 25\% \times 75/100 = 18.75\%(無記性) \\
&\qquad\quad 6.25\%\ 善性\ 中 \quad 6.25\% \times 25/100 = 1.5625\%(善性) \\
&\qquad\qquad\qquad\qquad\qquad\quad \times 25/100 = 0.0375\%(最善吉性)
\end{aligned}
$$

→ 그중 25%, 즉 萬 사람 中 한 명이 最上善吉人이 된다.

※ 諸法 實相 : 本來相
   衆生界가 있는 한 弱肉强食이 있으며 없어지지 않는다.
   사자는 생명활동을 유지하기 위해 토끼를 잡아먹고 산다.
   永生不死는 最上乘(絶對平等)만이 가질 수 있다.
   不可得으로 얻을 수 없다.
   天地人 三道境이다.
   究境 – 窮極的 見性地

※ 涅槃解脫 – 空境地이다.

不可知 不可得으로 사람은 알 수 없고 얻을 수도 없다.

大 光明智로 可得

直觀(覺)境에서 可

※ 甲子는 처음 열리는 해로 甲子, 壬子, 丙午年에는 聖人이 태어난다. 甲,
壬, 丙은 道를 얻기가 쉽다.

※ 頓悟 – 단번에 깨우침, 漸修 – 점점 깨우쳐서 차차 깨닫는다.

※ 變易性 – 25%. 安定無常

※ 後天八卦 方位圖(文王八卦)

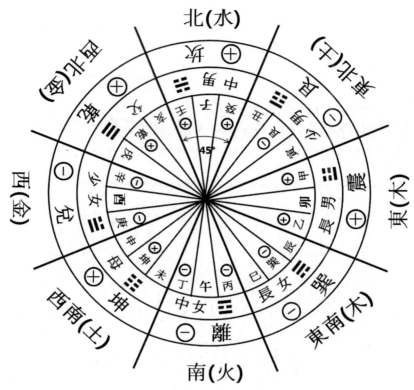

〈그림 2-1〉後天八卦 方位圖(文王八卦)

(1) 地盤(地球表面 Energy場)Energy 360°를 45°씩 나누어 8方位의 Energy 特性場으로 나눈 것이다.

(2) 各 方位의 ⊖⊕은 相對的으로 定해졌다.
    예) 坎⊕ 相對인 離⊖. 震⊕ 相對인 兌⊖

(3) 天干 12方位의 ⊖⊕은 八卦方位의 ⊖⊕에 從屬 決定되었으며, 그대로 佩鐵四線의 ⊖⊕에 使用된다(配合龍 12方位 公式도 참조).

(4) 部分的으로 陰宅에도 應用되지만 주로 陽宅에 使用한다.

(5) 地支는 八方位 ⊖⊕에 從屬 決定되지 않고, 子로부터 ⊕⊖順으로 配置되어 佩鐵에 使用한다.

2. 佩鐵의 原理

1) 佩鐵 第 四線의 公式이 만들어진 原理-1

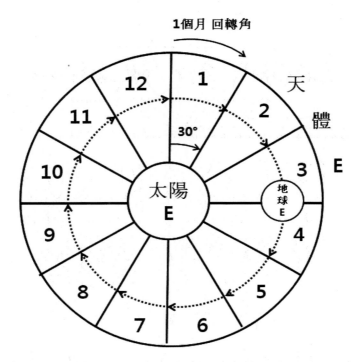

〈그림 2-2〉佩鐵 第 四線의 公式이 만들어진 原理-1

(1) 地球가 太陽周圍를 1回 公轉하면 360°이다.

(2) 地球가 太陽周圍를 1日에 1°씩(365日이므로 5日의 誤差는 있으나) 公
轉하여 1個月에 30°씩 公轉하여 12個月에 1回 公轉한다.

(3) 그러므로 地盤 즉 地球表面Energy 特性線을 12等分하였다.

(4) 地球表面Eenrgy 特性線은 수억 년 동안 太陽Energy와 天體Energy의
同調와 地球自體Energy에 의하여 形成된 것이다.

(5) 이렇게 12等分을 해서 天干 12字와 地支 12字를 配屬해서 佩鐵 第 四線
을 만들었다.

(6) 地盤Energy特性線은 人爲的으로 만들 수 없으며, 佩鐵은 이미 決定되
어 있는 Energy線을 確認하기 위한 器具일 뿐이다.

2) 佩鐵 第 四線의 公式이 만들어진 原理-2

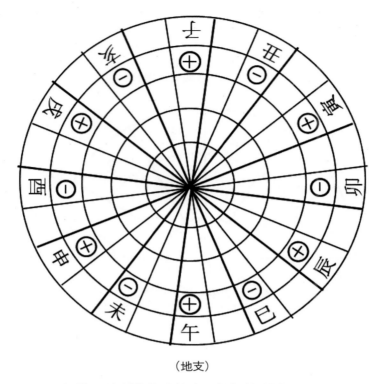

（地支）

〈그림 2-3〉 佩鐵 第 四線의 公式이 만들어진 原理-2

佩鐵 第 四線의 公式이 만들어진 原理-1에 地支 12字를 子(北)으로부터 始作하여 ⊕⊖의 順으로 優先 配置한다.

3) 佩鐵 第 四線의 公式이 만들어진 原理-3

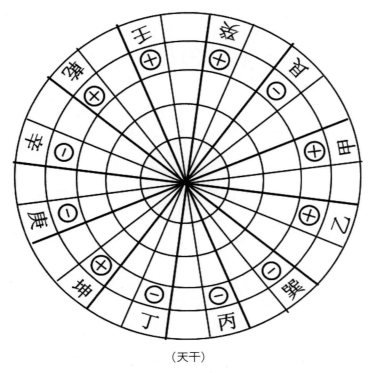

(天干)

〈그림 2-4〉佩鐵 第 四線의 公式이 만들어진 原理-3

(1) 天干 12字는 甲乙丙丁戊己庚辛壬癸 中에서 戊己를 제외하고, 八卦方位
中에서 乾坤艮巽 四方位字를 합해 12字를 만들어서 甲(東)으로부터 순
서대로, 優先 配置된 地支 12方位에 각각 짝을 지어 配置한다.

(2) 八卦方位에서 決定된 ⊖⊕을 그대로 使用한다.

4) 佩鐵 第 四線의 公式이 만들어진 原理-4

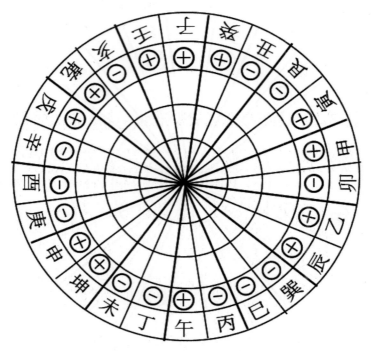

〈그림 2-5〉佩鐵 第 四線의 公式이 만들어진 原理-4

(1) 原理 4는 佩鐵의 第 四線公式이 完成된 것이다.

(2) 陰宅과 陽宅에 應用하여 使用할 수 있다.

(3) 모든 測定은 이 四線을 基準으로 한다.

3. 佩鐵의 公式

1) 配合龍 12方位 公式圖(第 四線)

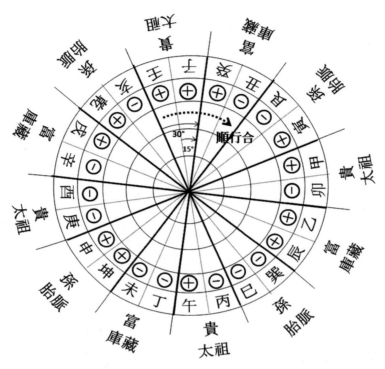

〈그림 2-6〉配合龍 12方位 公式圖(第 四線)

(1) 天干이 主因이 되어 時計方向으로 돌면서 地支를 緣分으로 삼아 各各 順行合을 하여 配合龍이 된다. 龍의 中心이 各 2글자의 中心線上에 와야 한다.

(2) 貴, 富, 孫節은 配合節龍이 아니면 貴, 富, 孫의 發現이 없다.

(3) 配合12龍, 不配合2字 無記12龍, 配合3字 無記12龍, 不配合3字 無記12龍, 合計 48龍 中 善性龍은 配合 12龍뿐이다.

(4) 壬子・乙辰・坤申은 ⊕・⊕, 巽巳・丁未・庚酉는 ⊖・⊖이지만, 配合이 됨은 天干과 地支 間에는 根源的으로 天干이 ⊕이고 地支는 ⊖이기 때문이다(相對的 關係 槪念).

(5) 入首, 來龍, 穴場이 配合節이면 各 該當節의 善性的 發現이 나타난다.

(6) 來龍과 穴場의 强弱美醜에 變數가 많다.

2) 不配合 二字無記龍 12方位 公式圖

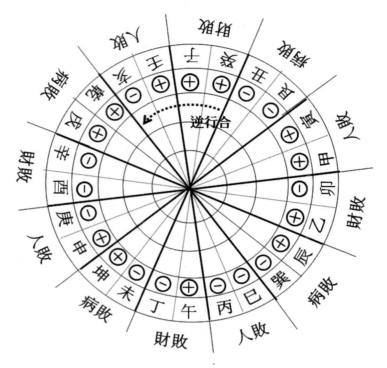

〈그림 2-7〉不配合 二字無記龍 12方位 公式圖

(1) 天干이 主因이 되어 時計方向으로 돌면서 地支를 緣分으로 삼아 各各 逆行合을 하여 不配合龍이 된다.

(2) 山 稜線의 中心 즉 龍의 中心이 各 두 글자의 中心線上에 오면 不配合 二字無記龍이다.

(3) 穴場의 入首와 來龍이 不配合 二字無記에 該當되면 各 該當되는 節의 惡性的 特性이 發現되고, 穴場 역시 不配合 二字無記이며 同一한 結果가 發現된다.

(4) 不配合 二字無記龍에서는 淫行, 蓄妾, 離婚, 破産, 疾病, 死亡, 不具者 等의 各種 惡性的 特性이 發現된다.

(5) 財敗節에서는 右旋이면 破盜, 盜者出生

(6) 淫行, 蓄妾은 左右旋에 따라 男女를 判別한다.

(7) 主龍과 穴場의 强·弱·美·醜에 變數가 많다.

3) 配合 三字無記龍 12方位 公式圖

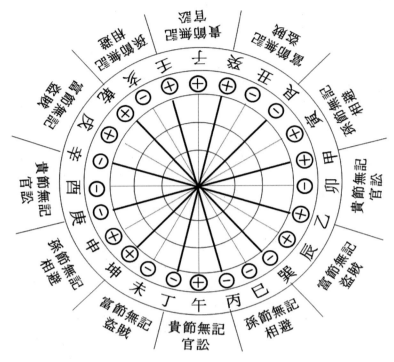

〈그림 2-8〉配合 三字無記龍 12方位 公式圖

(1) 龍의 中心이 點線처럼 地支 한 글자의 中心에 옴으로써 ⊖이건 ⊕이건 혼자로는 變化가 일어나지 않고, 양쪽에 있는 天干과 緣分을 맺어 세 개의 ⊖⊕이 混雜되어 變化가 일어난다.

(2) 예를 들어, 龍의 中心이 子의 中心에 오면, 右側에 있는 天干 壬과 配合을 하면서 左側의 天干 癸와도 緣分을 맺음으로써, 세 글자가 混雜하기 때문에 配合 三字無記라고 한다.

(3) 官訟節에서는 내가 官訟을 걸거나 當하거나 等의 事件들이 많이 생긴다.

(4) 盜賊節에서는 내가 盜賊・詐欺를 하거나 當하거나 等의 事件들이 많이 생긴다.

(5) 相避節에서 血族間에 淫行이 種種 發生하고 또한 子孫들이 淫亂하다.

(6) 純 ⊖⊖⊖(庚酉辛)(巽巳丙)에서는 癲患者生. 純 ⊕⊕⊕(壬子癸)에서는 精神疾患者生.

(7) 주의할 점은 龍 稜線의 높은 곳이 없이 平平하면서 위의 公式에 맞으면
    配合 三字無記龍이다.

(8) 來龍과 穴場의 强·弱·美·醜에 變數가 많다.

4) 不配合 三字無記龍 12方位 公式圖

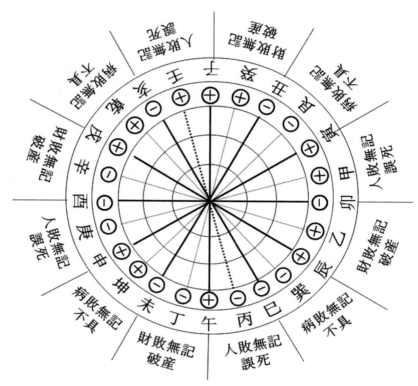

〈그림 2-9〉 不配合 三字無記龍 12方位 公式圖

(1) 龍의 中心이 點線처럼(예 : 壬·癸·艮) 天干 한 글자 中心에 오게 되고
    左側에 있는 地支와 不配合되면서, 右側의 地支와도 緣分을 맺음으로써
    세 글자가 混雜하기 때문에 不配合 三字無記라고 한다.

(2) 誤死節에서는 主 事故死

(3) 破産節에서는 穴場의 全破

(4) 不具節에서는 不具者出生, 病不具, 事故不具

(5) 來龍과 穴場의 强·弱·美·醜에 變數가 많다.

5) 佩鐵 第 三線의 公式 應用

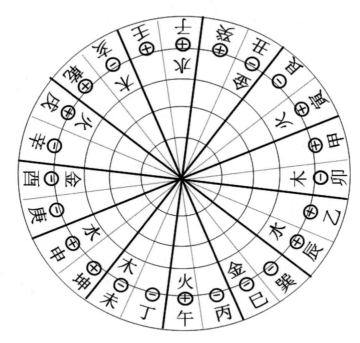

〈그림 2-10〉佩鐵 第 三線의 公式 應用

(1) 局이란 Energy場이다. 各局의 同一한 三合五行의 局은 120°間隔으로 三角形을 이루고 있다.

(2) 숫자는 始作된 始點으로부터 日, 月, 年 즉 水局의 1·6은 1日, 6日, 1個月, 6個月, 1年, 6年, 10年, 60年 等으로써 墓를 쓴 始點 또는 移徙한 날로부터 1字나 6字의 時期에 善惡이 發現된다는 뜻이다.

(3) 男 ⊕, 女 ⊖으로, 예를 들어

　　癸丑(○ ●) = 金局 = 4·9 → 右旋이면 女, 左旋이면 男

　　癸(天干)年老의 男, 丑(地支)年少의 女가 4·9個月 또는 4·9年 等 4와 9에 該當되는 月·年에 善惡이 發現된다.

(4) 配合節에서는 善性, 無記節에서는 惡性이 發現된다.

(5) 단 穴場에서는 그 時期가 빠르고, 穴場에서 長點 短點이 멀어질수록 그 善惡의 發現 時期는 멀어진다.

(6) 來龍의 强·弱·美·醜에 變數가 많다.

6) 佩鐵 第 2線 八曜風 公式圖

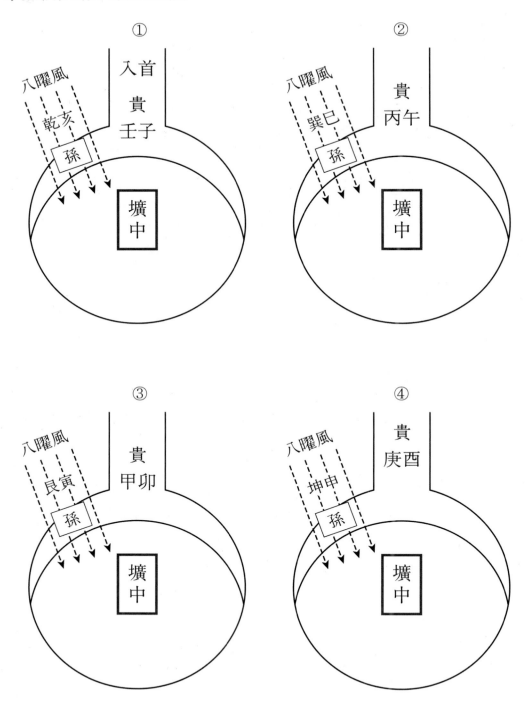

① 入首 貴 壬子　八曜風　乾亥　孫　壙中

② 貴 丙午　八曜風　巽巳　孫　壙中

③ 貴 甲卯　八曜風　艮寅　孫　壙中

④ 貴 庚酉　八曜風　坤申　孫　壙中

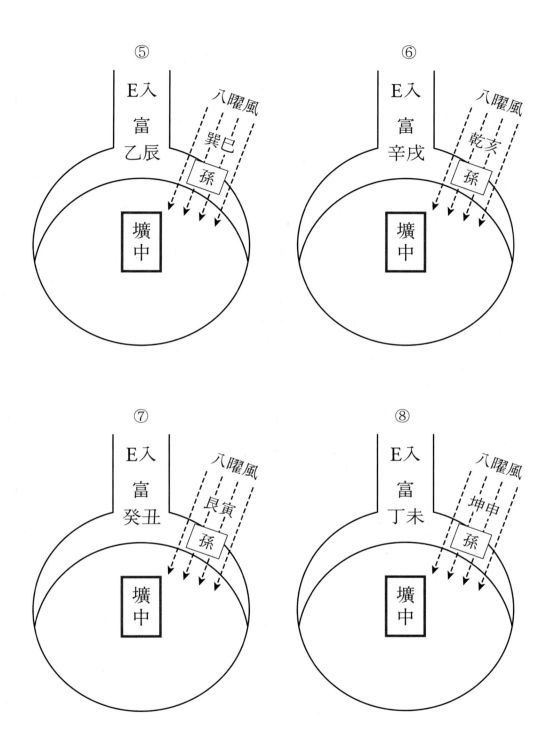

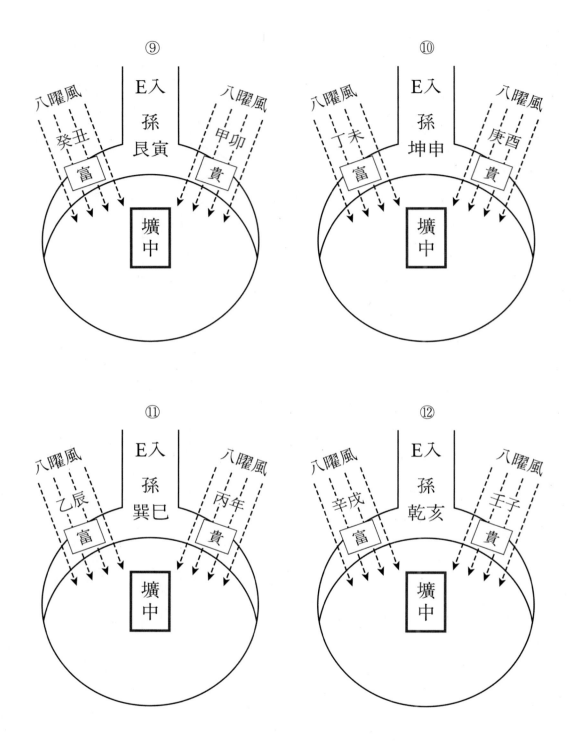

〈그림 2-11〉佩鐵 第2線 八曜風 公式圖

7) 佩鐵 第1線 公式圖와 解說(黃泉水)=(黃泉殺水)

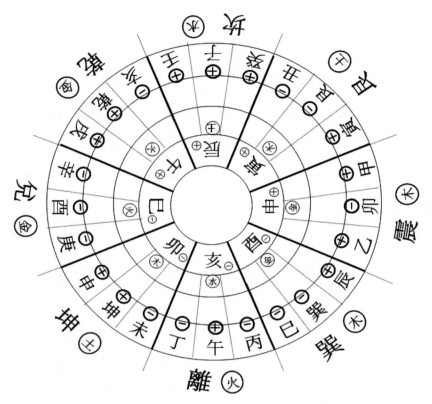

〈그림 2-12〉佩鐵 第1線 公式圖와 解說(黃泉水)

(1) 위 그림의 公式圖를 보면, 黃泉水가 墓의 壙中으로 들어가는 方位를 八方位로 限定하고 그 1方位마다 害를 받는 坐를 세 개씩 묶어서 八卦 方位坐로 나누었다.

(2) 각 八卦方位에 소속된 3개 坐는 各 八卦方位의 五行에 從屬시켰다(四線).

(3) 그리고 제 一線에 八卦 各 方位의 五行을 剋하는 地支를 配置했다.

(4) 아래 그림을 보면 黃泉水가 壙中으로 侵入하는 方位와 入首 Energy 흐름線과 일정한 公式的인 角度가 없다.

(5) 8)의 그림 ②를 제외하고는 黃泉水가 侵入하는 方位가 全部 壙中의 아랫부분 方位이다. 穴場의 傾斜가 大部分 維持되므로 아랫부분에서는 水의 侵入이 어렵다.

(6) 그림으로 이 公式은 지나치게 易學的인 五行에 치우쳤다고 보아야 한다.

(7) 黃泉水는 上·下·左·右 24方位 어느 部分이든지 缺陷만 있으면 侵入한다(壙中에서 7~8m 이내 혹은 그 以上일 수도 있다).

(8) 黃泉殺水 ⟶ 주로 壙中의 윗部分에서 물이 侵入하며, 壙中을 뚫고 아랫部分으로 빠져나간다. 주로 侵入한 方位에서 一直線 反對方位로 빠져나간다.

(9) 黃泉水 ⟶ 墓의 封墳이나 周邊에서 물이 들어가서 땅속으로 스며 빠진다(工事의 試行錯誤 또는 管理 잘못으로).

8) 佩鐵 第1線 黃泉水 公式圖

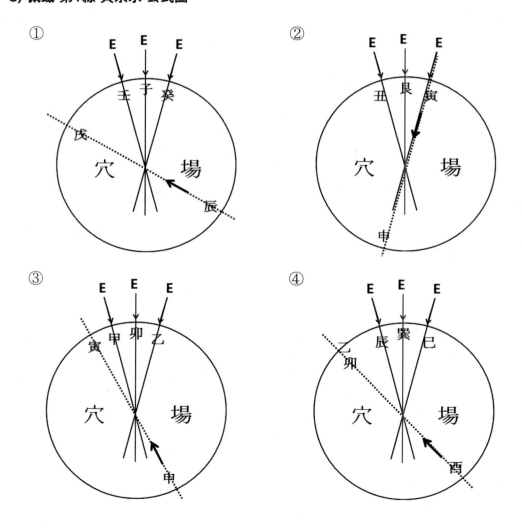

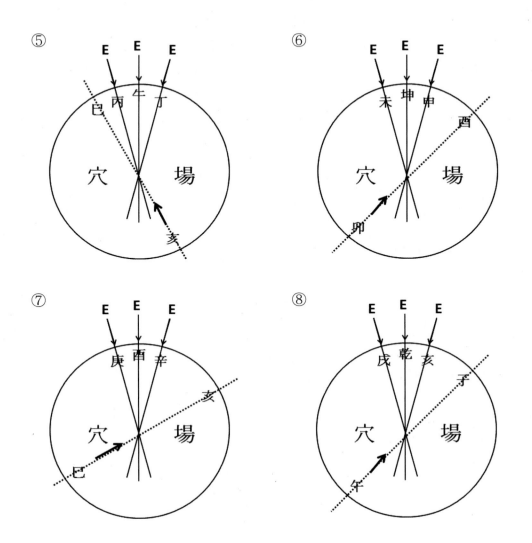

〈그림 2-13〉佩鐵 第 1線 公式圖와 解說(黃泉水)=(黃泉殺水)

第2章　　　　　　　　　　　　　　　　　　山脈論

제1절 山의 生滅法則

1. 山의 形成法則

(1) 山의 基本秩序

$$外部集合體$$
$$\downarrow 干涉$$

① 粒子 → ② 元素 → ③ 分子 → ④ 集合 ← 周邊 集合體

$$\downarrow 同調$$

⑦ 山(脈) ← ⑥ 形態 特性 ← ⑤ 凝縮

(2) 山의 結合秩序

① 平面秩序(水平結合) – 生起流動(線 Energy 흐름)

② 變易秩序(多角結合) – 生成結合(△·□·○ 集合)

　　　　　　　　　　　　板 Energy 흐름

③ 空間秩序(立體結合) – 凝縮安定(山, 山脈)

　　　　　　(空間結合) – 平衡安定(地球, 月)

(3) 山 形成 Energy의 安定 秩序

① 山 Energy의 흐름 → 山脈

② 山 Energy의 모임 → 山峰 山頂

③ 山 Energy의 安定 → 山穴 明堂

2. 山의 維持 法則

(1) 山 Energy의 相互 同調 法則

(2) 山 Energy의 相互 交流 法則

(3) 山 Energy의 相互 應對 法則

3. 山의 壞滅法則

(1) 山 Energy의 相互 干涉 法則

(2) 山 Energy의 相互 刑・沖・破・害 法則

(3) 山 Energy의 自然 消滅(還元) 法則

제2절 地球 表面 Energy體의 構造 原理와 그 變易

1. 地球表面 Energy體의 構造 原理

　地球表面體는 주로 山脈形成과 그에 貯藏된 물로 構成되어 있다고 볼 수 있다. 地球表面이 山脈으로 形成된 후, 그로부터 發散된 地球 Energy가 다시 모여 흐르는 現象이 계곡수요, 하천이며, 강물이다. 또 이것이 地下로 스며들어 地球表面 Energy體로 되돌아가 Energy 離脫을 防止하며 補强하는 것이 地下水脈이며, 이러한 諸 水流의 集合處가 바다인 것이다. 따라서 地球表面은 一種의 물을 담는 그릇이며 이 물로 하여금 바람과 더불어 地表 Energy 發散을 遮斷 調節케 하고, 表面 Energy 維持 保全 및 補强을 擔當케 한다.

　그런데 이러한 地球表面의 主 Energy體인 山脈은 과연 어떻게 形成되고 變易해왔는가? 地球가 太陽으로부터 分離된 이래 約 45억 년 동안을 地球 核 Energy는 폭발과 安定을 거듭하면서 地球 表面 Energy體를 形成해오고 있었다.

　그러나 이것은 全的으로 地球 核 Energy體의 自體能力만으로 만들어진 것은 결코 아니며, 다만 地球核 Energy場과 太陽을 包含한 周邊天體 Energy場 간의 同調場 變易에 의해서 폭발과 對流와 山脈과 地水가 形成 變易해가고 있음을 잊어서는 아니 된다.

　이 同調場 變易形態는 地球表面 Energy體를 週期的으로 成・住・壞・空케 하고 持續的으로 輪廻케 하면서, 第 1次的으로는 板構造의 Energy 表面體를 形成하다가, 第 2次的으로는 板構造 Energy體의 移動에 따른 集合 및 離散現象이 나타나면서, 立體構造 表面 Energy體를 形成하기도 하고 板 分離現象에 따른 內部核 噴出이 일어나기도 하면서, 第 3次的으로는 立體構造 表面 Energy體의 振動 및 餘氣 移動 現象 發生으로 線構造 形態의 表面 Energy體를 形成하기도 하고 核噴出 移動에 의한 立體構造 Energy體 末端部의 線構造 Energy體의 地表 山脈을 形成하기도 한다.

　이렇게 變易된 地表 Energy體는 第 4次的 變易過程에 들면서, 線構造 Energy體였던 地球 表面 Energy體를 漸次的으로 板構造 Energy體로 還元

變易시키면서 또다시 集合과 移動 凝縮 및 離散 分離가 地表面上에서 끊임없이 繼續 되풀이되면서 地球 Energy體가 그 壽命을 다할 때까지 輪廻하게 되는 것이다.

그러면 이와 같은 地球 表面 Energy體의 輪廻的 變易過程에 따른 各 地表變易 Energy體의 構造 形成原理를 보다 具體的으로 考察 檢討해보기로 한다.

1) 板構造 Energy體의 形成原理

地球核 Energy가 周邊 天體 Energy場의 平等維持 同調場 영향을 받게 되면, 地球表面 Energy體는 天體 Energy場과 同和된 地球核 Energy場의 均衡維持 同調場에 의해 形態變易을 일으키며 Energy 移動現象을 나타내는데 이것이 맨틀을 對流케 하는 地表 Energy 移動作用이며, 이 맨틀 對流作用에 의해 地表 Energy體는 移動과 凝固를 반복하면서 板構造 形態의 基礎的인 地球表面 Energy體를 形成, 構造變易을 持續해간다.

따라서 地球表面 Energy體는 天體의 均衡維持 Energy場과 地球核 Energy의 安定維持 Energy場이 相互 同調하여 만들어가는 Energy場 合成의 모습 그대로이며, 그 形態 變易特性 또한 同調場 變易秩序에 따라 모습을 바꾸어가는 매우 合理的이면서도 複雜한 原理를 지닌 地表 現象이다.

이러한 地表現象은 過渡期的 核 噴出을 일으키다가 比較的 安定期에 접어들면 대체적으로 地球表面에 均等한 Energy 分布를 일으키며 構造化되는데, 이것이 즉 板構造 Energy體의 地球表面 形像이다.

이 板構造 Energy體는 地球表面을 構成하는 第 1次的 基礎 Energy 構造로서, 均等한 組織密度와 均一한 Energy 分布를 形成하는 까닭에, 平等 均一的이며 調和 安定的인 特性은 있으나, 第2, 第3次的으로 形成되는 立體構造 Energy體나 線構造 Energy體에 비해 Energy 凝縮特性 및 集中度가 훨씬 못 미친다는 點과 單位 Energy體에 있어서의 單位 Energy場 세기와 크기가 보다 弱小하다는 것이 特徵的이다.

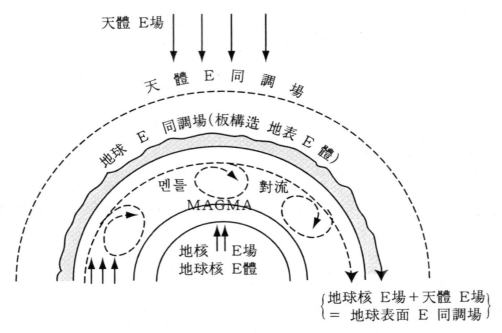

天體 E場

天 體 E 同 調 場

地球 E 同調場(板構造 地表 E 體)

멘틀 對流

MAGMA

地核 ↑↑ E場
地球核 E體

{地球核 E場 + 天體 E場}
{ = 地球表面 E 同調場 }

〈그림 2-14〉地球表面의 板構造 Energy體 形成原理

2) 立體構造 Energy體의 形成原理

板構造 Energy體가 天體 Energy場과 地球核 Energy場과의 平等維持 同調特性에 의한 맨틀 對流體의 表面 凝固 現象이라는 것은 前記에서 이미 確認하였다. 그런데 이 맨틀 對流는 凝固된 地球表面 Energy體를 移動시키면서, 板構造 形態의 地表面을 相互 集合 凝縮시키기도 하고 또 相互分離 離散시키기도 한다.

이때에 集合하는 板構造 Energy體는 相互凝縮하여 地表面上으로 隆起突出되면서 巨大한 立體構造의 地表 Energy體를 形成하게 되는데, 이것이 곧 陸地의 根源이 되는 山脈이다.

그리고 또 相互 分離 離散되는 板構造 Energy體는 그 進行이 繼續되면서 內部核 Energy의 噴出을 惹起, 地表隆起와 더불어 核爆發을 일으키게 하고, 이 爆發된 核 Energy體는 地表의 板構造 Energy體를 基底로 하여 隆起地表를 同伴한 立體構造의 Energy體로 變易한다.

이와 같은 原理에 의해 形成된 立體構造의 地表 Energy體는 最少한 2個群

以上의 板構造 Energy體 合成凝縮에 의해서 構造化되거나 또는 內部 地核 Energy 合成을 通해서 形成되는 것이므로, 基礎的 板構造 Energy體에 비해 單位 體積當 Energy場 密度와 세기 및 總量은 보다 더 크게 나타난다고 볼 수 있다.

위에서 檢討해본 結果에 따라서 立體構造 Energy體가 形成되는 原理는 다음

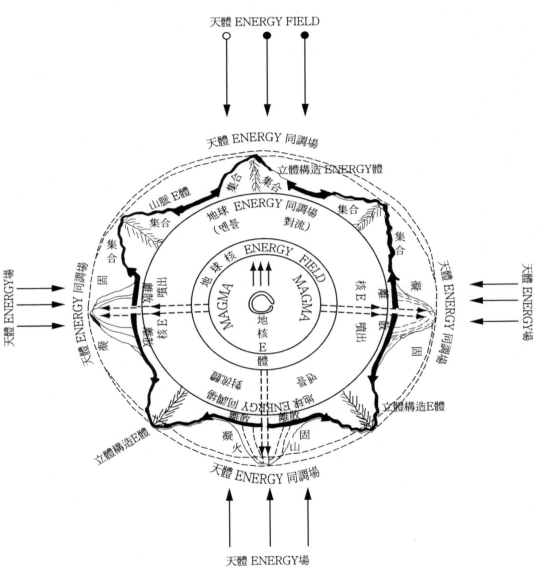

〈그림 2-15〉立體 構造 Energy體 形成原理

과 같은 두 가지 變易秩序에 의해서 이루어지고 있음을 알 수 있다.

첫째는 天體 Energy 및 地球核 Energy와 板構造 Energy體 相互 間의 集合 凝縮秩序에 의한 立體構造 Energy體 形成이다.

둘째는 天體 Energy 및 地球核 Energy와 板構造 Energy體 相互 間의 離散 分離秩序에 따른 噴出 Energy體 凝固와 隆起 Energy體 合成의 立體構造 Energy體의 形成이다.

엄격히 區別하여 두 秩序의 立體 Energy源을 比較해본다면, 基本的으로 形成된 基礎 Energy 部分에서 前者의 것은 板構造 Energy體인 地球表面 Energy體이고, 後者의 것은 地球內部의 核 Energy 噴出인 Magma Energy 體인 點이 各各 서로 다르기 때문에, 그 構成 質量別 Energy 特性도 다른 것은 勿論이려니와 그 構造 形態別 形成 特性 및 Energy 特性이 모두 크게 다르다는 것을 再認識할 必要가 있다.

여기에서 우리는 大陸構造의 基本 Energy體가 前者의 集合凝縮秩序에 의한 形成原理라고 볼 때에, 섬 구조의 基本的 Energy體는 離散分離秩序 또는 噴出 凝固에 의한 形成原理라고 보는 것이 앞으로의 地理硏究에 커다란 理論資料를 提供받는 源泉이 될 것이다.

3) 線構造 Energy體의 形成原理

立體構造의 Energy體 形成原因이 板構造 Energy體의 集合凝縮과, 離散凝 固의 秩序에서 비롯되고 있다는 것은 前述에서 이미 確認하였다.

이제 우리는 이 集合凝縮과 離散凝固 秩序가 어떠한 進行過程 속에서 어떻게 그 Energy 變易을 持續해가는가? 하는 것에 대해 보다 세밀하고 具體的인 觀察로 把握해보기로 한다.

우선 먼저 集合凝縮秩序의 基本進行과 그 變易 過程을 살펴보기로 하자.

① 天體 Energy場 + 地球 Energy場의 同調現象
② 平等維持 同調作用
③ 地表上의 天體 − 地球同調 Energy場 形成
④ 맨틀 對流 및 地表移動現象

⑤ 地表 板 Energy體의 集合 凝縮 및 隆起作用

⑥ 立體構造 Energy體 形成

⑦ 山脈 形成

⑧ 山脈 Energy 波動現象에 따른 線 Energy 移動秩序 發生

⑨ 線構造 Energy體 形成과 基礎 板 Energy 移動 및 分布變易

다음으로 離散凝固秩序의 基本進行과 그 變易 過程을 살펴보면,

① 天體 Energy場 + 地球 Energy場의 同調現象

② 平等維持 同調作用

③ 地表上의 天體 − 地球 同調場 形成

④ 맨틀 對流 移動現象

⑤ 地表 Energy體의 離散 分離

⑥ 地殼의 薄皮化 現象

⑦ 地球內部 核 Energy 噴出로 인한 火山 및 地殼 隆起現象

⑧ 地表 Energy 合成 및 凝固作用

⑨ 立體構造 Energy體 形成

⑩ 地殼의 振動 및 地表 Energy體의 波動作用

⑪ 立體構造 末端 및 板構造 全般에 線 Energy 移動秩序 發生

⑫ 線構造 Energy體 形成

위의 變易秩序에서 보는 바와 같이, 集合過程에서는 旣存의 地表板 Energy 體 相互 間의 合成凝縮作用에 의해 立體構造 Energy體와 線構造 Energy體가 形成되는 까닭에, 板 Energy體의 均一分布 Energy가 合成凝縮過程을 거치면 서 立體的 Energy 集合과 線形 Energy 集合으로 그 모습을 바꾸게 된다.

그리고 離散過程에서는 旣存의 地表 板 Energy體 相互 間이 相互分離되는 作用에 의해 地球內部 核 Energy을 噴出케 하고 地表板을 隆起케 하므로 旣存 의 板 Energy는 그 特性을 弱化시키고, 新生 核噴出 Energy와 隆起波動에 의 한 線 Energy體로 그 모습을 바꾸게 된다.

이러한 까닭에 集合凝縮過程의 Energy體 構造는 集合凝縮의 Energy 特性을 지니고, 離散凝固 過程에서의 Energy體 構造는 全般的으로 擴散凝固의 Energy 特性을 지닌다.

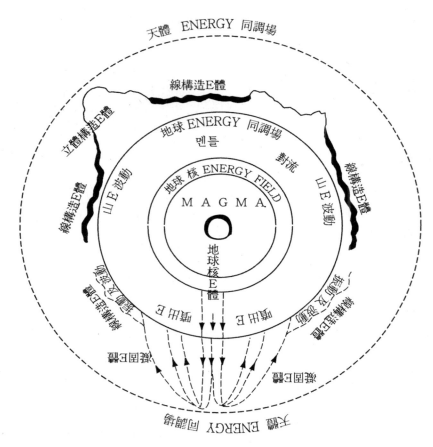

〈그림 2-16〉 線 構造 Energy體 形成原理圖

4) 複合構造 Energy體의 形成原理

이는 集合凝縮秩序와 離散凝固秩序의 複合構造 Energy體 形態로서, 地球 Energy體가 生成以來로 끊임없는 긴 세월을 集合과 離散, 凝縮과 分離, 噴出과 振動, 波動과 凝固로 되풀이해 變易하는 過程에서, 板移動 合成凝縮과 板分離 噴出凝固 또는 板 Energy 波動秩序와 噴出 Energy 凝固秩序가 複合되어

Energy體를 形成해간다. 따라서 山脈 進行體 中에서 火山發達이 일어나 複合 構造를 形成하는 境遇도 있고, 火山噴出 地表面上에서 板構造 凝縮이나 波動이 合成되어 複合構造를 만들어가는 境遇도 또한 많다.

주로 많이 發達하는 複合構造 Energy體 形態는 離散過程의 噴出 Energy 凝固體와 集合過程의 凝縮 Energy體 合成構造 Energy體라 할 수 있다.

2. 地球表面 Energy體의 特性과 그 變易秩序

지금까지는 地球表面 Energy體의 構造別 形成에 대한 그 原理들을 說明하였는바, 이제부터는 各 構造別 Energy體의 特性變易 過程과 그 秩序에 對하여 再考察해보기로 한다.

1) 地球表面 Energy體 變易秩序 槪要

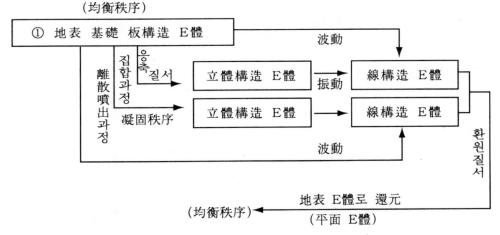

〈그림 2-17〉 地球表面 Energy體 變易秩序 槪要

2) Energy 移動原理와 振動 및 波動 Energy體

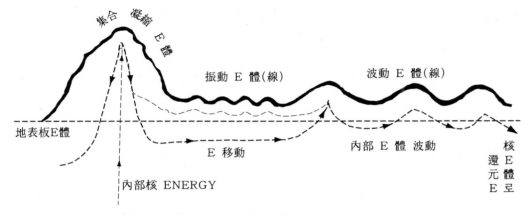

〈그림 2-18〉 Energy 移動原理와 振動 및 波動 Energy體

3) Energy의 循環과 發散

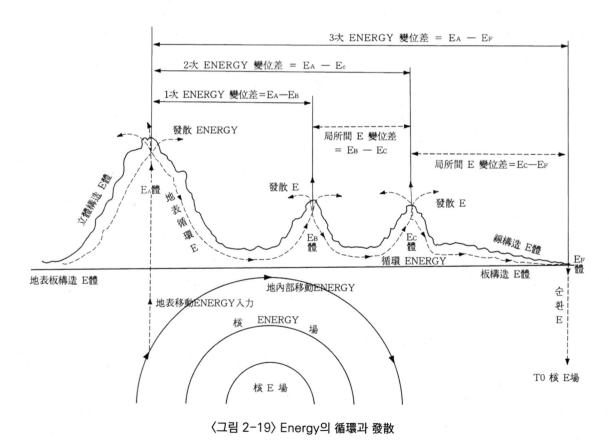

〈그림 2-19〉 Energy의 循環과 發散

4) 地球本體 生滅 Curve와 地表 Energy體 生滅 Curve

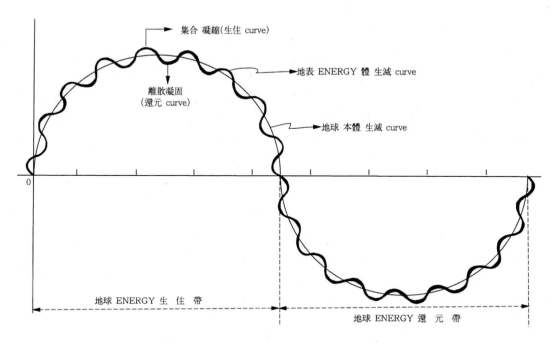

集合 凝縮(生住 curve)

離散凝固
(還元 curve)

地表 ENERGY 體 生滅 curve

地球 本體 生滅 curve

地球 ENERGY 生 住 帶

地球 ENERGY 還 元 帶

〈그림 2-20〉地球本體 生滅 Curve 와 地表 Energy體 生滅 Curve

5) 各 構造別 Energy體 特性과 變易秩序

〈표 2-3〉各 構造別 Energy體 特性과 變易秩序

Energy體 形成 過程	Energy體 變易 秩序	構造 別 Energy體	構造特性				Energy 特性				備考
			組織密度	凝縮強度	構造成分	構造壽命	Energy構成	單位Energy分布	單位Energy場 세기	Energy作用	
隆起循環 및 集合過程	合成Energy體凝縮秩序	板構造Energy體	板 높다	板 강하다	板 많다	板 길다	板 多元	板 廣均一	板强 均等	板 平等 作用	生起
		立體構造Energy體	立 가장 높다	立 매우 강하다	立 많다	立 매우 길다	立 多元	立 高集中	立强 圓立體	立 聚氣 凝縮	生成
		線構造Energy體	線 더 높다	線 더 강하다	線 많다	線 더 길다	線 多元	線 圓結束	線强 圓帶狀	線 移動 進行	生住
		其他構造Energy體									⊕特性
發散噴出 및 離散過程	噴出Energy體凝固秩序	板構造Energy體	板 낮다	板 약하다	板 單純	板 짧다	板 單純	板 廣均一	板弱 均等	板 平等	離.破
		立體構造Energy體	立 높다	立 弱	立 單純	立 짧다	立 單純	立 集合	立弱 立體	立 凝固 維持	壞定
		線構造Energy體	線 보통	線 弱	線 單純	線 짧다	線 單純	線 圓狀	線弱 帶	線 波動	定還
		其他構造Energy體									⊖特性
複合過程	複合秩序	合成構造Energy體	合 보통	合 强	合 多樣	合 보통	合 多元	合 複合	合强 多樣	合 合成	維持

6) 板構造 Energy體의 特性과 그 變易秩序

板構造 Energy體는 地球表面 Energy體의 基本特性 維持體로서, 均一平面을 原則으로 하는 均衡維持秩序에 의해 Energy 特性을 變易시켜간다. 따라서 모든 Energy 構造體가 되기 위한 基礎 Energy 特性體로서의 役割과 모든 Energy 構造體의 還元媒體로서의 役割을 동시에 담당하고 있다. 集合凝縮 Energy를 供給받으면 立體構造 Energy體가 되고 核噴出 Energy를 만나면 隆起凝固하여 立體化한다. 맨틀 Energy 波動을 만나면 線構造 Energy體로 變易하고 그 壽命이 다한 Energy體의 還元處가 되기도 한다.

그러나 엄격한 意味에서의 板構造 Energy體의 特性은 그 形成過程과 變易秩序에 따라 매우 다른 Energy 作用特性을 나타내고 있음을 再 認識하지 않으면 아니 된다. 卽, 그 形成過程이 Positive(⊕) 集合過程의 Energy體이냐, Negative(⊖) 離散過程의 Energy體이냐에 따라서, 그 Energy體가 지닌 構造的 諸 特性과 그 各各의 Energy 特性이 크게 달라짐은 勿論, 構造組織이 지닌 密度나 凝縮强度 및 그 壽命 또는 單位 Energy場에 대한 Energy 세기와 크기 等等이 많은 差異를 나타내게 된다.

이와 같은 特性 現象은 地表板構造體의 地質 分析資料를 參考하거나 單位構造體別 Energy 特性 分析을 通해서도 充分히 確認할 수 있는 方法이지만, 各 構造가 지닌 變易秩序에 의해서도 凝縮 合成인가, 噴出的 凝固인가에 따라 서로 다른 物質 및 Energy 作用이 나타난다는 것을 쉽게 알 수 있다.

7) 立體構造 Energy體의 特性과 그 變易秩序

立體構造 Energy體가 形成되는 過程은 두 가지의 過程과 秩序가 있고 〈표 2-3〉에서 보는 바와 같이 下部의 複合過程 秩序가 있다. 그러나 合成集合하는 立體構造와 離散分離되는 過程의 立體構造와는 그 變易 秩序에서나 諸 特性 및 Energy 作用 特性에서 엄청난 差異가 있음을 再 認識할 必要가 있다. 왜냐하면 같은 크기의 山 Energy體에 있어서도 그 形成過程과 變易秩序가 確實하게 區別 把握되는 境遇가 우리의 認識 속에서 쉽지만은 않기 때문이다. 그리고 이보다 더 큰 難解는 複合構造를 把握하는 어려움이다.

이는 地球 有史以來 오랜 기간을 반복하는 變易過程과 秩序 속에서 混合된 構造形態를 形成하고 있는 까닭에, 그 特性들을 完全히 把握해가는 것은 더더욱 어려운 과제라 아니할 수 없다. 〈표 2-3〉을 參考로 더 많은 研究를 바란다.

8) 線構造 Energy體의 特性과 그 變易秩序

線構造 Energy體의 形成原因이 集合過程에서나 離散過程에서나, 立體構造 Energy體의 末端部 振動과 板 Energy 波動에 의한 線 移動現象임에는 두 過程 모두가 다를 바 없으나, 그 變易秩序를 詳細히 觀察해보면 그 속엔 集合移動의 Energy體 特性因子와 分離移動의 Energy體 特性因子가 서로 다른 構造的 配列組織을 形成하고 있음을 發見할 수 있다. 卽, 集合過程의 凝縮秩序 속에서의 Energy體 特性은 Positive(⊕) 特性의 凝縮配列 組織이고, 離散過程의 噴出物 凝固秩序 속에서의 Energy體 特性은 Negative(⊖) 特性의 凝固 配列組織이 主이다.

이는 板構造 波動現象에서 形成된 線 Energy體에서도 위의 振動現象에서 形成되는 線 Energy體 組織特性과 同一한 組織配列로 構成되어 있는 것이 原則이다. 〈그림 2-17〉과 〈표 2-3〉을 參照해보더라도 그 構造的 特性이나 Energy 特性이 매우 다른 것을 알 수 있으나, 實際地表 Energy體를 觀察하면서 이를 分析할 수 있는 諸般의 試驗裝置가 아직 훌륭하지 않음은 매우 안타까운 일이라 하겠다.

9) 複合構造 Energy體의 特性과 그 變易秩序

앞에서 언급한 바와 같이, 現在의 地表構造 Energy體는 漸次的이면서 反復的인 變易秩序 속에서 오랜 기간 동안 形態變易을 持續해온 까닭에, 지금까지 考察해온 立體構造 Energy體나 線構造 Energy體 및 板構造 Energy體가 單一한 形成過程과 變易秩序 속에서만 維持하지 못하고, 集合과 離散이 凝縮과 凝固가 되풀이하여 繼續되는 동안, 集合中의 離散이, 離散中의 集合이, 그리고 凝縮中 凝固가 凝固中의 凝縮이 함께 Energy體化하는 複合秩序의 複合構造 Energy體 特性이 地表 Energy體 곳곳에서 發生하게 되었다.

특히 線構造 Energy體가 振動과 波動의 複合秩序에 의해 形成될 때는 그 構造特性 및 Energy 特性은 매우 複雜한 形態로 나타나게 됨으로써, 그 正確한 特性을 調査確認하기 위하여서는 보다 細心한 觀察과 特性 計算을 必要로 한다.

따라서 우리는, 현재까지 探究되어온 地質學的 諸 理論을 活用함은 勿論, 새로운 Energy體 特性 計算理論을 再定立하지 않으면 아니 될 것이다.

2. 지구표면 Energy體의 構造 原理와 그 變易

1) 板構造 運動論*

1900년대 초에 大陸移動說이 발표된 후 지진파를 통해 지구 내부 모습을 알게 되면서 지구 표면을 이루는 지각은 약 10여 개의 움직이는 판으로 이뤄져 있고 이 판들은 고정된 것이 아니라 이동하면서 새로운 암석권과 부딪혀 지진, 화산작용, 습곡산맥 형성 등 각종 지각변동을 일으킨다는 사실을 발견하였다. 100km 두께에 달하는 지구표면의 지각과 맨틀 아래에는 철 성분을 띤 뜨거운 핵이 있어 이들 지각, 맨틀과 핵 사이의 온도차이로 인해 對流現象이 발생하여 판의 운동이 시작되었고, 판의 밀도에 따라 밀치기도 하고 아래로 밀려들어가기도 하면서 지구표면에는 다양한 지각현상이 일어나고 있다.

지구를 덮고 있는 약 10여 개의 판은 주로 해저로 이루어진 해양판과 육지로 이루어진 대륙판, 해양과 육지가 반반으로 이루어진 판이 있다. 판의 종류는 크기에 따라 7개의 커다란 판 — 북아메리카판, 남아메리카판, 유라시아판, 태평양판, 아프리카판, 인도 — 호주판, 남극판과 중간 크기의 6개의 판으로 분류된다. 각 판의 경계에서는 지구 깊은 곳으로부터 마그마가 분출되어 지진활동을 발생시켜 해양지각을 생성시키는 발산형 경계(divergent boundaries)와 한 판이 다른 판 아래로 끌려 들어가 소멸되는 수렴형 경계(convergent boundaries), 이 두 경계를 연결시켜주는 변환단층형 경계(transform boundaries)가 있는데 각 판이 어떻게 반응하느냐에 따라 진행되는 지각현상도 각각 다르게 나타

---

* 국가지식포털, 과학/정보통신, www. knowledge.go.kr

난다.

지진의 발생과 화산 폭발, 육지의 산과 산맥의 솟음과 바다의 해저계곡이 생기는 등의 지각현상이 일어나고 있는 곳을 보면 대부분 판의 경계를 따라 일어나고 있다. 일본의 경우 4개의 판(북아메리카판, 태평양판, 유라시아판, 필리핀판) 경계에 위치하여 지진이 빈번하게 발생하며, 칠레, 아이티, 일본은 환태평양화산대와 태평양판의 가장자리에 위치하여 소위 '불의 고리(Ring of Fire)'라 불릴 만큼 화산활동과 지진이 활발하게 진행된다. 알프스나 히말라야 산맥은 판의 운동결과를 가장 잘 보여주는 곳으로 대륙과 대륙판이 충돌하면서 두 판 중한쪽이 아래로 들어가는 것이 아니라 서로 상승하여 지각이 위쪽과 옆쪽으로 접히면서 습곡을 형성하게 된 곳으로 히말라야 산맥은 유라시아판과 인도판의 충돌에 의해 형성된 것이다. 우리나라는 판 구조상 유라시아판에서 동쪽 부근에 위치하고 있지만 경계가 아닌 대륙의 가장자리에 놓여 있어 판 경계를 따라 일어나는 지진과 화산폭발의 위험은 다소 낮다.

2) 지형에 따른 Energy 구조체 분류

지구표면 Energy體는 지구가 태양계로부터 분리된 이래, 지구 核 Energy와 태양을 포함한 주변 천체 Energy場 간의 相互 同調場 變易에 의해 폭발과 對流, 山脈과 地水가 形成, 變易하여 成, 主, 壞, 空의 주기적 반복과정을 거치면서 지속적으로 形成되었다.

이 同調場 變易形態는 제1차적으로는 板構造의 Energy 表面體를 形成하다가, 제2차적으로 판구조 Energy體의 이동에 따른 集合 및 離散 현상을 통해 立體構造 표면 Energy體를 形成하기도 하고, 板分離 현상에 따른 內部核 噴出이 일어나기도 하면서, 제3차적으로 입체구조 표면 Energy體의 振動 및 餘氣 이동현상 발생으로 線構造 형태의 표면 Energy體를 形成하기도 하고, 核噴出 이동에 의한 입체구조 Energy體 末端部의 線構造 Energy體의 地表 山脈을 형성하기도 한다.

이렇게 變易된 지표 Energy體는 제4차적 變易過程에 들면서, 線構造 Energy體였던 지구 표면 Energy體를 점차적으로 板構造 Energy體로 還元,

變易시키면서, 또다시 集合과 移動, 凝縮 및 離散, 分離가 지표면상에서 끊임없이 계속 되풀이되어 지구 Energy體가 그 수명을 다할 때까지 輪廻하게 되는 것이다.

그러면 이와 같은 지구표면 Energy體의 輪廻的 變易過程에 따른 각 地表變易 Energy體의 構造形成 原理를 보다 구체적으로 考察 검토해보기로 한다.

(1) 複合構造 Energy體

① 複合構造 Energy體의 形成秩序

複合構造 Energy體는 集合凝縮 秩序와 離山凝固 秩序의 복합 형태로서, 지구 Energy體가 생성 이래로 끊임없는 긴 세월을 集合과 離散, 凝縮과 分離, 噴出과 振動, 波動과 凝固로 되풀이해 變易하는 과정에서, 板 이동 合成凝縮과 板 분리 噴出凝固, 또는 板 Energy 波動秩序와 분출 Energy 凝固秩序가 복합되어 형성된 Energy體를 말한다.

현재의 지표구조 Energy體는 점차적이면서 반복적인 變易秩序 속에서 오랜 기간 동안 형태 변역을 유지해온 까닭에 지금까지 고찰해온 立體構造 Energy體나 線구조 Energy體 및 板구조 Energy體가 단일한 형성과정과 變易秩序 속에서만 유지하지 못하고, 集合과 離散이 凝縮과 凝固가 되풀이되어 複合秩序의 複合構造 Energy體 특성이 지표 Energy體 곳곳에서 발생하게 되었다.

② 複合構造 Energy體의 特性과 그 變易秩序

산맥 進行體 중에서 화산발달이 일어나 複合構造를 형성하는 경우도 있고, 화산분출 지표면상에서 板構造 凝縮이나 波動이 合成되어 複合構造를 만들어가는 경우도 많다. 주로 많이 발달하는 複合構造 Energy體 형태는, 離散過程의 噴出 Energy 凝固體와 集合過程의 凝縮 Energy體 合成構造 Energy體라 할 수 있다. 특히 線 구조 Energy體가 振動과 波動의 複合秩序에 의해 형성될 때는, 그 구조특성 및 Energy 特性은 매우 복잡한 형태로 나타나게 됨으로써, 그 정확한 특성을 조사 확인하기 위하여서는 보다 세심한 관찰과 특성 계산을 필요로 한다.

3) 韓半島 地質構造 Energy 및 그 Energy場 體系와 中國板 地質構造 Energy 및 그 Energy場의 體系

(1) 韓半島의 地形과 地質構造

한반도는 전체적으로 안정된 땅으로 대부분의 지층이 고생대 이전에 형성되었고, 신생대에 만들어진 지층은 상대적으로 적다. 평남지향사와 옥천지향사의 퇴적암층은 수차례의 造陸運動과 海浸을 받으면서 고생대 전반에 걸쳐 형성된 것이며, 대규모의 지각운동으로 습곡, 단층작용을 받으며 지질구조가 매우 복잡해진 중생대에는 지각의 隆起로 인한 화강암의 貫入으로 설악산이나 관악산과 같이 경사가 급한 바위산들이 생성되었다. 우리나라는 신생대 지층이 많이 존재하지는 않으나 이 시기에 발생한 지질구조선의 차별침식으로 인한 傾動性 撓曲 운동으로 인해 동·서의 비대칭적인 융기, 침강 작용으로 東高西低形의 지형이 형성되어 연속성이 뚜렷한 태백산맥과 함경산맥(백두대간) 같은 1차 산지가 형성되게 되었고, 신생대 3기~4기 사이에 일어난 화산활동으로 백두산, 제주도, 울릉도, 독도와 철원용암지대가 형성되기도 하였다. 우리나라에서는 경사도가 ∠5° 이하의 평탄한 지역은 국토면적의 약 23%에 불과하며 70% 이상이 산지로 이루어져 험한 산지는 동쪽과 북쪽에 편재하고 있다. 그러나 1,500m 이상의 산지는 전 국토의 약 4% 정도에 불과하고 이를 제외한 대부분의 산지는 미약한 융기와 침식의 진전으로 低起伏 산지를 이루고 있다.

(2) 韓半島 地質構造 Energy 및 그 Energy場 體系

국토 면적의 약 70% 이상이 산지인 우리나라는 유라시아 대륙에 연결된 안정된 地塊로 한반도의 백두산 중심판 지표 Energy體의 지질구조체는 비록 백두산 천지에서 그 隆起 Energy가 폭발 발산되어 산맥형성을 위한 根柢 Energy 부족현상을 다소는 나타내고 있지만, 그러나 대체적으로 핵 융기 Energy에 의해 형성된 立體 및 線 구조 산맥 Energy體가 거의 대부분을 차지하고 있다. 따라서 隆起 立體 聚氣峯 → 線 Energy 순환 이동 산맥 → 保護局 形成 → 穴 Energy 凝縮 安定 등으로 순환 안정되는 지질구조체계는, 백두대간을 비롯한 한반도 산맥 전체에 그 특성을 동일 구조형태로 질서화시키면서 한반도의 지표

Energy 특성체계를 형성해왔다.

한반도판이 지니고 있는 융기산맥은 山 Energy體 形成秩序 原理인 Energy 變位角 θ = ∠30°×n의 형태로 진행 變易한다. 그 과정에서 만들어지는 정지安定秩序의 穴場 및 穴核 Energy體 발달, 그리고 이를 보호 유지해주고 育成 관리해주는 四神保護砂와 局風水勢 Energy場 등으로 지질구조 Energy 및 그 Energy場 체계가 구조화되어, 한반도판의 지질구조는 비교적 정교하고 섬세하며 凝縮 활동적이고 진취적인 穴核 Energy場을 보유하고 있다.

따라서 이러한 한국판 지질구조체계에 적합한 무덤설치계획은 자연의 변형이나 파괴가 없는 가장 이상적이고 자연 합일적인 설계원칙을 정함으로써, 단정명료하고 정교 섬세한 地氣Energy의 生氣感應을 극대화시키고 있다.

한반도식 동기감응사상은 線 構造 산맥 Energy體가 지닌 이동 순환적 同期化 特性의 同期感應 효과로 인해 인간유전 Energy體 同調라는 同期的 生命 Energy 감응원리에 보다 친숙하고 충실하다.

(3) 中國板 地質構造 Energy 및 그 Energy場의 체계

중국대륙의 기저판은 유라시아판, 인도판, 필리핀판, 태평양판 등 주변의 지표판에 의해 2차적으로 응축되어가는 地板 - 移動 - 凝縮 - 立體 Energy 구조체 형성과정 중의 지질형태가 대부분이다. 판 2차 凝縮 입체구조 질서가 활발한 중국 대륙의 地氣 Energy 作用特性은 線 Energy 이동 순환 특성이 지닌 同期同調的 凝縮 Energy 효과보다는, 立體 Energy場의 同氣化 특성이 지닌 同氣感應的 醇化應氣 효과가 오히려 더 큰 능률적 生氣感應 현상을 일으킨다.

따라서 한반도판이 지니고 있는 융기산맥의 이동질서인 Energy 變位角 θ = ∠30°×n의 山 Energy體 形成秩序原理를 중국산맥에서는 찾아보기 힘들다. 때문에 중국판 지질구조에서는 移動凝縮立體 Energy體가 지닌 포괄적·광활적·개략적인 지질형태 특성이 발달되었고, 이러한 풍수적 지질특성에서는 理氣論的이거나 九星論的이 아니면 단순한 形氣的 原理의 山脈來龍과 穴場構造의 이론 체계가 형성되어갈 수밖에 없었다.

포괄적이고 광폭적인 地氣 Energy場 속에 할 수 있는 장법설계는 거대한 지하 공간 Energy場을 포괄, 수용할 수 있는 거대 지하 塚이나 대형무덤의 형태로 중국판 지질특성구조에서는 무덤설치계획이 한국과 같은 集中凝縮式 穴 Energy 감응의 장법설계가 아닌 包括集合式 穴 Energy 감응의 장법설계로 대형적·인공적인 장법이라는 데 그 특징이 있다.

제3절 地球 Energy場과 天體 Energy場의 緣起秩序

1. 地球 Energy場과 天體 Energy場 合成

1) 合成圖

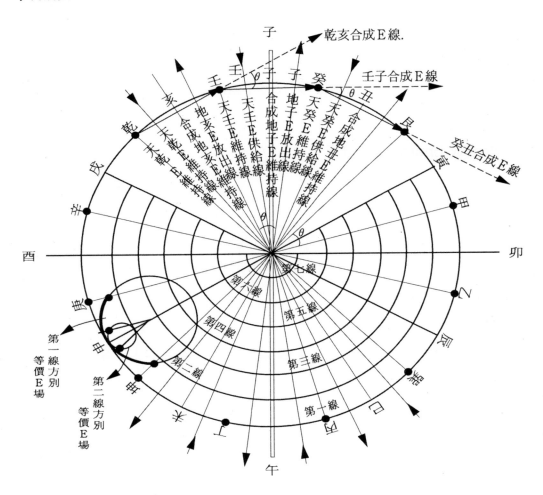

〈그림 2-21〉地球 Energy場과 天體 Energy場 合成圖

2) 天體 Energy場 및 地球 Energy場*

(20,000KM)　(12,740KM)
半周　　　　直經
↓　　　　　↓

※ 第 一線 : 方別 Energy 分擔線 및 一次元 Energy場(3,333km ～ 2,120km)
　第 二線 : 方別 Energy 分擔線 및 二次元 Energy場(555.8km ～ 354km)
　第 三線 : 方別 Energy 分擔線 및 三次元 Energy場(92.3km ～ 59km)
　第 四線 : 方別 Energy 分擔線 및 四次元 Energy場(15.5km ～ 9.85km)
　第 五線 : 方別 Energy 分擔線 및 五次元 Energy場(2.57km ～ 1.6km)
　第 六線 : 方別 Energy 分擔線 및 六次元 Energy場(430km ～ 270km)
　第 七線 : 方別 Energy 分擔線 및 七次元 Energy場(72km ～ 46km)
　第 八線 : 方別 Energy 分擔線 및 八次元 Energy場(12km ～ 7.5km)

2. 地球 合成 Energy場의 分析

1) 分布圖

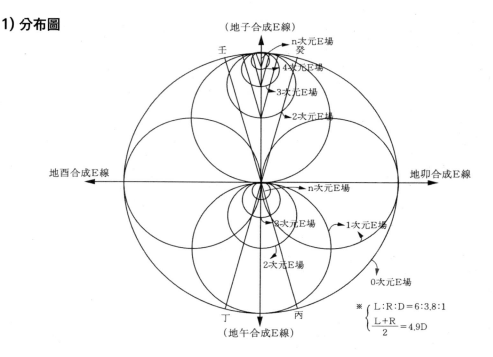

〈그림 2-22〉地球 合成 Energy場의 分析圖

---

* 3,333 / 20,000=0.16665

222　風水原理講論 第1卷 總論 및 風水 原理論　　　　　　　　第2篇 風水 原理論

2) 合成 Energy場의 定格

〈표 2-4〉 合成 Energy場의 定格

Energy 次元別	반원주 L = $\dfrac{20,000 \text{ Km}}{2^n}$	직경 R = $\dfrac{12,740 \text{ Km}}{2^n}$	方位당 Energy $D = \dfrac{\pi R}{12}$	備 考
1次元 Energy場	$\dfrac{20,000 \text{ Km}}{2^1}$ $=10,000 \text{ Km}$	$\dfrac{12,740 \text{ Km}}{2^1}$ $=6,370 \text{ Km}$	$\dfrac{3.14 \times 6,370 \text{ Km}}{12}$ $=16,669 \text{ Km}$	지구 – 表面 方位당 分布 Energy
2次元 Energy場	$\dfrac{20,000 \text{ Km}}{2^2}$ $=5,000 \text{ Km}$	$\dfrac{12,740 \text{ Km}}{2^2}$ $=3,185 \text{ Km}$	$\dfrac{3.14 \times 3,185 \text{ Km}}{12}$ $=833.6 \text{ Km}$	– 表面 方位당 Energy 分布
3次元 Energy場	$\dfrac{20,000 \text{ Km}}{2^3}$ $=2,500 \text{ Km}$	$\dfrac{12,740 \text{ Km}}{2^3}$ $=1,593 \text{ Km}$	$\dfrac{3.14 \times 1,593 \text{ Km}}{12}$ $=416.9 \text{ Km}$	– 表面 方位당 Energy 分布
板↑15次↓線 E↑ ↓E 體↑16次↓體	線↓ 610 M E體↓305.2 M	線↓ 389 M E體↓194.4 M	線↓102 M E體↓ 51 M	太祖山↓,中祖 中祖山↓,小祖
17次元 Energy場	$\dfrac{20,000 \text{ Km}}{2^{17}}$ $=152.6 \text{ M}$	$\dfrac{12,740 \text{ Km}}{2^{17}}$ $=97.2 \text{ M}$	$\dfrac{3.14 \times 97.2 \text{ M}}{12}$ $=25.5 \text{ M}$	小祖山과 玄武 Energy 分布
18次元 Energy場	$\dfrac{20,000 \text{ Km}}{2^{18}}$ $=76.3 \text{ M}$	$\dfrac{12,740 \text{ Km}}{2^{18}}$ $=48.6 \text{ M}$	$\dfrac{3.14 \times 48.6 \text{ M}}{12}$ $=12.7 \text{ M}$	小祖山, 小玄武, 幹龍 Energy 定格
19次元 Energy場	$\dfrac{20,000 \text{ Km}}{2^{19}}$ $=38.1 \text{ M}$	$\dfrac{12,740 \text{ Km}}{2^{19}}$ $=24.3 \text{ M}$	$\dfrac{3.14 \times 24.3 \text{ M}}{12}$ $=6.36 \text{ M}$	平均 龍脈 Energy 定格
20次元 Energy場	$\dfrac{20,000 \text{ Km}}{2^{20}}$ $=19.1 \text{ M}$	$\dfrac{12,740 \text{ Km}}{2^{20}}$ $=12.2 \text{ M}$	$\dfrac{3.14 \times 12.2 \text{ M}}{12}$ $=3.2 \text{ M}$	入首 脈 Energy 定格
21次元 Energy場	$\dfrac{20,000 \text{ Km}}{2^{21}}$ $=9.5 \text{ M}$	$\dfrac{12,740 \text{ Km}}{2^{21}}$ $=6.1 \text{ M}$	$\dfrac{3.14 \times 6.1 \text{ M}}{12}$ $=1.6 \text{ M}$	入首 脈 Energy 定格

※ 0次元 Energy場 L$=20,000^{\text{KM}}$. R$=12,740^{\text{KM}}$. D$=3,333.6^{\text{KM}}$

3. 地球合成 Energy와 方位別 Energy 位相

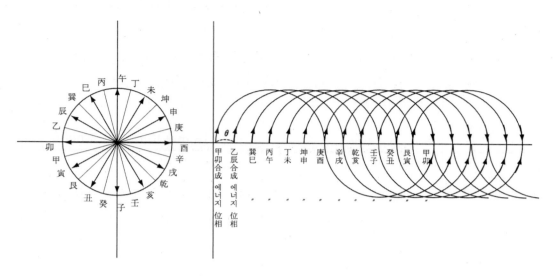

〈그림 2-23〉地球合成 Energy와 方位別 Energy 位相

4. Energy 同調線과 干涉線의 位相

1) 同調線의 位相

① 天合 Energy : 甲己 ∠30°∠120°, 乙庚 ∠150°, 丙辛 ∠120°, 丁壬 ∠150°, 戊癸 ∠210° ∠-150°

② 地三合 Energy : 亥卯未 ∠120°, 寅午戌 ∠120°, 巳酉丑 ∠120°, 申子辰 ∠120°, 辰戌丑未 ∠90°

③ 地方合 Energy : 亥子丑 ∠30°, 寅卯辰 ∠30°, 巳午未 ∠30°, 申酉戌 ∠30°

④ 地合 Energy : 子丑 ∠30°, 寅亥 ∠90°, 巳申 ∠90°, 卯戌 ∠150°, 辰酉 -∠210° +∠150°, 午未 ∠30°

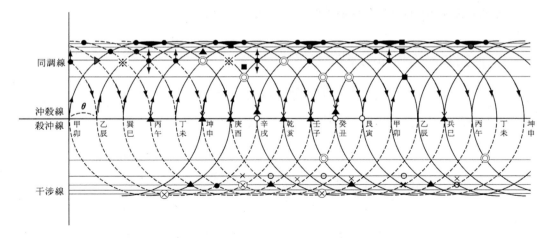

〈그림 2-24〉 Energy 同調線과 干涉線의 位相

2) 干涉線의 位相

① 六害 Energy : 卯-辰 ∠30°, 寅-巳 ∠90°, 丑-午 ∠150°, 子-未 ∠210°, 申-亥 ∠90°, 酉-戌 ∠30° (⊗)

② 自刑 Energy : 辰辰 ∠0°, 午午 ∠0°, 酉酉 ∠0°, 亥亥 ∠0°

③ 三刑 Energy : 寅-申-巳 ∠90°∠180°, 丑-戌-未 ∠90°, 子-卯 ∠90° (○)

④ 七沖 Energy : 子-午 ∠180°, 卯-酉 ∠180°, 辰-戌 ∠180°, 丑-未 ∠180°, 寅-申 ∠180°, 巳-亥 ∠180° (△)

⑤ 七殺 Energy : 甲-庚 ∠180°, 乙-辛 ∠180°, 丙-壬 ∠180°, 丁-癸 ∠180°, 戊-壬 ∠180°, 己-癸 ∠180° (△)

⑥ 破 Energy : 子-酉 ∠90°, 丑-辰 ∠90°, 寅-亥 ∠90°, 卯-午 ∠90°, 巳-申 ∠90°, 戌-未 ∠90° (×)

5. Energy의 同調線과 干涉線

(1) 同調線 : 合 Energy
(2) 干涉線 : 刑・沖・破・害・殺

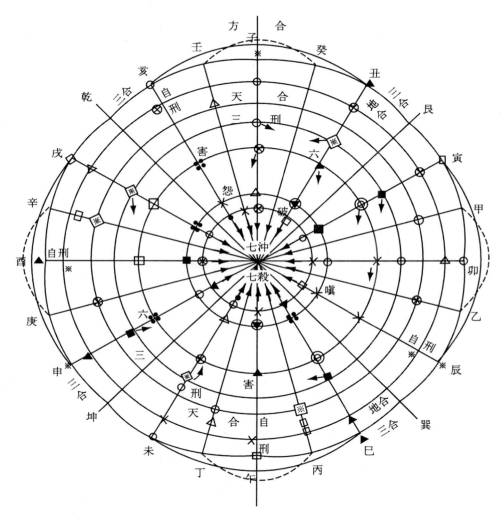

〈그림 2-25〉 Energy의 同調線과 干涉線

6. 合成 Energy場의 形成과 流轉週期

1) 地球 Energy場의 分割과 Energy場 同調

(1) 地球 自轉週期를 1日, 公轉週期를 1年으로 보면, 1日에 進行하는 公轉 Energy場內 地球角 速度는 30(km/s), ∠1°/日로서 太陽 Energy場 1週 동안에 ∠30°/30日(1週)의 地球公轉 Energy場을 移動한다. 따라서 地球公轉 Energy場을 太陽 Energy場이 1回 均等 同調하기 위해서는 12回의 太陽自轉이 必要하게 되고, 이는 곧 地球公轉 Energy場을 12方 Energy場으로 分割 同調하는 것과 同一하다. 卽, 公轉地球 Energy場을 12 Energy場으로 分割 同調함과 동시에 自轉地球 Energy場도 12 Energy場으로 分割 同調하는 結果가 되고 있다.

(2) 위와 같은 原理에 의해 同調된 太陽-地球 Energy場이, 天體의 圓滿 Energy場의 同調를 받기 위해서는 公轉地球-太陽同調 Energy場 12方位 特性이 均等同調를 받아야 하고, 그러하기 위해서는 天體 Energy場 一方位(∠30°)에서, 地球-太陽 同調 Energy場 12方 全體를 一週 同調시켜주는 狀況이 되어야 한다.

(3) 이것은 地球 公轉 Energy場 特性이 12方位 Energy場 特性으로 分離되어 있음으로써(地球 自轉 Energy場 역시 12方位 特性으로 分離되어 있기 때문에), 各 方位當 天體 Energy場의 特性이 地球公轉-太陽 同調 Energy場의 1方位 Energy場을 公轉 1週期 동안 持續的으로 關係 同調케 됨을 意味하며, 그렇게 될 때에 비로소 公轉 一週 一年 경과에, 天體 一方位 Energy場 特性은 全體 公轉 Energy場에 均等同調케 된다. 卽 天體 1方位 Energy場이 公轉 Energy場 一方位에 同調하는 期間은 1年 이며, 天體 12方 Energy場이 公轉 12方 Energy場에 均等 同調하는 期間은 12年이 合算된다.

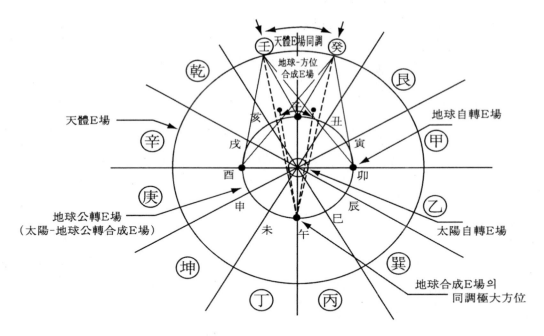

<그림 2-26> 合成 Energy場의 形成圖

2) 地球 Energy場의 特性 分析

(1) 地球自轉 Energy場(E_{A1})의 特性 分析

1週/1日 (24^H)의 E_{A1}은

$$E_{A1} = K \ E_A \ K_1 \left(\frac{E_S}{30} + E_M + E_C \right)$$
$$\downarrow$$
$$K_1 = K_S + K_m + K_C \cdots \cdots \rangle \, (各各의 \ 同調常數)$$

形態의 Energy場이 形成됨으로써 K와 K_1의 常數變化 特性에 따라 地球自轉 Energy場이 變易함을 알 수 있다.

∴ 日 單位 地球自轉 Energy場 : E_A

太陽體 Energy場 : E_S

月體 $\frac{1}{29}$ Energy場 : E_M

天體 $\dfrac{1}{365}$ Energy場 : E_C

地球 自轉 同調 常數 : K

太陽 自轉 同調 常數 : K_S

月　　自轉 同調 常數 : K_m

天體 自轉 同調 常數 : K_C

　即, 自轉에 따라 同調하는 外部의 Energy場 特性은 地球를 陽(⊕) Energy 特性과 陰(⊖) Energy 特性 및 無記 Energy 特性의 3元 3極 變易 現象을 나타내게 하고, 이 現象은 차츰 陽(⊕) Energy 特性과 陰(⊖) Energy 特性의 兩極化 現象으로 變易해가게 된다.

　따라서 自轉하는 地球 Energy場 圈域 內에서는 이와 같은 持續的 變易現象이 維持되고 있음을 發見할 수 있다.

(2) 地球公轉 Energy場(E_{A2})의 特性 分析

　1週/12月(1年)의 地球公轉 Energy場 E_{A2}는, 前記 自轉 Energy場 E_{A1}으로부터 $E_{A2} = E_{A1}K_2 \cdot 365日 = 365K_2E_{A1}$

　∴ K_2＝地球公轉 Energy 同調 常數

　形態의 地球 公轉 Energy場이 形成됨을 알 수 있다.

　即, 地球 1日 自轉 Energy場이 365日間의 公轉 同調를 받음으로써 비로소 1單位 地球 公轉 Energy場이 形成된다.

(3) 太陽 Energy 1單位 Energy場(1回 自轉 Energy場) 同調에 따른 地球 Energy場 1單位의 變易와 特性

◎ 1單位 地球 變易 Energy場 E_{A3}는 地球 公轉 Energy場 E_{A2}로부터

　　$E_{A3} = K_3 (\dfrac{E_{A2}}{12})$ 形態의 1單位 地球 變易 Energy場이 形成된다.

　∴ K_3＝公轉角 $\theta = \angle 30°$의 太陽 1自轉 Energy場 同調常數

　即, 太陽 1自轉 時 地球 公轉 Energy場 同調日은 30日이 걸리고 그 同調 單

位角은 $\theta = \angle 30°$씩 變位한다.

따라서 天體 Energy場 속에서는 $\frac{1}{12}$ 單位 同調 Energy場을 形成케 되고, 이 $\frac{1}{12}$ 單位 天體 Energy 同調場은 地球公轉 Energy場을 12單位로 分割하는 結果를 낳게 된다.

이것이 곧 地球表面에 12方位 Energy場 特性을 나타내어 地球表面을 흐르는 山脈의 Energy場을 形成한다.

3) 地球 Energy場의 特性分析 結論

(1) 地球自轉 1單位 Energy場은 대체적으로 陽($\oplus$) Energy場과 陰($\ominus$) Energy場으로 兩分된다.

(2) 地球公轉 1單位 Energy場은 太陽 12週 Energy場과 同調와 天體 1週 Energy場 同調의 合成場이다.

(3) 太陽 1週 Energy場 同調는 天體 Energy場을 $\frac{1}{12}$方으로, 地球 Energy場을 12方으로 分割하여 各各 다른 方位別 Energy 同調特性을 만들어낸다.

(4) 全體 Energy場의 單位別 同調比는 地球 Energy場 : 太陽 Energy場 : 天體 Energy場 : 地球公轉 Energy場 = 365 : 12 : 1 : 1 = 30.416 : 1 : $\frac{1}{12}$: $\frac{1}{12}$

(5) 地球 合成 Energy場은 太陽 1單位 同調 Energy場에 의한, 方位別 Energy場 特性의 合因(天體 Energy 同調 및 月體 Energy 同調) 12方 Energy場의 合成이 곧 全體 地球 Energy場 特性이 된다. 따라서 全體 地球 Energy場 同調는 1年 週이고, 各 方位別 地表 Energy場 同調는 30日/(1方位)1週 1單位가 된다.

제4절 山의 形成原理와 그 變易秩序

1. 山 生滅體의 基本構造 原理와 그 變易秩序

(1) 点 構造

● （2次元 存在構造）

(2) 線 構造

———————— （3次元 存在構造）

(3) 平面 構造

（4次元 存在 基礎 安定 構造）

(4) 立體 構造

（凝縮角 ∠60° E變易角 ∠30°）

（5次元 存在 基本 安定 構造）

(5) 合成 構造

• 二方 相互凝結 安定角 ∠60°
• Energy 變易角 ∠30°

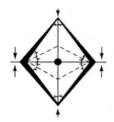

（6次元存在의 基本合成）

(6) 合成構造의 一次變易〈七次元 存在 基本〉

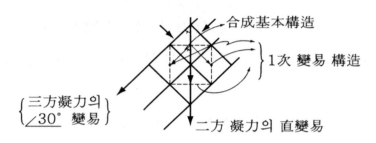

合成基本構造

1次 變易 構造

三方凝力의
∠30° 變易

二方 凝力의 直變易

〈그림 2-27〉 聚氣와 變易

(7) 合成構造의 二次變易(山脈의 變易 原理)

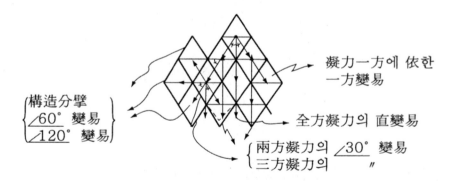

構造分擘
∠60° 變易
∠120° 變易

凝力一方에 依한
一方變易

全方凝力의 直變易

兩方凝力의 ∠30° 變易
三方凝力의   〃

〈그림 2-28〉 山의 形成原理와 그 變易秩序

(8) 合成構造의 三次變易(山穴의 構造變易)

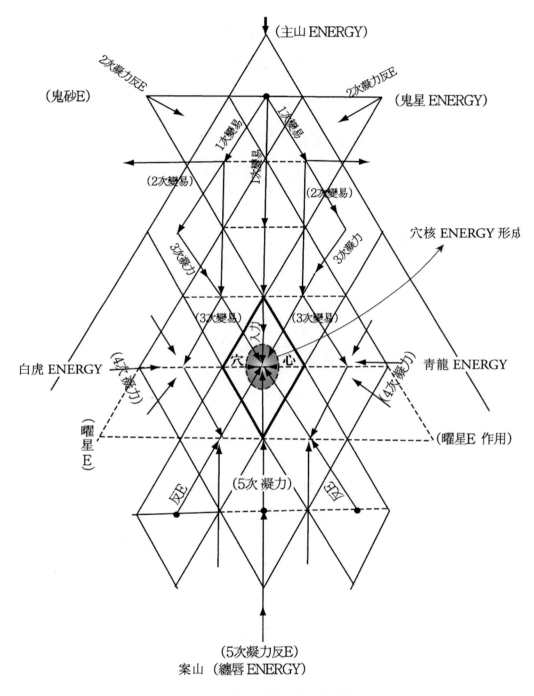

〈그림 2-29〉合成構造의 三次變易

2. 山의 變易과 山穴 構造形態

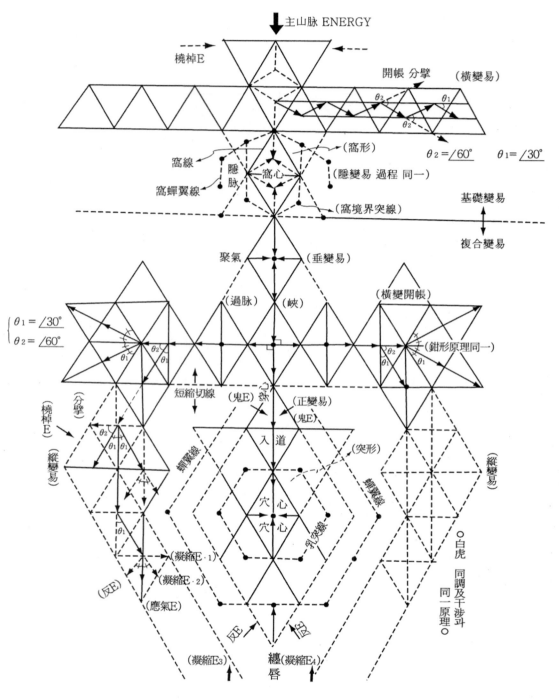

〈그림 2-30〉 山의 變易과 山穴 構造形態

제5절 山의 生成原理와 緣起法則

1. 山의 生成原理

1) 山形의 基本 構造(基本 Energy體의 粒子 集合)

    (1) △角뿔의 構造 集合

    (2) □角뿔의 構造 集合

    (3) 多角뿔의 構造 集合

    (4) 圓錐의 構造 集合

    (5) 複合 構造 集合

    ※ 空間 粒子의 安定 原理
       (1) 最善의 安定 凝縮을 必要條件으로 한다.
       (2) 最善의 平等이 最善의 安定이다.

2) 山形의 基本 構造體 變化過程과 Energy 運動法則

    (1) $\angle 15°$ 變易構造 : Energy 運動角 $\pm \angle 7.5°$, $\pm \angle 15°$, △. 構造 Energy 運動의 進行過程으로서 不安定 立體構造이다.

    (2) $\angle 30°$ 變易構造 : Energy 運動角 $\pm \angle 15°$, $\pm \angle 30°$, △. Energy의 凝縮過程에서 나타나는 變易角으로서 Energy體 基本構造의 가장 理想的 Energy 均衡이며 安定立體構造이다.

    (3) $\angle 45°$ 變易構造 : Energy 運動角 $\pm \angle 22.5°$, $\pm \angle 45°$, $\pm \angle 90°$, ▨. Energy 凝縮의 停滯過程으로 安定的 立體構造이다. 但, Energy 運動 能力이 停滯되기 쉽다.

    (4) $\angle 60°$ 變易構造 : Energy 運動角 $\pm \angle 30°$, $\pm \angle 60°$, $\pm \angle 120°$, △. Energy의 分離 및 安定 豫備過程, 安定的이다.

    (5) $\angle 75°$ 變易構造 : Energy 運動角 $\angle 75°$, △. Energy의 分離過程으로 不安定 立體構造이다.

(6) ∠90° 變易構造 : Energy 運動角 ±∠45°, ∠90°, □. Energy 停止過程, 安定的 立體構造이다. Energy가 停滯되기 쉽다.

(7) ∠108° 變易構造 : ±∠54° ∠108°, Energy 運動角 ±∠72°, 五角. Energy의 逆作用過程으로 不安定 立體構造이다.

(8) ∠120° 變易構造 : Energy 運動角 ±∠60°, ∠120°, 6角 構造. Energy 分擘過程으로 安定 豫備構造이다.

(9) ∠135° 變易構造 : Energy 運動角 ±∠45°, ±∠135°, 八角構造. ⊕ : 集合構造, (安定豫備構造), ⊖ : 離散構造

(10) ∠150° 變易構造 : Energy 運動角 ±∠30°, ±∠150°, 12角 構造. ⊕ : 集合構造, (安定構造), ⊖ : 離散構造

3) 山形構造의 基礎立體 安定條件表

〈표 2-5〉 山形構造의 基礎立體 安定條件表

		基底角	凝縮角	Energy 變易角
凝結組織構造體	△ 角錐	∠60°	∠60°	±∠30°(※基本 粒子構造 變易角), ±∠60°, ±∠120°
	□ 角錐	∠90°	∠90°	±∠45°, ±∠90°
	五角錐	∠108°	∠108°	±∠54°, ±∠108°
	六角錐	∠120°	∠120°	±∠60°, ±∠120°
	八角錐	∠135°	∠135°	±∠45°, ±∠135°
	十二角錐	∠150°	∠150°	±∠30°(※基本 立體構造 變易角과 同一), ±∠150°
	圓錐	∠360°	∠360°	±∠360°

제6절 山의 相互 關係作用

1. 山 Energy體의 物理的 關係作用

山脈을 하나의 地球表面 Energy體 흐름 또는 그 Energy 傳達 移動 現象으로 보았을 때, 여기에는 山脈 Energy體 相互 間의 物理的 Energy 關係作用이 發生하고 있음을 알 수 있다.

이러한 物理的 Energy 關係作用은 相互 그 Energy體의 諸般特性을 同調增加시켜주기도 하고, 干涉 減少시켜주기도 하는데, 이와 같은 現象은 山脈 Energy體가 生氣 健全한가? 死氣 不良한가? 또는 主된 山 Energy體인가? 補助山 Energy體인가? 하는 것에 대한 重要한 決定 要因이 되고 있다.

따라서 이를 보다 具體的으로 把握하여 山 Energy體가 지닌 그 機械的 Energy 關係作用特性과, 力理的 Energy 關係作用特性을 合理的이고 細密하게 觀察 研究함이 앞으로의 重要한 課題라 하겠다.

勿論 山 Energy特性關係를 把握함에 있어서는, 여러 種類의 Energy 要因別 關係把握이 必要하겠으나, 여기서는 크게 위의 두 가지 要因別 Energy關係로 區分, 考察해보기로 한다.

> ※ 物理的 山 Energy 特性
> 1) 機械的 山 Energy 特性〈脈 特性〉
> 2) 力理的 Energy 特性〈局 特性〉

1) 山 Energy體의 機械的 關係作用(⊕Energy 特性)

山이 生成, 維持, 破壞, 消滅되어가는 過程은 주로 山 Energy體 스스로의 特性 役割이 그 主要因이기도 하겠으나, 반드시 自身의 山 Energy體만으로서는 그 主役이 될 수 없고, 여기에는 重要한 緣分的 他山 Energy體 간의 關係作用이 함께해야 한다.

따라서 山 Energy體 本身의 Energy 흐름을 同調 또는 干涉하는 一切 他

Energy 特性 中 그 나타나는 現象이, 相互 Energy體 間 크기와 相互 間의 Energy 移動方向 및 相互 Energy體 間의 關係作用点 等에 의해 變易되는, 純粹 Vector 量的 力學 關係作用을 機械的 Energy 關係特性이라고 한다.

이 特性은 本身 山 Energy體의 크기와 位相에 대한 Vector量과, 이를 直接 凝縮 同調 또는 破壞 干涉하는 相對 Energy體의 Vector 量的 關係作用 形態에 따라 山 Energy體 本身의 生·死·强·弱·善·惡·美·醜 및 刑·沖·破·害의 實 Energy 모습이 決定된다.

山의 重力, 山의 凝縮力, 靑龍 白虎의 橫凝力, 玄武 案山의 縱凝力, 橈棹 反 Energy의 本身 Energy 變易 및 位相變位 等은 모두 機械的 Energy 關係作用으로서, 이는 全的으로 山 Energy體 間의 機械的 Vector量 合成으로 그 Energy 特性이 나타난다.

이와 같은 特性을 山 Energy體 間의 陽 Energy(⊕Energy) 關係特性이라고도 한다.

2) 山 Energy體의 力理的 關係作用(⊖Energy 特性)

山 Energy體 相互物質 間의 直接的인 力學關係에 의해 나타나는 同調 및 干涉作用을 前記의 機械的 Energy 關係作用이라고 하였을 때, 이와는 다른 特性인 山 Energy體 各自가 지닌 物質의 力理學的 關係作用 卽, 引力, 斥力, 物質元素 Energy(核力, 電子力, 電磁氣力, 弱力 等) 等의 Energy場에 의해 나타나는 關係特性을 力理的 關係 特性이라고 할 수 있다.

이는 間接的인 力學關係作用으로, 山 Energy體 相互 間의 Energy場을 調和 維持시킴으로써 本身 Energy體의 質的 改善에 關係하는 境遇도 있고, 本 Energy場을 干涉 破壞함으로써 本身 Energy體의 質的 改惡을 超來하기도 한다.

바람, 濕度, 溫度(地熱, 太陽熱), 地氣 Energy 線 等 間接 Energy場 特性을 調節함으로써, 本 Energy體의 維持 保全 또는 破壞 消滅을 促進하는 것도 重要한 力理的 作用特性의 하나이다.

따라서 山 Energy體 相互 間의 Energy場 同調는 應氣 形態로 나타나 質的 改善을 促進하고, 반대로 그 干涉은 散氣, 洩氣, 殺氣 等으로 나타나 本身 山

Energy體의 老化, 死滅 現象을 促進하는 刑·沖·破, 害·殺의 形態로 나타나기도 한다.

이와 같은 特性을 力理的 關係作用 特性 또는 陰 Energy(⊖Energy) 關係特性이라고 한다.

2. 山의 生命 現象에서 본 相互 Energy 關係作用

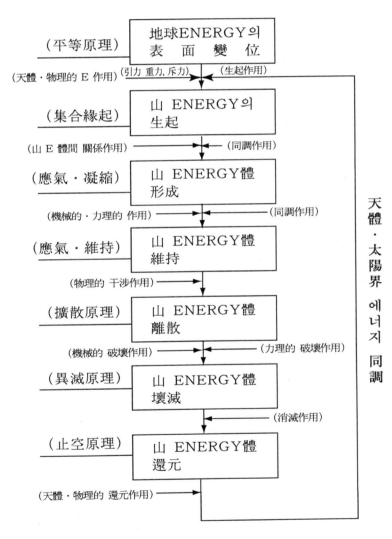

〈그림 2-31〉 山의 生命 現象에서 본 相互 Energy 關係作用

3. 山의 機械的 Energy 凝縮과 力理的 Energy 應氣

1) 山 Energy體의 機械的 凝縮

山의 來脈 또는 成穴 活動 中 Energy體 間에는 다음과 같은 機械的 Energy 의 同調 凝縮作用이 일어난다.

(1) 山 Energy體의 聚突 形成을 위한 開帳砂의 集合 凝縮
(2) 來脈 Energy體의 進行을 위한 玄武 Energy의 前進 凝縮
(3) 來脈 Energy體의 散氣 防止를 위한 靑・白 Energy의 橫均衡 凝縮
(4) 來脈 Energy體의 洩氣防止를 위한 玄武案山 Energy의 縱均衡 凝縮
(5) 來脈 Energy體의 短束化를 發生시키는 太過不及 調節 및 縱橫 凝縮
(6) 來脈 Energy體의 正變位를 위한 補償 凝縮
(7) 來脈 Energy體의 改善 變易을 위한 反 Energy 凝縮
(8) 來脈 Energy體의 安定을 위한 朱雀의 平衡 凝縮
(9) 成穴 作用을 위한 四神砂의 圓形 凝縮

2) 山 Energy體의 力理的 應氣

山의 來脈 및 成局 活動 中, Energy體 間에는 다음과 같은 力理的 Energy의 同調 應氣作用이 일어난다.

(1) 山 Energy體의 聚氣 維持를 위한 開帳砂의 集合 應氣
(2) 來脈 Energy의 進行을 위한 玄武 Energy의 前進 應氣
(3) 來脈 Energy의 質的 向上을 위한 靑・白 Energy의 橫安定 應氣
(4) 來脈 Energy의 質的 向上을 위한 玄武・案山 Energy의 縱安定 應氣
(5) 成穴의 質的 力價 向上을 위한 圓形 應氣
(6) 局內 Energy場의 均衡 安定을 위한 局 應氣

3) 穴場에서의 凝縮과 應氣

(均衡)

(1) 上下 凝縮 및 應氣場 (天體 Energy場 ⇔ 地球 Energy場)

(2) 前後 凝縮 및 應氣場 (玄武 Energy場 ⇔ 朱雀 Energy場)

(3) 左右 凝縮 및 應氣場 (靑龍 Energy場 ⇔ 白虎 Energy場)

(4) 局 凝縮 및 應氣場 (四神砂 均衡 Energy場)

(5) 最善 穴場의 合成凝力 및 應氣場＝0 (核 Energy場 生成)

제7절 山 Energy體의 安定構造 原理

1. 山 Energy體의 安定特性

1) 集合 安定 特性

凝縮生成을 위한 安定構造 特性으로서, 生起 ⇒ 生成 ⇒ 生住의 過程을 最善의 安定條件으로 維持하려는 Positive(陽性) 特性이다.
太祖山, 中祖山, 小祖山, 玄武頂 및 聚氣入首의 構造特性

2) 還元 安定特性

消滅 還元을 위한 安定構造 特性으로서, 擴大 ⇒ (離散) ⇒ 破壞 ⇒ (消滅) ⇒ 還元의 過程을 가장 安定的으로 維持해가려는 Negative(陰性) 特性이다.
分擘龍, 枝龍, 枝脚, 行龍, 橈棹, 過脈 및 止脚의 構造特性

3) 安定特性의 Rhythm 分析

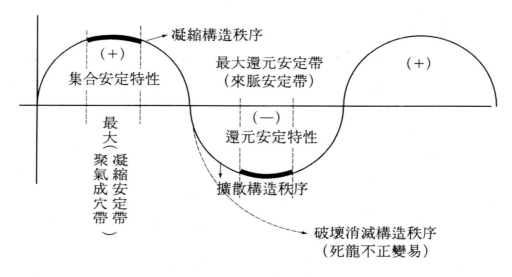

〈그림 2-32〉 山 Energy體의 安定特性의 Rhythm 分析

2. 山 Energy體의 安定構造

1) Positive Energy 安定構造(動的 安定構造)

$\theta = \angle + 30°$의 對稱構造에 의한 相互 補完的 Energy 關係角을 維持하면서, 凝縮되는 理想的인 山 Energy體의 安定構造이다.

祖山, 玄武頂 및 成穴의 基本構造이다.

(1) 基礎 安定構造 및 變易 安定構造

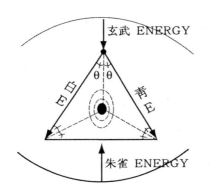
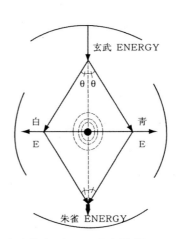

〈그림 2-33〉 Positive Energy 安定構造(基礎 安定構造 및 變易 安定構造)

(2) 複合 安定構造 ($\theta=\angle+30°$, $\theta=\angle+60°$의 複合)

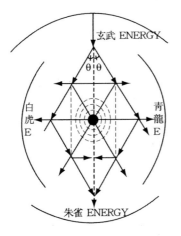
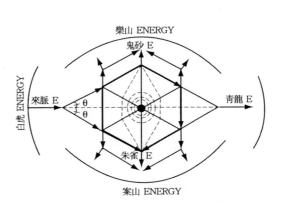

〈그림 2-34〉 Positive Energy 安定構造(複合 安定構造)

2) Negative Energy 安定構造(靜的 安定構造)

$\theta = 4 \angle 30°$의 相互對稱的 Energy 關係角을 維持 擴散하면서 破壞 ⇒ 消滅 또는 還元되어가는 過程의 ⊖安定構造이다.

來龍(行龍)脈의 分擘, 橈棹, 枝龍 및 止脚의 基本構造이다.

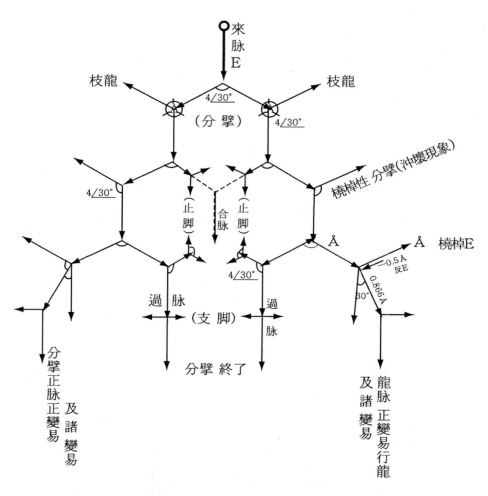

〈그림 2-35〉Negative Energy 安定構造(擴散還元 ⊖ 安定構造)

제8절 山脈의 變易과 緣起

1. 山의 變易과 緣起 法則

(1) 正變 緣起(土性 變易) : 直龍變化
(2) 橫變 緣起(金-水性 變易) : 橫龍, 回龍, 曲龍
(3) 縱變 緣起(水-木性 變易) : 之・玄 字龍
(4) 隱變 緣起(水-土-金性 變易) : 潛龍, 閃龍
(5) 垂變 緣起(木-火-土性 變易) : 飛龍

2. 五變易의 所應과 特性

(1) 正變易 : 玄武 ↔ 過峽, 入首 ↔ 頭腦 特性
(2) 橫變易 : 開帳, 案山의 應氣 및 纏護 特性
(3) 縱變易 : 穿心, 凝縮, 護從 特性
(4) 隱變易 : 平地 聚突 特性, 砂勢 特性
(5) 垂變易 : 祖山, 玄武, 入首 特性

3. 山의 五勢와 相互 因緣關係

(1) 主勢 : 祖宗勢, 地氣 Energy 發露의 始源
(2) 龍勢 : 玄武 來龍勢(來脈勢) 〈主勢因＋局勢緣〉
(3) 局勢 : 龍虎 案山勢(水勢) 〈主勢因＋案山緣(水) 또는 案勢因(水)＋龍勢緣〉
(4) 穴核勢 : 入穴脈勢, 穴核果勢
(5) 穴場勢 : (入首頭腦勢因) ＋ (蟬翼勢＋明堂勢＋纏脣勢)緣

제9절 山脈의 緣起原理 一般

1. 橫變易과 그 緣起(五變五形) (土)金, 主形

(1) 山脈의 主氣가 主因이 되고, 天氣를 主緣, 山·火·風·水를 助緣으로
    하여, 그 勢를 橫으로 變化시킨 후 開帳하며 縱變易의 入首脈을 補强 凝
    縮한다.

(2) 龍虎砂가 되기 위해서는 終端 Energy Vector量은 $\overrightarrow{橫變E}$ 〉$\overrightarrow{從變E}$ 값
    을 維持하여야 한다.

(3) 穴心 Energy를 補强 또는 凝縮하기 위해서는 橫變易 Total角이 開帳角
    의 $\frac{1}{2}$ 以上이어야 한다.

(4) 橫變易 Energy體가 龍虎局을 形成한 후 案帶砂가 되기 위해서는, 開帳
    變易角과 相對 均衡함이 最善이다.

(5) 開帳角 變易과 ⊕(Positive)變易角∠θ, 龍虎砂의 結穴 條件
    ① 開帳角 ∠60°일 境遇 :
       合成 Vector角＝(橫變易角 - 縱變易角)＝⊕∠60° 以上일 것
       (但, 合成 Vector角이 ⊕∠60° 以下이거나, ⊖∠θ일 때는 穴心
       Energy는 凝縮이 不可能함)
    ② 開帳角 90°일 境遇 : 上記와 同一
    ③ 開帳角 120°일 境遇 :
       合成變易 Vector角＝(橫變易角 - 縱變易角)＝+∠90° 以上일 것
    ④ 開帳角 180°일 境遇 :
       合成變易 Vector角＝(橫變易角 - 縱變易角)＝+∠120° 以上일 것
    ⑤ 開帳角 180° 以上일 境遇 :
       Negative ⊖Energy 變易으로서 龍虎 局 形成이 不可能하다.

2. 縱變易과 그 緣起(五變五形) 木(火) 主形

(1) 山脈의 主氣가 主因이 되고, 天氣를 主緣, 山·火·風·水를 助緣으로 하여, 그 脈勢를 縱으로 變化시킨 후 開帳 Energy를 補强받아 穴場 Energy를 供給한다.

(2) 穴場 Energy를 供給하기 위해서는, 入首 終端 Energy量은 〔縱變易 Energy Vector 〉橫變易 Energy Vector〕의 값을 維持해야 한다.

(3) 縱變易 Energy의 凝縮處는, 龍虎砂의 變易角이 開帳角의 $\frac{1}{2}$이 超過된 地點과 平行한 線上에서 決定지어진다.

(4) 縱變易의 形態는 起伏形, 之字形, 玄字形의 自力 變易能力이 强하다.

(5) 穴場 入力 Energy 卽, 縱變易 特性은 進行途中
〔縱變易 Energy Vector量 〉橫變易 Energy Vector量〕의 關係를 恒常 維持해야 한다.

※ 反對 境遇일 때는 穴場 入力 Energy가 遮斷된다.

3. 正變易과 그 緣起(五變五形) 土(金,水) 主形

(1) 山脈의 正氣가 開帳入力 前後 또는 穴場頭腦入力 前後處에서 山脈의 中心 通路를 形成한다.

(2) 主因 : 主山脈, 主緣 : 天氣, 助緣 : 山·火·風·水

(3) 正變易의 重要特性은 龍虎, 枝脚의 均衡性이다.

4. 隱變易과 그 緣起(주로 水形 − 金形)

(1) 山脈 主氣가 主緣分의 同調時期를 잃고 助緣分에 이끌려 停止하는 過程의 形態이다.

(2) 隱變易 Energy는 安定된 保局 緣分을 絶對必要로 한다.

(3) 隱變易 Energy는 이끌려가거나 쉬어감이 特徵이다.

5. 垂變易과 그 緣起(주로 木(金)形)

(1) 山脈의 主因이 天氣, 主緣 또는 山·火·風·水 助緣에 의해 보다 강한 自力 變易로 進行하고 머문다.

(2) 山脈 主勢因과 緣分 간에는 起伏秩序 同調場 形成이 가장 重要하다.

6. 其他 曲·潛·飛의 變易과 그 緣分

(1) 曲 變易 : 橫變易과 縱變易의 合成變易

(2) 潛 變易 : 隱變易과 正變易의 合成變易

(3) 飛 變易 : 隱變易과 垂變易의 合成變易

제10절 山 Energy體 變易의 諸 法則 解說

1. 正變易의 基本秩序와 法則

1) 正變易의 基本秩序

(1) 土氣의 重厚한 Energy體로 正出脈, 正龍勢를 만든다.

(2) 鬼砂와 枝脚의 發達로 가장 安定的 Energy體이다.

(3) 外山 龍虎의 護從勢力 均衡에 따라 己身龍虎의 護從勢力이 決定된다.

(4) 正入首 正座 穴星의 基本變易 秩序이다.

(5) 正變易은 $\theta_0 = \angle 90° : \angle 180°$의 基本 變易角 秩序에 의한다.

(6) 護從砂에 의한 本身 變易角이 均等 强力하므로 應氣 및 結穴 Energy는 最善性이다.

2) 正變易의 法則과 解說圖

(1) Energy 變易角 → $\theta_0 = \angle 0°$, $\angle \pm 90°$, $\angle \pm 180°$

(2) Energy 應氣角 → $\theta_1 = \angle +90°$

(3) Energy 凝縮角 → $\theta_2 = \angle +180°$, $\angle +90°$,

$\qquad\qquad\qquad\quad = \angle +60°$, $\angle +30°$

(4) Energy 變易圖 〈그림 2-36〉

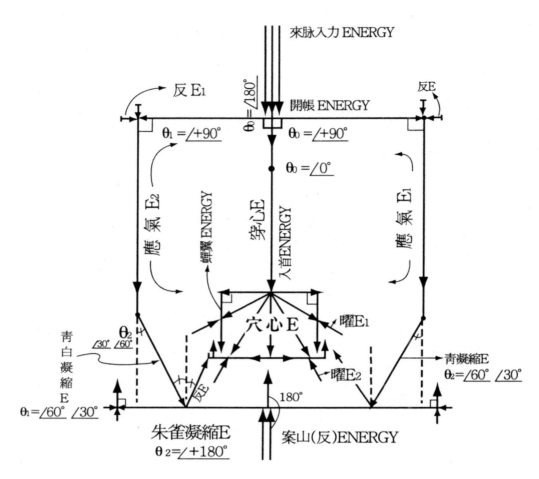

來脉入力 ENERGY

反 E_1

$\angle 180°$

開帳 ENERGY

反 E

$\theta_1 = \angle +90°$　$\theta_0 = \angle +90°$

$\theta_0 = \angle 0°$

應氣 E_2

輝翼 ENERGY

穿心 E

入首 ENERGY

應氣 E_1

穴心 E

曜 E_1

θ_2

$\angle 30°$ $\angle 60°$

青白凝縮 E

青凝縮 E

$\theta_2 = \angle 60°$ $\angle 30°$

曜 E_2

反 E

$\theta_1 = \angle 60°$ $\angle 30°$

朱雀凝縮 E

180°

案山(反) ENERGY

$\theta_2 = \angle +180°$

〈그림 2-36〉正變易 Energy 變易圖

3) 正變易 來龍脈 Energy의 特性分析

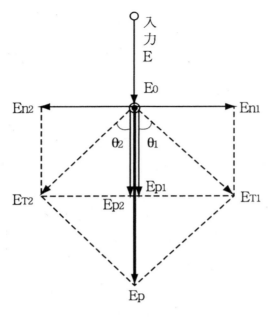

〈그림 2-37〉 正變易 來龍脈 Energy의 特性分析圖

$\dot{E}_0$＝來龍脈 入力 Energy

$\dot{E}_{n1}=\dot{E}_{n2}$＝枝龍脈 Energy. $\ominus$Energy 및 그 Energy場

※ (垂變易, 隱變易일 境遇 支脚 Energy가 될 수도 있다.)

$\dot{E}_{P1}=\dot{E}_{P2}$＝來脈進行 有效 Energy. $\oplus$Energy 및 그 Energy場

$\dot{E}_{T1}=\dot{E}_{T2}=\dot{E}_{n1}=\dot{E}_{P1}=\dot{E}_{n2}+\dot{E}_{P2}.$ 陰陽 合成 有效 Energy

$\dot{E}_P=\dot{E}_{T1}+\dot{E}_{T2}=$ 合成 實 來脈 Energy

$\theta_1=\theta_2$＝來脈進行 有效 Energy에 대한 陰陽 合成 有效 Energy角＝$\angle 30°$, $\angle 45°$, $\angle 60°$

※ $\theta=\angle 45°$일 경우, 陰陽 合成 有效 Energy에 대한 陰陽比는 $1:1$의 無記 特性을 지니고 있으나, 兩邊의 枝龍脈의 合成特性과 來脈進行 有效 Energy의 두 개 特性이 合成됨으로써, 두 無記特性은 $\dot{E}_P$값의 實來脈 Energy를 形成하게 되고 이는 $(\dot{E}_{P1}+\dot{E}_{P2})$의 결과를 낳는다.

2. 橫變易의 基本秩序와 法則

1) 橫變易의 基本秩序

(1) 金-水性氣의 端正하고 매끄러운 Energy體로 開帳 및 回龍 特性

(2) 橈棹 Energy作用의 ⊕變易 特性에 따라 穿心 Energy를 護從 및 應氣케 한다(次 變易가 縱變으로 轉換될 때).

(3) 橫變易龍이 直接 成穴키 위해선 回龍顧祖한다.

(4) 橫入首 橫穴星體의 結作을 위한 基本 Energy 變易이다.

(5) 橫變易의 Energy 基本 變易秩序는 $\theta_0 = \angle + 90°$, $\angle 60°$(基礎 變易角), $\angle + 30°$(正常 變易角)이다.

2) 橫變易의 法則과 解說圖

(1) Energy 變易角

	2次 變易角	1次 變易角
$\theta_n(\theta_1\ \theta_2\ \cdots) =$	$\angle \pm 45°,\ \angle \pm 30°$	$\angle + 90°$

無記角

「但, $\dfrac{橫\dot{E}_1(\oplus)}{從\dot{E}_2(\ominus)} \geq 1$이고, 橫變易角 $\theta_n \leq \angle 45°$이며, $\dfrac{\dot{E}_1}{T} \Big/ \dfrac{\dot{E}_2}{T} \geq 1$일 것」

(2) Energy 應氣角 $\theta_a = \angle + 60°,\ \angle + 30°$

($\therefore$ 應氣 $\dot{E}_a = \dot{E}_0 \cos \theta_a$)

(3) Energy 凝縮角 $\theta_A \leq \angle + 30°$

($\therefore$ 凝縮 $E_A = [(\dot{E}_0 \sin \theta_a) \cos \theta_a] \cos \theta_a$

$\qquad\qquad = [(\dot{E}_0 \sin \theta_A) \cos \theta_A] \sin \theta_A)$

(4) TOTAL 變易 $\dot{E}_0 \angle + \theta_0 = (\dot{E}_1 \angle \theta_A + \dot{E}_2 \angle \theta_A)$

※ $\dot{E}_1 = 1.73\ \dot{E}_2$가 正常임. ⊕Energy $= 1.73$ ⊖Energy

(5) Energy 變易 解說圖

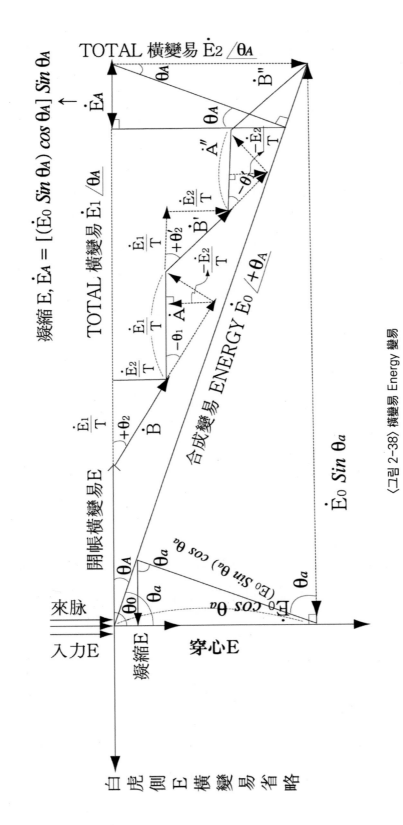

〈그림 2-38〉 橫變易 Energy 變易

3) 橫變易 來龍脈 Energy의 特性分析

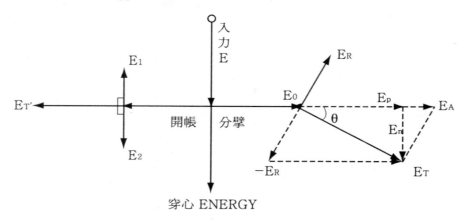

〈그림 2-39〉 橫變易 來龍脈 Energy의 特性分析圖

$\dot{E}_0$＝來脈 入力 Energy

$\dot{E}_1$, $\dot{E}_2$＝枝龍 및 支脚 Energy

$\dot{E}_{T'}$＝橫變易 正變位 直進 Energy(正變易 原理에 의한 橫變)

$\dot{E}_A$＝來龍脈 有效 橫變 Energy

$\dot{E}_R$＝橈棹 Energy. $-\dot{E}_R$＝橈棹 反 Energy

$\dot{E}_n$＝橫變 實 來脈 Energy $\dot{E}_T$의 陽特性分

$\dot{E}_P$＝橫變 實 來脈 Energy $\dot{E}_T$의 陰特性分

$\dot{E}_T$＝橫變 實 來脈 Energy＝$(\dot{E}_A + \dot{E}_R)$ 겉보기 陰陽

$$= (\dot{E}_P + \dot{E}_n)\ 實보기\ 陰陽$$

θ＝ 橫脈 有效 Energy $\dot{E}_A$에 대한 橫變 實 來脈 Energy 角

理想的 安定 變位角 ＝∠30°, ∠60°, ∠30°×n

※ 橫變 實 來脈 Energy의 理想形은 $\dot{E}_{T'}$와 같은 正變位 直進 Energy形態이
나 이는 開帳 護從 凝縮 目的에 不合理하다. 위의 目的에 가장 合理的 橫變
秩序는 θ＝∠30°를 維持하는 $\dot{E}_T$ Energy이고, 이는 陰特性 親和的이므
로 局 Energy場을 安定시킨다.

$\dot{E}_P : \dot{E}_n = 1 : 0.577 = \ominus Energy : \oplus Energy$

3. 縱變易의 基本秩序와 法則

1) 縱變易의 基本秩序

(1) 水-木性氣의 厚德柔順한 Energy體로 穿心 入脈의 特性

(2) 橈棹 및 枝脚의 均衡作用에 의해서만 Energy 變易秩序가 維持된다.

(3) 左·右旋 穴星體 結作을 위한 基本 Energy 變易이다.

(4) 縱變易의 基本 變易秩序는 $\theta_0 = \angle 90°$, $\angle 60°$ (基礎 變易角), $\angle 30°$ (正常 變易角)

(5) 縱變易 Energy는 前後 左右 上下로부터의 絶對的인 同調 干涉(應氣, 護從, 凝縮, 破壞)에 따라 結穴이 決定된다.

2) 縱變易의 法則과 解說圖

(1) Energy 變易角 $\theta_n(\theta_1, \theta_2 \cdots) = \angle +90°\ \angle +60°$ (1次 變易角), $\angle \pm 30°$ (2次 變易角), $\angle \pm 45°$ (無記 變易角)

(2) Energy 集中 要求角 $\theta_a \leq \angle \pm 45°$이어야 하고(이상이면 橫變易), Total 集中 要求角 $\theta_A = \angle 0°$일 때 結穴 可能하다.

(3) 主 Energy 結穴角 $\theta \geq \angle 90°$이어야 結穴 凝縮이 있다(緣分 凝縮 Energy 角은 別途 Energy 角으로 $\angle +30°$, $\angle +60°$, $\angle +90°$, $\angle +180°$임).

(4) 縱 $\dot{E}_1(\oplus \text{Energy}) \geq$ 橫 $\dot{E}_2(\ominus \text{Energy})$ $\dot{E}_1 / \dot{E}_2 \geq 1$

(5) $\dot{E}_1 : \dot{E}_2 = 1.732 : 1$의 Energy 比率일 것

($\oplus \text{Energy} = 1.732 \ominus \text{Energy}$)

(縱變易 $\dot{E}_1$는 1.732배의 橫變易 $\dot{E}_2$값을 지닌다.)

※ TOTAL 變易 $\dot{E}_0 = \dot{E}_0 \angle + \theta = (\dot{E}_1 \angle + \theta) + (\dot{E}_2 \angle \theta)$

이때 $\angle + \theta$의 값은 $90°$ 以上이 理想的 縱變易이다.

(6) Energy 變易 解說圖

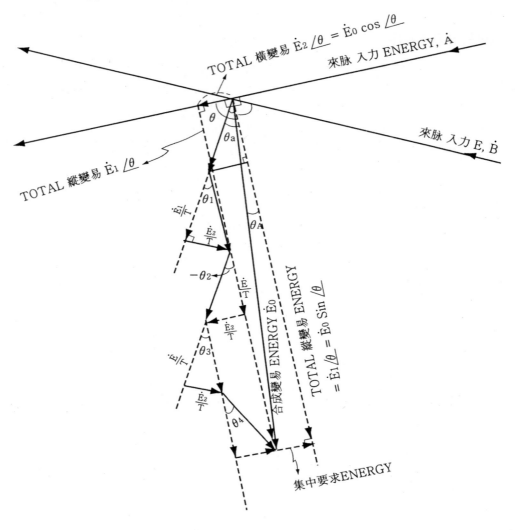

〈그림 2-40〉 縱變易 Energy 變易解說圖

※ 結穴 條件 ($\dot{E}_1 = \dot{E}_0$ 또는 $\dot{E}_1 = \dot{E}_0 \cos\theta_a = \dot{E}_0 \times 1$)

※ 來脈 Energy $\dot{A}$의 境遇에서와 同一한 變易法則에 의해 來脈 入力 Energy $\dot{B}$에서도 縱變易의 法則을 발견할 수 있다.

※ Total 變易角 θ에 의해서 結穴의 善惡이 決定됨을 알 수 있다.

3) 縱變易 來龍脈 Energy의 特性分析

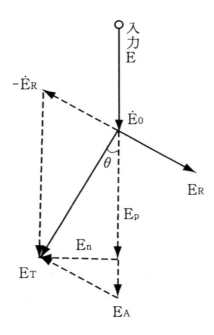

<그림 2-41> 縱變易 來龍脈 Energy의 特性分析圖

$\dot{E}_0$＝來龍脈 入力 Energy $\dot{E}_A$＝來龍脈 有效 Energy

$\dot{E}_R$＝橈棹 Energy $-\dot{E}_R$＝橈棹 反 Energy

$\dot{E}_P$＝來脈 實 變位 Energy의 陽特性 Energy 分

$\dot{E}_n$＝來脈 實 變位 Energy의 陰特性 Energy 分

$\dot{E}_T$＝來脈 實 變位 Energy＝〔$\dot{E}_A$＋($-\dot{E}_R$)〕 ⇒ 겉보기 陰陽

$\qquad\qquad\qquad\qquad$ ＝〔$\dot{E}_P$＋$\dot{E}_n$〕 ⇒ 實보기 陰陽

θ＝來龍脈 有效 Energy에 대한 來脈 實變位 Energy 角

$\qquad$ 理想的 安定 變位角 ＝∠30°, ∠60°, ∠30°×n

※ $\dot{E}_T$ Energy는 $\dot{E}_P$ 또는 $\dot{E}_A$에 同和的인, 즉 陽性 親和的인 特性일 때 縱變易 特性이 가장 잘 나타나게 됨으로써, 進行 龍脈의 陽特性 Energy 變位는 θ＝∠30°가 가장 安定 變位角이 된다.

$\quad \dot{E}_P：\dot{E}_n＝1：0.577＝⊕$Energy：$⊖$Energy

4. 垂變易의 基本秩序와 法則

1) 垂變易의 基本秩序

(1) 木-火-土-金性氣의 重厚秀麗한 Energy體로, 正變易과 隱變易 特性 調和에 의한 變易이다.

(2) 結穴 Energy 供給을 위한 山脈 Energy의 聚融을 形成한다.

(3) Energy體의 基本秩序는 上聚飛脈의 立體變易로 垂直變易角 θ_0=垂直變易 $\angle$+90°이다.

(4) 枝脚의 發達로 本身 Energy體를 鞏固히 支持한다.

(5) ⊕Energy의 單純 變易聚融이므로 動的이다.

(6) 橈棹와 枝龍의 發達이 적고 護縱砂의 本身發源이 멀다.
   (靑·白 Energy의 均衡 및 同調가 적다.)

2) 垂變易의 法則과 解說圖

(1) Energy 變易角 ⇒ $\theta_n(\theta_1,\ \theta_2 \cdots)$=水平角 $\angle$0°, 垂直角 $\angle$+90°

(2) Energy 應氣角 ⇒ 外山 護縱砂와 縱變易角

(3) Energy 凝縮角 ⇒ 脚과 周邊砂와의 反 Energy 및 直接凝縮角 θ_a= $\angle$±90°, $\angle$±60°, $\angle$±30°, $\angle$±180°

(4) Energy 維持角 ⇒ 本身 Energy體를 維持하는 枝脚의 設定角 θ_b= $\angle$±30°, $\angle$±60°, $\angle$±90°

(5) Energy 變易 解說圖

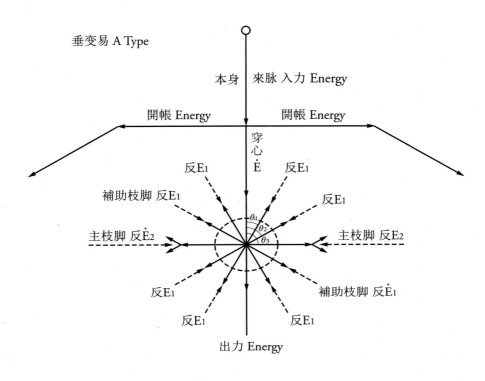

垂変易 A Type

本身 │ 來脈 入力 Energy

開帳 Energy　　　　開帳 Energy

穿心 $\dot{E}$

反E_1　反E_1

補助枝脚 反E_1　反E_1

主枝脚 反$\dot{E}_2$　　　θ_1 θ_2 θ_3　　　主枝脚 反$\dot{E}_2$

反E_1　補助枝脚 反$\dot{E}_1$

反E_1　反E_1

出力 Energy

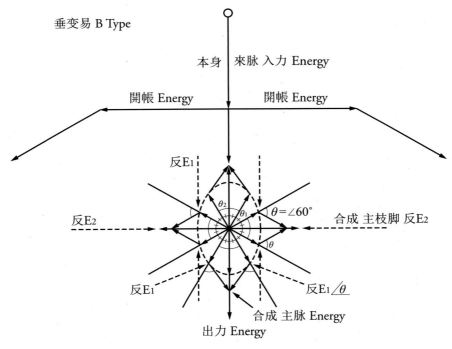

垂変易 B Type

本身 │ 來脈 入力 Energy

開帳 Energy　　　　開帳 Energy

反E_1

θ_2　θ_1　$\theta = \angle 60°$

反E_2　　　　　　　　合成 主枝脚 反E_2

θ

反E_1　反E_1 /θ

合成 主脈 Energy

出力 Energy

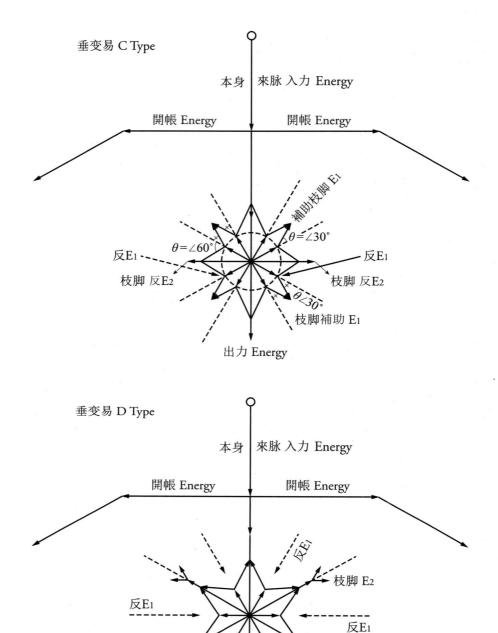

垂変易 C Type

本身 │ 來脈 入力 Energy

開帳 Energy   開帳 Energy

補助枝脚 E_1

$\theta=\angle 30°$

$\theta=\angle 60°$

反E_1 反E_1

枝脚 反E_2 枝脚 反E_2

$\theta\angle 30°$

枝脚補助 E_1

出力 Energy

垂変易 D Type

本身 │ 來脈 入力 Energy

開帳 Energy   開帳 Energy

反E_1

枝脚 E_2

反E_1 反E_1

枝脚 E_2

反E_1

反E_1

出力 Energy

〈그림 2-42〉垂變易 Energy 變易 解說圖

5. 隱變易의 基本秩序와 法則

1) 隱變易의 基本秩序

(1) 水-土性氣의 은은한 Energy體로 隱屯 特性變易이다.

(2) 本身 隱變易은 局勢 Energy 緣分과 絶對的 關係에 있다.

(3) 平地上의 隱變易은 凝縮 Energy의 最善果가 되거나, 最先緣의 緣分砂가 된다.

(4) 隱變易의 基本 Energy 秩序는 「潛行」과 「聚突」과 「閃跡」이다.

(5) 隱變易 Energy體의 表面浮上은 곧 因緣關係作用의 結果다.

2) 隱變易 法則과 解說圖

(1) 隱變易角

隱 橫變易角 $\theta_1 = \angle 90°, \angle \pm 60°, \angle \pm 30°$

隱 垂變易角 $\theta_2 = \angle \pm 60°, \angle \pm 30°$

隱 正變易角 $\theta_3 = \angle \pm 90°$

隱 縱變易角 $\theta_4 = \angle \pm 30°, \angle \pm 60°(分擘角)$

(2) 應氣角, 凝縮角 및 結穴法則은 不規則的이나 대체로 橫, 垂, 正, 縱變易에서와 같은 法則을 따른다.

(3) 隱變易 解說圖

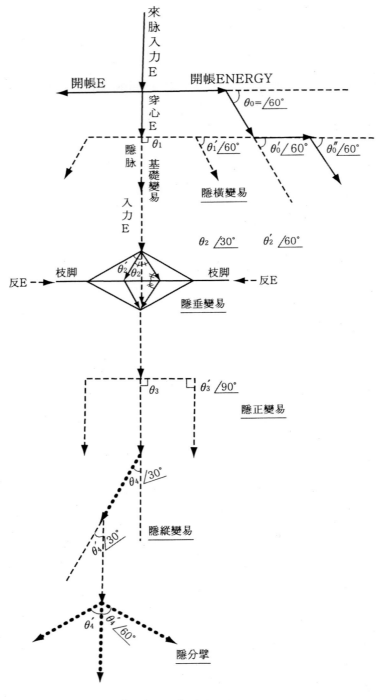

<그림 2-43> 隱變易 解說圖

※ 山의 變易過程 中 基礎段階 變易로 複合變易의 橫變易, 垂變易, 正變易, 縱變易構造의 形成 前段階가 되기도 하고, 來脈入力 Energy의 크기와 强度에 따라 隱變易으로 持續되기도 한다.

※ 開帳 및 護從 Energy가 强力한 同調 役割을 담당하지 못함으로써 本身 Energy가 潛行한다.

※ 案砂 및 局勢 Energy가 强力 周密해지면 隱潛의 脈氣 Energy가 浮上하여 本身을 顯現시킨다.

제11절 山 Energy體의 善 · 惡 · 無記

1. 善性 Energy體 → 吉龍

(1) 生龍 : 祖宗으로부터 大頓小起하며 左右手足 入首가 端正하고, 橫案이 分明한 것(長壽)

(2) 福龍 : 前記 橫案 없이도 玄武 또는 뒷산이 날개로서 감싼 것(富貴)

(3) 應龍 : 橫案 없이도 左右 回抱한 것(忠孝)

(4) 揖龍 : 回抱가 거듭되면서 形勢를 옮기는 것(禮讓)

2. 惡性 Energy體 → 凶龍

(1) 殺龍 : 左右가 예리한 것(蟲傷 虎咬)

(2) 枉龍 : 局促하여 舒暢하지 못하고 背淚하여 收拾함이 없이 그 모습이 덩어리 같은 無血脈의 龍. 無穴處로서 天惡 顚邪

(3) 鬼龍 : 分枝擘脈이 있는 것(正脈을 凌駕하는 脈)(瘟瘟疾病)

(4) 劫龍 : 갈라짐이 많은 것(殺肉破滅)

(5) 遊龍 : 分離되어 어지럽게 흩어진 것(淫亂衰亡)

(6) 病龍 : 한쪽으로 기울고 무너진 것(産難, 長病)

(7) 死龍 : 轉動하지 않는 것(死喪不絶)

(8) 絶龍 : 孤單으로서 無力한 것(子孫絶滅)

3. 善 · 惡 · 無記 Energy體

(1) 生, 死, 無記龍

(2) 福殺 無記龍

(3) 旺絶 無記龍(旺衰, 無記龍)

(4) 應劫 無記龍

(5) 揖背 無記龍

4. 善·惡·無記龍의 氣·象

(1) 善龍 : 生·成·住의 善氣 美相(吉相)

(2) 惡龍 : 壞滅의 凶氣 授受 凶相 惡氣

(3) 善龍氣도 惡龍氣도 아닌 無變易相 : 無記氣(無記龍)

5. 凶龍의 凶氣 例

(1) 警龍의 警恐氣

(2) 狂龍의 狂氣

(3) 衰龍의 衰氣

(4) 病龍의 病氣

(5) 亂龍의 亂氣

(6) 懶龍의 懶氣

(7) 剋龍의 剋氣

(8) 死龍의 死氣

6. 凶山 五格

(1) 石山 – 土質이 없으면 生氣가 없다.

(2) 斷山 – 脈이 斷折되면 生氣가 끊어진다.

(3) 過山 – 地脈이 지나치므로 生氣가 머물지 않는다.

(4) 獨山 – 衆山의 會合이 없으면 生氣가 없다.

(5) 童山 – 바위나 언덕이 부서지고 무너지며 초목이 타죽는 山.

제12절 山脈의 生死 原理圖 解說

1. 生龍의 形成原理와 그 分擘

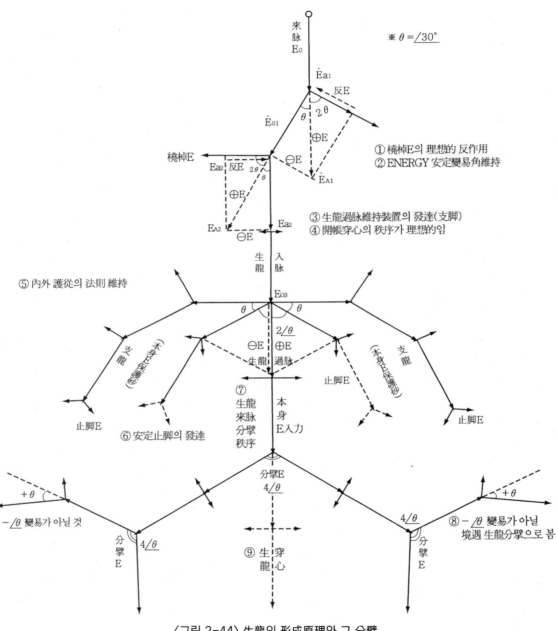

〈그림 2-44〉生龍의 形成原理와 그 分擘

2. 死龍의 形成原理 와 그 分擘

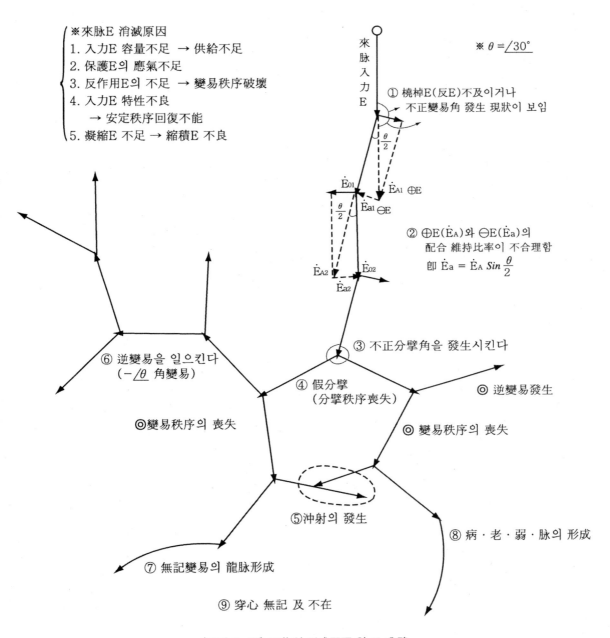

※來脉E 消滅原因
1. 入力E 容量不足 → 供給不足
2. 保護E의 應氣不足
3. 反作用E의 不足 → 變易秩序破壞
4. 入力E 特性不良
   → 安定秩序回復不能
5. 凝縮E 不足 → 縮積E 不良

來脉入力 E

※ $\theta = \angle 30°$

① 橈棹E(反E)不及이거나
   不正變易角 發生 現狀이 보임

$\frac{\theta}{2}$

$\dot{E}_{01}$ $\dot{E}_{A1}$ ⊕E

$\frac{\theta}{2}$ $\dot{E}_{a1}$ ⊖E

② ⊕E($\dot{E}_A$)와 ⊖E($\dot{E}_a$)의
   配合 維持比率이 不合理함
   卽 $\dot{E}_a = \dot{E}_A \, Sin \frac{\theta}{2}$

$\dot{E}_{A2}$ $\dot{E}_{02}$

$\dot{E}_{a2}$

③ 不正分擘角을 發生시킨다

⑥ 逆變易을 일으킨다
   ($-\angle\theta$ 角變易)

◎變易秩序의 喪失

④ 假分擘
   (分擘秩序喪失)

◎ 逆變易發生

◎ 變易秩序의 喪失

⑤沖射의 發生

⑧ 病·老·弱·脉의 形成

⑦ 無記變易의 龍脉形成

⑨ 穿心 無記 及 不在

〈그림 2-45〉死龍의 形成原理 와 그 分擘

제13절 山脈의 安定構造

1. 山脈構造의 安定角

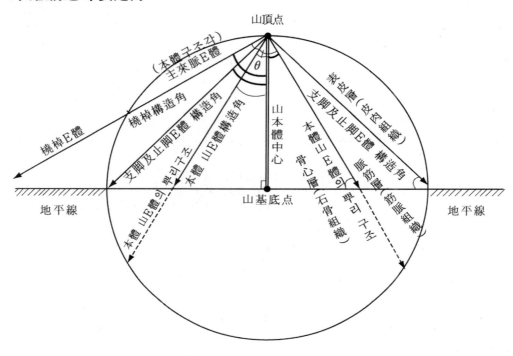

〈그림 2-46〉 山脈의 安定構造

※ 山脈의 最適 安定構造

(1) 理想的 山脈 Energy體의(本體山 Energy體) 構造角 : ∠30°, ∠60°
    (安定 移動角)

(2) 支脚 및 止脚 Energy體의 構造角 : ∠45°(安定 停止角)

(3) 分擘 및 橈棹 Energy體의 構造角 : ∠60°(安定 維持角)

2. 山脈 安定構造의 理想形

(1) 山 Energy體 凝縮密度의 理想的 安定

(2) 山 Energy體 中心構造의 理想的 安定(左右側 皮肉 筋骨組織의 均等)

(3) 皮, 肉, 筋, 骨 配合組織의 安定(山 Energy의 維持保全 移動 安定을 위한 配合構造일 것)

　① 骨 組織 : 全體의 75%

　② 筋 組織 : 皮肉筋 全體의 60%～75%

　③ 肉 組織 : 皮肉 全體의 60%～75%

　④ 皮 組織 : 皮肉의 25%～40%

(4) 山 Energy體의 水分 含量比가 理想的으로 安定的일 것

3. 山脈組織 水分 含量比

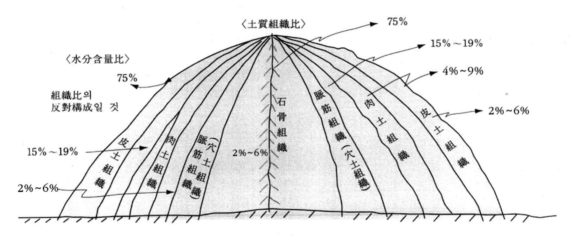

〈그림 2-47〉 山脈組織 水分 含量比

제14절 山脈節의 形成原理와 그 構造形態

1. 山脈節(산마디)의 形成原理

山 Energy體가 再安定 構築을 위해 進行하는 過程에서는 반드시 安定機能 構造裝置를 發達시키게 되는데, 이는 山脈 Energy가 停止를 하거나, 進行을 하거나, 그 安定構造를 維持하기 위한 方便으로서는, 山 Energy體를 均衡支持시킬 수 있는 機能裝置를 確保하지 않으면 아니 되기 때문이다.

따라서 이의 安定構築 機能裝置로서는 山脈 Energy體가 全體的으로 停止安定을 試圖하는 境遇와, 進行하는 過程에서 部分的으로 體均衡安定을 構築하는 境遇, 그리고 山脈 Energy體의 質量改善을 圖謀하면서 善特性 Energy體 安定을 構築하는 境遇, 또 一時的 山 Energy 安定體와 餘氣 Energy 進行體 간의 連結과 Energy 再縮積을 試圖하는 過峽 形成, 穴星의 理想的 Energy 凝縮을 위한 鬼・曜・官의 發生 等, 諸 境遇에 따라 各各 그 裝置構造와 機能形態가 다르게 마련이다.

이를 細部的으로 區別해보면, 山脈 Energy體의 全體的 本體 停止安定 機能裝置로서는 分擘支龍 또는 分擘枝脈이 形成 發達되게 되고, 進行 來龍脈의 體均衡 安定 機能裝置로서는 支脚 또는 枝脚이 發達하게 되는 것이며, 山脈의 Energy(質量) 特性 改善 및 補强機能裝置로서는 橈棹 Energy體가 發達하게 되는 것이다.

그리고 山 Energy體의 均衡 凝縮 核化 機能裝置로서는, 鬼星・曜星・官星이 周邊砂의 均衡 反 Energy 作用을 凝縮 Energy로 供給시키기 위해 발달하면서 穴星을 保護하기도 한다.

이러한 諸 安定裝置의 構造 및 機能은 대부분 來脈 山 Energy體의 自求的 安定回復特性에 의해서 發達 形成되는 것이 主이고, 他救的 安定同調特性에 의해서 形成 發達되는 境遇도 많이 있다.

그러나 山 來脈 Energy體의 自力的 安定回復 特性과, 四神砂 또는 周邊 保護砂의 他力的 安定維持 同調特性에 의한 合成安定 構築裝置를 形成 發達시키게

되는 것이 보다 完全한 形態의 安定 機能構造라 할 수가 있겠다.

이때는 반드시 山 來脈 Energy體의 自力 安定回復特性이 나타내는 進行 Energy 時·空間 特性과, 他力的 Energy體 安定保護特性이 나타내는 同調 Energy 時·空間 特性이 一時的 또는 永久的으로 均衡 一切相을 形成 그 合一点을 構築하게 되는데, 이 合一点으로부터 모든 來脈 Energy體는 安定機能裝置의 發生 發達을 始作하게 되고 安定을 圖謀 維持하게 된다.

이러한 Energy 均衡 合一点에서의 安定構築 機能裝置 發生形態를 來脈節 또는 山마디라고 하고, 이 山마디가 進行하면서 이어지는 現象을 山의 흐름 또는 山 Energy體의 Rhythm이라고 한다.

이것은 本山 Energy體의 來脈흐름 리듬과, 周邊砂 Energy體의 保護 同調場 흐름 리듬이 相互 同調 合一하는 모습에 따라 그 發達 形態를 달리하게 되는 것이며, 이는 마치 兩端의 물결이 相互交接 交會하면서 하나의 합성된 물결波를 높이 크게 만들기도 하고 물결을 잠재우기도 하듯이, 山 Energy 安定 리듬 역시 主來脈 Energy와 周邊 四神砂 Energy의 相互交會가 일어날 때마다 한 点의 Energy 同調場을 形成, 그 同調形態別 一時停止 安定裝置를 發生, 安定構築을 꾀하려 하기 때문에 主 來脈 Energy 리듬이 永久停止 安定을 取할 때까지는, 周邊砂 Energy體의 進行에 의한 繼續的 리듬 同調에 따른 山마디 發生은 물결波처럼 連續하여 形成 發達되게 마련이다.

이러한 山 來脈의 리듬조화는 Energy의 波動的 移動現象과 同一한 原理에 따라 나타나는 것으로서, 이것이 그 一時的 同調安定을 繼續하며 山마디를 形成해가다가, 窮極的으로 主 來脈 Energy가 停止安定을 取하고, 周邊砂 Energy의 同調凝縮 Energy를 얻게 되면, 드디어 來脈節 進行은 中斷되고 山 Energy體의 核果인 穴場이 만들어져 Energy 集合凝結이 일어나게 되는 것이다.

2. 山脈節(산마디)의 構造와 그 形態

1) 分擘節의 構造形態

分擘節은 山 來脈 Energy體의 本體停止를 目的으로 發生하는, 分擘支 또는 分擘枝에 의해 形成되는 것으로서, 그 分擘形態에 따라서 分擘節의 構造도 달라

지게 된다.

即, 分擘支가 發達한 分擘節의 構造는 圓正한 形態이거나 方正한 形態의 圓滿 豊富한 停止形 均衡 安定 모습을 取하고 있는 反面, 分擘枝가 發達한 分擘節의 構造는 위의 境遇와는 다르게 平하거나, Y 形態의 Energy 흐름線이 强하게 나타나고 있음이 特徵的이라 할 수 있다.

또 이 境遇에서도 그 分擘形式이 ∠30°, ∠60°, ∠90°의 正變位 分擘을 取하고 있을 境遇는 그 構造 形態가 均衡과 安定을 維持하고 있으나, 正變位 分擘이 아닌 不正變位 分擘이거나 橈棹性 分擘이 發生하고 있는 分擘節의 構造形態는 그 均衡과 安定이 흔들리면서 Energy 移動性向이 강하게 나타나고 있음을 발견할 수 있다.

2) 分擘節에 있어서의 支龍과 枝龍의 發生形態

基礎 山脈節을 형성하는 分擘龍이 그 所任인 本身 Energy體의 停止安定 維持役割을 充分히 完了하기 위하여서는, 반드시 分擘支의 停止形態가 完全한 均衡安定을 確保하지 않으면 아니 된다.

이 分擘支는 그 餘力 Energy의 大小强弱에 따라 짧게 停止하기도 하고 再安定構築을 위해 繼續 進行하기도 하는데, 分擘後 3節 以內에서 支脚이나 止脚에 의해 停止安定되는 分擘龍을 支龍이라고 이름하고, 3節 以上의 餘力으로 橈棹 支脚, 再分擘 等에 의해 繼續 進行하다가 本身의 靑龍이 되기도 하고 白虎가 되기도 하며, 또 案山이 되거나 하여 本身을 保護하는 所任을 다한 後에 停止 安定하거나, 아니면 別途의 安定處를 찾아 獨立龍脈이 되어 停止 安定을 꾀하는 分擘枝를 枝龍이라고 이름한다.

그리고 위의 境遇와 같이 分擘節의 構造形態가 分擘支龍을 發達시키는 支龍 發生点을 分擘支節, 또는 支龍節, 分擘枝龍을 發達시키는 枝龍 發生点은 分擘枝節 또는 枝龍節, 그 分擘枝龍이 繼續되면서 發生하는 橈棹 Energy 發生点을 橈棹節, 支脚 및 止脚의 發生点은 支脚節 및 止脚節이라고 하여 各各 그 構造와 形態特性이 다르게 나타난다.

따라서 分擘支節에서는 支持龍脈 Energy體의 單純構造體를 支脚 및 止脚에 依存하여 維持하고, 分擘枝節에서는 餘氣龍脈 Energy體가 橈棹 또는 他山 護

從에 依存하여 來脈變易을 持續하다가, 支脚 또는 枝脚에 의해 一時停止均衡 Energy를 얻기도 하고 止脚에 의해 停止하기도 한다.

이렇듯 分擘支節은 分擘枝節보다 더 安定的이고 成穴的이며, 分擘枝節은 보다 不安定하여 橈棹 Energy를 얻지 못하면 成穴可能한 生龍이 될 수 없다.

그런데 分擘枝節에서도 一方 橈棹 Energy를 繼續하여 3節 以上 얻게 되면, 分擘枝節 發生点이 成穴可能한 安定을 維持하기도 하는데, 이는 分擘枝龍이 스스로 그 勢力을 거두고 分擘節에 Energy 凝縮을 圖謀하는 까닭이다.

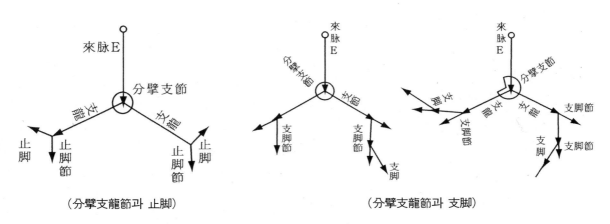

(分擘支龍節과 止脚)

(分擘支龍節과 支脚)

〈그림 2-48〉 分擘支節에 있어서의 支龍과 그 山마디

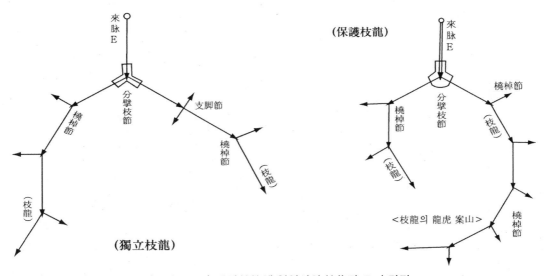

(獨立枝龍)

(保護枝龍)

<枝龍의 龍虎 案山>

〈그림 2-49〉 分擘枝節에 있어서의 枝龍과 그 山마디

分擘節이 成穴의 條件을 具備하게 되면 分擘支節에서는 乳突形의 穴場이, 分擘枝節에서는 窩鉗形의 穴場이 形成 되는 것이 一般的이다.

3) 支脚節에 있어서의 支脚과 枝脚 發生形態

分擘節에 있어서의 分擘龍이 來脈 山 Energy體를 停止安定시키려는 目的의 手段裝置라고 한다면, 支脚節에 있어서의 支脚 및 枝脚發生은 山 Energy體의 進行安定을 目的으로 하는 均衡維持裝置라고 볼 수 있겠다.

卽, 山 Energy體의 進行을 方向轉換시키지 아니하고 3節 以內의 짧은 脚만으로 本體를 支持, 無變位 均衡安定을 維持시켜주는 裝置를 支脚이라고 하고, 3節 以上 進行하면서 支脚의 補助 支持만을 받아 一種의 枝龍形態를 取한 後, 本身의 無變位 均衡安定을 維持시켜주는 裝置를 枝脚이라고 한다.

이는 本體 Energy를 支持하는 機能일 뿐 橈棹 Energy를 供給받아 Energy를 移動시키는 枝龍과는 다르다.

그리고 이러한 支脚과 枝脚이 發生하는 始發点을 支脚節 또는 枝脚節이라고 하고, 이 節로부터 發達하는 如何한 Energy體로 橈棹 Energy를 同伴하지 않는 한, 枝脚의 役割을 벗어나 枝龍이 될 수 없다.

4) 枝龍節에 있어서의 橈棹와 支脚의 複合構造形態

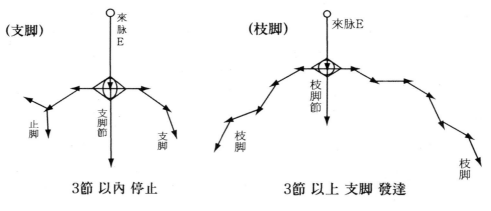

〈그림 2-50〉 支脚과 枝脚

支龍節에 있어서의 支脚이 本身 山 Energy體의 進行安定을 위한 無變位 均衡 安定 維持 및 支持裝置라고 하면, 橈棹는 本身 山 Energy體를 方向轉換시키면서 質的 Energy 回復과 量的 Energy 安定合成을 確保해주는 質量的 Energy 補强 裝置라고 말할 수 있겠다.

그런데 橈棹 또는 支脚 Energy體는 그 各各의 순수한 裝置 單獨構成으로만 그 目的을 담당하는 境遇가 있는가 하면, 橈棹의 反 Energy 供給目的을 위해 橈棹 反作用을 補助할 目的으로 橈棹 前後端에 支脚 또는 止脚을 發達시키는 複合裝置의 構造形態도 흔하게 發見할 수 있다.

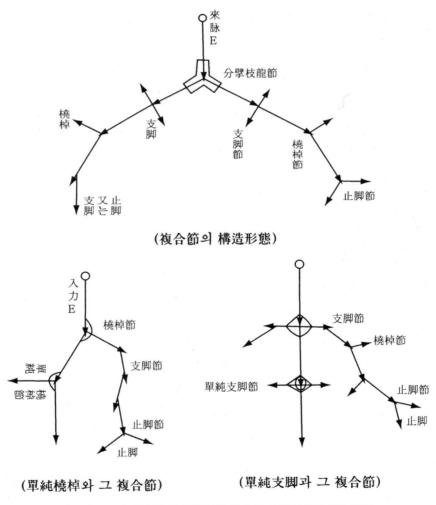

(複合節의 構造形態)

(單純橈棹와 그 複合節)   (單純支脚과 그 複合節)

〈그림 2-51〉枝龍節에 있어서의 橈棹와 支脚의 複合構造形態

이러한 境遇, 支脚節 또는 支龍節에서는 橈棹發生이 거의 드무나, 橈棹節 또는 枝龍節에서는 支脚 또는 止脚 發生이 합성되어 나타나고 있음을 흔하게 볼 수 있다.

이는 橈棹 Energy體의 反 Energy源의 役割이 不足不實할 境遇, 支脚 또는 止脚을 發生함으로써 反 Energy源의 役割이 反作用 條件을 構成케 하는 手段 이 되게 하기 때문이다.

이와 같은 複合構造의 發生点을 複合節이라 하고, 이 마디에서 本身은 二 次 三次의 Energy 補强을 얻어 安定된다.

5) 過峽節에서의 斷氣脈과 結束脈(束氣脈)

來脈 山 Energy體가 一次 安定構築을 試圖한 後에도 그 餘氣 Energy와 再 供給 Energy波動에 의해 進行過脈을 形成하면서 再安定 停止處를 또다시 確保 하고자 하는데, 이 過程에서 반드시 發生되는 것이 過峽이다.

이는 그 餘氣 Energy의 强弱 · 大小와 善惡 · 美醜에 따라서 그 形態와 特性 이 달라지게 마련인데, 때로는 支脚 發生으로 健康한 過峽을 形成하기도 하고, 때로는 結束을 하여 單位密度와 單純 Energy 强度를 維持補强하기도 하며, 또 때로는 前後端 Energy 集合特性에 의해 斷束形態를 取하기도 한다.

過峽에서의 支脚發達은 앞서 說明한 바와 같이 案山 또는 進行 앞산과 左右山 에 의해 一時的 凝縮이 發生하여 形成되는 것이지만, 結束發達은 순수한 左右 他 Energy體의 凝縮에 의해 餘氣率 30~50%의 山 Energy 흐름을 一時的으로 묶어 그 Energy 强度를 補强해주는 役割 모습이다.

그러나 山 來脈 Energy가 不足하거나 周邊 Energy體의 刑 · 沖 · 破 · 害 殺 을 당하거나, 아니면 前節에서의 安定維持가 良好하여 그 餘氣放出이 30% 以下 가 될 때는, 一時的으로 休眠狀態가 되거나 一時的 斷氣狀態가 되어 그 過峽点은 묶어진 듯 斷束되어 있다.

斷束過峽의 山 Energy 形態는 그 均衡과 Energy 强度 量的密度 等의 眞 · 善 · 美가 良好하지 못하고, 結束氣에 비해 虛弱 醜褸하여 破損現狀이 많이 나타 나고 있는 것이 그 特徵이다. 卽 結束脈은 그 來脈의 中心線이 分明하고, 均衡을

잃지 않으며, 基底나 上·中·下部가 端正함과 동시에 結束直後 聚氣現象을 일으킨다.

反面, 斷氣脈은 이와는 달리 來脈 中心線이 不分明하고 左右의 均衡이 없으며, 基底나 上·中·下部의 몸체가 느슨하고 醜褸病弱함과 동시에 斷氣直後 無記變易를 일으키므로 死脈 또는 病脈이 되기 쉽다.

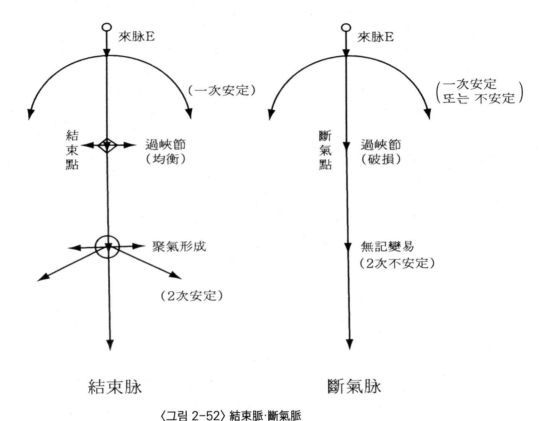

結束脉　　　　　　斷氣脉

〈그림 2-52〉 結束脈·斷氣脈

6) 入首節에 있어서의 入首頭腦와 穴星의 發生形態

入首來脈이 四神砂의 Energy 凝縮을 받아 그 均衡点에 圓正한 山 Energy를 聚氣-入首頭腦를 形成하게 되면, 그 聚氣頭腦는 自體의 完全한 再凝縮 均衡과 再安定 構築을 위해 蟬翼과 入穴脈과 穴心, 明堂, 纏脣을 發達시키게 되는데, 이들 均衡 凝縮 再安定裝置가 構築形成될 때마다 發達되는 各各의 基本的인 凝結

마디 形態는 그 穴場內의 穴心을 中心으로 하나의 核果를 形成하면서 圓形容器를 構成 穴星化하게 된다.

따라서 圓形穴場은 山 Energy의 合成凝縮 마디가 얼마나 穴心 Energy를 잘 保護 生成시킬 수 있도록 容器 結合體를 形成하고 있는가? 하는 것에 그 善惡·美醜와 大小·強弱이 決定되는 것이다.

이렇게 볼 때 穴星은 入首節로부터 聚氣点 一節, 兩蟬翼 二節, 入穴脈 一節, 纏脣 一節, 合計 五節의 最小 構成節이 形成되어야 穴心이 만들어지게 되는 것이므로, 山 來脈 Energy 흐름도 이처럼 3~5節 以上을 良好한 흐름 波動을 일으킬 때에만, 비로소 完全한 穴心 Energy가 凝縮되기에 充分한 入力 Energy 供給條件이 形成되게 된다고 보아야 할 것이다.

即, 入首 前端 來脈節 3節 以上 5節까지는 強健하고 良好한 Energy體가 維持保全되고 있어야만 最小限의 穴星構成을 위한 基本的인 Energy 供給이 可能

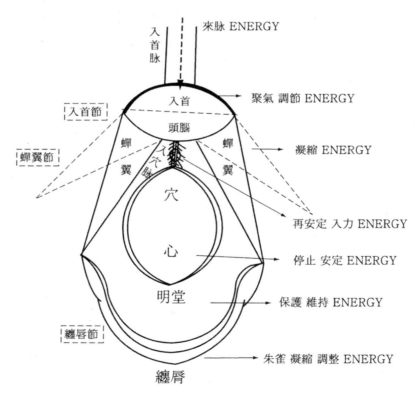

〈그림 2-53〉入首節의 頭腦와 穴星構造

할 뿐 아니라, 穴場을 再凝縮 安定케 하기 위한 鬼星, 曜星, 官星의 發達餘力을 供給할 수 있게 되는 것이다.

이러한 까닭에 入首來脈 Energy가 入首頭腦에서 一時的 聚氣安定을 取하는 것은, 頭腦以後의 停止安定條件을 構成하기 위한 兩蟬翼 Energy, 入穴 Energy, 그리고 穴心을 保護凝縮하는 纏脣의 反 Energy 等이 가장 安定的으로 供給될 수 있도록 來脈 Energy를 再充積함을 勿論, 朱雀 Energy를 調整하면서 入穴 Energy를 一定하게 安定調節시키는 役割을 함께 담당하고 있는 來脈 Energy 充積 및 再供給 調節裝置機能을 다하게 하기 위함인 것이다.

그러한 理致에 따라 入首頭腦에는 最小 3節 以上의 來脈 Energy가 强健하게 흘러와 充積될 때에 비로소 兩蟬翼에 各各 1節의 Energy 供給과 入穴 Energy 및 明堂, 纏脣 Energy가 充實히 供給, 調節될 수 있는 것이다.

7) 穴場 凝縮節에서의 鬼星과 曜星과 官星

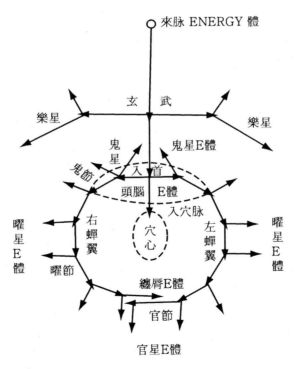

〈그림 2-54〉穴場凝縮節의 構成과 形態

穴場이 四神砂의 均衡凝縮作用에 의해 一次的 構造形態를 形成하고 나면, 入力 來脈 Energy는 持續的으로 局 同調 Energy場에 同和되어 穴心 Energy를 增幅시키고, 보다 向上 發展된 良質의 穴心 Energy Field를 形成해간다.

이 過程에서 나타나는 現象이 그 一次的 穴場 凝縮 構造體와는 다른 2次 穴心 凝縮 構造體가 發達하게 된다.

穴場 後面에 發達하여 玄武를 中心으로 한 前進 Energy를 入首頭腦에 再凝縮 供給하여 入首頭腦 및 入穴脈 Energy를 增幅시켜주는 것이 「鬼星 Energy體」이고, 穴場 左右 또는 蟬翼에 發達하여, 龍虎의 凝縮同調 Energy를 2次的으로 再凝縮 供給함으로써 穴心의 橫同調 Energy Field를 增幅시켜주는 裝置가 「曜星 Energy體」가 되고, 穴場 前面에서 纏脣 또는 朱雀에 發達하여 案山 Energy體로부터 同調凝縮된 纏脣 Energy를 2次的으로 再凝縮 同調시킴으로써 穴心의 縱同調 Energy Field를 增幅시켜주는 裝置가 「官星 Energy體」이다.

이와 같이 穴場內에서 再凝縮 同調가 일어나게 되면 반드시 再凝縮裝置가 發達하게 되는 것이고, 이 裝置發生處에는 Energy 變換節이 發生하게 마련인데 穴場內에서 發生하는 鬼星節, 曜星節 및 官星節을 總稱하여 穴場 凝縮節이라고 한다.

제15절 山脈의 分擘 原理와 그 槪要

1. 分擘의 原理

山 Energy體가 來脈化하는 過程에서, 그 Energy는 持續的으로 安定을 찾기 위해 進行하게 되는데, 그 進行過程에서도 山 Energy體는 周邊의 安定沮害要因들과 自體의 安定指向特性 간에서 끊임없는 葛藤構造를 維持해간다.

그러한 山 Energy 特性의 進行이 自體 安定指向特性의 發露極大化로 나타나게 되면 Energy體는 均衡維持를 위한 分擘變易을 일으키게 되는데, 이때 分擘된 Energy는 本身의 根本 Energy를 分擔維持할 수 있는 基本的인 Energy 分擔 必要條件인 Energy 均等分擘을 構造化해야 하고, 또 本身 均衡支持力을 維持하기 위한 安全强度 및 安定變位의 充分한 條件을 確保해야 한다.

따라서 Energy 分擘의 必要條件인 Energy 均等分擔은 本山 Energy體의 根本特性이 지닌 山의 質量 ⊕⊖Energy의 配合特性 强度 및 密度, 軟性 및 硬性 等의 善惡條件에 따라 다르지만, 分擘点 周邊環境 Energy의 同調 干涉 如何에 따라서도 크게 變化하는 까닭에, 主山 Energy體의 平等的 善性 以外에도 周邊 砂에 의한 局 Energy의 均衡的 善性이 함께 要求된다.

또 分擘의 充分條件인 本身 Energy體 均衡支持力 維持를 위해서는 그 分擘 Energy體의 本身이 지닌 物質的인 荷重과 外部 Energy 干涉에 對應할 수 있는 安全强度를 確保할 수 있어야 하고, 그 Energy體 均衡維持를 確保할 수 있는 理想的 分擘 Energy 變位가 保障되어야 한다.

卽, 均衡分擘角이 充分해야 한다. 따라서 最善의 均等 平衡 分擘角은 $\theta = \angle 60°$, $\theta = \angle 90°$의 分擘 Energy 變位다.

이와 같이 分擘은 山 Energy體의 均衡安定을 위한 自求的 特性과 周邊砂 Energy의 調和에 의한 安定維持 發顯의 具體的 現象으로, 그 主된 原理는 다음과 같이 特徵지어진다.

(1) 分擘의 根本原理는 本身 山 Energy體의 停止安定을 위한 自求的 特性 作用이나 他力 干涉에 의한 分擘도 있다.

(2) 自力分擘 山 Energy體는 不安定處로 分擘枝를 發出하고 他力分擘 山 Energy體는 安定處로 分擘 Energy를 發出시킨다.

(3) 山 Energy體 安定維持 原理上, 主安定裝置는 分擘, 副安定 裝置는 支脚, 橈棹 그리고 補助安定裝置가 止脚이다. 卽, 分擘은 本體安定止이고 橈棹 枝脚은 進行安定이다.

(4) 分擘枝는 적을수록 安定 健實하며 많을수록 不安定 虛弱하므로, $\theta = \angle 60°$ 兩分擘과 $\theta = \angle 90°$ 3分擘이 最善 分擘이다.

(5) 分擘의 根本은 分擘枝 간 分擘角이 本身來脈과도 均衡均等角을 維持하여야 最適 安定條件이 된다.

2. 分擘의 槪要

山 Energy體가 理想的 安定維持를 이룩하지 못해 來脈을 發展시키고 來脈 行龍은 그 自身의 安定維持를 위해 分擘 Energy를 發生시키며, 또 分擘體는 그의 安定維持를 確保하기 위해 均衡 支持力을 지녀야 하고, 均衡 支持力의 形成을 위해서는 分擘自身 Energy體의 安全强度와 安定變位를 構造化하지 않으면 안된다.

따라서 根本 山 Energy體의 質的特性 卽 ⊕⊖Energy 配合關係, 强度, 彈性, 密度 等이 健全 良好하지 못하게 되면 그 本身 Energy體 自力에 의한 分擘 能力은 他力 Energy體의 干涉에 의해 減少되거나 損傷을 입게 되어 均衡分擘을 일으키지 못하고 不均衡 分擘 또는 無記分擘이 되고 만다.

그렇게 되면 分擘 Energy體는 곧 다시 安定條件을 얻기 위해 繼續 進行하거나 再分擘 Energy를 發生하게 마련이다. 이러한 過程에서는 山 Energy體의 基本安定이 不可能하여 成局 成穴의 條件이 될 수 없고, 다만 새로운 安定能力을 얻기 위해 부단히 活動하고 있을 뿐이다.

이렇게 하여 活動進行過程의 Energy體가 自身의 枝龍, 支脚이나 橈棹에 의한 安定維持條件을 다시 만나게 되면 成局 成穴이 이루어지는 것이고, 반대로 그 過程에서 周邊砂의 刑·沖·破·害 殺을 만나게 되면 死氣 死脈化하는 것이다.

分擘의 槪要를 다시 整理하면 太祖山, 中祖山, 小祖山, 玄武頂의 山 Energy

體 安定維持方法 形態는 根本的으로 分擘形式을 取하고 있음이 一般이고, 山 Energy體 進行過程의 安定維持 役割은 支脚과 橈棹가 담당하며, 行龍에서의 再分擘은 支脚, 橈棹의 役割이 不充分할 境遇, 本身의 再安定條件을 確保하기 위함이거나 成局이나 成穴條件을 獲得하기 위함이다.

따라서 善成局이나 善成穴을 이루기 위해서는 必須的으로 山 Energy體의 分 擘過程을 거쳐 그 分擘枝에 의한 保護成局, 凝縮成穴이 되어야 비로소, 最吉善 에 가까운 安定來脈 Energy體의 安定成局 均衡穴場이 만들어지는 것이다.

이것이 自力 成局 成穴이고, 他力 成局 成穴은 本身 山 Energy體로부터의 分 擘枝를 얻지 못하고 他山 Energy體로부터 成局 成穴 條件을 確保하므로 그 穴 場 力量이나 穴場 壽命은 極히 弱하거나 짧다.

이와 같은 觀點에서, 穴場의 蟬翼 構造體 亦是 엄격한 意味에서는 Energy 分 擘作用에 대한 外的 凝縮 應氣 Energy의 合成形態라고 보아야 옳을 것이다.

이렇게 山 Energy體의 分擘活動은 山의 開帳穿心으로부터 穴場에 이르기까 지 重要한 Energy體 安定役割을 擔當한다.

3. 正分擘과 不正分擘

來龍脈 Energy體가 그 行脈을 維持하는 過程에서 分擘安定을 取하거나, 成 局 成穴 過程에서 그 安定 分擘을 取하거나 간에 安定을 위한 具體的 諸 條件은 언제나 一定 均等할 수만은 없다.

來龍脈 Energy가 旺盛하고 周邊 Energy體가 圓滿 同調的일 境遇에는, 分 擘이 安定的인 正分擘을 維持하여 分擘角이나 分擘枝 Energy體의 均衡 發達을 確保할 수 있으나, 來龍脈 Energy가 虛弱하고 周邊 Energy體의 干涉的 環境을 만나게 되면 그 分擘은 安定을 잃고 不特定의 不正分擘을 維持하게 됨으로써, 分 擘角이나 分擘枝 Energy體의 發達은 不規則的으로 展開되어 橈棹性 分擘枝가 發生하지 않으면 不正變位 枝龍脈을 形成하기도 한다.

이러한 境遇의 成穴條件을 살펴보면, 대체적으로 正分擘 枝龍脈에서 成穴安 定됨이 原則的이고, 不正分擘 枝龍脈은 橈棹性 枝脈이 되거나 正分擘 枝龍脈의 保護砂 Energy體가 되는 것이 大部分이다.

4. 分擘 Energy 變易와 그 特性

1) $\theta_0 = \angle 60°$의 基礎 分擘

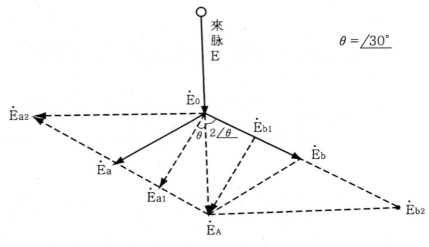

〈그림 2-55〉 $\theta_0 = \angle 60°$의 基礎 分擘

$\dot{E}_0 = $ 來龍脈 入力 Energy $\dot{E}_A = $ 入力 有效 Energy

$\dot{E}_a = $ 右 分擘 Energy $\dot{E}_b = $ 左 分擘 Energy

위의 分擘圖에서 보는 바와 같이 $2\angle\theta$ 分擘일 境遇, $\dot{E}_A = \dot{E}_0 = \dot{E}_a \angle 60° + \dot{E}_b$ $\angle 60°$가 되고, $|\dot{E}_A| = |\dot{E}_a| = |\dot{E}_b|$이면서 $\dot{E}_a \angle 60° = \dot{E}_b \angle 60°$가 되어 가장 均衡된 Energy 分擘特性을 維持하게 된다.

이를 先天分擘으로 보면 $-\dot{E}_b$ 反 Energy에 의한 $\dot{E}_a$ Energy 變易도 또한 同一하게 나타나는데 이를 後天分擘으로 본다.

※ 이때 어느 一方 分擘 Energy가 反 Energy源에 의한 反作用 $-\dot{E}_{b1}$을 받았을 때는 $\dot{E}_{b1} = \frac{1}{2}\dot{E}_b$에 의한 $\dot{E}_a \angle 30°$의 來脈 變易가 일어나거나, $\dot{E}_{b2} = 2\dot{E}_b$ 反 Energy에 의한 $\dot{E}_{a2} \angle 90°$의 來脈 Energy 變易가 일어나기도 한다.

따라서 $\theta_0 = \angle 60°$의 先天分擘은 完全한 均衡 Energy 分擘特性을 가지고 있으나, 그 過程에서 어느 한쪽이 反作用 Energy를 얻을 時는 橈棹性 反 Energy

에 의한 龍脈 變易를 하게 되고 그 값은

- $\dot{E}_a \angle 60° = \dot{E}_A \angle 0 + (-\dot{E}_b \angle 60°)$
  $= 1 \dot{E}_A \angle 60°$의 後天分擘 Energy와

- $\dot{E}_{a1} \angle 30° = \dot{E}_A \angle 0 + (-\dot{E}_{b1} \angle 60°)$
  $= \dot{E}_A \angle 0 + (\dfrac{1}{2} \dot{E}_b \angle 60°)$
  $= 0.866 \dot{E}_A \angle 30°$의 實變易 Energy

- $\dot{E}_{a2} \angle 90° = \dot{E}_A \angle 0 + (-\dot{E}_{b2} \angle 60°) = \dot{E}_A \angle 0 + (-2\dot{E}_b \angle 60°)$
  $= \underline{2\dot{E}_A \angle 90°}$의 實變易 Energy
    이 경우는 $-\dot{E}_{b2} = -2\dot{E}_b = -2\dot{E}_A$로서 '$\dot{E}_{b2} > \dot{E}_A$는 不可'

- 그 외에 $0.732 \dot{E}_b \angle 60°$에 해당하는 反 Energy에 의한 $0.897 \dot{E}_A \angle 45°$
  의 無記性 Energy 變易도 發生할 수 있으나, $\theta_0 = \angle 30°, \angle 60°, \angle 90°$
  以外의 如何한 變易도 正常變易 또는 分擘으로 看做할 수 없다.

2) $\theta_0 = \angle 30°$의 Energy 分擘

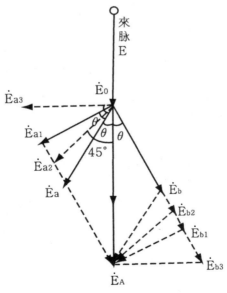

〈그림 2-56〉 $\theta_0 = \angle 30°$의 Energy 分擘

$\dot{E}_0$=來龍脈 入力 Energy $\dot{E}_A$=入力 有效 Energy

$\dot{E}_a$=右 分擘 Energy $\dot{E}_b$=左 分擘 Energy

위의 分擘圖에서 나타나는 바와 같이 $\theta = \angle 30°$ 分擘일 境遇 $\dot{E}_A = \dot{E}_0 = \dot{E}_a$ $\angle 30° + \dot{E}_b \angle 30°$가 되고 $\dot{E}_a \angle 30° = \dot{E}_b \angle 30° = 0.577 \; \dot{E}_A$가 되어, 左右 分擘 Energy는 入力 有效 Energy의 0.577倍의 값으로 均衡分擘되는 結果가 되었다.

그러나 來脈入力 Energy 또는 入力 有效 Energy보다 分擘 Energy가 短縮되는 現象이 나타났다. 따라서 이는 來脈 Energy 및 入力 有效 Energy의 補强 維持를 위한 目的으로 보는 것이 옳다.

그 외 $\dot{E}_{b1}=0.866 \; \dot{E}_A$의 反作用에 의한 $\dot{E}_{a1}$의 分擘 Energy 變易은 橈棹性 反 Energy 變易와 類似한 變易를 일으켜,

$$\dot{E}_{a1} \angle 60° = \dot{E}_A \angle 0 + (-\dot{E}_{b1} \angle 30°)$$
$$= \dot{E}_A \angle 0 + (-0.866 \; \dot{E}_A \angle 30°)$$
$$= 0.5 \; \dot{E}_A \angle 60°$$의 短縮 變易가 發生한다.

그리고 反 Energy 값에 따라 $\theta = \angle 45°$, $\angle 90°$의 分擘性 變易가 있으나 이는 不良하다.

3) $\theta_0 = \angle 90°$의 Energy 分擘

$\dot{E}_0$=來脈 入力 Energy $\dot{E}_{b1}, \dot{E}_{b2}=\oplus$ 反 Energy 橈棹

$\dot{E}_A$=入力 有效 Energy $\dot{E}'_{b1} \; \dot{E}'_{b2}=\ominus$ 反 Energy 橈棹

$\dot{E}_{a1}, \dot{E}'_{a1}, \dot{E}_{a2} \; \dot{E}'_{a2}=\oplus\ominus$ 分擘 Energy $\angle 90°$

$\dot{E}_R$=朱雀 反 Energy $\dot{A}, \dot{A}'=\oplus\ominus$ 正常 分擘 Energy

아래의 分擘圖에서 보는 바와 같이 $3 \angle \theta$ 分擘일 경우, 入力 有效 Energy와 $\angle 180°$인 朱雀 反 Energy에 의한 $\dot{A} : \dot{A}'$의 $\oplus\ominus$ 均衡分擘 Energy가 發生할 때, 이는 가장 理想的 $\angle 90°$ Energy 分擘으로 볼 수 있다.

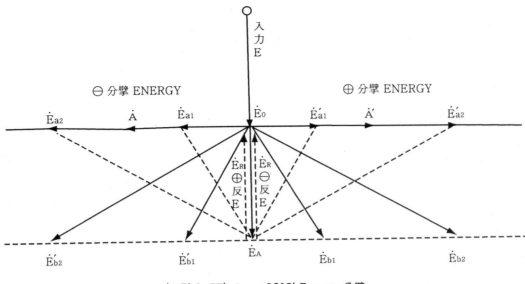

〈그림 2-57〉 $\theta_0 = \angle 90°$의 Energy 分擘

　　그러나 $\dot{A}$, $\dot{A}'$와 같은 2方의 先天分擘은 거의 不可能하고, 다만 $\dot{E}_A$ 入力 有效 Energy가 實分擘 Energy로 變化하는 卽, $\dot{A}$, $\dot{A}'$, $\dot{E}_A$의 三方 分擘의 先天分擘 Energy 發生이 可能하다.

　　$-\dot{E}'_{b1}$, $-\dot{E}'_{b2}$ 또는 $-\dot{E}'_{b1}$, $-\dot{E}'_{b2}$에 의한 $\dot{E}'_{a1}$, $\dot{E}_{a2}$, $\dot{E}'_{a1}$, $\dot{E}'_{a2}$는 그 反 Energy 및 分擘 Energy 값이 入力 Energy 또는 有效 $\dot{E}_A$보다 너무 크기 때문에 不可하다.

4) 複合 分擘

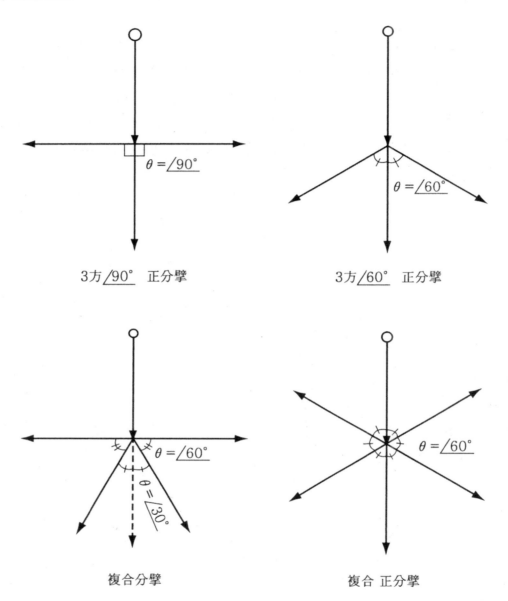

3方 $\angle 90°$ 正分擘   3方 $\angle 60°$ 正分擘

複合分擘   複合 正分擘

〈그림 2-58〉複合 分擘

제16절 龍脈의 Energy 變易形態와 그 特性

1. 來龍脈 變易秩序

◎ 來脈 實 變易 Energy

$\dot{A} = 0.577 \, \dot{E}_{\mathrm{A}}$

$\dot{B} = 0.866 \, \dot{E}_{\mathrm{A}}$

$\dot{C} = 1.155 \, \dot{E}_{\mathrm{A}}$

$\dot{D} = 0.517 \, \dot{E}_{\mathrm{A}}$

$\dot{E} = 0.897 \, \dot{E}_{\mathrm{A}}$

$\dot{P} = 0.5 \, \dot{E}_{\mathrm{A}}$

$\dot{P}_2 = 1 \, \dot{E}_{\mathrm{A}}$

◎ 反 Energy

$\dot{a} = 0.577 \, \dot{E}_{\mathrm{a1}}$

$\dot{b} = 0.5 \, \dot{E}_{\mathrm{a2}}$

$\dot{c} = 0.577 \, \dot{E}_{\mathrm{a3}}$

$\dot{d} = 0.732 \, \dot{E}_{\mathrm{a1}}$

$\dot{e} = 0.732 \, \dot{E}_{\mathrm{a2}}$

$\dot{P}_1 = 0.866 \, \dot{E}_{\mathrm{a1}}$

※ 〈보기〉

$\dot{E}_0$: 來龍脈 Energy（入力 Energy）

$\dot{E}_{\mathrm{A}}$: 來脈有效 Energy ⊕Energy

$\dot{E}_{\mathrm{a1}}$: 橈棹 反作用 Energy（$\dot{E}_{\mathrm{a2}}, \dot{E}_{\mathrm{a3}}, \dot{E}_{\mathrm{a4}}$, 同一種類）

$\dot{E}_{01}$: 來脈의 實變易 Energy（$\dot{E}_{02}, \dot{E}_{03}, \dot{E}_{04}$, 同一種類）

$\dot{E}'_{\mathrm{a1}}, \dot{E}'_{\mathrm{a2}}, \dot{E}'_{\mathrm{a3}}, \dot{E}'_{\mathrm{a4}}$: 各 異種의 橈棹 反 Energy

$\dot{E}'_{01}, \dot{E}'_{02}, \dot{E}'_{03}, \dot{E}'_{04}$: 各 異種 橈棹에 의한 實變易 Energy

$\angle\theta$: 30°,　$2\angle\theta$: 60°,　$3\angle\theta$: 90°,　$4\angle\theta$: 120°

a, b, c, d, e点 : $\theta \times n$角 位別 橈棹 反 Energy 크기点

A, B, C, D, E点 : θ角 變易의 來脈 實變易 Energy 크기点

P_1 : $\angle\theta$ 分擘 Energy

P_2 : $2\angle\theta$ 分擘 Energy

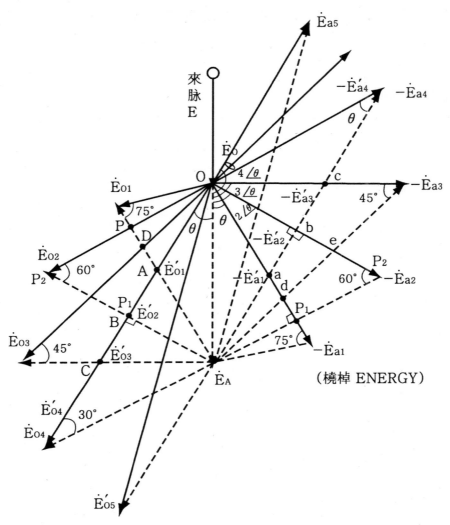

〈그림 2-59〉 橈棹 反 Energy에 따른 實來脈 Energy 變易圖

2. 橈棹 Energy 變易에 따른 來脈 Energy 實 變易 GRAPH

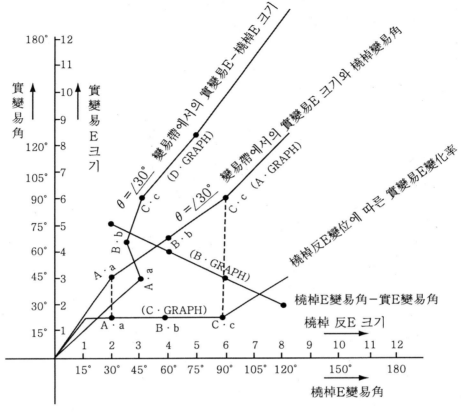

〈그림 2-60〉橈棹 Energy 變易에 따른 來脈 Energy 實 變易 GRAPH

※ 1. A. GRAPH : 來脈의 實變易角 $\theta = \angle 30°$ 變易帶에서의 橈棹 Energy
   變位에 따른 實變易 Energy 크기 變化圖
2. B. GRAPH : 橈棹 Energy＝來脈有效 Energy 條件에서의 橈棹
   Energy 變位 － 實 Energy 變位圖
3. C. GRAPH : 橈棹 Energy 變易別 $\theta = \angle 30°$ 實 Energy 變易帶의
   Energy 크기 變化率
4. D. GRAPH : $\theta = \angle 30°$ 實 Energy 變易帶에서의 實變易 Energy －
   橈棹 Energy 크기 變化
5. (A · a) (B · b) (C · c) : 橈棹 反 Energy － 實變易 Energy의 最適
   安定 變易帶(点)

3. 來脈의 實變易와 橈棹 Energy 變易關係 解說

1) 本身有效 Energy의 크기와 橈棹 反 Energy값이 같은 境遇

(1) $\theta = \angle 30°$의 橈棹 Energy 變易

$-\dot{E}_{a1} = \dot{E}_A$에서 $\dot{E}_A + (-\dot{E}_{a1}) = \dot{E}_{01}$

卽, $\dot{E}_A \angle 0 + (-\dot{E}_{a1} \angle 30°) = \dot{E}_{01} \angle 75°$

따라서 實變易 Energy $\dot{E}_{01}$의 값은 $-\dot{E}_{a1}$의 急擊한 反作用에 의해 充擊을 받게 되는 本身有效 Energy $\dot{E}_A$와 合成되어 Energy 急減 現象을 일으킨다. 이때의 實 Energy 變易角은 正常安定秩序를 維持하지 못하고 擴大되면서 크게 廻轉하듯 變易한다(Energy 短縮).

($\oplus$Energy/$\ominus$Energy$= \oplus 0.134\dot{E}_A/\ominus 0.5\dot{E}_A = \oplus 0.268/\ominus 1$)

(2) $\theta = \angle 60°$의 橈棹 Energy 變易

$-\dot{E}_{a2} = \dot{E}_A$에서

$\dot{E}_{02} = \dot{E}_A + (-\dot{E}_{a2}) \rightarrow \dot{E}_{02} \angle 60° = \dot{E}_A \angle 0 + (-\dot{E}_{a2} \angle 60°)$

卽, 實變易 Energy $\dot{E}_{02}$의 값은 橈棹 反 Energy 및 本身 有效 Energy 값과 同一한 크기의 變易값을 갖는다. 따라서 가장 理想的인 Energy 分擘 現象을 일으키는 Energy 變易 基礎段階에서 $-\dot{E}_{a2}$의 反 Energy를 얻게 되면, 이는 實變易 Energy $\dot{E}_{02}$ 값을 確定시키는 結果와 같다.

〈그림 2-59〉에서 보는, $P_2 - P_2$ 点과 $P_1 - P_1$ 点의 均衡 Energy 關係는 Energy 分擘 變易의 基礎過程을 說明하고 있다. 이때 $\dot{E}_{a2}$가 反作用 Energy를 얻지 못할 경우에도 $\dot{E}_{a2}$와 $\dot{E}_{02}$가 均衡을 얻게 되면 Energy 分擘을 일으키게 된다. 이를 '先天 Energy 分擘'이라고 한다.

($\oplus$Energy : $\ominus$Energy$= \oplus 0.5 : \ominus 0.866 = \oplus 1 : \ominus 1.732$)

(3) $\theta = \angle 90°$의 橈棹 Energy 變易

$-\dot{E}_{a3} = \dot{E}_A$에서

$\dot{E}_{03} = \dot{E}_A + (-\dot{E}_{a3}) \rightarrow \dot{E}_{03} \angle 45°$

$\qquad = \dot{E}_A \angle 0 + (-\dot{E}_{a3} \angle 90°)$

$\qquad = \sqrt{2}\,\dot{E}_A \angle 45°$

卽, 實變易 Energy $\dot{E}_{03}$의 값은 $\sqrt{2} \times \dot{E}_A$가 되므로 來脈 有效 Energy에 대한 凝縮은 일어나지 않고 오히려 Energy 擴散 作用을 일으킴에 따라, 有效 Energy 값과 擴散 Energy 값이 同一한 無記變易現象이 나타난다.

卽, 實 Energy 變易는 不安定 變位에 의한 擴散 Energy 變易으로, 來脈有效 Energy보다 $\sqrt{2}$倍의 큰 Energy 값을 갖게 되어 約 41%의 虛數 Energy 값을 包含하는 弱脈이 되고 만다(Energy 特性 無記).

($\oplus$Energy : $\ominus$Energy = $\oplus$1 : $\ominus$1)

(4) $\theta = \angle 120°$의 橈棹 Energy 變易

$-\dot{E}_{a4} = \dot{E}_A$에서

$\dot{E}_{04} = \dot{E}_A + (-\dot{E}_{a4}) \rightarrow \dot{E}_{04} \angle 30°$

$\qquad = \dot{E}_A \angle 0 + (-\dot{E}_{a4} \angle 120°)$

$\qquad = 1.732\,\dot{E}_A \angle 30°$

卽, 實變易 Energy $\dot{E}_{04}$의 값은 橈棹 反 $\dot{E}_{a4}$나 來脈 有效 Energy $\dot{E}_A$의 1.732倍가 되어, 비록 實 Energy 變位가 $\theta = \angle 30°$의 安定 變位를 維持하긴 했으나, 그 反 Energy 凝縮이 전혀 일어나지 않고 오히려 -50%의 反凝縮 現象이 나타나 約 73%의 虛數 Energy가 增加하고 말았다. 次脈節에서 再凝縮이 일어나지 않는 限 廻生이 어렵다(Energy 洩氣).

(5) $\theta=\angle 150°$의 橈棹 Energy 變易

$-\dot{E}_{a5}=\dot{E}_{A}$에서

$\dot{E}_{05}=\dot{E}_{A}+(-\dot{E}_{a5}) \rightarrow \dot{E}_{05}\angle 15°$

$\qquad =\dot{E}_{A}\angle 0+(-\dot{E}_{a5}\angle 150°)$

$\qquad =2\dot{E}_{A}\sin 75°$

卽, 實變易 Energy $\dot{E}_{05}$의 값은 橈棹 Energy $\dot{E}_{a5}$ 또는 來脈 有效 Energy $\dot{E}_{A}$의 2倍가 되고 實 Energy 變位는 $\theta=\angle 15°$의 不安定 變易角을 維持하게 됨으로써, -86.6% 反凝縮 Energy 發生에 의한 100%의 虛數 Energy가 實 Energy 變易에 作用한다. 따라서 來脈 實變易 Energy는 50%의 不安定 變位 狀態에서 散氣와 洩氣 狀況을 維持한다(Energy 漏散).

2) 橈棹 Energy값이 本身有效 Energy값과 다른 境遇

(1) $\theta=\angle 30°$의 橈棹 Energy 變位帶

① $\dot{P}_1$의 橈棹 反 Energy 作用 時

$\dot{P}=\dot{E}_{A}+\dot{P}_1 \rightarrow \dot{P}\angle 60°=\dot{E}_{A}\angle 0+\dot{P}_1\angle 30°=\dfrac{1}{2}\dot{E}_{A}\angle 60°$

卽, $\dot{P}_1=0.866\,\dot{E}_{A}$의 反 Energy가 作用했을 때 實 Energy는 $\theta=\angle 60°$의 急擊한 短縮變易을 일으킴으로써, 비록 角變易 Balance는 維持하였으나 Energy Balance를 維持하지 못함으로써 安定을 잃고 말았다.

($\oplus$Energy / $\ominus$Energy$=\oplus 0.43$ / $\ominus 0.75=\oplus 0.577$ / $\ominus 1$)

② $\dot{d}$의 橈棹 反 Energy 作用 時

$\dot{D}=\dot{E}_{A}+\dot{d} \rightarrow \dot{D}\angle 45°=\dot{E}_{A}\angle 0+\dot{d}\angle 30°=0.517\,\dot{E}_{A}\angle 45°$

卽, $\dot{d}=0.732\dot{E}_{A}$의 反 Energy가 作用하게 되면 來脈 實 Energy는 $\theta=\angle 45°$의 無記性 短縮變易을 일으킴으로써, 角變位 均衡은 勿論 Energy Balance마저 維持하지 못하는 無記變易 實相이 나타난다.

($\oplus$Energy / $\ominus$Energy$=\oplus 0.36\dot{E}_{A}$ / $\ominus 0.36\dot{E}_{A}=\oplus 1$ / $\ominus 1$)

③ $\dot{a}$의 橈棹 反 Energy 作用 時

$$\dot{A}=\dot{E}_\mathrm{A}+\dot{a} \rightarrow \dot{A}\angle 30°=\dot{E}_\mathrm{A}\angle 0+\dot{a}\angle 30°=0.577\dot{E}_\mathrm{A}$$

即, $\dot{a}=0.577\dot{E}_\mathrm{A}$의 反 Energy가 本身有效 Energy $\dot{E}_\mathrm{A}$에 作用했을 때, 來脈 實 Energy는 $\theta=\angle 30°$의 安定變位를 維持하면서 50%의 凝縮 Energy에 의한 다소 短縮된 Energy 變位相을 보여준다.

龍脈의 흐름에서는 不適當한 面도 있으나, Energy 變位나 凝縮, 停止를 위해서는 必要한 變易過程이다. 그리고 이 경우는 短縮分擘이기도 하다.

⊕Energy : ⊖Energy＝⊕1 : ⊖0.577의 秩序가 維持된다.

(2) $\theta=\angle 60°$의 橈棹 Energy 變位帶

① $\dot{e}$의 橈棹 反 Energy 作用 時

$$\dot{E}=\dot{E}_\mathrm{A}+\dot{e} \rightarrow \dot{E}\angle 45°=\dot{E}_\mathrm{A}\angle 0+\dot{e}\angle 60°=0.897\dot{E}_\mathrm{A}$$

即, $\dot{e}=0.732\dot{E}_\mathrm{A}$의 反 Energy가 本身 有效 Energy $\dot{E}_\mathrm{A}$에 作用했을 때, 來脈 實 Energy는 $\theta=\angle 45°$의 無記變位를 維持하면서 本身 有效 Energy의 89.7%에 해당하는 實變易 Energy 값을 지녀 正常安定 變易으로 誤判하기 쉽다.

그러나 이는 Energy 特性의 無記와 變位의 不安定으로 再變易 過程에서 그 ⊕⊖特性이 再調整되지 않는 限 無記 Energy로 維持되고 만다.

$(⊕\dot{E} : ⊖\dot{E} \Rightarrow ⊕\dot{E}_\mathrm{A} : ⊖\dot{E}_\mathrm{A})$ ∴ $⊕1 : ⊖1$

② $\dot{b}$의 橈棹 反 Energy 作用 時

$$\dot{B}=\dot{E}_\mathrm{A}+\dot{b} \rightarrow \dot{B}\angle 30°=\dot{E}_\mathrm{A}\angle 0+\dot{b}\angle 60°=0.866\dot{E}_\mathrm{A}$$

即, $\dot{b}=0.5\dot{E}_\mathrm{A}$의 反 Energy가 本身 有效 Energy에 作用했을 때, 來脈 實 Energy는 $\theta=\angle 30°$의 安定變位를 維持하면서 가장 理想的 Energy 合成體인 $0.75\dot{E}A$의 positive 特性과, $0.433\dot{E}_\mathrm{A}$의 Negative 特性 ($⊕1 : ⊖0.577$) Energy體를 維持調和시키는 $0.866\dot{E}_\mathrm{A}$값의 善性 Energy를 만들고 있다.

(3) $\theta = \angle 90°$의 橈棹 Energy 變位帶

① $\dot{C}$의 橈棹 反 Energy 作用 時

$$\dot{C} = \dot{E}_A + \dot{C} \rightarrow \dot{C} \angle 30° = \dot{E}_A \angle 0 + \dot{C} \angle 90° = 1.155 \ \dot{E}_A \angle 30°$$

即, $\dot{C} = 0.577 \ \dot{E}_A$의 反 Energy가 本身 有效 Energy $\dot{E}_A$에 作用할 境遇, 來脈 實 Energy는 $\theta = \angle 30°$의 安定變位를 維持하면서 變易한다.

本身의 有效 Energy $\dot{E}_A$보다 1.155倍의 實變易 Energy 값을 나타냄으로써 凝縮 Energy가 作用하지 못하고, 反 Energy 全體가 本身 擴大變易과 方向變位에 作用된 점에서 다소 안정감이 不足하나, 龍脈의 行途에서는 充分히 維持 進行될 수 있으므로 前後來龍에서 더 以上의 惡性이 發生하지 않는 限 善性이다.

($\oplus$Energy : $\ominus$Energy = $\oplus$0.866 : $\ominus$0.5 = $\oplus$1 : $\ominus$0.577)

이러한 境遇, 案山 Energy 供給을 얻게 되면 훌륭한 安定龍이 된다.

(4) $\theta = \angle 90°$ 以上의 橈棹 Energy 變位帶

① $\theta = \angle 120°$ → 前記에서 說明 〔p. 293〕

② $\theta = \angle 135°$ 變易 時 : 來脈 有效 Energy보다 80% 增加한 Energy의 反作用에 의해서만 $\theta = \angle 30°$의 實變易 Energy를 얻을 수 있으나, 이는 虛數値의 過多로 使用 不可하다.

③ $\theta = \angle 135°$ 以上 變易에서는 $\theta = \angle 30°$ 實變易 Energy를 얻지 못한다.

4. 橈棹 反 Energy 變易에 따른 來脈 實 Energy 變易 諸 特性表

〈표 2-6〉 橈棹 反 Energy 變易에 따른 來脈 實 Energy 變易 諸 特性表

橈棹反 Energy 變易特性				來脈 Energy 實 變易 特性				
角變易	反E變易值	凝縮變易率	擴大變易率	角變易	凝縮變易率	擴大變易率	實E變易值	
$\theta=\angle 30°$	$\dot{E}_{a1}$ / $\dot{E}_A$의 100%	86.6% (0.866$\dot{E}_{a1}$)	50% (0.5$\dot{E}_{a1}$)	$\theta=\angle 75°$	86.6% (0.866$\dot{E}_A$)	50% (0.5$\dot{E}_A$)	$\dot{E}_{01}$ / (0.517$\dot{E}_A$ $\frac{\dot{E}_A\sin30°}{\cos15°}$)	×
	$\dot{P}_1$ / $\dot{E}_A$의 86.6%	75% (0.866²$\dot{E}_{a1}$)	43.3% ($\frac{1}{2}\cdot 0.866\dot{E}_{a1}$)	$\theta=\angle 60°$	75% (0.866²$\dot{E}_A$)	43.3% ($\frac{1}{2}\frac{\sqrt{3}}{2}\dot{E}_A$)	$\dot{P}$ / $\frac{1}{2}\dot{E}_A$	△
	$\dot{d}$ / $\dot{E}_A$의 73.2%	63.3% ($\frac{\sqrt{3}}{2}0.732\dot{E}_{a1}$)	36.6% ($\frac{1}{2}\cdot 0.732\dot{E}_{a1}$)	$\theta=\angle 45°$	63.3% (0.633$\dot{E}_A$)	36.6% (0.366$\dot{E}_A$)	$\dot{D}$ / 0.517$\dot{E}_A$ ($\sqrt{2}\cdot$ 0.366$\dot{E}_A$)	⊠
	$\dot{a}$ / $\dot{E}_A$의 57.7%	50% (0.577$\frac{\sqrt{3}}{2}\dot{E}_{a1}$)	28.9% ($\frac{1}{2}0.577\dot{E}_{a1}$)	$\theta=\angle 30°$	50% (0.5$\dot{E}_A$)	28.9% ($\frac{1}{2}0.577\dot{E}_A$)	$\dot{A}$ / 0.577$\dot{E}_A$	○
$\theta=\angle 60°$	$\dot{E}_{a2}$ / $\dot{E}_A$의 100%	50% (0.5$\dot{E}_{a2}$)	86.6% ($\frac{\sqrt{3}}{2}\dot{E}_{a2}$)	$\theta=\angle 60°$	50% (0.5$\dot{E}_A$)	86.6% ($\frac{\sqrt{3}}{2}\dot{E}_A$)	$\dot{P}_2$ / 1$\dot{E}_A$	△
	$\dot{e}$ / $\dot{E}_A$의 73.2%	36.6% ($\frac{1}{2}0.732\dot{E}_{a2}$)	63.3% ($\frac{\sqrt{3}}{2}0.732\dot{E}_{a2}$)	$\theta=\angle 45°$	36.6% (0.366$\dot{E}_A$)	63.3% (0.633$\dot{E}_A$)	$\dot{E}$ / 0.897$\dot{E}_A$) ($\sqrt{2}\cdot$ 0.633$\dot{E}_A$)	⊠
	$\dot{b}$ / $\dot{E}_A$의 50%	25% ($\frac{1}{2}0.5\dot{E}_{a2}$)	43.3% ($\frac{1}{2}\frac{\sqrt{3}}{2}\dot{E}_{a2}$)	$\theta=\angle 30°$	25% ($\frac{1}{2}0.5\dot{E}_A$)	43.3% ($\frac{1}{2}\frac{\sqrt{3}}{2}\dot{E}_A$)	$\dot{B}$ / $\frac{\sqrt{3}}{2}\dot{E}_A$	○
$\theta=\angle 90°$	$\dot{E}_{a3}$ / $\dot{E}_A$의 100%	0%	100% (-$\dot{E}_{a3}$)	$\theta=\angle 45°$	0%	100% (-$\dot{E}_A$)	$\dot{E}_{03}$ / $\sqrt{2}\dot{E}_A$	⊠
	$\dot{c}$ / $\dot{E}_A$의 57.7%	0%	57.7% (0.577$\dot{E}_{a3}$)	$\theta=\angle 30°$	0%	57.7% (0.577$\dot{E}_A$)	$\dot{C}$ / 1.155$\dot{E}_A$	○
$\theta=\angle 120°$	$\dot{E}_{a4}$ / $\dot{E}_A$의 100%	-50% (-0.5$\dot{E}_{a4}$)	86.6% ($\frac{\sqrt{3}}{2}\dot{E}_{a4}$)	$\theta=\angle 30°$	-50% (-$\frac{1}{2}\dot{E}_A$)	86.6% (0.866$\dot{E}_A$)	$\dot{E}_{04}$ / 1.732$\dot{E}_A$ (2$\frac{\sqrt{3}}{2}\dot{E}_A$)	□
$\theta=\angle 150°$	$\dot{E}_{a5}$ / $\dot{E}_A$의 100%	-86.6% (-0.866$\dot{E}_{a5}$)	50% (0.5$\dot{E}_{a5}$)	$\theta=\angle 15°$	-86.6% (-$\frac{\sqrt{3}}{2}\dot{E}_A$)	50% ($\frac{1}{2}\dot{E}_A$)	$\dot{E}_{05}$ / 2$\dot{E}_A\cdot\sin75°$ (2$\dot{E}_A\cos15°$)	⊠

※ $\dot{a}$, $\dot{b}$, $\dot{c}$: 橈棹의 最適 安定 反 Energy
　$\dot{A}$, $\dot{B}$, $\dot{C}$: 來脈의 最善性 實變易 Energy

5. 來龍脈 變易의 皮相과 實相 特性表

<표 2-7> 來龍脈 變易의 皮相과 實相 特性表

皮相 陰陽					實相 陰陽					
橈棹變位	橈棹E	來脈有效⊕E	反E	⊕E : ⊖E	實E變位	實E	來脈有效分⊕E	來脈擴大分⊖E	⊕E : ⊖E	
$\theta=\angle30°$	$\dot{E}_{a1}$	$\dot{E}_A = 1\dot{E}_{a1}$	$\dot{E}_{a1} = \dot{E}_A$	1 : 1	$\theta=\angle75°$	$\dot{E}_{01}$	$\dot{E}_{01}\sin15°$ $0.134\dot{E}_A$	$\dot{E}_{01}\cos15°$ $0.5\dot{E}_A$	0.268 : 1	✘
	$\dot{P}_1$	$\dot{E}_A = 1.155\dot{P}_1$	$\dot{P}_1 = 0.866\dot{E}_A$	1 : 0.866	$\theta=\angle60°$	$\dot{P}$	$\dot{P}\sin30°$ $0.25\dot{E}_A$	$\dot{P}\cos30°$ $0.433\dot{E}_A$	1 : 1.732	△
	$\dot{d}$	$\dot{E}_A = 1.366\dot{d}$	$\dot{d} = 0.732\dot{E}_A$	1 : 0.732	$\theta=\angle45°$	$\dot{D}$	$\dot{D}\sin45°$ $\frac{0.517}{\sqrt{2}}\dot{E}_A$	$\dot{D}\cos45°$ $\frac{0.517}{\sqrt{2}}\dot{E}_A$	1 : 1	⊠
	$\dot{a}$	$\dot{E}_A = 1.733\dot{a}$	$\dot{a} = 0.577\dot{E}_A$	1 : 0.577	$\theta=\angle30°$	$\dot{A}$	$\dot{A}\sin60°$ $\frac{\sqrt{3}}{2}\cdot 0.577\dot{E}_A$	$\dot{A}\cos60°$ $\frac{1}{2}\cdot 0.577\dot{E}_A$	1 : 0.577	○
$\theta=\angle60°$	$\dot{E}_{a2}$	$\dot{E}_A = 1\dot{E}_{a2}$	$\dot{E}_{a2} = 1\dot{E}_A$	1 : 1	$\theta=\angle60°$	$\dot{P}_2$	$\dot{P}_2\sin30°$ $0.5\dot{E}_A$	$\dot{P}_2\cos30°$ $0.866\dot{E}_A$	0.577 : 1	分擘
	$\dot{e}$	$\dot{E}_A = 1.366\dot{e}$	$\dot{e} = 0.732\dot{E}_A$	1 : 0.732	$\theta=\angle45°$	$\dot{E}$	$\dot{E}\sin45°$ $0.634\dot{E}_A$	$\dot{E}\cos45°$ $0.634\dot{E}_A$	1 : 1	⊠
	$\dot{b}$	$\dot{E}_A = 2\dot{b}$	$\dot{b} = \dot{E}_A/2$	1 : 0.5	$\theta=\angle30°$	$\dot{B}$	$\dot{B}\sin60°$ $0.75\dot{E}_A$	$\dot{B}\cos60°$ $0.433\dot{E}_A$	1 : 0.577	○
$\theta=\angle90°$	$\dot{E}_{a3}$	$\dot{E}_A = 1\dot{E}_{a3}$	$\dot{E}_{a3} = 1\dot{E}_A$	1 : 1	$\theta=\angle45°$	$\dot{E}_{03}$	$\dot{E}_{03}\sin45°$ $1\dot{E}_A$	$\dot{E}_{03}\cos45°$ $1\dot{E}_A$	1 : 1	⊠
	$\dot{c}$	$\dot{E}_A = 1.733\dot{c}$	$\dot{c} = 0.577\dot{E}_A$	1 : 0.577	$\theta=\angle30°$	$\dot{C}$	$\dot{C}\sin60°$ $1\dot{E}_A$	$\dot{C}\cos60°$ $0.577\dot{E}_A$	1 : 0.577	○
$\theta=\angle120°$	$\dot{E}_{a4}$	$\dot{E}_A = 1\dot{E}_{a4}$	$\dot{E}_{a4} = 1\dot{E}_A$	1 : 1	$\theta=\angle30°$	$\dot{E}_{04}$	$\dot{E}_{04}\sin60°$ $1\dot{E}_A +$ $0.5\dot{E}_A(虛數)$	$\dot{E}_{04}\cos60°$ $1\dot{E}_A +$ $0.866\dot{E}_A(虛數)$	1 : 1 不安定 虛數	□
$\theta=\angle150°$	$\dot{E}_{a5}$	$\dot{E}_A = 1\dot{E}_{a5}$	$\dot{E}_{a5} = 1\dot{E}_A$	1 : 1	$\theta=\angle15°$	$\dot{E}_{05}$	$\dot{E}_{05}\sin75°$ $1\dot{E}_A + 虛數分$	$\dot{E}_{05}\cos60°$ $1\dot{E}_A + 虛數分$	1 : 1 不安定 虛數	⊠

※ 皮相 : 橈棹 Energy에 의한 來脈 有效 Energy⊕와 反 Energy⊖와의 陰陽 크기 關係相
※ 實相 : 橈棹 Energy에 의한 實變易 Energy의 來脈有效 ⊕Energy 分과 來脈 擴大 ⊖Energy 分과의 陰陽 크기 關係相.

6. 龍脈 Energy 變易의 特性把握 結論

지금까지 橈棹 Energy의 變易에 따른 來脈 實 Energy의 變易形態와 그 特性을 把握해볼 때, 來脈 實變易 Energy 特性은 橈棹의 反 Energy 特性에 의해 全的으로 變化하고 있음을 確認하였다.

卽 橈棹의 反 Energy 값이 來脈 有效 Energy 값과 同一하거나, 보다 적은 境遇에 限해서 來脈 實變易 Energy가 短縮 또는 擴張을 일으키며 凝縮과 進行을 維持하는데, 특히 그중에서도 $\theta = \angle 30°$ 線上의 來脈 實 Energy 安定 變易帶는 橈棹反 Energy 값이 來脈有效 Energy 값의 0.577倍 以下, 0.5倍 以上 값의 크기 條件을 갖출 때에만 비로소 理想的 Energy 變易와 來脈維持 및 凝縮이 繼續될 수 있다.

이러한 來脈 實變易 Energy는 그 陰陽比가 (實相觀法에 의한) ⊕Energy : ⊖Energy = 1 : 0.577이 되는 變易特性을 充足함으로써, 來脈 有效 ⊕Energy 分의 原因子的 特性과 擴大 ⊖Energy分의 緣分的 特性이 가장 安定的으로 調和를 일으키는 來脈 實變易 Energy果相의 最善이 創造된다.

이와 같은 條件은 來脈 實變易 Energy의 諸 特性 中 Energy 變位가 $\theta = \angle 30°$ 安定 變位帶를 確定하는 線上에서만 存在 可能할 뿐, 그 以外 變位線帶에서는 絶對 不可能하다. 따라서 橈棹 反 Energy 變位條件 亦是 $\theta = \angle 30° \times n$의 安定變位 構造秩序를 維持해야 하는 반면, 그 反 Energy의 크기 亦是 來脈 有效 ⊕ Energy 값과 反 ⊖Energy 값의 陰陽比가 (皮相觀法에 의한) ⊕Energy : ⊖ Energy = 1 : 0.577 또는 1 : 0.5의 特性을 벗어나서는 아니 된다.

만약 $\theta = \angle 30° \times n$이 아닌 다른 어떤 橈棹 反 Energy에 의한 $\theta = \angle 30°$ 線上의 來脈 實變易 Energy가 發生했다면, 이는 先天的으로 不良한 特性의 來脈 Energy를 이어 받고 있음을 意味하며, 이 境遇 비록 橈棹 Energy가 不安定 變易을 일으키고 있을지라도, 來脈 入力 Energy의 不良 및 不安定 要素를 改良 改善키 위한 合理的 變易 現象으로 把握되어야 한다.

다만 이러한 變易 現象은 實來脈 Energy 變易을 三節 以上 安定的으로 進行시킬 수 있어야 하며, 三節 以上 安定을 維持, 來龍脈 Energy의 惡性을 善性으로 改良치 못하면 不可하다.

제17절 橈棹 反 Energy源의 形態와 橈棹 反作用 Energy 變易

1. 橈棹 反 Energy源의 種類와 그 形態

(1) 他龍脈의 本身으로서의 反 Energy源

(2) 他龍脈의 橈棹로서의 反 Energy源

(3) 他龍脈의 支脚으로서의 反 Energy源

(4) 기타 砂로서의 反 Energy源

　　等으로 크게 區分할 수 있고, 이를 다시 進行體 反 Energy源과 停止體 反 Energy源으로 細分하여 다음과 같이 그 形態를 分析할 수 있다.

※ 但 여기에서 進行體나 停止體는 순수한 反 Energy源으로서 그 變易나 破壞를 吸收 또는 無視한 것으로 본다.

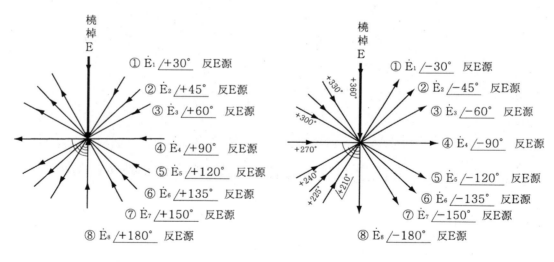

〈그림 2-61〉 A形 橈棹 反 Energy源 / B形 橈棹 反 Energy源

2. 橈棹 反 Energy源의 種類別 特性과 反 Energy 變易 槪要

1) 他龍脈 本身으로서의 反 Energy源 特性 槪要

(1) 進行體 反 Energy源(先到 進行過程 反 Energy源)

來龍脈의 進行過程에서 發生되는 反 Energy源의 役割은 그 相互速度 槪念을 無視했을 때 다만 相對 橈棹 Energy와의 接觸角이 어떤 形態인가에 따라서만 全的으로 그 反 Energy 變易가 決定된다고 보기 때문에, 여기서는 橈棹 Energy에 의한 反 Energy源의 Energy體 變易点이나 破壞點은 미달된 것으로 간주한다.

卽, 橈棹 Energy 入力線과 進行하는 反 Energy源과의 接續角에 의한 合成 Energy가 곧 橈棹 變易 Energy 線이 되는 것이며, 그 合成 Energy 變易에 따라 反作用 Energy의 特性이 나타나게 된다.

그러나 대체로 進行體 反 Energy源의 反作用 또는 進行吸收 作用 特性上, 合成 Energy Vector는 橈棹入力 Energy의 擴散破壞 또는 凝縮變易를 增幅시키는 形態로 發生하게 되어, 理想的 反作用 Energy를 얻는 데는 停止體 反 Energy源에 비해 複雜하고 어렵다.

(2) 停止體 反 Energy源(先到 停止 反 Energy源)

一般的으로 案山 Energy나 周邊砂의 止脈處에 橈棹 Energy가 入力 接續되었을 境遇 나타나는 反 Energy 變易 特性은 進行體 反 Energy源의 境遇보다 훨씬 단순하다.

그러나 여기서도 橈棹 Energy 入力에 의한 反 Energy源의 Energy體 變易点이나 破壞點은 未達된 것으로 看做한다.

(3) 樂砂, 案砂, 靑龍砂, 白虎砂, 各種 支龍 및 枝龍砂 等은 他龍脈 本身으로 看做한다

※ 先到 反 Energy源이 아닌 後着 反 Energy源은 存在할 수 없으며, 一切의 後着 Energy體는 本身, 橈棹 Energy體를 全的으로 干涉한다.

2) 他龍脈의 橈棹, 支脚 等으로서의 反 Energy源 特性槪要

주로 他龍脈의 本身脈을 除外한 補助砂에 의한 反 Energy源으로서 橈棹, 支脚, 止脚, 曜砂, 鬼砂 等의 進行 및 停止體가 만드는 反作用 Energy 特性을 各 種類別로 把握해볼 수 있다.

대체로 他龍脈 本身에 의한 反 Energy源 特性과 同一한 形態로 進行體別, 停止體別 反作用 Energy源의 變易特性이 나타난다.

3) 反 Energy源의 遠近과 反 Energy 特性變易

橈棹 Energy 入力과 反 Energy源과의 關係에서는 그 相互 Energy體 간의 距離 槪念만으로는 反 Energy 變易特性을 判斷할 수 없고, 반대로 그 各各 自體의 Energy體 强・弱・大・小 槪念만으로도 그 反 Energy 特性을 把握할 수가 없다.

이는 다만 궁극적으로 反 Energy源의 面을 와 닿은 橈棹 入力 Energy 값과, 反 Energy源의 接觸 Energy 값의 Vector和 卽, contacting Energy 값이 反作用 Energy 變易 特性을 決定할 뿐이다.

4) 反 Energy源의 Energy體 特性에 따른 反 Energy 特性變易

(1) 線 Energy體 反 Energy源 : 橈棹入力 Energy보다 後着하는 Energy 源으로써 橈棹入力 Energy體에 相衝干涉하는 反 Energy를 供給한다.
(2) 面 Energy體 反 Energy源 : 橈棹入力 Energy보다 先到하거나, 立體 化된 圓形 Energy體로써 그 面接觸에 의한 反 Energy를 供給한다.

3. 橈棹 反 Energy源의 形態別 特性과 反 Energy 變易

보다 細密한 反 Energy源의 特性과 反 Energy 變易 關係를 說明하려면, 他 龍脈의 本身 反 Energy源, 橈棹 反 Energy源 및 支脚 反 Energy源別 그리고 各各의 進行體別, 停止體別 反 Energy 變易特性을 細分하여 究明하여야 하는

데, 우선 여기서는 反 Energy源을 停止體로 보고 그 基本의 形態別 特性을 把握해 본다.

1) A形 $\dot{E}_1 \angle +30°$ 反 Energy源의 特性과 反 Energy 變易

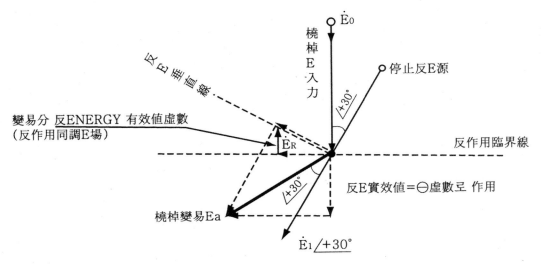

〈그림 2-62〉A形 $\dot{E}_1 \angle +30°$ 反 Energy源의 特性과 反 Energy 變易

※ 橈棹 Energy 入力角이 反 Energy源과 $\theta = \angle +30°$의 方向에서 만났을 때 $\dot{E}_1 \angle +30°$에 의한,

- 橈棹 Energy 變易 : $\dot{E}_a \angle 60°$ (垂線 基準角 : $\angle 60°$)
- 反 Energy 有效値 虛數 : $(\dot{E}_a \cos 60°) \cos 60° = \dot{E}_0 / 4$ (變易分의 反 Energy 同調分)
- 反 Energy 垂直線 : 反 Energy源에 의한 反作用 垂線
- 反作用 臨界線 : 橈棹 Energy 變易線이 反作用 臨界線 또는 臨界角을 (入力線과 $\angle +90°$) 넘어섰을 때 비로소 橈棹 反 Energy가 發生하는 限界
- 反 Energy 實效値 : Reaction Energy $|\dot{E}_R| = 0$

2) A形 $\dot{E}_2 \angle +45°$ 反 Energy源의 特性과 反 Energy 變易

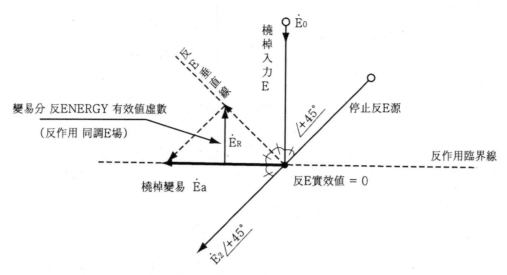

〈그림 2-63〉A形 $\dot{E}_2 \angle +45°$ 反 Energy源의 特性과 反 Energy 變易

※ 橈棹 Energy 入力角이 反 Energy源의 面과 $\theta = \angle +45°$ 方向에서 만났을 때 $\dot{E}_2 \angle +45°$에 의한,

- 橈棹 Energy 變易 : $\dot{E}_a \angle 90°$ (垂線 基準角 : $\angle 45°$)

- 變易分 Energy 有效値 虛數 : $(\dot{E}_a \cos 45°)\cos 45° = \dot{E}_0/2$ (變易分의 反 Energy 同調分)

- 따라서 橈棹變易 Energy는 反作用 臨界線을 넘어서지 못하므로 因하여, $\dot{E}_0/2$에 해당하는 有效 反 Energy 값을 가질 뿐 實效 反 Energy 는 發生하지 못하고, 無效分의 反作用 同調場만을 發生하고 있음을 發見할 수 있다.

- 反 Energy源이 橈棹 Energy 入力線과 $\angle +45°$ 角을 이루는 点이 反 Energy 發生 臨界点임을 確認할 수 있고, 이 臨界角을 넘어설 때에 비로소 橈棹 反 Energy가 發生한다.

- 反 Energy 實效値 : Reaction Energy $|\dot{E}_R| = 0$

3) A形 $\dot{E}_3\angle+60°$ 反 Energy源의 特性과 反 Energy 變易

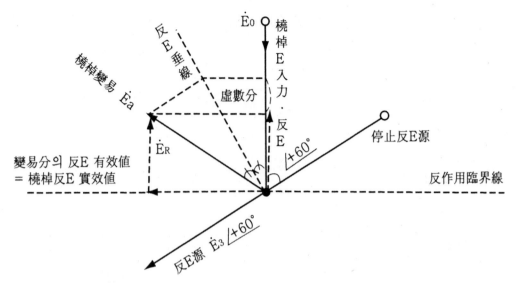

〈그림 2-64〉 A形 $\dot{E}_3\angle+60°$ 反 Energy源의 特性과 反 Energy 變易

※ 橈棹 Energy 入力角이 反 Energy源의 面과 $\theta=\angle+60°$ 方向에서 만났을 때 $\dot{E}_3\angle+60°$에 의한,

- 橈棹 變易 Energy : $\dot{E}_a\angle120°$ (垂線基準 : $\angle30°$)
- 變易分 反 Energy 有效値 : $\dot{E}_a\cos60°=\dot{E}_a/2$ =橈棹 反 Energy 實效値
- 橈棹 變易 Energy線이 反作用 臨界線을 넘어서 形成된 境遇, 橈棹 變易分의 反 Energy 有效値는 橈棹 Energy 入力의 $\frac{1}{2}$ 反 Energy 값과 同一한 크기와 方向의 實效 反 Energy 값이 된다. 卽, 反作用 Energy 값은 入力橈棹 Energy의 $\frac{1}{2}$값에 해당하는 크기로 $\angle180°$ 方向에서 反 Energy가 發生한다.
- 反 Energy 實效値 : Reaction Energy $|\dot{E}_R|=\dot{E}_a/2=\dot{E}_0/2$

4) A形 $\dot{E}_4 \angle +90°$ 反 Energy源의 特性과 反 Energy 變易

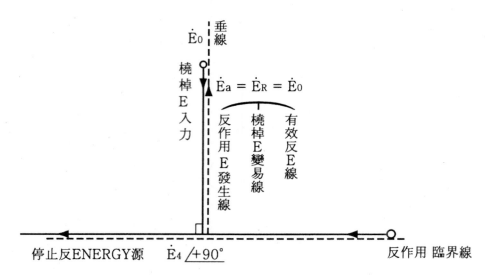

〈그림 2-65〉 A形 $\dot{E}_4 \angle +90°$ 反 Energy源의 特性과 反 Energy 變易

※ 橈棹 Energy 入力角이 反 Energy源의 面과 $\theta = \angle +90°$의 方向에서 만났을 때 $\dot{E}_4 \angle +90°$에 의한,

• 橈棹變易 Energy : $\dot{E}_a \angle 180° =$ 反 Energy 垂線 $=$ 反 Energy 有效線 $=$ 橈棹 反 Energy 實効値

• 橈棹變易 Energy 線은 橈棹 Energy 入力線과 同一線上에서 $\angle 180°$ 角으로서 形成되므로 이것이 곧바로 反作用 Energy로 나타난다. 따라서 橈棹入力 Energy 값은 全部 反作用 Energy 값으로 나타나므로, 反 Energy를 橈棹 Energy에 供給하는 反 Energy源의 機能的 反 Energy 作用能力은 最善最大이며 反 Energy 效率 亦是 100%를 維持한다.

• 反 Energy實効値 : Reaction Energy $|\dot{E}_R| = \dot{E}_a =$ 橈棹入力 $\dot{E}_0$

5) A形 $\dot{E}_5\angle+120°$ 反 Energy源의 特性과 反 Energy 變易

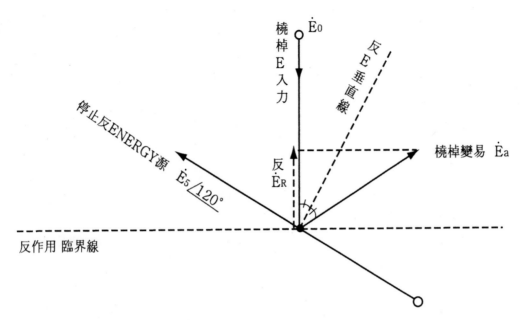

〈그림 2-66〉 A形 $\dot{E}_5\angle+120°$ 反 Energy源의 特性과 反 Energy 變易

※ 橈棹 Energy 入力角이 反 Energy源의 面과 $\theta=\angle+120°$의 方向에서 만났을 때 $\dot{E}_5\angle+120°$에 의한,

- 橈棹變易 Energy : $\dot{E}_a\angle-60°$
- 橈棹變易分 反 Energy 有效値 : $\dot{E}_a\cos60°=\dot{E}_a/2=$橈棹 反 Energy 實效値
- 反 Energy 實效値 : Reaction Energy $\dot{E}_R=\dot{E}_0/2$

6) A形 $\dot{E}_6\angle+135°$ 反 Energy源의 特性과 反 Energy 變易

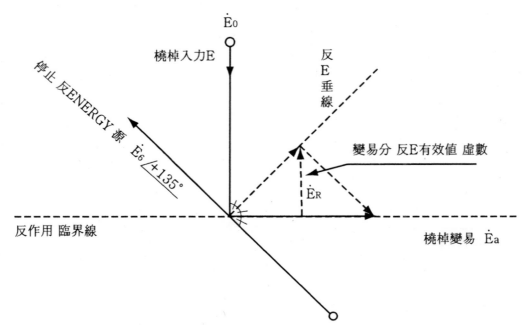

〈그림 2-67〉 A形 $\dot{E}_6\angle+135°$ 反 Energy源의 特性과 反 Energy 變易

※ A形 $\dot{E}_2\angle+45°$ 反 Energy源 特性 變易와 同一한 形態로 나타나는데 橈棹 變易 $\dot{E}_a$와 反 Energy 有效値의 發生位相이 $\angle180°$ 反對이다.

7) A形 $\dot{E}_7\angle+150°$ 反 Energy源의 特性과 反 Energy 變易

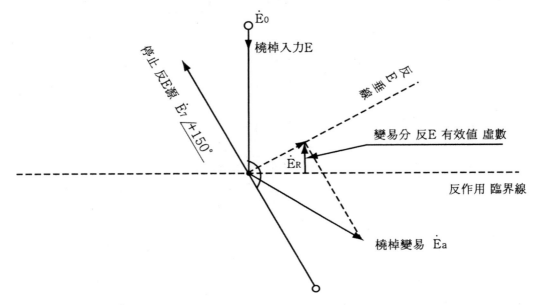

〈그림 2-68〉 A形 $\dot{E}_7\angle+150°$ 反 Energy源의 特性과 反 Energy 變易

※ A形 $\dot{E}_1\angle+30°$ 反 Energy源 特性 變易와 同一한 形態로 나타나는데 橈棹
變易 $\dot{E}_a$와 反 Energy 有效値의 發生位相이 $\angle+180°$ 反對이다.

8) A形 $\dot{E}_8\angle +180°$ 反 Energy源의 特性과 反 Energy 變易

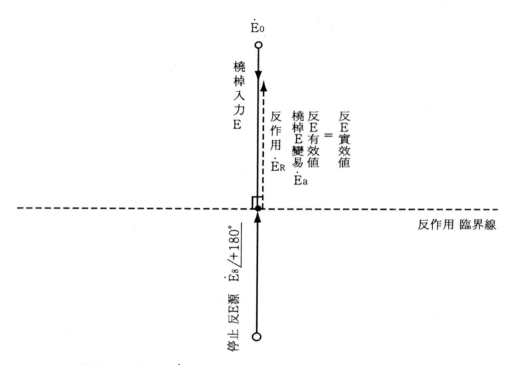

〈그림 2-69〉 A形 $\dot{E}_8\angle +180°$ 反 Energy源의 特性과 反 Energy 變易

※ 橈棹 Energy 入力角이 停止體 反 Energy源과 $\theta = \angle +180°$의 方向에서 接했을 때, $\dot{E}_8\angle +180°$에 의한 諸 特性 및 反 Energy 變易값은 A形 $\dot{E}_4$ $\angle +90°$ 反 Energy源의 境遇와 同一한 形態로 나타난다. 다만 橈棹入力 Energy가 反 Energy源에 의해 刑害를 받기 쉬우므로 반드시 止脚을 發達시킨 反 Energy源이어야 한다.

9) B形의 反 Energy源에 대한 諸 特性과 反 Energy 變易

※ 形態는 各各 A形 反 Energy源에 대한 特性과 그 變易을 $\angle 180°$ 位相 變 位시킨 境遇와 同一한 形態 값으로 나타난다.

4. 進行體 反 Energy源의 形態別 特性과 反 Energy 變易

1) A形 $\dot{E}_1 \angle +30°$ 反 Energy源의 特性과 反 Energy 變易

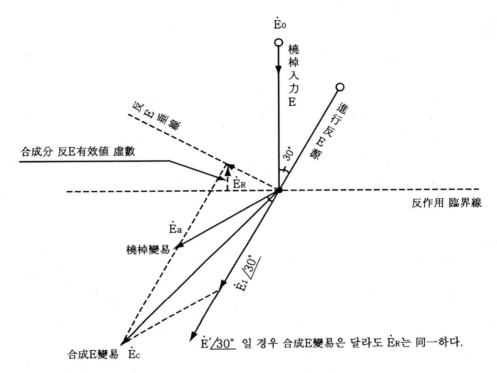

〈그림 2-70〉A形 $\dot{E}_1 \angle +30°$ 反 Energy源의 特性과 反 Energy 變易(進行體)

※ 進行하는 反 Energy源 $\dot{E}_1 \angle +30°$의 面에 橈棹 Energy가 入力되면, 停止 反 Energy源에서의 特性과는 다른 合成 Energy 變易 特性이 나타난다. 그러나 合成變易分 反 Energy 有效值는 停止體 反 Energy源의 特性에서 나타나는 虛數 $\dot{E}_R$ 値와 同一하게 나타난다. 따라서 反作用 Energy인 反 Energy 實效値도 0이다. 卽,

合成 變易 Energy : $\dot{E}_c = \dot{E}_1 \angle +30° + \dot{E}_a \angle +60° = \dot{E}_c \angle +45°$

合成分 反 Energy 有效值 虛數 : $\dot{E}_R = (\dot{E}_a \cos 60°)\cos 60°$

$$= \dot{E}_a \,/\, 4 = \dot{E}_0 \,/\, 4$$

反作用 Energy 實效値 : $|\dot{E}_R| = 0$

2) A形 $\dot{E}_2\angle+45°$ 反 Energy源의 特性과 反 Energy 變易

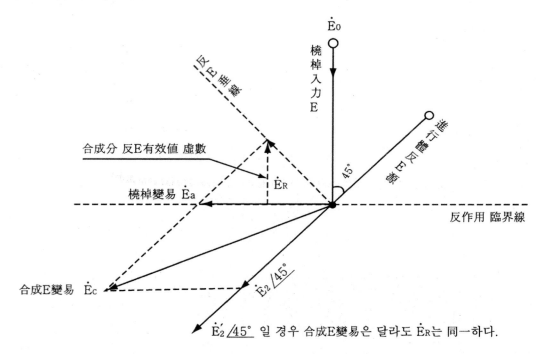

〈그림 2-71〉A形 $\dot{E}_2\angle+45°$ 反 Energy源의 特性과 反 Energy 變易(進行體)

※ 進行하는 反 Energy源 $\dot{E}_2\angle+45°$의 面體에 橈棹 Energy $\dot{E}_0$가 入力되면, 合成變易 Energy 特性과 反 Energy 變易은 다음과 같다(橈棹 Energy 變易 $\dot{E}_a\angle+90°$이므로).

• 合成變易 Energy : $\dot{E}_c\angle+60° = \dot{E}_2\angle+45° + \dot{E}_a\angle+90°$

• 合成分 反 Energy 有效値 虛數 : $\dot{E}_R = (\dot{E}_a \cos45°)\cos45°$
$$= \dot{E}_0 \,/\, 2$$

• 反作用 Energy 實効値 : $|\dot{E}_R| = 0$

3) A形 $\dot{E}_3\angle+60°$ 反 Energy源의 特性과 反 Energy 變易

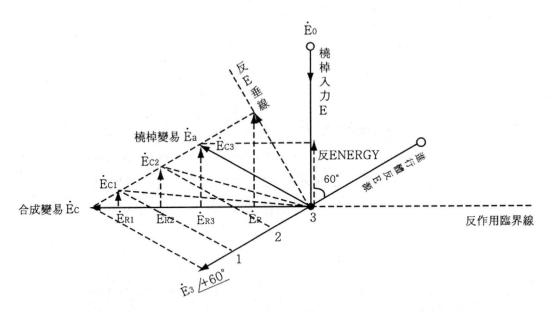

〈그림 2-72〉 A形 $\dot{E}_3\angle+60°$ 反 Energy源의 特性과 反 Energy 變易(進行體)

※ 進行하는 反 Energy源 $\dot{E}_3\angle+60°$의 面體에 橈棹 Energy $\dot{E}_0$가 入力되면, 合成變易 Energy 特性과 反 Energy 變易은 다음과 같이 各各 다르게 나타난다.

- 橈棹 Energy 變易 : $\dot{E}_a\angle+120°$
- 合成變易 Energy : $\dot{E}_c\angle+90° = \dot{E}_3\angle+60° + \dot{E}_a\angle+120°$
- 合成分 反 Energy 有效値 : $\dot{E}_R = (\dot{E}_c \cos60°)\sin60°$

$$= \frac{\sqrt{3}\,\dot{E}_c}{4}(虛數)$$

- 反作用 Energy 實効値 : $|\dot{E}_R| = 0$ 發生치 않는다.
- 그러나 進行體 反 Energy源의 크기가 $1 \to 2$ 点으로 차차 縮小되어 3의 点에 머물 때 停止하는 境遇에는 그 合成變易 $\dot{E}_c$도 $\dot{E}_{c1} \to \dot{E}_{c2} \to \dot{E}_{c3}$로 變易하며, 그에 따른 反作用 Energy 實効値 $|\dot{E}_R|$ 또한 $|\dot{E}_{R1}| \to |\dot{E}_{R2}| \to |\dot{E}_{R3}|$로 變易해가는 特性이 된다. 그 값은 亦是 上記와 같이 求한다.

그러나 進行體 反 Energy源의 크기가 점점 증가하여 그 合成變易
Energy Vector가 反作用 臨界線을 넘지 못하면, $\dot{E}_R$ 값은 虛數가 되어
亦是 反 Energy 實效値를 얻지 못한다.

4) A形 $\dot{E}_4\angle +90°$ 反 Energy源의 特性과 反 Energy 變易

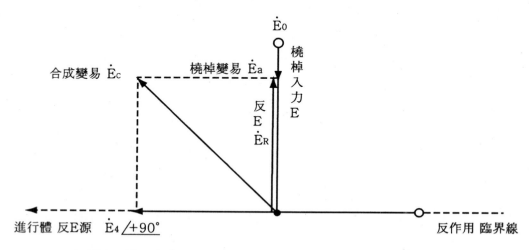

〈그림 2-73〉 A形 $\dot{E}_4\angle +90°$ 反 Energy源의 特性과 反 Energy 變易(進行體)

※ 進行하는 反 Energy源 $\dot{E}_4\angle +90°$의 面體에 橈棹 Energy $\dot{E}_0$가 入力되
면, 合成變易 Energy 特性과 反 Energy 變易은 다음과 같다(橈棹 變易
$\dot{E}_a = \dot{E}_0\angle 0$이므로).

- 合成變易 Energy : $\dot{E}_c\angle +135° = \dot{E}_4\angle +90° + \dot{E}_R\angle +180°$
- 反作用 Energy 實效値=合成分 反 Energy 有效値=$\dot{E}_c \cos 45° = -\dot{E}_0$
- 進行體 反 Energy源의 크기가 變化하는 것에 관계없이 反 Energy 實
效値인 $\dot{E}_R$값은 조금도 變化하지 않는다.
- 따라서 이 境遇의 諸 特性變易은 反 Energy源이 破損되지 않고 停止하
고 있는 境遇와 同一하다.

5) A形 $\dot{E}_5 \angle +120°$ 反 Energy源의 特性과 反 Energy變易

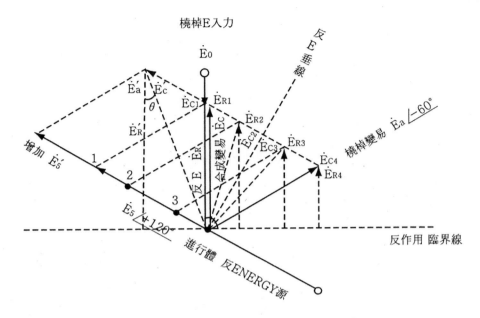

〈그림 2-74〉 A形 $\dot{E}_5 \angle +120°$ 反 Energy源의 特性과 反 Energy變易(進行體)

※ 進行하는 反 Energy源 $\dot{E}_5 \angle +120°$의 面體에 橈棹 Energy $\dot{E}_0$가 入力되면, 合成 Energy 變易 特性과 反 Energy 變易은 다음과 같다(橈棹 Energy 變易 $\dot{E}_a \angle -60°$이므로).

- 合成變易 Energy : $\dot{E}_c \angle 0 = \dot{E}_5 \angle +120° + \dot{E}_a \angle -60°$
- 「進行體 反 Energy源의 크기가 $1 \rightarrow 2 \rightarrow 3 \rightarrow 4$의 값으로 變化할 境遇, 合成變易 Energy $\dot{E}_c$의 값도 各各 달라진다.」
- 合成分 反 Energy 有効値 : 反 Energy源의 變易에 따라 $\dot{E}_{R1}$, $\dot{E}_{R2}$, $\dot{E}_{R3}$, $\dot{E}_{R4}$, $\dot{E}'_R$의 값으로 變易한다.
- 反作用 Energy 實効値 : $|\dot{E}_{R1}| = \dot{E}_{R1} \cdots 1$의 境遇와 같이 $|\dot{E}_{R2}| = \dot{E}_{R2} \cdot |\dot{E}_{R3}| = \dot{E}_{R3} \cdot |\dot{E}_{R4}| = \dot{E}_{R4} \cdot |\dot{E}_R| = \dot{E}_R$

- $|\dot{E}_{R1}| = \dot{E}_{R1} = -\dot{E}_0 = \dot{E}_{c1}\angle 0$과 ($\dot{E}_{c2}$, $\dot{E}_{c3}$, $\dot{E}_{c4}$ 位相을 各各 $\angle 15°$, $\angle 45°$, $\angle 60°$로 볼 때)

$$\begin{bmatrix} |\dot{E}_{R2}| = \dot{E}_{C2}\cos15° \\ |\dot{E}_{R3}| = \dot{E}_{C3}\cos45° \\ |\dot{E}_{R4}| = \dot{E}_{C4}\cos60° \end{bmatrix}$$
로 縮小하고 $\dot{E}'_5$로 增加하면 反作用 Energy 實效値도 $|\dot{E}'_R| = \dot{E}'_C\cos\theta$로 增加한다. 卽, 橈棹 入力 Energy는 破損된다.

6) A形 $\dot{E}_6\angle+135°$ 反 Energy源 特性과 反 Energy 變易

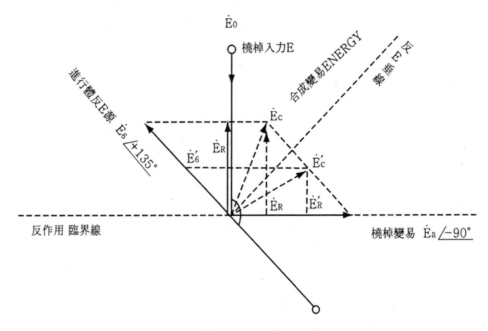

〈그림 2-75〉 A形 $\dot{E}_6\angle+135°$ 反 Energy源 特性과 反 Energy 變易(進行體)

※ 進行하는 反 Energy源 $\dot{E}\angle+135°$의 面體에 橈棹 Energy $\dot{E}_0$가 入力되면 그 合成 Energy 變易 特性과 反 Energy 變易은 다음과 같다(橈棹 Energy 變易 $\dot{E}_a\angle-90°$이므로).

- 合成 Energy 變易 : $\dot{E}_c\angle-157.5° = \dot{E}_6\angle+135° + \dot{E}_a\angle-90°$
- 合成分 反 Energy 有效値 : $\dot{E}_R = \dot{E}_c\sin22.5° = \dot{E}_6\cos45°$

- 反作用 Energy 實効値 : $|\dot{E}_R| = \dot{E}_6 \angle +135°$, $\cos 45° = \dot{E}_R$
- 進行體 反 Energy源의 크기가 $\dot{E}'_6$로 變化하게 될 境遇, 合成 Energy 變易은 $\dot{E}'_c$로 되고 反 Energy 有効値는 $\dot{E}'_R = \dot{E}'_6 \cos 45°$, 反 Energy 實効値는 $|\dot{E}'_R| = \dot{E}'_R = \dot{E}'_6 \cos 45°$

7) A形 $\dot{E}_7 \angle +150°$ 反 Energy源 特性과 反 Energy 變易

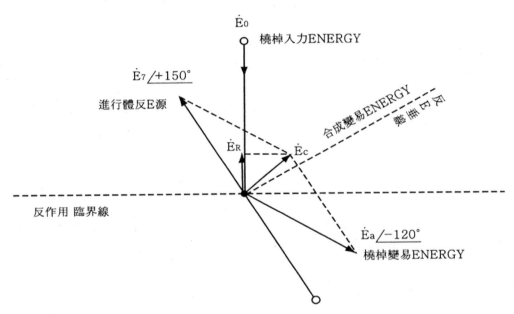

〈그림 2-76〉 A形 $\dot{E}_7 \angle +150°$ 反 Energy源 特性과 反 Energy 變易(進行體)

※ 進行하는 反 Energy源 $\dot{E}_7 \angle +150°$面體에 橈棹 Energy $\dot{E}_0$가 入力되면, 그 合成 Energy 變易 特性과 反 Energy 變易은 다음과 같다.

- 橈棹 Energy 變易 : $\dot{E}_a \angle -120°$
- 合成變易 Energy : $\dot{E}_c \angle -135° = \dot{E}_7 \angle +150° + \dot{E}_a \angle -120°$
- 合成分 反 Energy 有効値 : $\dot{E}_R = \dot{E}_c \sin 45°$
- 反作用 Energy 實効値 : $|\dot{E}_R| = \dot{E}_R = \dot{E}_c \sin 45°$
- 이 경우에 있어서도 進行體 反 Energy源의 크기에 따라서 合成 Energy 變易과 反 Energy 값은 各各 달라진다.

8) A形 $\dot{E}_8\angle+180°$ 反 Energy源 特性과 反 Energy 變易

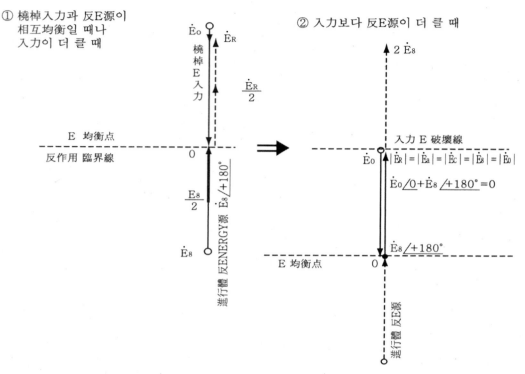

① 橈棹入力과 反E源이 相互均衡일 때나 入力이 더 클 때

② 入力보다 反E源이 더 클 때

〈그림 2-77〉 A形 $\dot{E}_8\angle+180°$ 反 Energy源 特性과 反 Energy 變易(進行體)

※ 進行하는 反 Energy源 $\dot{E}_8\angle+180°$ 體에 橈棹 Energy $\dot{E}_0$가 入力되면, 그 合成 Energy 變易 特性과 反 Energy 變易은 다음과 같다.

- 橈棹 Energy 變易 : 入力線과 反 Energy 垂線 및 橈棹 Energy 變易 線이 同一하여 反 Energy 線으로 變易한다.
- 合成 Energy 變易 : 上記와 같은 同一線上에서 變易한다.
- 反 Energy 有效値 : 反作用 Energy 實效値로 上記線上에서 나타난다.
- 反 Energy源의 크기 變化에 따라 反 Energy 값은 커지고 橈棹 入力 Energy 값의 2倍가 되면 入力 Energy는 破壞된다. 卽, 破壞 Energy = $2\dot{E}_8\angle+180°+\dot{E}_0\angle0=-(2\dot{E}_0)+(\dot{E}_0)=-\dot{E}_0$로서 오히려 反 Energy源 의 ⊖Energy가 入力位相에 놓인다.

9) B形 $\dot{E}_1\angle\text{-}30°$ 反 Energy源의 特性과 反 Energy 變易

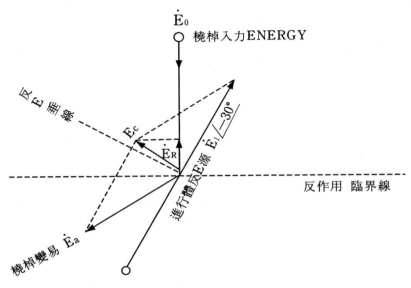

〈그림 2-78〉 B形 $\dot{E}_1\angle\text{-}30°$ 反 Energy源의 特性과 反 Energy 變易(進行體)

※ 上記 Energy Vector 圖에서 보는 바와 같이 B形 進行體 反 Energy源의 特性과 反 Energy 變易은 A形과 거의 同一(位相變位만을 바꾼) 形態로 나타나고 있음을 알 수 있다.

卽, 9) B形 $\dot{E}_1\angle\text{-}30°$體 → A形 $\dot{E}_7\angle+150°$의 +180° 位相變位이면서 反 Energy 變易은 同一位相 同一값이다.

따라서 B形 $\dot{E}_2\angle\text{-}45°$體 → A形 $\angle+135°$의 180° 位相變位

   B形 $\dot{E}_3\angle\text{-}60°$體 → A形 $\angle+120°$의 180° 位相變位

   B形 $\dot{E}_4\angle\text{-}90°$體 → A形 $\angle+90°$의 180° 位相變位

   B形 $\dot{E}_5\angle\text{-}120°$體 → A形 $\angle+60°$의 180° 位相變位

   B形 $\dot{E}_6\angle\text{-}135°$體 → A形 $\angle+45°$의 180° 位相變位

   B形 $\dot{E}_7\angle\text{-}150°$體 → A形 $\angle+30°$의 180° 位相變位이면서

   反 Energy 變易은 同一位相 同一값이다.

   B形 $\dot{E}_8\angle\text{-}180°$ 反 Energy體는 存在할 수 없다.

5. 橈棹 反 Energy源의 形態別 特性에서 본 反 Energy 變易의 變化 GRAPH

1) 停止體 反 Energy源의 形態別 反 Energy 變易

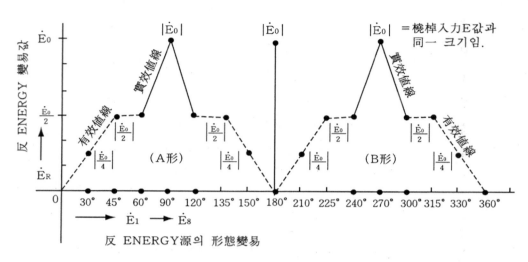

〈그림 2-79〉停止體 反 Energy源의 形態別 反 Energy 變易

2) 進行體 反 Energy源의 形態別 反 Energy 變易

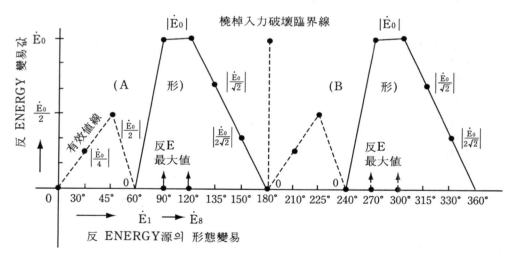

〈그림 2-80〉進行體 反 Energy源의 形態別 反 Energy 變易

3) 反 Energy源의 特性 把握 結論

(1) 停止體 反 Energy源에서의 特性把握

1)의 GRAPH에서 살펴본 바와 같이, 停止體 反 Energy源인 先到龍脈, 支脚, 橈棹, 止脚, 鬼砂, 曜砂, 獨砂 等의 他龍脈 保護 維持砂가 反作用 Energy源이 되었을 境遇, 그 反 Energy源이 本身 橈棹 Energy體와 面하는 接觸角의 變化에 따라서 反作用 Energy 값이 크게 달라짐을 確認하였다.

卽, 作用點에서의 相互 Energy體 接觸角이 ∠60°에서 ∠120° 또는 ∠240°에서 ∠300° 以內인 範圍에서만 實效值의 反作用 Energy값을 얻을 수가 있고, ∠90°, ∠180° 相互作用 接觸角에서 비로소 最大 反作用 Energy 값을 얻을 수가 있다.

(2) 進行體 反 Energy源에서의 特性把握

2)의 GRAPH에서 보는 바와 같이 進行體 反 Energy源인 本身保護 靑龍 白虎砂가 護從 進行하는 過程에서, 本身橈棹 Energy體의 反作用 Energy源 役割을 하는 境遇, 停止體 反 Energy源과는 달리 그 反 Energy 變易의 特性 把握이 매우 까다롭고 어려우나 實質 反作用 Energy를 發生하는 反 Energy源으로서는 停止體보다 容易하다.

卽, 反 Energy 實效값을 發生하는 範圍는 ∠60°에서 ∠180°와, ∠240°에서 ∠360°로서 停止體보다 크고, 또 最大值의 實效 反 Energy를 얻는 범위도 ∠90°에서 ∠120°와, ∠270°에서 ∠300°로 停止體의 ∠90°, ∠180°에서만 求할 수 있는 것보다 그 範圍가 넓다.

그러나 進行體 Energy 값이 ∠90° 以上에서 橈棹 Energy 값보다 클 境遇는 橈棹 Energy體를 破損시키기 쉽다.

제18절 支脚의 形成原理와 形態別 特性

1. 正變易 및 垂變易 過程에서의 支脚 發生原理와 그 特性

龍虎와 案山 및 其他砂에 의한 凝縮 및 應氣 過程 中에는 本身의 單位別 Energy體에 해당하는 相互 Energy體 關係領域의 作用始點과 作用終點이 發生하게 되는데, 이때 關係된 本身側의 單位終點 Energy가 그 ∠180° 方向에서 供給되는 凝縮 Energy에 의해 一時進行이 停止되면, 이 過程에서의 龍虎 凝縮 Energy 合力은 本身 Energy體를 進行시키지 못하고 左右支脚의 形態로 變易 支脚 Energy體를 形成한다.

이러한 形態는 대체로 聚突 後發 支脚이거나 過脈 支脚으로서 正變易 過程에서나 垂變易 過程에서 發生하는 것이 대부분인데, 本身 單位終点 ∠180° 方向에서의 相對 Energy 凝縮役割程度에 따라서 支脚의 發生形態와 特性이 달라진다.

即, 龍虎의 Energy體가 本身 Energy體 左右에서 均衡을 維持하게 되면서 ∠180° 方向의 凝縮 Energy가 調節되게 되면 兩方向 左右支脚이 發達하게 되고, 本身 Energy體 左右에서 龍虎가 均衡을 잃게 되어 不安定하게 되면 左右 어느 한편 不安定處로 一方 支脚을 發達시킨다.

支脚의 長短, 高低, 强弱, 厚薄, 肥瘦 等이 모두 위와 같이 左右龍虎 案山 Energy에 의한 主山 Energy와의 關係調化에서 發生되는 것이다.

以上의 原理를 Vector 圖에 의해서 說明해보면

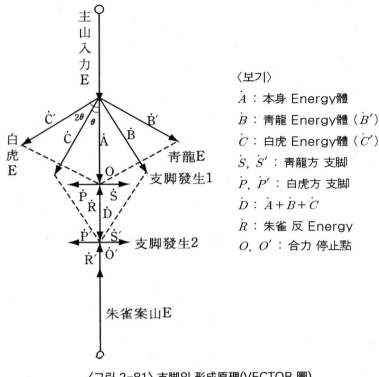

〈그림 2-81〉 支脚의 形成原理(VECTOR 圖)

<보기>
$\dot{A}$: 本身 Energy體
$\dot{B}$: 靑龍 Energy體 ($\dot{B}'$)
$\dot{C}$: 白虎 Energy體 ($\dot{C}'$)
$\dot{S}, \dot{S}'$: 靑龍方 支脚
$\dot{P}, \dot{P}'$: 白虎方 支脚
$\dot{D}$: $\dot{A}+\dot{B}+\dot{C}$
$\dot{R}$: 朱雀 反 Energy
O, O' : 合力 停止點

上記圖에서 보는 바와 같이 主山 本身 Energy體 $\dot{A}$가, 左右 靑白 Energy의 合力에 의해 $\dot{D}$에 해당하는 進行 잠재 Energy로 發達하였으나, 그 終端本身의 180°方位相에선 發展되는 案山 · 朱雀 Energy體의 一時的 凝縮 Energy $\dot{R}$를 供給받게 된다.

이때 $\dot{R}$의 값에 따라 $\dot{A}$의 잠재진행 Energy $\dot{D}$는 一端 凝縮되거나 停止되어 O点 또는 O′点에서 變易하고, $\dot{S}$와 $\dot{P}$의 分力을 形成 殘餘合力 安定을 構築한다 ($\dot{S}', \dot{P}'$ 同一).

이와 같은 境遇는 玄武頂으로부터 絡脈된 Energy體가 再安定을 위해 下向的으로 進行되는 過程에서 發生하기도 하고 再凝縮을 위해 上向的으로 進行하는 過程에서 發生하기도 하는데, 前者의 境遇는 그 合力停止点이 平坦形이 되기 쉽고 後者의 境遇는 그 合力 停止点이 聚突形이 되기 쉽다.

또 靑白 Energy體의 本身 간 位相이 ∠θ일 境遇와 2∠θ일 境遇 各各 그 停止

点이 다르게 되는데, 이는 靑白 Energy體의 合力點이 各各 다르게 때문이다.

대개 이러한 停止分力 過程에서는 合力點 直前에서 束氣現狀이 일어나기 쉬운데, 이 形態를 보고 成穴 準備過程의 束氣로 잘못 誤認 點穴해서는 아니 된다.

왜냐하면 이러한 境遇는 合力 後 分力에 의한 支脚發生의 再安定 目的일 뿐, 來脈 進行體의 再安定 試圖는 繼續 3節 以後까지 더 나아가 圓形 安定構造를 凝結해야 하기 때문이다.

따라서 支脚發生 合力點에서는 蟬翼과 纏脣이 발달하지 못하여 過脈現象일 뿐이므로, Energy 再凝縮安定이 일어나기 위해서는 支脚 發生点 以後에서 다시 均衡安定 및 凝結條件을 確保해야 한다.

結穴의 條件은 入首 一節, 左右蟬翼 二節, 纏脣 一節, 合 四節이 最小單位 結穴條件이라, 三節 以上 支脚 過脈点으로부터 進行될 때에 비로소 結穴可能 Energy를 內藏한다.

2. 橫變易 및 縱變易 過程에서의 支脚 發生原理와 그 特性

1) 橫變易 過程에서의 支脚

橫變易의 代表的 山 Energy體는 주로 開帳脈에서 發見할 수 있다. 開帳의 主要特性은 Energy體 安定을 위한 分擘의 特性 以外에도, 主山 本身의 直進하는 Energy體를 安定保護하는 役割이 더욱 重要하다. 따라서 本身의 保護 維持 特性인 支持力과 Energy體 均衡回復機能 確保를 위해서는, 分擘 Energy體 自身의 強度 維持와 Energy 安定變位가 보다 理想的이어야 한다.

만일 分擘 開帳 Energy體가 그 質的 強度나 量的 構造安定을 維持하지 못한 상태가 된다면, 分擘 Energy體 自身의 不安定 破壞要因으로 因하여 自體保護는 勿論, 本身山 Energy體의 支持維持 및 進行維持保護는 더더욱 어렵게 된다.

이렇게 分擘 Energy 自體가 自身을 維持 지탱하지 못하고 있는 狀態에서, 周邊 他山 Energy體의 同調的 反 Energy 即 凝縮 Energy를 만나게 되면, 不安定한 分擘 Energy體의 繼續進行으로 因해 發生되던 破壞的인 要素 即, 強度, 密度, 彈性, 含水率 等의 低下 現象이 一時 停止되고, 本身 Energy와 凝縮

Energy, 左右周邊 Energy의 合力點에서 支脚發生 形態의 Energy 變易을 일으켜 自體 Energy體를 安定化시킨다.

이때 合力變易点에서 어느 一方이 他山 Energy體의 保護를 받아 安定凝力의 同調가 일어나면, 他一方에서만 均衡安定維持를 위한 支脚 發生이 나타나 一方 支脚 形態를 이루고, 左右兩方 山 Energy體의 均衡同調가 일어나면 兩方 支脚의 形態를 이루게 된다.

그러나 左右 兩方 他山 Energy體의 同調保護가 전혀 없을 境遇에도 支脚이 發生하는데, 이런 境遇는 單純 支脚이 아닌 複合 支脚 卽 枝脚을 形成함으로써, 單純 支脚의 末端에서 또 다른 支脚 또는 止脚을 發生 支持構造를 形態化한다.

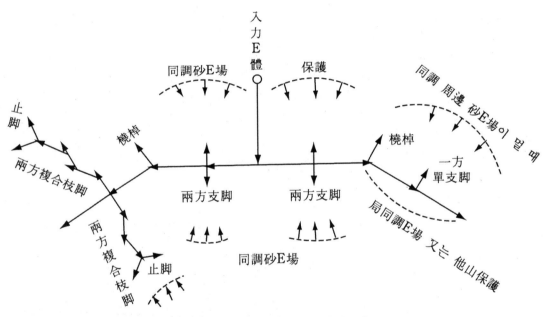

〈그림 2-82〉横變易 過程에서의 支脚

2) 縱變易 過程에서의 支脚

縱變易의 代表的 山 Energy體는 주로 穿心脈으로서, 穿心脈의 安定進行過程에서는 대체로 正變易과 垂變易의 境遇와 같은 原理의 支脚이 結穴可能한 入首來脈 Energy를 形成維持하기 위해 安定手段裝置가 되어 나타난다.

그러나 一般的으로는 縱變易 特性의 來脈進行이 橈棹 反 Energy에 의한 境遇가 많으므로, 橈棹 反作用 Energy가 理想的으로 本身에 傳達되어주는 限 支脚 發生은 일어나지 않으며, 橈棹 또는 橈棹性 枝龍에 의해 來龍脈이 進行되어간다.

이러한 來脈 Energy體가 어떤 要因에 의해 不安定한 本身 또는 不安定한 橈棹 反 Energy 特性으로 變易하게 되면, 進行하던 來脈 Energy體는 理想的 安定狀態를 維持하지 못하고 自體 收拾이 不可能해진다.

이때 他山 Energy體의 一時的 同調 및 凝縮 Energy를 供給받게 되면 비로소 本身은 支脚을 發生하고 再安定을 찾게 되는데 이 境遇가 순수한 縱變易 特性 來脈 Energy體의 支脚 形成이다.

그리고 또 다른 境遇, 過峽에서 支脚 發生이 나타나는 것을 많이 볼 수 있는데, 이것은 縱變易 Energy體가 그 勢力을 멈추고 一時停止 聚氣하는 均衡場의 聚突現狀 前後過程에서 주로 形成되며, 進行山 Energy體의 再安定 構築을 위한 緊要한 均衡支持 및 保護裝置의 한 機能이기도 하다.

結論的으로 支脚의 作用特性은 어떠한 境遇의 어떠한 形態이든 간에 山 Energy 變易過程의 再安定 秩序를 위한 Energy體 均衡停止 및 直進 維持機能일 뿐, Energy體 變位機能은 아니므로 枝龍이나 橈棹의 役割槪念과는 特別히 區別하여 認識하여야 한다.

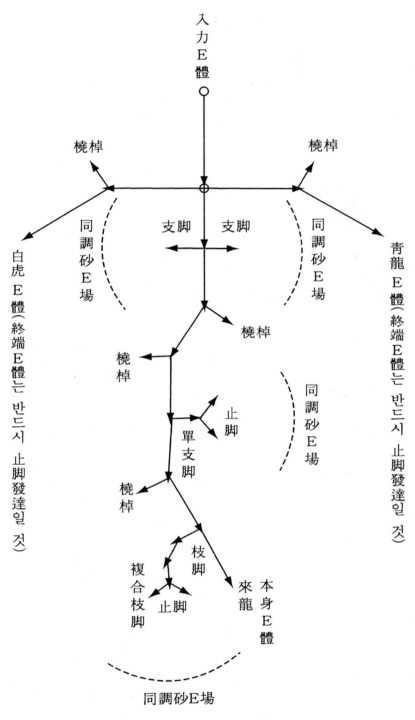

〈그림 2-83〉 縱變易 過程의 支脚

3. 止脚으로서의 支脚 發生原理와 그 特性

支脚이나 橈棹 또는 枝龍이나 支龍 Energy體가 그 本分的 役割을 감당해가는 過程에는 여러 가지 形態別로 서로 다른 特性을 나타내게 되는데, 특히 Energy體 終端部分이 他 Energy體와 接觸하는 形態 方式에 따라서 그 役割과 特性은 크게 달라진다.

一般的으로 山 Energy體가 그의 終端部에서 結穴條件을 얻지 못하여 安定穴場을 形成하지 못하는 限, 거의 모든 Energy體는 그 終末部位에서 停止形態를 取할 수밖에 없게 되는데, 그 停止狀態는 自體 Energy의 强弱·大小와, 相對 Energy體의 接觸形態 및 接觸方式에 따라 그 構造的 變易形態가 各各 다르게 나타난다.

주로 停止하는 狀態에서 山 Energy體가 理想的 停止條件을 만나게 되면, 山 Energy體 終末部位는 ∠60°나 ∠90° 및 ∠120°分岐의 安定止脚을 發達시켜 停止하게 되는 것이 보통인데, 이는 終末端의 山 Energy體가 가장 理想的으로 安定되고 均衡된 停止條件을 얻을 수 있음과 동시에, 反作用 Energy를 吸收調節함에 있어서 가장 效果的인 構造的 秩序를 確保維持할 수 있기 때문이다.

以上의 止脚變易 槪念에 依據 다음과 같이 形態變易別 그 特性을 把握해본다.

1) 自體 終端 Energy 餘力에 의한 形態 變易

山 Energy體가 進行을 中止하고 終末停止 Energy體로 變易하는 過程에는, 그 停止體의 基底가 本身基底일 境遇와 他山基底일 境遇가 있는데 이의 各各 特性을 알아본다.

(1) 本身이 停止體의 基底가 될 境遇

本身의 基底形態에 따라서 停止體의 終末特性이 다소 달라지기는 하지만, 本身이 그 基底가 되었을 때는 全的으로 停止體 Energy의 大小·强弱에서 止脚形態와 그 特性이 달라진다.

卽, 終端 停止 Energy體의 勢力餘分이 充分하면 그 止脚의 形態도 再安定을

위해 再變易하여 枝脚을 發達시키고 停止하게 되는데, 이러한 境遇는 止脚의 形態가 單純치 않고 複雜하거나 길다.

勢力 餘分이 不及이면 本身의 基底板上에서 擴散形態를 取하거나 洩氣 또는 無記化되어 本身 Energy體 支持役割을 못하고 무너진다.

終末 Energy가 比較的 安定的으로 自身 Energy體를 支撐하면서 停止할 境遇의 止脚은 勢力餘分이 適節하여 直一方의 止脚形態나 兩方止脚의 形態를 取하고 安定된다. 따라서 止脚이 單純하다.

(2) 他山 Energy體가 基底가 될 境遇

이때의 終末停止 Energy體는 自體餘力 程度와 他山 Energy體의 基底役割 程度에 따라서 그 止脚形態가 크게 달라진다.

卽 他山 Energy體의 크기 强度, 構造의 特性과 終端 Energy體 간의 相互關係 結果에 따라 止脚特性이 나타나게 되는데, 대체로 終端 Energy體 餘力이 보다 太過하면 他山 Energy體를 損傷시키게 되고 自身도 상처를 받게 되며, 보다 不及이면 相對 他山 Energy體와 關係接觸이 미치지 못하여 直脈으로 멈춘다.

終末 Energy가 安定的이면 一方 止脚 또는 兩方 止脚을 發達시켜 停止한다.

2) 對應 Energy體와의 接觸形態에 따른 止脚 變易

山 Energy體의 終端勢力은 自體停止能力에 의해 止脚發生을 일으키기도 하지만, 對應하는 山 Energy體와의 接觸方式에 따라서도 止脚의 形態가 달라진다.

(1) 面 接觸일 境遇

對應 Energy體의 接觸面의 角度에 따라 凝縮 또는 미끄러짐이 繼續되다가 太過한 終端勢力은 그 變易가 增幅되어 停止하고, 不及인 勢力은 擴散散氣되어 停止한다. 卽, 終端勢力의 크기, 方向, 接觸角에 따라 止脚形態가 變易한다.

(2) 線 接觸일 境遇

終末 Energy體의 180°方向으로부터 線形 Energy體가 來射하는 것으로,

終端 Energy體 勢力이 太過하면 末端部位가 破損을 일으키다가 찢어져 停止한다. 安定止脚과 同一한 것 같으나 전혀 다르다.

終端 Energy體 勢力이 不及이면 停止體 終末部位 全體가 破損되고 平衡을 일으키면 몸 전체가 흔들린다.

(3) 圓 接觸일 境遇

終末 Energy體의 180°方向에서 圓 Energy體가 接觸하므로, 本 Energy體가 太過한 境遇 相對 圓 Energy體의 圓 表面을 따라 支脚分擘을 일으키며 兩方 止脚이 發生한다.

또 終端 Energy體의 凝縮强度가 强하면 相對 Energy體를 破壞하는 境遇도 있으나, 대체로 終端 Energy體는 止末處로서 相對 Energy體 破壞作用보다는 上·中·下端部에서 圓形凝縮 變位하여 停止하는 것이 보통이다.

終端 Energy體 勢力이 不及이 되면 止脚 發生能力과 秩序를 잃고 擴散散氣하여 停止한다.

終端 Energy體 勢力과 相對接觸 Energy體가 平衡을 이루게 되면, 가장 理想的 支脚形態를 取하면서 支脚 本分을 充實히 移行한다.

이 境遇 安定된 單 支脚을 發生하기도 하고 兩 止脚을 發生하여 停止하기도 한다.

제19절 龍脈의 正變位와 不正變位 및 無記變位

1. 正變位

(1) 來龍脈 變位秩序가 規則的이고 그 特性 또한 分明한 것
(2) 橈棹 또는 來脈 實變易 Energy의 變位角이 $\theta = \angle 30° \times n$의 變易秩序를 維持하고 있는 것을 正變位라고 한다(配合龍이라고도 한다).

2. 不正變位

(1) 來龍脈 變位秩序가 不規則的이고 그 特性 또한 複雜한 것
(2) 橈棹 또는 來脈 實變易 Energy의 變位角이 $\theta = \angle 30° \times n$의 變易秩序를 維持하지 못하는 것을 不正變位라 한다(不配合龍이라고도 한다).

3. 無記變位

(1) 來龍脈 變位秩序가 없거나 그 變位特性을 喪失한 것
(2) 橈棹 또는 來脈 實變易 Energy의 變位角이 $\theta = \angle 45° \times n$의 變易秩序를 維持하고 있는 것 (無記龍이라고도 한다).

4. 正變位 橈棹 Energy 反作用 時

先天 同調特性 配合 Energy 龍脈으로서 다음과 같은 來脈 實 Energy 變易을 만든다.

(1) 正變位 來脈 實 Energy, 果 : 後天 同調特性의 理想的 配合龍脈이다.
(2) 不正變位 來脈 實 Energy, 果 : 後天 干涉特性에 의한 不配合 不安定 龍

脈이다.

(3) 無記變位 來脈 實 Energy, 果 : 後天 無記特性 作用에 의한 無記 龍脈
이다.

5. 不正變位 橈棹 Energy 反作用 時

先天 干涉特性 不配合 Energy 龍脈으로서 다음과 같은 來脈 實 Energy 變
易을 만든다.

(1) 正變位 來脈 實 Energy, 果 : 後天 同調特性에 의해 安定回復을 指向하
는 配合過程 龍脈이다.

(2) 不正變位 來脈 實 Energy, 果 : 後天 干涉特性의 複合作用에 의해 安定
秩序를 喪失해가는 不配合 不安定 龍脈이다.

(3) 無記變位 來脈 實 Energy, 果 : 後天 無記特性 作用에 의한 無記 龍脈
이다.

6. 無記變位 橈棹 Energy 反作用 時

先天 無記特性 無記 Energy 龍脈으로서 다음과 같은 來脈 實 Energy 變易
을 만든다.

(1) 正變位 來脈 實 Energy, 果 : 後天 同調特性에 의해 安定回復을 指向하
는 配合過程 龍脈이다.

(2) 不正變位 來脈 實 Energy, 果 : 後天 干涉特性에 의해 安定回復이 不可
能한 不配合 不安定 龍脈이다.

(3) 無記變位 來脈 實 Energy, 果 : 後天 無記特性에 의한 無記 變易 龍脈
이다.

7. 逆變位 橈棹 Energy 反作用 時

先天 逆 Energy 特性의 惡性 龍脈으로서 다음과 같은 來脈 實 Energy 變易을 만든다.

(1) 正變位 來脈 實 Energy, 果 : 實來脈 Energy의 正常回復 變位帶인 $\theta = \angle 30° \times n$의 變易을 維持하였으나, 反 Energy의 急擊한 加勢로 인한 Energy 離脫現象이 나타나고 있다. 卽, 來脈實 Energy는 散氣 및 漏洩되고 있다.

(2) 不正變位 來脈 實 Energy, 果 : 先天 干涉의 逆 Energy 特性이 다시 後天 干涉에 의해 不配合 不正變易 實 Energy를 일으키고 있다. 散氣 또는 漏洩 Energy이다.

(3) 無記變位 來脈 實 Energy, 果 : 後天 無記特性의 緣分 Energy(특히 朱雀 Energy)의 無記 反 Energy作用에 의해 無記變易하는 破壞的 消滅 龍脈이다.

※ 註

上昇進行龍脈에서의 逆變位 橈棹 Energy 反作用 時는, 先天龍脈이 先天 逆 特性의 惡性龍脈이 아니며 위의 秩序를 따르지 않는다. 卽, 來脈 實 Energy 果의 集合特性에 의해 逆變位 橈棹가 發生한다.

8. 龍脈 變位에 따른 實來脈 Energy의 善, 惡, 無記

〈표 2-8〉龍脈 變位에 따른 實來脈 Energy의 善, 惡, 無記

橈棹 變位	來脈實 E 變位	實 E 善惡無記				備 考
		實 E	先天	橈棹	後天	
正變位 E $\theta=\angle30°\times n$	正變位 配合 實 E $\theta=\angle30°\times n$	善 E	○	○	○	理想的 因緣果
	不正變位 不配合 實 E $\theta=\angle$不正變位角	惡 E	○	○	×	善因性이나 後天惡緣으로 惡果
	無記變位 無記 實 E $\theta=\angle45°\times n$	無記E	○	○	△	善因性이나 後天 無記緣으로 無記
不正變位 E $\theta=$不正變位	正變位 配合 實 E $\theta=\angle30°\times n$	善 E	×	×	○	惡因性이나 後天 善緣에 의한 善果
	不正變位 不配合 實 E $\theta=$不正變位角	惡 E	×	×	×	惡因惡緣의 惡果
	無記變位 無記 實 E $\theta=\angle45°\times n$	無記E	×	×	△	惡因 無記緣分의 無記果
無記變位 E $\theta=\angle45°\times n$	正變位 配合 實 E $\theta=\angle30°\times n$	善 E	△	△	○	無記因性이나 後天善緣으로 善果
	不正變位 不配合 實 E $\theta=\angle$不正變位角	惡 E	△	△	×	無記因性이나 後天 惡緣으로 無記果
	無記變位 無記 實 E $\theta=\angle45°\times n$	無記E	△	△	△	無記因緣의 無記果
逆變位 E $\theta > 3\angle30°$	正變位 配合 實 E $\theta=\angle30°\times n$	善 E	×	×	×	惡因惡緣의 虛像善果
	不正變位 不配合 實 E $\theta=$不正變位角	惡 E	×	×	×	惡因惡緣의 惡果
	無記變位 無記 實 E $\theta=\angle45°\times n$	無記E	×	×	△	惡因無記緣의 無記果

※ 註
先天 - 來脈入力 Energy (因子 Energy)
橈棹 - 橈棹 反 Energy (緣分 Energy)
後天 - 橈棹 反 Energy源 (緣分 Energy)
實 E - 來脈 實變易 Energy (果 Energy)

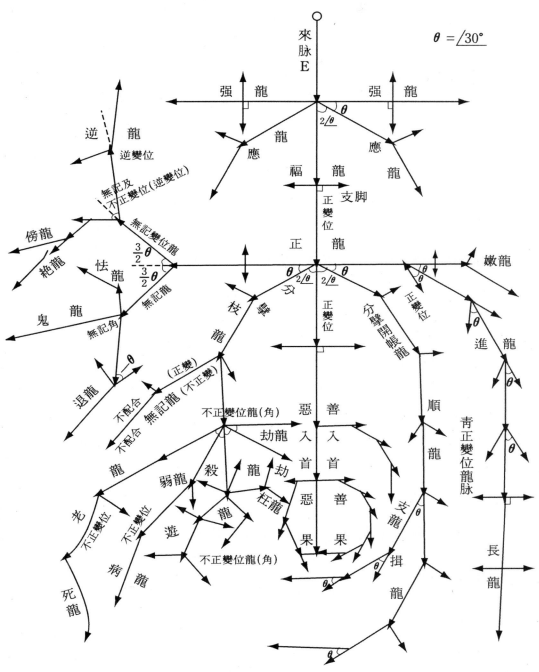

〈그림 2-84〉龍脈의 善·惡·無記와 그 形成原理

10. 龍脈의 橈棹, 支脚, 鬼, 曜, 官砂 Energy體의 理想的 構造條件과 最適安定 維持角

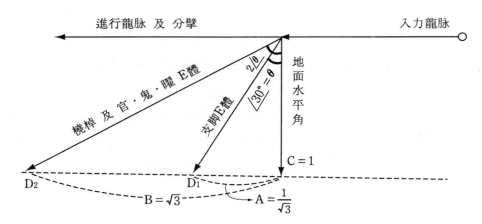

〈그림 2-85〉 龍脈의 橈棹, 支脚, 鬼, 曜, 官砂 Energy體의 理想的 構造條件과 最適安定 維持角

※ C＝龍脈 水平高를 1로 볼 때 18m라면,

　　D_1＝支脚 Energy體 θ＝$\angle$30° 길이는 20m

　　A＝D_1 支脚 Energy體 水平거리는 10m가 되고

※ D_2＝橈棹 및 官, 鬼, 曜 Energy體

　　θ＝2$\angle\theta$ 길이는 20m라면

　　B＝D_2의 水平거리는 18m

　　C＝水平高는 10m가 된다.

11. 五變易 來龍脈의 正變位와 不正變位 및 無記變位

1) 正變易 來龍脈(大小 長短 善惡 美醜 强弱)

　(1) 正變位 : 來龍脈 Energy 移動秩序가 規則的이고 分擘 枝龍 및 枝脚의 發達이 均衡을 維持한 것(縱秩序 및 橫秩序가 規則的인 것)

　(2) 不正變位 : 來龍脈 Energy 移動秩序가 不規則的이고 分擘 枝龍 및 枝脚의 發達이 不均衡인 것(縱秩序 및 橫秩序가 不規則的인 것)

(3) 無記變位 : 來龍脈 Energy 移動秩序가 없고 分擘 枝龍 및 枝脚의 發達이 無記인 것

2) 垂變易 來龍脈(起伏 大小 長短 善惡 美醜 强弱)

(1) 正變位 : 來龍脈 Energy 移動秩序가 規則的이고 分擘 枝龍은 있으나 그 移動特性은 垂變易 起伏特性을 잃지 않아야 하며, 枝脚 發達이 均衡을 維持한 것(縱秩序 및 橫秩序가 規則的임)

(2) 不正變位 : 來龍脈 Energy 移動秩序가 不規則的이고 分擘枝龍 및 枝脚의 發達이 不規則 또는 不均衡인 것

(3) 無記變位 : 來龍脈 Energy의 起伏 移動秩序가 없고 分擘枝龍 및 枝脚의 發達이 無記인 것

3) 縱變易 및 橫變易 來龍脈(縱橫 特性)

(1) 正變位 : 來龍脈 Energy 移動秩序가 縱橫法則을 維持하고 橈棹 分擘枝龍 및 枝脚 發達의 秩序가 規則的인 것(陰陽 配合龍 → 變位角 $\theta = \angle 30° \times n$)

(2) 不正變位 : 來龍脈 Energy 移動秩序가 縱橫法則을 維持하지 못하고 分擘 枝龍 및 枝脚 橈棹 發達의 秩序가 不規則的인 것(不配合龍)

(3) 無記變位 : 來龍脈 秩序의 縱橫法則이 없고 分擘枝龍 및 枝脚橈棹 發達이 無記인 것

4) 隱變易 來龍脈(隱顯 特性)

(1) 正變位 : 來龍脈 Energy 移動秩序가 隱顯法則을 維持하고, 橈棹 分擘枝龍 및 枝脚 發達의 秩序가 規則的인 것(界水秩序 聚氣特性)

(2) 不正變位 : 來龍脈 Energy 移動秩序가 隱顯法則을 維持하지 못하고 橈棹枝脚 및 分擘 發達의 秩序가 不規則的인 것(界水不分明 聚氣不明)

(3) 無記變位 : 來龍脈 Energy 移動의 隱顯秩序가 없고 分擘枝龍 및 橈棹枝脚 發達이 無記인 것

제20절 風水의 無常觀法(過現未 三觀法)(陰陽 無記 觀法)

1. 觀山法 개요

山에 오를 때에는 始終 마음을 비우고 무심히 山마음과 함께함이 根本이다.

- 觀法 : 智慧, 心靈에 依存
- 看法 : 6根과 6境에 依存. 知識에 依存
    - 六根 - 眼, 耳, 鼻, 舌, 身, 意 (意識의 原因)
    - 六境 - 色, 聲, 香, 味, 觸, 法 (事物의 境界)

陰陽은 6根의 能因과 所緣에 의해 千態萬象으로 變하면서 陰陽 區別의 差異가 생긴다. 山을 볼 때는 過現未를 읽어야 하는데, 나의 모든 意識(6가지의 根機와 境界의 만남)으로 山을 살펴보기 때문에 6根과 6境의 過·現·未가 混合되어 108가지 妄想에 헤매다 보면 山 마음을 제대로 읽을 수 없으므로 實體的 眞實을 파악하기 위해서는 觀을 해야 한다.

> 思量分別을 하되 無心히 보라!
> 善惡 分別을 할 수 있고, 陰陽 分別할 수 있는 要諦이다.

習慣에 의한 잣대로 山을 보는 것은 思量分別心의 知로 보는 것이다. 無心으로 山을 보면 陰陽의 한 面이 아닌, 동시에 陰陽을 볼 수 있다. 陰陽 잣대는 相對觀에 嚴格해야 하므로 반드시 智慧로서 心靈的 觀法에 의해 山을 볼 수 있어야 한다.

1) 來龍脈 觀法

(1) 來龍脈 分析 方法

① 祖山으로부터 玄武頂을 거쳐 來龍脈을 타고 내려오면서 龍脈의 中心을 본

다. 山脈은 山 Energy體의 移動이요, 山 Energy의 흐름이기 때문이다.

② 前後, 左右, 上下를 살피며 證據를 찾는다.

前節은 後節의 祖上이다. 한 걸음 움직일 때마다 左右前後를 잘 살피며 變化되는 部分을 幽深히 살핀 후 來龍脈을 제대로 解析했는지를 再點檢하고 證明해야 한다(세 걸음 移動 후 멈추어 前後左右의 特性 變化를 살핀다).

③ 上下의 氣運은 地表面의 固定 Energy體를 基準으로 證據를 살핀다.

  ㉠ 上(天體 Energy場의 氣運) - 自然石 윗부분의 모습이다.

    天氣가 잘 뭉쳐있는 곳의 소나무의 솔방울은 동그랗다.

    나무는 둘레가 굵으면서 높이가 낮다.

    土質은 潤氣가 있으며 돌은 剛直하다.

    반면 골짜기에서는 나무가 길쭉하고 가느다랗다. 크게 자라나 푸석하고 潤氣가 없다.

    특히 天氣가 없는 곳은 土質도 잿빛을 띤다.

    石質 역시 울퉁불퉁하여 龜裂이 甚하다.

  ㉡ 下(地氣 Energy場의 氣運) - 組織의 결을 살핀다.

    立體/線 安定을 維持했는가, 立體는 安定的으로 서 있는가, 出脈이 秩序 있고 正確한지 살핀다.

    來龍脈이 醜陋亂雜하고 不實함이 있는 境遇, 進行脈이 不規則한 境遇, 한 지점에서 살폈을 때 결무늬가 靑龍, 白虎脈의 特性이 아닌 混雜함이 있는 境遇 이는 無記脈이다. 役割이 不分明한 것은 穴을 支撑하는 止脚 形態라고 볼 수 있다. 原理的으로 秩序를 把握한다.

(2) 來龍脈의 性象論的 特性 分析

① 性論的 特性 : 善惡無記

② 象論的 特性 : 美醜, 尊卑, 貴賤, 遠近, 立坐, 聚突, 散漫, 凹凸, 深淺, 大小, 强弱, 高低, 長短, 圓方, 曲直, 正斜, 平埈, 端偏, 腹側, 生死, 老少, 起伏, 狹闊, 突起, 陷沒, 背走, 回歸, 背面, 行止 別로 特性 分析할 수 있어야 한다.

(3) 來龍脈 3節 變化 原理 分析

30°×n의 變化 原理에 基礎하여 3節의 同質性과 異質性을 分析한다. 3節의 同一性이 玄水, 朱火, 靑木, 白金 中 어떤 特性으로 나타나는지 살핀다. 3節을 한 사이클로 하여 特性 分析 後 그다음 3節의 特性을 再分析한다.

이때 來龍脈이 生産 特性일 境遇 中出本身이고,

　　　　　　保護 育成 特性일 境遇 枝龍이 되며,

　　　　　　聚氣 特性일 境遇 立體이고,

　　　　　　維持 特性일 境遇 支脚이 되며,

　　　　　　變化 特性일 境遇 橈棹가 된다.

　　　　　　過脈은 쉬고자 하는 休息의 特性이 나타난다.

2) 三殺(山, 水, 風殺)에 의한 來龍脈의 刑 · 沖 · 破 · 害

- 山殺 : 山, 바람, 물이 本龍과 同調되지 않는다면 來龍脈이 개량되지 못하고 刑 · 沖 · 破 · 害 殺을 받게 된다. 基底板의 不安定과 천둥번개 等에 의해 來龍脈의 刑 · 沖 · 破 · 害가 發生한다.

- 水殺 : 작은 물줄기가 수백 년을 거쳐 持續的으로 흐를 境遇 結局 山이 破壞된다.

- 風殺 : 바람은 사시사철 山을 두드린다. 風殺에 의해 약해진 來龍脈은 暴雨나 천둥번개에 의해 쉽게 무너진다.

(1) 沖

① Negative 沖 : 山水風이 90° 혹은 180°suction으로 빠져나가면서 風水沖

② Positive 衝 : 山水風이 90° 혹은 180°方向에서 穴場을 衝한다(主脈의 側面 혹은 正面으로 主山을 衝한다).

橈棹, 枝龍, 支脚이 穴場을 90° 혹은 180° 方向에서 衝할 境遇 枝龍脈 衝의 被害가 가장 甚하다.

→ 水流는 肉眼으로 確認되므로 角度를 測定할 수 있으나 바람의 沖(衝)은 90°인지 180°인지 分揀하기 힘들다.

바람의 角度를 보지 못하면 山을 제대로 읽을 수 없다.

(2) 刑 : Negative 殺, 來龍脈을 90° 方向에서 殺한다.

(3) 破 : Positive 殺, 來龍脈을 270°(-90°) 方向에서 殺한다.

　　→ 沖(衝)의 持續的인 進行結果 破가 되고(沖과 衝의 複合構造), 沖(衝)
　　　의 進行過程이 刑이 된다.

(4) 害 : 山水風이 30°negative/positive 沖(衝)하는 境遇(주로 風水殺)

(5) 怨嗔殺 : 山水風이 30°negative/positive 沖(衝)하는 境遇(주로 主
　　　山殺)

※ 害와 怨嗔殺은 山水風이 來龍脈을 30°로 비껴가듯이 때리면서 들어온다.
　穴場에서는 180° 殺이 제일 강하다.
　青白에서는 90° 殺이 강하다.

3) 穴場 中出 來龍脈 特性 分析

(1) 中心脈의 리듬 分析

3節 氣運의 特性이 同一하게 進行되면 來龍脈의 力量이 强化된다. 3節×4
=12節이 刑·沖·破·害를 받지 않고 穴場까지 잘 진행될 境遇 入首頭腦, 左右
蟬翼, 纏脣의 特性이 圓滿하게 잘 發達된다. 中心 穴核까지 圓滿해지기 위해서
는 총 15節의 來龍脈이 同一한 리듬으로 변화하며 穴場까지 진행되어야 한다.

(2) 穴場 部位別 特性 原理

山 頂上 聚氣 後 中出 進行한 來龍脈의 特性에서 穴場 特性을 把握할 수 있다.
穴場 部位別 特性 原理는 線 構造로 나타나는데

① 山 頂上의 立體 特性은 入首頭腦의 特性

② 立體에서 過脈으로 進行하는 來龍脈은 入穴脈 特性

③ 線 來龍脈의 變化, 進行한 節數가 蟬翼의 特性

④ 纏脣의 特性은 案山에서 나타난다. 그러나 細部觀察時 來脈 立體頂上의
　　後面과 前面의 兩 側이 纏脣의 特性이 됨을 알 수 있다.

4) 主山과 案山 觀法

(1) 條件

① 立體가 되었는가?(立體 特立)

主山은 立體 特立이 强하고 案山은 玄水보다 立體 特立이 弱하다.

肉眼으로 볼 때는 내가 서 있는 山과 맞은편의 山을 동시에 確認한다.

特立이 優秀한 쪽이 玄水일 可能性이 높다.

案山은 부드럽고 平, 溫한 反面 玄水는 高强, 秀麗하다.

② 開帳이 되었는가?

③ 穿心을 하였는가?

穿心하였다면 分明히 穴 形成意志가 있다.

④ 背面이 明確하고 纏護 育成意志가 分明하였는가?

⑤ 凝縮意志가 分明한가?

①~④번까지는 成穴意志와 朱火意志가 同一하다. 朱火 亦是 開帳 後 纏護가 되었는지에 따라 穴 凝縮 與否가 決定된다. 朱火 Energy場으로 穴 Energy場을 안고 있을 때 좋은 穴이 形成된다. ③번과 ⑤번은 꼭 確認해야 한다. 穿心脈과 凝縮砂 Energy體가 있다면 主山이다.

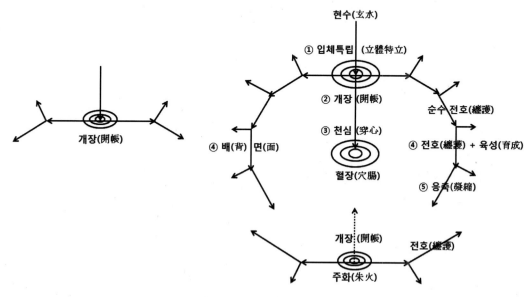

〈그림 2-86〉 開帳 穿心圖

(2) 主山과 案山의 區別

① 山이 一字로 와서 開帳하면 案對 目的, 開帳 後 穿心하면 入穴 目的이다.
 (成穴 目的)
 青龍과 白虎는 背面을 分明히 하였는가에 의해 그 目的 意志가 나타난다.
② 案山 또한 纏護가 있기 때문에 主山과 區別하기 힘들다.
 立體에서 單純 開帳하여 純粹 纏護만 했다면 案山이고, 纏護 後 穿心脈과
 平行하게 直進하여 育成 → 凝縮 秩序를 繼續하였다면 主山이다.
③ 主山과 案山을 區別할 수 있는 key point는 凝縮 秩序를 維持하고 있는지
 의 與否 : 凝縮砂 Energy體가 없으면 穴 形成이 不可하다.

※ 朱火果와 成穴果의 差異
 • 單純한 石突의 形成은 朱火 意志의 結果
 • 穴土(非石非土)의 形成은 成穴 意志 結果

凝縮意志가 없으면 石突이 되어 案山 朱火果가 된다.

凝縮砂는 Energy場에 의해 생기는 것이므로, 主山에서 凝縮砂 Energy體가
發達하면 案山에서도 穴을 凝縮해주는 凝縮 Energy場이 發生한다.

그러나 案山에 凝縮砂 Energy體가 發達할 境遇, 反對偏 主山의 凝縮砂
Energy體를 侵攻하여 穴을 깨는 結果가 發生되므로 結果的으로 穴이 形成될 수
없다.

成穴處는 凝縮砂 Energy體가 있지만, 案山에는 凝縮砂 Energy體가 없다.
案山과 主山은 胎生的으로 陰陽의 關係로 形成된다.

(3) 穴場 ↔ 朱火의 遠近

穴에서 案山까지의 距離는 가까울수록 좋다. 穴에서 案山이 멀 境遇, 玄武
頂에서 穴까지 進行하는 來龍脈(入首脈)과 入穴脈이 길다.

① 朱火 Energy體가 멀리 있을 境遇

    ㉠ 入首來脈(玄武頂에서 穴場까지의 길이) 長

    ㉡ 入首頭腦 凝縮이 平弱

    ㉢ 入首頭腦 → 入血脈 → 穴核까지 長

    ㉣ 凝縮 느슨하여 穴形 上下 長

    ㉤ 比較的 纏脣 長

② 朱火 Energy體가 가까이 있을 境遇

    ㉠ 入首來脈 短

    ㉡ 入首頭腦 凝縮이 强突

    ㉢ 入首頭腦 → 入穴脈 → 穴核까지 短

    ㉣ 穴形 圓滿

    ㉤ 纏脣 短

비고) 左右로 긴 穴은 損傷된 穴로서 결이 깨져 있다.

    그러나 橫穴에서 간혹 있다.

    좋은 案山은 그 앞(穴 가까운 곳으로)에 小案山이 하나 더 있다.

(4) 案山 觀法

案山은 항상 벡터 中心으로 본다. 만약 撞背案山이 來朝해오면 立體에서 左右로 進行한 2개의 來龍脈을 따라가지 말고(凝縮線을 따라가지 말고) 벡터도를 그려서 그 中心을 撞背案山의 中心으로 본다.

    ① 1峰일 境遇 案對 向 : 相對 Energy 合成 벡터 中心으로 定해야 한다.

    ② 2峰일 境遇 案對 向 : 2峰의 벡터 合 中心으로 向을 定한다.

    ③ 3峰일 境遇 案對 向 : 3峰의 벡터 合 中心으로 向을 定한다.

    ④ 多峰일 境遇 案對 向 : 가장 우뚝한 곳으로 간다.

    (그곳의 Energy 벡터가 가장 강하기 때문)

    – 多峰 中 가장 特出한 봉우리는 最强 Energy 벡터를 가지고 있기 때문에 全體 Energy 벡터의 中心이 된다.

- 작은 벡터들의 中心은 가장 강한 쪽으로 移動하여 合成된다.
- 山脈 또한 가장 강한 山脈 쪽으로 끌려온다. 강한 脈이 背走할 境遇 작은
  脈도 따라서 넘어간다.

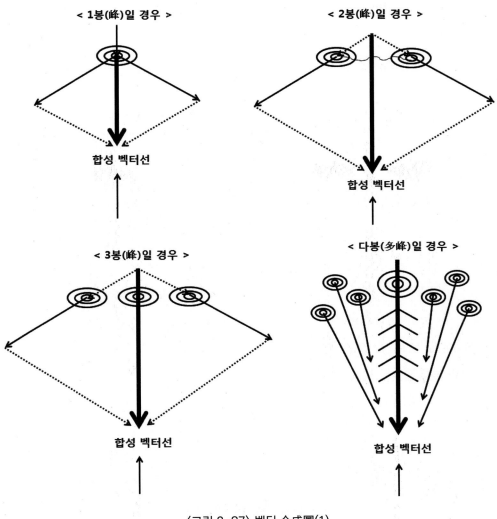

〈그림 2-87〉 벡터 合成圖(1)

※ Energy 벡터 原理 : 强한 Energy 벡터로 弱한 Energy 벡터가 吸收된다. 主力 Energy로 힘이 移動한다(大勢 從屬).

$$a' + b' = A'$$
$$A' + b' = C' \text{ 合成 피상치}$$
$$D' = C'\text{의 실효치}$$

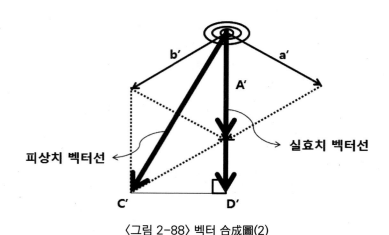

〈그림 2-88〉 벡터 合成圖(2)

강한 中出脈이 있을 境遇 左右出脈의 氣運이 中出脈 方向으로 移動한다. → 中出 穿心脈을 도와 穴을 맺는 原理이며 靑白 氣運이 合成되어 穿心脈으로 吸收된다. 만약 枝龍脈이 主脈을 따라가지 않으면 病龍이 되거나 死龍이 된다(周邊砂에 의한 刑沖破害).

※ 風水의 核心 觀法
    ① 均衡意志 → 平等意志 → 圓滿意志 → 安定意志
    ② 上下 均衡意志 - 入首頭腦, 穴場, 纏脣의 立體
    ③ 前後 均衡意志 - 入首頭腦, 纏脣
    ④ 左右 均衡意志 - 靑龍, 白虎

2. 無常觀法

(1) 色空生滅・成壞住還, 理氣性相・合離集散

(2) 地水火風・五色五氣, 日月光音・有情無情

(3) 天地父母・男女老少, 上下彼此・生死去來

(4) 東西南北・春夏秋冬, 風寒暑濕・冷熱燥潤

(5) 玄朱靑白・授受眞假, 君臣使自・照應輔弼

(6) 仁義禮智・忠孝慈悲, 異氣圓融・人地造化

(7) 善惡美醜・尊卑貴賤, 表裏陰陽・明暗虛實

(8) 物我一二・三四五十, 動靜進退・因果應報

(9) 圓方曲直・正斜平峻, 現象本末・無上心法

(10) 大小强弱・高低長短, 內外山川・相用看法

(11) 起伏行止・縱橫順逆, 氣脈剛柔・形氣生剋

(12) 厚薄肥瘦・淸濁吉凶, 氣血良否・旺衰過及

(13) 凹凸廣狹・充缺滿空, 自他揖背・沖合殺生

(14) 聚突散漫・尖削平正, 突起陷沒・背走回歸

(15) 應射生死・凝瀉結漏, 山水火風・同調干涉

(16) 精神魂魄・富貴長殀, 身土分合・靈肉離集

(17) 祖孫斷續・英吨出沒, 山水脈穴・根葉幹實

(18) 興亡盛衰・吉凶禍福, 聚明會堂・善惡因果

(19) 遠近深淺・砂水往來, 遠七近三・深七淺三

※ 眞假花實 有住無住, 正邪 常斷, 有心無心이라.

3. 皮相觀法(龍脈의 겉보기 陰陽)

山이나 龍脈을 觀察함에는 그 陰陽法이 主이다. 千態萬象에 따라 그 陰陽의 特性이 다르고, 그 다른 物物마다의 關係作用 또한 다르기 때문에, 個體와 相互間의 陰陽特性을 把握하는 것은 무엇보다 重要한 觀法의 基礎가 되는 것이다.

우선 龍脈의 觀察 中, 來脈 Energy가 進行을 繼續하여 머물려고 하는

Energy 卽, 來脈有效 Energy와 橈棹에 의해서 發生되는 反 Energy와의 關係를 觀하면, 陽(⊕)Energy를 來脈有效 Energy 卽 '原因子 Energy'로 볼 수 있고, 이에 대한 陰(⊖)Energy를 橈棹 反 Energy 卽 '緣子 Energy'로 볼 수가 있어 이들의 陰陽 關係比를 算定할 수 있다. 이것을 皮相觀法이라고 한다.

〈例〉'橈棹 反 Energy 變易에 따른 實來脈 Energy 變易圖'를 參照하여 보자 (第16節〈그림 2-59〉).

$\dot{E}_A$와 $\dot{E}_{a1}$의 Energy 흐름 關係에서 來脈有效 Energy $\dot{E}_A$를 陽 (⊕)Energy로 橈棹 反 Energy $\dot{E}_{a1}$을 陰(⊖)Energy로 하면, $\oplus \dot{E}_A \angle 0$: $\ominus \dot{E}_{a1} \angle 30° = 1 : 1$이고 $(\oplus \dot{E}_A \angle 0) + (\ominus \dot{E}_{a1} \angle 30°) = \dot{E}_{01} \angle 75° = 0.517 \dot{E}_A$이 되며 겉보기 陰陽은 $1 : 1$이 된다.

4. 實相觀法(實보기 陰陽)

위의 參照圖에서 同一 Energy 變易關係를 보면, 來脈 Energy가 反 Energy 作用에 의해 來脈 實變易 Energy $\dot{E}_{01}$이 된 것을 基本 果相으로 觀察할 수 있다. 이러한 陰陽보기를 實相觀法이라고 한다.

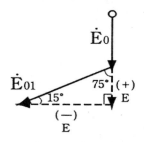

〈그림 2-89〉 實相觀法(實보기 陰陽)

卽, 其果相의 Energy $\dot{E}_{01}$를 分析하여, 有效 Energy 分을 陽(⊕)Energy 因子로 其 擴大 Energy 分을 陰(⊖) 緣子로 보아

有效 陽(⊕)Energy＝$0.134\dot{E}_{\mathrm{A}}(\oplus)$

擴大 陰(⊖)Energy＝$0.5\dot{E}_{\mathrm{A}}(\ominus)$가 되어

⊕Energy ： ⊖Energy＝0.134 ： 0.5＝0.268 ： 1

따라서　$\dot{E}_{01}\angle 75°＝0.134\dot{E}_{\mathrm{A}}(\oplus\mathrm{Energy})＋0.5\dot{E}_{\mathrm{A}}(\ominus\mathrm{Energy})＝0.517\dot{E}_{\mathrm{A}}$

가 된다.

※ 위와 같은 整理에 의한 三觀法을
- 無常觀法 ： 心法, 地氣 測定法, 看山法, 点穴法
- 皮相觀法 ： 龍脈 變化, 橈棹 反 Energy에 의한 觀察法
- 實相觀法 ： 龍脈의 實變易 Energy 分析法, 穴 凝縮 Energy 測定法 등
  으로 區分한다.

제21절 龍의 出脈과 受脈 諸說(Energy場論的 解說)

1. 出脈 三格(分擘 Energy體 秩序)

　　(1) 中正出脈 – 山龍의 中心을 均衡 있게 維持하며 出脈함.
　　(2) 左右出脈 – 山龍의 左 또는 右의 護從을 따라서 出脈함.
　　(3) 隱閃出脈 – 山龍이 그 脈을 숨기거나 빗겨서 朝應을 맞아 出脈함.

2. 受脈 六格(Energy 移動 先後 秩序)

　　(1) 初落受 – 離祖後 數節以內의 結頂脈
　　(2) 中落受 – 離祖後 拾數節後의 結頂脈
　　(3) 末落受 – 離祖以來 小祖를 再作한 數節後에서 結頂
　　(4) 正脈受 – 正龍本脈의 來勢를 받는다.
　　(5) 分脈受 – 正龍中 分枝脈勢를 받는다.
　　(6) 傍脈受 – 正龍脈 分枝脈 또는 枝脚 橈棹 간에서 餘脈勢를 받는다.

3. 龍의 結局 三聚說(Energy 凝縮 秩序)

　　(1) 大聚局 – 局이 寬廣하여 大都會地가 된다.
　　(2) 中聚局 – 郡, 邑, 面이 될 수 있는 大會地가 된다.
　　(3) 小聚局 – 마을 陽宅地나 明山 陰宅地가 된다.

4. 龍勢 八格說(Energy 勢力 秩序)

　　(1) 生 – 높고 낮은 節目이 많다.
　　(2) 死 – 起伏이 없다.

(3) 强 – 奔走하며 勢力이 크다.

(4) 弱 – 늙고 야위어 稜嶒하다.

(5) 順 – 팔을 벌리고 앞으로 가는 것

(6) 逆 – 뒤를 돌아보며 가는 것

(7) 進 – 龍身의 節節이 높은 것

(8) 退 – 점점 야위어지는 것

5. 諸家 龍格說

1) 泄天機 八龍格(Energy 移動의 吉凶 秩序)

  (1) 四吉龍 : ① 生龍   ② 强龍   ③ 順龍   ④ 進龍

  (2) 四凶龍 : ① 死龍   ② 弱龍   ③ 逆龍   ④ 退龍

2) 明山寶鑑의 十二龍格(山 Energy의 生死 秩序)

  ① 生   ② 死   ③ 枉   ④ 福   ⑤ 鬼   ⑥ 劫

  ⑦ 應(順)   ⑧ 遊   ⑨ 揖(進)   ⑩ 病   ⑪ 絶   ⑫ 殺

3) 其他 龍格(大全)(Energy 干涉 秩序)

  ① 毒   ② 枉   ③ 傷   ④ 蛙   ⑤ 病   ⑥ 殺

  ⑦ 逆   ⑧ 閉   ⑨ 衡   ⑩ 樞   ⑪ 機   ⑫ 胎息

6. 其他 龍格說(來脈 Energy의 性相論)

  (1) 枉龍 – 祖山의 下局이 促急하여 패지지 않고 收拾함이 없는 것(弱龍)

  (2) 鬼龍 – 枝擘으로 나눈 것(劫龍)

  (3) 遊龍 – 悠然히 나아가는 龍(弱龍)

  (4) 絶龍 – 고단하고 無力하며 山水劫風吹함(死龍)

(5) 毒龍 - 枝脚이 反序하고 뾰족하며 殺을 帶함(逆龍)

(6) 狂龍 - 尊卑의 秩序가 없고 大小의 차례가 없는 것(退龍)

(7) 傷龍 - 패이고 붕괴되고 끊어진 것(病龍)

(8) 蛙龍 - 뚫리고, 패이고 설기되고, 굴이지고, 바위로 된 것(弱龍)

(9) 敗龍 - 氣肢가 고갈되고 草木이 살지 못하는 것(弱龍)

(10) 鬪龍 - 枝脚이 反對로 뻗어가고 삐죽하게 殺을 帶한 것(逆龍)

(11) 衡龍 - 枝脚이 鋪揚하고 氣勢가 雄偉한 것(强龍)

(12) 樞龍 - 穴後 一節이 더 높은 것(進龍)

(13) 機龍 - 枝脚이 順하게 펴진 것(順龍)

(14) 踏確龍 - 穴後 一節이 더 낮은 것(退龍)

(15) 孤龍 - 護從이 全無한 것(弱龍)

(16) 奴龍 - 枝脚이 偏枯한 것(從龍)

제22절 龍脈 및 龍虎 諸說(Energy場論的 解說)

1. 龍脈의 諸 凶格說(惡緣變易)(龍脈 Energy의 干涉論)

(1) 尖射   (2) 破碎   (3) 反逆

(4) 走竄   (5) 斜飛   (6) 直長

(7) 高壓, 低陷   (8) 瘦弱   (9) 露筋

(10) 斷腰   (11) 折臂   (12) 昂面(頭)

(13) 擺面(頭)   (14) 粗惡短縮   (15) 迫狹

(16) 强硬   (17) 揷落   (18) 順水飛走

(19) 如刀   (20) 如鎗   (21) 如退

2. 龍虎의 出身說(山 Energy의 主客論)

(1) 本身 龍虎

(2) 外山 龍虎

(3) 湊合 龍虎

3. 龍의 入首 類型論과 穴星座說(入首脈 Energy 形態論)

(1) 直龍 入首 : 正入首 正座穴 (直入首, 直座)

(2) 橫龍 入首 : 橫入首 左右旋 座穴

(3) 回(曲)龍入首 : 顧祖入首 左右旋 穴座

(4) 潛龍入首 : 隱入首 突穴

(5) 飛龍入首 : 飛入首 左右旋座

(6) 閃龍入首 : 閃入首 左右旋座 (側入首 同格)

(7) 傍龍入首 : 傍入首 左右旋座

(8) 偏龍入首 : 偏入首 左右旋座

(9) 枝龍入首 : 分入首 左右旋座

4. 龍脈의 顚倒와 山의 陰陽諸說(來脈 Energy의 陰陽論)

(1) 衆山 大 → 穴脈 小를 取함(來脈의 相임)(衆山 小 → 大取)

(2) 衆山 高 → 穴脈 低를 取함

(3) 衆山 低 → 穴脈 高를 取함

(4) 衆山 長 → 穴脈 短을 取함

(5) 衆山 短 → 穴脈 長을 取함

(6) 來脈이 硬 → 入穴 軟을 取함

(7) 來脈이 軟 → 入穴 硬을 取함

(8) 來脈이 曲 → 入穴 直을 取함

(9) 來脈이 直 → 入穴 曲을 取함

(10) 來脈이 寬 → 入穴 窄을 取함

(11) 來脈이 窄 → 入穴 寬을 取함

(12) 來脈이 橫 → 入穴 直을 取함

(13) 來脈이 直 → 入穴 橫을 取함

(14) 來脈이 石山 → 入穴 土穴을 取함

(15) 來脈이 土山 → 入穴 石穴을 取함

(16) 來脈이 雄山 → 入穴 雌을 取함

(17) 來脈이 雌山 → 入穴 雄을 取함

(18) 來脈 飢 → 入穴 飽을 取함

(19) 來脈 飽 → 入穴 飢을 取함

(20) 來脈 斜 → 入穴 正을 取함

(21) 來脈 正 → 入穴 斜을 取함

(22) 來脈 平坦 → 入穴 突을 取함

(23) 來脈 突 → 入穴 平坦 窩을 取함

(24) 來脈 圓 → 入穴 尖을 取함

(25) 來脈 尖 → 入穴 圓을 取함

(26) 來脈 緩 → 入穴 急을 取함

(27) 來脈 急 → 入穴 緩을 取함

(28) 來脈 强 → 入穴 弱을 取함

(29) 來脈 弱 → 入穴 强을 取함

(30) 來脈 老 → 入穴 嫩을 取함

(31) 來脈 嫩 → 入穴 老을 取함

(32) 來脈 山多 → 入穴 水多를 取함

(33) 來脈 水多 → 入穴 山多를 取함

(34) 來脈 舒廣 → 入穴 緊狹을 取함

(35) 來脈 緊狹 → 入穴 舒廣을 取함

(36) 來脈 陰 → 入穴 陽을 取함

(37) 來脈 陽 → 入穴 陰을 取함

(38) 來脈 剛 → 入穴 柔를 取함

(39) 來脈 柔 → 入穴 剛을 取함

(40) 來脈 浮 → 入穴 沈을 取함

(41) 來脈 沈 → 入穴 浮를 取함

(42) 來者 → 太逼을 忌함

(43) 去者 → 回頭를 要함

(44) 山靜 → 動處를 要함

(45) 水動 → 靜處를 要함

(46) 左來龍 → 穴在左

(47) 右來龍 → 穴在右

(48) 氣陽卽 → 淺으로 乘하여 合으로 聚함(窩, 鉗)

(49) 氣陰卽 → 淺으로 取하여 闢으로 通함(乳, 突)

※ 얕을 곳에 얕지 않으면 氣上行하고, 깊을 곳에 깊지 않으면 氣下行한다.

5. 龍脈 八病說(干涉 Energy의 刑象論)

(1) 魚胞와 같으면 泡가 아니다(如魚胞 非泡).

(2) 생강과 같으면 乳가 아니다(似薑 非乳).

(3) 이마를 뚫은 脈은 硬이 아니다(透頂出脈 非硬).

(4) 대나무같이 이마를 꿴 頂, 일어나야 節이다(如竹不起頂 非節).

(5) 串이 不明하면 珠가 아니다(串不明 非珠).

(6) 둥근등이 있으면 塊가 아니다(圓有脊 非塊).

(7) 粗大한 것은 氣가 아니다(脈粗大 非氣).

(8) 流動 出脈은 轉皮가 아니다(流動 出脈 非轉皮).

6. 龍脈의 成穴 五格說(成穴 Energy의 凝結秩序)

(1) 朝砂(水) 結成 – 水 또는 砂의 朝向에 의해 逆轉結穴됨.

(2) 橫砂(水) 結成 – 水 또는 砂가 彎環抱局하여 結穴됨.

(3) 據砂(水) 結成 – 穴前에 水 또는 砂가, 融聚하여 結穴됨

(4) 順砂(水) 結成 – 穴前 左右가 同去하나, 交廻하며 結穴됨

(5) 無砂(水) 結成 – 山谷에서 藏風藏聚하므로 穴高하다. 龍身이 氣强하며 倉庫를 띄고 結穴됨.

7. 山의 五體說

<표 2-9> 山의 五體說

	五體	相	用	性情
(1)	木體	直聳	條達, 順枝生	山勢 - 直堅 淸秀(吉), 斜側 散漫(凶) 山面 - 光潤 淸潔(吉), 崩石 破碎(凶) 山頂 - 直聳 圓淨(吉), 臃腫 欹斜(凶)
(2)	火體	銳尖	火焰, 動昇	山勢 - 硝峻 炎動(吉), 未脫卸(凶) 山面 - 平靜 下廣(吉), 堯頭 破頂(凶) 山脚 - 飛斜 曜帶(吉), 反逆 惡陋(凶)
(3)	土體	方正	重厚, 靜	山勢 - 渾厚 高雄(吉), 欹陷(凶) 山面 - 平正 聳立(吉), 臃腫 破陷(凶) 山頂 - 方平 濶厚(吉), 圓角 軟脚(凶) 山脚 - 齊平 端歛(吉), 牽拖 破浪(凶)
(4)	金體	圓平	周堅, 靜, 不動	山勢 - 定靜 光圓(吉), 流動 不靜(凶) 山面 - 圓肥 平正(吉), 欹斜 臃腫(凶) 山頭 - 平圓 肥滿(吉), 破碎 巉巖(凶) 山脚 - 圓齊 肥滿(吉), 尖斜 走竄(凶)
(5)	水體	曲旋	流動, 沈泥 就下	山勢 - 橫浪 重疊(吉), 牽拖 蕩散(凶) 山面 - 水泡 多積(吉), 㬉弱 散漫(凶) 山頭 - 圓曲 欲動(吉), 欹斜 峻嶒(凶) 山脚 - 平舖 流瀉(吉), 蕩然 不收(凶)

8. 五體의 淸 · 濁 · 凶說

(1) 淸 - 星辰秀麗하고 光彩 있는 것

(2) 濁 - 星辰肥厚하고 端重한 것

(3) 凶 - 星辰醜惡하고 殺을 띤 것

9. 五體 聚講說(連珠 歸垣)

山龍의 木·火·土·金·水 五體가 集團으로 森立하고 있는 山格으로 太祖山 또는 小祖山에 있음이 吉하고, 生剋을 不論하고 前進하여 大貴地를 맺는다. 聖賢이나 王侯將相의 極品 벼슬이 나온다.

10. 山脈 五體別 淸 · 濁 · 凶의 所應說(山 Energy體 組織論)

1) 木體

    (1) 淸 - 文章, 科名, 聲譽, 貴顯을 主管(文星)

    (2) 濁 - 勳業, 才能, 技藝를 主管(才星)

    (3) 凶 - 刑傷, 剋害, 遭刑, 犯法을 主管(刑星)

2) 火體

    (1) 淸 - 文章發達, 大貴 烜赫, 勢焰을 主管(顯星)

    (2) 濁 - 剛烈, 燥暴, 作威福, 奸險, 夭折, 禍福交來, 速成 速敗를 主管(燥星)

    (3) 凶 - 殺伐, 慘酷, 大盜, 誅夷, 絶滅을 主管(殺星)

3) 土體

    (1) 淸 - 極品王侯, 勳業崇高, 慶澤綿衍(水溢), 五福具備(尊星)

    (2) 濁 - 多財, 長壽, 子孫 蕃昌을 主管(富星)

    (3) 凶 - 昏愚, 懦弱, 疾病, 纏綿, 黃腫, 牢獄, 不振 等을 主管(滯星)

4) 金體

    (1) 淸 - 文章顯達, 忠正, 貞然을 主管(官星)

    (2) 濁 - 威名, 烜赫, 殺伐을 主管(武星)

    (3) 凶 - 殺殘, 軍賊, 殘傷, 夭折, 絶炎(厲星)

5) 水體

    (1) 淸 - 聰明, 文章, 智巧, 明潔, 度量, 女貴(秀星)

    (2) 濁 - 昏頑, 委靡, 懦弱, 不振, 疾苦, 不壽, 諂諛, 阿邪(柔星)

    (3) 凶 - 淫慾, 邪蕩, 奸詐, 貪窮, 長病, 夭折, 客死, 流移, 溺死, 等을 主管
        (蕩星)

11. 五體의 天·人·地相 說(山 Energy體의 융기질서)

〈표 2-10〉 五體의 天·人·地相 說

	五體	天·地·人·相
(1)	木體	天 - 高山木, 高聳如筆, 尖銳, 不敧, 圓美(吉) 人 - 平崗木, 枝脈變化가 回.抱.跣.伸, 如之玄의 勢(吉) 地 - 平地木, 軟體로서 圓.平.直함, 曲延. 苞節牽連(吉)
(2)	火體	天 - 高山火, 秀麗, 尖銳, 祖宗山 人 - 平崗火, 手足이 延하여 뻗은 縱橫에 火氣生. 水遭吉 地 - 平地火, 田中에 曜를 번득이며, 빗겨난다. 水中石梁(吉)
(3)	土體	天 - 高山土, 如倉庫, 如屛, 重厚雄偉, 端正方平(吉) 人 - 平崗土, 如几圭, 重厚濁肥, 不傾, 不敧(吉) 地 - 平地土, 側이 깎인 듯, 패인 듯 方厚平齊하고 有高低(吉)
(4)	金體	天 - 高山金, 如鐘如釜, 頭圓,光彩,肥潤(吉) 人 - 平崗金, 如笠如馬, 盤上玉이 구르는 모습(吉) 地 - 平地金, 둥근 만두빵 같다. 肥厚. 光淨 弦稜(吉)
(5)	水體	天 - 高山水, 산이 크게 굽어 勢가帳을 橫으로 벌리며 물거품처럼 움직인다. 人 - 平崗水, 平脚 平鋪하여, 勢 動雲처럼 透迤曲折 地 - 平地水, 자리나 요를 편 것 같고, 如波浪의 高低 있다.

12. 五體의 善·惡·吉·凶(山 Energy體의 吉凶論)

〈표 2-11〉 五體의 善·惡·吉·凶

	五體	善, 吉	惡, 凶
(1)	木體	善 - 聳秀 吉 - 直(不敧)	惡 - 太肥(腫), 太瘦(枯) 凶 - 敧(枯槁)
(2)	火體	善 - 雄健 吉 - 明(不燥)	惡 - 太肥(滅), 太瘦(燥) 凶 - 燥(燎爍)
(3)	土體	善 - 方正 吉 - 厚(不薄)	惡 - 太肥(飽)(壅), 太瘦(陷) 凶 - 薄(怯弱)
(4)	金體	善 - 圓(正)靜 吉 - 正(不偏)	惡 - 太肥(飽), 太瘦(缺陷) 凶 - 偏(缺損)
(5)	水體	善 - 活潑 吉 - 動(不傾)	惡 - 太肥(蕩), 太瘦(涸) 凶 - 傾(漂蕩)

13. 入首脈 六格說(入首 Energy의 形態 特性)

(1) 直脈 入首 - 穴後 中央을 撞背하여 入首. 徘徊 吉
(2) 橫脈 入首 - 옆으로 떨어져 逆轉함. 傍磚함이 吉
(3) 回脈 入首 - 回曲하여 顧祖함. 逡(順)巡이 吉
(4) 潛脈 入首 - 平洋의 落撒脈. 悠揚함이 吉
(5) 飛脈 入首 - 氣上聚하여(飛脈 入首). 頭高揚平坦 吉
　　　　　　　　登穴 不知高
(6) 閃脈 入首 - 本來脈 側으로 閃하여 入首

14. 紫淸眞人의 白玉蟾 四喩說(山穴 Energy 同調論)

(1) 龍은 비록 좋으나, 穴이 없으면 있어도 없는 것과 같고
(2) 穴이 비록 좋으나, 龍이 없으면 實이라도 虛와 같다.
(3) 地가 비록 吉하나, 葬法을 얻지 못하면 官은 있어도 祿이 없고
(4) 地가 비록 吉하나, 年月을 얻지 못하면 돛대 없는 배와 같다.

15. 朱子의 擇地訣(山 Energy 同調安定論)

(1) 主勢 强弱　　　　　　(2) 風氣 聚散
(3) 水土 淺深　　　　　　(4) 穴道 偏正
(5) 力量 全否

16. 成穴 出脈 十二格說(成穴 Energy 形態 特性)

(1) 正脈 作穴　　　　　　(2) 偏脈 作穴
(3) 大脈 作穴　　　　　　(4) 小脈 作穴
(5) 長脈 作穴　　　　　　(6) 短脈 作穴

(7) 高脈 作穴　　　　　　(8) 低脈 作穴

(9) 曲脈 作穴　　　　　　(10) 直脈 作穴

(11) 斷脈 作穴　　　　　　(12) 續脈 作穴

※ 이것은 作穴脈 十二格과 同一하나, 이는 入首脈 發生 以後 穴場에 이르는
　成穴 出脈으로서 傍・飛・閃・橫・隱의 五脈이 追加된다.

17. 穴星 入式 諸格說(山 Energy體 氣勢論)

1) 看法

　(1) 星辰의 分別 : 圓・方・曲・直・尖

　(2) 眞假의 分別 : 眞 - 山水 潮應

　　　　　　　　　　　假 - 山水 長去

　(3) 生死의 分別 : 生 - 下山脚 先廻(得水)

　　　　　　　　　　　　　龍虎周密(藏風) 吉

　　　　　　　　　　　死 - 生氣 飄零, 凶

　(4) 順逆의 分別 : 順 - 山水同去, 凶, 水從下山

　　　　　　　　　　　逆 - 下山脚 先廻, 吉

　(5) 嫩老의 分別 : 嫩 - 皮膚變換, 轉皮, 吉

　　　　　　　　　　　老 - 大山 毛骨粗陋, 凶

2) 諸病 觀察

　(1) 斬指摺痕은 頂下까지 나타나고 碎石이 높이 솟아 險하다.

　(2) 斷肩水가 어깨를 뚫고 배를 가르며 빗겨와 腦까지 長窟한다.

　(3) 折臂로 左右가 낮으니 破面과 浪痕이 드리운다.

　(4) 陷하니 脚頭가 물에 들어 숨기고, 舌을 吐한 것이 尖嘴을 生한다.

　(5) 貫頂脈이 腦上으로부터 拙出하니 星峯의 頭가 不見이다.

　(6) 墮足하여 脈이 脚下로 쫓아가는 것.

(7) 繃面하여 橫條脈이 生하니 生氣 自消滅.

(8) 飽肚하니 엎어 놓은 箕 모양의 醜惡粗大함이다.

18. 龍의 作穴脈 十二格 說(作穴脈 Energy의 구조질서)

(1) 正脈 - 正中出로 兩畔山勢가 고르다. 端正 極吉.

(2) 偏脈 - 兩畔山勢 不均衡, 左右中 一方 出脈. 故로 力量 감소.

(3) 大脈 - 大幹龍에서 彎脈 또는 濶脈의 大脈中에 草蛇灰線을 뛰고 있는 것.

(4) 小脈 - 龍은 큰데, 脈이 작은 巧脈인 것(最貴).

(5) 長脈 - 長脈이므로 吹風이 쉽고, 느리고 弱한 氣는 그 行道가 어려워 中
間에 泡가 있어야 氣를 끌어들인다.

(6) 短脈 - 脈이 짧아 氣의 行道가 容易하다. 脈이 묶여 嫩細하지 않고 大濶
하면 不吉

(7) 高脈 - 貫頂을 이루거나, 星辰頭面이 구슬을 꿴 것 같아 三四節侯 過脈出
氣하여(또는 過峽出氣) 結穴된다.

(8) 低脈 - 脚下로 過脈하고 分水가 明白하여 끊기지 않아야 함. 八字水 아니
면 不吉.

(9) 曲脈 - 屈曲活動이 貴하나 크게 曲한 것은 大吉이 못된다.
之字 玄字가 좋다.

(10) 直脈 - 必短直. 長直은 死脈이다.

(11) 斷脈 - 高山에서 跌斷하여 脈斷됨(藕斷 絲連이면 吉).

(12) 續脈 - 끊어졌다가, 다시 이어진 것. 氣脈連接으로 吉.

제23절 山 Energy體의 構造와 그 組織特性

1. 形成過程으로 본 山 Energy體 構造

(1) 板 Energy體의 集合에 의한 立體構造 山 Energy體
(2) 板 Energy體의 集合 凝縮에 의한 立體構造 山 Energy體
(3) 火山 Energy의 爆發에 의한 立體構造 山 Energy體
(4) 地表 Energy 隆起에 의한 立體構造 山 Energy體
(5) 地表 Energy 隆起 凝縮에 의한 立體構造 山 Energy體
(6) 板 Energy 集合過程에서의 線構造 山 Energy體
(7) 板 Energy 集合 凝縮過程에서의 線構造 山 Energy體
(8) 火山 Energy 爆發過程에서의 線構造 山 Energy體
(9) 地表 Energy 隆起過程에서의 線構造 山 Energy體
(10) 地表 Energy 隆起 凝縮過程에서의 線構造 山 Energy體
(11) 其他 褶曲作用 過程에서의 線構造 山 Energy體

2. 各 Energy體別 構造組織과 그 特性

1) 板 Energy體의 集合에 의한 立體構造 山 Energy體

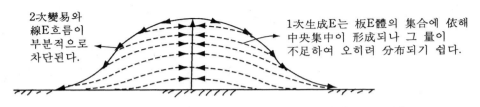

2次變易와
線E흐름이
부분적으로
차단된다.

1次生成E는 板E體의 集合에 依해
中央集中이 形成되나 그 量이
不足하여 오히려 分布되기 쉽다.

〈그림 2-90〉 板 Energy體의 集合에 의한 立體構造 山 Energy體

※ 特性
(1) 立體構造의 Energy 分布가 均一한 境遇가 많다.

(2) 組織體의 Energy 密度가 적은 關係로 구조가 성글다.

(3) 板集合的 立體構造로서는 Energy 集合量이 부족하다.

(4) 現象 維持的 特性인 고로 線 Energy 變易特性이 弱하다.

2) 板 Energy體의 集合 凝縮에 의한 立體構造 山 Energy體

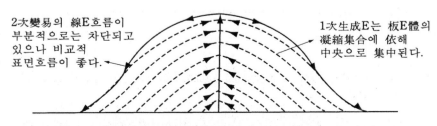

2次變易의 線E흐름이
부분적으로는 차단되고
있으나 비교적
표면흐름이 좋다.

1次生成E는 板E體의
凝縮集合에 依해
中央으로 集中된다.

〈그림 2-91〉 板 Energy體의 集合 凝縮에 의한 立體構造 山 Energy體

※ 特性

(1) 立體構造의 Energy 分布가 中央集中的이다.

(2) 組織體의 Energy 密度가 높은 關係로 구조가 周密하다.

(3) 板 Energy體의 集合後 再凝縮 過程이므로 Energy 集合量이 크다.

(4) 動的 進就性인 고로 二次 Energy 變易特性 强하다.

3) 火山 Energy의 爆發에 의한 立體構造 山 Energy體

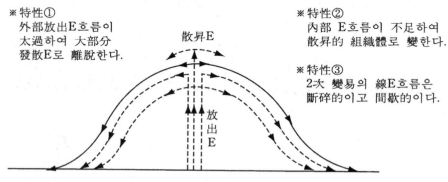

※特性①
外部放出E흐름이
太過하여 大部分
發散E로 離脫한다.

散昇E

※特性②
內部 E흐름이 不足하여
散昇的 組織體로 變한다.

※特性③
2次 變易의 線E흐름은
斷碎的이고 間歇的이다.

放
出
E

〈그림 2-92〉 火山 Energy의 爆發에 의한 立體構造 山 Energy體

4) 地表 Energy 隆起에 의한 立體構造 山 Energy體

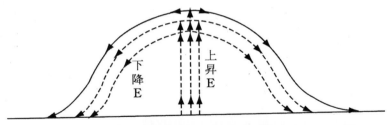

〈그림 2-93〉地表 Energy 隆起에 의한 立體構造 山 Energy體

※ 特性

(1) 內部 Energy는 上昇 Energy로서 隆起하고, 外部 Energy는 下降 Energy로서 變易한다.

(2) 內部 Energy 量은 隆起에 의해서 集積되고, 外部 Energy量은 線 Energy 變易에 의해 束氣한다.

(3) 內部 Energy 集積이 均一하고, 外部 Energy 束氣가 均一하여 Energy體 組織特性은 良質의 均一體가 된다.

5) 地表 Energy 隆起 凝縮에 의한 立體構造 山 Energy體

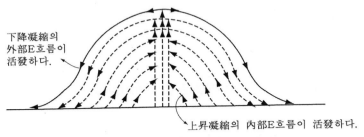

〈그림 2-94〉地表 Energy 隆起 凝縮에 의한 立體構造 山 Energy體

※ 特性

(1) 內部 上昇 Energy는 凝縮 Energy로서 隆起 循環하고, 外部下降 Energy는 凝縮 Energy로서 變易 移動한다.

(2) 內部 Energy 量은 隆起凝縮에 의해서 大量集積되고, 外部 Energy

量은 凝縮變易에 의해서 發達 束氣한다.

(3) 內部 Energy 凝縮으로 高密度의 Energy體 組織이 形成되고, 外部 Energy 凝縮으로 高强度의 線 Energy體 組織이 形成된다.

(4) 立體構造 山 Energy體로서는 가장 理想的으로 善美强健한 良質의 大容量 Energy를 지니고 있다.

6) 板 Energy 集合過程에서의 線構造 山 Energy體

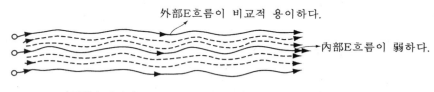

〈그림 2-95〉板 Energy 集合過程에서의 線構造 山 Energy體

※ 特性

(1) 板 Energy體의 集合인 關係로, 內部 Energy 흐름은 매우 弱한 反面 外部 Energy 흐름은 比較的 容易하다.

(2) 內部 Energy 量은 充積되고 있으나 그 移動이 둔하고, 外部 Energy 量은 均一하나 그 흐름은 斷續的이다.

(3) 內外部의 Energy體 組織은 板組合的이면서, 破碎的 現象이 强하게 나타나는 線構造體이다.

7) 板 Energy 集合 凝縮過程에서의 線構造 山 Energy體

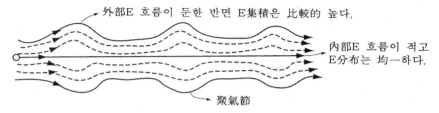

〈그림 2-96〉板 Energy 集合 凝縮過程에서의 線構造 山 Energy體

※ 特性

(1) 板 Energy體의 集合凝縮인 關係로 內部 Energy 흐름은 적고, 弱한 反面 그 Energy 分布는 均一하며, 外部 Energy 흐름은 보다 弱하지 않으나 그 集積量은 比較的 높다.

(2) 內外部의 Energy體 組織은 板 組合의 凝縮的 斷續相으로서, 보다 周密的인 線 Energy 構造體이다.

(3) 凝縮集合過程에서 聚氣節이 形成되기도 한다.

8) 火山 Energy 爆發過程에서의 線構造 山 Energy體

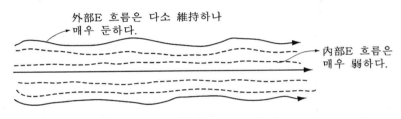

〈그림 2-97〉火山 Energy 爆發過程에서의 線構造 山 Energy體

※ 特性

(1) 火山爆發에 의한 粒子 Energy體이므로 비록 線 Energy 構造는 形成하고 있으나, 內外部의 Energy 흐름은 매우 미약하여 不規則하거나 斷減的이다.

(2) 單位粒子가 지닌 Energy量이 不足함으로 全體的인 Energy體 容量 亦是 虛弱하다.

(3) Energy體 組織이 分離粒子인 關係로 密度가 낮고 不規則的이며 破壞的 現象이 강하다.

9) 地表 Energy 隆起 過程에서의 線構造 山 Energy體

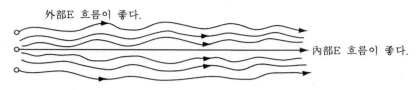

〈그림 2-98〉地表 Energy 隆起 過程에서의 線構造 山 Energy體

※ 特性

(1) 內外部 Energy 흐름이 좋고 連續性이다.

(2) 內部 隆起 Energy量이 持續的으로 供給됨으로써, 內外部 Energy 流動量 亦是 强大한 線構造 Energy體이다.

(3) 地表內部 Energy 隆起에 의한 形成構造인 까닭에 매우 組織的이며 善美하다.

10) 地表 Energy 隆起 凝縮過程에서의 線構造 山 Energy體

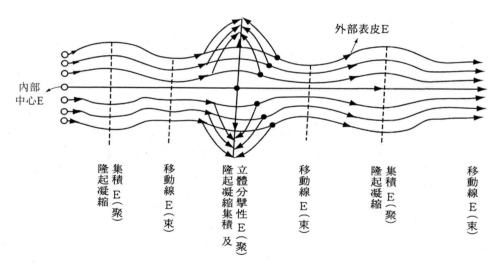

〈그림 2-99〉地表 Energy 隆起 凝縮過程에서의 線構造 山 Energy體

※ 特性

(1) 內外部 Energy 集積과 移動이 크고 周密하다.

(2) 善美良質의 强健雄大한 厚富線 Energy를 聚束한다.

(3) 聚束過程에서의 立體分擘, 線分擘, 支脚, 分擘性節, 橈棹, 止脚 等 諸
　　龍脈特性을 發達시킨다.

(4) 集積 Energy量이나 移動 Energy量이 가장 많고, 그 Energy量에
　　따른 多樣한 Energy體 變易을 나타낸다.

(5) 線 Energy體 構造의 持續的 Energy 特性을 維持하기 위해 立體構造
　　또는 各種의 節 構造를 組織化한다.

(6) 他 Energy體 構造에 비해 그 組織이 매우 섬세하고 周密하다.

11) 其他 褶曲作用 過程에서의 線構造 山 Energy體

一般 地核 Energy 隆起와는 別途의 地表還元 Energy인 퇴적물이 쌓여서 再
隆起한 것으로서, Energy 分布가 부정합적으로 고르지 못하고, 또 Energy 集
積量이 均一하지 못하다. 組織特性 또한 善美한 强健質이 못되고 地表 Energy
흐름이 不規則的이다.

地表 Energy體 形成過程 中 還元過程을 막 끝낸 生起過程의 形成體이므로,
Energy 縮積과 進行이 組織的 調和 體系를 維持하지 못한다.

3. 山 Energy體 組織의 合成과 그 特性

1) 立體 Energy 構造體의 合成과 그 特性

(1) 分擘 Energy의 合成과 節(立體 Energy)

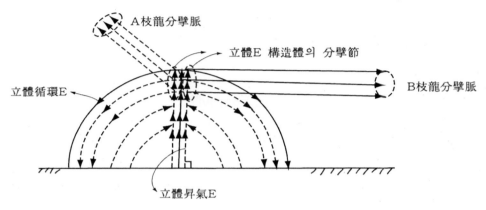

〈그림 2-100〉 分擘 Energy의 合成과 節(立體 E)

※ 特性

① 上端部의 昇氣 Energy가 持續的 立體 Energy 特性을 維持하면서 分 擘節을 形成한다.

② 立體 構造體가 分擘節을 形成하게 되면, 分擘 Energy는 이때부터 $\theta = \angle 30° \times n$의 移動角을 維持하면서 Energy變位를 일으킨다.

③ 安定된 立體 分擘節에서는 垂直角과 水平角이 $\theta = \angle 90°$인 絶對安定角 을 維持한다.

④ 立體昇氣 Energy는 立體 循環 Energy와 立體分擘 Energy의 두 가 지 틀 形態로 거의 大部分의 內部 Energy를 地表 組織上에서 變位 變 易시킨다.

(2) 橈棹 Energy의 合成과 節(立體 Energy)

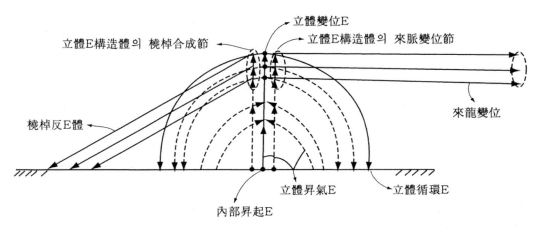

〈그림 2-101〉橈棹 Energy의 合成과 節(立體 E)

※ 特性
① 上端部의 循環 Energy는 立體昇氣 Energy에 의해 橈棹 反 Energy 體로 變易한다.
② 上端部의 昇氣 Energy는 立體變位 Energy에 의해 來龍變位脈을 形成한다.
③ 橈棹合成節과 來脈變位節은 거의 동시에 同所에서 形成되나, 그 構造 合成은 위의 그림과 같이 組織된다.
④ 來龍脈 變位脈의 變位角은 橈棹 Energy 反作用 特性에 해서 決定된다 (橈棹 Energy 發生 時는 必히 來脈變位 Energy가 發生한다).
⑤ 立體昇氣 Energy는 地表組織上에서 循環 Energy 또는 他 組織 Energy로 變易한다.
⑥ Energy 構造圖

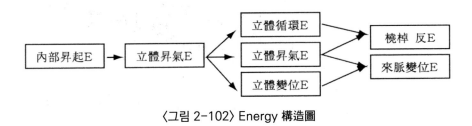

〈그림 2-102〉Energy 構造圖

(3) 支脚 Energy의 合成과 節(立體 Energy)

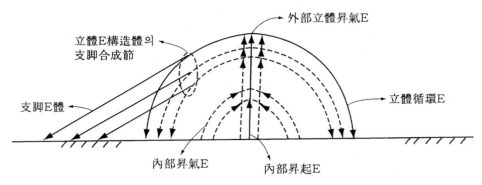

<그림 2-103> 支脚 Energy의 合成과 節(立體 E)

※ 特性

① 上端下部의 立體循環 Energy가 支脚 Energy體로 變易한다.

② 支脚 Energy體는 立體構造 本身의 均衡維持 目的裝置다.

③ 支脚 Energy가 發生 時는 立體變位 Energy는 發生치 않는다.

④ 立體昇氣 Energy가 太强하지 못하여 Energy 變位가 不必要할 境遇나, 立體構造 本體의 不安定이 發生 時, 一時 安定 手段으로 支脚 Energy가 發生한다.

(4) 止脚 Energy의 合成과 節

① 立體構造 山 Energy體에서의 止脚 Energy體 發生은 매우 特殊한 境遇가 아니고는 發生하지 아니하고, 거의 大部分이 分擘 Energy體의 末端에서나 橈棹 및 支脚 Energy體 末端에서 形成되어 本身 Energy體의 最終安定을 도모한다.

② 立體分擘 Energy體와 立體止脚 Energy體의 區別은, 그 Energy體의 後端 變位節과 本體 變位形態로서 判斷한다(無變 止脚, 變位 本體).

2) 線 Energy 山脈 構造體의 合成과 그 特性

(1) 枝龍分擘 線 Energy體의 合成과 節(線 Energy體)

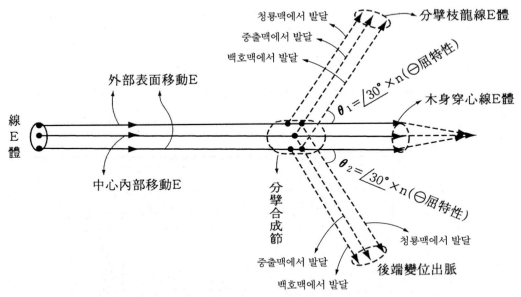

청룡맥에서 발달 → 分擘枝龍線E體
중출맥에서 발달
백호맥에서 발달

外部表面移動E

線 E 體

中心內部移動E

分擘合成節

중출맥에서 발달
백호맥에서 발달

$\theta_1 = \angle 30° \times n (\ominus 屈 特性)$

木身穿心線E體

$\theta_2 = \angle 30° \times n (\ominus 屈 特性)$

청룡맥에서 발달

後端變位出脈

〈그림 2-104〉 枝龍分擘 線 Energy體의 合成과 節(線 Energy體)

※ 特性 : Energy 再生産 安定裝置

① 枝龍分擘 線 Energy體는 그 分擘秩序가 分明하다.

② 分擘秩序는 $\theta = \angle 30° \times n$ 原則을 지킨다.

③ 本身 線 Energy體와 分擘線 Energy體 간 接續角은 Negative($\ominus$) 構造의 陰屈 特性을 지닌다.

④ 分擘 線 Energy體의 特性은 반드시 後端 變位節을 낳는다.

⑤ 分擘 合成節의 特性

　㉠ 二分擘 合成節 : 立體的 聚突 Energy 合成節과 平面的 線 Energy 合成節의 두 가지 特性을 지닌다.

　㉡ 三分擘 合成節 : 立體的 聚突 Energy 合成節이 形成되지 않는 分擘은 無記 分擘節이다.

　㉢ 多分擘 合成節 : 全的으로 立體 聚突 Energy 合成節이 된다.

(2) 橈棹 Energy의 合成節과 그 特性(線 Energy體)

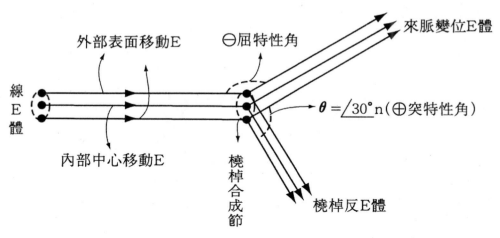

외부表面移動E ⊖屈特性角 來脈變位E體

線 E 體

內部中心移動E 橈棹合成節

$\theta = \angle\ 30°\,n\,(\oplus 突特性角)$

橈棹反E體

〈그림 2-105〉橈棹 Energy의 合成節과 그 特性(線 Energy體)

※ 特性 : Energy 變易 安定裝置

① 橈棹 合成節의 Energy 變位角은 $\theta = \angle 30° \times n$이 基本이고, 그 變位處
는 반드시 ⊕突特性의 Positive 特性角을 形成한다.

② 따라서 左旋 變位 合成節은 左突 特性角이 形成되고, 右旋 變位 合成節
은 右突 特性角이 形成된다.

③ 橈棹 合成節이 左突 또는 右突 特性角을 形成하게 되는 것은 그 合成節
의 變位点에 橈棹 反 Energy가 供給되고 있음을 意味한다.

④ 分擘變位点의 陰屈特性이 Energy 分擘을 目的으로 함에 비해, 橈棹
Energy에 의한 線 Energy 變位点의 陽突特性은 進行 Energy 補完
變易을 目的으로 함이 다르다.

(3) 支脚 Energy의 合成節과 그 特性(線 Energy體)

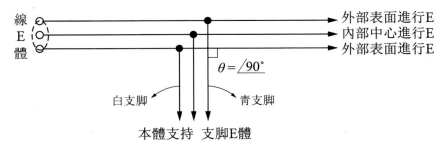

外部表面進行E
內部中心進行E
外部表面進行E

$\theta = \angle 90°$

白支脚   靑支脚

本體支持 支脚E體

〈그림 2-106〉支脚 Energy의 合成節과 그 特性(線 Energy體)

※ 特性 : Energy 維持 安定裝置
　① 本身 線 Energy體를 支持 維持하는 目的 Energy이므로, 그 合成節의
　　基本 接續角은 $\theta = \angle 90°$를 形成한다.
　② 支脚 接續点의 形態는 陰屈의 Negative(⊖) 特性이다.
　③ 支脚 Energy體의 Energy 흐름은 出氣作用도 反作用도 아닌 安定維
　　持 作用인 無記 Energy體이다.

(4) 止脚 Energy 合成節과 그 特性(線 Energy體)

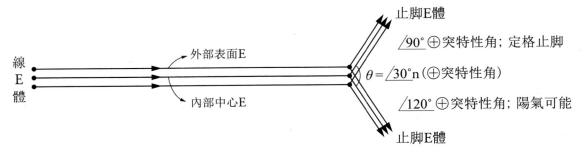

止脚E體

$\angle 90°$ ⊕突特性角; 定格止脚

$\theta = \angle 30°n$ (⊕突特性角)

$\angle 120°$ ⊕突特性角; 陽氣可能

止脚E體

外部表面E

內部中心E

線 E 體

〈그림 2-107〉止脚 Energy 合成節과 그 特性(線 Energy體)

※ 特性 : Energy 停止 安定裝置
　① 本身 Energy體, 橈棹 Energy體, 支脚 Energy體, 分擘 Energy體,
　　鬼官曜體 等 山 Energy體의 最終端 安定을 目的으로 하므로 반드시
　　雙脚 Energy體이다.

② 本身 Energy體의 平等 平穩 安定을 위해 $\theta = \angle 30° \times n$의 陽突 特性角을 形成한다.

③ 分擘 特性과 다른 점은 單節 Energy體이면서 內面角이 ⊕突의 Positive 特性角이다.

第3章 　　　　　　　　　　　　　　　　　　　局論

제1절 四神砂 Energy體의 形成 秩序와 그 特性

1. 四神砂 Energy體의 槪念(원형응축동조에너지장 형성)

　四神砂 Energy體란, 穴核 Energy의 最大 凝集을 위해 穴場을 둘러싼 周邊 局內 同調 Energy場을 生成 維持해주면서 穴場 Energy體를 育成 凝縮해주는, 穴 形成의 必須不可缺한 構成 條件을 지닌 Energy體를 말한다.

　이들 Energy體는 主를 玄武 Energy體로, 緣分을 靑龍·白虎·案山 Energy體로 하여, 서로 相對的이며 同調的인 均等 Energy場 關係를 形成, 相互 均衡된 Energy를 受授 交換하면서 穴星 Energy體를 凝縮 同調하는 것이 根本 使命이다.

　穴場의 形態特性 및 諸 Energy 特性과 穴核 Energy의 善·惡·美·醜, 大·小·强·弱을 決定하고, 이를 育成 維持하기 위하여 穴星의 入力 Energy 와 出力 Energy를 調整 管理하면서, 局 同調 Energy場의 容器的 役割과 그 機能을 담당하기도 한다.

　이러한 까닭에 四神砂 Energy體는 그들 各各의 Energy 特性이 最善吉하고 完美한 것이어야 함은 더 말할 나위도 없지만, 이보다 더 重要한 것은 이들 四神砂 Energy場이 만들고 있는 合成同調 Energy場의 調和特性이 보다 善吉하여야 하고 보다 完美한 것이어야 한다. 이와 같이 穴核 Energy 및 穴星 Energy를 生成 育成 維持하고 管理 保存하면서, 穴 Energy 및 穴 Energy場의 善·惡·

美·醜, 大·小·强·弱의 諸 特性을 調節 發生케 하는 四神砂의 形成 秩序와 그 特性들에 對해서 좀 더 考察해보기로 하자.

2. 四神砂의 凝縮 Energy 發生 原理圖

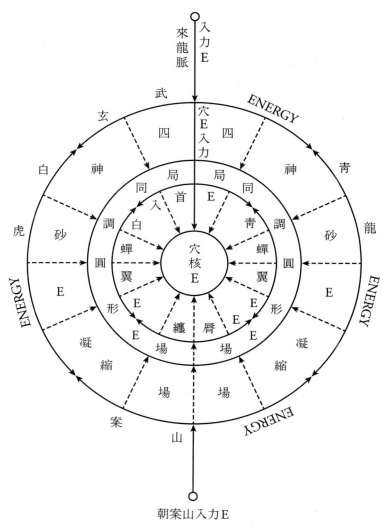

〈그림 2-108〉 四神砂의 凝縮 Energy 發生 原理圖

(1) 四神砂 Energy體에 의한 Energy가 發生하면,

(2) 四神砂 Energy 凝縮場이 形成되고, 이에 따른 局 同調 圓形 Energy場이 形成되어 穴 入力 Energy를 圓形 穴場化시킨다.

(3) 圓形穴場인 入首·蟬翼·纏脣 Energy는 다시 穴心 Energy를 再凝縮하여, 圓形 圓滿의 穴核 Energy 果를 生成시킨다.

3. 四神砂의 圓滿凝縮 同調 Energy場 形成 原理圖

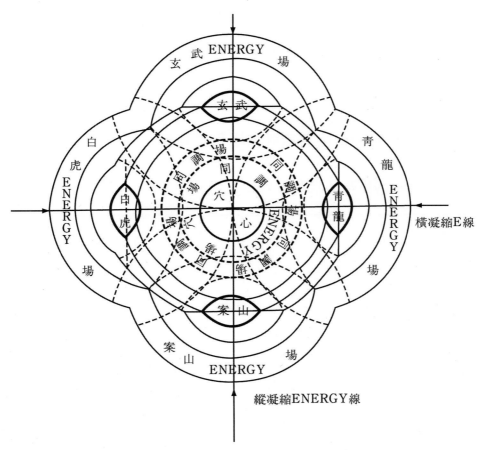

〈그림 2-109〉四神砂의 凝縮 同調 Energy場 形成 原理圖

(1) 玄武 Energy場 : 縱凝縮 Energy場

穴心 및 穴場의 良質 安定 Energy 供給을 위해, 來脈入力 Energy를 再聚合

補强하면서 案山 Energy體와 相互均衡 Energy場을 形成하여 縱凝縮 Energy 를 發生시킨다.

(2) 靑白 Energy場 : 橫凝縮 Energy場

玄武 Energy場의 穴心 Energy 供給作用을 돕고 穴場을 保護하기 위해, 關 鎖 機能을 發揮함으로써 縱凝縮 Energy도 發生시킨다.

(3) 案山 Energy場 : 縱凝縮 反 Energy場

玄武 Energy體와 均衡 Energy場을 維持하면서 穴心 및 穴場에 縱凝縮 反 Energy를 供給한다.

4. 四神砂의 同調 Energy場 形態別 穴場 形成 略圖

1) 善吉 同調 Energy場과 그 穴場 및 穴心

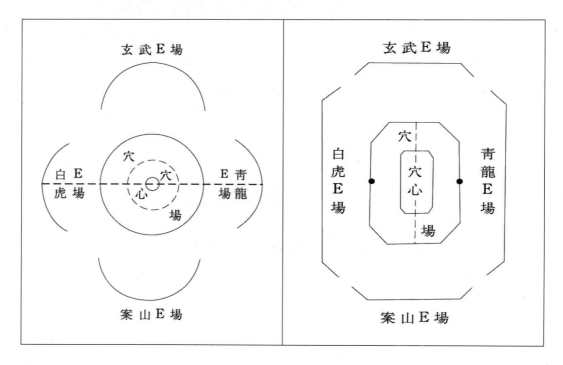

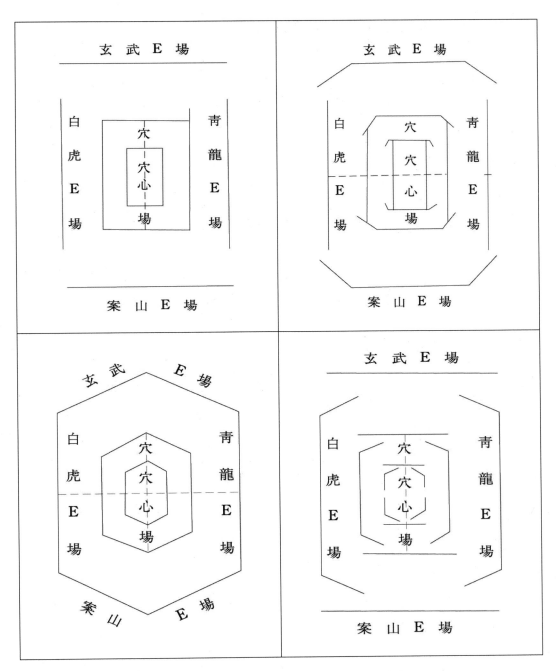

〈그림 2-110〉善吉 同調 Energy場과 그 穴場 및 穴心

2) 惡凶 干涉 Energy場과 그 穴場 및 穴心 略圖

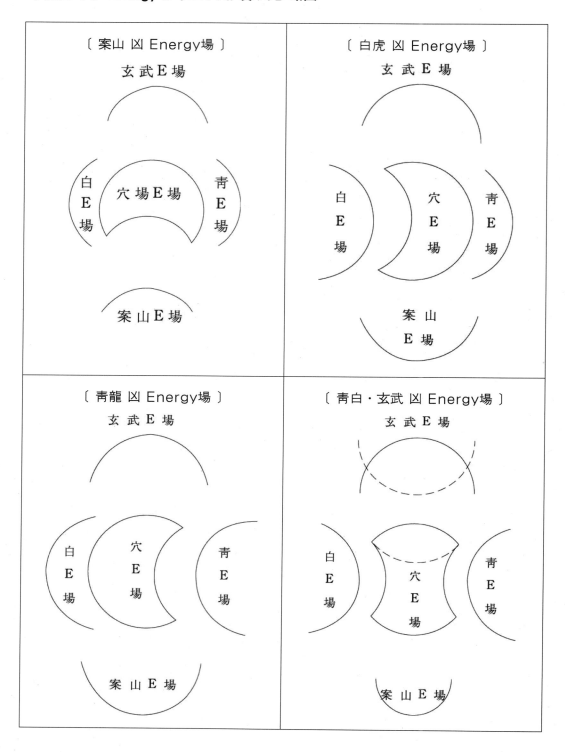

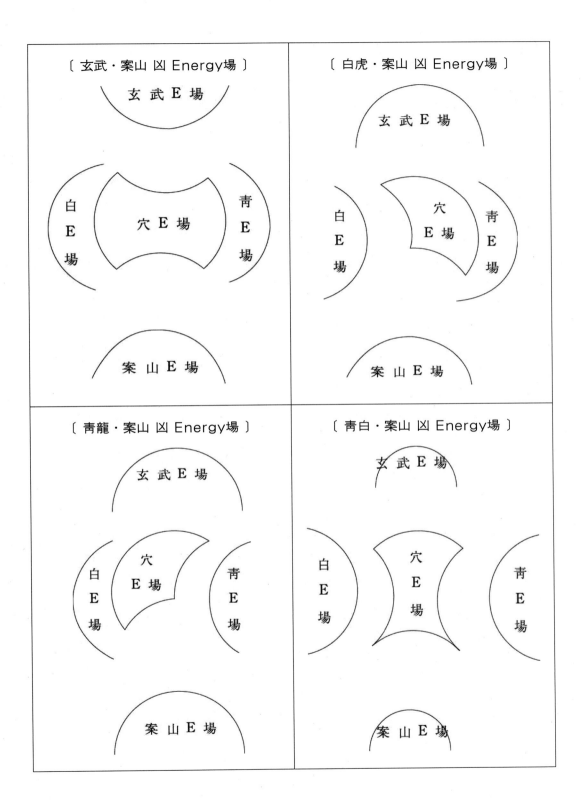

〔 玄武・案山 凶 Energy場 〕

玄 武 E 場

白 E 場

穴 E 場

青 E 場

案 山 E 場

〔 白虎・案山 凶 Energy場 〕

玄 武 E 場

白 E 場

穴 E 場

青 E 場

案 山 E 場

〔 青龍・案山 凶 Energy場 〕

玄 武 E 場

白 E 場

穴 E 場

青 E 場

案 山 E 場

〔 青白・案山 凶 Energy場 〕

玄 武 E 場

白 E 場

穴 E 場

青 E 場

案 山 E 場

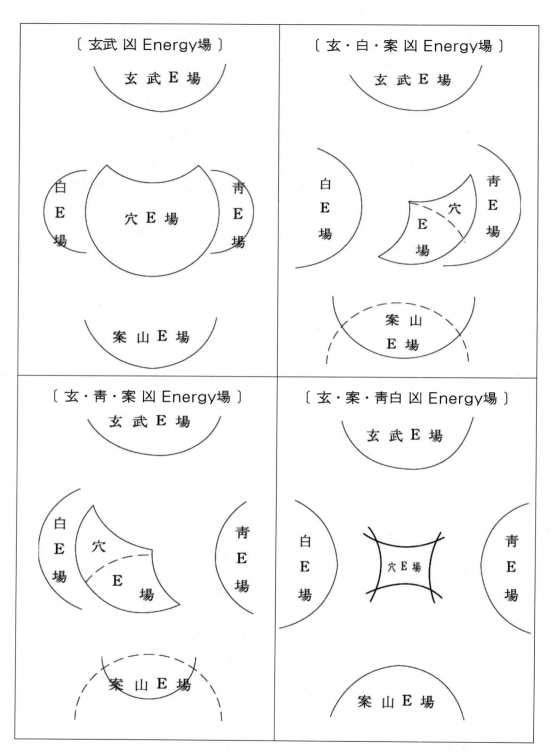

〈그림 2-111〉 惡凶 干涉 Energy場과 그 穴場 및 穴心 略圖

제2절 玄武 Energy體의 形成 秩序와 그 特性

玄武 Energy體는 主山으로부터 흘러 내려오는 本身龍脈 Energy를 穴場과 穴心에 傳達하기 위한, 穴星에 가장 近接한 入脈 Energy 集合處로서, 穴心에 最終 安定 Energy를 供給 維持 調節해주는 一種의 山 Energy 入力 調整體이다.

모든 穴星의 形態 및 Energy 特性을 決定하고 局 空間 Energy場의 主導的 同調形成 役割者로서의 使命을 다하면서, 穴心核 Energy의 生成 維持 保全은 勿論, 그의 善·惡·美·醜, 大·小·强·弱의 諸 Energy體 特性을 主體的으로 결정짓는 四神砂 Energy體 中, 가장 重要한 山 Energy 集合 供給體이다.

이러한 까닭에 玄武 Energy體는 무엇보다 圓滿 端正해야 하고 最善 最吉해야 하며, 그 Energy 力價 또한 最强大하여야 한다.

穴星에 供給되는 玄武 Energy가 良質의 特性을 維持하지 못하게 되면, 이로 인한 局 空間 Energy의 同調場은 不良 不實해지기 마련이고, 穴 入力 Energy 또한 不良 不實해지게 되어 穴心 Energy 및 그 Energy場은 自然 粗惡 不善해진다.

이러한 四神砂 Energy體의 主 管理役割을 담당하고 있는 玄武頂 Energy體의 形成秩序와 그 特性에 關하여 調査 考察해보기로 한다.

1. 出身 形態別 形成秩序와 諸 特性

1) 正變易 來龍脈에 의한 玄武頂 Energy體

一般的으로 玄武頂 Energy體는 그의 本身山 來龍脈 形態가 어떠한 特性을 지녔는가에 따라 各各 다른 性相과 Energy 力價를 나타내게 되어 있다.

이것은 玄武頂 Energy體가 形成 發達되는 가장 基礎的인 秩序가 本身 祖宗의 Energy 特性 形態에서 變易되고 있다는 것을 意味한다.

이러한 基本秩序 形態가 正變易 來龍脈을 構成하고 있을 때 이에 의해 形成되는 玄武頂 Energy體는, 거의 大部分이 正分擘 均衡 Energy를 兩邊에 두고 中

央에 Energy 中心軸을 構築하면서, 正中으로부터 穴星 入首脈을 出脈시키는 매우 安定的인 Energy體가 되는 것이 보통이다.

따라서 正變易 來龍脈의 中心 本身 Energy 흐름이 玄武 Energy體에 聚氣되지 않는 限, 어떠한 形態라도 위와 같은 均衡된 正分擘 安定과 中心出脈 入首脈을 形成한다는 것은 不可能하다.

橫變易 開帳 玄武 Energy體와 類似한 것 같으나, 엄격한 觀察로 確認한다면 반드시 入脈 分擘特性과 安定構造 特性이 크게 다르다는 것을 쉽게 發見할 수 있다.

善吉 美麗한 性相特性과 長强正大한 Energy 力價 特性을 지닌 Energy體로서 가장 理想的인 入首脈을 出脈시키는 最安定 玄武構造 形態를 갖추고 있다.

2) 橫變易 開帳脈의 玄武 Energy體

대체적으로 橫變易 開帳脈이 玄武頂이 되거나, 그로부터의 出身來脈이 進行되면서 橫變易이 일어나는 過程의 Energy體가 玄武頂이 되거나, 또는 正變易 來龍脈이 本身 Energy體 不實과 周邊 Energy體 干涉에 의해 橫變易 Energy體로 變易되어 形成되는 玄武頂 等은 거의가 그 局이 廣大하고 穴星 入首脈이 멀고 길다.

勿論 橫變易 形態가 本山 來龍脈으로부터 均衡分擘을 일으키며 開帳 穿心脈을 發出시키는 玄武頂 Energy體에 있어서의 局 空間과, 穴星 入首脈이 반드시 넓고 길게 形成되는 것만은 아닌 境遇도 있는데, 이러한 경우는 正變易 來龍脈에서의 均衡 分擘 玄武頂 形態와 同一하므로 여기서 말하는 橫變易 開帳脈 玄武 Energy體와는 다르게 認識해야 한다.

바꾸어 말하면 橫變易 開帳脈이나 橫變易 進行過程의 Energy 흐름은 그 形成原理上, 分擘過程이거나 進行過程의 方向性을 지닌 不安定 Energy體 移動特性으로서, 비록 穴星 入首 來龍脈을 出脈시킨다 할지라도 基礎 玄武 Energy의 不安定 要素로 말미암아, 그 安定이 構造化될 때까지는 멀고 길게 安定回復이 完成될 수 있는 곳으로 穴星 入首 來龍脈을 이끌고 갈 수밖에 없다.

이러한 까닭에 橫變易 開帳脈 또는 橫變易 進行過程의 Energy體가 玄武頂이

되는 境遇의 穴星 入首 來龍脈은 크고 길고 강하지 않으면 아니 되고, 그렇지 않으면 回龍顧祖가 되거나 傍脈傍穴이 形成될 수밖에 없다.

回龍顧祖일 境遇의 玄武頂 Energy體는 橫變易 開帳脈으로부터 멀리 떨어져 나간 후에, 穴星 聚氣 直前에서 반드시 小 玄武頂을 일으키면서 祖山 開帳脈을 案山 Energy源으로 삼는 形態이기 때문에 實際로 橫變易 開帳脈이 玄武頂이 될 수는 없다.

傍脈 傍穴이 形成되는 境遇에 있어서도, 대개의 穴脈이 善吉한 Energy를 供給받고 繼續 維持를 하려면 玄武頂 Energy의 흐름이 安定되지 않으면 아니 되는데, 橫變易 進行過程의 Energy體는 다른 再安定處를 찾으면서 Energy를 移動시키고 있는 狀態인 까닭에, 비록 穴星 入首脈을 出脈시킨다 해도 成穴 Energy는 主脈 Energy의 흐름을 따라 기울게 따라가지 않을 수 없다.

이렇게 形成된 穴의 形態는 進行 中의 橫變易 Energy體 영향을 받아 自然히 한쪽 결을 쫓는 結果가 되고, 이러한 穴의 玄武頂 Energy體 役割은 不安全하지만 進行 中의 橫變易 Energy體가 담당하는 수밖에 없어서 善美하거나 強大함을 發見키는 어렵다.

3) 縱變易 來龍脈에서의 玄武 Energy體

縱變易 來龍脈에서 玄武頂이 發達하는 形態는 대체적으로 左旋 또는 右旋 入脈 形態의 聚氣 Energy體가 되기 쉽다.

이러한 境遇의 穴星 入首來脈 發生은 주로 左出脈이거나 右出脈이거나의 두 種類가 되는 것이 보통이고, 간혹 中出脈이 發生하기도 하나 그리 흔하지 않기 때문에 直入脈 形態의 聚氣 Energy體 發達은 거의 發生치 않는다.

이와 같은 聚氣 Energy體 玄武頂은 安定的인 Energy 均衡을 維持하면서 穴星에 Energy를 供給하지 못하는 까닭에 대개의 境遇, 穴星 聚氣 入首處에서 再安定 均衡 Energy를 確保하거나, 玄武頂 Energy體의 缺陷要素를 補完安定케 함으로써 玄武 Energy體의 役割機能이 完美롭게 調節되도록, 特別히 同調되는 周邊砂 Energy體의 關係作用 特性이 매우 良好해야 한다.

善美強大한 上品格의 Energy體 形成은 매우 어렵고, 中・下品의 Energy體

形態가 많은 關係로 裁穴時 玄武頂 Energy體의 中心 Energy 線을 정확히 把握하여 使用하지 않으면 아니 된다.

따라서 縱變易 過程에서 形成되는 玄武頂 Energy體는 그의 中心 品 내에 穴場을 간직하기가 어렵고 한쪽으로 치우칠 境遇가 많아, 樂이나 托 Energy體를 發達시켜 穴場 安定을 도모케 한다.

善惡・美醜의 性相特性과 大小・强弱의 Energy 力價特性은 正變易 玄武頂 Energy體에 미치지 못한다.

4) 垂變易 來龍脈에서의 玄武 Energy體

垂變易 來龍脈은 그 祖山으로부터의 出身 來脈이 매우 孤遠하게 이끌려가면서 크게 머물거나 開帳 分擘을 일으키지 못하고, 起伏에 의한 小分擘이나 聚氣頂 程度의 變易을 일으키며 玄武頂 Energy體를 形成하는 것이 大部分이다.

이러한 玄武頂 Energy體는 그 均衡과 安定이 不完全하고 Energy 中心線이 매우 弱하고 微細하기 때문에, 穴星을 크게 일으키게 하거나 局 Energy場을 圓滿하게 均衡 同調시키지 못하고 結局 玄武 Energy體 스스로의 Energy場 安定이 흔들림은 勿論, 外部 Energy의 干涉作用에도 破壞 당하기가 쉽고 기울어지기가 쉽다.

祖山 Energy體와 그 來龍脈이 强健 長大할 境遇는 간혹 훌륭한 朝案을 만나 開帳 穿心脈을 發出하기도 하지만, 대개의 境遇는 거의가 孤龍 出身 來脈의 單純 聚氣 玄武 Energy體로 形成되는 까닭에 粗惡 虛弱한 것이 대부분이라 해도 過言은 아니다.

玄武 Energy體로서 自力 成就가 어렵고, 左右 保護砂와 朝案 Energy體의 善惡・美醜・大小・强弱 特性에 따라 玄武 Energy體 特性이 크게 바뀌게 되는 것은 垂變易 來龍脈에서 특히 다른 点이라고 말할 수 있다.

善惡・美醜의 諸 性相特性과 大小・强弱의 諸 Energy 力價特性은 縱變易 來龍脈의 玄武 Energy體 特性에 미치지 못하는 것이 一般的이다.

5) 隱變易 來龍脈에서의 玄武 Energy體

隱變易 來龍脈에서는 來脈 Energy體 모습이 地表 上에 뚜렷이 나타나는 境遇가 드물고 거의 대부분이 地表下로 숨어들어 있기 때문에 그 Energy 흐름도 마찬가지로 地表 下에 스며 흐른다.

이러한 까닭에 마치 玄武頂 Energy體와 小祖山과는 매우 먼 거리에서 떨어져 나온 듯 斷脈現象을 일으키게 되는데, 實은 斷脈과는 다르게 界水 分水를 維持하면서 Energy 흐름이 持續되는 것이므로 斷脈現象은 결코 아니며, 다만 隱脈現象이 그렇게 나타나고 있을 뿐이다.

이와 같은 現象은 地表 Energy體 흐름이 正常的인 秩序를 維持하지 못하고 一時 停止하거나, 弱小한 來脈 Energy가 再安定 移動時에 나타내는 모습으로서 이때에 發達하는 玄武頂 Energy體는 自力形成이 거의 어렵고, 周邊 四神砂 Energy體의 同調作用에 의해 形成되는 것이 보통이다.

따라서 玄武 Energy體는 四神砂의 均等 同調場 中心에서 發生하는 것이 原則이고, 이러한 玄武 Energy體는 그 穴星을 可能한 最近接의 出脈處에서 結成케 하는 것이 特徵的이다.

또 때로는 小規模 玄武頂을 形成, 짧은 變易 속에서 玄武頂을 入首頭腦로 삼고 結穴케 하는 境遇도 隱變易 來龍脈에서는 가끔 볼 수 있는 現象이다.

上品은 그 性相이 端雅하고 善美하며 Energy 力價 또한 健實하나, 中品은 小美하며 下品은 獨山 또는 朱雀砂가 되기 쉽다.

2. 構造 形態別 諸 特性

1) 水體 線形構造 玄武 Energy體의 善·惡·美·醜, 大·小·强·弱 諸 特性

玄武頂의 構造形態가 水體 線形 Energy 構造體를 形成하고 있는 것은 玄武 Energy體와 穴星과의 Energy 授受 흐름이 相互 直角 丁字 線構造의 出脈形態를 이루고 있을 때이다.

이러한 玄武頂의 Energy體는 ∠180° 開帳, ∠90° 穿心의 構造形態를 取하고 있는 것이 대부분인데, 上品의 開帳 穿心 玄武 Energy體는 그 Energy場과

穴星 간의 同調凝力 Energy 線이 丁字, 一字, 十字의 形象을 띄우면서, 매우 安定的인 Energy를 穴星에 供給하고 또 調節한다.

이와 같은 玄武 Energy體는 대체적으로 그 性相이 매우 善美하고, Energy 力價 또한 대단히 强大 長遠한 特性을 지니고 있는 것이 特徵的이다.

鬼砂 Energy體 및 樂砂 Energy體에 의한 一字, 丁字 形態의 玄武 Energy 場도 一種의 水體 線形構造를 形成하는데, 이 境遇의 玄武 Energy 또한 十字形 Energy體나 王字形 Energy體의 特性에는 미치지 못하더라도 그 性相과 Energy 力價特性은 善美하고 强大한 것들이 많이 發見되기도 한다.

그러나 水體 線形 玄武 Energy體의 下品格은 그 Energy 흐름이 橫脈 進行 過程이거나 傍脈 進行過程이 거의 全部이기 때문에, 그 Energy場은 기울어지거나 뒤틀리는 境遇가 많아 傍穴이나 側腦穴을 作하기가 매우 쉽다.

2) 金體 圓形構造 玄武 Energy體의 善·惡·美·醜, 大·小·强·弱 諸 特性

玄武 Energy體의 構造形態가 圓狀을 形成하고 있는 것은 그 來脈 Energy體의 安定秩序가 거의 完成段階에 到達하고 있다는 것을 標證하는 것으로서, 線構造 Energy體보다 力强한 Energy 供給은 不足할지라도 Energy 質的 安定은 매우 良好한 狀態에서 穴星 Energy를 供給 管理하게 된다.

Energy體 後面 正中으로부터 來龍이 入脈되고, 兩邊으로는 靑龍 白虎의 均衡있는 Energy體가 安定的으로 發達하게 되며, 中心 前面으로 가장 安定된 穴星 Energy가 發出되는 玄武 Energy體는 分明 圓形構造狀의 理想的 金體 Energy 特性을 確保하게 되는 것으로서, 善美한 性相特性과 强大한 Energy 力價特性을 維持 供給 管理하는 反面, 中央 入脈이 못되고 兩邊 靑白 Energy體의 均衡 保護를 同伴하지 못하며, 中心出脈 穴星이 不完全한 玄武頂 Energy體는 비록 圓形金體 構造를 形像하고 있긴 하나, 그 Energy場 特性이 일그러져 粗惡하며 Energy 흐름 또한 圓滿치 못하고 不良한 것이 대부분이다.

一般的으로 金體 圓形構造 玄武 Energy體에서는 그 Energy 安定이 거의 대부분이 中央部 中心에 있게 되는 것이 原則으로 되어 있어서, 穴星 入首脈이 發出되는 過程 亦是 中心出脈이 가장 理想的이며 安定的이고, 玄武頂 이마로부터

의 出脈은 다소 不安定的이며 不良해지기 쉽다.

그리고 또 玄武頂의 $\frac{1}{3}$ 以下 下端部에서 穴星 入首脈을 出脈시키는 境遇가 있는데, 이때의 成穴 入脈 Energy는 玄武頂 自體 Energy 維持 保存 安定 特性에 따라 比較的 적은 量의 入脈 Energy만 供給될 뿐, 玄武 Energy體의 旺盛한 Energy 供給 및 調節能力은 底下되는 粗惡한 Energy 同調場을 形成하게 된다.

이러한 玄武頂은 穴星을 위한 Energy體로서는 適合한 것이 못되며, 간혹 玄武當體에서 穴星이 同時 發達하는 境遇가 있기도 하다.

그러나 Energy體 中心에서 穴星 安定을 確保하지 못하는 限, 他 外廓 언저리에서의 成穴은 크게 기대할 수 없는 것이며, 或, 穴星 安定處가 發生된다고 해도 그 性相 및 Energy 力價特性은 良好하게 나타나지 않는다.

3) 土體 平垣構造 玄武 Energy體의 善·惡·美·醜, 大·小·强·弱 諸 特性

土體의 玄武頂은 方平潤厚한 몸체로서 平垣과도 같이 穴星을 두르거나, 穴星 뒤에서 垂頭하여 穴 Energy를 供給 育成 調節하고 維持하는 强力 重厚한 Energy 同調場를 內藏하고 있는 것이 다른 玄武頂 Energy體와 다르다.

土體 玄武 Energy體의 形成秩序를 觀察해보면, 거의 대부분이 正變易 來龍 脈에서 超强力 Energy 入力을 받아, 正分擘 및 正變易 開帳 穿心을 理想的으로 完成하는 形態로서 最强 長大한 Energy와 最善 完美한 Energy場을 形成함으로써 穴星에 最安定 構造의 同調 Energy場을 供給하게 된다.

土體 平垣構造 玄武 Energy體에서 出脈되는 穴星 入首 Energy는 대체적으로 王字, 十字, 一字, 丁字形의 매우 强健 厚德한 最優良質로서 그 Energy 세기와 크기 또한 가장 뛰어난 完美 最善吉의 Energy場을 維持한다.

下品格은 來脈 및 出脈이 正變易 正分擘 開帳 穿心이 아닌 關係로, 方平 潤厚한 Energy體 形態를 完成하지 못하고 일그러지거나 뒤틀리는 Energy場이 發生한다. 性相特性 亦是 善美함이 不足하고 Energy 力價特性 또한 强大함이 없다.

4) 木體 直 構造 玄武 Energy體의 善·惡·美·醜, 大·小·强·弱 諸 特性

玄武頂 Energy體가 그 安定構造를 形成함에 있어서 來龍入脈으로부터는 直上 集合構造를 일으키고, 穴星 入首脈을 出脈하는 過程에서는 直下 安定構造를 일으키는 것이 木體 直構造 玄武 Energy體의 形成秩序인데, 이러한 Energy體의 中心은 下部構造 中央에 있게 되는 것이 보통이고 그 Energy 흐름은 急速 長大함이 特徵的이다.

穴星 入首脈의 出脈形態는 上端部 出脈과 中端部 出脈, 下端部 出脈의 3가지 形態로 區別할 수 있는데, 上端部로부터의 出脈形態는 玄武 Energy體와 穴星 Energy體가 相互 安定構造를 構築하지 못한 不安定 Energy 흐름에 의한 出脈으로서, 그 Energy의 特性은 進行 移動的이며 玄武 Energy體와는 干涉的 離散 特性을 지닌 까닭에 穴星 入首脈으로서의 Energy 흐름은 比較的 虛弱하거나 亂暴 不善한 硬直性의 不良質이 되기 쉽다.

中端部로부터의 出脈形態 또한 玄武 Energy體의 安定維持 Energy가 理想的 安定 環境構造를 確保하지 못한 채 出脈되는 現象으로서, 穴星 入首脈 Energy 흐름 亦是 硬直性의 不安定을 벗어버리지 못한 太過脈이거나 不及脈이 되기 쉽다.

下端部로부터의 出脈形態는 一端의 玄武 Energy體가 그 本來의 聚氣安定 目的을 完成하고 出脈하는 것으로서, 그 構築 Energy 및 Energy場은 매우 安定的이다. 穴星 入首脈 Energy 흐름 亦是 가장 理想的인 安定移動으로서 그 性相은 善美한 良質特性이고 Energy 力價 또한 强健長大하다.

5) 火體 尖 構造 玄武 Energy體의 善·惡·美·醜, 大·小·强·弱 諸 特性

火體 尖 構造의 玄武 Energy體는 거의 大部分이 內部 Energy를 外部로 發散케 하는 地球表面 Energy 移動特性에 따르는 것으로서, 山 Energy體가 循環 Energy 安定移動을 위한 聚氣體가 아니라, 地核 Energy 發散移動을 目的으로 하고 地表 Energy體 隆起特性을 보다 强하게 나타내는, 매우 不安定的이고 散氣 消滅 指向的인 Energy體이다.

따라서 그 Energy 흐름이나 Energy場 特性 또한 安定的이거나 善美 同調的

이기보다는, 突發 散慢的이고 燥暴 剛烈的인 特性이 强하게 나타난다.

穴星 入首脈 Energy 흐름 亦是, 上端部나 中端部로부터의 出脈 Energy는 玄武 Energy體가 지닌 特性과 同一한 特性을 繼承하는 까닭에 火急 不安定하고 散亂 無情한 Energy 흐름을 지니고 있다.

그러나 下端部로부터의 出脈이 散亂 火急함을 벗어나고 다소의 行龍變易을 일으키게 된 후 穴星 入首脈을 形成하게 되면, 火體 玄武 Energy가 지닌 獨特한 特性의 예리함과 섬세함이 强健한 出脈을 만나 한층 뛰어난 Energy 흐름으로 變易될 수 있는데, 이때의 Energy 性相特性은 대단히 華麗한 것이며, Energy 力價特性 또한 高貴 速强하고 變易 多樣한 매우 特徵的인 諸 特性들을 지니고 있다.

3. 玄武 Energy體의 構造形態別 出脈 Energy 特性

1) 水體 線形 構造 玄武 Energy體

　(1) Energy 中心 : 身表下
　(2) Energy場 : 圓筒形 또는 線形
　(3) Energy 흐름 : 線表 移動
　(4) Energy 出脈点 : 在面 在表

2) 金體 圓形 構造 玄武 Energy體

　(1) Energy 中心 : 身 中央
　(2) Energy場 : 橢圓形
　(3) Energy 흐름 : 圓面移動
　(4) Energy 出脈点 : 在腹 在中

3) 土體 平垣 構造 玄武 Energy體

　(1) Energy 中心 : 身 上部
　(2) Energy場 : 方形, 長方形

(3) Energy 흐름 : 方面 移動

(4) Energy 出脈点 : 在頭 在上

4) 木體 直 構造 玄武 Energy體

(1) Energy 中心 : 身 下部

(2) Energy場 : 柱形

(3) Energy 흐름 : 柱 線 移動

(4) Energy 出脈点 : 在足 在根

5) 火體 尖 構造 玄武 Energy體

(1) Energy 中心 : 尖上

(2) Energy場 : 尖直形

(3) Energy 흐름 : 上昇 移動

(4) Energy 出脈点 : 脫變身後 在金水 在中

제3절 靑·白 Energy體의 形成秩序와 그 特性

　靑龍·白虎 Energy體는 그 機能과 役割面에 있어서 主來脈 Energy體를 育成 保護하고, 穴場을 生成 維持 保全하는 가장 重要한 任務 遂行者이며 穴場의 담장으로서 그 울타리가 되고 있다.

　그러하기 때문에 靑·白 Energy體는 그 出身이 小祖 以下 및 玄武頂에서 分擘된 分擘枝龍에 의해 形成된 것이거나, 비록 小祖 以後 및 玄武頂에서 分擘된 枝龍脈은 아닐지라도, 本身 來龍脈과 同一한 祖山으로부터 分擘發出하여 흘러온 來龍이 本身을 따라 護從義務를 다하면서 應氣 纏護하고 穴場을 凝縮 育成 關鎖할 때까지는, 어느 것 한곳에서건 단 한 번이라도 그 脈이 끊어지거나 死龍이 되는 일이 없이 健全充實한 生龍 構造體가 基本이 되어야 한다.

　本身 主來脈 Energy體가 良好한 安定 Energy와 均衡移動을 維持하면서 成穴을 完成하기 위하여서는, 그 自身 本身 Energy體가 아무리 强健할지라도 그 스스로의 成就는 不可能한 것으로서, 거의 대부분의 本身來脈은 靑·白 Energy體의 同調場 속에서 育成되고 干涉場 속에서 破壞된다.

　靑·白 Energy體 一節이 同調함으로써, 本身 Energy體 一節이 育成 變易 增强을 일으키고 應氣 凝縮을 일으키며 이러한 同調가 繼續되면 되는 대로 入首 來脈全體가 强健 善美해지고 均衡 安定된 良質의 穴 Energy場을 形成하게 된다.

　또 靑·白 Energy體 一節이 干涉을 일으키게 되면, 本身來脈 一節도 干涉變易을 일으켜 破損 散飛케 하거나 沖射케 하여 入首來脈 Energy體를 病弱 衰殘케 하며 成穴이 不可能하게 하고 만다.

　따라서 靑·白 Energy體의 形成秩序와 그 特性을 바르게 把握하지 아니하고는, 主來脈 및 穴星 入首 Energy體의 正確한 理解 評價와 그 力量의 價値 判斷은 絶對 不可能한 것이다.

　勿論 人間이 秀乘한 境地의 地理道에 이르러 穴場만의 Energy場으로 靈的 感知와 把握 分別이 可能할지라도 亦是, 靑·白 Energy體는 第 3物證으로서의 確認 實體가 되어 最終的인 檢證資料로 認識하지 않으면 아니 된다.

1. 出身 形態別 形成秩序와 諸 特性

1) 正變易 來龍 本身脈에서의 枝龍 靑·白 Energy體

本身 主來龍脈이 正變易을 繼續할 때에는, 거의 대부분의 Energy體가 支脚과 橈棹에 依存하기보다는 枝龍 發達에 依하여 本身 Energy 흐름을 進行시키고 있음을 觀察할 수가 있다.

그러나 이러한 枝龍들은 그 發生目的이 支脚 및 橈棹의 役割이나 行龍保護 機能에 있는 것일 뿐, 靑·白 用途로서의 充實한 Energy體는 될 수가 없다.

完全 善美한 靑·白 Energy體가 되기 위해서는, 枝龍의 行龍의 進行흐름이 보다 强健하고 護從的으로 뻗어내리면서 한순간도 흐트러짐이 없이 本身來龍脈을 保護 – 育成 – 關鎖 – 凝縮시키고, 穴場 Energy를 外部干涉으로부터 保護함은 勿論 穴核 Energy를 보다 强力한 것으로 再凝縮시킬 수 있는 段階的 變易이 完成되지 않으면 아니 된다.

勿論 正變易 來龍脈에서 分擘開帳되거나, 正變易 枝龍의 成長發達에 의해서 靑·白 Energy體가 形成되는 境遇에는, 그 대부분이 靑龍·白虎의 機能과 役割을 充實히 擔當해내지만, 支脚性이나 橈棹性의 支龍 또는 分擘枝龍은 靑·白 Energy體로서의 義務와 使命을 充分히 遂行하고 있다고는 볼 수 없다.

따라서 正變易 來龍脈에서 있어서의 理想的 靑·白 Energy體는 어디까지나 正分擘이 되거나, 正變易 出身의 枝龍脈 Energy體가 아니고서는 絶對로 그 本分을 다할 수 없는 것이며, 支龍이나 枝脚 및 橈棹 出身으로부터 形成되는 靑·白 Energy體는 다만 形態일 뿐 假體에 不過한 것이다.

그런데 靑·白 Energy體가 되고 있는 正分擘 및 正變易 枝龍이 그 勢力의 지나친 分擘 및 變易 意志에 支配되어, 靑·白 Energy體로서의 機能 및 役割을 위한 護從 및 凝縮裝置인 橈棹 發生 發達意志를 忘却한 채 繼續 進行하거나, 別途로 自體 成穴을 위한 來脈形成을 持續하는 境遇가 있기도 하는데 이러한 境遇는 分明히 分擘枝龍이 個別穴星을 위해 獨立하는 過程일 뿐 靑·白 Energy體가 되려는 것은 결코 아니다.

이러한 行龍은 오히려 本身來脈을 干涉케 하고 穴星을 破損 虛弱케 만들기 일

쑤이다. 아무리 正變易 本身의 正變易 枝龍脈일지라도 그 Energy體가 靑龍·白虎의 義務를 遂行하기 위해서는, 반드시 護從凝縮의 過程이 있어야 하고 이를 完成하기 위해서는 必要 不可缺한 橈棹 反 Energy 發達에 따른 Energy體 變位 過程을 必須的으로 隨伴하지 않으면 아니 된다.

이러한 点이 正變易 來龍脈에서의 本身 Energy體와 靑龍·白虎 Energy體 간의 關係形成 秩序가 되는 것이고, 이들 關係秩序의 有無 與否와 良否如何에 따라서 各 Energy體 및 Energy場의 性相特性 및 Energy 力價特性이 달라지게 되는 것이다.

2) 橫變易 開帳脈에서의 靑·白 Energy體

橫變易 過程中의 開帳脈 枝龍이 靑·白 Energy體가 되는 境遇로서, 穿心 主來脈 Energy體를 처음부터 끝까지 均衡되게 保護 → 應氣 → 育成 → 關鎖 → 凝縮함으로써, 穿心脈 Energy를 最良質의 穴 Energy場과 穴核體로 成熟시키고 左右 局內의 橫凝縮 均衡 Energy場 造成과, 局 空間 同調平等 Energy場을 매우 效果的으로 構造化시키고 增幅시켜가는 靑·白 役割機能 Energy體로서는 매우 理想的이고 安定的인 特性의 形態라고 말할 수 있다.

특히 이 Energy體는 分擘 開帳 過程에서 發達하는 來脈 Energy의 分割體인 까닭에 靑·白 Energy體 生成秩序 中 가장 强大 長遠하며, 完美善吉한 Energy 特性을 나타내주는 것이 特徵的이라고 할 수 있다.

中·上級 以上의 品格 높은 靑·白 Energy體가 많이 發達되어 나타나고 있으나, 下品格의 構造體도 많이 發見되는 境遇가 있는데 이러한 下品格 靑·白 Energy體는 그 進行過程에서 構造內側을 向하여 橈棹 또는 枝龍을 發達시키는 것이 一般的인 特色이다.

이것은 來龍이 잦은 橈棹 및 枝龍을 發生시킴으로써 自體的 穴星을 完成시키고저 하는 意志가 强하게 作用하고 있다는 것을 意味하며, 이들 Energy體의 대부분은 本身을 破損시키고 本 穴星에 沖射 Energy를 供給하게 되어 靑·白 Energy體로서의 役割과 機能을 充實히 遂行하지를 못한다.

그러나 全體的으로 볼 때에, 보다 品格높은 良質 安定體의 靑·白 Energy를

보다 더 많이 確保維持하고 있는 것은 오로지 橫變易 開帳脈에서뿐이다.

3) 縱變易 來龍脈에서의 靑·白 Energy體

縱變易 過程中의 來龍脈에서 發生되는 靑·白 Energy體는, 주로 穿心 主來脈에서 分擘된 枝龍으로부터 生成되는 境遇가 대부분으로서, 橫變易 開帳脈에서의 靑·白 Energy體가 主來脈 穴星 Energy體의 外靑龍·外白虎 役割을 擔當한다면 이는 內靑龍·內白虎의 役割과 機能을 담당하게 된다.

正變易 靑·白 Energy體와는 다소 弱한 不均衡의 Energy 흐름에 따라, 때로는 先到·後着의 相互 隔 간 形態 發生秩序를 維持하기도 하고, 또 때로는 二重 靑·白 Energy體를 生成 發達시키기도 하며 當體 補完과 더불어 主來脈과 穴場을 保護 - 育成 - 凝縮 - 關鎖시킨다.

이와 같이 縱變易 來龍脈의 分擘枝龍에서 出發하는 靑·白 Energy體가 本身 保護로부터 關鎖에까지 이르는 秩序過程을 完了하게 되면, 이는 內로는 來脈 Energy의 充實과 外로는 局 同調 Energy場의 成熟을 意味하는 것이 되므로 그 Energy體의 性相은 善吉·美麗하고 Energy 力價 또한 强大 長遠한 것이 될 수 있으나, 그렇지 못한 다른 諸 靑·白 Energy體는 卑賤 庸劣치 않으면 虛弱·醜陋하여 來脈 本身을 刑·沖·破·害하거나 穴場을 背走 또는 壓拍하고 局 Energy場을 壞滅시키기가 쉽다.

4) 垂變易 來龍脈에서의 靑·白 Energy體

靑·白 Energy體가 垂變易 來脈에서 生成發達되는 境遇는 그리 흔하게 나타나는 것은 아니나, 때로는 纏護砂가 되어 主脈 本身龍과 穴星을 保護 育成 凝縮 關鎖하는 境遇도 가끔은 發見할 수가 있다.

그러나 垂變易 來龍脈의 Energy 特性上, 纏護目的보다는 獨立 安定目的의 出脈特性과 行脈意志가 더 强하게 作用하고 있는 까닭에, 一般的으로는 孤龍單脈이 많고 前進露出이 심해 靑·白 Energy體로서의 機能과 役割을 담당하기에는 力不足일 程度로 周邊 Energy의 刑·沖·破·害 殺에 脆弱한 Energy 構造體를 지니고 있는 것이 보통이다.

다만 이러한 垂變易 來脈 Energy體에도 Energy 흐름이 健實하고 周邊 Energy 干涉이 比較的 적은 局 Energy場을 만나게 되면, 來龍 末端部에서 橈棹 및 支脚을 發達시키고 曜星을 發生시키며 本身主脈 穴星을 纏護 凝縮 關鎖케 되어, 靑·白 Energy體로서의 使命을 다하는 境遇가 간혹 나타나게 되기 때문에 垂變易 來龍脈에서도 靑龍·白虎의 Energy體를 얻을 수가 있게 되는 것이다.

上品 龍虎는 그 性相이 比較的 善美하기도 하며 Energy 力價 또한 强健 正大하나, 下品은 粗惡 醜陋하고 고개를 자주 들거나 背走하여 凶暴하지 않으면 고개를 너무 떨어뜨려 漏洩 Energy를 增加시키게 된다.

5) 隱變易 來龍脈에서의 靑·白 Energy體

隱變易 來龍脈에서는 靑·白 Energy體가 되기 위한 枝龍 分擘活動이 旺盛하지 못한 關係로 靑龍과 白虎 Energy 및 Energy場을 圓滿하게 形成하는 境遇는 거의 드물다.

惑 어떤 境遇, 靑·白 Energy體 構造를 發達시킨다 해도 이는 部分的 形態의 單面 關係現象에 그칠 뿐 隱變易 來脈 特性上 대단히 급격한 隱伏의 龍虎 形態를 構成하게 되는 것이 一般的이다.

이는 마치 龍虎의 斷絶이나 切腰을 지닌 것과 같고 Energy의 不及에 의한 不安定 Energy場을 안고 있는 것과 같아 靑·白 Energy體로서는 매우 不良한 構造的 形態를 取하고 있다.

上品의 龍虎 Energy體는 部分的이나마 다소 纏護 凝縮 特性을 나타내어 局所的 同調 Energy場을 供給하기도 하나, 下品은 오히려 凶하기가 쉬워 그 性相과 Energy 力價 特性은 粗惡 醜陋하고 卑賤 虛弱하다.

2. 構造 形態別 諸特性

靑·白 Energy體가 지닌 諸 特性의 種類에 對하여는 다음의 세 가지 標示方法을 選擇한다.

• 性相特性 : 善, 惡, 美, 醜

- Energy 力價特性 : 大, 小, 强, 弱
- 效果 特性 : 吉, 凶, 長, 短

1) 水體 線形 來龍脈에서의 靑·白 Energy體 特性

(1) 本身 來龍脈의 分擘枝龍 出身 靑·白 Energy體

本身의 穴星 入首 來龍脈에서 出身하여 枝龍으로서의 役割 機能을 담당하면서 水體 線形構造를 形成하는 靑·白 Energy體는, 그 Energy 흐름이 유순 평등하여 主脈 穴星 入首龍에 대한 保護 維持 및 應氣가 매우 善美하고 그 關鎖 凝縮의 Energy 力價 또한 最長强함이 特異하다.

主來脈을 纏護하는 義務와 水口를 關鎖하는 使命을 가장 充實히 遂行할 수 있는 Energy 構造體로서, 玄武頂의 金體 또는 木體 Energy場을 만나고 案山의 土體 또는 金體 Energy場을 만나 局 同調 Energy場을 얻게 되면, 靑·白 Energy場은 그 極大的 上昇을 이룰 수 있는 가장 理想的인 Energy體이다.

(2) 回龍 顧祖脈의 靑·白 Energy體

回龍顧祖 穴星에서는 그 左右 어느 한 곳으로부터의 來脈이 入穴脈이 되는 것이고, 이 入穴脈은 반드시 靑龍 또는 白虎 Energy體가 되게 마련이다.

勿論 穴星 形成 直前에서 回龍顧祖하여 作穴케 되면, 몸의 靑·白 Energy體가 自然 發達하여 入穴 來龍脈은 外靑·外白의 Energy體가 되기도 하지만 어찌 되었건 回龍 入首脈이 靑龍 또는 白虎로서의 役割과 그 機能을 담당하게 되는 것은 分明하다.

이렇듯 來龍 入首脈이 左旋 또는 右旋 入脈함으로써 形成되는 本身 旋回龍脈의 靑·白 Energy體 形態構造는 原則的으로 다음과 같은 回龍條件을 維持하지 않으면 아니 된다.

첫째, 回龍中의 來脈 Energy體는 旋回點의 始作으로부터 穴星까지 如何한 橈棹 Energy도 旋回龍 內側에 發生해서는 아니 된다.

둘째, 旋回를 위한 來脈進行은 그 外側 橈棹에 依存해야 하고, 이는 分擘이 發生하는 境遇에도 마찬가지이다.

셋째, 旋回龍의 內側 支持裝置로서는 支脚 또는 止脚形成이 理想的이고 그 외의 裝置構造는 發生치 말아야 한다.

넷째, 만약 旋回龍 內側에 橈棹 Energy가 發生한 境遇에는, 入首頂 三節以內에서 別途의 靑·白 Energy體를 發達시켜야 한다.

다섯째, 回龍脈의 靑·白 Energy體가 되려면, 入首頂 Energy體는 그 Energy 進行方向을 來脈 出發處로부터 180°가 되게 하여 Energy 線을 維持해야 한다.

여섯째, 靑·白 Energy體 中 어느 一方이 回龍本身으로 이루어질 境遇에는, 다른 一方의 靑·白 Energy體는 穴場 Energy 中心線上 180° Energy 線까지는 進行 構造體 安定形態를 構築해주는 것이 가장 理想的이다.

이것은 回龍脈이 靑·白이 됨으로써 發生되는 다른 一方 靑·白 Energy의 不均衡을 補完해주는 絶對的 要件이다.

위와 같은 諸 條件이 完成되는 靑·白 Energy體는 그 性相이 善美華麗하고 Energy 力價 또한 强大長遠하다. 그러나 위의 諸 條件이 完成되지 않은 回龍 靑·白 Energy體는 비록 그 形態는 良好해보여도 穴星을 刑·沖·破·害케 하는 不良質의 Energy體가 되기 쉽다.

(3) 外山 靑·白 Energy體

來龍脈이 長遠하면 本脈出身으로부터 發出되는 枝龍이 靑·白 Energy體로 完成되어야 하는 것이 原則인데, 主脈이 不實하여 枝龍 分擘 Energy가 虛弱 不足하면 이러한 境遇 어쩔 수 없이 外山 枝龍의 도움을 받아 靑·白 Energy體 役割機能을 代身 擔當토록 하는 수밖에 없다.

그러나 이는 언제 어느 곳에서든 반드시 缺陷이 있게 마련이고, 그 缺陷을 補完 全美케 한다는 것은 거의 不可能하다고 보아야 할 것이다.

다만 穴星에서 다소간이나마 그 缺點을 補完할 수 있는 蟬翼砂 Energy의 發達狀況에 의해서만이 비로소 靑·白 Energy의 役割機能을 回復시킬 수가 있게 되는데, 外山 枝龍脈의 理想的 凝縮過程이 形成되기 前에는 이 또한 不可能해지는 것이니 結論的으로 外山 Energy體에 의한 穴場의 靑·白 Energy場은 그 完美함이 결코 不可能하다는 것을 말해준다.

2) 金體 圓形構造의 靑·白 Energy體 特性

靑龍·白虎의 Energy體가 主來脈에서 分擘되어 枝龍形態를 取하면서 金體 圓形 Energy體가 된다는 것은 대단히 드문 境遇이긴 하나, 主來脈 Energy가 强健하고 充實한 穴星 穴場을 完成하면서 發達하는 圓形 靑·白 Energy體일 境遇는, 그 性相이 대단히 善吉하고 强大 圓滿한 Energy體로서의 役割과 機能을 發揮할 수가 있다.

그러나 主來脈 Energy보다 더 强한 分擘枝龍에 의해서 金體 圓形構造의 靑·白 Energy體가 形成될 境遇는, 그 Energy場이 穴星 Energy를 部分的으로는 同調시키기도 하지만 또 部分的으로는 干涉하기도 하여, 全體的으로는 不良 不實하다고 봄이 옳을 것이다.

또 이와는 달리 外山 靑·白 Energy體가 金體 圓形構造일 境遇에는, 오히려 本身 分擘枝龍의 境遇보다 더 善美한 Energy場을 지니고 있어서 그 Energy 力價는 대단히 크고 强하다. 그러나 穴 Energy場과 同調되지 않는 金體 構造의 靑·白 Energy體는 매우 凶暴한 Energy場을 지니고 있으므로 穴場에 대한 刑·沖·破·害의 凶禍가 至大하다.

3) 木體 直構造 靑·白 Energy體의 特性

木體 靑·白 Energy體가 本身主脈으로부터 分擘된 枝龍出身의 Energy體로 되어 直上 聚突形態와 直下 收拾形態의 Energy場 構造를 形成 發達시키는 過程에서는, 제아무리 分擘枝라고 할지라도 本身의 Energy가 過多分離 供給되는 境遇라야만이 木體 直構造의 Energy體가 構成될 수 있는 까닭에, 本身 來龍脈 進行과 入首脈에 대하여는 매우 큰 損傷과 破壞를 안겨주는 경우가 많다.

그러나 本身 主脈이 旺盛하고 穴星이 强大한 곳에서 形成되는 木體 靑·白 Energy體 構造는, 强力한 本身主脈의 Energy 分擘으로 인하여 穴星을 損傷시키거나 또는 크게 刑·沖·破·害를 입히지 않으면서 良質特性의 同調 Energy 및 그 Energy場을 生成 維持시키기 때문에, 이러한 Energy體의 性相은 最善 完美하고 그 Energy 力價 또한 强健 雄大하다.

다만 部分的으로 本身 入首脈과의 不均衡 Energy場이 形成되거나 不實不良

한 Energy場을 穴星에 傳達시키는 境遇의 不善 不美한 干涉 Energy 構造는, 부득이 發生할 수밖에 없는 根源的 要因을 지니고 있게 마련이다.

4) 火體 尖構造 靑·白 Energy體의 特性

靑·白 Energy體가 火體 尖構造로 形成되는 境遇는 거의 드문 일로서 만일 形成發達된다고 할지라도, 이는 本身 Energy를 離脫 發散시킬 뿐만 아니라 穴星 入首 Energy를 破散시키는 대단히 凶惡한 Energy體이다.

아무리 아름답게 또는 理想的 善性으로 柔順하게 穴星 纏護가 이루어진다고 할지라도, 이는 假體일 뿐 대개의 境遇가 不善不良 反吉한 Energy體 構造이다.

5) 土體 平垣構造 靑·白 Energy體의 特性

一般局에서 靑·白 Energy體가 土體 平垣構造를 形成하는 境遇는, 그 生成 秩序 過程上 本身來脈 主 Energy의 單純分擘 枝龍脈으로서는 거의 不可能하다 고 봐야 한다.

原則的으로 土體 平垣構造 Energy體가 構造化되기 위해서는, 本身의 Energy 는 勿論 周邊砂의 Energy場 同調 또한 强力하게 集合되지 아니하고는 비록 小 規模의 土體 Energy體라도 形成시키기가 어려운 Energy 容量 集結秩序의 過 程上 問題點이 많다.

그럼에도 不拘하고 靑·白 Energy體가 土體 平垣構造를 이루면서 穴星 또한 圓滿한 境遇가 있다면, 이는 超强大한 來龍脈 Energy體가 最善 完美한 良質의 Energy를 保有하고 있으면서 穴星의 力量을 極大化시키고자 함이니 이러한 Energy體는 極貴極上의 靑·白 Energy體라고 말할 수 있다. 그러나 이러한 境 遇에 있어서도 靑·白 Energy體는 어디까지나 穴星에 대한 纏護義務와 凝縮使 命을 完遂하지 않으면 아니 되고 寸步라도 離脫되거나 寸刻이라도 흐트러질 때 는 그 性相과 Energy 力價는 反減되고 마는 것이다.

3. 靑·白 Energy體의 構造 形態別 諸 Energy 特性 概要

1) 水體 線形構造 靑龍 및 白虎 Energy體

（1）Energy 中心 : 身 構造 水平 中心線

（2）Energy場 形態 : 圓筒形 또는 線 Energy場

（3）Energy 安定方式 : 線移動 表皮 흐름 安定

（4）Energy 變易出氣点 : 身表脈節部

（5）Energy 凝縮 應氣点 : 在 節曲面表部

（6）Energy 性相特性 : 善美多情, 溫厚, 섬세

（7）Energy 力價特性 : 長遠 健實

（8）Energy 作用效果 : 長吉 孫强, 裕福, 仁義智

（9）發應 形態 : 遲發, 速發, 適宜發

2) 金體 圓形構造 靑龍 및 白虎 Energy體

（1）Energy 中心 : 身 構造 垂直 中心部

（2）Energy場 形態 : 橢圓形 立體 Energy場

（3）Energy 安定方式 : 圓面 移動 흐름 安定

（4）Energy 變易出氣点 : 圓面 中央 中端部

（5）Energy 凝縮 應氣点 : 在腹 中央圓

（6）Energy 性相特性 : 善美, 端正, 安溫

（7）Energy 力價特性 : 强大, 健實

（8）Energy 作用效果 : 福祿具足, 仁義, 圓滿

（9）發應 形態 : 速應, 速成

3) 土體 平垣構造 靑龍 및 白虎 Energy體

（1）Energy 中心 : 身 構造 水平 및 垂直中心 上端部

（2）Energy場 形態 : 方面, 方形 立體 Energy場

（3）Energy 安定方式 : 方面 移動 흐름 安定

(4) Energy 變易出氣点 : 身面 水平線 上端部

(5) Energy 凝縮 應氣点 : 在頭額面

(6) Energy 性相特性 : 至善 全美

(7) Energy 力價特性 : 最强 最大

(8) Energy 作用效果 : 厚德圓滿, 大昌 最吉

(9) 發應 形態 : 長旺 不絶 適宜 發應

4) 木體 直構造 靑龍 및 白虎 Energy體

(1) Energy 中心 : 身構造 垂直中心 下端部

(2) Energy場 形態 : 柱形 立體 Energy場

(3) Energy 安定方式 : 柱形 및 垂直 線形 移動흐름 安定

(4) Energy 變易出氣点 : 柱面 下端部

(5) Energy 凝縮 應氣点 : 在 根足中央部

(6) Energy 性相特性 : 善美秀麗

(7) Energy 力價特性 : 高大 强直

(8) Energy 作用效果 : 早達 官職, 仁義 藝學

(9) 發應 形態 : 速發, 速成

5) 火體 尖構造 靑龍 및 白虎 Energy體

(1) Energy 中心 : 身構造 尖端 上部

(2) Energy場 形態 : 尖直 上散形 Energy場

(3) Energy 安定方式 : 散飛上昇移動 흐름 安定

(4) Energy 變易出氣点 : 尖構造 上端 中心

(5) Energy 凝縮 應氣点 : 脫變以後 在 金水表面中心

(6) Energy 性相特性 : 華麗散花

(7) Energy 力價特性 : 强急尖銳, 多樣

(8) Energy 作用效果 : 速成 速敗, 禮, 多才多能

(9) 發應 形態 : 速發, 速應

제4절 案山 Energy體의 形成秩序와 그 特性

1. 案山 Energy體의 形成과 그 役割 槪要

案山 및 朝山은 穴場 Energy體의 最終 停止安定을 위해 주로 穴板의 縱凝縮 Energy 및 그 Energy場을 供給한다. 穴核 Energy의 圓滿한 構成을 維持하기 위해 四神砂 中 玄武 Energy 및 그 Energy場과 相互關係 先到하여 穴 纏脣 Energy를 育成 保護함은 勿論, 局 Energy 및 그 Energy場의 漏洩을 防止함으로써 局 安定 同調 Energy場의 理想的 마무리를 決定하는 重要 役割特性을 지니고 있다.

이러한 役割 特性機能은 반대로 局 Energy 및 그 同調 Energy場을 漏洩시켜, 穴場 Energy를 洩氣시키고 穴板凝縮 Energy를 뒤틀리게 하여 破壞시키기도 한다.

또한 玄武 Energy場과의 不平等 Energy場을 造成하여 入首 Energy의 入脈機能을 교란하고 纏脣 Energy를 破損하여, 穴 Energy를 消滅케 하기도 하는 逆作用 役割特性도 함께 지니고 있는 것이 특징이다.

이와 같이 案山 Energy體의 Energy 및 그 Energy場은 玄武 Energy體의 穴 Energy 供給 役割과, 靑·白 Energy體의 穴 Energy 保護 育成 및 凝縮 關鎖役割을 最終 管理 點檢하고 調整 維持 保全하는 穴場 Energy 및 그 Energy場의 容器的 機能 中 밑받침과 뚜껑 役割을 동시에 完遂해내는 重要한 Energy體라고 말할 수 있다.

따라서 이 Energy體는 穴場의 完成과 穴心核 Energy 力量의 增大를 위해 穴心 容器인 纏脣 Energy體 中心과는 $180°$ 方向의 前方에서 反作用 Energy體를 構成해줌으로써, $\theta = \angle 90°$ 方向의 反作用 縱凝縮 Energy가 反 Energy體 案山面으로부터 穴 中心線上에 供給토록 正確하게 形成되지 않으면 아니 된다.

이러하듯이 案山 Energy體의 反 Energy는 玄武 Energy場과 同調하여 入脈 Energy를 調整, 穴場의 均衡維持를 도모하지 않으면 아니 되고, 纏脣 Energy體를 育成, 穴 Energy의 漏洩을 遮斷하지 않으면 아니 되기 때문에, 자

찻 後着 太過하여 案山 反 Energy가 力强하기라도 하면, 局 同調 Energy場이 흔들리고 穴場의 均衡 Energy場이 깨어지며, 穴核의 Energy 破壞現象이 나타나 全體 穴星은 무너지고 만다.

또 자칫 不及하여 案山 反 Energy가 力不足이 되기라도 하면, 局 同調 Energy場은 일그러지고 穴場의 縱凝縮 均衡이 무너져 穴核의 Energy 漏洩現象이 나타나게 되며, 終來는 穴星이 漏氣되어 길게 늘어진 露出穴이 되고 만다.

이것은 案山 Energy體의 形成條件이 지닌 機能役割이 玄武 및 그 외 四神砂 Energy場과의 同調的 關係를 維持할 수 있는 適定한 反 Energy의 供給 및 調節能力을 確保하고 있지 아니하고는, 절대로 圓滿 穴場의 均衡 凝縮 Energy場을 維持 管理할 수는 없다는 것을 意味한다.

以上의 案山 Energy體가 지니고 있는 形成條件別 機能 役割特性에서 살펴보는 바와 같이, 案山 Energy 및 그 Energy場은 그 Energy體의 形成秩序와 構造形態에 따라서 局 同調 Energy의 穴場 纏脣 및 穴 Energy 特性이 決定되고 있다는 것을 再認識하게 되었다.

이에 대한 보다 상세한 生成秩序 및 原理와 그 槪要를 說明하기로 한다.

2. 案山 Energy體의 生成秩序와 그 槪要(先到性 根本秩序)

案山 및 朝山 Energy體가 穴場의 前方 180° 方向에서 局 同調 Energy場과 $\theta = \angle 90°$의 凝縮 Energy를 發生하게 되는 反 Energy體 生成 形態로는 수많은 種類의 여러 가지 形態가 發見될 수 있겠으나, 이를 커다란 줄기로서 그 生成過程과 形成秩序 形態를 살펴본다면 다음과 같은 3가지의 秩序形態로 크게 大別되고 있음을 發見할 수 있다.

1) 本身 出 案山 Energy體의 生成秩序(中出成 穴脈의 待期秩序)

本身 出 案山이란 小祖山 以下의 本身으로부터 分擘되어 形成된 案山을 말하는 것으로서, 本身來龍脈이 小祖山 以下에서 再安定을 構築하기 위해 發生하는 分擘 枝龍의 하나가 繼續 進行하면서 外靑龍 또는 外白虎 Energy體를 形成하고

그 餘氣 Energy가 다시 繼續 進行하여 이른바 靑龍 餘氣 案山, 또는 白虎 餘氣 案山을 生成 構造化하게 되는 것이다.

이러한 案山의 境遇 반드시 靑·白 餘氣는 分擘 一枝가 靑·白 關鎖를 完了할 수 있는 것이 最善이고, 다른 一枝는 案山 Energy體로서 外水를 逆水하거나 元辰水를 끌어안고 거두지 않으면 아니 된다.

만약 案山 Energy體의 進行과 外水 또는 元辰水가 그 進行過程에서 함께 3節 以上을 同流同去할 境遇에는, 이는 案山 Energy體로서의 反 Energy 및 그 Energy場을 發生하지 못하고 靑·白 Energy場을 攪亂시키지 않으면 局內 Energy를 洩氣시키고 만다.

따라서 本身 出 分擘 枝龍이 案山 Energy體가 되기 위해서는, 穴場의 Energy 및 그 Energy場을 漏洩시키지 않는 穴 纏護秩序의 分擘枝 餘脈 活動이라야 理想的 案山이 될 수 있는 것이다.

또 穴場의 入首 成穴過程에서 案山 Energy體 出身이 이루어질 境遇에는, 入首脈의 枝脈이 餘脈으로 發達하여 案山을 만들거나 아니면 曜星 및 纏脣의 餘脈이 發達하여 案山을 만드는 形態가 가끔 發見될 수 있으나, 이는 그 餘脈 Energy의 强·弱·過 등에 따라 穴場 Energy의 善·惡·美·醜, 大·小·强·弱이 決定되는 것이므로 이러한 案山 Energy는 穴星의 再凝縮 安定過程에 어떻게 作用하고 있는가? 하는 것에 대한 細密한 觀察과 注意가 必要할 程度로 그 生成 秩序가 매우 까다롭다.

2) 外山 出 案山 Energy體의 生成秩序(玄水에 대한 先到秩序)

外山 出 案山이란 本身의 小祖山 以上의 來龍脈으로부터 分擘되어 形成되었거나, 他山의 來龍脈이 案山으로서 役割하고 있을 때 이를 일컬어 外山 出 案山 Energy體라고 한다.

이는 本身 出 案山 Energy體가 지닌 多情함과 아늑함은 없으나 外山의 主脈 또는 枝龍脈이 穴前에서 머무는 故로, 그 Energy體 勢力의 크기나 强度가 本身 出 案山 Energy體보다 훨씬 뛰어나게 나타나는 것이 보통이다.

따라서 案山 Energy體로서의 外山 來龍脈은 穴前에 到達하여 머물 때까지는, 如何한 境遇에 있어서도 本身來龍을 刑・沖・破・害・殺하는 Energy가 發生치 않아야 할 것이며, 穴前에 到達하면서도 絶對로 穴場을 沖射하거나 直破하는 Energy體를 生成하지 않으면서 玄武 Energy場과 同調하고, 穴核 Energy를 再凝縮할 수 있는 案山 Energy體 面으로부터의 $\theta = \angle 90°$인 反 Energy 및 反 Energy場을 供給하는 局 同調 秩序가 形成되어야 한다.

위에서 보는 바와 같이 本身 出 案山 Energy體보다는 오히려 補完된 健實한 Energy를 얻을 수 있는 것이 外山 出 案山 Energy體이고, 또 外朝山의 强力한 Energy源을 根源으로 하여 보다 安定된 反 Energy를 供給, 局 Energy 同調場을 形成시킬 수 있다는 것이 長點이라 할 수 있기 때문에, 圓滿한 纒脣 Energy體를 形成하고 均衡된 局 同調 Energy場과 玄武 Energy場의 調節 機能을 보다 確固히 얻을 수 있는 案山 Energy體는 亦是 外山 出 案山 Energy體가 더 有利하다 할 수 있을 것이다.

다만 外山 來龍脈이 案山 Energy體를 形成하는 過程에서 發生되는 他 枝龍脈에 의해, 本身 來龍脈의 保護砂水가 손상당하기 쉽다는 것이 缺點으로 나타난다는 것은 再認識할 必要가 있다.

그리고 더욱더 重要한 것은 어떠한 過程과 秩序 속에서도 外山 出 案山 Energy體의 Energy場 形成은 그 Energy體가 線이건, 面이건, 圓이건 간에 終極的으로 穴場에 到達하여 作用할 때에는, 穴 纒脣 下端部를 에워싸 주면서 半圓形의 Energy場 모습 形態로 그 Energy가 發散케 되는 圓構造的 Energy體 形成秩序를 維持해야 한다.

3) 同一 祖宗 案山의 生成秩序(玄水에 대한 先到秩序)

祖宗山의 開帳 分擘枝로부터 出身한 來龍脈이 穴場을 構成하기 위한 本身脈이 되어 進行하다가 멀리 祖宗山을 돌아보면서 安定同調 Energy場을 얻으려고 할 때, 이때에 마땅한 案山 同調 Energy場을 만나지 못하고 祖宗山의 同調場을 찾아 이를 案山局으로 한 安定 Energy場을 찾게 되면, 穴星을 일으키고 穴核을 形成하게 되는데 이러한 境遇 거의 대부분이 回龍顧祖形의 祖宗案山 穴場이 된다.

이것을 일컬어 '同一 祖宗 案山 Energy體'라고 한다. 이러한 案山 Energy體는 반드시 그 分擘枝龍의 本身來脈 回轉이 커다란 圓을 그리면서 進行하는 것이 되며 祖宗의 內側面만을 向하고 있어야 하기 때문에, 祖宗山 가까이에서나 祖宗의 側 또는 背位에서 回轉顧祖하는 것은 局 同調 圓形 Energy場을 얻기 어려울 뿐만 아니라 穴場의 圓滿 Energy 凝縮을 期待할 수 없음은 勿論 穴核 Energy를 生成 시킬 수가 없다.

따라서 同一 祖宗山이 案山 Energy體가 되기 위해서는 正確한 回龍顧祖 穴의 180° 線上에 祖宗 案山 Energy體가 位置하지 않으면 아니 되고, 반드시 祖宗山의 Energy 및 Energy場은 Positive(⊕) Energy 特性의 圓形 同調場 中心線 上에서 穴核 Energy를 凝縮시키지 않으면 아니 된다.

대체적으로 本身 穴星이 左旋回龍하여 顧祖하는 境遇에는, 白虎 優先 案山 局의 穴 Energy場이 形成되는 까닭에 靑龍 Energy體의 Energy 및 그 Energy場의 强力한 補完이 成就되지 않으면 圓滿한 穴 Energy場은 完成되지 아니한다.

그리고 또 穴星이 右旋回龍하여 顧祖하는 境遇에도, 靑龍 優先 案山局의 穴 Energy場이 形成되는 까닭에 白虎 Energy體의 Energy 및 그 Energy場의 强力한 補完이 이루어지지 아니하고는 또한 圓滿한 穴 Energy場이 完成되지 아니함이 그 欠點이라 말할 수 있겠다.

3. 案山의 Energy 發生原理와 穴 凝縮 特性의 詳論

1) 案山 Energy의 發生原理(어떤 경우라도 先到待期秩序가 근본임)

(1) 本身 出 案山의 Energy場 發生原理

本身來龍으로부터 分擘된 枝龍脈이 靑龍 또는 白虎 Energy體를 完成시킨 후 그 餘氣 Energy에 의해서 案山 Energy體가 形成되는 境遇에는, 무엇보다 案山 後面에서 作用하고 있는 朝山 Energy體로부터의 强力한 Energy 斥力場을 만나게 되는 것이 一般的 原則이다.

斥力 Energy場을 發生하는 朝山은 대개가 本身來脈과는 다른 祖山 出身의

他山 Energy體로서, 本身 山 Energy體 간에서 發生하는 同質 Energy 凝集特性 現象인 相互 引力場과는 달리, 他山 Energy體 간에서 發生하는 異質 Energy 干涉特性 現象의 相互 斥力場이 基本이 됨으로써, 案山의 局 同調 Energy場을 完成시키는 過程에는 매우 까다롭고 精巧한 Energy 作用秩序가 存在하게 마련이다.

相互 異質的 Energy體에 의해 生成되는 干涉特性의 斥力 Energy場은 本身 出 案山 Energy體에 對하여서는 衝突的이면서도 破壞的 Energy로 存在케 할 수 있으나, 他 朝山 Energy體에 對하여서는 反撥的이면서도 反 Energy源的인 變易 Energy 吸收處를 形成 維持케 한다.

卽 本身 山 Energy體가 朝山 Energy體에 接하게 되면, 이때 本身 山 Energy는 衝突的 朝山 Energy와의 關係에 의해 相互反撥하는 反 Energy를 發生하게 되고, 이 反撥 反 Energy 關係는 朝山에서는 反撥 Energy를 吸收調節하여 反作用 Energy를 發生시키고, 本身 出 案山에서는 反撥 Energy에 相應하는 反作用 Energy를 얻어 案山 Energy體의 全般的 變易을 일으키게 된다.

이 變易時點이 곧 朝山 Energy體의 反 Energy 供給 및 調節時點이 되는 것이다. 이러한 朝山 Energy體의 反 Energy 供給 調節은 本身 案山 Energy體의 完全 停止安定이 完了될 때까지는 繼續하여 進行되어야 하고, 그러기 위하여서는 朝山 Energy의 끊임없는 來脈 Energy 흐름이 持續的으로 維持되어야 한다.

이와 같이 서로 다른 本身 案山 Energy와 朝山 Energy의 合成作用이 하나의 中和된 同調 Energy場을 形成 局 同調 Energy場과 和合할 때, 비로소 案山 Energy場은 局內 Energy場과 同調되는 凝縮 反 Energy를 供給하게 되어 一次的으로는 穴場 纒脣에, 2次的으로는 穴心核에 傳達, 보다 醇化 調整된 核 Energy를 凝縮시킨다.

勿論 이 過程에서 周邊 內外水의 醇化 調整이 局 Energy場의 質的 向上에 크게 기여하고 있음은, 案山 Energy體와 그의 內外 拒逆水 關係가 얼마나 重要한 것인가 하는 것을 意味한다.

이렇게 하여 生成되는 本身 出 案山 Energy는 대개 他山 朝山 Energy體의 斥力場 영향권 內에서 間接的인 反作用 Energy를 發生시키는 結果가 되기 때문에 自律的인 局 同調 Energy場을 補完調節하는 데는 그 限界가 따를 수밖에 없

으며, 또한 本身來脈으로부터의 出身過程에서 入首脈 및 穴場 Energy를 자칫 漏洩시키거나 靑·白 Energy體의 完成 關鎖過程에 다소의 障碍가 發生할 수 있는 短點은 있으나, 異質的 他 朝山 Energy體의 衝突的 反 Energy를 直接的으로 穴場에 供給함으로써 받는 刑·沖·破·害 殺의 不作用은 充分히 遮斷 調節할 수 있다는 것이 長點이다.

(2) 外山 出 案山의 Energy場 發生原理

外山 案山 Energy體는 本身 來龍脈의 小祖山 以上 祖宗山이나 他 祖山으로부터 發出하여 穴前에 到達直後 玄武 Energy場과의 均衡作用에 의해 停止安定을 維持하게 되고, 이렇게 安定된 案山 Energy場에 의해 纏脣 Energy體는 調和된 反作用 Energy를 얻어 穴心核 Energy를 再凝縮 調節하게 된다.

이는 外山으로부터 發出하여 穴前에 到達하는 關係로 到達過程의 來龍脈 Energy體 特性이 本身 來龍脈 Energy體의 諸 特性과 一致할 수 없고, 또 서로 다른 Energy體 간의 相互 衝突的 接觸過程에서 反撥的이거나 破壞的 Energy가 作用 損壞되는 境遇가 많을 수 있으나, 이러한 것은 外山 案山 來龍脈이 直射하거나 案山 來龍脈의 橈棹 및 支脚에 의한 것일 뿐이고, 圓滿한 穴場이 形成되는 곳에서의 案山 Energy體는 거의가 外山 本龍이거나, 外山 枝龍脈의 中心 Energy가 集結하는 것으로 우선은 構造的 均衡體의 安定回復特性을 保持하고자 하는 것이 特徵的이다.

이와 같은 外山 案山 Energy體의 構造的 安定回復特性은 穴前의 境界에서 玄武 Energy場을 서로 만남으로써, 相互 均等한 平衡 Energy場 관계를 形成하게 되고 이에 따른 外案山 Energy體는 그 平衡 Energy場을 따라 外山 來脈 中心 Energy를 展開시키며, 局 Energy 中心과 $\theta = \angle 90°$ 面을 지닌 反作用 Energy源으로서의 反特性 Energy體를 構造化시킨다.

이렇게 하여 展開되는 案山 Energy體는 局 Energy場을 圓形 同調場으로 昇化시키기 위해 境界水를 거두고 그 Energy를 靑·白 Energy體에 供給하면서 靑·白을 潤澤케 凝縮 關鎖하거나, 纏脣을 直接 凝縮 潤澤케 하여 穴心核 Energy를 增大 安定시킨다.

만약 이러한 外案山 Energy體가 太過하거나 不及하면 局 Energy場 安定이

무너지기도 하는데, 太過할 境遇에는 반드시 境界水가 자리하여 충격흡수 또는 완충 Energy를 얻어야만 靑·白 Energy의 葛藤과 鬪爭을 防止할 수 있으며, 不及일 境遇에도 自體 穴星에서 纏脣 Energy場이 發達할 수 있는 靑·白 Energy體의 再凝縮 關鎖 Energy가 供給되지 않으면 아니 될 程度로 外案山 Energy體의 Energy場 形成秩序는 複雜하게 이루어지고 있다고 말할 수 있겠다.

또 靑·白 Energy體가 不實한 境遇에 있어서도 外案山 Energy가 太過하면 穴場과 衝突 穴 Energy를 破壞시키기도 하고, 不及이면 穴場 Energy 漏出을 감당할 수 없어 穴心核 Energy는 破損되고 만다.

따라서 外山 出 案山 Energy體는 境界水와 靑·白 Energy體를 함께 감아 싸안을 수 있는 半圓 展開形의 Energy場을 生成할 수 있어야 하며, 最小限 纏脣 Energy場에 對해서는 100% 以上의 全面體 凝縮 反 Energy를 供給할 수 있는 圓形 同調 Energy場을 生成 維持하지 않으면 결코 良質의 穴場과 穴核 Energy 生成은 不可能해진다.

(3) 同一 祖宗 案山의 Energy場 發生原理

前記에서도 언급하였듯이 同一 祖宗山이 案山 Energy體가 되기 위하여서는 반드시 本身來龍脈이 回龍顧祖하여 穴星을 일으킬 때에만 비로소 可能해지는 것이 原則이기 때문에, 穴 Energy場과 案山 Energy場 및 局內 Energy場 간에는 相互 同質의 同一 Energy 特性이 發生 同調 Energy場을 形成하게 되는 것이 一般的 原理이다.

그러나 回龍顧祖 過程中 一定方向으로의 持續的 旋回形態에 따른 龍虎의 靑·白 不均衡 Energy 및 그 Energy場이 發生하는 事項은, 同一 祖宗 案山 Energy體가 良質의 優秀한 Energy 및 그 Energy場을 穴場 纏脣 Energy體에 同調增大시켜주는 것 以上으로 重要한 영향력을 일으키게 되는 것이 한 問題點이라고 말할 수 있다.

이런 까닭에 顧祖形 案山이 同一 祖宗 開帳脈으로 그 Energy體가 形成되는 境遇에는, 그 成穴構成이 開帳 左出脈 左旋穴星이든 開帳 右出脈 右旋穴星이든 또는 穿心 正出脈 左右旋中 어느 한 形態이건 간에 그 來龍 入首脈의 回轉 Energy場에 相應同調할 수 있는 均衡된 Energy場 形成이 絕對的으로 要求되

게 마련이다.

이러한 成穴의 要求條件에 따라 祖宗 案山 Energy體는 穴星 出脈과 均等한 開帳 Energy 및 Energy場을 發生시킬 수 있는 回龍來脈의 相對的 局面 Energy體를 發達시킴으로써, 半圓構造의 均衡된 案山 Energy 및 그 Energy場이 充分한 纏脣 再凝縮 反 Energy로서의 役割을 다하게 한다.

따라서 祖宗 案山 Energy場 中心은 穴場 纏脣 Energy場 中心線과 180°線 上에서 一致하면서 左右 上下의 均等한 Energy場을 維持하고, 纏脣前面 Energy體를 100% 再凝縮할 수 있는 $\theta = \angle 90°$의 反 Energy 및 그 Energy場을 지닌 半圓 Energy體의 靑龍 또는 白虎 補完 凝縮面을 構成하게 하여 回龍來脈의 回轉 Energy場과 合成, 局 同調 Energy場을 形成하게 한다.

이렇게 만들어진 案山 Energy體는 그 特性上 穴星의 案山 役割機能인 反 Energy體이긴 하나, 入首來脈과 穴星의 基本 Energy 特性이 祖宗 案山의 基礎 特性과 同一形質의 子孫形質特性을 保持하고 있는 關係로 엄격한 意味에서는 玄武 Energy體로서의 特性도 함께 內藏하고 있음을 留意해야 할 것이다.

卽, 內로는 玄武 Energy體 機能으로서의 主 Energy 供給特性과 外로는 案山 Energy體 機能으로서의 反 Energy 供給特性을 함께 지니고 있는 特殊 Energy 發生體가 된다.

2) 案山 Energy 發生과 穴凝縮 原理圖(案山 先到待期 原則)

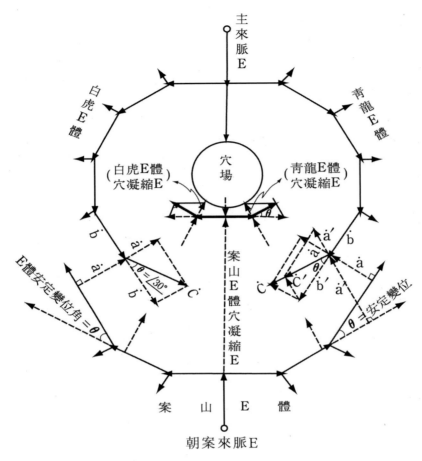

〈그림 2-112〉案山 Energy 發生과 穴凝縮 原理圖

善特性 Vector 植

$$※ \dot{a} \rangle \dot{a}', \ \dot{c} \rangle \dot{c}', \ \dot{c} = 1.15\dot{b}, \ \dot{c}' = 0.866\dot{b}, \ \dot{a} = \frac{1}{\sqrt{3}}\dot{b}, \ \dot{a}' = \frac{1}{2}\dot{b}$$

위의 案山來脈 Energy 入力形態를 代表的으로 例를 들어 살펴볼 때, 案山 Energy體의 中心 Energy 및 그 Energy場은 直接 穴場 纏脣에 再凝縮 Energy를 供給하여 穴核 Energy를 增幅시키고 있으며, 案山 兩側의 靑·白 Energy體에 대한 最上 凝縮 Energy인 $\dot{a}$, $\dot{a}'$는 各各 $\theta = \angle 30°$의 實變位 Energy인 $\dot{c}$, $\dot{c}'$를 形成, 穴場을 再凝縮케 한다.

$$\left[\begin{array}{l} \dot{a} : 安定變位 \ 案山의 \ 凝縮 \ Energy \ \rangle \ \dot{a}' \\ \dot{b} : 有效 \ 青白 \ Energy \\ \dot{c} = (\dot{a} + \dot{b}) \ \rangle \ \dot{c}' \end{array} \right.$$

(1) 本身出 案山 Energy 發生과 凝縮秩序

① 本身出 靑龍 餘氣 案山 Energy體

ㄱ 靑龍 本體 餘氣 案山 Energy體　　ㄴ 靑龍 分擘 餘氣 案山 Energy體

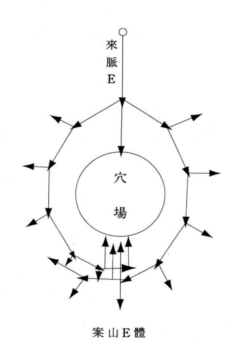

案山 E 體

〈그림 2-113〉 靑龍 本體 餘氣 案山 Energy體

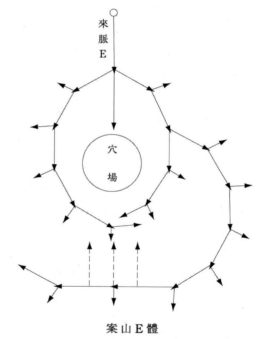

案山 E 體

〈그림 2-114〉 靑龍 分擘 餘氣 案山 Energy體

② 本身出 白虎 餘氣 案山 Energy體

　　㉠ 白虎 本體 餘氣 案山 Energy體　　㉡ 白虎 分擘 餘氣 案山 Energy體

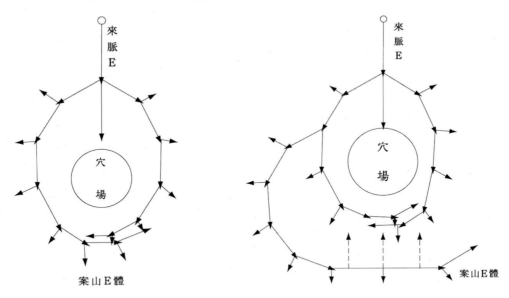

〈그림 2-115〉 白虎 本體 餘氣 案山 Energy體　　〈그림 2-116〉 白虎 分擘 餘氣 案山 Energy體

③ 本身出 入首 餘氣 左旋 案山 Energy體　④ 本身出 入首 餘氣 右旋 案山 Energy體

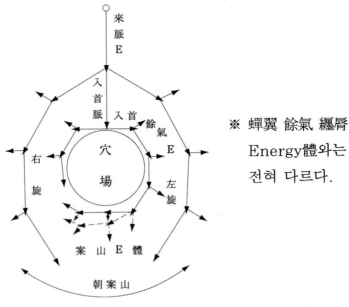

※ 蟬翼 餘氣 纏脣
　Energy體와는
　전혀 다르다.

〈그림 2-117〉 本身出 入首 餘氣 左旋 案山 Energy體

⑤ 本身出 曜星 및 纏脣 餘氣 案山 Energy體

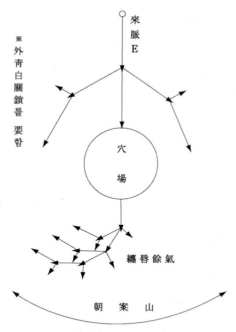

〈그림 2-118〉 纏脣 餘氣 案山 Energy體

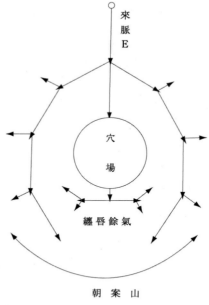

〈그림 2-119〉 纏脣 餘氣 案山 Energy體

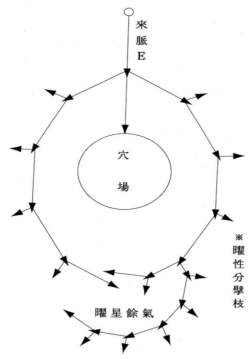

〈그림 2-120〉 曜星 餘氣 案山 Energy體

(2) 外山出 案山 Energy 發生과 凝縮秩序

① 左右 分擘 展開面의 案山 Energy體

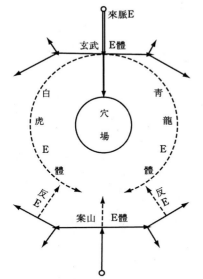

※ 이러한 境遇는 대개가 正變易 案山 Energy體로서 均衡 分擘開帳에 의해서만 穴場 再凝縮 反 Energy를 纏脣에 供給할 수가 있다.

面 Energy 및 그 Energy場을 局 Energy場과 同調시킨다.

〈그림 2-121〉 左右 分擘 展開面의 案山 Energy體

② 枝龍獨龍 또는 獨山의 圓形 案山 Energy體

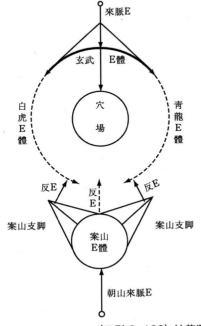

※ 이러한 境遇는 주로 案山 來脈이 垂變易이거나 隱變易 Energy體로서 孤龍 또는 獨峰砂의 形態가 되거나 (支)枝龍의 止脈處가 되어 局部的 反 Energy를 集中的으로 發生, 凝縮 Energy를 供給한다.

立體 Energy 및 그 Energy場을 局 Energy場과 同調시킨다.

〈그림 2-122〉 枝龍獨龍 또는 獨山의 圓形 案山 Energy體

③ 左 또는 右側 來脈의 橫帶案山 Energy體

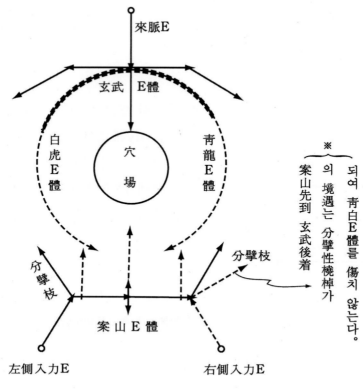

來脈E

玄武　E體

白虎E體　　　穴場　　　靑龍E體

分擘枝　　　　　　　　　　分擘枝

案山 E 體

左側入力E　　　　　　　　　右側入力E

※
案山先到　玄武後着
의 境遇는　分擘性橈棹가
되여　靑白E體를　傷치　않는다。

〈그림 2-123〉左 또는 右側 來脈의 橫帶案山 Energy體

※ 이러한 境遇의 案山 Energy體는 左右 어느 一方에서 案山 來脈 Energy
가 入力되어 分擘되는 것으로서, 一枝는 靑龍 또는 白虎 Energy體에 反
作用 Energy源이 되고, 다른 一枝는 案山 Energy體의 中心 Energy場
을 形成하면서 다른 편의 靑白 Energy體에 反作用 Energy를 供給한다.
대개 橫變易 來脈特性에서 많이 發生하는 것으로 帶狀의 線 Energy 및 그
Energy場을 局 Energy場과 同調시킨다.

④ 反弓形 背逆 案山 Energy體   ⑤ 沖射形의 直來案山 Energy體

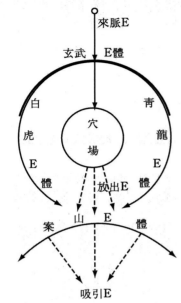

〈그림 2-124〉 反弓形 背逆 案山 Energy體

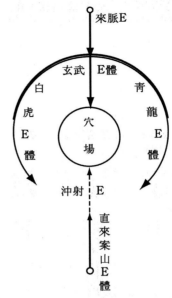

〈그림 2-125〉 沖射形의 直來案山 Energy體

(3) 同一 祖宗 案山 Energy 發生과 凝縮秩序

① 左旋 成穴에 따른 同一 祖宗 案山 Energy體

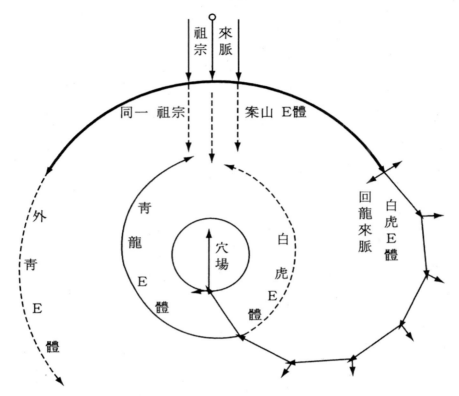

〈그림 2-126〉 左旋 成穴에 따른 同一 祖宗 案山 Energy體

※ 左旋 回龍顧祖로써 同一 祖宗山이 함께 案山 Energy體 役割을 담당하게
된다. 이때의 回龍來脈은 穴場의 白虎 Energy體가 되며, 이에 均衡되는
青龍 Energy體가 穴星에서 發達하게 되든가, 아니면 外青 Energy體가
發達하게 되는 것이 原則이다.

② 右旋 成穴에 따른 同一 祖宗 案山 Energy體

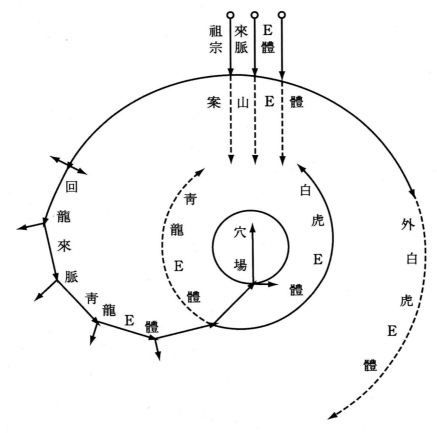

〈그림 2-127〉右旋 成穴에 따른 同一 祖宗 案山 Energy體

※ 右旋 回龍顧祖에서도 回龍來脈이 靑龍 Energy體가 되어 局 同調 Energy
場을 形成한다.

③ 穿心脈 回龍 成穴에 의한 同一 祖宗 案山 Energy體

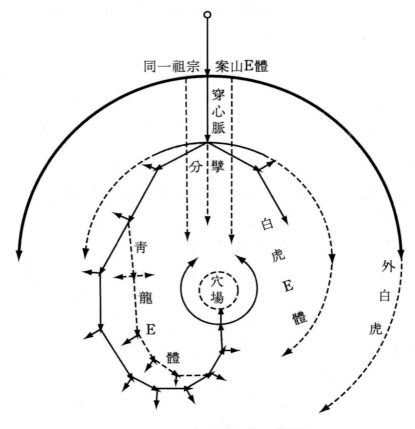

穿心脈右旋回龍顧祖

〈그림 2-128〉 穿心脈 回龍 成穴에 의한 同一 祖宗 案山 Energy體

※ 穿心脈이 分擘過程을 거친 後 回龍顧祖하는 것으로서 分擘点을 案山
 Energy體로, 祖宗山을 朝山 Energy體로 成穴될 수 있으나, 分擘点은 발
 (足) 아래 案砂가 되고 同一 祖宗山이 案山 Energy體가 되어 成穴하는
 것을 말한다. 이때의 穿心脈은 祖宗 이마로부터 出發하지 않고 허리에서
 出發하며 前者의 境遇는 穿心脈이 祖宗山 이마에서 出發한다. 穿心脈 左
 旋 回龍顧祖 成穴은 위와 反對形이다.

3) 來脈形態別 案山 Energy의 局 同調 및 穴凝縮 特性

(1) 正變易 來龍脈에 의한 案山 Energy體 特性

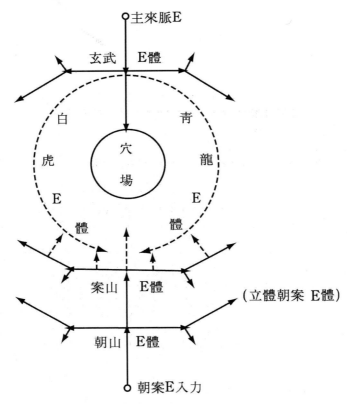

〈그림 2-129〉 正變易 來龍脈에 의한 案山 Energy體 特性

※ 朝山 案帶 來龍脈 中 가장 理想的인 局 同調 安定과 穴場 凝縮特性을 지닌 것이 正變易 案山 Energy體이다.

朝山 Energy體로부터 穴前 案帶를 이루기까지 正變易 來脈特性을 維持할 수 있는 것이어야만 비로소 案山 Energy體로서의 正變易 開帳 分擘安定이 이루어지는 것이고, 이러한 正變易 開帳分擘은 小祖 中祖 來脈 Energy의 强健함을 나타내는 것임과 동시에 매우 重厚하고 强大한 凝縮 Energy와, 最善美하고 良質인 特性의 局 同調 Energy場을 穴場에 供給하는 것이기도 하다.

(2) 橫變易 開帳脈에 의한 案山 Energy體 特性

① 他山 來脈 Energy體 案山

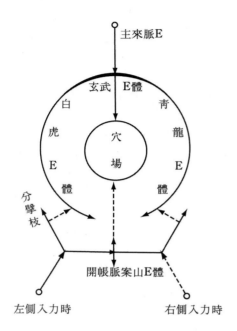

〈그림 2-130〉他山 來脈 Energy體 案山

② 本身出 祖山 來脈 Energy體 案山

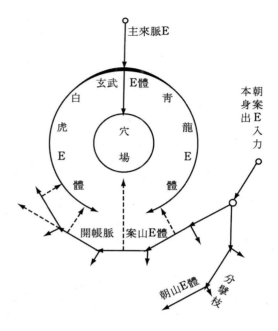

〈그림 2-131〉本身出 祖山 來脈 Energy體 案山

※ 朝案山 Energy가 穴前 左 또는 右側으로부터 入力되어 分擘枝를 發하면서
開帳하는 脈이, 穴場 ∠180°線 上에 Energy 中心을 이룬 後 穴心에 對案함
을 原則으로 한다.

이러한 橫變易 開帳脈이 案帶를 形成하는 境遇의 穴 凝縮特性은 正變易에 비
해 보다 强健한 氣質은 不足하나 섬세하고 溫和한 局 同調 Energy場의 發生
에 따라 安定된 穴凝縮 Energy를 供給할 수 있음이 長點이기도 하다. 溫順
厚德하고 善美多情하다.

(3) 縱變易 來龍脈에 의한 案山 Energy體 特性

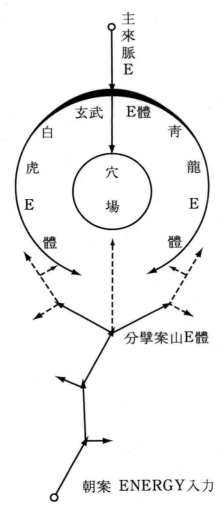

主
來
脈
E

玄武　E體

白　　　　　　　青

虎　　　穴　　　龍

E　　　場　　　E

體　　　　　　　體

分擘案山E體

朝案 ENERGY入力

〈그림 2-132〉 縱變易 來龍脈에 의한 案山 Energy體 特性

※ 朝案山의 來龍脈이 縱變易의 흐름으로 繼續되어오다가, 穴前 ∠180° 線上에
　서 分擘 中心點을 取한 後 兩便으로 均衡分擘을 일으켜 靑·白을 凝縮하고
　穴場을 再凝縮케 한다.
　正變易 Energy體 入力에 비해 다소 虛弱한 來龍脈 Energy를 지닌 까닭에 分
　擘案山 Energy體의 局 同調 및 穴凝縮 能力이 약간 떨어진다. 善美 端正함.

(4) 垂變易 來龍脈에 의한 案山 Energy體 特性

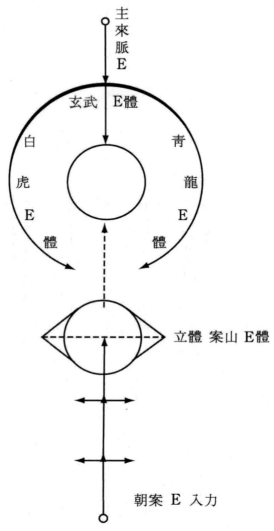

〈그림 2-133〉 垂變易 來龍脈에 의한 案山 Energy體 特性

※ 朝案山의 來龍脈이 垂變易을 이루고 穴前으로 進行해 오다가, 穴前 ∠180°
線上에서 立體圓滿 Energy體를 形成, 停止安定함으로써 穴 Energy를 凝
縮한다.

分擘 開帳能力이 虛弱하여 靑·白 Energy體 凝縮에 의한 穴場 再凝縮이
드물고 直接 穴板을 凝縮한다. 端娥 善美하나 單調롭다.

(5) 隱變易 來龍脈에 의한 案山 Energy體 特性

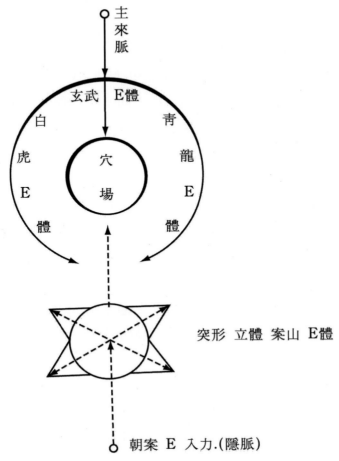

突形 立體 案山 E體

朝案 E 入力.(隱脈)

〈그림 2-134〉 隱變易 來龍脈에 의한 案山 Energy體 特性

※ 먼 朝山으로부터 隱變易 來龍脈이 벌판을 달려 나와 穴前 ∠180°線上에서
突形 立體 Energy體가 發達하여 穴場을 凝縮한다.
垂變易과 마찬가지로 分擘 開帳能力이 不足하여 局 同調 特性이 不實하나
穴을 直接 凝縮함으로써 早達이 特徵이다.
主來脈의 靑·白이 完全할 境遇, 대단히 强大한 案山 Energy가 供給될
수 있으며 善美 正重함이 特性이기도 하다.

4) 案山 Energy體의 構造 形態別 諸特性

(1) 水體線形 構造 案山 Energy體의 特性

주로 橫變易에서 發生하는 構造體로서 穴前에서 分擘開帳하거나, 穴 左右로부터 穴前으로 纏護應對하는 來龍脈에서 많이 形成된다.

이러한 案山 Energy體는 穴前 $\angle 180°$ 方向에서 自體面으로부터 $\theta = \angle 90°$의 穴凝縮 反 Energy를 發生하게 되며, 또한 局內 Energy場과 同調하여 圓形 凝縮 局 空間 Energy場을 穴場에 供給함으로써 圓滿의 穴 Energy場을 生成 維持 保全케 한다.

線 Energy 進行構造體의 面으로부터 $\theta = \angle 90°$ 方向으로 供給하게 되는 穴 凝縮 Energy 特性은 案山 Energy體가 玄武 Energy體보다 後着인 境遇가 先到인 境遇보다 能動的이고 力强하나, 溫和多情하고 安定的인 局 同調 Energy場이 形成 維持됨에 있어서는 案山 Energy體가 先到하는 것이 오히려 낫다.

善美 華麗한 Energy場으로 穴 Energy를 抱容함으로써 大小 强弱의 特徵은 크게 나타나지 않으나, 穴核 Energy가 育成發應함에는 더없이 平安한 Energy體라고 할 수 있다.

(2) 金體圓形 構造 案山 Energy體의 特性

五變易 來龍脈 過程의 全般的인 安定構造秩序에 따라 形成되는 것이 金體圓形 Energy體 案山이다.

이러한 案山 Energy體는 各變易 來龍脈의 Energy體 特性에 따라서, 根本的인 善・惡・美・醜, 大・小・强・弱의 틀이 決定지어지는 것이 보통이기 때문에 이에 대한 具體的 特性을 確認하기 위해서는 各變易 來龍別 形態에 따라 檢討해보지 않으면 아니 된다.

① 正變易 來龍脈에서의 金體 案山 Energy體

土體 平垣構造 案山 Energy體를 形成하기 위하여 穴前에 到達한 來龍脈이 그 進行過程에서 Energy 損失을 입고 入脈되는 境遇가 發生하게 되는데, 이때에 發達하는 案山 Energy體는 거의가 土體 平垣構造를 形成하지 못하고 $\angle 60°$

變位로 分擘되는 金體 Energy體를 이루는 것이 一般的이다.

그러나 이러한 原理에 의해 形成되는 金體 案山 Energy體는, 비록 土體의 境遇에는 미치지 못하더라도 圓構造 Energy體로서는 가장 善美 端正하고 强大 厚富한 穴 安定 Energy 및 그 Energy場을 維持 發生하고 있다.

② 橫變易 來龍脈에서의 金體 案山 Energy體

分擘 開帳脈의 一枝가 橫變易을 일으키면서 形成하는 案山 Energy體이므로 正變易에서의 Energy體와는 다소 그 力量이 떨어지나 端娥 正重하고 圓滿하다.

대개 水體來脈을 同伴하고 있음으로써 그 力價는 長遠하다고 할 수 있다. 一般的으로 많은 類形이다.

③ 縱變易 來龍脈에서의 金體 案山 Energy體

左·右旋 入脈形態에 의한 다소간의 不均衡 要素를 안고 있는 Energy體이지만 凝縮能力이 强하고 確實한 長點이 있다.

比較的 衝突的이며 陽性的인 Energy와 그 Energy場을 維持하기 때문에 穴場이나 龍虎 Energy의 健實함이 앞서지 않으면 아니 된다.

性情은 一般的으로 善美하고 그 Energy 力價 또한 强大함이 대체적이다.

④ 垂變易 來龍脈에서의 金體 案山 Energy體

縱變易 來龍脈에서의 境遇에 비해 다소 그 Energy 力量이 떨어지긴 하나 端正 正突함에는 보다 우수하다.

穴前에서 立體 Energy場을 發生시키는 Energy 特性에 따라, 面 Energy場에 의한 다른 變易 Energy體보다 오히려 그 Energy 力價特性이 强大함은 좋으나, 線 Energy場에 의한 것보다 섬세 화려함은 不足하며 抱容性은 적다.

⑤ 隱變易 來龍脈에서의 金體 案山 Energy體

來龍脈의 不完全을 補完하는 局 同調 Energy體의 合成凝縮 Energy場이, 穴前에서 一次的인 Energy 均衡 維持点을 確保하면서 隱脈 Energy體를 突露시키고, 이 突露된 Energy體로 하여금 局 同調 Energy場을 圓形 Energy場으

로 昇化시키면서 穴核 Energy를 再凝縮할 수 있도록 周邊砂 Energy가 持續的인 供給을 維持해간다.

따라서 이러한 案山 Energy體가 形成되는 곳에서의 局 Energy場이나 穴凝縮 Energy는 周邊局 Energy體의 善美 强大한 性情과 그 Energy 力價가 높이 評價되는 것을 前提로 하지 않으면 아니 된다.

(3) 木體 直 構造 案山 Energy體의 特性

주로 垂變易 來龍脈의 安定秩序 構築過程에서 많이 發生할 수 있다. 惑, 正變易 來脈에서 發生하게 되는 境遇의 木體 案山은 그 性相과 Energy 力價 特性이 대단히 善美 强大할 수는 있겠으나 實際로 構造化되는 例는 그리 흔치 않다.

立體構造 形成原理上 水體나 隱變易 來脈에서는 더욱이 어려운 것이며, 다만 直上 集合特性과 直下 安定特性을 가장 極大하게 나타낼 수 있는 來脈 變易龍은 그래도 亦是 垂變易 來龍脈 밖에는 다른 來脈 形態에서는 찾아볼 수 없다.

이러한 Energy體의 案山 Energy 흐름은 自體의 變化幅이 매우 급격한 起伏的인 上聚 下定의 直構造 立體 Energy 特性을 지니고 있는 까닭에, 靑·白 Energy를 凝縮하고 穴場 纒脣을 再凝縮함에 있어서는 全般的인 均衡 Energy 容量과 그 Energy場을 確保하기가 다소 어려울 뿐만 아니라, 穴核 Energy 完成能力에 있어서도 部分的 不平等을 지니고 있는 局所的 凝縮特性의 Energy를 發生함이 特徵的이다.

그러나 局部的 凝縮特性은 他 Energy體를 능가하는 매우 善美 强大한 長吉의 Energy 및 그 Energy場을 지니고 있는 關係로, 穴場 中心線上에 集中되고 있는 案山 Energy가 그 中心凝縮에서 그치지 않고 左右 靑·白 Energy體의 再凝縮 Energy를 補完시킬 수 있는, 그리고 局 Energy場 均衡 및 同調에 크게 役割할 수 있는 直構造 兩側面에서의 補助 Energy體인 枝脈發達이 强力히 形成되는 境遇, 이는 오히려 다른 構造 Energy體보다 훨씬 더 크고 速發的인 强健한 凝縮力과 抱容能力의 Energy가 穴核에 作用하여 核 Energy를 增幅 旺盛케 한다.

木體 直構造 Energy體의 뛰어난 特性 中 하나는 穴場 中心線上의 集中的 Energy 凝縮으로 인한 入首頭腦의 特異한 發達과, 纒脣 中央部의 厚富한 마무

리로 穴場 構造中 穴 中心 上下端部가 特別한 Energy 凝縮을 받게 된다.

(4) 土體 平垣 構造 案山 Energy體의 特性

주로 正變易 來龍脈에서 形成되는 Energy體로서 다른 變易 來脈에서는 찾아보기가 힘들다.

來龍脈의 强健함과 充實함이 없는 枝脈에서는 결코 平垣構造 Energy體를 完成시키기가 어려운 것이기 때문에, 刑・沖・破・害 없는 本身來龍脈 末端이 무사히 穴前에 倒着 安定하였을 때에만 비로소 이러한 案山 Energy體가 만들어지는 것이다.

穴前에 이르러서도 무엇보다 굳건한 分擘 開帳脈과 充滿한 支脚 發達에 의해 構造體 全般이 골고루 分布되고 均衡된 凝結 Energy 密度를 維持하고 있으며, 이에 따른 中心 穴場에 대한 强한 同調 凝縮力과, 兩邊 靑・白 Energy體에 대한 再凝縮 關鎖 Energy도 한결 뛰어나, 案山 Energy體 構造 中에서는 가장 훌륭한 反 Energy 特性을 지니고 있다.

平垣 構造秩序의 穴核 凝縮 Energy 및 그 Energy場을 持續的으로 供給하여 줄뿐 아니라 穴心을 豊富 圓滿케 하고 그 核力量을 보다 뛰어나게 增幅시켜주는 役割特性에 의해 이 Energy體의 性相 및 Energy 力價特性은 最善美 强大한 것이 되고, 그 Energy 作用 效果 또한 厚德, 極貴, 長遠한 것으로서 매우 理想的이다.

(5) 火體 尖構造 案山 Energy體의 特性

强力한 玄武 Energy體에 의해 穴前 來脈 Energy가 미처 停止 循環安定을 完成하지 못하고, 發散 散氣 Energy 形態로 安定을 維持해보고자 하는 것이 바로 이 火體 尖構造 案山 Energy體이다.

따라서 地表 下端 構造部에 Energy體 中心 및 그 Energy場 中心이 머물러 있지 아니하고, 上端 構造部를 通하여 外部에로 Energy 放出을 試圖해보려는 곳에 그 Energy 흐름이 旺盛하게 된 結果, 事實上의 Energy體 安定秩序는 그리 良好하지 못한 것이 一般的이다.

이러한 關係로 이 Energy體는 全般的으로 脆弱한 構造的 特性과 粗惡한 Energy 및 그 Energy場 特性을 나타내게 되어 있어서 案山 Energy體로서의 反作用 Energy 特性은 다소 破壞的이며 散慢的이다.

그러나 中下端部의 몸체가 重厚 圓滿한 構造를 維持하거나 尖構造 部分이 健全 美麗할 때는, 그 Energy 安定이 中下端部에서 이루어졌거나 全體的 安定을 取하고 있으므로 穴場의 需用能力如何에 따라서 善吉速發의 Energy 作用效果를 期待할 수 있다.

제5절 玄武 및 案山 Energy體의 構造形態別 諸 Energy 特性 主要點(祖山 및 朝山 Energy體 同一)

1. 水體 線形構造 玄武 및 案山 Energy體

(1) Energy 中心 : 身構造 水平 中心線
(2) Energy場 形態 : 圓筒形 또는 線形 Energy場
(3) Energy 安定方式 : 線移動 흐름 安定
(4) Energy 變易 出氣点 : 身表 上端部
(5) Energy 凝縮 應氣点 : 在表 曲面部
(6) Energy 性相特性 : 善美, 多情, 溫厚 纖細
(7) Energy 力價特性 : 長大 充實
(8) Energy 作用效果 : 長吉 永續, 藝智仁
(9) 發應 形態 : 遲發 遲敗

2. 金體 圓形構造 玄武 및 案山 Energy體

(1) Energy 中心 : 身 構造 垂直 中心部
(2) Energy場 形態 : 橢圓形 立體 Energy場
(3) Energy 安定方式 : 圓面 移動 흐름 安定
(4) Energy 變易 出氣点 : 身面 中端部
(5) Energy 凝縮 應氣点 : 在腹 圓中
(6) Energy 性相特性 : 善美, 端正, 安溫
(7) Energy 力價特性 : 强大, 健實
(8) Energy 作用效果 : 福祿具足, 仁義智, 圓滿人性
(9) 發應 形態 : 適宜發

3. 土體 平垣構造 玄武 및 案山 Energy體

(1) Energy 中心 : 身 構造 水平 및 垂直中心 上端部

(2) Energy場 形態 : 方形 및 方面 立體 Energy場

(3) Energy 安定方式 : 方面 移動 흐름 安定

(4) Energy 變易 出氣点 : 身面 上端部

(5) Energy 凝縮 應氣点 : 在頭 額中

(6) Energy 性相特性 : 至善 全美

(7) Energy 力價特性 : 最强 最大

(8) Energy 作用效果 : 厚德, 大昌, 長發 最吉, 信意

(9) 發應 形態 : 最旺 不絶 適時 適宜發

4. 木體 直構造 玄武 및 案山 Energy體

(1) Energy 中心 : 身構造 垂直中心 下端部

(2) Energy場 形態 : 柱形 立體 Energy場

(3) Energy 安定方式 : 柱形 및 垂直 線形 移動흐름 安定

(4) Energy 變易 出氣点 : 柱面 下端部

(5) Energy 凝縮 應氣点 : 在根 足中

(6) Energy 性相特性 : 善美 秀麗

(7) Energy 力價特性 : 高大 强直

(8) Energy 作用效果 : 早達 官職, 仁義 藝學

(9) 發應 形態 : 速發, 速成

5. 火體 尖構造 玄武 및 案山 Energy體

(1) Energy 中心 : 身構造 尖端 上部

(2) Energy場 形態 : 尖直 上散形 Energy場

(3) Energy 安定方式 : 散飛上昇移動 흐름 安定

(4) Energy 變易 出氣点 : 尖端部

(5) Energy 凝縮 應氣点 : 脫變後 在 金水 表中心

(6) Energy 性相特性 : 華麗散花

(7) Energy 力價特性 : 强急尖銳, 多樣

(8) Energy 作用效果 : 速成, 速敗, 禮, 多才多能

(9) 發應 形態 : 速發, 速效

제6절 四神砂 Energy體의 善·惡·無記와 有情·無情

〈표 2-12〉四神砂 Energy體의 善·惡·無記와 有情 : 善特性

特性 四神砂	善 特 性		
	極 善	次 善	次次善
玄武 E 體	1. 本身來脈에 의한 玄武 2. 自體靑白을 保有한 玄武 3. 均等한 案山 反E를 保 　有한 玄武 　　圓滿 有情	1. 本身來脈에 의한 玄武 2. 武以前 出身 靑白 E體 　保有 3. 不均等 案山 反E 確保 　　比較的 有情	1. 枝龍出身 玄武 2. 外山 靑白 保有 3. 案山의 不平衡 　不平等 有情
靑白 E 體	分擘枝龍脈이 入穴本身을 纏護育成關鎖凝縮까지 機 能役割을 完了하는 靑白E 體로 內側에 橈棹 枝脚 無 　　有情 多感	分擘枝龍脈이 入穴本身을 纏護育成까지의 役割機能 만을 지닌 E體로 內側에 橈棹 枝脚 無 　　有情 端正	分擘枝龍脈이 入穴本身을 纏護하는 E體로 內側에 枝 脚發生이 있는 것 　不平等 有情
案山 E 體	小祖以下의 本身來脈에 의한 開帳案山으로 穴場 의 纏脣을 完全 抱容하는 反E體 　　圓滿 有情	分擘枝龍來脈이 穴前開帳 하여 穴凝縮 反E를 均衡 있게 供給하는 것 　　端正 有情	枝龍來脈의 E體가 分擘 없이 穴前에서 停止安定을 取함으로써 案山이 된 것 　不平等 有情

<表 2-13> 四神砂 Energy體의 善·惡·無記와 有情 : 惡特性

特性	惡 特 性		
四神砂	極 惡	凶 惡	粗 惡
玄武 E體	1. 反背破面 E體 2. 青白 反飛走 青白 直沖 3. 案山 反背走 案山 直澌 破壞 無情	1. 橈棹出身 玄武 2. 青白 背走 3. 案山 背走 干涉 無情	1. 枝脚出身 玄武 2. 青白이 刑害함 3. 案山이 刑害함 刑害 無情
青白 E體	本身龍 또는 枝龍脈의 E體로 入首來脈 및 穴星을 刑沖破害殺하는 것 沖殺 無情	枝龍來脈出身의 E體가 橈棹 및 枝脚을 함께 發達시켜 穴星을 刑沖破害하는 것 干涉 無情	青白來脈 E體가 背走離脫하면서 本身을 害하거나 刑하는 것 刑害 無情
案山 E體	反背破面E體로서 穴場E를 直射하거나 沖殺하는 것 沖殺 無情	穴星을 反背하거나 逃走하는 E體로서 穴E를 刑沖破害하는 案山 干涉 無情	不均衡의 E體로서 破面壓鎖되거나 粗雜하여 穴을 刑害하는 것 刑害 無情

<表 2-14> 四神砂 Energy體의 善·惡·無記와 有情 : 無記 特性

特性	無記 特性		
四神砂	生無記	病無記	死無記
玄武 E體	無記 來脈 E體가 玄武頂 3-4節 以前에서 正變位 E體로 變化後 聚氣한 玄武 有 無情	來龍脈 中間中間에서 刑沖破害에 의한 病脈을 이어오다가 不平衡 E體 玄武를 形成한 것 病 無情	來龍脈이 無記 또는 病死脈으로 이어오다가 結局 不均等死脈E體로 形成된 玄武 死 無情
青白 E體	出身過程에서 다소간 無記的 不正變位가 發生하다가 穴場部近에서 正變位를 일으키고 纏護하는 것 有 無情	出身過程에서부터 病을 얻어 來脈하다가 繼續 회복하지 못하고 病脈 不正變位를 일으키는 것 病 無情	出身過程에서부터 不正變位로 來脈하는 것이 끝까지 正變位로 改善되지 못하고 死脈化한 것 死 無情
案山 E體	案山來脈이 穴前에 이르기까지 不正變位하다가 穴前에 당도하여 正變位 停止 安定하는 것 有 無情	來脈 中間中間에서 刑沖破害에 의한 病脈이 繼續되다가 結局 穴前에서도 消生치 못하고 病脈의 不正變位E를 維持한 것 病 無情	來脈全過程이 不正變位에서 脫出하지 못하고 結局 穴前에서 死脈化한 것 死 無情

제7절 局 Energy場 論

1. 局 Energy場의 構成(先到 成穴 Energy場 Form)

1) 四神砂 Energy體와 그 Energy場

(1) 玄武 Energy體와 그 Energy場

玄武 Energy體란 大幹 來龍脈으로부터 供給되어 相續받은 入力 Energy를 再充積 集合 Energy로 形態變易시킨 후 一時的인 聚氣形態의 安定構造 틀로 維持케 하는 立體特性의 小山 Energy體를 말한다.

來脈入力 Energy 供給作用에 의해 充積集合過程이 一時 完了된 이 立體小山 Energy體는, 主勢 및 主山 Energy體로서의 諸般役割과 機能을 擔當함은 勿論, 來脈으로부터의 再入力 Energy를 穴場의 入穴 Energy로 位置變易시킨 후 最終安定의 Energy 凝縮을 도모케 하는 結穴 安定의 特性을 지니기도 한다.

一般的으로 穴場의 安定이 維持되기 위해서는 先到된 周邊 Energy 및 그 Energy場의 相互關係的인 同調 또는 干涉作用에 따라 그 Energy 및 Energy 場 特性이 달라지는데, 穴場 Energy의 量的特性은 全的으로 再入力된 玄武 Energy 및 그 Energy場에 依하여 決定되게 되고, 質的인 特性은 全般的으로 先到된 周邊砂인 案山 Energy 및 靑·白 終端 Energy와 그 Energy場에 의해서 決定되게 된다.

따라서 玄武 Energy體가 지닌 入穴 Energy 및 그 Energy場의 質量的 特性은 局 全體 Energy場의 同調的 特性에 依하여 主體的으로 Control된다고 보아야 할 것이며, 玄武 主勢 Energy 및 그 Energy場의 特性良否에 따라 周邊 Energy 및 Energy場의 同調와 干涉特性이 誘導된다고도 보아야 할 것이다.

특히 玄武 Energy 및 그 Energy場은 案山 Energy 및 그 Energy場과 同調하여 穴核의 縱凝縮 Energy 및 그 Energy場을 形成하는 데에 決定的인 主特性을 지니게 된다.

(2) 案山 Energy體와 그 Energy場

主山 主勢 Energy 및 그 Energy場 特性이 外局 Energy場 同調에 의해 玄武 Energy體 集合으로 一時的 安定을 얻게 되면 이때부터 再供給되는 主勢入力 Energy는 또 다른 再安定点을 向하여 進行을 繼續하게 되고, 이 進行된 主勢 Energy는 반드시 確固한 安定틀 Energy場 속에 進入해야만 비로소 最終安定 을 도모코자 하게 된다.

이러한 까닭에, 主勢 Energy는 玄武 Energy體 以後過程에서부터 穴場에 이르기까지 거의 대부분이 案山 Energy 및 그 Energy場의 同調 또는 干涉에 依하여, 窮極的 安定을 取하든가? 아니면 破散 Energy體로 變하여 흩어지든 가? 하는 決定을 하게 된다. 다만 玄武體 以後 Energy가 지나치게 太虛하거나 不及한 나머지 穴場까지 그 勢力이 미치지 못하는 境遇만이 例外일 뿐이다.

따라서 案山 Energy體는 어떠한 境遇에서든 先到된 Energy 및 그 Energy 場을 發達시켜야 마땅한 것이 될 수 있고, 後着된 案山 Energy體는 絶對로 善吉 한 良質의 Energy體가 될 수 없다. 後着 案山 Energy는 반드시 成穴 Energy 를 破壞하거나 自體 Energy를 惡性化시킴으로써 不安定 Energy體가 되기 때 문이다.

理想的 案山 Energy 및 그 Energy場은 朝山 Energy體와 主勢 祖山 Energy體와의 相互關係特性이 調整되고 난 以後부터 比較的 整理된 秩序 속에 서 放出된 Energy에 의해 만들어지는 것이므로, 主勢 Energy를 直接 Control 하여 安定시키면서 玄武以後 再入力된 入穴 Energy를 추호도 破散 또는 漏洩시 키지 않는 凝縮 同調的 反作用 Energy體로 構造化되지 않으면 아니 된다.

특히 이렇게 形成된 案山 Energy場은 主勢 玄武 Energy場과 同調함으로써 穴核의 縱凝縮 Energy 및 그 Energy場을 構築하는 最善最大의 緣分 特性因子 가 되게 된다.

(3) 青·白 Energy體와 그 Energy場

青·白 Energy體의 根本은 主山 Energy體의 本身으로부터 分擘된 枝龍特 性의 始發이 되지 않으면 아니 되고, 특히 穴場의 가장 가까운 內青·內白

Energy體는 入首頭腦로부터 3~5節 內外의 前節에서부터 分岐된 枝龍脈으로서, 本身에 대한 纏護 育成 凝縮의 三大 義務를 完成할 때에만 비로소 確實한 內青·內白 Energy體라고 말할 수 있다.

그러나 대체적으로 살펴볼 때, 玄武 Energy體 以下에서 出發된 枝龍 青·白은 대부분이 良好하고 훌륭한 內青·內白 Energy體라고 말할 수 있고, 小祖山 밖에서 出發한 枝龍 青·白은 그 行途가 特異하여 穴場과 3節 以內로 가까워지지 않는 한 安定된 青·白 Energy體라고 말할 수 없으며, 하물며 外山 青·白 Energy體는 아무리 三節 以內거리로 穴場과 가까이 接近해왔다 할지라도 不完全하거나 不足한 外青·外白 Energy體가 될 뿐이다.

青·白 Energy體가 本身來脈 Energy體를 保護 育成 凝縮하기 위하여는, 始發에서부터 終端에 이르기까지 青·白 Energy體로서의 완벽한 固有 Energy 特性을 維持해야 하는데, 이러한 Energy體 特性을 維持하는 것은 明確한 青·白 來龍脈의 Energy 變易秩序와 分明한 青·白 來龍脈의 Energy體 變位秩序가 生氣的으로 確保되지 않으면 아니 된다.

青·白이 되려는 枝龍來脈 Energy體가 本身來脈의 Energy 變易秩序나 그 變位秩序를 뛰어넘는 如何한 秩序體系를 維持하게 된다면, 이는 分明 青·白 Energy 離脫로 보거나 Energy 本枝의 顚倒로 把握해야 하는 것이며, 또 本身보다 지나치게 虛弱한 青·白 Energy體 秩序體系나 突發的인 變易變位도 이를 모두 無記的 特性의 Energy 不調和로 規定함이 옳다고 하겠다.

가장 理想的인 青·白 Energy體의 諸 特性은 本身 Energy體 諸特性의 57.7 ~86.6% 수준을 確保하여야 하고, 이를 超過하거나 모자라는 諸 Energy 特性은 健全한 青·白 Energy體로서의 規格을 벗어난다고 보아야 한다.

2) 四神砂 局 Energy場의 形成秩序와 그 特性

(1) 玄武 Energy場의 形成秩序와 그 特性

玄武 Energy場의 基本秩序는 穿心出脈과 開帳分擘과 穴核 凝縮이다.

先到하는 案山 Energy場의 均衡安定 同調틀을 配로 삼고 穿心 Energy場의 種子相續 構造틀을 宗마루로 하여, 青·白 Energy場의 息同調 均衡틀을 一體

化해가는 主勢 Energy場 形成秩序의 根本體系라 하겠다.

따라서 穴場의 同調凝縮 Energy場 特性을 決定하는 種性的 主役割體로서의 分明하고 組織的인 Energy場 形成秩序와 그 構造 體系가 보다 確固하게 成立되지 않으면 아니 된다.

다음은 玄武 Energy場 形成의 具體的인 秩序 體系와 그 각기의 秩序體系 特性들을 살펴보기로 한다.

① 正變易 秩序에 의한 玄武 Energy場 構造

善美・强大한 圓滿形의 Energy場 構造體系인 까닭에 厚德하고 줄기찬 主力 Energy場을 充分하게 供給한다.

周邊의 局 Energy 同調場을 보다 强力하게 先導管理하면서 案山 및 靑・白 Energy場을 보다 신속하게 醇化 同調시키므로 局 Energy場의 全般秩序가 均等하게 向上 調節 安定되고, 보다 厚富 强健한 統一場 特性을 再創造 發達시킨다.

變易 및 變位角이 ∠90°인 枝龍分擘에 의해 開帳秩序가 열리게 되면 이는 最上 最吉의 玄武 Energy場 秩序體系가 構造化되는 것이 되므로, 圓滿한 玄武頂本體의 立體 Energy場 構造特性과 穿心 出過脈의 均衡된 束氣特性, 入穴脈의 光明正大한 入力特性과 穴場穴核의 强力한 同調 凝縮特性 等이 보다 全美的으로 結果될 수 있는 最優良의 秩序體系라고 말할 수 있다.

② 垂變易 秩序에 의한 玄武 Energy場 構造

垂變易 秩序의 玄武 Energy場은 正變易 秩序體系를 形成할 수 없는 다소 不及한 主勢 Energy가 上下 起伏活動 特性만을 우선하여 또 다른 하나의 變易體系를 形成하는 秩序이다.

따라서 正變易 秩序의 玄武 Energy場이 圓滿形의 厚富 强健한 前後・左右・上下 圓形인 Energy場 構造體系를 만들어가는 데 비해, 左右의 Energy 發達은 不及하고, 上下 前後 方向으로의 Energy 變易 秩序體系만이 發達하게 되는 圓筒形의 幅이 좁은 Energy場 構造體系가 形成된다.

이러한 까닭에 獨立된 垂變易 秩序體系로서는 훌륭한 玄武 Energy場을 이룰 수가 없고, 다른 縱變易 또는 橫變易 秩序體系의 同調合成을 得해야만 비로소 正常的인 入穴脈 Energy를 入力시킬 수가 있고 穴場 Energy의 核凝縮 同調場을 形成시킬 수가 있는 것이다.

③ 縱變易 秩序에 의한 玄武 Energy場 構造

正變易 秩序體系를 形成하려던 主 Energy 勢力이 左右 Energy場의 不均衡 同調에 適應할 수 없을 程度로 약간의 不及한 Energy 條件을 지니게 되면, 左右 Side의 均等 Energy場은 완벽하게 維持하지 못하고 不均等한 先後 枝龍 Energy場만을 發達시켜 立體化함으로써, 縱變易 秩序體系의 다소 미흡한 玄武 Energy場 構造를 形成하게 된다.

이러한 경우는, 縱變易 秩序의 基本原理인 進行 安定特性에 의해 玄武頂으로서의 立體安定 Energy場 形成이 容易하지 않고 엉거주춤한 形態의 非行 非止 Energy場이 構造化한다.

따라서 縱變易 秩序體系 單獨의 Energy場으로서는 훌륭한 玄武頂 Energy場 構造를 만들기 어렵고, 다만 橫變易 秩序體系나 垂變易 秩序體系의 同調合成을 得했을 때만 비로소 入穴脈 Energy 入力 能力과 成穴能力을 갖춘 玄武 Energy場 構造를 形成시킬 수가 있다.

④ 橫變易 秩序에 의한 玄武 Energy場 構造

橫變易 秩序體系는 正變易 秩序體系 다음으로 玄武頂 Energy場 構造를 形成하는 가장 基本的인 秩序體系라고 말할 수 있다.

勿論, 여기에는 반드시 開帳分擘의 特性, 穿心出脈의 特性, 靑·白 枝龍 Energy 回歸의 特性 等이 모두 合成 集合하는 것을 前提로 한다.

만일 橫變易 秩序體系가 開帳分擘이 아닌 開張分擘만으로 進行되거나 또 穿心 出脈特性을 同伴하지 않는 無氣出脈을 하거나, 枝龍 分擘脈이 靑·白 義務의 保護, 育成, 凝縮 本性을 回復하지 못하여 背走하거나 한다면 이는 分明 玄武 Energy場 構造로서의 價値를 상실했다고 볼 수 있다.

따라서 開帳分擘의 特性인 橫變易 秩序體系가 宗이 되고 穿心 出脈 特性인 正變易 秩序體系가 種子되어, 靑·白 Energy 回歸特性인 縱變易 秩序體系와 聚

氣 集合特性인 垂變易 秩序體系가 함께 合成同調한다면 이는 最善에 가까운 바람직한 玄武 Energy場 構造體系가 形成된다고 볼 수 있을 것이다.

⑤ 隱變易 秩序에 의한 玄武 Energy場 構造

隱變易 秩序體系는 根本的으로 그 Energy場의 發露特性이 獨立 隱遁的이면서 突發的인 까닭에 一般變易 秩序體系에서 形成되는 玄武 Energy場 構造와는 매우 獨特한 Energy場 構造形態를 形成하게 된다.

그러나 이러한 玄武 Energy場 構造體系는 主勢 Energy 入力 特性上 持續的 Energy 供給이 어렵고 원만한 局 同調 Energy場 形成 勢力이 매우 不足하다.

따라서 小規模의 局 Energy場 形成勢力은 可能할 수 있을지라도 大規模의 局 Energy場 主導勢力은 不足하여 오히려 周邊砂 Energy場 構造로부터의 强力한 同調 凝縮場 供給이 決定되었을 때에만 비로소 安定된 玄武 Energy場 構造를 現象化시킨다.

勿論 이러한 境遇에 있어서도, Energy 開帳特性의 橫變易 秩序體系와 Energy 穿心 出脈特性의 入穴 能力 및 靑・白 Energy 回歸特性 等이 함께 集合同調하여 그 잠재 Energy 特性이 特異하게 聚突 構造化하지 않으면 아니 된다.

(2) 案山 Energy場의 形成秩序와 그 特性

案山 Energy場의 基本秩序는 主山 玄武 Energy場 勢力을 案內保護하고 育成하며 凝縮하는 善導的 役割構造를 具體化하는 것으로서, 언제 어디서나 恒常 主勢 穴 Energy場을 先到하여 縱凝縮 同調함이 理想的 秩序라고 하겠다.

때문에 案山 Energy場 構造는 强하기보다는 부드러워야 하고 높기보다는 平安해야 하며 急하기보다는 조용해야 하고 거칠기보다는 윤택해야 한다.

기울지 않고 端正함이 吉하고 旋回하기보다는 撞背하여 正開抱擁함이 더욱 吉하며, 엎어지거나 자빠짐을 경계하고 조심스럽고 다정하게 반겨 맞음을 좋아해야 한다.

언제든지 主山 玄武 Energy場 特性을 陽性的 秩序體系로 받아들일 수 있어야 하고, 主勢 Energy場의 太過不及한 入力構造를 적절한 局現象 主體로 成長하도록 充分히 Control할 수 있어야 한다.

母性的이면서도 女性的이어야 하고 相對的이면서도 對話的이어야 하며, 社會的이면서도 親近해야 하고, 가까우면서도 지나치지 않아야 함을 그 本性으로 한다.

① 正變易 秩序에 의한 案山 Energy場

正變易 秩序體系가 지닌 本性은 成穴本能이다. 그러한 主特性 本能을 잊어버리고 主山勢力을 도와 案內, 保護, 育成, 凝縮의 諸 義務過程을 完成한다고 하는 것은 事實上 어려운 일로서, 이러한 境遇에는 반드시 玄武 主山 Energy場과 案山 相對 Energy場 간의 勢力的 衡平關係로부터 갈등과 대립을 超越한 同調的 主從關係로의 安定秩序 回復을 確立하였을 때에만 비로소 案山 Energy場 秩序體系가 完成되는 것이다.

가장 理想的인 秩序體系임엔 確實하나 實際的으로 正變易 秩序體系의 山 Energy體 構造가 主山 勢力에서마저도 形成되기가 매우 희귀한데, 하물며 主山과 案山 Energy場 모두가 함께 동시에 正變易 秩序體系를 完成하여 同調할 수 있다는 것은 대단히 어려운 境遇일 수밖에 없을 것이다.

② 垂變易 秩序에 의한 案山 Energy場

垂變易 秩序構造의 基本 Energy場 特性은 起伏性이면서 直進性이다. 案山 Energy場의 秩序體系가 이와 같이 起伏的이면서 直進的인 不安定 特性을 繼續 維持하게 된다면, 이는 案內와 保護와 育成, 凝縮이라는 案山 固有의 本分과 役割을 지켜가기엔 너무나 威脅的이며 破壞的인 特性이 되고 만다.

때문에, 垂變易 案山 Energy場 秩序體系에서는 반드시 補完되어야 할 開帳 安定特性과 凝縮 安定特性인 橫變易 秩序體系와 隱變易 秩序體系가 함께 合成同調를 일으켜줄 때에만 비로소 案山 Energy場 構造로서의 秩序形態가 完成된다고 할 수 있다.

③ 縱變易 秩序에 의한 案山 Energy場

縱變易 秩序構造의 基本 Energy場 特性은 垂變易 秩序構造에서 보는 바와 같은 强力한 起伏特性과 直進特性은 적으나, 亦是 左右 變易点에서의 起伏性과

直進性은 배제할 수가 없는 것이므로 이 경우도 마찬가지로, 開帳安定 Energy 場 特性과 凝縮安定 Energy場 特性의 兩面 安定 Energy場 特性을 同調받음으로써, 縱的 變位特性의 進行 Energy場을 案內, 保護, 育成, 凝縮의 安定 Energy場 秩序構造로 變換시킬 수가 있는 것이다.

이렇게 볼 때, 縱變易 秩序에서의 開帳安定은 枝龍分擘의 均衡開帳에 의한 橫變易 秩序體系가, 그리고 縱變易 秩序에서의 凝縮安定은 分擘枝龍의 左右 均衡會合에 의한 隱變易 秩序體系가 각각 理想的인 合成同調를 完成함으로써만 縱變易 秩序體系가 이루어낼 수 있는 가장 바람직한 案山 Energy場 特性構造가 現象化할 수 있다고 볼 것이다.

④ 橫變易 秩序에 의한 案山 Energy場

橫變易 秩序構造의 基本 Energy場 特性은 分擘과 開帳이다. 分擘特性은 主 Energy場의 橫安定 構造特性이고, 開帳特性은 穿心 Energy場의 縱安定 構造 特性이다.

그런데 分擘의 橫安定 構造特性과 開帳의 縱安定의 構造特性은 案山 Energy 場 秩序體系를 形成하는 基礎的인 特性이므로 매우 바람직한 것이긴 하나, 分擘 이 그 獨立을 위해 ∠90°를 넘는 逆枝龍을 持續的으로 發達시킨다거나, 아니면 開帳이 그 本然의 任務에 지나치게 充實하여 穿心脈下에 穴核 Energy를 形成케 한다거나 하는 것 등은 案山 Energy場이 그 本分을 상실한 顚倒된 秩序構造라 고 할 수 있다.

따라서 分擘特性은 穴場의 均衡 停止安定을 調節하는 것으로 만족해야 하고, 開帳特性은 穴脈本身의 靑·白 Energy 回歸 凝縮 同調와 穴場의 縱安定特性 Energy場을 供給하기 위한 隱變易 穿心 立體 Energy場을 만드는 程度에서 停 止安定되어야 한다.

結果的으로 橫變易 秩序體系에서의 案山 Energy場 構造는 橫變易 秩序以外 의 縱變易 秩序와 隱變易 秩序體系가 함께 合成同調되지 않으면 아니 된다는 것 을 알 수 있다.

⑤ 隱變易 秩序에 의한 案山 Energy場

隱變易 秩序構造의 基本 Energy場 特性은 隱遁性과 突露性이다. 隱遁性은 非破壞的이면서 平和的이고 突露性은 다소 抵抗的이긴 하나 守備調節的이다.

案山 Energy場 構造로서의 隱變易 秩序는 이 두 가지 特性이 함께 安定的으로 調節됨을 要하고 지나친 隱遁과 突露性은 오히려 穴場을 無力化시키거나 壓迫한다.

따라서 隱變易 秩序에서의 바람직한 案山 Energy場은 보다 安定的인 垂變易 秩序와 橫變易 秩序體系가 함께 合成同調되는 Energy場 構造여야 하며, 正變易 秩序나 縱變易 秩序體系의 合成은 最小化되어야 한다.

(3) 靑 · 白 Energy場의 形成秩序와 그 特性

靑 · 白 Energy場의 基本秩序는 枝龍會合에 의한 穿心 Energy場의 護衛, 侍立과 穴 Energy場의 保護 育成 그리고 穴核의 橫凝縮 同調 Energy場 供給 및 關鎖體系로 되어있다.

玄武 Energy場으로부터 發生된 開帳 分擘枝龍이 本身 穿心脈을 護衛 侍立하고 穴 Energy場을 育成 凝縮함에 있어서는 그 來脈 變位角이 $\theta = \angle +30° \times n$ 의 Positive 變易秩序를 絶對 維持해야 하는데, 그 開帳은 穿心, 本身脈으로부터 $\theta = \angle -90°$를 超過하지 않아야 하고 護衛角은 分擘枝龍 來脈基準 $\theta = \angle +60°$를 超過하지 않아야 하며, 侍立角은 本身 穿心脈과 平行線을 維持해야 하고 育成角은 侍立脈 基準 $\theta = \angle +30°$를 넘지 말며, 橫凝縮角은 育成角을 包含하여 $\theta = \angle +60°$를 넘지 말고 縱凝縮角은 橫凝縮角으로부터 $\theta = \angle +30°$를 넘어서는 아니 되며, 靑 · 白 相互 間에서는 對立 衝突이 아닌 關鎖構造를 完了해야 한다.

위와 같은 靑 · 白 Energy場의 秩序組織을 基本體系로 하면서 다음 各 變易 秩序別 靑 · 白 Energy場 構造形成과 그 特性을 살펴보기로 한다.

① 正變易 秩序에 의한 靑 · 白 Energy場

正變易 秩序構造의 基本 Energy場 特性은 包容的이며 直線的이다. 그러한가 하면 靑龍 Energy場 構造나 白虎 Energy場 構造秩序의 기본은 護衛的이면서 侍從的이고, 保護 育成的이면서 凝縮的인 枝龍 會合特性을 지녀야 한다.

때문에 正變易 秩序에 의한 靑·白 Energy場 構造는 그 形成自體가 매우 어려울 뿐만 아니라, 靑·白 Energy場 構成 原理面이나 그 組織面에서도 合一点을 發見하기가 어렵다.

다만 本身의 穿心出脈 Energy場 秩序가 正變易 秩序體系인 境遇, 靑·白 Energy體의 來脈이 그 分擘枝를 發達시키기 위해서, 잠시 正變易 秩序體系를 維持할 수는 있어도 終來脈은 반드시 保護 侍立 育成 凝縮의 그 本分的인 役割을 充分히 擔當할 수 있는 縱變易 會合秩序 體系로의 大轉換이 이루어지지 않으면 아니 된다. 이것은 靑·白 枝龍 正變易의 持續이 結局에서는 本身 Energy場 干涉과 破壞 離脫을 가져오는 까닭이다.

따라서 靑·白 Energy場 構造를 形成하기 위한 正變易 秩序體系는 分擘 開帳 始發点으로부터 5節 以內 脈上에서 完了되어야 하며, 이를 超過하는 如何한 秩序體系도, 正變易 分擘枝 5節中에서 發生시킨 穿心 및 入穴脈 Energy場 損失을 補償하기가 어렵게 된다.

② 垂變易 秩序에 의한 靑·白 Energy場

前記에서 살펴본 바와 같이 垂變易 秩序構造의 基本 Energy場 特性은 起伏性과 直進性이다.

靑·白 Energy場의 秩序體系가 護衛와 侍立과 育成과 凝縮의 枝龍 會合 機能特性을 基本的으로 要求하고 있음에 비추어, 當 垂變易 秩序構造는 護衛나 侍立의 役割機能은 어느 程度 擔當할 수 있어도, 會合이나 育成 및 凝縮의 役割機能에 對해서는 垂變易 單獨秩序만으로서 그 감당이 全的으로 不可能하다.

따라서 會合, 育成, 凝縮의 機能特性에 대해 서로 充分히 그 役割을 擔當할 수 있는 縱變易 秩序體系 構造가 함께 合成同調되어야 비로소 바람직한 靑·白 Energy場 構造秩序가 完成된다고 볼 수 있다.

③ 縱變易 秩序에 의한 靑·白 Energy場

縱變易 秩序構造의 基本 Energy場 特性은 左右 變位的 移動安定 進行性이다. 이러한 特性原理는 靑·白 Energy場 構造가 要求하는 基礎的인 形成秩序와도 부합하는 것으로서, 다만 會合, 育成, 凝縮秩序過程에 보다 充實한 縱變易

秩序體系를 完成할 수만 있다면 이는 局 同調 Energy場 構造가 바라는 가장 合理的인 變易秩序 原理가 될 수 있다고 보겠다.

그러나 이와 같은 合理的인 縱變易 秩序原理 亦是, 他變易 秩序의 도움 없이 獨立的으로만 靑·白 Energy場을 構造化하기에는 그 Energy場이 지닌 善·惡·美·醜의 形態나 機能役割이 너무나 허약하고 옹색하다.

즉 靑·白 Energy場 構造秩序가 圓滿하게 形成되기 위하여서는, 우선 먼저 分蘗枝의 여유로운 開帳과 侍立, 育成構造의 健實한 機能維持 過程이 뒤따라야 하는데, 이것은 縱變易 秩序構造 自體能力으로서는 거의 不可能한 것이고 橫變易 秩序體系나 垂變易 秩序體系가 全體秩序의 25% 以內를 維持하는 程度에서 함께 合成同調되는 것이 가장 바람직한 것이라 하겠다.

④ 橫變易 秩序에 의한 靑·白 Energy場

橫變易 秩序構造의 基本 Energy場 特性인 分蘗과 開帳은 靑·白 Energy場 構造인 枝龍分蘗 發達過程에서 開帳 護衛特性과 全的으로 同一하다.

橫變易 分蘗開帳角이 主勢 穿心 入力線과 ∠90°의 位相角을 維持하고 있을 때, 이와 같은 同一한 形態構造의 靑·白 枝龍이 分蘗되고 있다면, 이는 靑·白 Energy場 構造形成의 基礎過程이 가장 理想的으로 發達하고 있다는 證據인데, 다만 分蘗以後의 過程에서는 橫變易 秩序를 持續하지 아니하고 分蘗 枝龍會合을 위한 縱變易 秩序體系로의 大轉換 要求가 靑·白 Energy場 構造特性上 絶對 必要한 要素라고 할 것이다.

따라서 理想的인 靑·白 Energy場 構造가 現象化되기 위하여서는, 橫變易 秩序體系 Energy場 特性이 分蘗 始發로부터 終端 間 25% 以內인 開帳區間 中에서만 發露케 되어야 하며, 나머지 區間에서는 會合枝龍 全部가 垂變易 秩序體系의 起伏 Energy場 特性과 縱變易 秩序體系의 回歸 Energy場 特性으로 轉換될 수 있도록 分蘗枝龍 種性과 案山枝龍 特性 간의 同調 Energy場 調和秩序가 원만하게 진행되지 않으면 아니 된다.

⑤ 隱變易 秩序에 의한 靑·白 Energy場

隱變易 秩序構造의 基本 Energy場 特性이 隱遁과 突露로 表現된다는 것은

그 Energy場 本性 속에 隱遁的이면서 獨立的인 Energy 構造特性이 은근히 잠재하여 있음을 意味하는 것으로서, 이는 靑·白 Energy場 構造가 지닌 機能的 役割的 諸 特性과는 전혀 다른 別個의 目的意志가 또 다르게 숨겨져 있음을 말해 주고 있다.

卽 隱變易 秩序의 Energy場 構造와 靑·白 機能의 Energy場 構造와는 서로 다른 組織的 特性과 役割用途 等이 各各 區別되어 相存함을 알 수 있다.

靑·白 Energy場의 機能과 役割이 非隱遁的이며 非獨立的인 護衛, 侍立, 育成, 凝縮, 關鎖의 目的意志를 따라 充實明確한 本分遂行을 完了하기 위하여서는, 보다 具體的인 活動構造와 作用表現이 體系化되어야 하는데, 이러한 秩序體系는 他 垂變易과 縱變易 그리고 橫變易의 基礎的 秩序體系를 合成需用하지 않고는 도저히 靑·白 Energy場으로서의 基本特性을 確保할 方法이 없다.

다만 隱變易의 終端 完了点이 穴場의 ∠180° 正面에 到達하는 境遇가 된다면, 이는 外靑·外白의 境遇 關鎖機能으로서의 役割同調가 可能해질 수 있다는 것을 再考할 必要는 있다.

⑥ 本身 Energy場과 靑·白 Energy場 간의 變易 및 變位秩序 關係

〈표 2-15〉 本身 Energy場과 靑·白 Energy場 간의 變易 및 變位秩序 關係

本身 青白	正變易 秩序 E場	垂變易 秩序 E場	縱變易 秩序 E場	橫變易 秩序 E場	隱變易 秩序 E場
正變易 秩序 E場	• 相互 同調 또는 갈등 • ∠90° 枝龍 終端 立體變位時 同調進行時 갈등	主弱 從强하여 陰陽 顚倒	主弱 從强하여 主從 不明	相互 同調가 可能하나 同時 結穴코자 하므로 良好치 못함	主從 秩序가 不可能함
垂變易 秩序 E場	• 相互 同調 可 • 立體變位 또는 一方 橈棹變位일 것	• 相互 同調 可 • 立體, 支脚 및 一方 橈棹變位일 것 • 青白 會合 特性일 것	• 相互 同調 可 • 青白 會合構造 E場 體系일 것	• 相互 同調 可 • 青白 會合構造 E場 體系일 것	• 主從 不明 • 青白 會合時 同調 可能

本身 / 青白	正變易 秩序 E場	垂變易 秩序 E場	縱變易 秩序 E場	橫變易 秩序 E場	隱變易 秩序 E場
縱變易 秩序 E場	• 相互 同調 可 • 青白 會合構造 E場 體系일 것	• 相互 同調 可 • 青白 E場이 會合 構造體系일 것	• 相互 同調 可 • 青白 E場이 會合 構造體系일 것	• 相互 同調可 • 變位角∠30° • 青白 會合 E場 構造일 것	• 主從 不明 • 青白 會合時 同調 可能
橫變易 秩序 E場	• 分擘始發 開帳 段階만 同調 可(青白會合으로 變易時 同調 可能)	• 分擘 開帳時만 同調 可(青白 會合으로 變易時 同調 可)	• 基礎 過程 만 同調 可(青白 會合으로 變易時 同調 可)	• 相互 同調 不 可	• 基礎 過程 만 同調 不可
隱變易 秩序 E場	• 青白 E場 構造로서의 同調 不可 • 終端立體 또는 會合 E場 時 同調 可	• 青白 E場 構造로서의 同調 不可 • 終端立體 또는 會合 E場 時 同調 可	• 青白 E場 構造로서의 同調 不可 • 終端立體 또는 會合 E場 時 同調 可	• 青白 E場 構造로서의 同調 不可 • 終端立體 또는 會合 E場 時 同調 可	• 青白 E場 構造로서의 同調 不可 • 終端立體 또는 會合 E場 時 同調 可
青E場 變易 및 變位 秩序	• 五變易 秩序 共히 同調 可 • 會合變位構造의 E場 秩序일 것(左旋 會合일 것)	• 垂,縱變易 秩序 同調 良好 • 會合 變位 秩序를 維持할 것	• 垂,縱變易秩序 同調良好 • 會合變位秩序를 維持할 것(左旋 會合일 것)	• 垂,縱變易秩序 同調良好 • 會合變位秩序를 維持할 것(左旋 會合일 것)	• 垂,縱變易秩序 同調良好 • 會合變位秩序를 維持할 것(左旋 會合일 것)
白E場 變易 및 變位 秩序	• 五變易 秩序 共히 同調 可 • 會合變位構造의 E場 秩序일 것(右旋 會合일 것)	• 垂,縱變易秩序 同調良好 • 會合變位秩序를 維持할 것(右旋 會合일 것)	• 垂,縱變易秩序 同調 良好 • 會合變位秩序를 維持할 것(右旋 會合일 것)	• 垂,縱變易秩序 同調 良好 • 會合變位秩序를 維持할 것(右旋 會合일 것)	• 垂,縱變易秩序 同調 良好 • 會合變位秩序를 維持할 것(右旋 會合일 것)

(4) 기타 周邊砂 Energy場의 形成秩序와 그 特性

四神砂를 除外한 其他 周邊砂의 Energy場은 亦是 穴 Energy場의 質的 向上을 도모함에 있어서 없어서는 아니 될 重要한 役割機能을 담당하고 있다.

穴場 後面으로부터는 玄武 Energy場의 善·惡·美·醜를 補完하고 穴核場의 縱凝縮 同調 Energy場을 補强하며, 左右側面으로부터는 靑·白 Energy場의 善·惡·美·醜를 補完하고 穴核場의 橫凝縮 同調 Energy場을 補强하며,

前面으로부터는 案山 Energy場의 善·惡·美·醜를 補完하고 穴核場의 縱凝縮 同調 Energy場을 補強한다.

穴場에 대한 刑·沖·破·害 殺이 徹底하게 排除되지 않으면 아니 되는 까닭에, 周邊砂의 終端部는 반드시 立體 集合構造 Energy場을 柔軟하게 發達시킬 수 있어야 한다.

四神砂 局 Energy場의 不完全 圓滿 構造體를 周邊砂 Energy場의 發達에 의해 圓滿化시키고, 그에 따른 質的 量的 改善 增强을 充實하게 持續的으로 保障할 수 있어야 한다.

① 正變易 秩序에 의한 周邊砂 Energy場

正變易 秩序構造는 形成原理的 次元에서나 그 構造特性上 周邊砂 Energy場 構造와는 서로 다른 胎動過程과 組織體系를 維持하고 있는 까닭에, 周邊砂 Energy場을 形成하기 위한 基礎 秩序構造로서는 適合하지 못한 Energy場 體系이다.

② 垂變易 秩序에 의한 周邊砂 Energy場

垂變易 秩序構造는 穴場의 後面에서 發達하는 周邊砂(日, 月砂 등) Energy 場을 形成하기 위해서는, 매우 바람직한 基礎過程의 變易秩序體系라고 말할 수 있다.

그러나 이는 始發 出脈段階와 進行 過程에서는 훌륭한 變易秩序體系이긴 하나 終端部에 이르러서는 반드시 立體的 集合 Energy場 構造體系로의 轉換을 完了하여 停止하지 않고는, 刑·沖·破·害 殺을 排除할 수 있는 理想的인 Energy場 形成이 이루어질 수 없다.

따라서 보다 柔軟한 安定 立體構造의 Energy場을 確保하기 위해 隱變易 特性의 秩序體系가 終端部에서 合成同調하는 것이 가장 理想的이라고 할 것이다

③ 縱變易 秩序에 의한 周邊砂 Energy場

縱變易 秩序構造는 앞에서도 살펴본 바와 같이 左右의 時差的인 進行秩序에 의한 變易方式이므로 그 進行에 必要한 橈棹 Energy 構造의 發達은 排除할 수

가 없고, 이러한 橈棹 Energy場과 本身 Energy場과의 마찰 갈등은 피할 여지
가 없다.

따라서 그 進行過程이 짧은 境遇를 除外하고는 周邊砂 Energy場 構造로서의
役割特性이 크게 適合할 수 없고, 다만 垂變易 또는 隱變易 秩序構造가 合成同調
를 이룰 때 비로소 有益한 Energy場으로서의 用途로 變化할 수 있는 것이다.

原則的으로는 穴場의 曜, 鬼砂 Energy場이나 靑·白의 曜砂 Energy場을
形成함에 가장 適合한 秩序構造이나, 이것은 3節 以內의 一方 橈棹에 의한 變易
構造를 要求하는 것이고, 左右 兩方向의 橈棹發達 Energy場은 亦是 本身
Energy를 洩氣하는 것이 되고 만다.

④ 橫變易 秩序에 의한 周邊砂 Energy場

橫變易 秩序構造의 基本 Energy場 特性인 分擘 開帳은 周邊砂 Energy場 特
性構造인 集合 聚突과는 그 形成原理와 組織體系가 매우 다르다. 따라서 周邊砂
Energy場 形成秩序로서의 橫變易 構造體系는 不適合하다고 할 수 있다.

⑤ 隱變易 秩序에 의한 周邊砂 Energy場

四神砂 局 Energy場을 除外한 補助 Energy場을 形成하기 위한 特性構造로
서는 隱變易 秩序體系 以上의 더 理想的인 變易秩序는 없다.

隱變易 秩序構造가 지닌 隱遁과 聚突特性은 곧 周邊砂 Energy場이 갖추어야
할 基本的인 特性으로서, 보다 柔軟하고 보다 安定된 Energy場 構造體系를 보
다 善美하고 보다 健實하게 現象化시키는 것만이 더 이상 바랄 수 있는 最善의
希望이라고 말할 수 있다.

(5) 局 同調 Energy場의 形成 秩序圖

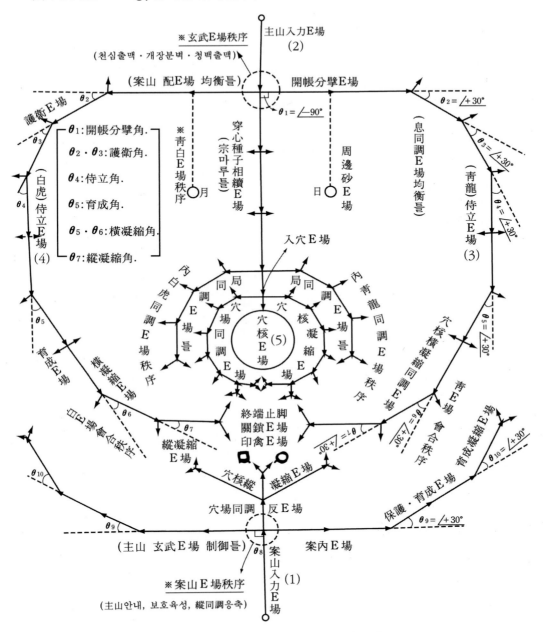

〈그림 2-135〉局 同調 Energy場의 形成 秩序圖

3) 四神砂 Energy場의 同調와 干涉

(1) 玄武 Energy場과 他 Energy場과의 同調와 干涉

① 玄武 ⇔ 案山 ⇔ 靑·白 간의 同調와 干涉 Energy場

〈표 2-16〉玄武 ⇔ 案山 ⇔ 靑·白 간의 同調와 干涉 Energy場

玄武 E場 \ 關係局 E場	案山 E場 構造 變易秩序	同調	干涉	A. 靑白 E場 構造 變易秩序	同調	干涉	B. 靑白 E場 構造 變易秩序	同調	干涉	C. 靑白 E場 構造 變易秩序	同調	干涉
正變易秩序 E場	정변역	○	◐	수변역	○		종변역	○		은변역	△	
	수변역	○	X	종변역	○		은변역	△		수변역	○	
	종변역	○	◐	은변역	△		수변역	○		종변역	○	
	횡변역	○	◐	수변역	○		종변역	○		은변역	△	
	은변역	○		종변역	○		은변역	△		수변역	○	
垂變易秩序 E場	정변역	△	◐	수변역	○	◐	종변역	○	◐	은변역	△	◐
	수변역	○	X	종변역	○	◐	은변역	△	◐	수변역	○	◐
	종변역	○	◐	은변역	△	◐	수변역	○	◐	종변역	○	◐
	횡변역	○	◐	수변역	○	◐	종변역	○	◐	은변역	△	◐
	은변역	○		종변역	○	◐	은변역	△	◐	수변역	○	◐
縱變易秩序 E場	정변역	○	◐	수변역	○	◐	종변역	○	◐	은변역	△	◐
	수변역	○	X	종변역	○	◐	은변역	△	◐	수변역	○	◐
	종변역	○	◐	은변역	△	◐	수변역	○	◐	종변역	○	◐
	횡변역	○	◐	수변역	○	◐	종변역	○	◐	은변역	△	◐
	은변역	○		종변역	○	◐	은변역	△	◐	수변역	○	◐
橫變易秩序 E場	정변역	△	◐	수변역	○		종변역	○		은변역	○	
	수변역	○	X	종변역	○		은변역	○		수변역	○	
	종변역	○	◐	은변역	○		수변역	○		종변역	○	
	횡변역	○	◐	수변역	○		종변역	○		은변역	○	
	은변역	○		종변역	○		은변역	○		수변역	○	
隱變易秩序 E場	정변역	△	◐	수변역	○		종변역	○	◐	은변역	△	
	수변역	○	X	종변역	○	◐	은변역	△		수변역	○	
	종변역	△	◐	은변역	△		수변역	○		종변역	○	◐
	횡변역	○	◐	수변역	○		종변역	○	◐	은변역	△	
	은변역	○		종변역	○	◐	은변역	△		수변역	○	

보기
전적동조 ○
부분동조 △
전적갑섭 X
부분간섭 ◐

※(註) 正變易과 橫變易은 事實上 靑白으로 不可하므로 이를 除外한다.

※(註) 正變易과 橫變易은 事實上 靑白으로 不可하므로 이를 除外한다.

※(註) 正變易과 橫變易은 事實上 靑白으로 不可하므로 이를 除外한다.

※ 先到後着에 따른 合成局 同調 Energy場을 把握할 것

(2) 案山 Energy場과 他 Energy場과의 同調와 干涉

① 案山 Energy場과 靑龍 Energy場 간의 同調와 干涉
各變易 秩序體系別 相互 同調 干涉 Energy場을 把握함이 重要하다.

반드시 善·惡·美·醜의 同調 干涉 Energy場이 發生하게 되며, 相互 間의 刑·沖·破·害 殺 Energy場이 發達하기도 한다.

② 案山 Energy場과 白虎 Energy場 간의 同調와 干涉
前記와 같은 原理가 適用된다.

③ 案山 Energy場과 其他 周邊砂 Energy場 간의 同調와 干涉
案山 Energy場의 善·惡·美·醜 大·小·強·弱에 따라 周邊砂 Energy 場의 善惡·美醜·大小·強弱의 特性이 달라진다.

④ 案山 Energy場과 玄武 Energy場 간의 同調와 干涉
前項에서 살펴본 變易 秩序別 同調 干涉 Energy場을 再考察하면서 특히 先到後着에 따른 同調 干涉의 다양한 變化를 살펴봄이 重要하다.

(3) 靑龍 Energy場과 他 Energy場과의 同調와 干涉

① 靑龍 Energy場과 玄武 Energy場 간의 同調와 干涉
玄武 Energy場과 靑龍 Energy場 간의 變易 秩序別 同調와 干涉을 再考察한 後 玄武 Energy場 基準 先發, 後發에 따른 各 變易秩序別 同調 干涉 Energy場을 把握할 것.

② 靑龍 Energy場과 白虎 Energy場 간의 同調와 干涉
靑龍 Energy場과 白虎 Energy場 간에는 相互均衡과 安定調和를 위한 同調와 干涉이 가장 重要하다.

同調의 窮極은 理想的 關鎖 Energy場을 形成하게 되고, 干涉의 極은 相互 間의 刑·沖·破·害 殺을 불러온다.

各 變易秩序別 先·後發 體系別 同調 干涉 Energy場을 把握 分析하는 것이 매우 重要하다.

③ 靑龍 Energy場과 案山 Energy場 간의 同調와 干涉

變易秩序 體系別 先到 後着 形態別 同調와 干涉의 Energy場 特性을 再考察함이 合理的이다.

④ 靑龍 Energy場과 其他 周邊砂 Energy場 간의 同調와 干涉

變易秩序 構造別 玄武頂에 대한 先·後發 形態別 同調 干涉 Energy場을 把握해야 한다.

(4) 白虎 Energy場과 他 Energy場과의 同調와 干涉

① 白虎 Energy場과 玄武 Energy場 간의 同調와 干涉

靑龍의 境遇에서와 同一한 理致로 把握함이 原則이나 靑·白 간의 先後 優劣에 따른 同調와 干涉 Energy場을 把握함이 重要하다.

② 白虎 Energy場과 靑龍 Energy場 간의 同調와 干涉

前記 理致와 同一하다.

③ 白虎 Energy場과 案山 Energy場 간의 同調와 干涉

前項 및 前記의 理致와 同一하다.

④ 白虎 Energy場과 其他 周邊砂 Energy場 간의 同調와 干涉

變易秩序 構造別 玄武頂에 대한 先.後發 形態別 同調 干涉 Energy場을 把握해야 한다.

2. 局 Energy場의 形態別 特性

1) 藏風局 Energy場의 形態別 特性

藏風局 Energy場이란 山脈의 進行過程 中에서 發達한 四神砂의 山 Energy 體가 相互 間의 關係作用을 特異하게 增强시켜 發生케 하는 穴核 凝縮 同調 Energy場의 한 形態이다.

이는 주로 山 Energy體만의 同調에 의해 形成되는 局 Energy場인 까닭에 크게 물을 거두어들인다거나 넓은 水會處를 만들지는 못하고, 다만 山應 山會特 性에 依存하여서만 核同調 Energy場을 만들게 된다.

따라서 山이 높고 물이 낮으며 山이 많고 물이 적은 形便上에서 發生하는 一 常的 山脈 吹風과 脫氣現象을 聚氣와 藏風과 凝縮으로 크게 安定시킴으로써, 穴 核 同調 Energy場이 要求하는 보다 雄壯하고 보다 陽突한 善美 良質의 局 同調 Energy場을 完成하게 된다.

다만 山 Energy體가 받아야 하는 吹風 干涉은 水氣 Energy에 依하여 制御 되어야 하는데, 이러한 不備條件을 補完하여 局 Energy場을 潤澤케 하는 것은 藏風局 Energy場이 지닌 最大 課題라고 할 것이다.

(1) 大藏風局 Energy場의 形態別 特性

大藏風局 Energy場은 大幹 龍脈 行途 中에서 特異하게 發達한 四神砂의 會 合秩序 Energy에 의해 形成되는 核同調 Energy場 構造로서, 雄大 强健함이 最 吉하여 그 力量은 뛰어나나, 窮源處에서의 本身脈 行進勢力에 휩쓸리거나 同化 되어 나타나는 Energy 離脫現象은 局 Energy場 어느 구석에서도 반드시 殘存 하여 나타나게 된다.

아무리 理想的인 藏風特性 構造의 局 同調 Energy場을 確保하였다 할지라 도, 四神砂 外側 Energy 構造體에서 發生하는 Energy 弛緩現象은 堪耐할 수밖 에 없다.

따라서 大藏風局이 形成되기 위해 무엇보다 于先되어야 할 事項은 靑・白, 案山 Energy場의 補完 調和와 周密함이라고 할 것이다.

(2) 中藏風局 Energy場의 形態別 特性

大藏風局 Energy場이 大幹龍脈 行途中에서 成聚됨에 따라 나타나는 本脈 同化 不作用의 쏠림 現象에 비해 中藏風局 Energy場의 形成處는 그와 다른 中幹龍脈 行途中에서 보다 良好한 分擘秩序를 따라 成聚되는 局 同調 Energy場인 까닭에 本脈同化나 휩쓸림의 不作用은 오히려 훨씬 적은 편이다.

周邊 枝龍脈의 Energy場 勢力 亦是, 지나치게 갈등적이거나 相互 干涉的이지 아니하여, 藏風局 Energy場으로서는 가장 理想的인 安定構造의 形態特性을 지녔다고 보는 것이 옳을 것이다.

(3) 小藏風局 Energy場의 形態別 特性

小藏風局 Energy場의 形成은 大・中幹龍脈의 枝龍脈 中半過程에서 이루어지는 까닭에 大藏風局이나 中藏風局에서 보는 바와 같은 强健 雄大한 局 同調 Energy場 成聚는 없어도 아늑하고 부드러운 局 同調와 포근하고 온화한 局聚氣는 오히려 훨씬 뛰어나다고 봐야 한다.

다만 他枝龍 간의 刑・沖・破・害 殺이 두렵고 周邊 Energy場과의 干涉現象이 局 同調 Energy場 特性을 決定하는 데 크게 因緣하고 있음을 살펴야 한다.

2) 得水局 Energy場의 形態別 및 形成秩序別 그 特性

得水局 Energy場이란 山脈의 Energy體가 最終 安定處를 찾아 移動하는 過程에서 藏風局 Energy場을 形成한 以後의 餘氣 Energy나, 아니면 마땅한 藏風局 Energy場을 形成하지 못한 本脈 Energy가 江河水 또는 大溪水界 窮盡處에서 더 以上의 行進이나 徘徊를 멈추고 安定的인 局 同調 Energy場을 形成하면서 穴核 凝縮 同調 Energy場을 完成하게 된 것을 말한다.

이와 같은 得水局 Energy場은 크게는 大會局 Energy場으로부터 中會局 Energy場, 小會局 Energy場 等으로 分類되어 그 規模別 形態特性을 나타내기도 하고, 또 回龍拒水 Energy場 秩序, 會合聚水 Energy場 秩序, 關鎖吸收 Energy場 秩序 等으로 分類되어 그 段階別 構造 形成秩序의 Energy場 特性을 나타내기도 한다.

(1) 大會局 Energy場의 形態 特性

大幹龍의 中心脈이 江河를 만나 그 進行을 멈추면 곧바로 自體安定을 위해 枝龍脈을 發達시키게 되고, 發達된 枝龍脈은 크게 分擘 開帳 會合의 秩序를 形成함으로써 江河水를 回抱하는 局 同調 Energy場을 展開하게 된다.

이때에 얻은 得水 Energy는 局 Energy場을 潤澤케 함은 勿論 穴核 凝縮 同調 Energy를 保護하고 살찌우며 調潤케 한다.

(2) 中會局 Energy場의 形態 特性

大幹龍의 分擘枝에서 行途된 枝龍脈 Energy가 小江河를 回抱 會合하면서 形成하는 局 同調 Energy場으로서, 亦是 得水 Energy에 의해 局 Energy場이 潤澤해지고 穴核 Energy가 保護 調潤케 되어 厚德한 穴 Energy場을 發達시킨다.

大都市 陽基穴을 만드는 大會局 Energy場에 비해 그 規模와 力量은 다소 적으나 짜임새와 아늑함은 오히려 보다 낫다.

주로 中小都邑地를 만드는 陽基穴의 局 Energy場이다.

(3) 小會局 Energy場의 形態 特性

幹龍 分擘枝脈에서 또다시 分擘을 거듭하여 地盡處에 다다르다가 溪澗水나 小河川을 만나게 되면 곧바로 窮盡脈은 멈추고 잦은 分擘開帳을 일으켜 會合特性의 Energy場을 形成하게 되는데, 이 會合特性의 Energy場은 局 同調 Energy場과 穴核 Energy場에 得水 Energy를 供給하여 同調 凝縮 Energy體를 潤澤 周密 厚德케 한다.

陰宅穴로서 매우 理想的인 形態特性을 지니고 있다.

(4) 局 形成 一段階 : 回龍拒水 Energy場 秩序

回龍拒水 Energy場이란 不安定 勢力으로 進行되어온 窮盡龍脈 Energy體가 同調 凝縮 局 Energy場 속에서 停止 安定 穴核 Energy를 形成하기 위해 一段階 過程으로 거치게 되는 帶水 Energy場과의 同調 維持 Energy場으로서, 이때 本身 進行脈의 安定 希求方向은 元辰內外水를 拒水하는 方向으로 回龍함

이 마땅한데, 이 경우의 拒水位相은 水流 中心線으로부터 ∠90°를 넘어야 하고 ∠180°를 넘어서지 말아야 하며, 그 回龍 秩序角은 $\theta = \angle 30° \times n$의 變位秩序를 꼭 지켜야 한다.

(5) 局 形成 二段階 : 會合 聚水 Energy場 秩序

會合聚水 Energy場이란 拒水를 目的으로 回龍한 窮盡脈 Energy體가 四神砂 局 Energy場을 形成하기 위하여 分擘 開帳된 枝龍脈을 會合 開帳秩序로 體系化시키고, 그 會合 秩序化된 四神砂 構造體系가 局 內外 元辰水를 集合하여 安定시키는 것을 會合 聚水 Energy場이라고 한다.

이러한 Energy場 秩序特性은 局 形成이 크고 넓을수록 그 會合 聚水力量은 雄大하게 되고, 會合 枝龍脈이 重重일수록 그 聚水 勢力은 强健하게 된다.

(6) 局 形成 三段階 : 關鎖吸水 Energy場 秩序

關鎖吸收 Energy場이란 拒水 → 會合 聚水된 Energy場 秩序體系가 相互 갈등하거나 衝突하지 아니하고, 同調 和氣하면서 穴核 Energy場을 枝龍脈 關鎖에 의해 再凝縮하고 穴 Energy場 속에 得水 Energy를 吸收케 하는 最終段階의 核 Energy 善質化 秩序構造를 말한다.

마지막 段階의 Energy場 秩序는 于先 靑·白 Energy場이 關鎖하면서 案山 Energy場이 外側으로부터 마무리 關鎖하는 것을 가장 吉한 것으로 보는데, 이러한 境遇 靑·白 Energy場과 案山 Energy場의 役割은 반드시 元辰內水는 갈무리하고 元辰外水는 流入 吸收케 함이 絶對分明하여야 한다.

이 秩序는 穴核을 結成하고 維持 保全함에 있어서 必須 不可缺한 要件임과 동시에 必要하고도 充分해야 하는 매우 重要한 成穴條件이다.

3) 藏風 得水 合成局 Energy場

藏風局 同調 Energy場과 得水局 同調 Energy場이 合成秩序 體系를 形成하여 穴核 凝縮 同調 Energy場을 供給할 때, 이를 藏風 得水 合成局 Energy場이라고 말한다.

藏風局 Energy場은 山 Energy場 勢力이 좋은 반면 水 Energy場 勢力이 虛弱하여 同調 凝縮 穴場에 대한 保護 調潤 厚德의 善美特性이 다소 不備하게 되고 이로 인한 穴核의 粗惡性과 庸劣性과 强悍性을 숨길 수가 없고,

得水局 Energy場은 이와 반대로 山 Energy場 勢力은 弱한 반면 水 Energy場 勢力이 重厚하여 同調 凝縮 穴場의 保護, 潤澤, 厚德, 特性이 지나치게 太過하기 쉬운데다 山 Energy體의 나태와 穴 Energy의 陰濕함을 招來하기가 容易하다.

이와 같은 두 境遇의 缺陷과 長點을 相互補完 增長시켜줌으로써 陰宅穴과 陽宅穴이 두루 가능한 藏風 得水의 合成 局 同調 Energy場이 現實的으로 完成될 수 있다면 이는 人間生命 活動體의 地上 最大 樂源임이 틀림없을 것이다.

(1) 大聚局 Energy場의 形態別 特性

藏風과 得水가 크게 合成하여 이루어진 大規模의 局 同調 Energy場으로서, 大都市나 國家首都를 建設하기에 充分한 藏風 四神砂의 得水 江河帶로 組織되어 있다.

强健 長大한 主勢入力 Energy場이 大會合 聚氣의 四神砂 Energy場을 거느리면서 溫順 和平하고 快適 安樂한 江河의 帶水 Energy場 特性을 만나 局 同調 凝縮 穴核 Energy場을 形成하는 것이기 때문에, 巨大한 陽宅穴을 얻게 되는 것은 勿論이려니와 陽中陰穴의 大聚穴을 얻을 수도 있는 가장 理想的인 局 同調場이라고 할 수 있다.

(2) 中聚局 Energy場의 形態別 特性

大聚局 Energy場을 形成하기 위해 進行하는 大幹正脈 Energy體가 그 本身 護從 Energy場을 希求하면서 分擘 枝龍脈을 發達시키게 되는데, 이때 分擘 枝龍中 一部가 小規模의 江河帶水를 만나 서로 사귀게 되면, 그 枝龍脈 Energy體는 奮然히 몸을 일으켜 分擘 開帳을 展開하고 會合 凝縮 聚水의 藏風的 得水的 役割 機能特性을 組織化한 후 穴核 凝縮 同調場에 吸收 Energy를 供給하게 된다.

中小 都會地 및 邑面單位 陽基穴을 만들기도 하고 陽基 局中 陰基穴을 形成하기도 한다.

(3) 小聚局 Energy場의 形態別 特性

分擘枝 來龍脈의 開帳 會合과 內外 元辰 溪澗水의 吸收同調 Energy場에 의해 形成되는 小規模의 藏風 得水 合成局으로서, 크게는 里洞을 만들고 작게는 陰基穴을 形成하기도 한다.

主勢 入力 Energy場이 다소 虛弱할 수도 있으나 淸淨 溪澗水를 吸收하는 穴核場인 까닭에 맑은 사람을 낳게 하고 밝은 性情을 기르게 한다.

3. 局勢의 善·惡·美·醜와 大·小·强·弱

1) 玄武 鎭山 Energy의 善·惡·美·醜와 大·小·强·弱

(1) 玄武 入力 Energy의 善·惡·美·醜와 大·小·强·弱

陰陽基가 形成되는 根源 Energy體에 대한 善美하고 强大한 入力 Energy는 무엇보다 優先하는 穴特性 因子를 供給하게 됨으로써 穴場의 入穴 Energy 力量을 最大 最善化시키게 된다.

따라서 玄武에 入力되는 Energy가 良好해지지 못하면 玄武 Energy體가 善美 强大하지 못하고 穴場 入力 Energy 또한 强大하지 못하여 陰陽基局 또는 그 穴場이 虛弱 縮小되고 만다.

長遠한 來龍脈으로부터 斷絶없은 變易秩序를 維持하면서 보다 많은 枝龍脈과 보다 많은 橈棹, 支脚 等을 發達시키어, 入力되는 玄武來脈 Energy는 반드시 厚富 强健하고 善美한 Energy體를 構造化시키게 된다.

이러한 Energy體가 되기 위해선 특히 入力來脈을 補完 育成시켜주는 保護 Energy體의 特性 또한 良好하지 않으면 아니 된다.

(2) 玄武 主山 Energy의 善·惡·美·醜와 大·小·强·弱

玄武 主山 Energy 및 그 Energy場은 穴場 入首頭腦의 Energy 特性을 決定 짓는 特性因子인 동시에 穴場의 入力特性을 供給하는 母體的 要因이기도 하다.

따라서 玄武 主山 Energy體의 善·惡·美·醜와 大·小·强·弱은 곧바로 穴場의 入首頭腦와 入穴 Energy의 善·惡·美·醜와 大·小·强·弱으로 同調 또는 干涉場을 띄게 되어, 穴核 Energy 特性을 支配하게 된다.

木·火·土·金·水의 五體 中 土體 鎭山 Energy體가 가장 훌륭하고 力量이 뛰어나며, 그다음으로 木體 金體가 아름다우나 水體를 同伴하지 않으면 局 Energy場이 廣闊하지 못할 경우가 많다.

火體 Energy는 그 勢力이 安定되지를 못하여 가까운 穴을 忌해야 하며, 亦是 水體 Energy는 그 開帳이 平闊하여 陽基局으로서는 大局이 形成될 수 있는 매우 普遍的인 鎭山形態라고 할 수 있다.

圓滿 端正함이 있어야 하고 垂頭 仁慈함이 있어야 善吉하다 할 수 있다.

(3) 玄武 出脈 Energy의 善·惡·美·醜와 大·小·强·弱

玄武 Energy體가 善·美·强·大하고 圓滿하게 되면 여기에서 出氣되어 入首來脈에 入力되는 出脈 Energy 亦是 善·美·强·大하고 圓滿한 Energy 特性을 지니게 되어 入首頭腦에는 良質의 健實한 Energy가 供給된다.

대개의 境遇 眞穴에서의 玄武 出脈 Energy體는 厚富 强健함이 優先해야 入首來脈이 튼튼해지고, 入首來脈이 强健해야 入首頭腦를 包含한 穴場全體가 良好한 Energy 特性을 나타내게 된다.

大穴의 構造的 特定上으로는 入首脈과 入首頭腦 等의 穴場 形態가 比較的 平闊하고 厚德圓滿한 Energy場을 具備해야 하는 까닭에, 穿心出脈의 境遇 入首來脈이나 入首頭腦 및 入穴脈의 構造가 짧고 간결하며 低平하게 形成되는 것이 理想的이라고 하겠다.

또한 左右 出脈의 境遇에도 入首來脈이나 穴場構造가 低平하면서도 간결해야 하며 반드시 拒水局 속에서 拒水龍虎의 Energy가 充分 圓滿함을 잃지 않아야 한다.

2) 靑·白 護從 및 育成 Energy의 善·惡·美·醜와 大·小·强·弱

(1) 靑龍 Energy의 護從 및 育成特性

入首來脈 및 穴場 Energy體를 纏護 育成함에 있어서는 靑龍 Energy의 本身 護從 및 育成特性에 가장 效果的인 行龍秩序가 維持되지 않으면 아니 된다.

이러한 行龍秩序는 自身의 行脈은 勿論 穴場 入力 全過程에 걸쳐 生氣旺盛한 來脈 Energy體를 形成할 뿐만 아니라, 成穴의 善·惡·美·醜와 大·小·强·弱에까지도 그 特性을 미치게 하는 五變易的 來脈變位 行途 原則을 말한다.

卽 來脈 變位角 $\theta = \angle 30° \times n$의 變易秩序下에서 保護 育成機能을 維持해야 한다는 것이다.

(2) 白虎 Energy의 護從 및 育成特性

上記 靑龍의 護從 및 育成特性에서와 마찬가지로 善美 强大한 行脈 Energy體를 지니고 五變易的 來脈變位 行途原則을 지키는 行龍秩序의 白虎 Energy體일 境遇에는 반드시 훌륭한 入穴 Energy를 지닌 力量 있는 穴場을 만들게 되는 것이다.

(3) 靑·白 Energy體의 橫凝縮 特性

(1) (2)에서와 같이 靑·白 Energy體가 善美 强大하고 그 行龍秩序가 確實한 左右 均衡 龍虎脈에서는 반드시 穴場을 凝縮하는 穴의 橫凝縮 特性秩序가 形成되게 마련이다.

이러한 境遇 靑·白 Energy는 穴 保護 育成을 위한 均等한 纏護 行脈 秩序에 따라 充實한 來脈變位의 原則을 지키게 되는 것이고, 이 充實한 來脈 Energy體는 自然히 穴場에 凝縮 Energy를 供給해줄 수 있는 靑·白의 關鎖構造 Energy體를 形成하게 되는 것이다.

이때의 關鎖構造 Energy體는 關鎖 末端部의 縱凝縮 秩序區間을 除外하고는 靑·白 來脈 全 區間에서 橫凝縮 Energy를 發生한다고 볼 수 있다.

여기에서 前提될 수 있는 條件으로서는, 우선 먼저 靑·白 Energy體의 入力이 强健 充實해야 하고, 둘째로는 靑·白 相互 間 Energy 均衡이 調和로워야 하며, 셋째로는 生氣的 來脈變位와 關鎖能力이 優秀해야 한다는 것이다.

3) 案山 朝應 Energy의 善 · 惡 · 美 · 醜와 大 · 小 · 强 · 弱

(1) 案山 Energy의 局 關鎖 特性

靑 · 白 龍虎 Energy가 善美 强大하게 되면, 自然히 그 末端部에서는 相互 Energy 相交가 일어나게 되는데 이것이 곧 龍虎關鎖로서 나타나게 된다.

그러나 龍虎 Energy가 다소 不足한 原因으로 말미암아 靑 · 白 末端部가 關鎖를 完成하지 못하게 되었을 境遇에는 반드시 案山 Energy의 朝應特性이 靑 · 白 水口砂로서의 關鎖機能을 擔當케 하든가, 아니면 案山 Energy體 自身이 局關鎖機能을 代身하여 水口 Energy를 거두어주거나 막아주어야 한다.

이렇게 된 案山은 局內 全體 Energy를 充分히 調節管理하여 穴凝縮 Energy를 再供給하는 局 Energy場을 增加시키게 된다.

이와 같은 特性現象을 案山 Energy의 局 關鎖特性이라고 하며 案山의 善美 强大한 局 關鎖能力은 곧바로 穴場에도 善美 强大한 纏脣 Energy體를 形成케 한다.

(2) 案山 Energy의 主勢 Energy 調節 特性

案山 Energy體가 局 關鎖特性 作用에 의한 局 Energy場 增大役割을 담당하게 되는 것은 主勢 Energy가 虛弱 不足한 境遇에 더욱더 그 特性機能이 效果的으로 나타나게 된다.

그러나 반대로 主勢 Energy가 지나치게 强大하여 그 來脈의 進行이 安定을 構築하는 過程에서 自力的 安定 回復機能을 離脫하는 境遇가 發生하게 되는데, 이때 지나친 主勢 Energy를 調節하고 穴場 Energy 및 局 Energy場을 變換시켜 主勢의 바른 特性을 지니게 하는 것이 곧 '案山 Energy體'이다.

이러한 案山 Energy體는 主勢 Energy體를 破壞시키지 않는 近接距離에서 主勢 Energy를 調節하고 穴場 Energy를 增大시켜야 하는 까닭에, 자연히 局 關鎖 案山 Energy體보다는 가까운 距離에서 主勢를 調節하고 局 Energy場을 安定시키게 된다.

따라서 主勢 Energy 調節機能을 지닌 案山 Energy體의 局 Energy場이 局 關鎖機能만을 지닌 案山 Energy體의 局 Energy場보다 훨씬 强健 周密한 Energy 特性을 지니고 있다고 보아야 할 것이다.

(3) 朝 · 案山 Energy의 穴場 縱凝縮 特性

朝 · 案山 Energy體가 局 Energy 關鎖機能과 主勢 Energy 調節機能을 主目的으로 하여 形成된 境遇에는 穴場 縱凝縮 特性 機能은 事實上 間接的인 結果로 나타나는 것이 대부분이고, 대개는 局 關鎖 案山 Energy體나 主勢 Energy 調節 案山 Energy體로부터 別途의 縱凝縮 Energy 砂인 案山 穿心脈이나 枝龍凝縮砂를 發達시켜 그 機能 特性을 直接 담당케 하는 것이 보통이다.

이러한 까닭에 穴場 縱凝縮 朝 · 案山 Energy體는 穴場과 매우 가까운 近接砂 Energy體로서 端正 端娥하고 拱揖 朝向함이 그 本性이어야 한다.

따라서 穴場과 朝 · 案砂 간의 局 간 距離 亦是, 主勢 Energy 調節 朝 · 案砂보다 가깝고 局 關鎖 朝.案砂보다 훨씬 더 가깝게 形成되어 있게 마련이다.

勿論 위의 두 朝 · 案砂로부터의 穿心 枝龍脈 發達外에 別個의 特異 朝 · 案砂가 穴場面前에 이르러 ∠-180°의 縱凝縮特性 機能을 專擔하는 것이 보다 特朝하는 Energy體임을 두 말 할 나위도 없다.

4) 其他 周邊砂의 善 · 惡 · 美 · 醜와 大 · 小 · 强 · 弱

(1) 玄武 Energy體의 周邊砂

玄武 Energy體가 特出하기 위하여서는 먼저 來龍脈으로부터 入力되는 本脈 Energy體가 特出하게 强健하여야 하겠으나, 그에 못지않게 重要한 것은 玄武 Energy體를 纒護하고 있는 靑 · 白 Energy體를 비롯한 周邊砂들의 Energy 特性이 善美 强大함을 잃지 않아야 한다는 것이다.

來脈 Energy를 ⊕Energy場 特性으로 基準할 때, 그 周邊砂 Energy는 ⊖Energy場 特性으로 간주할 수 있으므로 玄武 Energy體의 量的 特性은 入力 Energy 特性을 相續하게 되고 그 質的特性은 周邊砂의 Energy 特性에서 緣分하게 되는 것이다.

따라서 아무리 좋은 來龍脈 Energy가 玄武 Energy體에 入力되었다 할지라도 그 周邊砂의 Energy 特性이 不良하게 되면, 善美하던 來脈特性도 不善不良함에 支配되어 不良한 玄武頂을 만들 수밖에 없고 强大하던 來脈도 虛弱한 玄武頂을 만들 수밖에는 없는 것이다.

(2) 靑 · 白 Energy體의 周邊砂

穴場 入首來脈 Energy를 保護 育成 凝縮하는 靑 · 白 Energy體의 役割機能이 보다 優秀한 特性으로 나타나기 위해서는 1次的으로는 自體 來龍脈 Energy의 健實함이 重要하지만 2次的으로는 靑 · 白 Energy體를 保護하는 外靑 · 外白 또는 各各의 橈棹와 曜砂 Energy 役割이 더욱 緊要하다.

外靑 · 外白이 周密하지 못하고 自力的인 再凝縮 穴 育成裝置가 發達하지 못하게 되면, 靑 · 白 Energy體 自身은 勿論 穴場 內에도 善美 强大한 核凝縮 Energy를 生成 維持 保存시킬 수가 없게 되는 것이다.

따라서 穴核 Energy가 凝縮 育成 增大되기 위하여서는, 靑 · 白의 周邊砂 Energy體가 亦是 善美 强大한 Energy 特性을 維持해야 한다.

그러기 위하여서는 周邊砂 간의 刑 · 沖 · 破 · 害 殺이 發生하지 않아야 할 것이며 相互干涉 Energy場보다는 相互 同調 Energy場이 支配하는 靑 · 白 外局이 形成되어야 한다.

(3) 案山 Energy體의 周邊砂

案山 Energy體의 周邊砂 Energy體로서는 朝山을 비롯한 案山의 纒護砂 및 暗拱, 官砂 等을 들 수 있다.

案山 Energy體가 善美 强大하기 위해서는 이들 周邊砂의 Energy 同調가 무엇보다 重要한 役割을 擔當해주어야 하는데, 특히 朝山의 主 Energy 入力特性과 案山의 纒護砂 護從特性은 案山 主凝縮 Energy 및 그 Energy場을 形成하는 決定的 特性因子가 된다.

여기에 곁들여서 案山 Energy體 入力場을 增加시켜주는 暗拱 Energy體나 官砂 等이 善美 强大하게 되면 主 案山 Energy는 보다 더 큰 力量으로 穴場 Energy를 同調 凝縮하게 된다.

第4章　　　　　　　　　穴場論

제1절 穴場論 一般

1. 穴場의 基本 四象

(1) 窩 : 深窩, 淺窩, 濶窩, 狹窩
(2) 鉗 : 直鉗, 曲鉗, 短鉗, 雙鉗
(3) 乳 : 長乳, 短乳, 雙乳, 三重乳(三垂乳)
(4) 突 : 大突, 小突, 雙突, 三突

2. 形體別 分類

(1) 正體穴場 : 星辰 頭面 端正하고, 規模 尊重함.
　　　　　　　　(星體 淸秀하면 極品의 貴)
(2) 側腦穴場 : 星辰 頭腦 偏斜하고 形體 奇側한 것.
　　　　　　　　(勢가 閃, 巧, 奇를 秘藏함으로 托樂을 要함)
(3) 平面穴場 : 星辰地에 到하고 形體平夷한 것.

3. 五星別 分類

(1) 金星穴 : 上圓, 下方을 本으로 함.
  ① 正體金星 - 圓形端正. 中에 結穴(最吉)
  ② 側腦金星 - 圓形으로 身側이며 旁에 結穴
  ③ 平面金星 - 面仰하고 身圓이며 頂上에 結穴
(2) 木星穴 : 圓直을 本으로 함. 體直. 上尖末圓 聳立
  ① 正體木星 - 頭圓 身聳立 端正. 中에 結穴
  ② 側腦木星 - 頭圓 身聳立 欹側. 旁에 結穴
  ③ 平面木星 - 面仰 身平 長硬. 節苞에 結穴(直, 曲, 橫, 三體)
(3) 水星穴 : 穴星 頭圓 身曲. 金을 兼해 結穴
  ① 正體水星 - 頭圓 身曲 端正. 中에 結穴
  ② 側腦水星 - 頭圓 身曲 欹邪. 旁에 結穴
  ③ 平面水星 - 面仰 身曲 到地. 頂上에 結穴
  ④ 火星穴 : 形尖의 山으로 結穴이 어렵다.
     火星이 至하여 燥金入火 鎔解, 風木入火 焚, 寒水入火 涸,
     濕土入火 焦한다.
(5) 土星穴 : 穴頭方正, 身平 重厚하고 方을 性으로 함. 形 端正이면 最吉
  ① 正體土星 - 頭方 身平 端正. 中에 結穴
  ② 側腦土星 - 頭方 身平 欹側. 旁에 結穴
  ③ 凹腦土星 - 頭方 中凹 身平. 凹에 結穴
  ④ 平面土星 - 面仰 身方 到地. 頂에 結穴

上記 各星에는 各其 窩·鉗·乳·突의 四象이 있어서 그 象마다 穴星의 特性
이 달라짐을 留意.

제2절 山穴의 生起法則과 善·惡·無記 變易相

1. 山穴의 生起法則

〈표 2-17〉山穴의 生起法則

顯 果	生起 主因	生成 主緣	生成 助緣	以下 主緣分
玄武	祖山 來脈	案山	青龍, 白虎	其他 山·水·風·火 및 周邊砂
穴場 頭腦	玄武 - 入首脈	朱雀-纏脣	內青, 內白	其他 山·水·風·火 및 周邊砂
穴場 蟬翼	頭腦 E	青白 및 纏脣, 曜 E	玄武, 外青白 E	其他 山·水·風·火 및 周邊砂
穴場 纏脣	明堂 E	朱雀 E	入首 - 青白 E	其他 山·水·風·火 및 周邊砂
穴場 明堂	穴心 E	纏脣 및 頭腦 E	蟬翼 E	其他 山·水·風·火 및 周邊砂
穴場 穴心	頭腦 및 蟬翼 E	明堂 E	四神砂 및 纏脣 E	其他 山·水·風·火 및 周邊砂
青龍	玄武 - 祖山	穴脈(來龍) E	白虎, 外青 E	其他 山·水·風·火 및 周邊砂
白虎	玄武 - 祖山 E	穴脈(來龍) E	青龍, 外白 E	其他 山·水·風·火 및 周邊砂
朱雀	外山 來朝脈 外水 來朝水	玄武 - 祖山	祖山 E	其他 山·水·風·火 및 周邊砂
山(龍)脈	地氣 E	天氣 E	山·水·風·火 E	其他 Energy 및 方位
穴土	凝力 및 地質特性	山·水·風·火 E (四神砂)	方位	其他 周邊砂
密度, 色, 深	(地氣 ↔ 天氣)	(應力 및 穴場容器)	(E, 形態)	

2. 山穴의 善·惡·無記 變易相

〈표 2-18〉 山穴의 善·惡·無記 變易相

山의 生起 主因/果	山의 生成 主緣分	山의 生成 助緣分	山의 成住 以下∞ 緣分	山穴 顯果/因	山穴 應報/所應
善 (○) 性 ⊕ 因 ⊖ 　 ⊕	○ × △ ※	○ × △ ※	○∞ ×∞ △∞ ※∞	善 ○○○∞ 善 ×××∞ 善 △△△∞ 善 ※※※∞	○의○ 所應 ○의× 所應 ○의△ 所應 ○의※ 所應
惡 (×) 性 ⊕ 因 ⊖ 　 ⊕	○ × △ ※	○ × △ ※	○∞ ×∞ △∞ ※∞	惡 ○○○∞ 惡 ×××∞ 惡 △△△∞ 惡 ※※※∞	×의○ 所應 ×의× 所應 ×의△ 所應 ×의※ 所應
無 (△) 記 ⊕ 性 ⊖ 因 ⊕	○ × △ ※	○ × △ ※	○∞ ×∞ △∞ ※∞	無記 ○○○∞ 無記 ×××∞ 無記 △△△∞ 無記 ※※※∞	△의○ 所應 △의× 所應 △의△ 所應 △의※ 所應
複 ※ 合 ⊕ 性 ⊖ 因 ⊕	○ × △ ※	○ × △ ※	○∞ ×∞ △∞ ※∞	※ ○○○∞ ※ ×××∞ ※ △△△∞ ※ ※※※∞	※의○ 所應 ※의× 所應 ※의△ 所應 ※의※ 所應
四因性 ⇒ 十二果因	十六主緣性 ⇒ 四十八穴果性	十六助緣性 ⇒ 百九十二穴果性	十六以下緣性 ⇒ 七百六十八穴果性 ⇒ ∞緣果性	六十四顯果體 ⇒ 以下∞變易相 ⇒ 以下∞變穴果	六十四正所應 ⇒ 以下∞變易所應

제3절 穴場의 Energy 關係作用

1. 穴場 Energy 合成과 得破 原理

山 Energy體의 來脈 흐름을 細密히 觀察해보면, 山의 來龍脈과 그 兩邊을 따라 흐르는 물과의 사이에는 서로 떨어질 수 없는 相生相剋的 關係가 形成되고 있음을 알 수 있다.

卽 陽突處인 山 來脈 Energy體는 그 兩邊 陰屈處의 水 Energy에 의해 保護 維持 育成되고, 陰屈處 水 Energy體는 陽突 山 Energy에 의해서 生成 維持 育成되는 것이므로, 이는 相互 間의 Energy體가 서로의 Energy를 得하지 않고는 形成 維持될 수 없음은 勿論, 이 두 Energy體가 서로 合成될 때에만 비로소 完全한 山 Energy體로서의 그 特性作用을 發揮하게 된다는 것을 意味한다.

따라서 來脈 Energy體인 陽突得 ⊕Energy와 兩邊水 Energy體인 陰屈得 ⊖Energy와는 相互 合成關係를 維持하고, 그 合成 Energy 特性 = 陽突得 ⊕Energy 特性 + 陰屈得 ⊖Energy 特性으로 나타난다.

이와 같은 特性作用은 來龍脈으로부터 穴場에 이르는 全般 節마다에서 나타나는데, 이 合成 Energy 特性作用 形態에 따라 來脈 Energy體 또는 穴場 力量의 大·小·强·弱, 善·惡·美·醜가 決定된다.

2. 穴場의 陰陽 Energy 合成原理

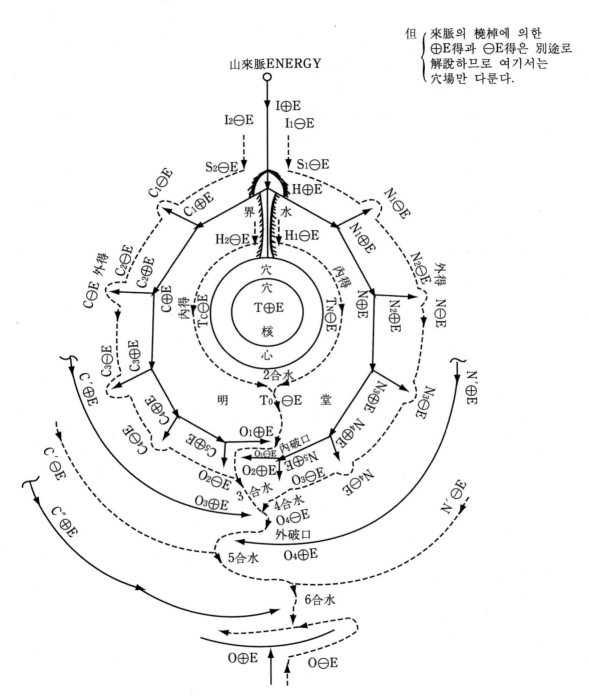

〈그림 2-136〉 穴場의 陰陽 Energy 合成原理

∴ 보기 :

$I \oplus E$: 來脈入首 陽突山 $\oplus$Energy

$I_1 \ominus E$, $I_2 \ominus E$: 來脈護從 陰屈水 $\ominus$Energy

$H \oplus E$: 入首頭腦 陽突山 $\oplus$Energy

$S_1 \ominus E$, $S_2 \ominus E$: 入首頭腦 陰屈外水 $\ominus$Energy

$H_1 \ominus E$, $H_2 \ominus E$: 入首頭腦 陰屈內水 $\ominus$Energy

$N \oplus E$: 左 蟬翼 陽突山 $\oplus$Energy體 $= N_{1\sim5} \oplus E$ 合

$N \ominus E$: 左 蟬翼 陰屈水 $\ominus$Energy體 $= N_{1\sim5} \ominus E$ 合

$O \oplus E$: $(O_1 \oplus E + O_2 \oplus E)$ 纏脣 陽突山 $\oplus$Energy

$O_0 \ominus E$: $(O_2 \ominus E + O_3 \ominus E)$ 纏脣 陰屈水 $\ominus$Energy

$T \oplus E$: 穴心中 陽突 山核 $\oplus$Energy （$\oplus$Energy 得）

$T \ominus E$: 穴心 保護 陰屈水 $\ominus$Energy （$\ominus$Energy 得）

　　　　　　（$T_N \ominus E + T_C \ominus E$ = 穴心 兩邊 界水合 = $T \ominus E$）

$T_0 \ominus E$: 內明堂 合成水 $\ominus$Energy

$N' \oplus E$, $N'' \oplus E$: 內外青龍 陽突 山 Energy

$N' \ominus E$, $N'' \ominus E$: 內外青龍 陰屈 水 Energy

$C' \oplus E$, $C'' \oplus E$: 內外白虎 陽突 山 Energy

$C' \ominus E$, $C'' \ominus E$: 內外白虎 陰屈 水 Energy

破口水 : $O_1 \ominus E$

2 合水 : 內明堂 會合水, $T_0 \ominus E$

3 合水 : 2合水＋白虎水, $O_2 \ominus E + O_1 \ominus E$

4 合水 : 3合水＋青龍水, $O_4 \ominus E$

內破口 : 內明堂 合成水의 關門 流出處

外破口 : 外明堂 合成水의 關門 流出處

3. 得 Energy와 破 Energy

前記에서 論한 바와 같이 山 Energy體가 陽突 來脈處에서 ⊕Energy를 얻고 陰屈處 兩邊水에서 ⊖Energy를 얻게 되면 山 Energy體 固有의 合成 Energy 特性을 나타내게 된다.

이는 相互 間의 Energy 特性이 同調的 調和特性을 나타낼 때는 相對 Energy體에 得 Energy를 供給하는 結果가 되는 것이고, 反對로 干涉的 破壞特性을 나타낼 때는 相對 Energy體에 破 Energy를 供給하는 結果가 된다.

即 來脈 兩邊水나 穴場內外 界水가 同調的 調和特性에서는 來脈 Energy體나 穴場을 保護 維持 育成하지만, 周邊砂의 條件에 의해 干涉的 刑 · 沖 · 破 · 害 殺을 일으키면, 山 來脈 Energy體나 穴場은 破壞 Energy를 供給받게 되어 來脈이 傷하거나 穴場이 破損되기도 한다.

이러한 來脈 또는 穴場에서의 相互 同調的 關係作用으로 Energy 增大가 나타나는 現象을 「相得 또는 相得 Energy 作用」이라고 하고, 相互 干涉的 關係作用으로 Energy 刑 · 沖 · 破 · 害 殺이 發生하는 現象을 「相破 또는 相破 Energy 作用」이라고 하는데, 특히 ⊕Energy體가 ⊖Energy를 얻는 條件을 「得」, 잃는 條件을 「破」라고 하기도 한다.

위의 槪念에 따라 〈그림 2-136〉을 參照하여 穴場各部의 合成得 Energy를 求하면 다음과 같다.

1) 得 合成 Energy

合成 Energy = (陽突得 ⊕Energy) + (陰屈得 ⊖Energy)의 公式이 成立하므로 이에 準하여

(1) 入力來脈 合成 Energy $E_{I_0} = \{I \oplus E + (I_1 \ominus E + I_2 \ominus E)\}$

(2) 入首頭腦 合成 Energy $E_{H_0} = \{H \oplus E + [(S_1 \ominus E + S_2 \ominus E) + (H_1 \ominus E + H_2 \ominus E)]\}$

(3) 左蟬翼 合成 Energy $E_{N_0} = N \oplus E + (N \ominus E + T_N \ominus E) \times$ 纏護 凝縮度

(4) 右蟬翼 合成 Energy $E_{C_0} = C \oplus E + (C \ominus E + T_C \ominus E) \times$ 纏護 凝縮度

(5) 纏脣 合成 Energy $E_{O_0} = \{(O_1 \oplus E + O_2 \oplus E) + (O_2 \ominus E + O_3 \ominus E + O_1 \ominus E)\} = O \oplus E + O_0 \ominus E$

(6) 穴心 合成 Energy $E_{T_0} = T \oplus E + T \ominus E + T_0 \ominus E = \{T \oplus E + [(H_1 \ominus E + H_2 \ominus E) + (T_N \ominus E + T_C \ominus E)] + T_0 \ominus E\} = E_{H_0} + E_{O_0} + E_{N_0} + E_{C_0}$

2) 破 Energy

前述에서 入首來脈과 穴場의 節別 個所에 關한 得 Energy 形成과 그 合成에 對하여 考察해본바, ⊕Energy體에는 ⊖Energy가 結合하여 陰得을 주어야 하고 ⊖Energy體에는 ⊕Energy가 結合하여 陽得을 주어야만, 비로소 ⊕Energy 體와 ⊖Energy體가 相互淳化 成長하면서 Energy 增幅의 特性作用을 나타내게 되어 完全한 安定 Energy體로서의 그 役割을 다할 수 있다.

그러나 이는 어디까지나 同調的 相互特性 條件에 있어서의 境遇일 뿐 그 反對 條件일 境遇는 다르다. 卽 相互 Energy體 간에 있어서 서로 干涉하는 諸 Energy 特性 條件이 形成되게 되면 兩 Energy體 간에는 同調 Energy 均衡場 인 평형 Energy場을 維持하지 못하고 不均等의 不安定 Energy場을 形成하게 되어, 어느 一方 또는 兩方 Energy體에 不安定 要素만큼의 Energy場 相鎖作用 이 發生하거나 Energy體 破損現象이 나타나게 된다.

이러한 現象은 來脈入首와 周邊山, 周邊水 또는 물과 물, 山과 山 間의 諸 Energy體 關係作用에서 나타나는데, 특히 入首頭腦와 穴場 Energy體에 있어 서의 他山 또는 周邊水가 作用하는 刑·沖·破·害 殺의 干涉的 Energy 영향은 穴心 Energy를 生成 維持 保存시키는 一切의 得 Energy를 遮斷, 漏洩 또는 離 散, 破壞, 死滅케 하는 決定的 役割을 가져오므로, 이를 穴心의 力量과 特性을 破壞시킨다고 하여 「破 Energy」라고 한다.

따라서 이와 같은 槪念의 破 Energy를 具體的으로 算定하는 基本原則은 다 음과 같은 項目別 基準 속에서 確認 調査하지 않으면 아니 된다.

(1) 來脈 Energy體의 入力에 대한 他山 Energy 刑·沖·破·害 殺
= (來脈入力 合成 Energy E_{I_0}) − (他山 干涉 Energy)

(2) 入首脈 兩邊水의 入首頭腦에 대한 刑・沖・破・害 殺

= (入首頭腦 合成 Energy E_{H_0}) - (兩邊水의 干涉 Energy)

(3) 兩蟬翼 Energy體의 不均衡에 의한 穴場 破壞度

= {(N$\oplus$Energy - C$\oplus$Energy) × (N$\ominus$Energy - C$\ominus$Energy)}

× (1 / 兩蟬翼 纏護 凝縮度)

(4) 穴心 合成 Energy에 대한 界合水의 干涉 및 破 Energy 率

= {(穴心 合成 Energy - 界合水의 干涉 및 破 Energy) × 100%}

/ 穴心 合成 Energy

= $[E_{T_0}$ - {($T_N\ominus$Energy - $T_C\ominus$Energy) + ($H_1\ominus$Energy - $H_2\ominus$Energy)} × ($O_1\ominus$Energy / $T_0\ominus$Energy) / $E_{T_0}]$ × 100%

※ $O_1\ominus$Energy / $T_0\ominus$Energy : 放出 Energy 比

(5) 靑・白 Energy體의 不均衡에 따른 破 Energy 算定

= {(N$'\oplus$Energy + N$'\ominus$Energy)} × 纏護 凝縮度

- {(C$'\oplus$Energy + C$'\ominus$Energy)} × 纏護 凝縮度

(6) 明堂 및 纏脣의 不均衡과 短縮 또는 洩氣에 의한 破 Energy

① 明堂 및 纏脣의 不均衡은 根本 穴場 界水의 合水点을 變化시킴으로써 穴心 Energy 凝縮維持에 커다란 變易을 초래한다. 左右 不均衡이 發生하면 穴心의 左右 Energy 均衡이 무너지게 되고, 上下 不均衡이 發生하면 穴心의 上下 Energy 均衡이 무너지게 된다. 그러나 上下 不均衡은 明堂과 纏脣 Energy를 短縮 또는 洩氣시키는 關係로, 破口의 大小遠近을 決定하게 되는 結果를 만들기도 하는데 結局은 穴心 Energy의 不均衡을 招來한다.

② 明堂 및 纏脣의 不均衡에 의한 破 Energy는 兩蟬翼과 案山 Energy 不均衡에서 發生하는 破 Energy 값과 同一하게 形成되기 때문에 (3)項의 算定方式을 導入하면 된다.

③ 案山 Energy의 不均衡에 의한 明堂 纏脣의 短縮 또는 洩氣에 의한 破 Energy 算定은 (3)項의 「纏護 凝縮度」計算時 案山 Energy 凝縮度 Factor를 追加하여야 한다.

3) 風 Energy의 得과 破

風을 Energy體로 보는 것은 그 實體가 지니고 있는 力學的인 Energy 作用과 他 Energy를 聚散하는 物理的 特性이 있기 때문이다.

太過한 風 Energy의 機械的 및 化學的 作用은 오랜 시간에 걸쳐 穴場의 保護砂와 穴場 및 來脈을 破損시키는 엄청난 破壞力을 지니고 있는가 하면, 不及한 風 Energy는 穴場과 局內의 陰陽 Energy 醇化와 五氣 循環을 停滯시킴으로써, 局 Energy場을 閉塞케 하고 穴場 및 穴心 Energy場의 陰陽 交流와 五氣 循環을 막아 穴心 Energy 特性을 窮極的으로 不良케 惡性化시킨다.

그렇기 때문에 風 Energy는 太過한 것도 不及한 것도 모두 穴場이나 局 Energy場에서는 不利한 것이며 오로지 適正한 크기와 세기와 온도와 습도를 지닌 溫和하고 고요한 Energy를 供給해주는 것이 아니면 아니 된다.

그러면 어떠한 風 Energy가 穴場에 得을 주고, 어떠한 것이 破 Energy를 發生하고 있는가를 다음의 風의 得 破 Energy 形成過程을 보면서 考察해보기로 한다.

(1) 風의 得 Energy 形成圖(外水氣를 동반하므로 外水得과 동일)

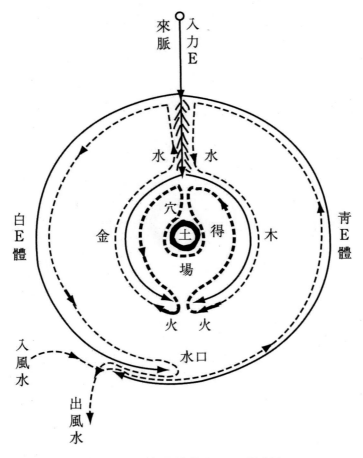

〈그림 2-137〉 風의 得 Energy 形成圖

※ ① 水口砂를 通하여 들어온 바람이 〈그림 2-137〉과 같이 穴心을 감아 돌
　　 때 風 Energy는 得 Energy로 變한다.
　 ② 入穴脈이나 靑·白 Energy體를 뛰어넘지 않아야 得 Energy가 된다.
　 ③ 穴心을 直射하지 않아야 得이 된다.
　 ④ 風은 갈무리되어야 得 Energy가 된다.

(2) 風의 破 Energy 形成圖

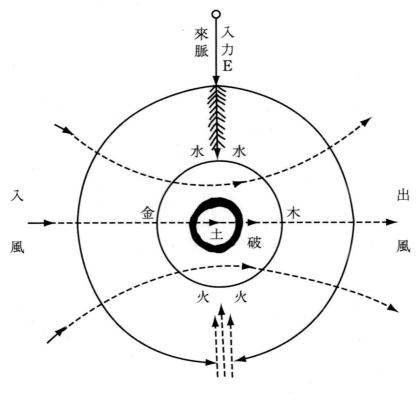

〈그림 2-138〉風의 破 Energy 形成圖

※ ① 穴心을 直射하는 어떤 風 Energy라도 穴 Energy를 破한다.
  ② 水口砂로부터 穴心에 直射하는 水口風은 穴 Energy를 破한다.
  ③ 入首頭腦나 靑・白을 뛰어넘는 風 Energy는 결코 穴心 Energy를 破
    한다.

山穴이 지닌 山・火・風・水의 四大 Energy 特性上 山・火 Energy는 風・
水 Energy 特性과 相對的 陰陽關係에 있기 때문에, 陰屈 水 ⊖Energy를 來脈
陽突 ⊕Energy의 相對關係로 보는 境遇, 風 Energy 亦是 ⊕Energy 相對的
⊖Energy로 볼 수 있다.
  따라서 來脈 Energy體에나 穴場 및 局 Energy體에 어떠한 特性의 風
Energy가 供給 作用하는가에 따라 得 Energy로 變易을 주는가, 破 Energy를

發生시키고 있는가로 區別하게 마련이다.

〈그림 2-137〉과 〈그림 2-138〉에서 보는 바와 같이 風 Energy가 穴 Energy場에 得 Energy를 供給할 수 있는 條件과 破 Energy를 發生시킬 수 있는 條件은, 外部로부터 强力한 勢力을 지닌 風 Energy가 供給되는 境遇를 除外하고는 大體的으로 穴場과 局 空間의 構造的 形態 및 그 Energy場 特性에서 결정지어진다고 봐야 할 것이다.

强力한 勢力을 지닌 風 Energy는 주로 그 等級이 3~12等級인 것으로서 周邊 保護砂를 거쳐서 穴場에 到達한다고 할지라도 그 勢力은 크게 弱化되지 못한 惡性의 特性을 나타내기 때문에 局 Energy場을 破損시킴은 勿論 穴場 Energy를 離散 壞滅시킨다.

그러나 보다 理想的 條件을 構成하고 있는 穴場과 局 空間 構造에서는, 超强力 風 Energy를 除外한 一切의 風 Energy가 周邊 保護砂에 의해 弱化되거나 調節되어, 穴場이나 局內 空間에 到達되게 되면 거의가 0~3等級인 「고요 바람」「실바람」「남실바람」「산들바람」 等의 溫和한 風 Energy로 바뀌게 마련이다.

이러한 風 Energy는 그 速度와 强度, 濕度, 溫度 等이 매우 安定的인 狀態로 變한 Energy體인 까닭에, 四神砂의 局 空間 Energy場과 同和 合成의 過程을 거치는 동안에 이미 모든 惡特性의 Energy는 善特性의 Energy로 化하게 되어, 穴場 또는 局內 Energy場으로부터 旣 形成된 水·火·木·金·土의 五氣 循環과 合成을 促進함은 勿論, 陰陽 Energy를 和合 育成케 하여 結局은 穴心 Energy의 同調 Energy場 增大現象을 가져오게 한다.

이렇듯 風 Energy가 得 Energy를 形成하는 過程은 周邊保護砂에 의해서 걸러진 强風 Energy體가 水口砂를 거쳐 穴當 局內 左右側砂를 따라 서서히 穴場에 接近하면서 溫和하고 安定된 善特性의 理想的 Energy體로 바뀌면, 이 良質의 風 Energy體는 局 Energy 同調場과 더불어 來脈으로부터 供給된 陽突 山 ⊕Energy體와 來脈 兩邊으로부터 供給된 陰屈 水 ⊖Energy體를 相互交流케 하고 醇化시키는 作用을 促進시키게 된다.

陰陽 Energy體의 太過 不及을 調節함은 勿論, 五氣의 化成과 그 循環을 돕고 穴心 Energy場의 極大化를 形成해가는 것은 分明 創造的 Energy의 得이라 表現하지 않을 수 없는 것이다.

(2)에서의 〈그림 2-138〉은 風의 破 Energy 發生過程을 說明한 것으로서 3 等級을 超過하는 强力한 風 Energy가 四神砂의 허리를 넘어들거나, 穴心을 直射하는 勢力風이 局內를 침입하거나 할 境遇, 또는 不實한 局空間 構造에 의해 穴場에 到達한 風 Energy體의 特性이 不良하고 惡性을 지닐 때, 이는 四神砂의 Energy 同調場을 破鎖시킴은 勿論 陽突 山 ⊕Energy와 陰屈 水 ⊖Energy를 飛散消滅케 할 뿐 아니라, 陰陽 五氣의 不調 및 穴心 Energy 離脫과 局 Energy體의 破壞를 增加 擴散시키는 結果를 招來하게 된다.

제4절 穴場 穿心 Energy와 開帳 龍虎 Energy와의 關係作用

1. ∠90° 開帳角의 境遇(∠90° 變易角)

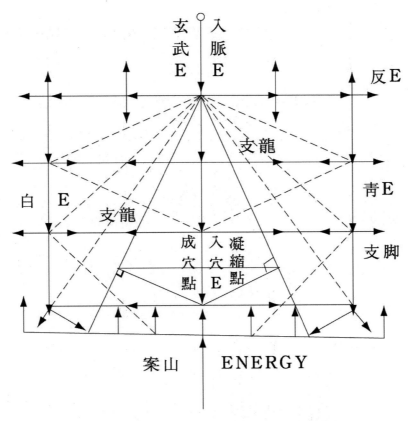

〈그림 2-139〉∠90° 開帳角의 境遇 (∠90° 變易角)

2. ∠30°, ∠60° 開帳角 ∠30°, ∠60° 變易角의 境遇

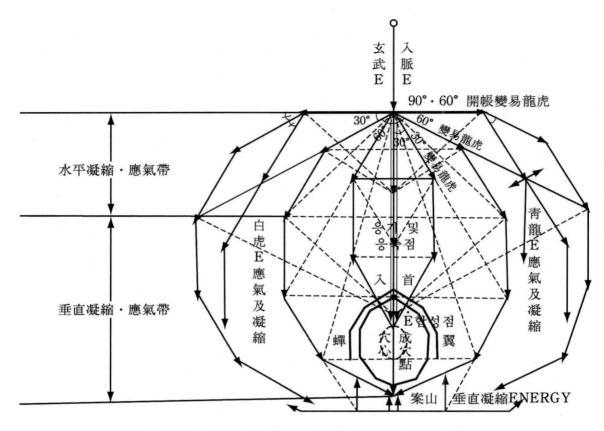

〈그림 2-140〉 ∠30°, ∠60° 開帳角 ∠30°, ∠60° 變易角의 境遇

3. 應氣 Energy와 凝縮 Energy(成穴 原理 및 Energy 凝結 原理圖)

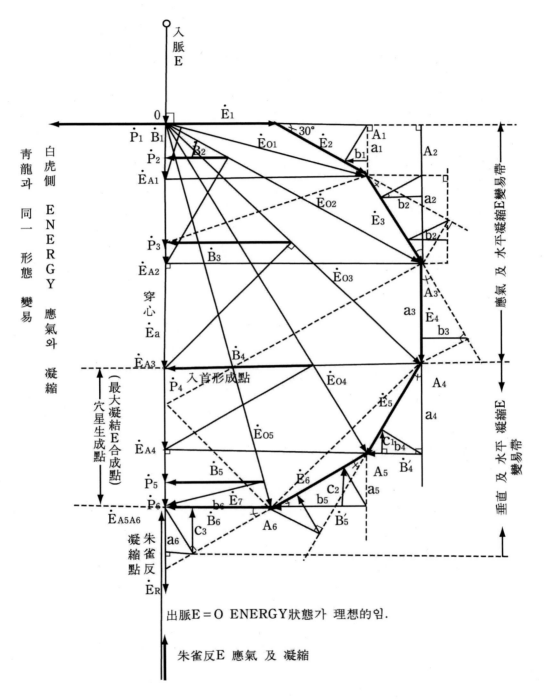

〈그림 2-141〉成穴 原理 및 Energy 凝結 原理圖

1) Energy 凝結 原理圖 解說

(1) 本身 龍脈 Energy 變易

入脈 Energy → O点 Energy → P_1 → P_2 → P_3 → P_4 → P_5 → P_6 →
出脈 Energy

(2) 龍虎 山脈 Energy 變易

$$\dot{E}_1 \rightarrow \dot{E}_2 \rightarrow \dot{E}_3 \rightarrow \dot{E}_4 \rightarrow \dot{E}_5 \rightarrow \dot{E}_6 \rightarrow \dot{E}_7$$

(3) 應氣 Energy 變易

節別 應氣 Energy $= \dot{a}_1, \dot{a}_2, \dot{a}_3, \dot{a}_4, \dot{a}_5, \dot{a}_6$

合成 應氣 Energy $= \dot{A}_1, \dot{A}_2, \dot{A}_3, \dot{A}_4, \dot{A}_5, \dot{A}_6, \dot{A}_7$

(4) 凝縮 Energy 變易

節別 凝縮 Energy $= \dot{b}_1, \dot{b}_2, \dot{b}_3, \dot{b}_4, \dot{b}_5, \dot{b}_6$

合成 凝縮 Energy $= \dot{B}_1, \dot{B}_2, \dot{B}_3, \dot{B}_4, \dot{B}_5, \dot{B}_6$

水平 凝縮 Energy $= \dot{b}_1, \dot{b}_2, \dot{b}_3, \dot{b}_4, \dot{b}_5, \dot{b}_6$

垂直 凝縮 Energy $= \dot{C}_1, \dot{C}_2, \dot{C}_3$

(5) 來脈 節別 穿心 Energy 合成

$$\dot{E}_{A1}, \dot{E}_{A2}, \dot{E}_{A3}, \dot{E}_{A4}, \dot{E}_{A5}, \dot{E}_{A6}$$

2) 靑白 節別 合成 Energy

$$\dot{E}_{01}, \dot{E}_{02}, \dot{E}_{03}, \dot{E}_{04}, \dot{E}_{05}, \dot{E}_{06}$$

3) 玄武 Energy : 基本 入脈 Energy 供給作用

案山 Energy : 反 Energy에 의한 穿心 Energy 垂直 凝縮作用
靑白 Energy : 主應氣 水平 凝縮 및 垂直 凝縮作用

4) 結穴 Energy E_Q : $E_Q = K \cdot Ea \cdot (E_{An} \times E_{Pn})$

K = 其他 Energy 常數

E_a = 本身入力 Energy

E_{An} = 應氣 Energy(靑白 Energy 包含)

E_{Pn} = 凝縮 Energy(E_{Rn} 包含)

水平 凝縮 Energy - 護縱砂에 의한 것

垂直 凝縮 Energy - 護從 및 案帶砂에 의한 것

으로 區分되며, 水平 E_{Pn} 〈 垂直 E_{Pn}이어야 한다.

5) 結穴의 先·後到 條件

(1) 靑白 Energy 先到 本身 Energy 後着

(2) 案帶 Energy 先到 本身 Energy 後着

(3) 局 Energy 先到 本身 Energy 後着

※ ① 安山 先到 ② 白金 E場 ③ 靑木 E場 ④ 穴場 E場 ⑤ 穴心 E

6) 結穴点

(1) 入首 形成点 : 本身 Energy E_a의 後着 中心點

　　 - 合成 凝縮 Energy B_n의 最大点

　　 - 靑白 Energy의 BALANCING Point 始作点

(2) 穴心点 : E_k, E_a, E_{An}, E_{Pn}(E_{Rn})의 均衡点

(3) 纏脣点 : 朱雀 Energy E_R의 先到 中心點

제5절 龍脈의 進行 · 分擘 · 開帳 護從 및 育成 關鎖와 그에 따른 凝縮 結穴

1. 直入 直坐 結穴 原理

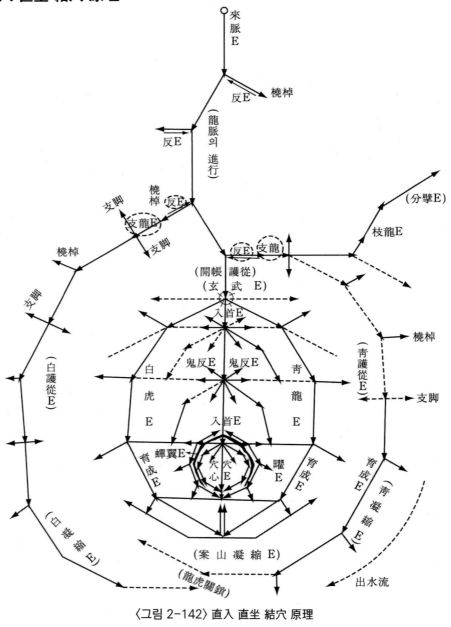

來脈
E

反E 橈棹

反E

(龍脈의 進行)

橈棹 反E

支脚 (支龍E)

支脚

橈棹

(反E) 支龍

(分擘E)

枝龍E

支脚

(開帳 護從)
(玄 武 E)

入首E

(青護從E)

橈棹

白護從E

鬼反E 鬼反E 青龍E

支脚

白
虎
E

入首E

蟬翼E 穴心 穴E 曜E 育成E

育成E

(青凝縮E)

(白凝縮E)

(案 山 凝縮 E)

(龍虎 關鎖)

出水流

〈그림 2-142〉 直入 直坐 結穴 原理

2. 基本 龍脈 變易角 ∠θ= 30°인 單純來脈에서의 結穴 原理

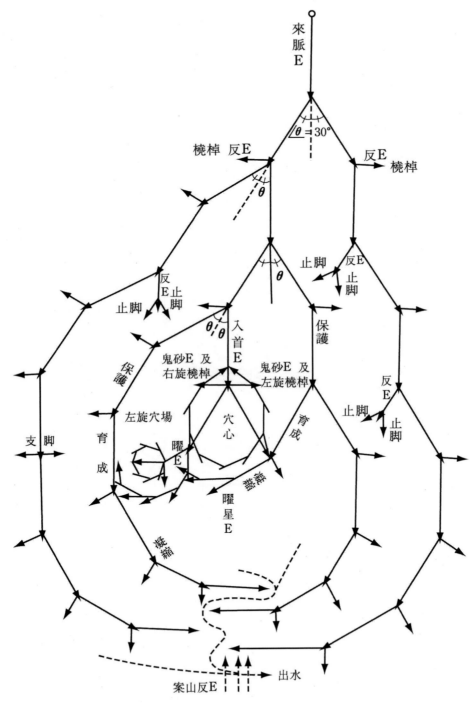

〈그림 2-143〉 基本 龍脈 變易角 ∠θ=30°인 單純來脈에서의 結穴 原理

3. 護縱砂의 先·後到와 左·右旋 結穴 原理

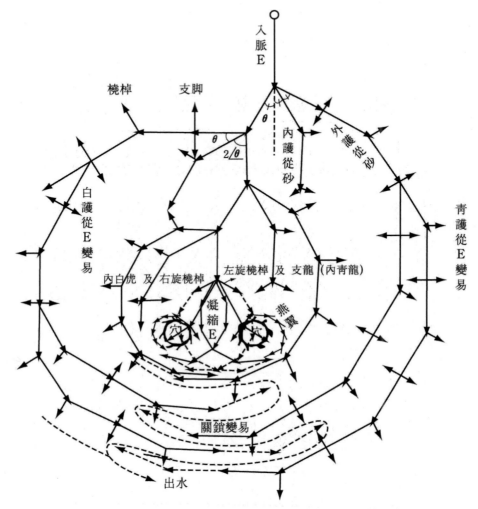

〈그림 2-144〉護縱砂의 先·後到와 左·右旋 結穴 原理

※ 結穴에 따라 關鎖의 形態가 다르다(點線은 關鎖 變易와 結穴 形態).

左旋 結穴 : 靑 Energy 先到 白 Energy 後着

右旋 結穴 : 白 Energy 先到 靑 Energy 後着

(이 境遇 燕翼 및 蟬翼 必有)

※ 開帳角 $\theta = \angle 60°$, 變易角 $\theta = \angle 30°$에서의 支脚 및 橈棹 變化와 結穴原理

이므로 分擘과 다르다.

제6절 窩·鉗·乳·突의 成穴 原理

1. 窩 形의 成穴 原理

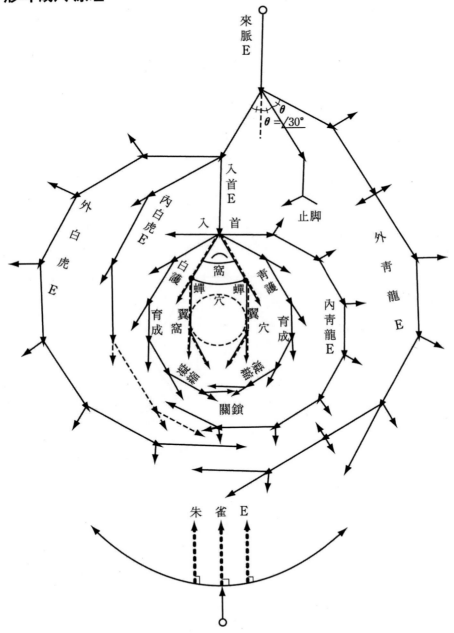

〈그림 2-145〉窩 形의 成穴 原理

2. 鉗 形의 成穴 原理

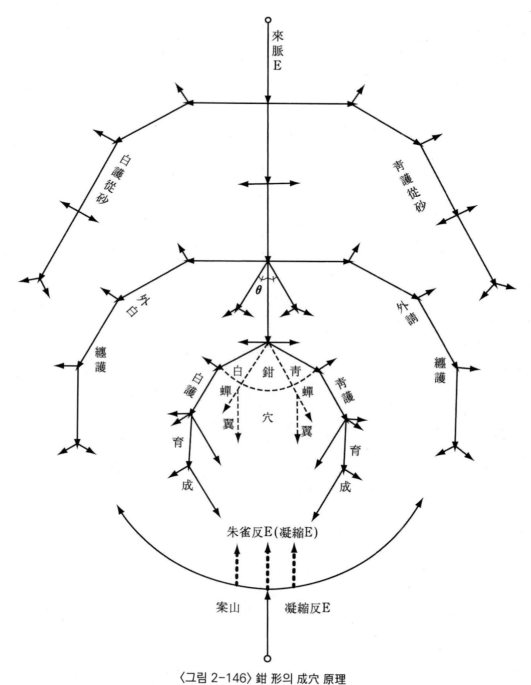

〈그림 2-146〉鉗 形의 成穴 原理

3. 乳 形의 成穴 原理

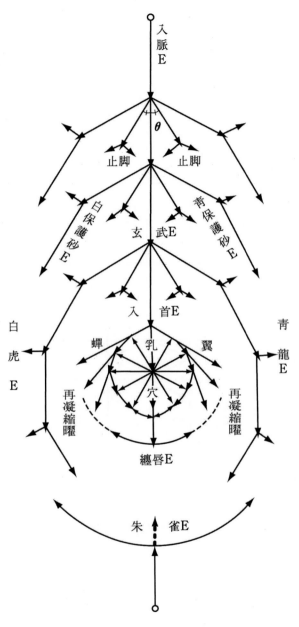

〈그림 2-147〉乳 形의 成穴 原理

4. 突形의 成穴 原理

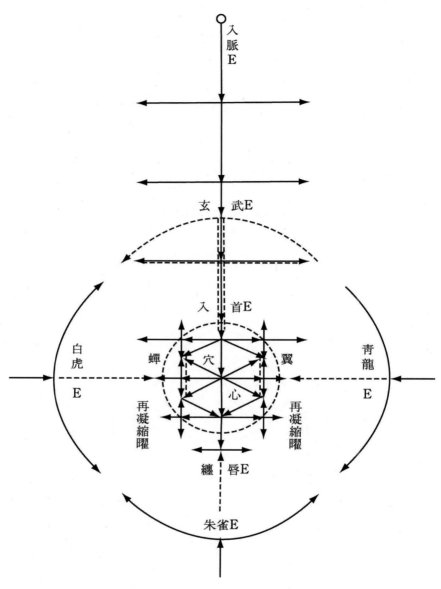

〈그림 2-148〉突形의 成穴 原理

5. 橫脈 入首 橫穴의 生成 原理

 $\theta = \angle 30°$ 變易角, $\theta = \angle 60°$ 以上의 開帳 또는 分擘角을 갖는다. 本身來脈 Energy로부터 $\theta = \angle 30°$의 內護從 Energy를 얻지 못한 入首 Energy가 案砂 Energy와 樂 Energy의 應氣 및 凝縮을 받아 成穴된다.

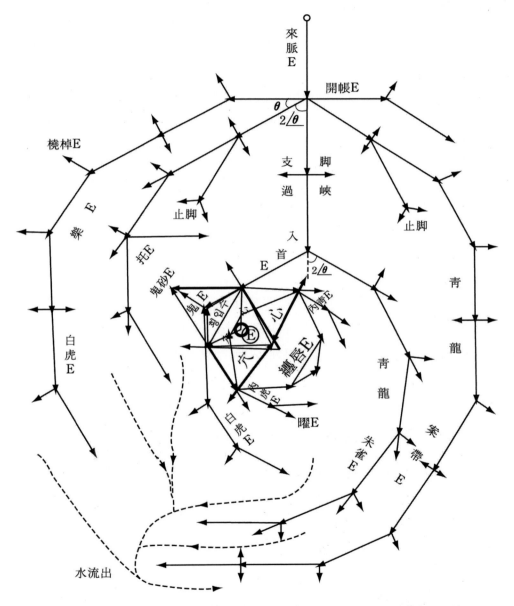

〈그림 2-149〉 橫脈 入首 橫穴의 生成 原理

제7절 穴場의 Energy 發生과 維持 및 그 變易

1. 穴場 Energy의 發生과 維持 同調 原理

1) 凝縮同調場에 의한 穴場基礎 Energy 形成

穴場 Energy 形成의 基本條件으로서의 凝縮同調 Energy場은 本身 來龍脈 Energy體와 周邊砂 Energy體 간의 停止 安定 同調作用이 만들어내는 力學的 同調凝縮 Energy 및 그 Energy場과, 力理學的 同調 Energy 및 그 Energy場의 相乘的 形態이다. 穴場이 保有하고 있는 다른 諸 Energy의 保護, 育成, 貯藏 및 調節役割을 담당하는 Energy 容器的 特性의 主된 Energy體로서, 穴心을 生成하고 維持하는 穴板 基礎 構成 Energy를 말한다.

이 Energy 特性은 基本的으로는 主來龍脈으로부터의 Energy體 供給 特性이 主因子가 되고, 周邊砂로부터의 同調 및 干涉 Energy 特性은 緣分役割이 되어 그 合成된 特性이 穴場의 Energy 및 Energy場을 特性짓게 되고, 그의 善・惡・美・醜, 大・小・強・弱을 決定하게 되는 것이다.

따라서 來龍脈 Energy 特性은 穴心 Energy 및 그 Energy場 特性의 良否를 決定하게 되고, 穴場 周邊砂의 凝縮同調 Energy 特性은 穴板容器 Energy 및 그 Energy場 特性의 良否를 決定하게 되는 結果가 되어 結局은 穴心과 그 保護容器의 形態를 形成하게 된다.

2) 地核 Energy 循環 및 轉移에 의한 穴心核 Energy 形成

地球核 Energy의 地表面 循環 및 發散에 따른 山脈 轉移 Energy는 穴板의 凝縮同調 特性作用에 의해 轉移-集合-凝結 現象을 일으키게 되고, 이렇게 轉移-集合-凝結된 穴板 地核 Energy는 穴場과 穴心의 基礎 Energy場 同調領域 속에서 同一場 Energy 特性으로 合成되어 穴場 穴心 Energy 特性을 增加시켜준다.

따라서 이 Energy는 穴場 및 穴心 Energy의 根本核體로서 穴場基礎 Energy

場을 容器場 卽 「體 Energy場」이라고 할 것 같으면, 地核의 集合 轉移 Energy는 容器內部 核 Energy 卽 「性 Energy」라고 말해도 좋을 것이다.

때문에 穴場凝縮 同調場 Energy는 穴心核 Energy가 生成-育成-維持 되는데 必要한 各種 保護場 役割을 담당하고, 穴心核 Energy는 穴板 凝縮 Energy場을 집으로 하고, 穴心內에 轉移-集合-凝結된 地核 轉移 Energy를 主因子 核으로 하여, 各種 周邊 Energy場에 대한 緣分 Energy를 吸收 集合 同調케 하는 Energy 核子的 機能을 發生케 한다.

이러한 穴心核 Energy를 形成發生케 하는 地核 Energy의 種類로는 다음의 몇 가지를 生覺할 수 있다.

- 地核의 核力 Energy 및 同調 核力場
- 地核의 弱力 Energy 및 同調 弱力場
- 地核의 重力 Energy 및 同調 重力場
- 地核의 引力 Energy 및 同調 引力場
- 地核의 電磁氣力 Energy 및 同調 電磁氣力場
- 地核의 電子力 Energy 및 同調 電子力場
- 地核의 熱力 Energy 및 同調 熱 Energy場
- 地核의 量子 Energy 및 同調 量子 Energy場

等의 많은 種類가 地表 Energy體인 山 來龍脈을 따라 穴場 穴心에 轉移-集合-凝結함으로써 穴心核 Energy를 形成 發達시킨다.

3) 地球 表皮 Energy 同調에 의한 穴場 Energy 形成

地球 表面體는 地球 核 Energy와 天體同調 Energy場에 의해 形成되면서 全體的인 自轉과 公轉의 回轉力을 얻게 되고, 또 이 回轉力이 地球 表皮에 수많은 種類의 Energy 흐름 現象을 일으키게 된다.

이와 같은 Energy 흐름 現象은 地球表皮 內部와 外部에서 함께 發生하는 것으로서, 地球表皮 外部에서의 Energy 흐름 現象은 地表面上의 環境 Energy場을 形成, 各種의 Energy 關係作用을 일으키게 됨으로써 地表面 生命體에 肉體

活動 Energy를 供給하게 되는가 하면, 地球表皮 內部에서의 Energy 흐름 現象은 表皮外部의 Energy 供給과 表皮內部의 Energy 循環을 동시에 담당함으로써 地球表皮體의 維持保全과 地表面上에 各種 生命體에 대한 精神活動 Energy를 供給하게 된다.

이러한 地球表皮 Energy 同調現象은 주로 穴場의 入首聚氣部와 蟬翼 및 纏脣 表皮內部를 감돌면서, 穴心核 Energy의 上昇作用을 促進시키는 循環 同調特性의 Energy 흐름 現象이다. 이러한 地球表皮 Energy 種類는 다음과 같다.

(1) 表皮外部 同調 Energy(地表 環境 Energy)
  ① 공기 Energy
  ② 비 Energy
  ③ 地熱 Energy
(2) 表皮內部 同調 Energy
  ① 地磁氣 Energy 및 地磁氣 同調 Energy場
  ② 地電氣 Energy 및 地電氣 同調 Energy場

4) 局 環境 Energy場 同調에 의한 穴場 Energy 形成

穴場을 形成하는 局 Energy體의 構成形態에 따라 局內 穴場 周邊 環境으로부터는 끊임없이 同調 干涉하는 緣分 Energy 및 Energy場 들이 무수한 關係作用을 일으키면서 穴場環境을 造成하고 있는데, 이들은 適定할 境遇 來脈과 穴場 Energy場 및 穴心 Energy를 同調하여 穴心核 Energy의 最上昇 作用을 일으키기도 하고, 太過하거나 不及일 境遇에는 來脈, 穴場 및 穴心 Energy를 干涉 破壞하여 穴心核 Energy 消滅을 促進하기도 한다.

이렇듯 穴場周邊 局環境으로부터 同調 Energy場을 供給, 穴場 Energy場을 增强시켜주고 穴心核 Energy를 保護 育成하는 根源的 環境 Energy體는 다음과 같다.

(1) 太陽熱 Energy 및 局 同調 熱 Energy場
(2) 風 Energy 및 局 同調 風 Energy場

(3) 水 Energy 및 局 同調 水 Energy場

5) 天體 Energy場의 同調作用에 의한 穴場 Energy 形成

太陽界를 包含한 宇宙天體의 各種 Energy와 그 Energy場들은 地表 Energy 흐름 및 穴場·穴心核 Energy場들과 同調를 일으키기도 하고 干涉을 일으키기도 한다.

同調場이 形成될 때는 穴板 Energy場의 上昇的 作用을 일으키게 되어 穴心核 Energy 特性을 良好케 하고, 干涉場이 形成될 때는 穴板 Energy場의 消滅的 作用을 일으키게 되어 穴心核 Energy 特性의 不良을 招來케 한다.

이러한 役割의 天體同調 Energy場은 다음과 같다.

(1) 宇宙 天體에 의한 同調 Energy場
(2) 太陽力에 의한 同調 Energy場
(3) 月力에 의한 同調 Energy場
(4) 其他 天體 引力에 의한 同調 Energy場

2. 穴場 Energy의 特性變易

지금까지 穴心核 Energy의 發生過程과 穴場 Energy 그리고 穴場 Energy場의 形成 維持 및 同調하는 各種 Energy場의 關係作用에 對해서 살펴보았다.

위에서 살펴본 穴 Energy 發生 및 Energy場 形成原理와 같이 이들 Energy를 生起 生成 生調하는 周邊 Energy場 속에는 그 Energy 特性上 반드시 生起 同調하는 Energy만이 存在하는 것이 아니고, 反對로 穴 Energy를 干涉 壞滅시키는 Energy도 함께 存在하여 있게 되는 것이므로 全的으로 同調 Energy場만을 穴場 및 穴心에 繼續하여 供給하는 것은 결코 아니다.

때문에 同調場과 干涉場의 均衡 關係가 同調 優位場으로 기울게 되면 穴場 및 穴心 Energy는 同調場의 영향을 받게 되어 增强 改善되게 되고, 反對로 干涉 優位場으로 기울게 되면 亦是 穴板 Energy는 干涉場의 영향을 받게 되어 改惡 消滅되어가게 된다.

이와 같은 現象은 어느 穴場 어느 穴心에서도 나타나는 것으로서 穴心核 Energy 및 穴場 Energy場의 善·惡·美·醜와 大·小·强·弱을 決定하는 一切의 變易作用이 穴場과 穴 周邊局內에서 끊임없이 持續되고 있음을 나타낸다.

1) 凝縮 Energy 變易에 따른 穴基礎 Energy 變易

穴 基礎 Energy를 形成하고 있는 主來龍脈 Energy와 四神砂의 凝縮 Energy場은 비록 두 Energy 特性이 合成되어 나타나는 것이 原則이지만, 그러나 그 主된 變易主體는 本身來龍脈 Energy體이다.

四神砂 Energy體의 構成原理上 案山 Energy體가 本身과 다소 먼 外山에서 出身하는 境遇가 있지만, 靑龍 Energy體나 白虎 Energy體는 그 出身來曆이 本身來龍脈으로부터 分擘된 枝龍에 의해 形成되는 것이 原則이며, 또한 玄武頂은 全的으로 本身來脈 Energy體의 中心이 되고 있어서, 이들 四神砂 Energy體의 凝縮 Energy場은 대체적으로 本身 來龍脈 Energy의 善·惡·美·醜, 大·小·强·弱에 따라 그 特性이 決定된다고 봐도 過言이 아니다.

다만 案山과 朝山 및 樂山 等의 Energy體는 他山으로부터 入脈되는 境遇가 많으므로, 本身來脈의 變易主體에 直接的인 支配를 받고 있지는 않으나, 그래도 亦是 本身의 영향권 內에서 自體 Energy場을 調整하고 局 Energy場 同調를 維持해가는 意味에서는 거의 大部分의 周邊砂 Energy體가 本身 Energy體의 變易作用 영향을 받아, 穴場 凝縮 Energy場을 生起 形成하기도 하고 變易 消滅시켜가기도 한다.

따라서 本身 來脈 및 玄武頂의 Energy 變易作用은 穴場凝縮의 基礎 Energy場中 穴心의 基礎 Energy 變易을 招來하게 되는 境遇가 大部分이고, 部分的인 周邊 凝縮砂의 Energy 變易作用에 의해서는 穴板 또는 穴場의 Energy場 變易을 招來하는 境遇가 大部分일 程度로, 그 細部的인 變易特性은 조금씩 다르게 特定지어 나타나는 것이 보통이다.

卽 玄武頂 Energy 變易作用은 入首頭腦 및 穴心 基礎 Energy를 變易시키고 靑龍 Energy 變易作用은 靑龍側 穴場 및 蟬翼 Energy를 變易시키며, 白虎 Energy 變易作用은 白虎側 穴場 및 蟬翼 Energy를 變易시키고 案山 Energy

變易作用은 纏脣側 穴場 및 蟬翼 Energy를 變易시키며, 樂山 및 托山 Energy 變易作用은 穴場凝縮 强度를 變易시킨다.

※ Energy體의 諸 特性 變易形態
　　－ 性相 特性 : 善·惡·美·醜
　　－ Energy 力價特性 : 大·小·强·弱
　　－ 效果 特性 : 吉·凶·長·短

2) 地核 轉移 Energy 變易에 의한 穴心核 Energy 變易

地球核 Energy 및 그 Energy 轉移는 대체적으로 그 變易週期가 매우 긴 關係로 穴場과 穴心核에 미치는 영향은 人間生命 變易週期와 比較한 斷時的 觀察로서는 그리 크게 나타나는 것은 아니다.

地核 轉移 Energy 集合過程에서도 亦是, 地表 Energy體의 形態變易에 따라 各各 그 凝縮 穴場 轉移 形態와 Energy 集合特性이 달라지는 것이기 때문에, 地表 Energy 變易 週期가 특별히 短縮되지 않는 限 잦은 穴場 Energy 및 穴心核 Energy 變易은 일어나지 않게 되고, 다만 始初形成 過程의 基本 Energy體 形質特性에 따라서 穴場 및 穴心核의 Energy 特性이 決定되는 것이다.

3) 地球表皮 Energy 變易에 의한 穴場 및 穴心 Energy 變易

이는 2)의 境遇와도 같이, 地球表面 Energy體 形質特性 變易에 따라 表皮內外의 同調 Energy 및 그 Energy場 變易이 發生하는 것이므로, 地球表面 Energy體 變易이 크게 作用하여 나타나지 않는 限 穴場 및 穴心核의 Energy 變易은 크게 일어나는 것이 아니고, 始初地表 Energy體 形成過程의 基本的인 地核 轉移 Energy 特性이 決定되는 대로 穴場 및 穴心核 Energy 特性과 그 變易特性이 決定된다.

그러나 天體 Energy 干涉作用과 地核 Energy 異狀變易이 發生하게 되면, 地核轉移 Energy 및 穴核 Energy는 크게 變易하는 境遇도 있다.

4) 局 環境 Energy場 變易에 의한 穴場 Energy 變易

局 環境 Energy場은 그 變易特性이 가장 강하고 크게 나타나는 Energy體로 서 細心한 注意로 그 變易秩序를 觀察하고 對應하지 않으면 穴場 Energy 및 그 Energy場의 破壞와 損失은 순식간에 일어나고 마는 매우 까다롭고 예민한 高强度의 變易體이다.

穴場 周邊局內의 地表面上에 있는 물과 바람과 熱 Energy는 穴場을 지키는 파수꾼임과 동시에, 穴場을 깨뜨리는 破壞者로 變하기도 하는 것이어서 地表環境 Energy體가 適定한 同調 Energy나 그 Energy場을 維持하고 있게 되면, 穴場 및 穴心 Energy는 保護 育成 增長케 되어 理想的인 補助 Energy體로서의 役割을 다하게 되기도 하는 反面, 오히려 그 Energy場이 太過 또는 不及하여 干涉現象이 일어나게 되면 穴場 및 穴心의 Energy는 破壞 또는 消滅되어 惡特性의 變易緣分을 얻은 結果가 되어버리기도 한다.

따라서 局 環境 Energy體는 다른 어떤 緣分作用의 Energy體보다도 더 强하고 민감하게 穴場 Energy를 變易시켜주는 不特定性의 非週期的인 短期變易 Energy體인 까닭에, 穴 Energy 및 그 Energy場을 同調 增長시키거나 干涉 消滅시키는 데에 있어서도 매우 맹렬하고 强力한 特異變易 特性으로 作用하여 速發케 한다.

5) 天體 Energy場 變易에 의한 穴 Energy場 變易

天體 Energy場은 멀리 宇宙로부터 가까이는 太陽界에까지 이르는 광범위한 宇宙一切 Energy體가 만들어놓은 無盡無量의 Energy場인 까닭에, 穴場에서의 이 Energy場 同調와 干涉영향은 거의 絶對的이다.

특히 天體 Energy場 中에는 太陽 Energy場과 그 밖의 달을 포함한 太陽界의 諸 위성 Energy場이 地球 全體 Energy場을 크게 變易시키는 主된 影響力場이 되고 있어서, 太陽界의 Energy場 變易에 따라 穴場의 Energy 및 Energy場은 크게 變易한다.

地球表面 Energy體의 形成과 穴 Energy의 凝縮 生起를 完成해주는 先天生起 同調場으로서의 Energy場 役割과, 現象穴場 Energy를 維持, 保存, 變易케

하는 後天 變易 同調場으로서의 Energy場 役割이 모두 宇宙 天體 Energy場의 變易秩序로부터 造成되는 것이 原理이기 때문에, 이 同調 Energy場의 變易特性 如何에 따라 穴 Energy場의 善·惡·美·醜, 大·小·强·弱 特性이 各各 다르게 나타난다고 볼 수 있다.

그러나 이 天體 Energy場의 變易作用은 穴場의 先天的 生起 同調 過程 中에서 至大한 影響力을 미치고 있는 것은 事實이나 그 同調週期는 완만하면서도 긴 Cycle을 維持하고 있는 까닭에, 穴場의 短期 現狀的인 變易作用에는 그다지 크게는 나타나지 않는 것이 特徵이다.

卽, 穴場의 生成過程에서는 그 作用力이 대단히 크지만, 後天同調 過程에서는 穴場의 Energy場 特性을 徐徐히 變易시켜갈 뿐이므로, 地表環境 Energy場이 미치는 影響力에 比較해서는 그 變易率이 매우 적게 나타난다.

例를 들어서 太陽의 自轉 Energy場 變易率은 그 自轉週期인 地球基準 30日이라고 볼 때에, 地球表面 環境 Energy體의 變易인 물, 바람, 熱 等 그 各各의 變化는 隨時 多發的이거나 不規則的으로 나타나게 되는 時間單位 變位變易이 되므로 그 變易率은 前者에 비해 훨씬 높다고 봐야 옳을 것이다.

따라서 天體 Energy場 變易은 주로 穴場의 先天 生成過程에 作用되어 穴 Energy場 構成과 그 特性을 創出해가는 生起 同調的 役割을 하고, 後天 穴場의 變易過程에서는 완만한 穴 Energy場 變易을 維持 保存해가는 維持 同調的 役割을 담당하고 있어서, 現象穴場의 狀態 變易보다는 旣 生成 穴場의 構成特性에 더 깊은 同調作用이 나타나게 되는 것이다.

3. 結語

지금까지 穴場 Energy의 發生過程과 維持變易에 對해서 考察해본 바와 같이, 穴場 Energy 및 그 Energy場은 基本 Energy인 來龍脈 Energy體의 善·惡·美·醜, 大·小·强·弱에 따라 그 基礎 Energy體인 容器的 特性이 決定지게 되고 Energy場 同調의 基礎 形態가 이루어지게 된다. 이러한 Energy體 基本틀과 그 特性이 形成되고 나면, 이 틀 속에 地球核 Energy 轉移와 地球表皮

Energy 作用에 의한 穴心核 Energy를 供給받게 되고, 天體 Energy와 地表環境 Energy場에 의한 Energy場 同調와 Energy 上昇 및 改善 效果를 얻게 되어, 穴心核 Energy와 穴場 Energy場의 形成過程이 完成되게 된다.

이러한 穴 Energy의 生起變易的 形成過程과 그 特性變易은 穴心核 Energy 및 穴場 Energy場의 干涉變易的 消滅過程에서도 같은 原理의 反對的 現象이 나타나게 되는데, 이와 같은 生起 同調的 變易作用과 壞滅 干涉的 變易作用들은 모두가 同一緣分의 Energy體들로서, 穴 根本 Energy體가 지닌 善·惡·美·醜의 特性作用 以外에도 變易 緣分 Energy體의 太過 不及的 相互關係가 일으키는 特性變易作用이 매우 強하게 나타나기도 하는 것이다.

따라서 모든 穴心核 에너지 및 穴場 Energy場과 周邊의 一切 變易緣分 Energy體 그리고 그 Energy場들 간에는, 무엇보다 重要한 安定的 調和 關係가 維持되어야 하는데 이를 위해서는 相互 平等的 Energy 均衡場틀 속에서 相互 生起的 同調 Energy場이 創造 構成되지 않으면 아니 되고, 이러한 基本的인 Energy場의 安定調和가 確保 維持되는 穴場 構成體에 대해서만 人間의 效率的 利用 管理가 智慧롭게 이루어져야 할 것이다.

제8절 穴場 Energy體의 構造的 形態秩序와 그 特性

1. 來脈 Energy體의 入力秩序에 따른 穴場 Energy體의 形態秩序와 그 特性

1) 正變易 來脈 秩序에서의 穴場 Energy體 構成

(1) ∠90° 開帳 變位 穴場(主 乳突 成穴)

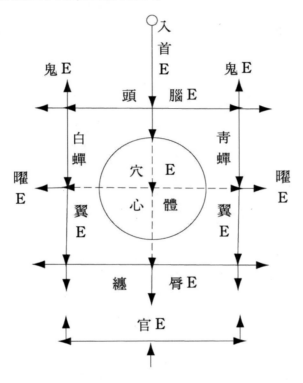

〈그림 2-150〉 ∠90° 開帳 變位 穴場(主 乳突 成穴)

(2) ∠60° 開帳, ∠30° 變位 穴場(主 乳突 成穴)

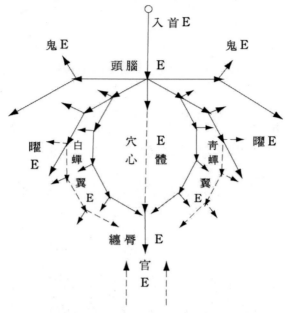

〈그림 2-151〉 ∠60° 開帳, ∠30° 變位 穴場(主 乳突 成穴)

(3) ∠60° 開帳 變位 穴場(主 窩 成穴)

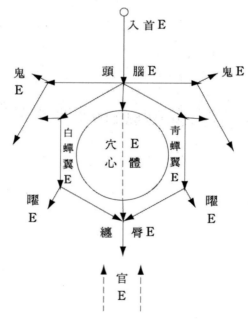

〈그림 2-152〉 ∠60° 開帳 變位 穴場(主 窩 成穴)

(4) ∠60° 開帳 變位 穴場(主 鉗 成穴)

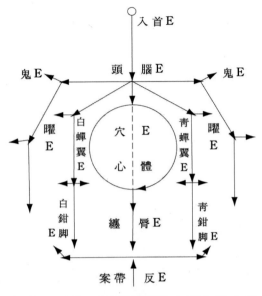

〈그림 2-153〉∠60° 開帳 變位 穴場(主 鉗 成穴)

2) 橫變易 來脈 秩序에서의 穴場 Energy體 構成

(1) ∠60° 開帳 變位 穴場(凸形)(主 窩乳 成穴)

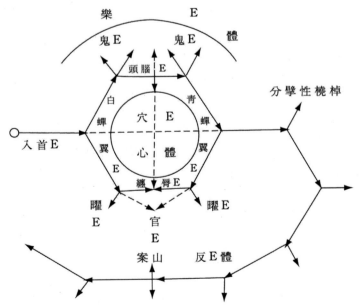

〈그림 2-154〉∠60° 開帳 變位 穴場(凸形)(主 窩乳 成穴)

(2) ∠60° 開帳 變位 穴場(凹形)(主 窩乳 成穴)

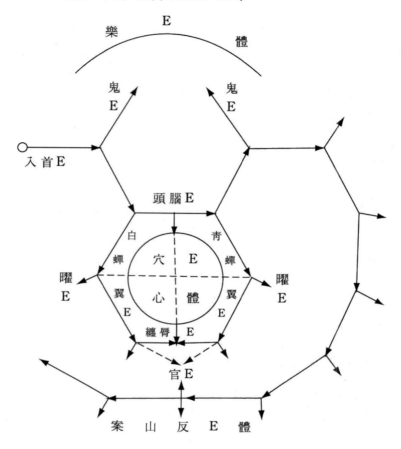

〈그림 2-155〉 ∠60° 開帳 變位 穴場(凹形)(主 窩乳 成穴)

(3) ∠90° 開帳 變位 穴場

凸形으로 成穴되는 境遇는 매우 어려운 반면, 凹形으로 成穴되는 境遇에는 突形이나 鉗形이 成穴되기도 한다.

(4) ∠30° 開帳 變位 穴場

凸形으로 成穴되는 境遇는 그 穴場의 幅이 너무 적어 穴心 Energy 集中이 일어나지 않고, 凹形으로 成穴되는 境遇에는 兩鉗脚의 發達로 因해 小鉗 또는 小窩穴이 되기도 한다.

(5) ∠60° 開帳 ∠30° 變位 穴場

凸形이든 凹形이든 完全成穴이 되는 境遇에는 窩鉗乳突 四象의 매우 훌륭한
穴場이 形成된다.

3) 縱變易 來脈 秩序에서의 穴場 Energy體 構成

(1) ∠60° 開帳 ∠30° 變位 穴場

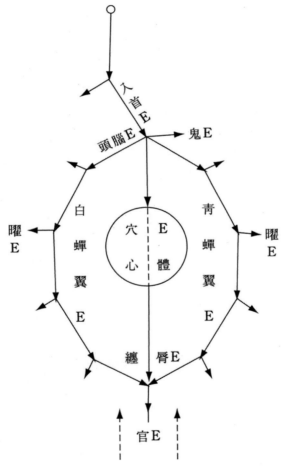

左旋穴 } 이 있고
右旋穴 } 窩鉗乳突 四象成穴
直坐穴 } 鉗穴은 直坐에서 形成된다.

〈그림 2-156〉 ∠60° 開帳 ∠30° 變位 穴場

(2) ∠60° 開帳 變位 穴場

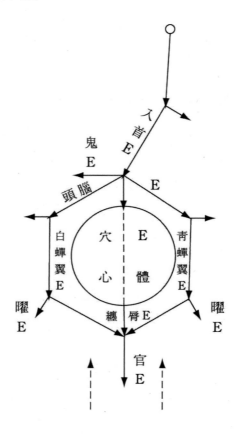

左旋穴 ⎫ 이 있고
右旋穴 ⎬ 乳突成穴이 主이나
直坐穴 ⎭ 窩穴形成도 可하다.

〈그림 2-157〉 ∠60° 開帳 變位 穴場

(3) ∠90° 開帳 各種 變位 穴場

　　來龍脈 秩序形態는 分明 縱變易일지라도 來脈過程 終端에서 Energy體 育成 條件을 만나 强力한 Energy 同調場을 얻게 되면, 正變易 秩序에서 發達하는 穴 場 Energy體와 同一한 形態의 各種變位 穴板構造 Energy體를 形成하게 된다.

　　따라서 이 穴場은 正變易 秩序를 參考할 것.

4) 垂變易 來脈 秩序에서의 穴場 Energy體 構成

(1) ∠30° 開帳 變位 穴場

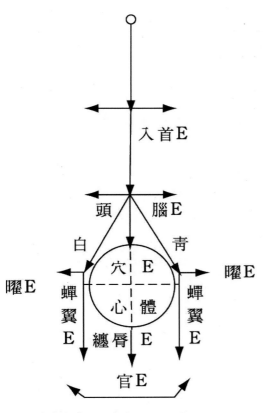

※ 主鉗成穴(窩도 可)

〈그림 2-158〉∠30° 開帳 變位 穴場

(2) ∠60° 開帳 變位 穴場

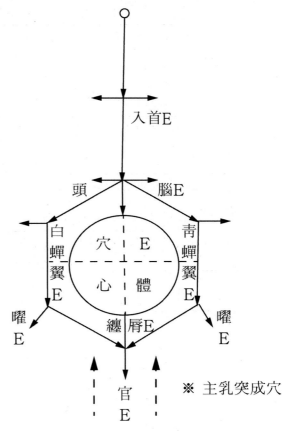

※ 主乳突成穴

〈그림 2-159〉∠60° 開帳 變位 穴場

第4章 穴場論　513

(3) ∠60° 開帳 ∠30° 變位 穴場　　　(4) ∠90° 開帳 ∠60° 및 ∠30° 變位 穴場

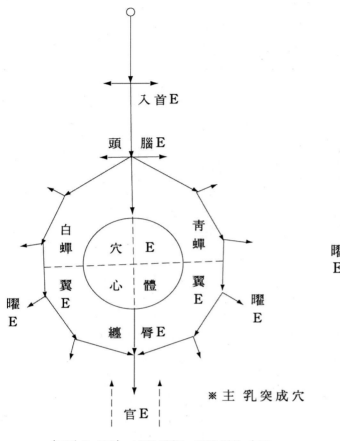

〈그림 2-160〉∠60° 開帳 ∠30° 變位 穴場

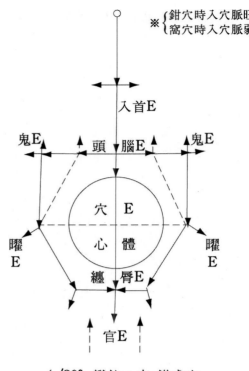

※ { 鉗穴時入穴脈旺
　　窩穴時入穴脈弱 }

※ { ∠30° 變位 : 主 鉗成穴
　　∠60° 變位 : 主 窩成穴 }

〈그림 2-161〉∠90° 開帳 ∠60° 및
∠30° 變位 穴場

5) 隱變易 來脈 秩序에서의 穴場 Energy體 構成

(1) ∠60° 開帳 變位 穴場

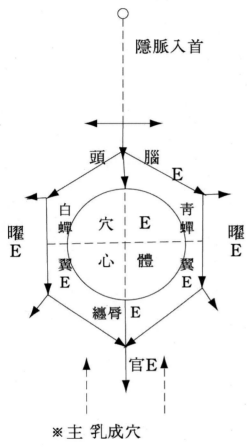

隱脈入首

頭 腦 E

白 蟬 翼 E

曜 E

穴 心 E 體

青 蟬 翼 E

曜 E

纏脣 E

官E

※ 主 乳成穴

〈그림 2-162〉 ∠60° 開帳 變位 穴場

(2) ∠60° 開帳 ∠30°變位 穴場

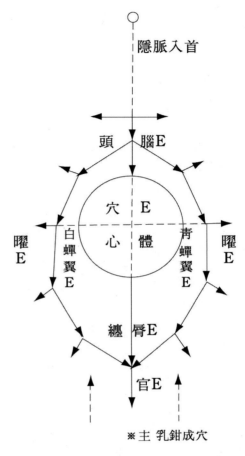

隱脈入首

頭 腦E

曜 E

白蟬翼 E

穴 心 E 體

青蟬翼 E

曜 E

纏 脣E

官E

※ 主 乳鉗成穴

〈그림 2-163〉 ∠60° 開帳 ∠30° 變位 穴場

(3) ∠90° 開帳 ∠60° 및 ∠30° 變位 穴場   (4) ∠90° 開帳 變位 穴場

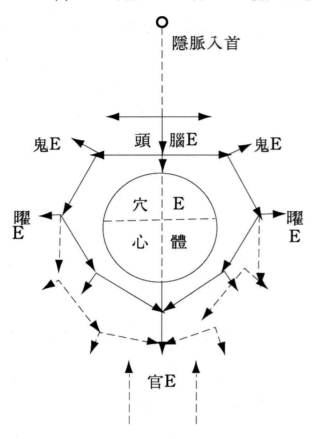

※主 窩成穴

〈그림 2-164〉 ∠90° 開帳 ∠60° 및 ∠30° 變位 穴場

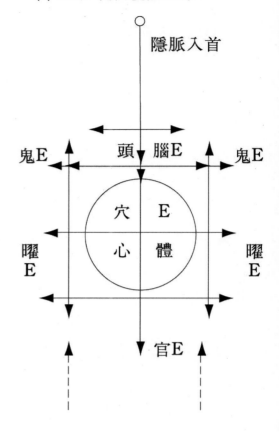

※主 突成穴

〈그림 2-165〉 ∠90° 開帳 變位 穴場

2. 穴場의 構造 形態別 Energy 特性

1) 水體 平曲構造 穴場 Energy體

주로 橫變易 또는 縱變易 入首脈에서 形成되는 穴場 Energy體로서 入首頭腦가 圓平하고 穴板이 平面으로 되어 있으며 그 體가 다소 구부러지는 듯이 上下左右 어느 한쪽으로든 纏脣 Energy體를 變位시키면서 成穴되는 것이 보통이다.

穴板 中央에 窩・鉗・乳・突 四象의 穴 形成이 可能하나 突穴의 發達은 그리 흔치 않고 窩穴이나 乳穴이 比較的 많다.

平面 圓筒形 均衡質의 線 Energy體 特性이 凝縮 結穴된 關係로 그 Energy 形態는 集中進行的 線構造 特性과 集合 安定的 面構造 特性을 함께 合成하고 있는 것이 보통이다.

兩蟬翼의 展開角이 他 Energy體 穴場의 것보다 다소 좁은 面이 있긴 하나, 섬세하고 민감한 Energy 흐름이 또 다른 特性이기도 하다.

Energy體 性相은 美麗 端正하나 刑害를 당하기 쉽고 그 Energy 力價는 그리 强大하진 못하나 줄기차며 核 圓形 凝縮이 다소 어려운 關係로 穴場의 Energy 作用效果 亦是 吉凶의 격차가 적고 長遠하긴 하나 비틀거림이 많다.

2) 木體 直構造 穴場 Energy體

주로 垂變易 또는 縱變易 入首脈에서 形成되는 穴場 Energy體로서 入首頭腦가 聳上하고 그 穴板이 急降下하여 穴核을 下端部 中央에다 結果시키게 되는 構造體이다.

窩・鉗・乳・突의 四象이 모두 成穴 可能하나 주로 窩・鉗・乳 穴이 많고 突穴은 적다.

立體 Energy體의 다소 硬直된 Energy 特性이 來脈에 內藏되어 穴場에서 凝結된 고로, 穴板이 매우 무겁고 딱딱한 것이 特性이기도 하다.

Energy體 性相은 比較的 重厚 嚴格한 善美形이나 곧기 쉽고, 그 Energy 力價 또한 强大 威勇的이나 急迫하기 쉬우며 Energy 作用效果 亦是 强力急速하나 不安定的으로 速發速應하는 特性을 지니고 있어서 早達長遠키는 하나 흔들림이

많아 速敗하기도 쉽다.

正變易 來龍 入首脈에서 매우 드물게 木體 直構造 穴場이 形成되는 例는 있으나, 이는 極히 어려운 일로서 이때의 穴場 Energy體 特性은 木體 成穴 中에서 가장 훌륭한 最善·最吉의 性相과 力價를 지닌 速成 速發의 穴相이 될 수 있다.

3) 金體 圓構造 穴場 Energy體

來龍脈 形成秩序의 全過程을 通하여 圓構造 成穴形態가 可能한 것으로서, 그 作穴 分布度 및 成穴 確率은 거의 50% 以上이 될 程度로 穴場 Energy體 대부분이 이 金體構造의 基本秩序를 따르고 있다고 봐야 할 것이다.

入首頭腦가 특히 圓正하고 穴板構成 또한 厚富·圓滿하여 넉넉하고 穴核 Energy 凝縮이 매우 安定的으로 均等하기 때문에, 窩·鉗·乳 突 四穴象을 모두 成穴 可能케 하는 Energy體 構造라고 할 수 있다.

各 來脈秩序 過程別로 形成되는 圓構造 穴場의 特性을 簡單히 살펴보면,

(1) 正變易 來脈秩序 過程에서 形成된 穴場

그 入力 Energy의 强健함으로 因하여 入首頭腦가 特別하게 發達하고 穴場 몸체 또한 豊富하게 完成되는 것이 特徵이다.

周邊 保護砂가 充實 有情하면 成穴核은 上端 中心部에서 凝縮 結果하고, 周邊 保護砂의 Energy 同調場을 만나지 못하게 되면 中端部 中央에서 凝縮 結果한다.

Energy體 性相은 善美·端正하며 그 Energy 力價 또한 强大·厚富한 고로 Energy 作用效果 亦是, 健實 厚德한 後人出과 富貴·名譽가 長遠 繼承한다.

(2) 垂變易 來脈秩序 過程에서 形成된 穴場

그 入力 Energy의 特性에서나 穴場形態의 構成面에서나 正變易 來脈過程에서의 特性에는 미치진 못하나, 그래도 入力 Energy의 集中力이 强健하여 前者와 거의 同一한 Energy 特性을 不足한 듯 또는 모자란 듯 孤孤하게 나타내는 것이 特徵的이다.

正變易 過程에서와 比較하여 대체적으로 入力 Energy의 容量과 그 크기가 작은 것이 흠이고, 穴板의 構造 또한 다소 虛弱하면서 좁게 나타나는 것이 다르나, 보다 簡潔하면서도 單調로운 Energy體와 强直 速發的 Energy場에 의한 正直 端娥한 性情과 그 速效性은 오히려 뛰어나다고 보는 것이 옳을 것이다.

(3) 縱變易 來脈秩序 過程에서 形成된 穴場

그 入力 Energy의 進入形態와 秩序에 따라서 入首頭腦와 穴場의 Energy體 特性이 各各 다르게 나타나게 되는데, 左·右旋 및 直入·直坐 穴場의 成穴 特性 等이 바로 그것이다.

即 左旋 穴場은 靑龍蟬翼 Energy體의 强健 充實함을 얻게 되는 대신에 白虎 蟬翼 Energy體의 不足함을 發生케 하기 쉽다는 것이 特徵的 成穴 特性인 反面, 右旋 穴場은 白虎蟬翼 Energy體의 强健 充實함을 얻게 되는 대신에 靑龍蟬翼 Energy體의 不足함을 發生케 하기 쉽다는 것이 特徵的 成穴 特性이라고 말할 수 있다.

따라서 위와 같은 特性이 發生하는 限, 左旋時의 穴板 또한 右側으로 기울기 쉽고, 右旋時의 穴板 또한 左側으로 기울기 쉽다는 것이며, 直入·直坐의 穴場 亦是, 入首脈 Energy體가 强健할 境遇에는 圓滿 端正한 穴板의 成穴이 이루어질 수 있으나, 그렇지 못한 境遇에는 穴板의 頭腦가 圓正치 못해지거나 穴板 上下가 不均衡되어 기울기가 쉽다.

(4) 橫變易 來脈秩序 過程에서 形成된 穴場

그 入力 Energy의 入首形態가 直接 入穴이라기보다는 間接入穴의 形態가 大部分이므로, 반드시 그 間接 入穴 裝置인 穴後正中의 撞背鬼砂 Energy體를 發達케 함이 있어야만 그 頭腦가 圓正할 수 있고 穴板에 安定된 Energy를 供給할 수 있는 金體構造가 되는 것이다.

間接 入穴의 形態 原理上 入首頭腦의 强健 充實함이 不足하고 그 Energy 供給이 느린 反面, 穴板의 容積이 豊富하고 厚德하며 靑·白 Energy體 形成秩序가 特異하여 穴場의 入力側과 出力側이 各各 그 靑·白이 되는 關係로 相互

Energy 均衡 秩序가 安定되지는 못하나, 適應 및 醇化 特性이 良好하여 成穴 維持 保護에는 크게 不足함이 없이 核 Energy를 凝縮케 할 수 있다.

또 入穴 Energy의 供給形態가 左側 入穴이냐 右側 入穴이냐 하는 것과, 또 凸 頭腦 入穴이냐 凹 頭腦 入穴이냐 하는 것 등에 따라 다소 不規則的으로 나타나게 되는 子孫 Energy 供給秩序는 長孫과 末孫 嫡子와 庶子의 關係秩序를 매우 複雜하게 繼承 維持케 하는 特異家系 體質을 만들기도 하며, 그리고 青・白 Energy體의 先後着 偏差秩序가 招來하고 있는 兄弟 간의 胎生特性 및 社會進出 樣相 亦是, 複雜한 形態와 多樣한 秩序過程을 基本틀로 하면서 子孫의 壽命, 健康, 出世, 福祿 等을 決定되게 하기도 한다.

(5) 隱變易 來脈秩序 過程에서 形成된 穴場

그 入力 Energy의 地表面 露出 特性이 不足한 關係로 强大한 金體 頭腦 穴場을 形成함에는 다소의 力不足이 있으나 周邊凝縮 Energy 및 Energy場의 圓滿性에 따라서는 간혹, 善美 端娥하고 正突 溫和한 金體 Energy體 穴場도 종종 成穴되고 있음을 發見할 수 있는데, 이는 隱變易 來脈特性이 지니고 있는 獨特한 安定方式과 局 同調 Energy場이 만들어내는 突露的 凝縮構造의 奇異함이라 하겠다.

4) 土體 平垣構造 穴場 Energy體

주로 正變易 來脈秩序에 의한 旺盛한 來龍 入首脈 Energy體에서라야 비로소 形成可能한 穴場으로 窩・鉗・乳 突 四穴象의 成穴이 모두 可能하고 强健 重厚한 最上의 Energy體이다.

窩形 穴은 正變易 分擘 蟬翼角이 넓게 發生하는 까닭에 거의 大部分이 濶窩로 完成되게 마련이며,

鉗形 穴은 分擘鉗脚 Energy體의 强健 充實함에 의해 長鉗形의 穴板으로 成穴됨이 一般的이고,

乳.突形 穴은 厚德强大한 入力 Energy에 의해 長重하고 豊富한 長大形의 穴板 成穴이 이루어진다.

이와 같은 土體 成穴은 그 構造的 特性이 一般的 構造的 特性과는 다르게 너무 큰 것 같으나 均等하고, 너무 넓은 것 같으나 알맞게 모여들며, 깊은 것 같으나 平平하고, 긴 것 같으나 잘 오므린다. 느슨한 듯해도 치밀하며, 무른 듯해도 단단하고 굳은 듯해도 연하며, 솟은 듯해도 平安하다.

너무 크게 聚合한 듯해도 平垣의 均衡을 잃지 않고, 너무 반듯한 듯해도 그 물 흐름은 圓滿하다.

따라서 土體 穴場은 자칫 놓치기 쉽고 평범한 가운데서 그 穴核을 結果하므로, 細心히 觀察 確認하지 아니하거나 또는 不當한 先入見을 갖게 되면 반드시 眞穴을 잃어버리기 쉽다.

土體 穴場 Energy體의 性相은 最善美 厚富하여 그 Energy 力價 또한 最强 最大하여 Energy 作用效果 亦是 어느 穴場 Energy體보다 長遠大吉하다.

5) 火體 尖構造 穴場 Energy體

이 穴場 Energy體 構造는 그 來龍脈 또는 入首脈 構造가 硬直 飛散하고 循環 Energy보다 外氣로의 發散 Energy가 더 旺盛한 垂變易性 無記秩序 來脈에서 주로 形成될 可能性은 있으나, 根本的 Energy 飛散特性과 形態的인 硬直性의 尖構造 Energy體가 入首頭腦 穴場에까지 이르러서도 그 發散特性을 벗어버리지 못하고 本 모습을 드러내는 까닭에, 周邊의 局 同調 Energy場이 제아무리 安定的으로 供給된다고 할지라도, 穴板에서의 入首頭腦 發散 Energy 持續과 蟬翼 Energy 飛散에 의한 穴核 Energy 不及 및 破損現象은 막을 수가 없으므로 火體 穴場 Energy體는 形成 不能이다.

제9절 穴場 Energy體의 構造形態別 諸 Energy 特性 要點 整理

1. 水體 平曲 構造 穴場 Energy體

(1) 主 穴象 形態 : 主 乳, 窩, 鉗

(2) 頭腦 Energy 入力形態 : 左旋, 右旋 및 直入首

(3) 穴心 Energy 入穴形態 : 線狀 Energy 集合入穴形

(4) 穴心 Energy 核 中心點 : 穴板 水平面 中央 및 上端中心

(5) 穴心 Energy 安定方式 : 水平線面 Energy 他力 再凝縮 停止安定

(6) 穴 Energy場 形態 : 平面曲構造 線面 Energy場

(7) 入首頭腦 Energy體 特性 : 圓平構造 線面 Energy 發生

(8) 蟬翼 Energy體 特性 : 線筒構造 線面 Energy 發生

(9) 明堂 Energy體 特性 : 平面構造 面 Energy 發生

(10) 纏脣 Energy體 特性 : 平曲構造 面 Energy 發生

(11) 穴核 Energy體 特性 : 筒構造 擴圓 Energy 發生

(12) 穴核 Energy 凝縮線 : (縱凝縮線-入首頭腦와 纏脣 Energy 作用線) 〉
   (橫凝縮線-靑白蟬翼 Energy 作用線)

(13) 鬼砂 Energy體의 入首頭腦 Energy 再凝縮 特性 : 良好

(14) 曜砂 Energy體의 橫凝縮 Energy 再供給 特性 : 보통

(15) 官砂 Energy體의 縱凝縮 Energy 再供給 特性 : 弱함

(16) 發生 Energy 性相特性 : 善美溫順하고 섬세 多情하다

(17) 發生 Energy 力價特性 : 長大 誠實

(18) Energy 作用效果特性 : 持續長吉, 藝智仁 出

(19) Energy 發應 形態 : 遲發 遲敗하고 刑害에 弱하나 平溫함

2. 金體 圓形構造 穴場 Energy體

(1) 主 穴象 形態 : 主 窩, 乳, 突

(2) 頭腦 Energy 入力形態 : 主 撞背 直入首

(3) 穴心 Energy 入穴形態 : 圓面狀 Energy 集中 入穴形

(4) 穴心 Energy 核 中心點 : 穴板 平圓面 中央 및 上端中心

(5) 穴心 Energy 安定方式 : 聚合圓面 Energy 自力 再凝縮 停止安定

(6) 穴 Energy場 形態 : 圓平 立體構造 橢圓筒 Energy場

(7) 入首頭腦 Energy體 特性 : 圓突構造 橢圓立體 Energy 發生

(8) 蟬翼 Energy體 特性 : 圓筒構造 筒形 Energy 發生

(9) 明堂 Energy體 特性 : 圓平構造 面 Energy 發生

(10) 纏脣 Energy體 特性 : 圓面構造 面 Energy 發生

(11) 穴核 Energy體 特性 : 圓形 立體構造 圓 Energy 發生

(12) 穴核 Energy 凝縮線 : 縱凝縮線 = 橫凝縮線

(13) 鬼砂 Energy體의 入首頭腦 Energy 再凝縮特性 : 良好

(14) 曜砂 Energy體의 橫凝縮 Energy 再供給特性 : 良好

(15) 官砂 Energy體의 縱凝縮 Energy 再供給特性 : 强함

(16) 發生 Energy 性相 特性 : 善美端正 豊富

(17) 發生 Energy 力價 特性 : 强大健全

(18) Energy 作用 效果 特性 : 光明正大 仁義智 圓滿 福祿

(19) Energy 發應 形態 : 適宜 速發

3. 木體 直構造 穴場 Energy體

(1) 主 穴象 形態 : 主 窩, 鉗, 乳

(2) 頭腦 Energy 入力形態 : 主 直來 直上 直入首

(3) 穴心 Energy 入穴形態 : 柱狀 束脈 集合入穴形

(4) 穴心 Energy 核 中心點 : 柱面 穴板 下端中央 深處

(5) 穴心 Energy 安定方式 : 直下 柱狀 Energy 他力 再凝縮 停止安定

(6) 穴 Energy場 形態 : 柱面 立體構造 面 Energy場

(7) 入首頭腦 Energy體 特性 : 直柱構造 柱面 立體 Energy 發生

(8) 蟬翼 Energy體 特性 : 枝狀構造 線面 Energy 發生

(9) 明堂 Energy體 特性 : 柱面構造 平面 Energy 發生

(10) 纒脣 Energy體 特性 : 根狀構造 根體 Energy 發生

(11) 穴核 Energy體 特性 : 柱狀 直急構造 面 Energy 發生

(12) 穴核 Energy 凝縮線 : 縱凝縮線 〉橫凝縮線

(13) 鬼砂 Energy體의 入首頭腦 Energy 再凝縮特性 : 보통보다 强하다

(14) 曜砂 Energy體의 橫凝縮 Energy 再供給 特性 : 보통

(15) 官砂 Energy體의 縱凝縮 Energy 再供給特性 : 强함

(16) 發生 Energy 性相 特性 : 善美秀麗함과 嚴格함

(17) 發生 Energy 力價 特性 : 高大强直

(18) Energy 作用 效果 特性 : 早達官職, 仁義禮學

(19) Energy 發應 形態 : 速發速成

4. 土體 平垣構造 穴場 Energy體

(1) 主 穴象 形態 : 窩, 鉗, 乳, 突 四象

(2) 頭腦 Energy 入力形態 : 直來 直入首

(3) 穴心 Energy 入穴形態 : 長方平廣脈 集中 入穴形

(4) 穴心 Energy 核 中心點 : 方平 穴板 中央上端 中心

(5) 穴心 Energy 安定方式 : 平垣立體 Energy 自力 再凝縮 停止安定

(6) 穴 Energy場 形態 : 方正 立體 平面 Energy場

(7) 入首頭腦 Energy體 特性 : 方平構造 平圓 立體 Energy 發生

(8) 蟬翼 Energy體 特性 : 直平構造 平面 Energy 發生

(9) 明堂 Energy體 特性 : 平垣構造 平面 Energy 發生

(10) 纒脣 Energy體 特性 : 方平構造 面 Energy 發生

(11) 穴核 Energy體 特性 : 方圓 立體構造 平垣 Energy 發生

(12) 穴核 Energy 凝縮線 : 縱凝縮 Energy線 ≧ 橫凝縮 Energy線

(13) 鬼砂 Energy體의 入首頭腦 Energy 再凝縮特性 : 强大 良好

(14) 曜砂 Energy體의 橫凝縮 Energy 再供給 特性 : 良好

(15) 官砂 Energy體의 縱凝縮 Energy 再供給特性 : 强大

(16) 發生 Energy 性相特性 : 最善 完美

(17) 發生 Energy 力價特性 : 最强 最大

(18) Energy 作用 效果特性 : 聖德 長旺大吉, 仁・信・意

(19) Energy 發應 形態 : 長發 不絶 適時適宜發

5. 火體 尖構造 穴場 Energy體

(1) 主 穴象 形態 : 諸穴象이 火氣에 支配되므로 火星의 鬼・曜・官砂 Energy
體가 發達한다.

(2) 頭腦 Energy 入力形態 : 火體 直尖構造, 脫後金水構造

(3) 穴心 Energy 入穴形態 : 閃直 細組脈

(4) 穴心 Energy 核 中心點 : 穴板 尖端 散直 表皮部

(5) 穴心 Energy 安定方式 : 閃尖 散昇 Energy 他力 再凝縮安定

(6) 穴 Energy場 形態 : 尖直 線形 Energy場

(7) 入首頭腦 Energy體 特性 : 火體 直尖構造는 飛散 Energy 發生하고, 金
水土體 平構造는 圓平 Energy 發生

(8) 蟬翼 Energy體 特性 : 尖直構造 垂線 Energy 發生

(9) 明堂 Energy體 特性 : 硬直構造 剛燥 Energy 發生

(10) 纒脣 Energy體 特性 : 硬直 尖構造 燥暴 Energy 發生

(11) 穴核 Energy體 特性 : 强急 散昇構造 火 Energy 發生

(12) 穴核 Energy 凝縮線 : 縱凝縮 Energy線 ≦ 橫凝縮 Energy線

(13) 鬼砂 Energy體의 入首頭腦 Energy 再凝縮特性 : 强急

(14) 曜砂 Energy體의 橫凝縮 Energy 再供給 特性 : 强硬

(15) 官砂 Energy體의 縱凝縮 Energy 再供給特性 : 强直

(16) 發生 Energy 性相特性 : 火急, 斷續 沖射

(17) 發生 Energy 力價特性 : 強硬 強直

(18) Energy 作用 效果特性 : 暴惡 火急 性情 義旺, 藝文

(19) Energy 發應 形態 : 最速發 最速敗

6. 善·惡·無記와 有情·無情

〈표 2-19〉善·惡·無記와 有情·無情 : 善特性(入首頭腦 外)

特性 項目 穴 E體	善 特 性		
	極 善	次 善	次次善
入首 頭腦 E體	1. 入首頭腦까지 5 以上의 來脈 E가 充積한 것 2. 鬼砂 E體의 再凝縮 裝置를 保持한 것	1. 入首頭腦까지 3-5節의 來脈 E를 充積한 것 2. 鬼砂 再凝縮裝置는 없으나 貴한 樂砂가 있는 것	1. 5脈 E를 充積한 것 2. 鬼樂 E體가 後端部에 없는 것
青白 蟬翼 E體	1. 穴核 E體에 關鎖 凝縮 E를 完全 供給 2. 一方當 3回 以上의 曜 E體 發生	1. 穴核 E體에 側面 橫凝縮 E만 供給 2. 一方當 2回 以下의 曜 E體 發生	1. 穴核 E體에 曜砂 없이 橫凝縮 E를 供給
明堂 穴板 E體	1. 入穴脈 分界水가 圓을 그려 合水하여 同調하고 2. 平圓穴板 E 會堂이 圓滿하고 穴核 E 均衡 保持가 理想的	1. 入穴脈 分界水가 圓을 그려 合水하지 못하고 다소 길거나 짧게 合水하여 會堂이 圓滿치 못함	1. 入穴脈 分界水가 不均衡을 이루어 相互干涉하는 合水의 會堂
纏脣 E體	1. 入首 E에 相應하는 理想的 反E 發生 2. 明堂會合水를 最吉로 調節 放出함	1. 入首 E에 適節한 相應 反E를 發生하나 破 E 放出이 不適節	1. 相應 反E의 發生이 不適節하고 破 E 放出이 太過, 不及

<표 2-20> 善 · 惡 · 無記와 有情 · 無情 : 惡特性(入首頭腦 外)

特性 項目 穴 E體	惡 特 性		
	極 惡	凶 惡	粗 惡
入首 頭腦 E體	1. 反背하고 깨져 함몰된 것 2. 칼날처럼 사납고 험상 궂은 것	1. 부서지고 깨진 것 2. 무섭고 험하여 凶暴한 것	1. 무너져 능증스럽고 미운 것 2. 흩어져 퍼지고 늘어져 태만한 것
靑白 蟬翼 E體	1. 反背하고 깨져 함몰된 것 2. 날카롭게 솟고 험하게 끊어진 것	1. 부서지고 깨진 것 2. 무섭고 사나운 것	1. 무너지고 조잡한 것 2. 흩어지고 늘어진 것
明堂 穴板 E體	1. 全般的으로 함몰하여 空缺된 것이거나 2. 明堂이 逆하여 穴核을 沖殺하고 찌르는 것	1. 部分的으로 함몰하여 空缺된 것. 穴核 E를 破壞함 2. 明堂이 逆하여 고개 든 것	1. 全般的으로 기울고 무너진 것이 穴核 E를 刑害함 2. 合水가 穴核을 干涉하는 것
纏脣 E體	1. 사납고 險한 砂가 反逆 沖殺함 2. 함몰 空缺되어 웅덩이가 진 것	1. 一般砂이나 고개 들고 反逆함 2. 부서지고 깨져 사나운 것	1. 무너지고 조잡하며 2. 흩어지고 늘어진 것

<표 2-21> 善 · 惡 · 無記와 有情 · 無情 : 無記特性(入首頭腦 外)

特性 項目 穴 E體	無 記 特 性		
	生 無 記	病 無 記	死 無 記
入首 頭腦 E體	1. 入首無記 – 頭腦凝縮 2. 入首正變位 – 頭腦無記	1. 入首無記 – 頭腦病疾 2. 入首病疾 – 頭腦無記	1. 入首死脈 – 頭腦無記 2. 入首無記 – 頭腦死體
靑白 蟬翼 E體	1. 蟬翼正變位 – 曜無記 2. 蟬翼無記 – 曜正變位	1. 蟬翼病氣 – 曜砂無記 2. 蟬翼無記 – 曜砂病氣	1. 蟬翼死氣 – 曜砂無記 2. 蟬翼無記 – 曜砂死氣
明堂 穴板 E體	1. 分界水 不均衡 – 合水 會堂 均衡	1. 分界水 不均衡 – 合水 會堂 一部 破損不均 等으로 病이 된 것	1. 分界水 不均衡 – 合水 會堂 完全 散氣 흩어진 것
纏脣 E體	1. 部分 凝縮 反E 供給後 無記 變位	1. 病弱한 E體로 部分 反E 供給後 無記 變位	1. 反E體 全般이 散氣되어 흩어지고 死滅해감

<表 2-22> 善·惡·無記와 有情·無情：善特性(鬼砂 外)

特性 項目 穴 E體	善 特 性		
	極 善	次 善	次次善
鬼砂 E體	1. 入首頭腦 E體를 均衡 再凝縮한다. 2. 入穴脈 中心을 보다 分明케 하고 正突한 穴E를 供給	1. 入首頭腦 再凝縮 機能은 可하나 均衡 凝縮 入穴脈 供給이 不安定的이다.	1. 入首頭腦 再凝縮이 不均等하고 2. 入穴脈 中心이 不均一하다.
曜砂 E體	1. 蟬翼 E體에 $\theta = \angle 30°n$의 變位角으로 3回 以上 橫凝縮 E를 供給한 것	1. 蟬翼 E體에 $\theta = \angle 30°n$의 變位角으로 2回 以下 橫凝縮 E를 供給함	1. 蟬翼 E體에 $\theta = \angle 30°n$의 變位角으로 1回 以下 橫凝縮 E를 供給함
官砂 E體	1. 纏脣 E體를 通하여 穴心에 $\theta = \angle 90°$의 縱凝縮 E를 圓滿히 供給	1. 纏脣 E體에 대한 不平衡 再凝縮 E를 供給하는 것	1. 纏脣 E體에 再凝縮 E는 供給하지 못하고 纏脣 E 離脫만 防止함
穴核 E體	1. 圓形 圓滿 核 E를 形成함	1. 楕圓形의 穴核 E 形成함	1. 다이아몬드형 穴核 E 形成
有·無情	圓滿 有情	平 有情	不平等 有情

<표 2-23> 善·惡·無記와 有情·無情：惡特性(鬼砂 外)

特性 項目 穴 E體	惡 特 性		
	極惡	凶惡	粗惡
鬼砂 E體	1. 사납고 험한 砂가 入首脈을 沖射하고 2. 날카롭고 험한 砂가 頭腦를 찌르는 것	1. 깨지고 부서져 凶暴砂가 된 것	1. 무너지고 흩어져 조잡하고 늘어진 것
曜砂 E體	1. 사납고 험한 砂가 蟬翼 E體를 沖殺하는 것 2. 함몰되어 空缺이 生긴 것	1. 깨지고 부서지고 2. 무섭고 사나운 것	1. 무너져 조잡하고 2. 흩어져 늘어진 것
官砂 E體	1. 사납고 험한 砂가 纏脣 E體를 찌르고 沖殺함 2. 陷沒과 空缺	1. 깨지고 부서짐 2. 무섭고 사나운 것	1. 무너져 조잡하고 2. 흩어져 늘어짐
穴核 E體	1. 全體가 破壞되거나 2. 함몰되고 물이 나는 것	1. 部分部分 부서져 깨지고 2. 사나운 石質이 穴心에 솟은 것	1. 一部 찢어지고 흩어져 조잡한 것 2. 穴心이 硬石質인 것
有·無情	沖殺 無情	干涉 無情	刑害 無情

<표 2-24> 善·惡·無記와 有情·無情：無記特性(鬼砂 外)

特性 項目 穴 E體	無 記 特 性		
	生無記	病無記	死無記
鬼砂 E體	1. 頭腦 凝縮 後 無記變位	1. 病弱 E體로 頭腦 凝縮後 無記 變位	1. 無記變位 後 死滅 E體化한 것
曜砂 E體	1. 蟬翼 凝縮 後 無記變位한 것	1. 病弱 E體로 蟬翼 E體를 凝縮하고 無記變位한 것	1. 無記變位 後 死滅 E體化한 것
官砂 E體	1. 纏脣 凝縮 後 無記變位한 것	1. 病弱 E體로 纏脣 E體를 凝縮한 후 無記變位	1. 無記變位 後 死滅 E體化한 것
穴核 E體	1. 入穴脈 生脈 - 穴核 無記(部分生穴)	1. 入穴脈 病弱 -穴核無記 2. 入穴脈 無記 -穴核病氣	1. 入穴脈 無記 -穴核死氣 2. 入穴脈 死脈 -穴核無記
有·無情	有 無情	病 無情	死 無情

제10절 穴凝縮 同調 Energy場 理論과 穴心核 Energy 形成原理

1. 穴凝縮 Energy의 發生原理

1) ∠60° 開帳 ∠30° 變位 蟬翼의 穴凝縮 Energy

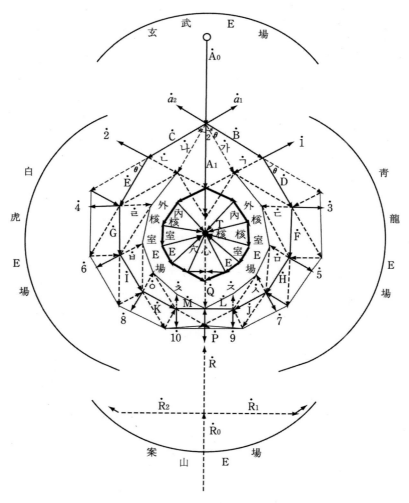

〈그림 2-166〉 ∠60° 開帳 ∠30° 變位 蟬翼의 穴凝縮 Energy

※ 陰脈 入穴의 境遇 內核室이 따로 없음

1)의 ∠60° 開帳 ∠30°變位 蟬翼의 穴凝縮 Energy의 解說

$\dot{A_0}$: 來脈入首 Energy

$\dot{A_1}$: 穴場 入穴脈 Energy $= \dot{B} + \dot{C}$

$\dot{T}$: 入穴 合成 Energy $=$ 가 $+$ 나

$\dot{B}, \dot{C}$: 入首頭腦 Energy 및 1次 蟬翼 開帳 Energy

$\dot{a_1}, \dot{a_2}$: 入首頭腦 鬼砂 Energy

$\dot{D}, \dot{E}$: 2次 蟬翼 Energy $= \dot{B} \times \dfrac{\sqrt{3}}{2} = 0.866\dot{B}$

$\dot{F}, \dot{G}$: 3次 蟬翼 Energy

$\qquad (\dot{H}, \dot{I}. \dot{J}. \dot{K}. \dot{L}. \dot{M}$: 4次, 5次, 6次$)$

$\dot{1}, \dot{2}$: 1次 曜星 Energy $= \dot{B} \times \dfrac{1}{2} = 0.5\dot{B}$

$\dot{3}, \dot{4}$: 2次 曜星 Energy

$\qquad (\dot{5}. \dot{6}. \dot{7}. \dot{8}. \dot{9}. \dot{10}$: 3次, 4次, 5次$)$

2θ : 開帳角(頭腦 開帳), θ : 變位角(蟬翼 變位)

가 : $\dot{a_1}$에 의한 入穴 再凝縮 Energy $= \dot{a_1} + \dot{B}$

나 : $\dot{a_2}$에 의한 入穴 再凝縮 Energy $= \dot{a_2} + \dot{C}$

ㄱ, ㄴ, ㄷ, ㄹ, ㅁ, ㅂ, ㅅ, ㅇ, ㅈ, ㅊ : 蟬翼 Energy 變位에 따른 各 凝縮 Energy

$\dot{ㄱ} = -\dot{1} = \dot{B} \times \dfrac{1}{2} = 0.5\dot{B}$

$\dot{ㄴ} = -\dot{2} = \dot{C} \times \dfrac{1}{2} = 0.5\dot{C}$

$\dot{ㄷ} = -\dot{3} = \dot{D} \times \dfrac{1}{2} = 0.5\dot{D} = 0.5 \times 0.866\dot{B} = 0.433\dot{B}$

$\dot{ㄹ} = -\dot{4} = \dot{E} \times \dfrac{1}{2} = 0.5\dot{E} = 0.5 \times 0.866\dot{C} = 0.433\dot{C}$

$\dot{ㅁ} = -\dot{5} = \dot{F} \times \dfrac{1}{2} = 0.5\dot{F} = 0.5 \times 0.866\dot{D} = 0.433\dot{D} = 0.375\dot{B}$

$\dot{ㅂ} = -\dot{6} = \dot{G} \times \dfrac{1}{2} = 0.5\dot{G} = 0.5 \times 0.866\dot{E} = 0.433\dot{E} = 0.375\dot{C}$

$\dot{ㅅ} = -\dot{7} = \dot{H} / 2 = 0.433\dot{F} = 0.325\dot{B}$

$$\dot{\circ} = -\dot{8} = \dot{F}/2 = 0.433\dot{G} = 0.325\dot{C}$$

$\dot{\times}, \dot{\times} : 纏脣\ Energy.\ \dot{L}, \dot{M}$을 形成키 위한 9, 10의 反 Energy

$\dot{Q} : 明堂\ Energy$ $\dot{P} : 官\ Energy$

$\dot{R} : 朱雀\ 反\ Energy$ $\dot{R}_0 : 朝案\ 反\ Energy$

2) ∠60° 開帳 ∠60° 變位 蟬翼의 穴凝縮 Energy

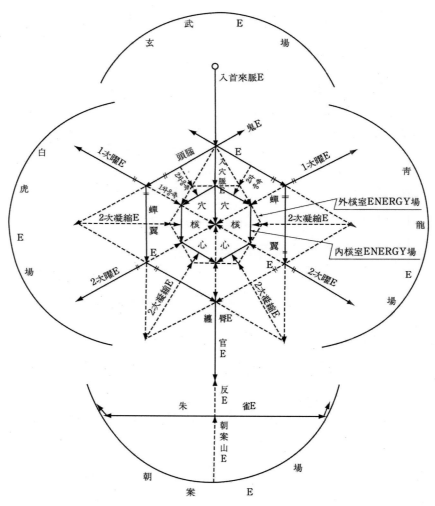

〈그림 2-167〉 ∠60° 開帳 ∠60° 變位 蟬翼의 穴凝縮 Energy

※ 陰脈 入穴의 境遇 1次 凝縮線이 穴心核 및 核室이 된다.

3) ∠90° 開帳 ∠90° 蟬翼의 穴凝縮 Energy

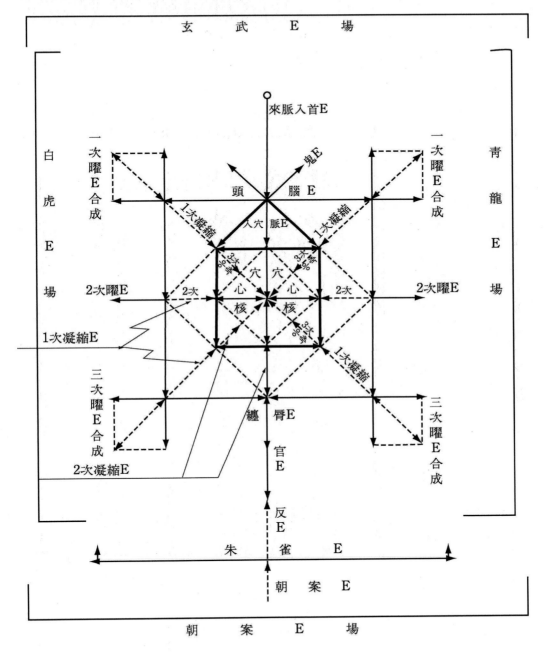

〈그림 2-168〉 ∠90° 開帳 ∠90° 蟬翼의 穴凝縮 Energy

※ 陰脈 入穴의 境遇 1次 凝縮線이 穴心核 및 核室이 된다.

2. 穴凝縮 同調 Energy場의 發生原理

1) ∠60° 開帳 ∠30° 變位 蟬翼의 穴凝縮 同調 Energy場

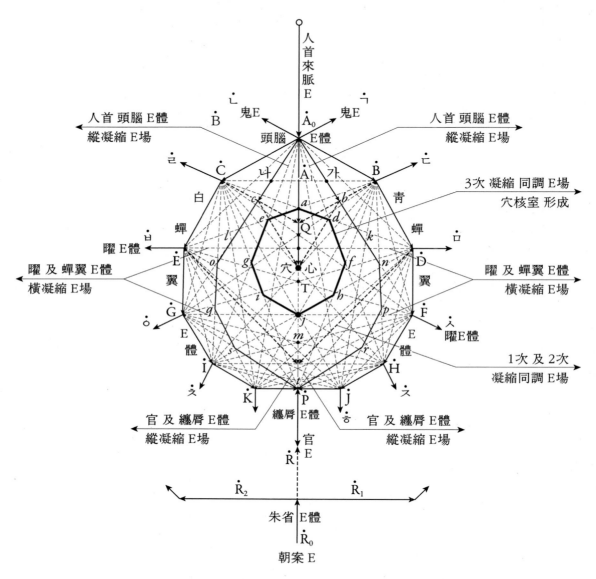

〈그림 2-169〉 ∠60° 開帳 ∠30° 變位 蟬翼의 穴凝縮 同調 Energy場

1)의 ∠60° 開帳 ∠30° 變位 蟬翼의 穴凝縮 同調 Energy場 解說

$\dot{A}_0$: 入首來脈 Energy $\dot{R}_0$: 朝案 Energy

$\dot{B}, \dot{C}$: 頭腦 Energy $\dot{R}$: 官 Energy

$\dot{A}_1$: 入穴 脈 Energy $\dot{P}$: 纏脣 Energy

$\dot{D}, \dot{E}, \dot{F}, \dot{G}, \dot{H}, \dot{I}, \dot{J}, \dot{K}$: 青·白蟬翼 Energy

$\dot{R}_1, \dot{R}_2$: 案山 朱雀 Energy

$\dot{ㄱ}, \dot{ㄴ}$: 鬼 Energy

$\dot{ㄷ}, \dot{ㄹ}, \dot{ㅁ}, \dot{ㅂ}, \dot{ㅅ}, \dot{ㅇ}, \dot{ㅈ}, \dot{ㅊ}, \dot{ㅎ}, \dot{ㅌ}$: 曜 Energy

$\dot{Q}$: $\dot{B}, \dot{C}$에 의한(순수 頭腦 Energy에 의한) 入穴脈 Energy

$\dot{b}, \dot{c}$: $\dot{ㄱ}+\dot{B}, \dot{ㄴ}+\dot{C}$에 의한 入穴 凝縮 Energy

$\dot{T}$: $\dot{A}+\dot{Q}+\dot{b}+\dot{c}$, 穴核心点 = 同調凝縮 中心點

$\dot{B}, \dot{C}$: 入首頭腦 Energy 및 1次 蟬翼 開場 Energy

$\dot{a}$: $\dot{ㄹ}$의 凝縮線과 $\dot{ㄷ}$의 凝縮線이 入穴脈과 만나는 最大 Energy点

$\underline{\dot{ad}}$: $\dot{ㄹ}$凝縮 Energy와 $\dot{ㅁ}$凝縮 Energy 간의 同調帶($\dot{ㄹ}$>$\dot{ㅁ}$)

$\underline{\dot{ae}}$: $\dot{ㄷ}$凝縮 Energy와 $\dot{ㅂ}$凝縮 Energy 간의 同調帶

$\underline{\dot{df}}$: $\dot{A}_0$ 凝縮 Energy와 $\dot{ㅈ}$凝縮 Energy 간의 同調帶

$\dot{eg}$: $\dot{A}_0$ 凝縮 Energy와 $\dot{ㅊ}$凝縮 Energy 간의 同調帶

$\underline{\dot{fh}}$: $\dot{B}$ 凝縮 Energy와 $\dot{R}$ 凝縮 Energy 간의 同調帶

$\dot{gi}$: $\dot{C}$凝縮 Energy와 $\dot{R}$ 凝縮 Energy 간의 同調帶

$\underline{\dot{hj}}$: $\dot{ㅁ}$凝縮 Energy와 $\dot{ㅊ}$凝縮 Energy 간의 同調帶

$\underline{\dot{ij}}$: $\dot{ㅂ}$凝縮 Energy와 $\dot{ㅊ}$凝縮 Energy 간의 同調帶

$\dot{a}$-$\dot{d}$-$\dot{f}$-$\dot{h}$-$\dot{j}$-$\dot{i}$-$\dot{g}$-$\dot{e}$-$\dot{a}$: 同調 凝縮場의 最善 圓滿構造 → ⊕入穴脈 核化

$\dot{A}_0$-$\dot{b}$-$\dot{k}$-$\dot{n}$-$\dot{p}$-$\dot{r}$-$\dot{t}$-$\dot{s}$-$\dot{q}$-$\dot{o}$-$\dot{l}$-$\dot{c}$-$\dot{A}_0$: 同調 凝縮場의 次善 圓滿構造

$\dot{A}$-$\dot{b}$-$\dot{k}$-$\dot{m}$-$\dot{l}$-$\dot{c}$-$\dot{A}$: 穴核室 → (陽, 陰)脈 入穴時 穴核의 外核室

※ 凝縮 Energy 同調帶 및 同調 Energy場 形成條件

(1) 入首來脈 Energy와 朱雀 反 Energy 凝縮場은 穴核心 中心點 T点에서 均等 同調 核化할 것

(2) 頭腦 Energy $\dot{B}$와 $\dot{C}$의 直角 最大 凝縮 同調帶는, 穴核心室의 同調場 上端部와 下端部를 形成할 수 있는 開帳角을 維持할 것(∠60° 以下 및 ∠90° 以上 開帳은 不可)

(3) 纒脣 Energy $\underline{JP}$와 $\underline{KP}$의 直角 最大 凝縮 同調帶는, 穴核心室의 同調場 左右幅을 均等하게 維持할 수 있을 것(기울거나 短縮이 일어날 경우에는 不可)

(4) 靑蟬翼 및 白蟬翼 各個別 單位의 直角 最大 凝縮 同調帶는, 穴核心室의 內部에서 上下左右 同調場을 均等하게 維持할 수 있을 것(蟬翼과 曜 Energy의 均衡이 決定함)

(5) 陰脈 入穴時에도 同調 凝縮場의 穴核心 中心點은 不變일 것

※ 어떠한 境遇의 穴場이라 할지라도 各部分 凝縮 Energy體의 最大中心 凝縮線은 穴核心室內에서 同調凝縮 Energy場을 形成하지 않으면 아니 되므로 穴場 凝縮 Energy는 相互均衡을 維持하지 않으면 아니 된다.

2) ∠60° 開帳 ∠60° 變位 蟬翼의 穴凝縮 同調 Energy場

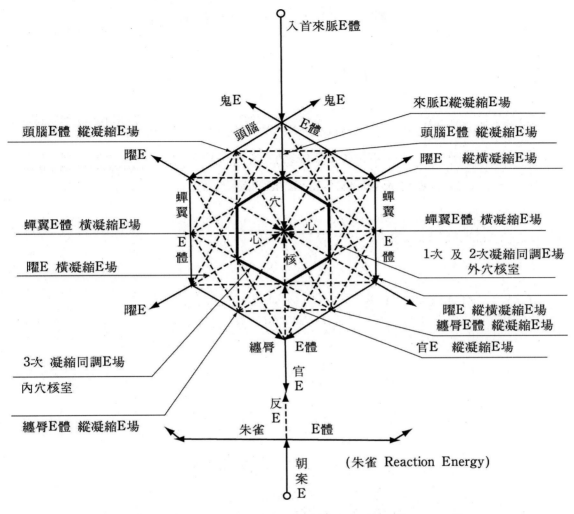

〈그림 2-170〉 ∠60° 開帳 ∠60° 變位 蟬翼의 穴凝縮 同調 Energy場

3) ∠90° 開帳 ∠90° 變位 蟬翼의 穴凝縮 同調 Energy場

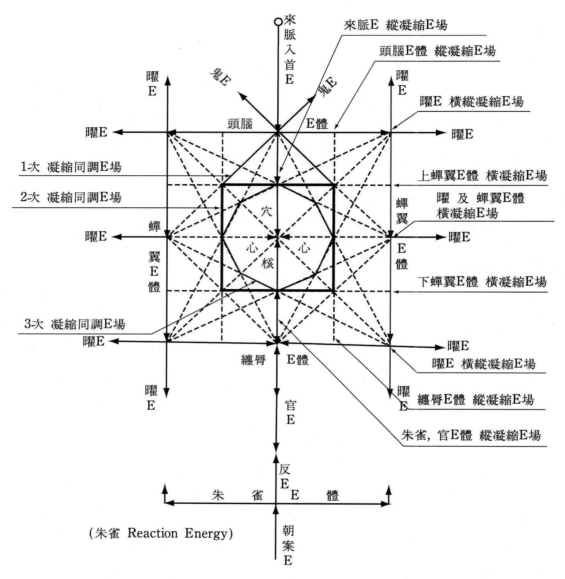

〈그림 2-171〉 ∠90° 開帳 ∠90° 變位 蟬翼의 穴凝縮 同調 Energy場

3. 天地氣 Energy의 核凝縮 同調 Energy場 形成原理

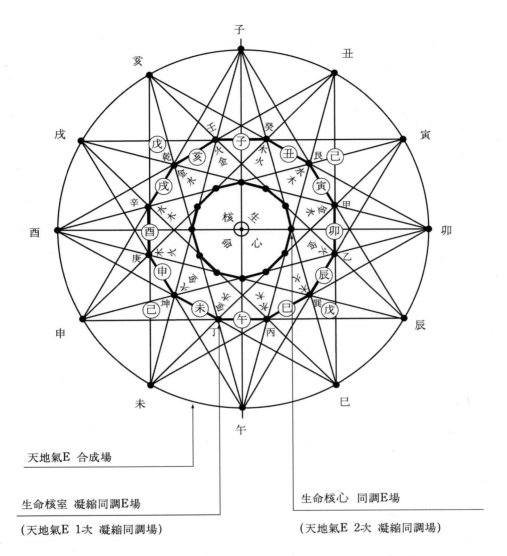

〈그림 2-172〉 天地氣 Energy의 核凝縮 同調 Energy場 形成原理

4. 入穴脈 Energy와 穴心核 凝縮 同調 Energy場의 形成原理

1) 陽脈入穴과 穴心核 Energy의 凝縮 同調 Energy場

(1) 直入直坐 陽脈 入穴과 穴心核 Energy 凝縮 同調秩序

※ 構造 秩序와 原理

　　1次 : 入首脈 Energy 入力

　　2次 : 入首頭腦 Energy體 形成과 同時 鬼 Energy 發達

　　3次 : 陽脈穿心 Energy 入穴 → 核心 및 核室 Energy 發生

　　4次 : 左右 分擘 蟬翼 Energy 發達

　　5次 : 左右 蟬翼 曜 Energy 發達 → 凝縮 Energy 發生

　　6次 : 朱雀 反 Energy에 대한 纏脣 官 Energy 發達 → 縱凝縮 Energy 發生

　　7次 : 全方位 同調 凝縮場 形成 → 核心 및 核室 Energy 發達 成熟

　　8次 : 乳突 穴象 核 Energy 形成

① ∠90° 開帳 ∠90° 變位 穴(主 正變易 來脈入首)

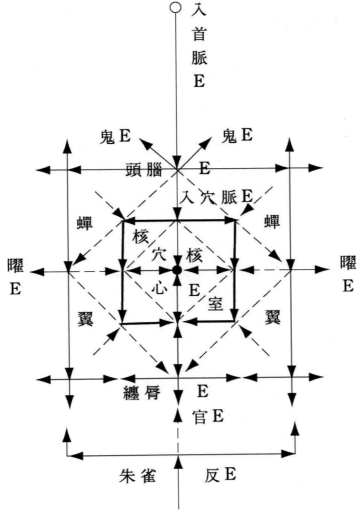

〈그림 2-173〉 ∠90° 開帳 ∠90° 變位 穴(主 正變易 來脈入首)

※ ∠90°開帳 ∠60°變位 穴 및 ∠90°開帳 ∠30°變位 穴도 이와 同一한 原理
이다.

② ∠60°開帳 ∠60°變位 穴(主 正變易 來脈入首)

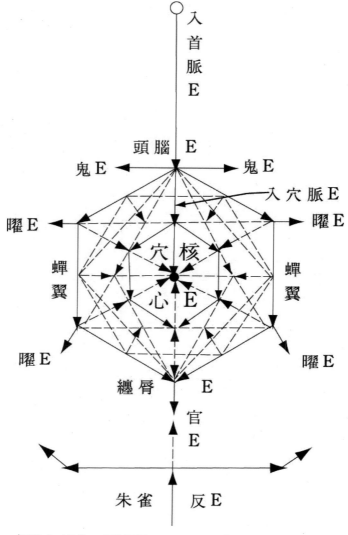

〈그림 2-174〉∠60° 開帳 ∠60° 變位 穴(主 正變易 來脈入首)

※ ∠60°開帳 ∠30°變位 穴도 이와 同一한 原理이다.

(2) 左·右旋 陽脈入穴과 穴心核 Energy 凝縮 同調 秩序

※ 構造秩序와 原理

　　1次 : 入首脈 Energy 入力

2次 : 入首頭腦 Energy體 形成과 同時 鬼 Energy 發達

3次 : 頭腦 Energy體의 左旋 安定變位 또는 右旋 安定變位

4次 : 陽脈穿心 Energy 入穴 → 核心 및 核室 Energy 發生

5次 : 左右 分擘 蟬翼 Energy 發達

6次 : 左右 蟬翼 曜 Energy 發達 → 橫凝縮 Energy 發生

7次 : 朱雀 反 Energy에 대한 纏脣 官 Energy 發達 → 縱凝縮 Energy
      發生

8次 : 全方位 同調 凝縮場 形成 → 核心 및 核室 Energy 發達 成熟

9次 : 乳突 穴象 核 Energy 形成

① 左旋 ∠60°開帳 ∠60°變位 穴(主 縱變易 및 橫變易 來脈入首)

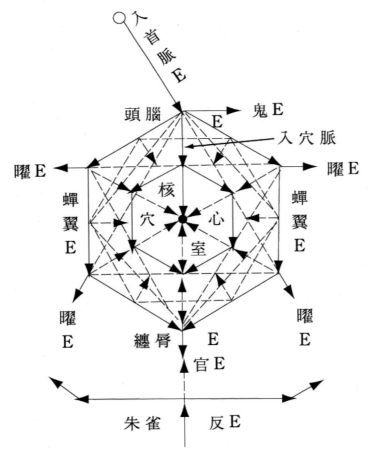

〈그림 2-175〉 左旋 ∠60° 開帳 ∠60° 變位 穴(主 縱變易 및 橫變易 來脈入首)

② 右旋 ∠60°開帳 ∠60°變位 穴(主 縱變易 및 橫變易 來脈入首)

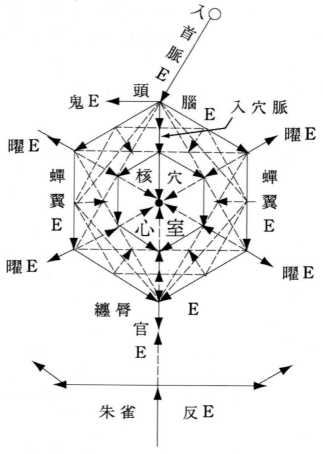

〈그림 2-176〉右旋 ∠60° 開帳 ∠60° 變位 穴(主 縱變易 및 橫變易 來脈入首)

※ ∠60°開帳 ∠30°變位 穴 左·右旋 共히 〈그림 2-175〉와 〈그림 2-176〉
  은 同一 原理

2) 陰脈入穴과 穴心核 Energy의 凝縮 同調 Energy場

(1) 直入直坐 陰脈入穴과 穴心核 Energy 凝縮 同調 秩序

※ 構造 秩序와 原理

  1次 : 入首脈 Energy 入力

  2次 : 入首頭腦 Energy體 形成

3次 : 左右 分擘 蟬翼 Energy 發達

4次 : 左右 蟬翼 曜 Energy 發達 → 橫凝縮 Energy 發生

5次 : 朱雀 反 Energy에 대한 纏脣 官 Energy 發達 → 縱凝縮 Energy 發生

6次 : 全方位 同調 凝縮場 形成 → 核心 및 核室 Energy 發生

7次 : 陰脈 穿心 Energy 發達 → 核心 및 核室 Energy 發達 成熟

8次 : 窩鉗 穴象 核 Energy 形成

① ∠90°開帳 ∠90°變位 穴 (正變, 隱變, 垂變 來脈入首)

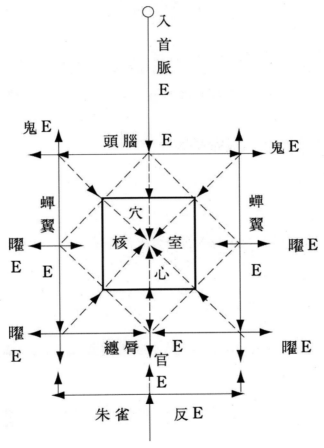

〈그림 2-177〉 ∠90° 開帳 ∠90° 變位 穴(正變, 隱變, 垂變 來脈入首)

※ ∠90°開帳 ∠60°變位 穴, ∠90°開帳 ∠30°變位 穴도 上의 原理와 同一

② ∠60°開帳 ∠60°變位 穴(主 隱變, 垂變, 來脈入首)

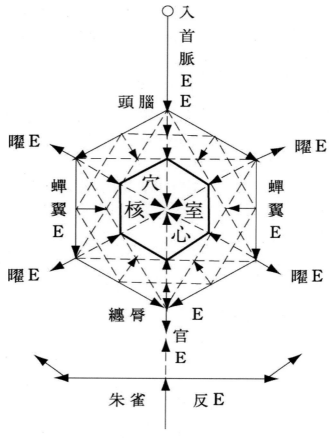

〈그림 2-178〉∠60° 開帳 ∠60° 變位 穴(主 隱變, 垂變, 來脈入首)

※ ∠60°開帳 ∠30°變位 穴도 上의 原理와 同一

(2) 左·右旋 陰脈 入穴과 穴心核 Energy 凝縮 同調 秩序

※ 構造秩序와 原理

　　1次 : 入首脈 Energy 入力
　　2次 : 入首頭腦 Energy體 形成
　　3次 : 2次 秩序와 同時 分擘
　　4次 : 어느 한 分擘 Energy의 橈棹性 特性化에 의한 左·右旋 變位
　　5次 : 左右 蟬翼 Energy 및 曜 Energy 發達 → 橫凝縮 Energy 發生

6次 : 朱雀 反 Energy에 대한 纏脣 官 Energy 發達 → 縱凝縮 Energy
發生

7次 : 全方位 同調 凝縮場 形成 → 核心 및 核室 Energy 發生

8次 : 陰脈 穿心 Energy 發達 → 核心 및 核室 Energy 發達 成熟

9次 : 窩鉗 穴象 核 Energy 形成

※ 左旋時는 靑蟬翼 Energy體가 橈棹性의 分擘 Energy가 되고, 右旋時는
白蟬翼 Energy體가 橈棹性의 分擘 Energy가 된다.

① 左旋∠60°開帳 ∠60°變位 穴(主 縱變易 橫變易 來脈入首)

※ 穴核 中心線이 白側으로 기운다.

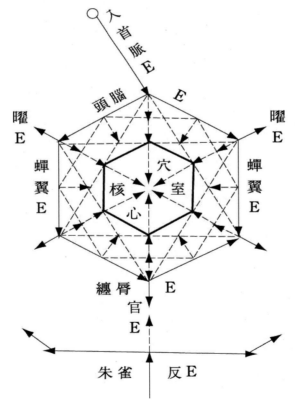

〈그림 2-179〉 左旋∠60° 開帳 ∠60° 變位 穴(主 縱變易 橫變易 來脈入首)

※ ∠60°開帳 ∠30°變位 穴도 上과 同一 原理에 의해 成穴됨.

② 右旋∠60°開帳 ∠60°變位 穴(主 縱變易 및 橫變易 來脈入首)

※ 穴核 中心線이 靑側으로 기운다.

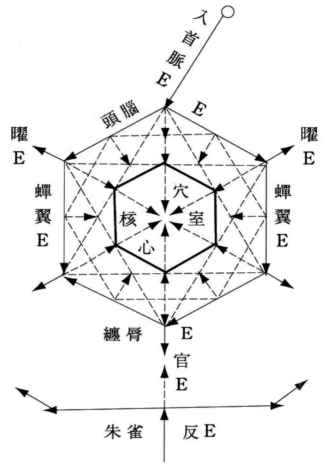

〈그림 2-180〉右旋∠60° 開帳 ∠60° 變位 穴(主 縱變易 및 橫變易 來脈入首)

※ ∠60°開帳 ∠30°變位 穴도 上과 同一 原理에 의해 成穴됨.

(3) 直入直坐 ∠60° 開帳 ∠30° 變位 穴의 核 Energy 凝縮 同調秩序 差

① 陽脈 入穴 穴心核 Energy 凝縮 同調(構造 秩序와 原理는 直入直坐 同一함)

　※ 穴心核 Energy 中心이 下部로 移動하여 凝縮된다.

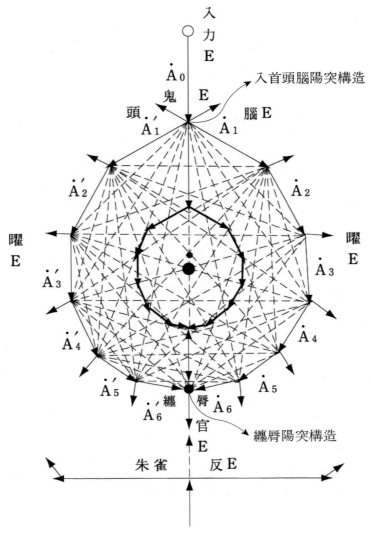

　　　〈그림 2-181〉直入直坐 ∠60° 開帳

　※ 註　$\dot{A}_1$ $\dot{A}'_1$: 入首頭腦　　　$\dot{A}_2$ $\dot{A}'_2$: 1次 蟬翼

　　　　$\dot{A}_3$ $\dot{A}'_4$: 2次 蟬翼　　　$\dot{A}_5$ $\dot{A}'_5$: 3次 蟬翼

　　　　$\dot{A}_6$ $\dot{A}'_6$: 4次 蟬翼

② 陰脈 入穴 穴心核 Energy 凝縮 同調(構造 秩序와 原理는 直入直坐 同一함)

※ 穴心核 Energy 中心이 上部로 移動하여 凝縮된다.

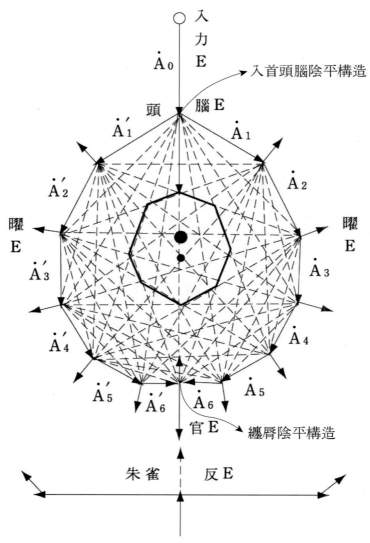

〈그림 2-182〉 直入直坐 ∠30° 變位 穴

제11절 穴場核 Energy場의 形成 原理와 그 Circuit

　　우리 한반도의 산세는 중국과 달라, 그 생성의 원리 구조와 형질 구성이 서로 각기 상이함을 인지하지 아니하고는 그 지역, 그 풍토에 적합한 문화와 生命 현상을 이해하기는 매우 곤란하다.

　　더욱이 지질 구조적 특성에 의해 형성되는 각종의 인간 生命 문화 현상을 파악, 분석, 재창조해가는 풍수적 학문연구에 있어서는 더욱 중대한 사안임을 다시 한 번 강조하지 않을 수가 없다.

　　즉, 근본적으로 우리의 지질 구조는 隆起的 線 Energy 구조임에 비해, 중국은 板 Energy 再凝縮 秩序에 의한 立體 Energy 구조체라는 相互 특이한 지질적 구조에서 각기 서로 다른 생활문화와 생명 질서를 이어오고 있다는 점이다.

　　따라서 서로 다른 지질 형성 구조의 토질 특성에서 태동하는 모든 문화와 생명 질서는 서로가 각기 다른 특성의 형태로 나타날 수밖에 없다.

　　물론 인간의 본성과 근본 생명 조직 자체가 상이함을 의미한다는 것은 결코 아니다. 지구의 생명 Energy가 지니고 있는 인간 생명 조직 특성은 동서 간이나 中, 韓을 통해서 모두가 大同小異하다 할 것이나 그 지역 그 토질 구조 특성에 따른 생명 현상의 변화적 요인과 구체적 활동 특성은 매우 다르게 나타나고 있음을 다시 한 번 확인할 필요가 있다.

　　특히 풍수지리의 원리적 생명 현상과 그 변화적 특성에 있어서는 보다 더 깊은 통찰력과 분석 파악이 요구된다고 할 것이다.

　　위와 같은 이유를 따라 살펴보건대, 우리는 아직까지도 우리 토질 특성과 우리 생명 특성에 맞는 합리적이고 자생적인 풍수이론이 견고하게 확립되어 있지 않음을 애석하게 생각할 수밖에 없는 반면에, 그러함에도 불구하고 일부 학자들의 자생적 풍수이론을 재정립해가려는 부단한 노력들이 도처에서 나타나고 있음도 또한 희망이요 반가움이라 하지 않을 수 없다.

1. 祖宗山 立體 Energy體의 穴核 形成 同調意志와 그 Energy場 Circuit

1) 祖宗山 立體 Energy體의 穴核 形成 同調意志

山 Energy體의 근본은 그 祖宗山 Energy體에서부터 시작된다. 따라서 그 생성 근원이 마그마 융기 구조 Energy 이동체이건, 습곡 변화 구조 Energy 이동체이건, 아니면 板 구조 再凝縮 Energy 이동체이건, 그 Energy 특성 효율에 관한 穴核 形成 同調意志의 능률적 차별은 다소 발생할 수 있을지라도 그 Energy體가 나타내는 Energy場의 Circuit Diagram에 있어서는 그 형성 원리나 질서가 大同小異하다고 볼 수 있다.

이러한 原理는 아인슈타인의 Energy 등가원리인 $E = MC^2$에서 Energy場 ≒ Energy라는 Energy 불변의 이론 원칙에 따라 모든 Energy體는 그 질량에 비례하는 Energy場을 발생하게 된다는 이론에 기인한다.

따라서 모든 Energy體는 그 Energy를 지닌 물질의 질량에 비례하는 Energy 波長을 발생함으로써 그 Energy 파장이 그려내는 Energy場의 이동 질서가 형성됨과 동시에, Energy 이동 질서에 의한 穴核 同調 Energy場 Circuit의 Diagram이 구조화되게 된다. 즉, 穴核 形成을 위한 同調的 Energy 가 발생하는 Positive的 Circuit Diagram과 穴核 形成 意志가 상실된 Negative的 Energy場의 Circuit Diagram이 서로가 매우 다른 질서체계와 방향성을 드러내며 그려지고 있음을 다음과 같이 발견할 수 있다.

2) 祖宗山 立體 Energy體의 穴核 形成 同調 Energy場 Circuit (⊕Circuit)

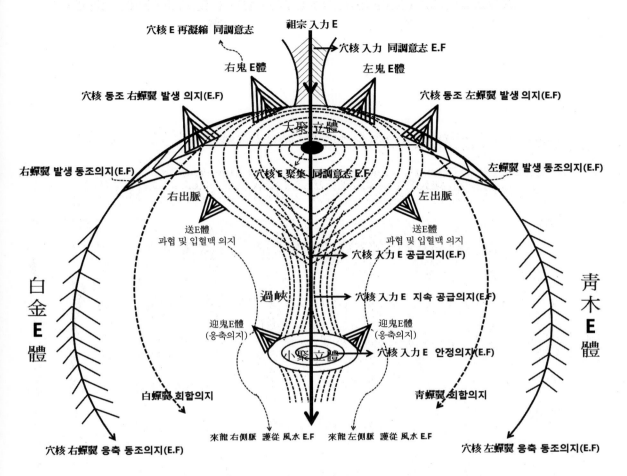

〈그림 2-183〉 祖宗山 立體 Energy體의 穴核 形成 同調 Energy場 Circuit

3) 祖宗山 立體 Energy體의 穴核 形成 非同調 Energy場 Circuit (⊖Circuit)

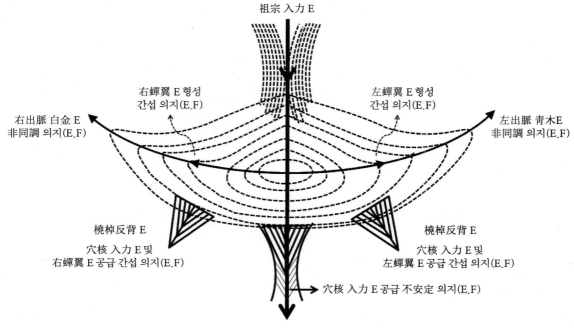

右蟬翼 E 형성
간섭 의지(E.F)

左蟬翼 E 형성
간섭 의지(E.F)

祖宗 入力 E

右出脈 白金 E
非同調 의지(E.F)

左出脈 靑木E
非同調 의지(E.F)

橈棹反背 E

穴核 入力 E 및
右蟬翼 E 공급 간섭 의지(E.F)

橈棹反背 E

穴核 入力 E 및
左蟬翼 E 공급 간섭 의지(E.F)

穴核 入力 E 공급 不安定 의지(E.F)

〈그림 2-184〉祖宗山 立體 Energy體의 穴核 形成 非同調 Energy場 Circuit

2. 來龍脈 Energy體의 穴核 形成 同調意志와 Energy場 Circuit

1) 來龍脈 Energy體의 穴核 形成 同調意志

祖宗山 立體 구조 Energy體가 지닌 穴核 形成 同調意志는 來龍脈 Energy體 구조에도 그 特性 意志가 그대로 相續되어 來龍脈의 變易 구조 특성별 각기 다른 형태의 穴核 形成 同調意志 및 그 Energy場 Circuit가 形成 발달하게 된다.

이러한 來龍脈의 Energy場은 반드시

① 聚氣 Energy 集合 安定 同調 特性
② 穿心 入穴 Energy 直進 安定 同調 特性
③ 左旋 凝縮 Energy 纏護 育成 凝縮 安定 同調 特性
④ 右旋 凝縮 Energy 均衡 安定 同調 特性

⑤ 穴核 Energy 永久 安定 同調 特性

의 安定 成穴 同調 意志를 지니게 된다.

(1) 正變易 來龍脈 Energy體의 穴核 形成 同調意志

正變易 來龍脈의 穴核 形成 同調意志는 무엇보다 穿心 來脈 Energy體에 그 주된 特性 意志 Energy 및 그 Energy場을 적극적으로 공급하게 됨으로써 穿心 來龍脈 Energy體에 모든 成穴 기능과 穴核成果 種性을 확립시킴은 물론 주변 四神砂의 회합 同調意志를 유도 재고케 하여 穴核成果를 보다 효율적이고 향상된 Energy 품격으로 승화시켜간다.

Energy場의 질서 구조가 직진 강건성이고 균등 포용적으로서 入穴脈에 核 Energy를 공급하려는 成穴 同調意志가 매우 높고 강하게 나타나 來龍脈 형태 중 가장 능률적인 Energy場 Circuit라고 할 수 있다.

(2) 縱變易 來龍脈 Energy體의 穴核 形成 同調意志

縱變易 來龍脈의 穴核 形成 同調意志는 正變易 來脈 Energy 및 그 Energy場을 공급할 수 있는 山 Energy 용량과 역량을 유지 보전 강화시키지 못한 Energy體인 경우로서 그 中出 穿心 來脈 成穴 意志를 발달시키지 못하고 橈棹 및 分擘性 橈棹 反 Energy에 의한 左旋 또는 右旋의 來龍脈 Energy를 발달시킬 수밖에 없는 底 능률 Energy場을 지니게 된다. 이러한 Energy體는 전적으로 左右의 四神砂 Energy體가 安定的 Energy場을 확보할 때까지 左右上下로 縱變易을 지속하면서 左右旋의 安定된 來龍脈 Energy場을 발달시킬 때까지 계속 진행하게 된다.

궁극적으로 祖宗山 Energy場과 그로부터 發出된 來龍脈 Energy場이 최적의 四神砂 安定 Energy場을 만나게 되면 비로소 좌측 또는 우측의 安定 Position 位相을 찾아 穴核 Energy를 同調케 되는데 이때의 중요 特性 發顯으로는 聚集 特性, 穿心 特性, 左旋 凝縮 特性, 右旋 均衡 安定 特性, 穴核 安定 同調 特性 등의 기본적 成穴 同調意志 중 특히 左右旋 凝縮 均衡 安定 特性과 穴核 安定 同調 特性을 보다 집중적으로 발로케 된다.

따라서 左旋 縱變易 來龍脈 Energy體 및 그 Energy場은 左旋 縱變易 穴核 Energy 및 그 Energy場을 形成하는 同調 결과를 가져오게 되고 右旋 縱變易 來龍脈 Energy體 및 그 Energy場은 右旋 縱變易 穴核 Energy 및 그 Energy場을 形成하는 同調 결과를 가져오게 된다.

(3) 橫變易 來龍脈 Energy體의 穴核 形成 同調意志

橫變易 來龍脈의 穴核 形成 同調意志는 祖山 來龍脈의 直進 Energy 진행 특성 구조가 상대 安定 Energy의 太過 不及的 장애 요인을 만나게 됨에 따라 진행 來龍脈은 直進 穿心 意志를 일시 중단하고 橫變易 진행의 새로운 安定 秩序 체계를 구조화한다. 이 橫變易 來龍脈 Energy 및 그 Energy場은 진행 과정의 縱的 구조 Energy場을 지속적으로 유지하지 못한 채 新 秩序인 橫的 구조 Energy體 및 그 Energy場의 特性 형태와 조직 체계를 재정립하게 됨으로써 來龍脈 본래의 生命 Energy 보전과 生命 再創造的 成穴意志의 지속성을 유지하게 된다.

이러한 경우, 일시 안정 과정에서의 分擘, 纏護 聚氣 集合의 安定的 Energy場을 조직적 成穴 秩序 체계로 구조화하게 되는데 이때 本身 橫變易 來脈 立體 Energy體는 주변의 원형 凝縮 Energy場을 필연적으로 만나게 되고 이러한 Field 현상은 橫變易 成穴 秩序인 橫凝縮 穴核 Energy 및 그 Energy場을 발달시켜 결국 穴核 Energy體 同調 Energy場을 形成시키게 된다.

(4) 垂變易 來龍脈 穴核 形成 同調意志

垂變易 來龍脈의 穴核 形成 同調意志는 祖山 來龍脈의 진행 구조체가 융기 凝縮 진행의 秩序 체계를 弱化시킨 채 주변산 Energy體로부터 刑沖破害의 干涉的 Energy場 영향을 받았거나 分擘의 穿心 中出意志를 다소 상실한 左右出 來脈상태에서, 靑·白 纏護 育成 凝縮 意志가 약화 축소 변질된 채 形成되는 Energy體 및 그 Energy場의 意志이다.

즉, 來龍脈 본체의 Energy 및 그 Energy場이 허약해지면 자연히 독자적 中出 穿心 成穴 意志를 실현시킬 수 없고 다만, 靑·白 Energy體나 傍脈 Energy體 形成 意志로 돌아서기 쉬운데, 이때에 주변 山 Energy體의 일시적 원형

Energy場을 만나면 그 安定 局 Energy場에 의해 다소 불완전한 원형 成穴 凝縮 Energy 및 그 Energy場을 공급하려는 意志가 발로되게 된다.

(5) 隱變易 來龍脈 穴核 形成 同調意志

隱變易 來龍脈의 穴核 形成 同調意志는 祖山 來龍脈의 순환 진행 Energy 이동 질서 체계가 天體 Energy場의 同調 틀 속에서 형성되지 못하고 지표면 속에서 잠재적 成穴意志를 축적하면서 진행되는 Energy 및 그 Energy場 意志이다. 이는, 다만 지상으로 그 特性이 표출되지는 않았을지라도 그 Energy 크기나 질량은 다소간의 허약적 구조일 뿐 그 穴核 成穴 意志를 상실한 상태는 아니다.

따라서 주변 산 Energy體의 원형 Energy 및 그 Energy場을 만나게 되면 언제라도 그 成穴 意志를 발로하게 되고, 窩鉗乳突의 四象的 Energy體를 충분히 조직화할 수 있는 成穴 Energy구조 특성의 절서 체계가 된다.

2) 來龍脈 Energy體의 穴核 形成 同調 Energy場 Circuit Diagram

(1) 正變易 來龍脈 Energy體의 穴核 形成 同調 Energy場 Diagram

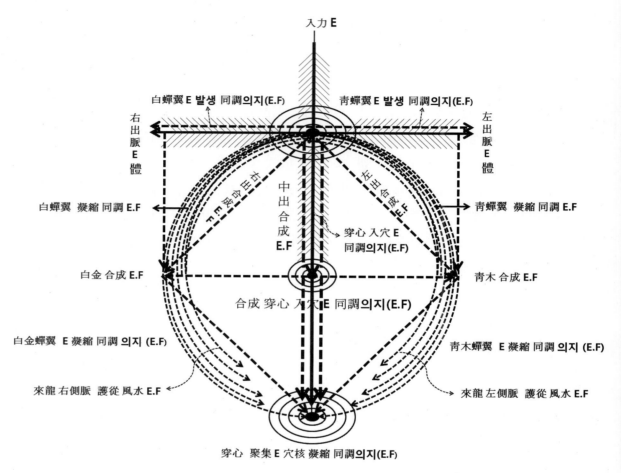

入力 E

白蟬翼 E 발생 同調의지(E.F)   靑蟬翼 E 발생 同調의지(E.F)

右出脈 E 體   左出脈 E 體

右出合成 E.F   左出合成 E.F

中出合成 E.F

白蟬翼 凝縮 同調 E.F   靑蟬翼 凝縮 同調 E.F

穿心 入穴 E 同調의지(E.F)

白金 合成 E.F   靑木 合成 E.F

合成 穿心 入穴 E 同調의지(E.F)

白金蟬翼 E 凝縮 同調 의지 (E.F)   靑木蟬翼 E 凝縮 同調 의지 (E.F)

來龍 右側脈 護從 風水 E.F   來龍 左側脈 護從 風水 E.F

穿心 聚集 E 穴核 凝縮 同調의지(E.F)

〈그림 2-185〉正變易 來龍脈 Energy體의 穴核 形成 同調 Energy場 Diagram

(2) 縱變易 來龍脈 Energy體의 穴核 形成 同調 Energy場 Diagram

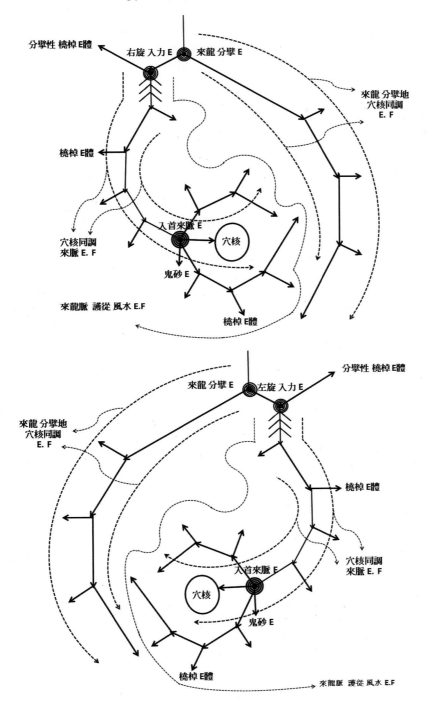

〈그림 2-186〉縱變易 來龍脈 Energy體의 穴核 形成 同調 Energy場 Diagram

(3) 橫變易 來龍脈 Energy體의 穴核 形成 同調 Energy場 Diagram

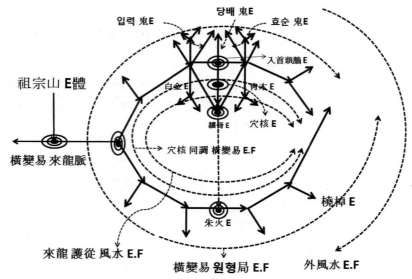

입력 鬼E
당배 鬼E
효순 鬼E
入首頭腦E
祖宗山 E體
白金E
青木E
總脣E
穴核E
橫變易 來龍脈
穴核 同調 橫變易 E.F
橈棹 E
朱火 E
來龍 護從 風水 E.F
橫變易 원형局 E.F
外風水 E.F

〈그림 2-187〉 橫變易 來龍脈 Energy體의 穴核 形成 同調 Energy場 Diagram

(4) 垂變易 來龍脈 Energy體의 穴核 形成 同調 Energy場 Diagram

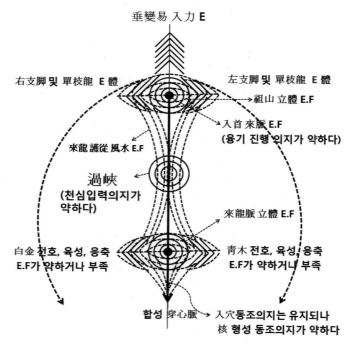

垂變易 入力 E
右支脚 및 單枝龍 E 體
左支脚 및 單枝龍 E 體
祖山 立體 E.F
入首 來脈 E.F
(융기 진행 의지가 약하다)
來龍 護從 風水 E.F
過峽
(천심입력의지가 약하다)
來龍脈 立體 E.F
白金 전호, 육성, 응축 E.F가 약하거나 부족
青木 전호, 육성, 응축 E.F가 약하거나 부족
합성 穿心脈
入穴동조의지는 유지되나 核 형성 동조의지가 약하다

〈그림 2-188〉 垂變易 來龍脈 Energy體의 穴核 形成 同調 Energy場 Diagram

(5) 隱變易 來龍脈 Energy體의 穴核 形成 同調 Energy場 Diagram

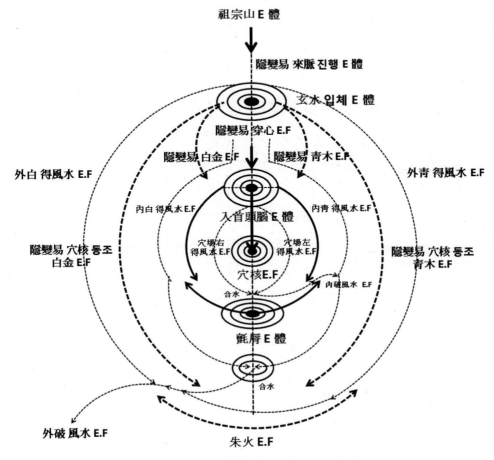

〈그림 2-189〉隱變易 來龍脈 Energy體의 穴核 形成 同調 Energy場 Diagram

3. 四神砂 Energy體의 穴核 形成 同調意志와 그 Energy場 Circuit

1) 四神砂 Energy體의 穴核 形成 同調意志

(1) 玄水 Energy體의 穴核 形成 同調意志

① 入力 Energy 聚氣 集合 意志
② 入首 來脈 Energy 直進 穿心 意志
③ 朱火 配位 Energy 發生 意志

④ 靑木 Energy 發生 意志

⑤ 白金 Energy 發生 意志

⑥ 穴核 Energy 安定 意志

⑦ 玄水 – 朱火 Energy場 均衡 安定 成就 意志

(2) 朱火 Energy體의 穴核 形成 同調意志

① 先到 Energy, 入力 聚氣 集合 安定 意志

② 聚氣 集合 Energy, 左右 開場 環抱 意志

③ 聚氣 集合 環抱 Energy場, 靑白 會合 凝縮 意志

④ 聚氣 集合 環抱 Energy場, 穴場 蟬翼 凝縮 意志

⑤ 聚氣 集合 環抱 Energy場, 穴場 氈脣 凝縮 意志

⑥ 聚氣 集合 中心 Energy場, 穴核 安定 凝縮 意志

⑦ 朱火 – 玄水 Energy場, 均衡 安定 成就 意志

(3) 靑白 Energy體의 穴核 形成 同調意志

① 玄水 Energy 安定 相續 出脈 侍立 意志

② 穴場 Energy場 纏護 育成 凝縮 意志

③ 靑白 相互 Energy場 均衡 安定 同調意志

④ 朱火 Energy場 安定 受給 同調意志

⑤ 靑白 餘氣 纏脣 Energy 穴場 凝縮 同調意志

⑥ 穴場 蟬翼 Energy 凝縮 同調 安定 意志

⑦ 穴核 中心 Energy 集合 安定 同調意志

2) 四神砂 Energy體의 穴核 形成 同調 Energy場 Circuit Diagram

※ 橈棹 發生角 $\theta = \angle 90°$, $\theta = \angle 120°$別
變位角 $\theta = \angle 30°$, $\theta = \angle 60°$別
경우에 따라 각각 그 Circuit
Diagram이 달라진다.

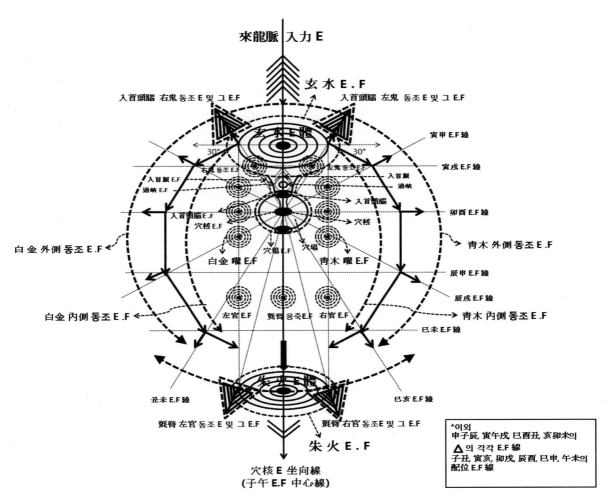

〈그림 2-190〉 四神砂 Energy體의 穴核 形成 同調 Energy場 Circuit Diagram

4. 穴場 Energy體의 穴核 形成 同調意志와 그 Energy場 Circuit

1) 穴場 Energy體의 穴核 形成 同調意志

(1) 入首頭腦 Energy體의 入力 Energy 聚氣 集合 凝縮 安定 同調意志

(2) 入穴脈 Energy體의 穴核 Energy 維持 供給 安定 同調意志

(3) 左蟬翼 Energy體의 左旋 核 生命 Energy 凝縮 安定 同調意志

(4) 右蟬翼 Energy體의 右旋 核 均等 Energy 凝縮 安定 同調意志

(5) 氈脣 Energy體의 朱火 安定 Energy場 穴核 供給 同調意志

(6) 丑 左鬼 Energy體의 青木 Energy 供給 安定 同調意志

(7) 亥 右鬼 Energy體의 白金 Energy 供給 安定 同調意志

(8) 戌寅 曜 Energy體의 穴核 兩肩 再凝縮 同調意志

(9) 卯酉 曜 Energy體의 穴核 中心 再凝縮 同調意志

(10) 申辰 曜 Energy體의 穴核 兩腕 再凝縮 同調意志

(11) 未巳 官 Energy體의 穴核 兩顎 再凝縮 同調意志

(12) 子午 正中 官 Energy體의 穴核 位相 再安定 同調意志

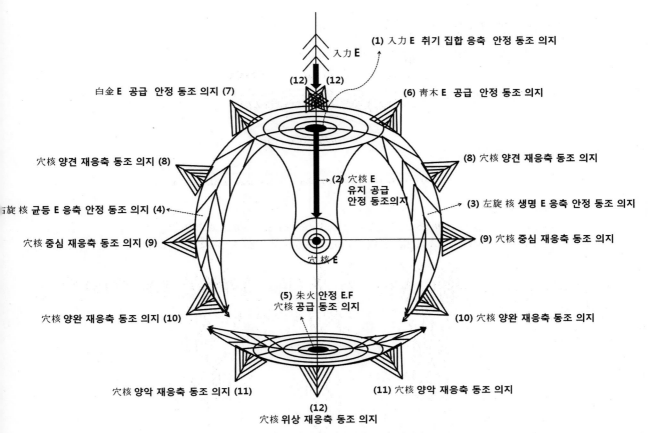

(1) 入力 E 취기 집합 응축 안정 동조 의지
入力 E
白金 E 공급 안정 동조 의지 (7)
(12) (12)
(6) 靑木 E 공급 안정 동조 의지
穴核 양견 재응축 동조 의지 (8)
(8) 穴核 양견 재응축 동조 의지
(2) 穴核 E
유지 공급
안정 동조의지
石旋 核 균등 E 응축 안정 동조 의지 (4)
(3) 左旋 核 생명 E 응축 안정 동조 의지
穴核 중심 재응축 동조 의지 (9)
(9) 穴核 중심 재응축 동조 의지
穴核 E
穴核 양완 재응축 동조 의지 (10)
(5) 朱火 안정 E.F
穴核 공급 동조 의지
(10) 穴核 양완 재응축 동조 의지
穴核 양악 재응축 동조 의지 (11)
(11) 穴核 양악 재응축 동조 의지
(12)
穴核 위상 재응축 동조 의지

〈그림 2-191〉 穴場 Energy體의 穴核 形成 同調意志圖

2) 穴場 Energy體의 穴核 形成 Energy場 Circuit Diagram

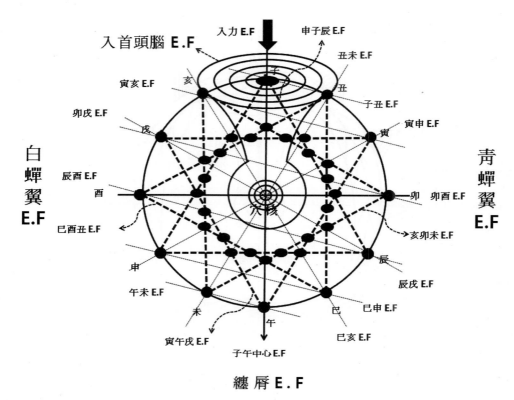

入力 E.F

入首頭腦 E.F

申子辰 E.F
丑未 E.F
寅亥 E.F
卯戌 E.F
辰酉 E.F
巳酉丑 E.F
午未 E.F
寅午戌 E.F
子午中心 E.F

子丑 E.F
寅申 E.F
卯酉 E.F
亥卯未 E.F
辰戌 E.F
巳申 E.F
巳亥 E.F

白蟬翼 E.F

青蟬翼 E.F

穴核

纏脣 E.F

〈그림 2-192〉 穴場 Energy體의 穴核 形成 Energy場 Circuit Diagram

5. 風水 Energy體의 穴核 形成 同調意志와 그 Energy場 Circuit

1) 風水 Energy體의 穴核 形成 同調意志

(1) 祖宗山 來龍脈 Energy體를 護從하는 風水 Energy體는 一切의 刑沖破 害 殺을 發生시키지 않는다.

(2) 穿心 來龍脈을 護從하는 風水 Energy體는 결코 용맥을 뚫거나 뛰어넘지 않는다.

(3) 纏護 枝龍脈을 護從하는 風水 Energy體는 반드시 終端에서 會合 意志를 發顯한다.

(4) 모든 祖宗 主勢 및 보호사 용맥 護從 風水는 穴前에서 반드시 취합 융취한다.

(5) 四神砂를 護從하는 風水 Energy體는 그 고유의 保護 育成 凝縮 의무를 다한다.

(6) 風水의 得破는 龍穴砂 전반에서 中道 安定 原理에 합당하며 刑沖破害나 태과 불급의 發生이 없다.

(7) 모든 山 Energy體의 風水的 同調意志는 穴核 穴場 風水의 태과 불급을 中道케 하는 근본적 秩序 체계를 지니고 있다.

(8) 위와 같은 諸 同調意志 秩序 체계는
   ① 護從 纏護 角 秩序 → 穴核 中心 360°의 원형 선상으로부터 $\theta = \angle 30°$ 초과 ⊕衝 또는 ⊖沖이 發生치 않는 秩序(沖(衝)殺 방지 護從砂가 有할 시 護從砂 기준)
   ② 穴前 조래수 및 환포수는 반드시 穴前에서 융취한다.
   ③ 穴前破水는 반드시 穴前 中心線으로부터 $\theta = \angle 30°$를 초과해서 지나가되 拒水砂를 동반해야 한다.
   ④ 去水의 진행이 穴前에 비치지 않는다.

2) 風水 Energy體의 穴核 形成 同調 Energy 및 그 Energy場 Circuit Diagram

風水 Energy體의 穴核 形成 同調 Energy 및 그 Energy場 Circuit Diagram은 각종 穴核 形成 Energy場 Circuit Diagram 내에 그려진 풍수 Energy場 Circuit를 확인 참조한다.

6. 穴核 形成 同調 Circuit 特性 秩序 및 穴核 Energy場 Circuit 特性 Diagram

1) 祖宗山 來龍脈 Energy場의 穴核 形成 同調 Energy場 Circuit 特性

祖宗山 來龍脈의 Energy 및 그 Energy場이 本體 고유의 Energy 본성을 유지 보전 관리하면서 發生하는 穴核 形成 同調的 Energy場 Circuit는 다음과 같은 몇 가지의 기본적 질서 구조 특성을 지니고 있음을 발견할 수 있다.

(1) 生氣 生起的 生命 Energy 및 그 Energy場 Circuit의 聚氣, 集合, 凝縮 同調 特性 秩序

① 來龍脈 聚氣 秩序의 生氣 Energy 立體化 特性 과정과 穴場 入首頭腦 立體 Energy 形成의 同調的 特性 原理는 相互 동일하다.

② 來龍脈 集合 秩序 生氣 Energy場 Circuit의 Capacity(容量) 確保 意志와 穴場 Energy體의 生命 核 Energy 確保 意志인 穴場 會合 意志 特性 原理는 相互 동일한 相續 意志의 作用이다.

③ 來龍脈 凝縮 秩序 生氣 Energy場 Circuit 再創造 意志 特性과 穴場 Energy體의 入首頭腦, 穴核, 氈脣, 兩蟬翼 등의 再凝縮 鬼官曜 作用 特性 原理는 相互 동일한 相續 意志 作用이다.

(2) 生氣 生起的 生命 Energy 및 그 Energy場 Circuit의 變易 進行 回向 意志 特性 秩序

① 來龍脈 變易 Energy 및 그 Energy場의 秩序 形成 과정과 그 Circuit 作用特性 意志는 穴場 形成 Energy 및 그 Energy場의 變易 秩序인 相互 同調 相續的인 五變易 秩序 原理와 意志 作用 特性을 지니고 있다.

② 來龍脈 진행 Energy 및 그 Energy場의 秩序 形成 과정과 그 Circuit 作用 特性 意志는 穴場 形成 Energy 및 그 Energy場의 진행 安定 秩序인 $\theta = \angle 30° \times n$ 秩序 原理와 相互 同調 相續的인 意志 作用 特性을 지니고 있다.

③ 來龍脈 廻向 Energy 및 그 Energy場의 秩序 形成 과정과 그 Circuit 作用 特性 意志는 穴場 形成 Energy 및 그 Energy場의 持續 廻向 秩序인 絶對 持續的 循環 安定 原理와 相互 同調 相續的인 意志 作用 特性을 지니고 있다.

(3) 生氣 生起的 生命 Energy 및 그 Energy場 Circuit의 均衡 授受 核 安定意志 特性 秩序

① 來龍脈 均衡 Energy 및 그 Energy場의 秩序 形成 과정과 그

Circuit 作用 特性 意志는 穴核 形成 Energy 및 그 Energy場의 均
衡 維持 廓大 秩序인 持續 平等 安定 原理와 相互 同調 相續的인 意志
作用 特性을 지니고 있다(入首頭腦, 氈脣, 兩蟬翼, 穴核의 相互 平等
均衡 意志).

② 來龍脈 授受 Energy 및 그 Energy場의 秩序 形成 과정과 그 Circuit
作用 特性 意志는 穴核 生命 Energy 및 그 Energy場의 入出 授受 秩
序인 Energy 再受給 同調 原理와 相互 相續的인 意志 作用 特性을 지
니고 있다.

③ 來龍脈 中出 穿心 核 安定 Energy 및 그 Energy場의 秩序 形成 과정
과 그 Circuit 作用 特性 意志는 穴核 凝縮 Energy 再安定 秩序인 고
요 寂滅的 生命 再創造 指向 原理와 相互 相續的 意志 作用 特性을 지
니고 있다.

2) 四神砂 Energy場의 穴核 形成 同調 Energy場 Circuit 特性

(1) 四神砂 局 Energy場 生氣 Energy 및 그 Energy場 Circuit의 聚突的 會合 再蓄 積 特性 秩序

① 四神砂 局 Energy場 中 玄水 Energy場과 朱火 Energy場의 聚突的
聚氣 特性 構造는 穴場 Energy體 中 入首頭腦와 氈脣, 穴核이 지닌 聚
突的 聚氣 Energy 및 그 Energy場 構造 特性과 相互 동일한 同調 相
續的 意志 作用 原理이다.

② 四神砂 局 Energy場 中 靑木 Energy場과 白金 Energy場의 均等 會
合的 同調意志는 穴場 Energy體 中 左右 蟬翼 Energy 및 그 Energy
場이 지닌 會合的 集合 意志와 相互 동일한 同調 相續的 意志 作用 原
理이다.

③ 四神砂 局 Energy場 中 鬼官曜의 合成的 再蓄積 Energy場 同調意志
는 穴場 四果의 再蓄積 穴核 Energy 및 그 Energy場 同調意志와 相
互 동일한 同調 相續的 意志 作用 原理를 지니고 있다.

(2) 四神砂 局 Energy場의 纏護 育成 圓滿 凝縮的 生氣 Energy 및 그 Energy場 Circuit 特性 秩序

① 四神砂 局 Energy體 纏護 Energy 및 그 Energy場의 生氣的 特性 구조 秩序는 穴場 Energy 및 그 Energy場이 지닌 穴核 生命 Energy 纏護 保護 意志와 相互 동일한 同調 相續的 意志 作用 原理를 지니고 있다 (四神砂 纏護角 秩序는 穴場 構造角과 동일한 條件이거나 $\theta = \angle 30°$ 이내의 變位角에 한하는 秩序이다).

② 四神砂 局 Energy體 育成 Energy 및 그 Energy場의 生氣的 特性 構造 秩序는 穴場 Energy 및 그 Energy場이 지닌 穴核 生命 Energy 育成 發達 意志와 相互 동일한 同調 相續的 意志 作用 原理를 지니고 있다(四神砂 育成角 秩序는 穴場 構造角과 $\theta = \angle 30°$ 이내의 凝縮角을 許容하는 秩序이다).

③ 四神砂 局 Energy體 Energy 및 그 Energy場의 生氣的 圓滿 凝縮 特性 構造 秩序는 穴場 Energy 및 그 Energy場이 지닌 穴核 生命 Energy 圓滿 凝縮 生起 意志와 相互 동일한 同調 相續的 意志 作用 原理를 지니고 있다(四神砂 圓滿 凝縮角 秩序는 穴核 圓滿 Energy場과 동일한 원형 凝縮角 $\theta = \angle 30° \times n$ 秩序를 發達시키는 構造이다).

(3) 四神砂 局 Energy場의 平等 安定 再創造的 生命 Energy 및 그 Energy場 Circuit 特性 秩序

① 四神砂 局 Energy體 平等 Energy 및 그 Energy場의 生命 特性 構造 秩序는 穴核 Energy 및 그 Energy場이 지닌 平等的 生命 Energy 維持 保全 意志와 相互 동일한 同調 相續的 意志 作用 原理를 지니고 있다(四神砂의 相互 平等的 Energy 分配 原理는 穴場 穴核의 相互 平等的 分配 Energy 凝縮 原理와 同調 相續的인 構造이다).

② 四神砂 局 Energy體 安定 Energy 및 그 Energy場의 生命 特性 構造 秩序는 穴核 Energy 및 그 Energy場이 지닌 持續 安定的 生命 Energy 관리 시스템과 相互 동일한 同調 相續的 意志 作用 原理를 지니고 있다(四神砂 局 Energy 및 그 Energy場 Circuit 構造 原理는

生氣 生成的 生命 安定 秩序인 凝縮 同調 Energy場 構造를 지녔고, 穴場 穴核 Energy의 生命 安定 秩序 役是 核 凝縮 同調 Energy 및 그 Energy場 秩序 構造를 지니고 있다).

③ 四神砂 局 Energy體가 지닌 再創造 Energy 및 그 Energy場의 生命 生起 特性 構造 秩序는 穴核 凝縮 同調 生命 Energy 및 그 Energy場 이 지닌 持續的 再創造 循環 意志 秩序體系와 相互 동일한 同調 相續的 意志 作用 原理를 지니고 있다(四神砂 局 Energy場의 生命 再創造 生 起 意志는 穴核 凝縮 同調場 Energy의 生命 再創造 循環 意志 秩序와 相互 同調한다).

3) 風水 Energy場의 穴核 形成 同調 Energy 및 그 Energy場 Circuit 特性 秩序

(1) 水 Energy場의 穴核 形成 同調 Energy 및 그 Energy場 Circuit 特性 秩序

① 來龍脈 護從水 Energy 및 그 Energy場의 穴核 形成 同調 特性 秩序

  ㉠ 祖宗 來龍脈 護從水 Energy 및 그 Energy場의 主山 外局 同調 特性 秩序 → 穴核 同調 水 Energy場 Circuit 形成

  ㉡ 祖山 入首脈 護從水 Energy 및 그 Energy場의 內局 同調 特性 秩序 → 穴核 同調 水 Energy場 Circuit 形成

  ㉢ 靑白 纏護脈 護從水 Energy 및 그 Energy場의 靑白 元辰 同調 秩序 → 穴核 同調 元辰水 Energy場 Circuit 形成

  ㉣ 朝宗 來龍脈 護從水 Energy 및 그 Energy場의 朝宗 外局 同調 特性 秩序 → 穴核 同調 朝來水 Energy場 Circuit 形成

  ㉤ 朱火 案山 護從水 Energy 및 그 Energy場의 穴場 同調 特性 秩序 → 穴核 同調 朱雀水 Energy場 Circuit 形成

  ㉥ 穴場 外側 陰屈 得水 Energy 및 그 Energy場의 穴場 同調 特性 秩序 → 穴核 同調 穴場 外得水 Energy場 Circuit 形成

  ㉦ 穴場 內側 分界 得水 Energy 및 그 Energy場의 穴場 同調 特性 秩序 → 穴核 同調 界明 得水 Energy場 Circuit 形成

(2) 風 Energy場의 穴核 形成 同調 Energy 및 그 Energy場 Circuit 特性 秩序

일반적인 得風 Energy 및 그 Energy場의 穴核 凝縮 同調意志 特性은 水 Energy場이 지닌 穴核 形成 同調意志 特性과 大同小異한 Energy場 Circuit 特性을 그러나 특수한 기후변화나 폭풍 시의 Energy場 변화는 역시 장마나 폭우시의 水 Energy場 特性 변화와 같이 불규칙함이 특이한 특성이라 할 수 있다.

4) 穴場 穴核 形成 秩序 原理와 그 Energy場 Circuit(五變易 秩序別, 鬼官曜 發生 變位別)

※ 鬼, 官, 曜의 發生 特性에 따라 窩, 鉗, 乳, 突의 特性도 달라진다.
※ 左旋穴, 右旋穴일 경우 坐와 向의 選擇角은 玄水 Energy場과 朱火 Energy場의 穴核 凝縮 同調角 $\theta = \angle 30°$ 이내에서 선택돼야 한다.

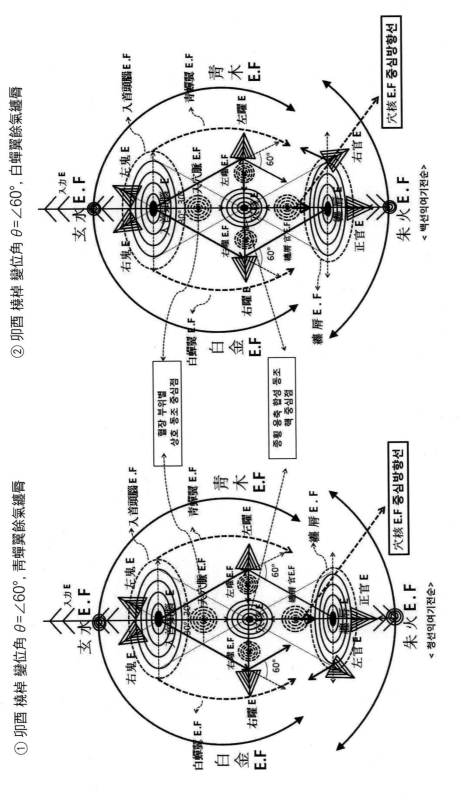

(1) 兩 蟬翼 發生角 θ=∠30° 경우 〈특수형장〉

① 卯酉 橫棹 變位角 θ=∠60°, 靑蟬翼餘氣纏唇

② 卯酉 橫棹 變位角 θ=∠60°, 白蟬翼餘氣纏唇

〈그림 2-193〉 垂變易, 縱變易, 隱變易 穴核 Energy場 Circuit 구조, 鉗穴 구조

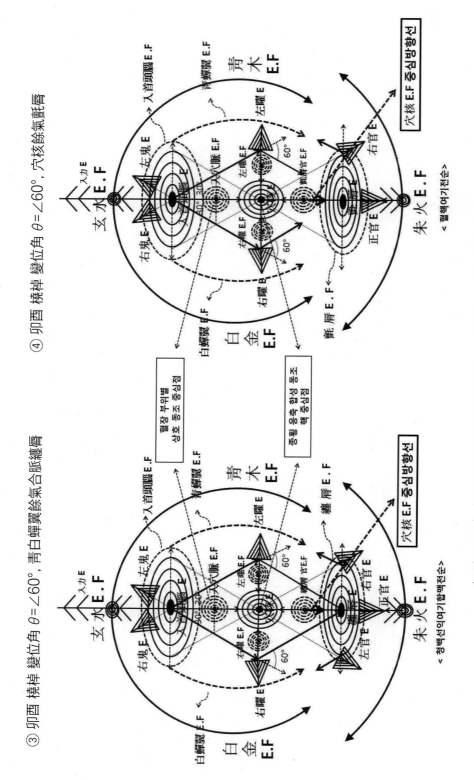

③ 卯酉 橫棹 變位角 θ=∠60°, 靑白蟬翼餘氣合脈纏肩

④ 卯酉 橫棹 變位角 θ=∠60°, 穴核餘氣纏肩

〈그림 2-194〉垂變易, 縱變易, 隱變易 穴核 Energy場 Circuit 構造, 鉗穴 構造

(2) 兩 蟬翼 發生角 θ=∠30°, 二重 變位인 경우〈特수혈장〉

① 卯酉 橫棹 變位角 θ=∠60°, 橫棹 發生角 θ=∠90°,
θ=∠120°, 靑蟬翼餘氣纏層

② 卯酉 橫棹 變位角 θ=∠60°, 橫棹 發生角 θ=∠90°,
θ=∠120°, 白蟬翼餘氣纏層

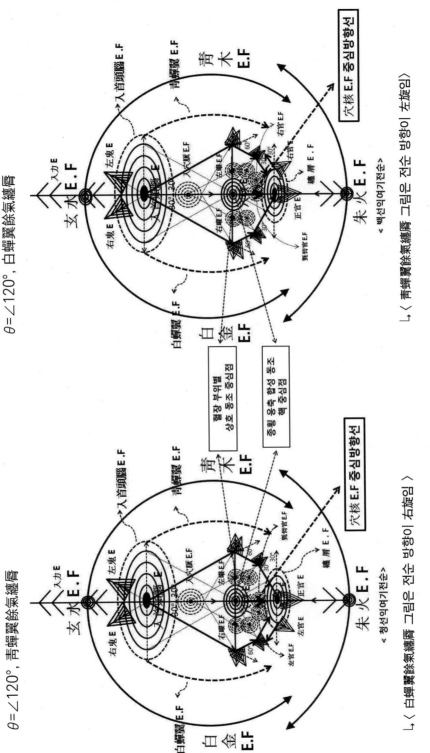

ㄴ〈白蟬翼餘氣纏層 그림은 全소 방향이 右旋임〉
〈청선익여기전순〉

ㄴ〈靑蟬翼餘氣纏層 그림은 全소 방향이 左旋임〉
〈백선익여기전순〉

〈그림 2-195〉垂變易, 縱變易, 隱變易 穴核 Energy場 Circuit 구조, 鉗穴 구조

第4章 穴場論 575

③ 卯酉 橫棹 變位角 θ=∠60°, 橫棹 發生角 θ=∠90°,
θ=∠120°, 靑白蟬翼餘氣合脈纏脣

④ 卯酉 橫棹 變位角 θ=∠60°, 橫棹 發生角 θ=∠90°,
θ=∠120°, 穴核餘氣直脣

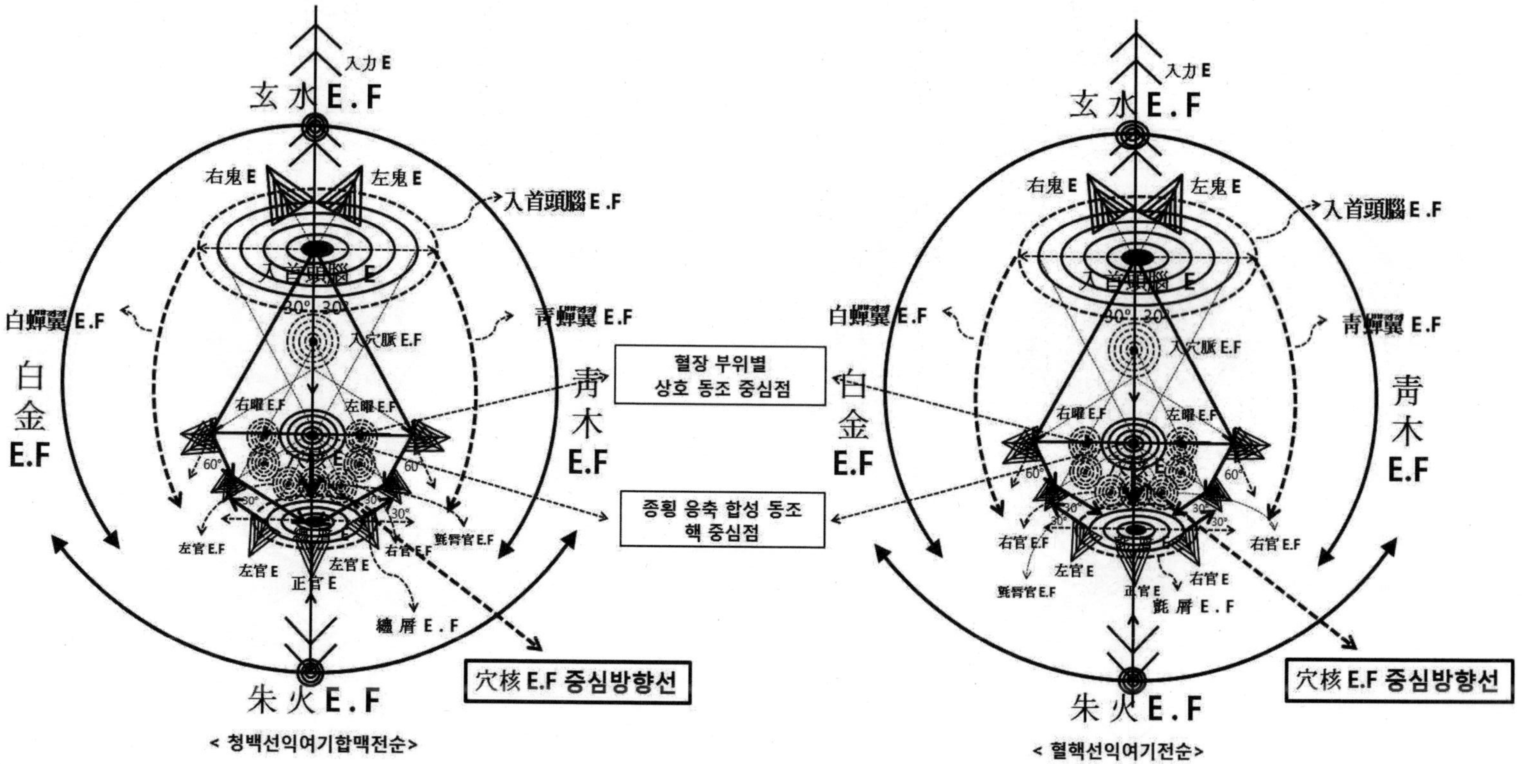

〈그림 2-196〉 垂變易, 縱變易, 隱變易 穴核 Energy場 Circuit 構造, 鉗穴 構造

(3) 兩 蟬翼 發生角 θ=∠30°, 卯酉 橫棒 變位角 θ=∠60°, 辰申 橫棒 變位角 θ=∠30°일 경우

① 入首頭腦 左右端 蟬翼 發生時 橫棒 發生角 θ=∠90°, 青蟬翼餘氣纏脣

② 入首頭腦 左右端 蟬翼 發生時 橫棒 發生角 θ=∠120°, 白蟬翼餘氣纏脣

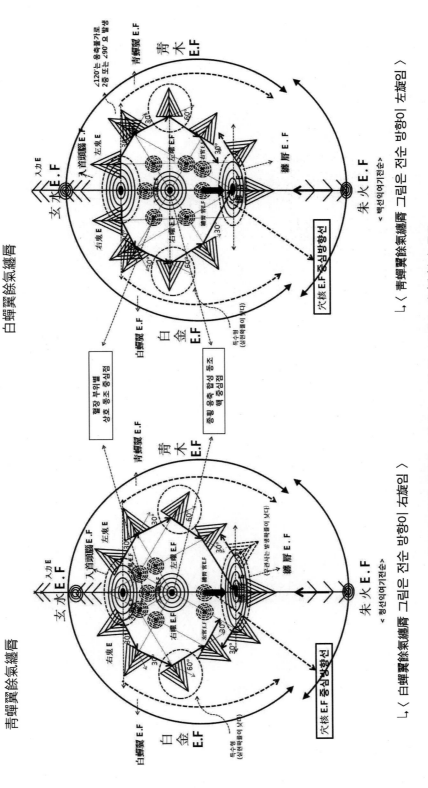

〈그림 2-197〉 橫變易 穴核 Energy場 Circuit 구조, 窩/乳/突穴 구조

③ 入首頭腦 左右端 蟬翼 發生 時 卯酉 二重 橫棹,

橫棹 發生角 θ=∠90°, θ=∠120°, 靑白蟬翼餘氣合脈纏脣

橫入首 橫穴 形成 可能하나 特殊한 穴凝이다.

④ 入首頭腦 左右端 蟬翼 發生時 卯酉 二重 橫棹,

橫棹 發生角 θ=∠90°, θ=∠120°, 穴核餘氣纏脣

橫穴 形成 可能하나 特殊한 穴凝이다.

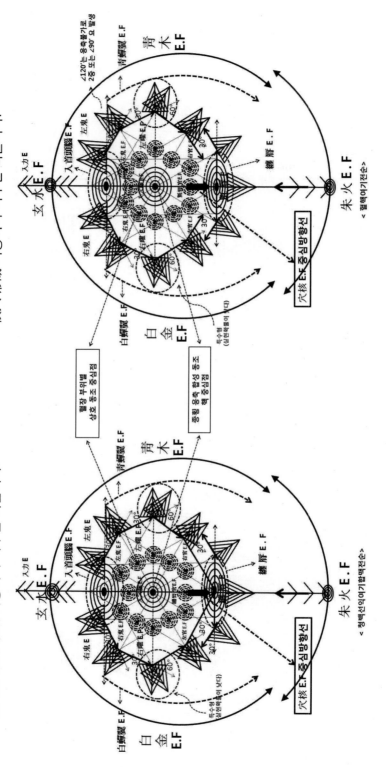

〈그림 2-198〉 橫變易 穴核 Energy場 Circuit 構造, 窩/乳/突穴 構造

⑤ 入首頭腦 中心 θ=∠60° 正分劈 蟬翼 發生時

卯酉 橫棹 二重 變位角 θ=∠60°

橫棹 發生角 θ=∠90°, θ=∠120°

靑白蟬翼餘氣合脈纏脣

⑥ 入首頭腦 中心 θ=∠60° 正分劈 蟬翼 發生時

卯酉 橫棹 二重 變位角 θ=∠60°

橫棹 發生角 θ=∠90°, θ=∠120°

穴核餘氣氈脣

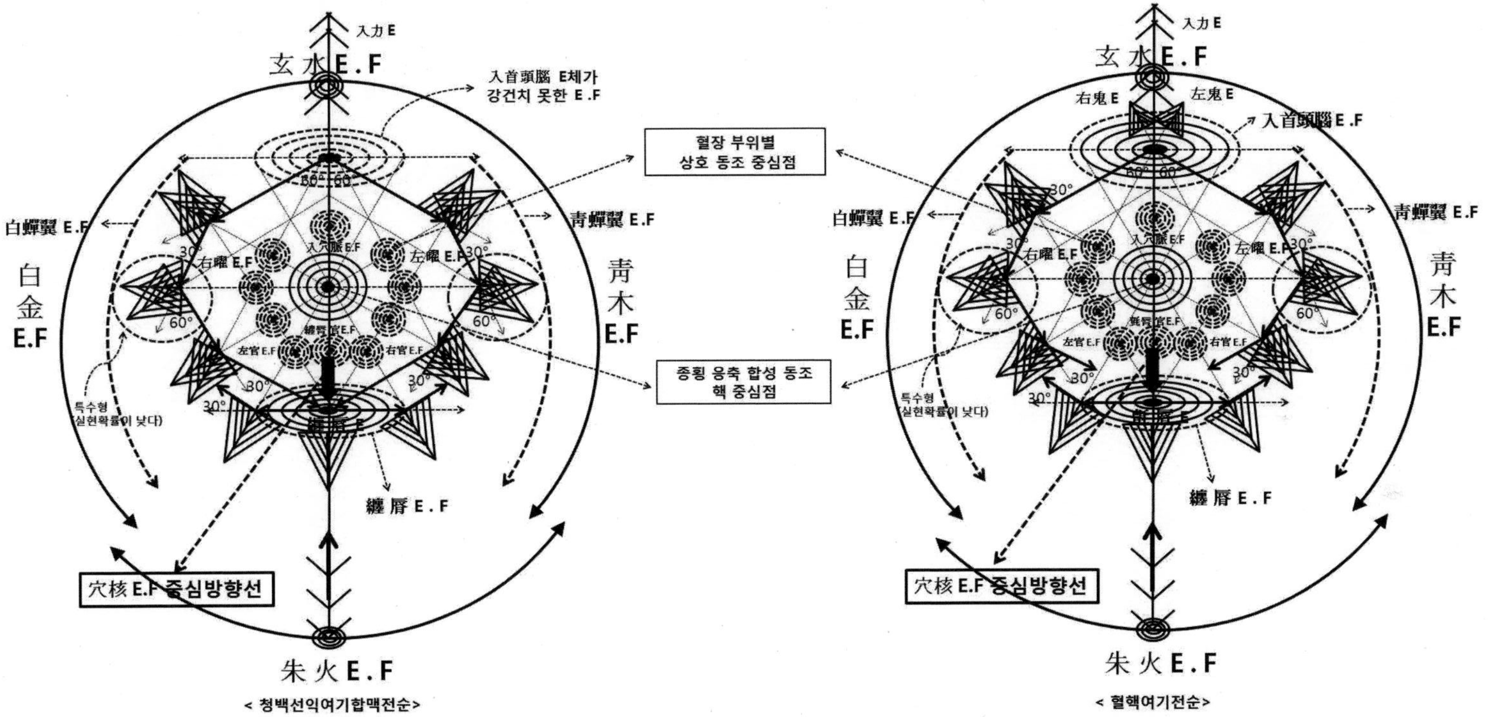

〈그림 2-199〉 正變易, 縱變易, 橫變易 穴核 Energy場 Circuit 구조, 突/乳/窩穴 구조

(4) 兩 蟬翼 發生角 $\theta=\angle 30°$, 卯酉 橈棹 變位角 $\theta=\angle 30°$, 辰申 橈棹 變位角 $\theta=\angle 60°$ 경우

① 入首頭腦 左右端 蟬翼 發生時 橈棹 發生角 $\theta=\angle 90°$, 下端 凝縮 변위, 靑蟬翼餘氣纏脣

② 入首頭腦 左右端 蟬翼 發生時 橈棹 發生角 $\theta=\angle 120°$, 下端 凝縮 변위, 白蟬翼餘氣纏脣

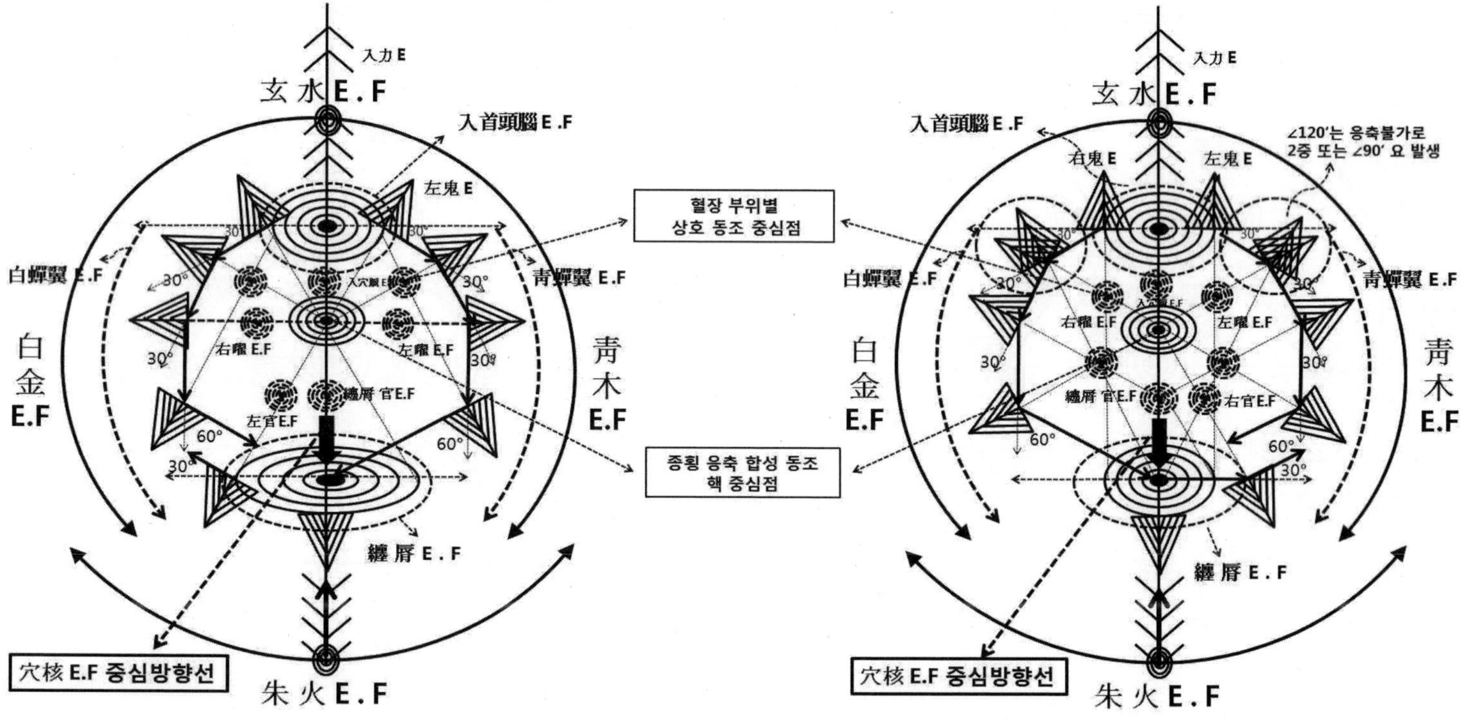

< 청선익여기전순>

ㄴ〈 靑蟬翼餘氣纏脣 그림은 전순 방향이 左旋임 〉

< 백선익여기전순>

ㄴ〈 白蟬翼餘氣纏脣 그림은 전순 방향이 右旋임 〉

〈그림 2-200〉 正變易, 縱變易, 橫變易 穴核 Energy場 Circuit 구조, 突/乳/窩/鉗穴 구조

③ 入首頭腦 左右端 蟬翼 發生時 卯酉 二重 橫棹,
下端 凝縮 변위, 靑白蟬翼餘氣 合脈纏脣

④ 入首頭腦 左右端 蟬翼 發生時 卯酉 二重 橫棹,
下端 凝縮 변위, 穴核餘氣 凝脣

< 형성선잇기함맥전순 >

< 혈액여기전순 >

穴核 E.F 중심방향선

穴核 E.F 중심방향선

혈장 부위별 상호 동조 중심점

종횡 응축 합성 핵 중심점

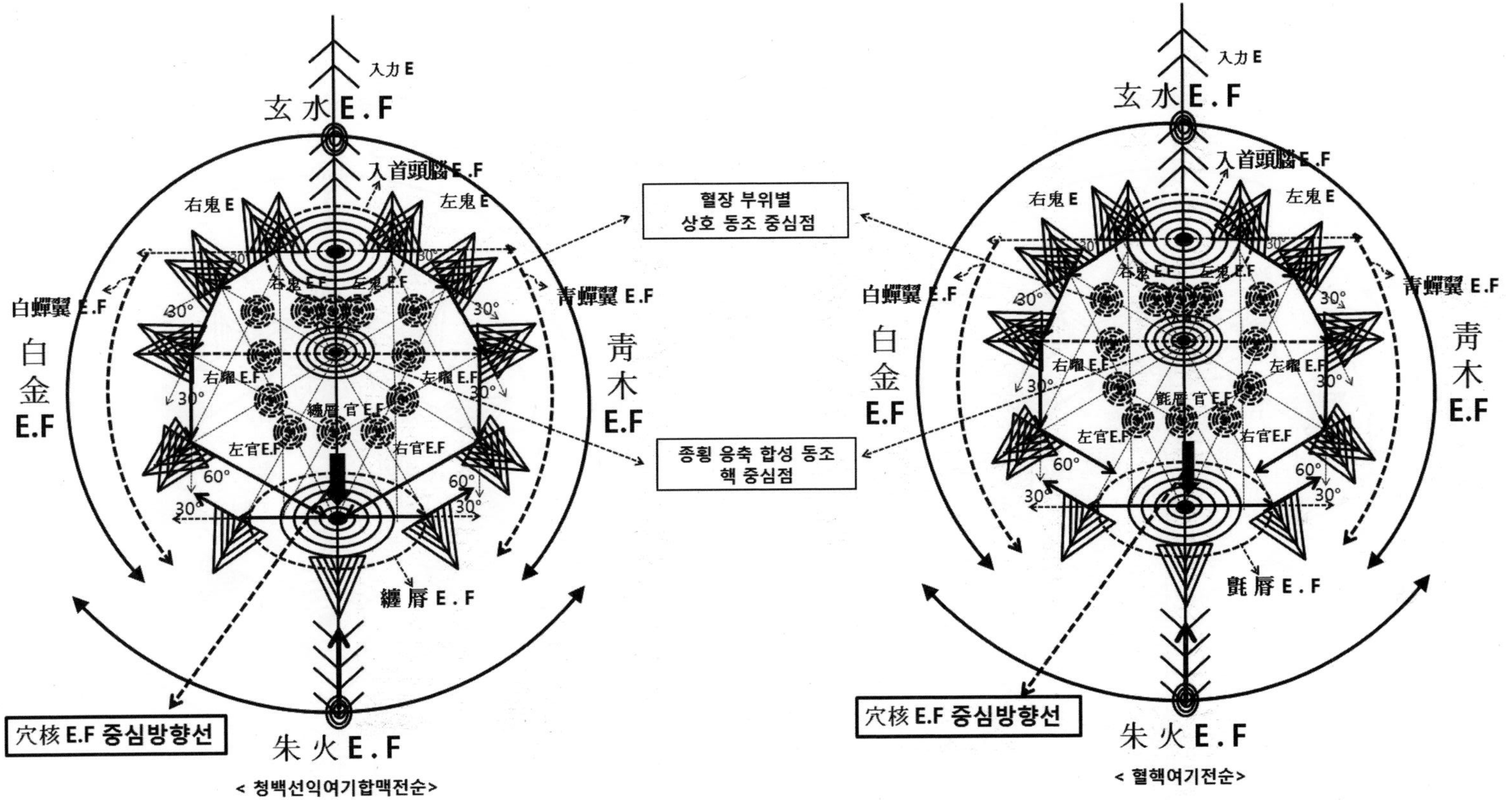

〈그림 2-201〉 正變易, 縱變易, 橫變易 穴核 Energy場 Circuit 구조, 突/乳/高/鉗穴 구조

⑤ 入首頭腦 中心 θ=∠60° 正分劈 蟬翼 發生時

卯酉 二重 橫棹, 下端 凝縮 면의, 穴核氣氣囊屑

⑥ 入首頭腦 中心 θ=∠60° 分劈 蟬翼 發生時

橫棹 發生角 θ=∠90°, 辰巳 二重 橫棹, 穴核餘氣氣囊屑

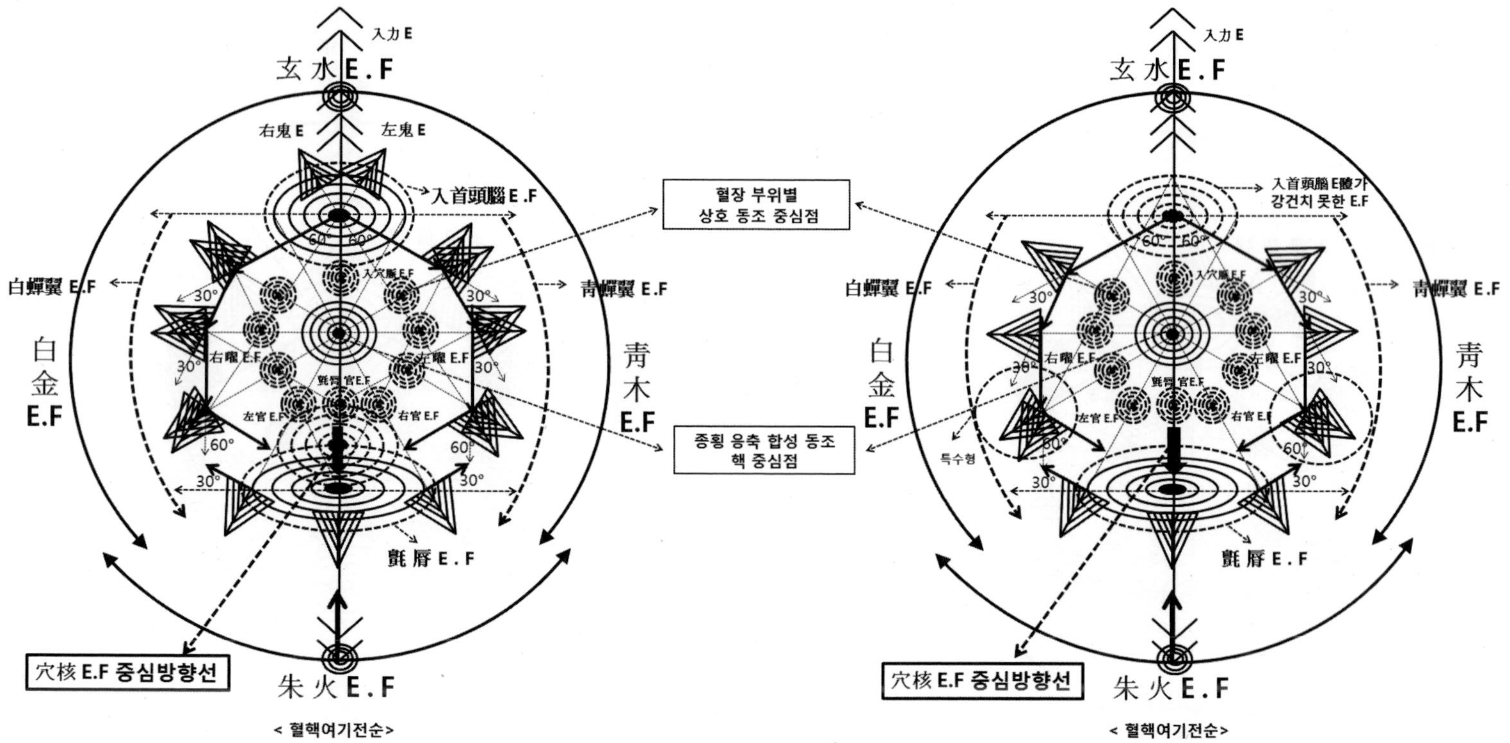

<그림 2-202> 正變易, 縱變易, 隱變易 穴核 Energy場 Circuit 구조, 突/乳/窩穴 구조

⑦ 入首頭腦 中心 θ=∠60° 分擘 蟬翼 發生時 橫棹 發生角 θ=∠120°, 卯酉 二重 橫棹, 穴核餘氣凝唇

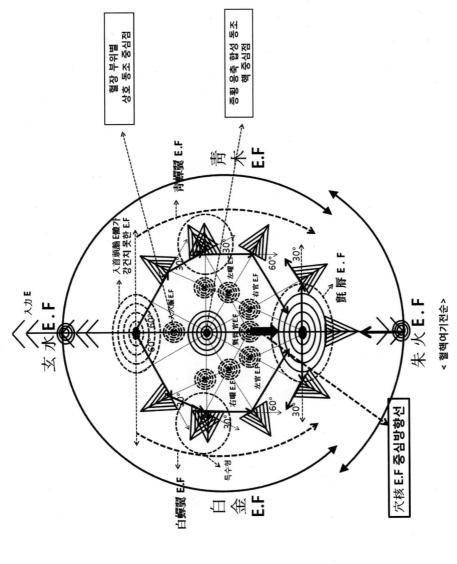

〈그림 2-203〉 正變易, 縱變易, 隱變易 穴核 Energy場 Circuit 구조, 突/乳/窩穴 구조

(5) 兩 蟬翼 發生角 θ=∠30°, 卯酉 橫棹 變位角 θ=∠30°, 二重 변위, 左右 止脚 發生, 穴核餘氣氈脣

① 氈脣 中心 官砂 發生, 辰申 橫棹 變位角 θ=∠30°, 靑白止脚, 氈脣止脚 發生

② 氈脣 左右端 官砂 發生, 辰申 橫棹 變位角 θ=∠30°, 靑白脚 發生

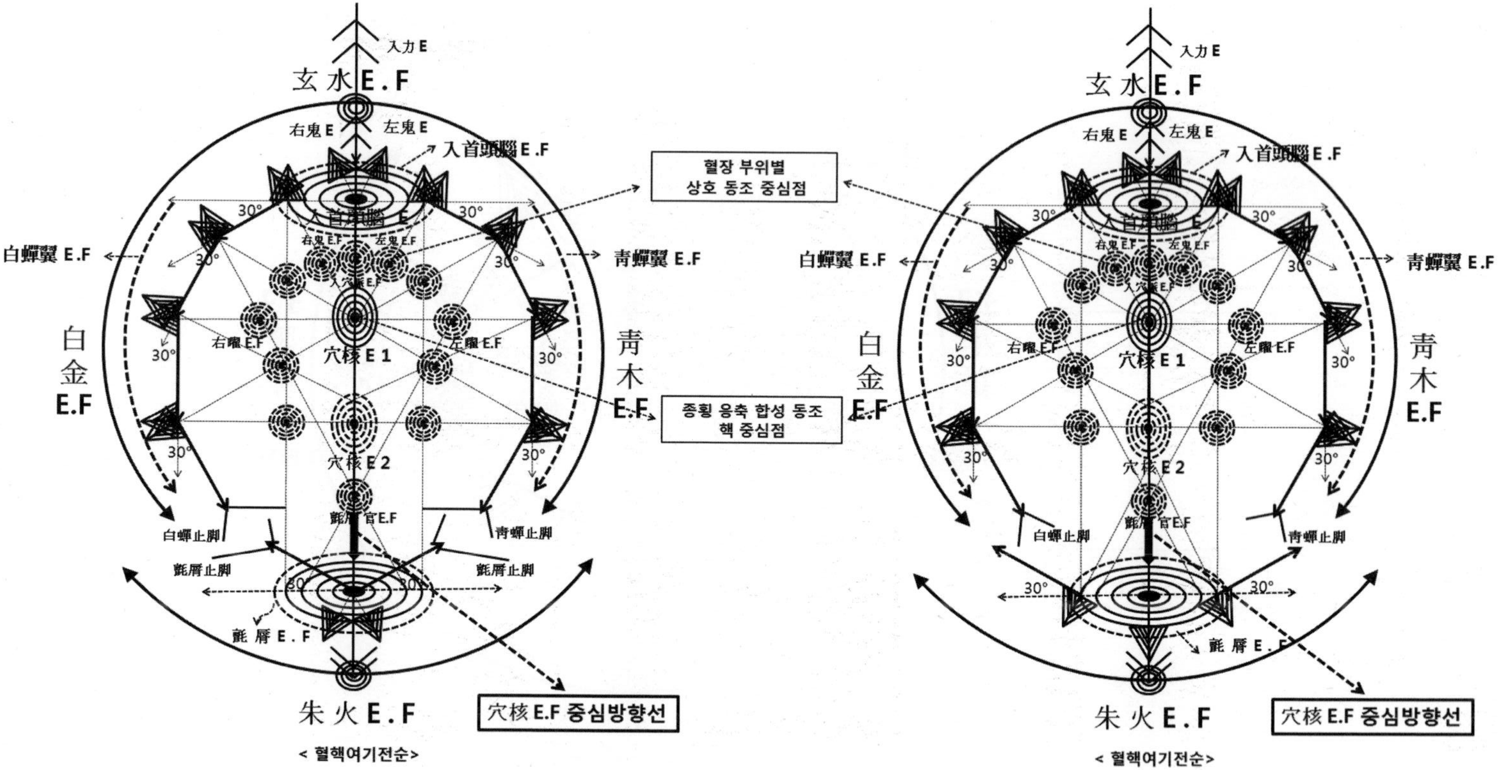

〈그림 2-204〉 正變易, 縱變易, 隱變易 穴核 Energy場 Circuit 구조, 突/乳/窩穴 구조

③ 砒層 左右端 官砂 發生

下端 橫棹 變位角 θ＝∠60°

④ 砒層 左右端 變位角 θ＝∠30°, 靑/白/官砂 止脚 發生

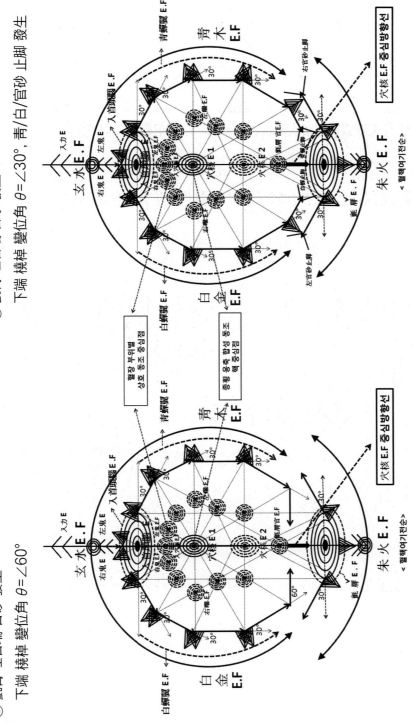

〈그림 2-205〉正變易, 縱變易, 隱變易 穴核 Energy場 Circuit 構造, 突/乳/窩穴 構造

⑤ 左旋穴場核의 坐向 形成 原理
入首-穴場 中心, 左鬼 Energy 發生, 靑蟬翼餘氣纏脣

⑥ 左旋穴場核의 坐向 形成 原理
玄水-朱火 中心, 左鬼 Energy 發生, 白蟬翼餘氣纏脣

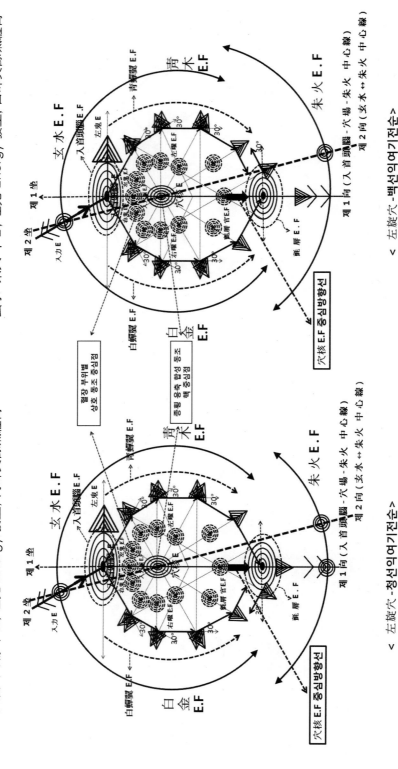

〈그림 2-206〉 縱變易 穴核 Energy場 Circuit 構造, 突/乳/窟穴 構造

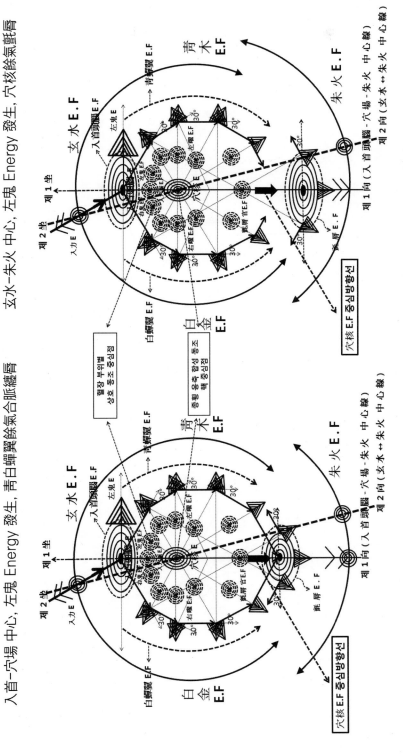

⑦ 左旋穴場核의 坐向 形成 原理

入首−穴場 中心, 左鬼 Energy 發生, 青白蟬翼餘合脈纏脣

⑧ 左旋穴場核의 坐向 形成 原理

玄水−朱火 中心, 左鬼 Energy 發生, 穴核餘氣甂脣

〈 左旋穴 − 청백선익기함맥전순 〉

〈 左旋穴 − 혈해 여기전순 〉

〈그림 2-207〉 縱變易 穴核 Energy場 Circuit 구조, 突乳/窩穴 구조

* 제2차향룸일 경우 백선의 청선의 종단보다 1절 더 길어진다.

⑨ 右旋穴場核의 坐向 形成 原理

入首-穴場中心, 右鬼 Energy 發生, 靑蟬翼餘氣纏脣

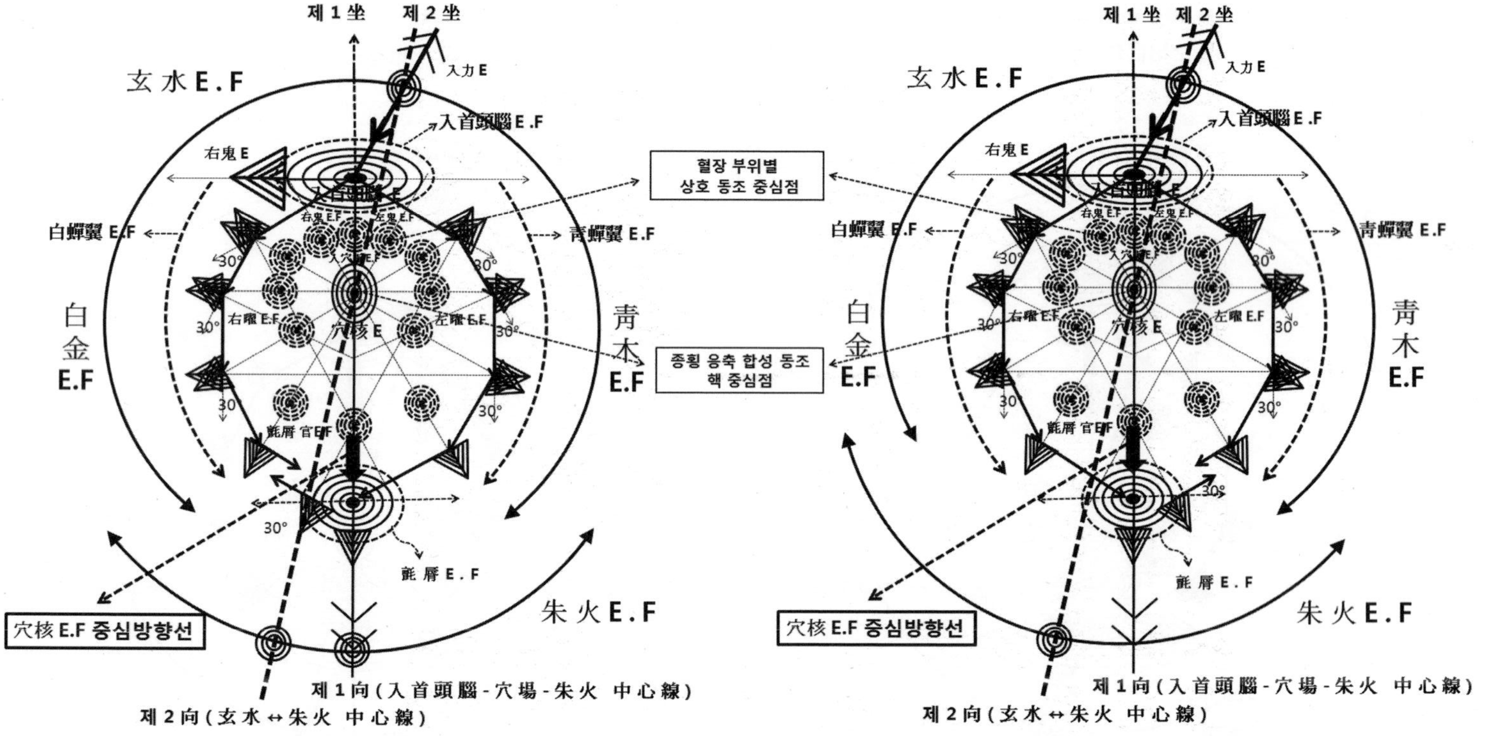

< 右旋穴 - 청선익여기전순 >

* 제2좌향결일 경우 백선익 좋단은 청선익 좋단보다 1길 더 길어진다.

⑩ 右旋穴場核의 坐向 形成 原理

玄水-朱火 中心, 右鬼 Energy 發生, 白蟬翼餘氣纏脣

< 右旋穴 - 백선익여기전순 >

* 제2좌향결일 경우 청선익 좋단은 백선익 좋단보다 1길 더 길어진다.

〈그림 2-208〉 縱變易 穴核 Energy場 Circuit 構造, 突/乳/窩穴 構造

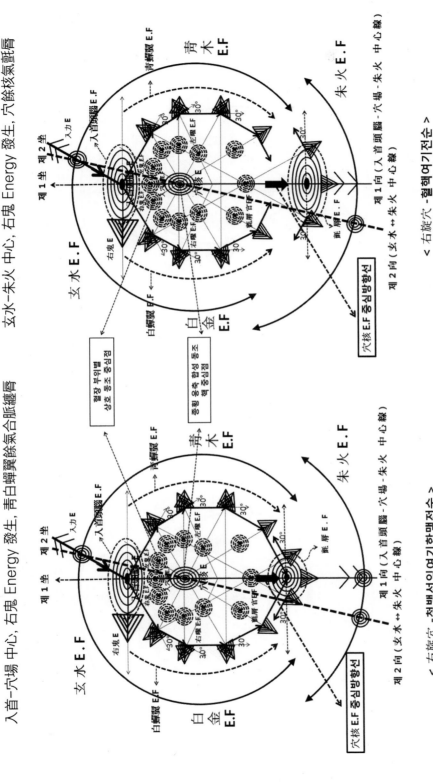

⑪ 右旋穴場核의 坐向 形成 原理

入首-穴場核 中心, 右鬼 Energy 發生, 靑白蟬翼餘氣合脈纏脣

⑫ 右旋穴場核의 坐向 形成 原理

玄水-朱火 中心, 右鬼 Energy 發生, 穴餘核氣戢脣

穴核 E.F 중심방향선

< 右旋穴 - 정백선의여기함맥전순 >

제 1 向 (入首頭腦 - 穴場 - 朱火 中心線)

제 2 向 (玄水 ↔ 朱火 中心線)

< 右旋穴 - 혈핵 여기전순 >

제 1 向 (入首頭腦 - 穴場 - 朱火 中心線)

제 2 向 (玄水 ↔ 朱火 中心線)

혈장 부위별 상호 동조 중심점

종횡 응축 합성 동조 핵중심점

<그림 2-209> 縱變易 穴核 Energy場 Circuit 구조, 突/乳/高穴 구조

* 제2차방향일 경우 청성의 종단은 백선이 종단보다 1칠 더 길어인다.

(6) 入首頭腦 中心 θ=∠30° 正分劈 蟬翼 發生時 兩蟬翼 寅戌 變位角 θ=∠30°, 卯酉 橫棹 變位角 θ=∠30° (特殊刑)

① 靑白蟬翼 餘氣合脈纏脣, 橫棹 發生角 θ=∠120°　　　　② 穴核餘氣纏脣, 橫棹 發生角 θ=∠90°

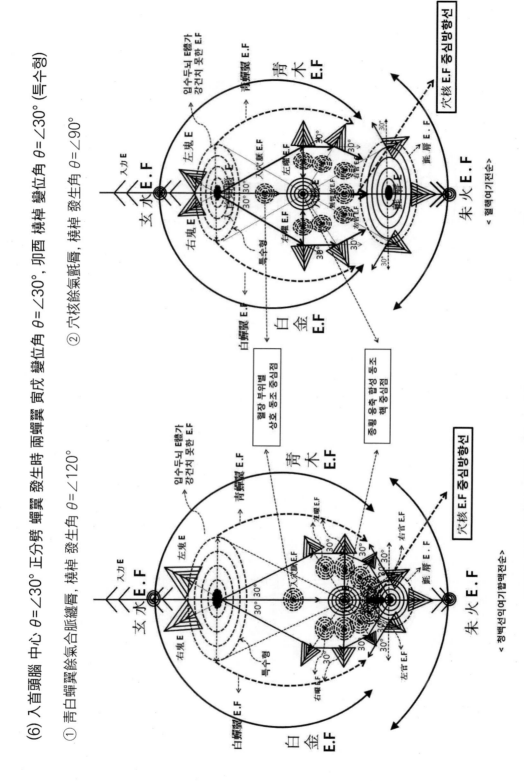

穴核 E.F 중심방향선

< 혈핵 여기전순 >

穴核 E.F 중심방향선

< 청백선익기합맥전순 >

〈그림 2-210〉 正變易, 縱變易, 隱變易, 垂變易 穴核 Energy場 Circuit 構造, 鉗穴 構造

③ 靑白蟬翼餘氣合脈纏脣 橫棹 發生角 θ=∠90°, θ=∠120°

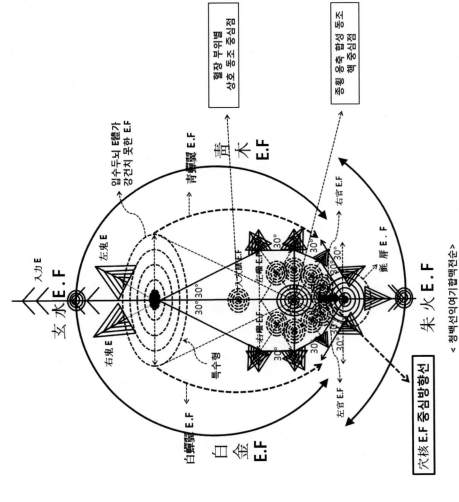

<別章 穴場論　591>

(7) 兩蟬翼 發生角 θ=∠60°, 寅戌 横棹 變位角 θ=∠30° 경우

① 入首頭腦 左右端 蟬翼 發生時
  横棹 發生角 θ=∠120° 青蟬翼餘氣纏脣

② 入首頭腦 左右端 蟬翼 發生時
  横棹 發生角 θ=∠90° 白蟬翼餘氣纏脣

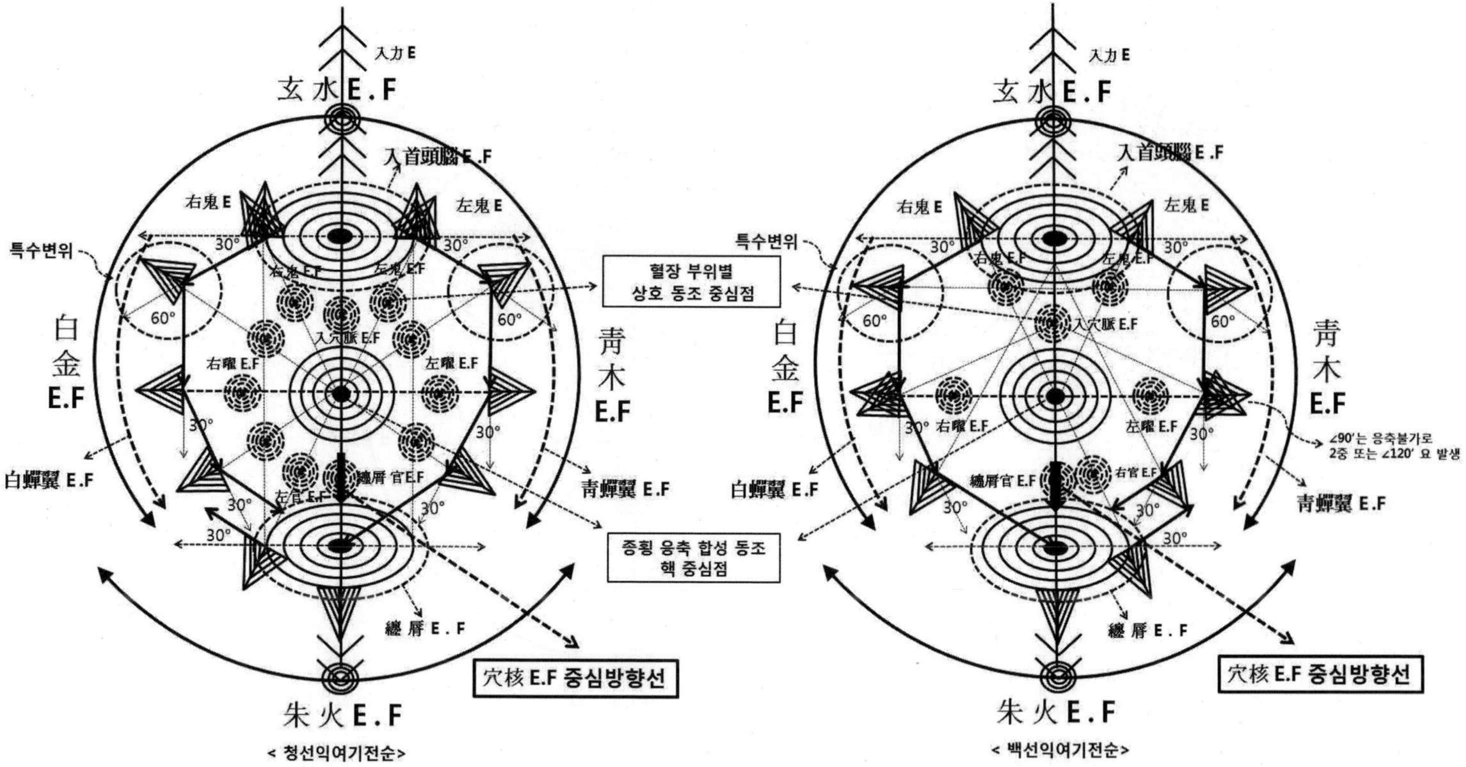

〈그림 2-212〉 正變易, 縱變易, 隱變易, 横變易, 穴核 Energy場 Circuit 구조, 突/乳/窩/鉗穴 구조

∟〈白蟬翼餘氣纏脣 그림은 전순 방향이 右旋임〉

∟〈青蟬翼餘氣纏脣 그림은 전순 방향이 左旋임〉

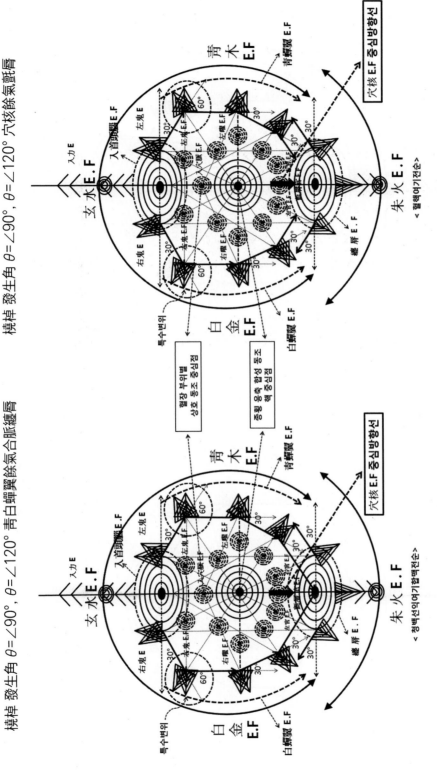

③ 入首頭腦 左右端 蟬翼 發生時 二重 橫棹 변위

橫棹 發生角 $\theta = \angle 90°$, $\theta = \angle 120°$ 靑白蟬翼餘氣合脈纏脣

④ 入首頭腦 左右端 蟬翼 發生時 二重 橫棹 변위

橫棹 發生角 $\theta = \angle 90°$, $\theta = \angle 120°$ 穴核餘氣纏脣

〈그림 2-213〉 正纏易, 縱纏易, 隱纏易, 橫纏易 穴核 Energy場 Circuit 구조, 突/乳/窩/鉗穴 구조

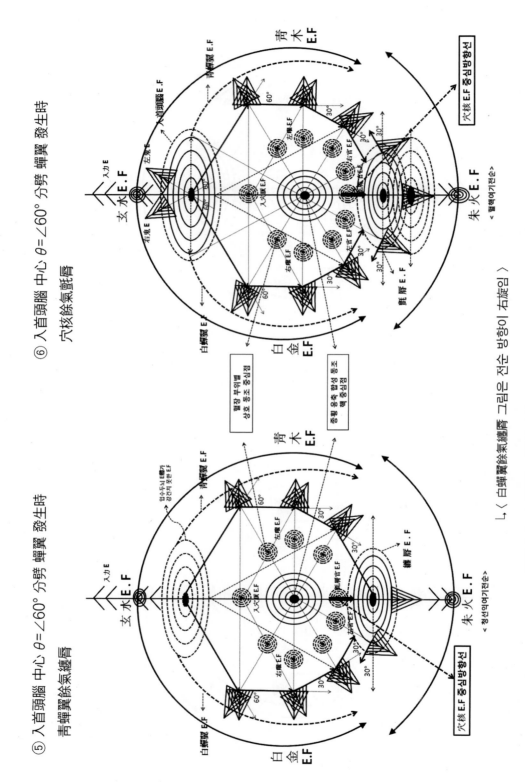

⑤ 入首頭腦 中心 θ=∠60° 分劈 蟬翼 發生時
青蟬翼餘氣纏脣

⑥ 入首頭腦 中心 θ=∠60° 分劈 蟬翼 發生時
穴核餘氣纏脣

〈그림 2-214〉 縱變易, 隱變易 穴核 Energy場 穴核纏脣 Circuit 構造, 乳/鉗穴 構造
↳〈白蟬翼餘氣纏脣, 隱變易 穴核纏脣層 그림은 進行 方向이 右旋임〉

(8) 兩 蟬翼 發生角 θ=∠30°, 寅戌 橫棹 變位角 θ=∠60°, 卯酉 橫棹 變位角 θ=∠60° 경우

① 入首頭腦 左右端 蟬翼 發生時 二重 橫棹 변위

　　橫棹 發生角 θ=∠90°, θ=∠120°

　　靑白蟬翼餘氣合脈合纏脣

② 入首頭腦 左右端 蟬翼 發生時 二重 橫棹 변위

　　橫棹 發生角 θ=∠90°, θ=∠120°

　　穴核餘氣蓄唇

穴核 E.F 중심방향선

穴核 E.F 중심방향선

〈正變易여기집약전순〉

〈隱變易여기전순〉

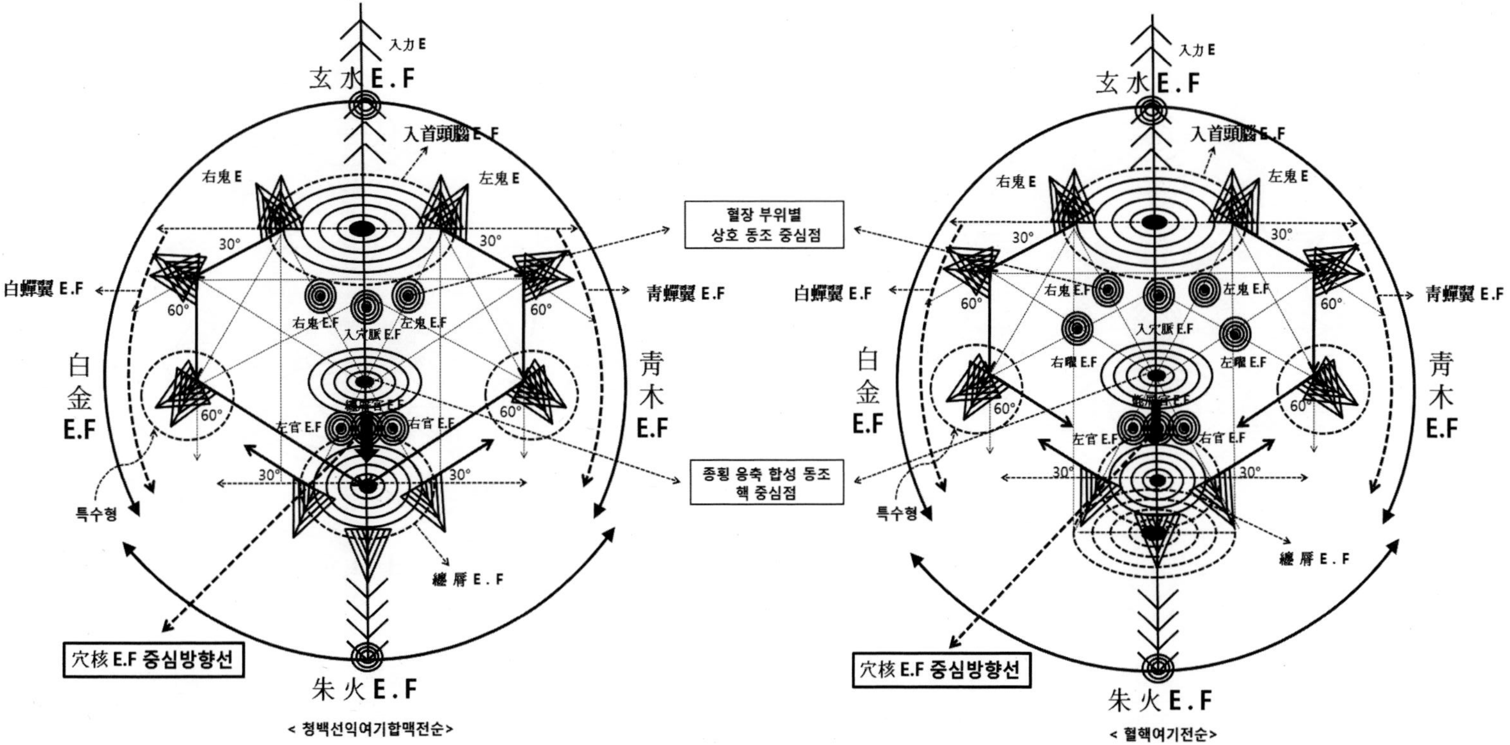

〈그림 2-215〉 正變易, 隱變易, 縱變易, 橫變易 穴核 Energy場 Circuit 구조, 窩/鉗/乳/突穴 구조

(9) 兩 蟬翼 發生角 θ=∠60°, 寅戌 橫棹 變位角 θ=∠30°, 卯酉 橫棹 變位角 θ=∠30°, 辰申 橫棹 變位角 θ=∠30°경우

① 入首頭腦 左右端 蟬翼 發生時

橫棹 發生角 θ=∠120°, 靑蟬翼餘氣纏脣

② 入首頭腦 左右端 蟬翼 發生時

橫棹 發生角 θ=∠90°, 白蟬翼餘氣纏脣

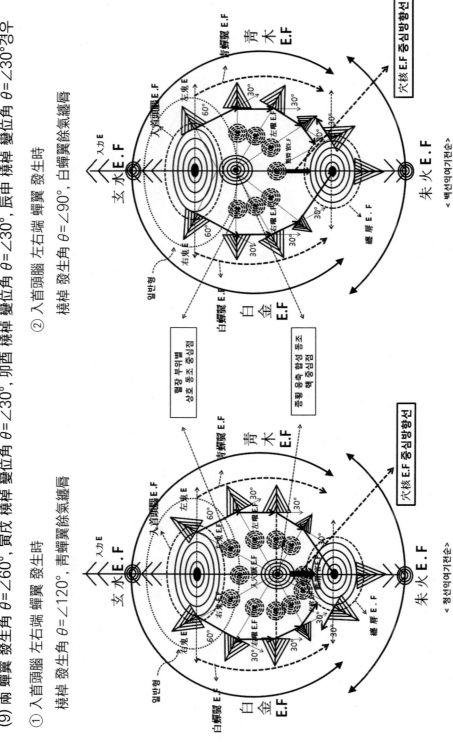

〈그림 2-216〉 正變易, 縱變易, 隱變易, 橫變易 穴核 Energy場 Circuit 構造, 窩鉗/乳/突穴 構造

ㄴ〈靑蟬翼餘氣纏脣 그림은 穴核 E.F 중심방향선〉

ㄴ〈白蟬翼餘氣纏脣 그림은 穴核 E.F 중심방향선〉

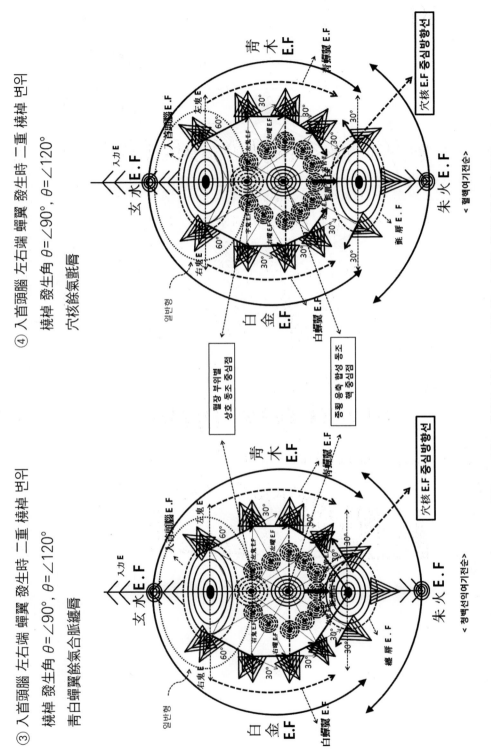

③ 入首頭腦 左右端 蟬翼 發生時 二重 橫棹 變位

橫棹 發生角 θ=∠90°, θ=∠120°

靑白蟬翼餘氣合脈纏唇

④ 入首頭腦 左右端 蟬翼 發生時 二重 橫棹 變位

橫棹 發生角 θ=∠90°, θ=∠120°

穴核餘氣氈脣

〈그림 2-217〉 正變易, 縱變易, 隱變易, 橫變易 穴核 Energy場 Circuit 構造, 窩鉗/乳/突穴 構造

(10) 兩 蟬翼 發生角 θ=∠60°, 卯酉 橫棹 變位角 θ=∠60° 경우

① 入首頭腦 左右端 蟬翼 發生時

橫棹 發生角 θ=∠120°, 靑蟬翼 餘氣 纏脣

② 入首頭腦 左右端 蟬翼 發生時

橫棹 發生角 θ=∠90°, 白蟬翼 餘氣 纏脣

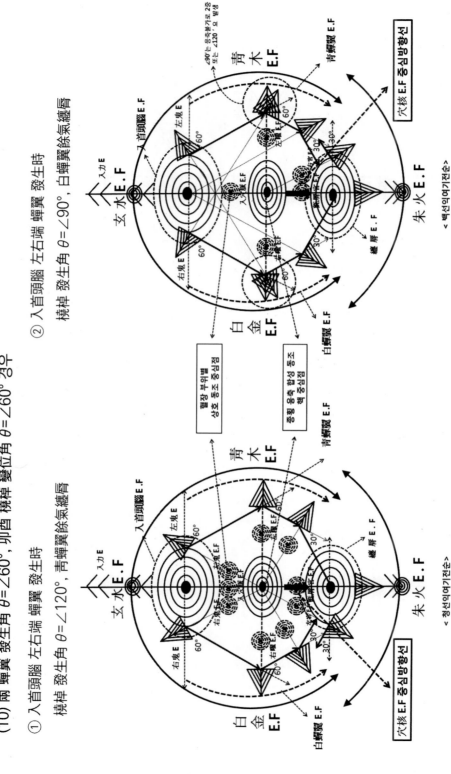

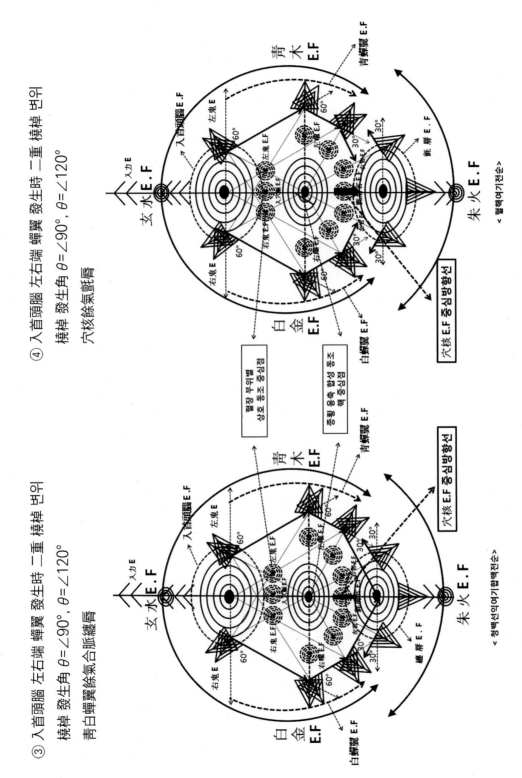

③ 入首頭腦 左右端 蟬翼 發生時 二重 橫棹 변위
　橫棹 發生角 θ=∠90°, θ=∠120°
　青白蟬翼餘氣合脈纏肩

④ 入首頭腦 左右端 蟬翼 發生時 二重 橫棹 변위
　橫棹 發生角 θ=∠90°, θ=∠120°
　穴核餘氣戱肩

〈그림 2-219〉 正變易, 隱變易, 縱變易, 橫變易 穴核 Energy場 Circuit 구조, 窩/鉗/乳/突穴 구조

7. 穴場 核 形成 原理로 본 核 Energy場 Circuit의 特性 평가 설정

1) 穴場 Energy體의 각 부위별 자체 Energy場 중심기점 평가 설정

(1) 入首頭腦 Energy體의 基底 Energy場 중심기점 평가 설정

(2) 入穴脈 Energy體의 Energy場 중심기점 평가 설정

(3) 左 蟬翼 Energy體의 Energy場 중심기점 평가 설정

(4) 右 蟬翼 Energy體의 Energy場 중심기점 평가 설정

(5) 穴核 基底 Energy體의 Energy場 중심기점 평가 설정

(6) 入首頭腦 Energy體의 立體 Energy場 중심기점 평가 설정

(7) 纏脣 Energy體의 立體 Energy場 중심기점 평가 설정

(8) 玄水 左 鬼砂 Energy體의 Energy場 중심기점 평가 설정

(9) 玄水 右 鬼砂 Energy體의 Energy場 중심기점 평가 설정

(10) 穴核 Energy體의 立體 Energy場 중심기점 평가 설정

(11) 入首頭腦 Energy體의 2次 立體 Energy場 중심기점 평가 설정

(12) 入穴脈 및 朱火 正 官砂 Energy體의 Energy場 중심기점 평가 설정

(13) 靑 曜砂 Energy體의 Energy場 중심기점 평가 설정

(14) 白 曜砂 Energy體의 Energy場 중심기점 평가 설정

(15) 穴核 Energy體의 2次 立體 Energy場 중심기점 평가 설정

(16) 入首頭腦 Energy體의 3次 立體 Energy場 중심기점 평가 설정

(17) 朱火 左 官砂 Energy體의 Energy場 중심기점 평가 설정

(18) 靑 曜砂 左 下端 Energy體의 Energy場 중심기점 평가 설정

(19) 白 曜砂 右 下端 Energy體의 Energy場 중심기점 평가 설정

(20) 穴核 Energy體의 3次 立體 Energy場 중심기점 평가 설정

(21) 入首頭腦 Energy體의 4次 立體 Energy場 중심기점 평가 설정

(22) 入穴脈 및 朱火 右 官砂 Energy體의 Energy場 중심기점 평가 설정

(23) 靑 曜砂 左 下端 Energy體의 Energy場 중심기점 평가 설정

(24) 白 曜砂 右 下端 Energy體의 Energy場 중심기점 평가 설정

(25) 穴核 Energy體의 4次 立體 Energy場 중심기점 평가 설정

(26) 玄水 및 朱雀 靑白 補助砂와 風水 Energy體의 Energy場 중심기점 평
가 설정
(27) 天體 上下 Energy體의 Energy場 중심기점 평가 설정
(穴場 穴板의 전반적 Energy場 중심기점 부위에서 결정됨)

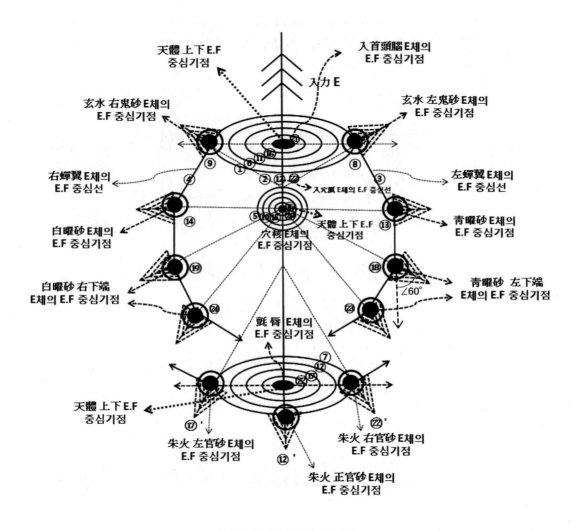

〈그림 2-220〉 穴場 Energy體의 각 부위별 자체 Energy場 中心點(1)

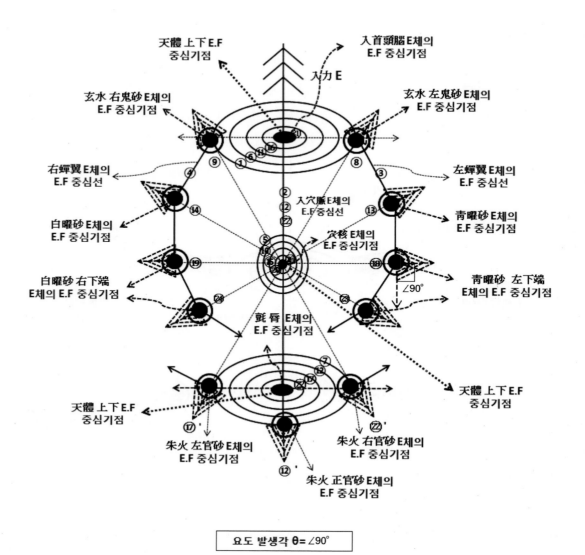

天體 上下 E.F 중심기점

入首頭腦 E체의 E.F 중심기점

入力 E

玄水 右鬼砂 E체의 E.F 중심기점

玄水 左鬼砂 E체의 E.F 중심기점

右蟬翼 E체의 E.F 중심선

左蟬翼 E체의 E.F 중심선

白曜砂 E체의 E.F 중심기점

入穴脈 E체의 E.F 중심선

青曜砂 E체의 E.F 중심기점

穴核 E체의 E.F 중심기점

白曜砂 右下端 E체의 E.F 중심기점

青曜砂 左下端 E체의 E.F 중심기점

∠90°

氈脣 E체의 E.F 중심기점

天體 上下 E.F 중심기점

天體 上下 E.F 중심기점

朱火 左官砂 E체의 E.F 중심기점

朱火 右官砂 E체의 E.F 중심기점

朱火 正官砂 E체의 E.F 중심기점

요도 발생각 θ= ∠90°

〈그림 2-221〉穴場 Energy體의 각 부위별 자체 Energy場 中心點(2)

2) 穴場 부위별 Energy體 間 相互 同調 Energy場 中心點 평가 설정

(1) 入首頭腦 Energy場 중심기점 ↔ 纏脣 Energy場 중심기점 間 相互 同調 中心點 평가 설정 → 〈그림 2-222〉-(1)

(2) 左鬼 Energy場 중심기점 ↔ 左官 Energy場 중심기점 間 相互 同調 中心點 평가 설정 → 〈그림 2-222〉-(2)

(3) 右鬼 Energy場 중심기점 ↔ 右官 Energy場 중심기점 間 相互 同調 中心點 평가 설정 → 〈그림 2-222〉-(3)

(4) 左曜 Energy場 중심기점 ↔ 右曜 Energy場 중심기점 間 相互 同調 中心點 평가 설정 → 〈그림 2-222〉-(4)

(5) 左蟬翼 Energy場 중심기점 ↔ 右蟬翼 Energy場 중심기점 間 相互 同調 中心點 평가 설정 → 〈그림 2-222〉-(5)-1, (5)-2

(6) 기타 補助砂 Energy場 중심기점 ↔ 穴場 Energy場 중심기점 間 相互 同調 中心點 평가 설정 → 〈그림 2-222〉-(6)

(7) 上下 天地氣 Energy場 間 相互 同調 中心點 평가 설정 → 〈그림 2-222〉-(7)

(8) 內外 風水勢 Energy場 중심기점과 穴場 Energy場 중심기점 間 相互 同調 中心點 평가 설정 → 〈그림 2-222〉-(8)

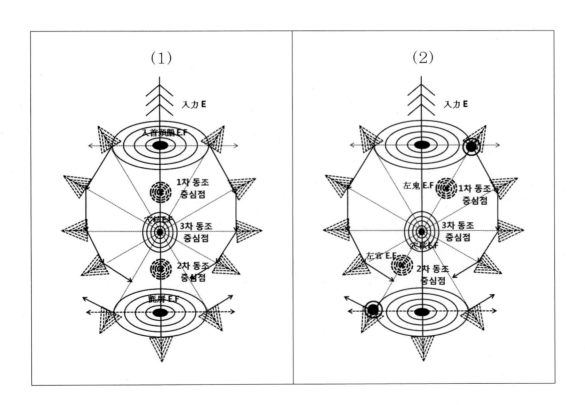

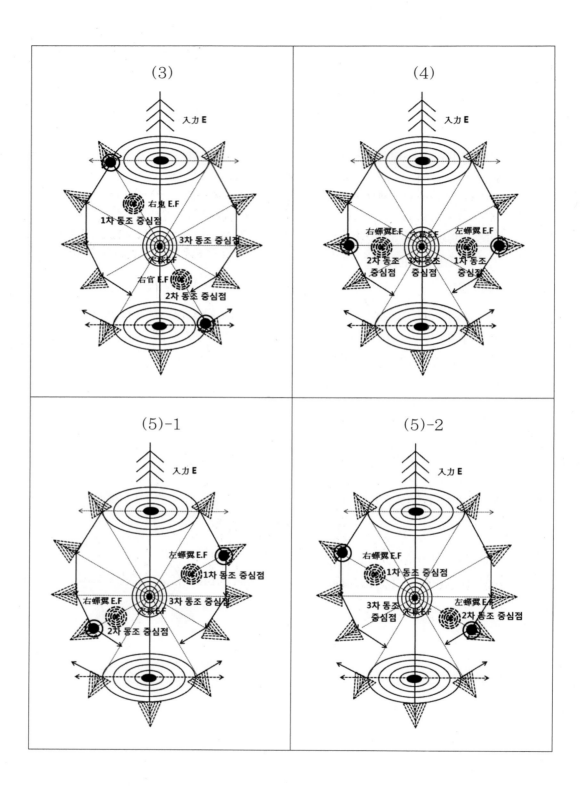

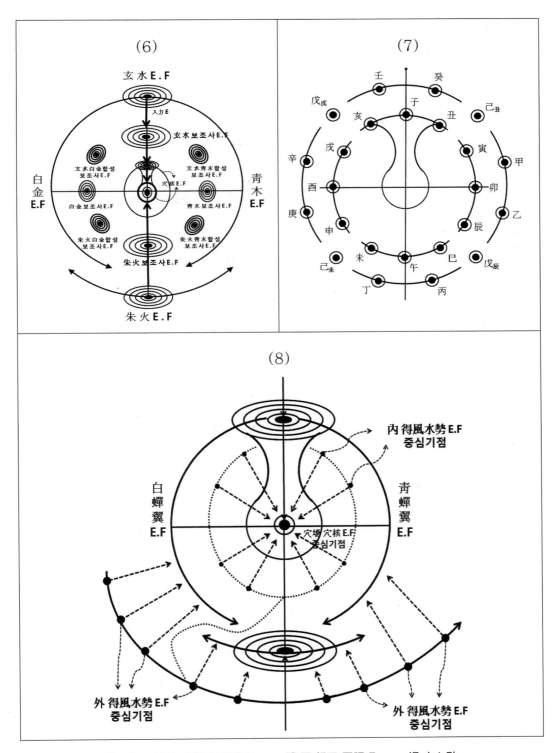

(6)

玄水 E.F

入力 E

玄水보조사 E.F

玄水白金合成
보조사 E.F

玄水靑木合成
보조사 E.F

白金
E.F

穴核 E.F

靑木
E.F

白金보조사 E.F

靑木보조사 E.F

朱火白金合成
보조사 E.F

朱火靑木合成
보조사 E.F

朱火보조사 E.F

朱火 E.F

(7)

壬   癸
戊戌   子   己丑
    亥   丑
戊   戌   寅   甲
辛   酉   卯   乙
庚   申   辰   戊辰
己未   未   午   巳
    丁   丙

(8)

內得風水勢 E.F
중심기점

白蟬翼
E.F

靑蟬翼
E.F

穴場穴核 E.F
중심기점

外得風水勢 E.F
중심기점

外得風水勢 E.F
중심기점

〈그림 2-222〉 穴場 부위별 Energy體 間 相互 同調 Energy場 中心點

3) 局 Energy場 Circuit의 穴核 Energy體 凝縮 合成 同調 中心點 평가 설정

(1) 玄水(子) ↔ 朱火(午) Energy場 縱凝縮 合成 同調 核 中心點 평가 설정

玄水 Energy場과 朱火 Energy場 間의 穴場 縱凝縮線上 Positive(⊕) Energy場 同調 中心點을 종합평가 확인하고 선택함으로써 穴核 中心點과 동일한 縱軸線 Energy場 凝縮點이 相互 합일하고 있는지를 결정한다.

(2) 靑木(卯) ↔ 白金(酉) Energy場 縱凝縮 合成 同調 核 中心點 평가 설정

靑木 Energy場과 白虎 Energy場 間의 穴場 橫凝縮線上 Negative(⊖) Energy場 同調 中心點을 종합평가 확인하고 선택함으로써 穴核 中心點과 동일한 橫軸線 Energy場 凝縮點이 相互 합일하고 있는지를 결정한다.

(3) 辰 ↔ 戌, 丑 ↔ 未, 寅 ↔ 申, 巳 ↔ 亥 Energy場의 凝縮 合成 同調 核 中心點 평가 설정

역시 辰 ↔ 戌, 丑 ↔ 未, 寅 ↔ 申, 巳 ↔ 亥 間 각각의 Energy場 凝縮 同調 中心點을 종합평가 확인하고 선택함으로써 穴核 中心點과 동일한 四邊土와 四生地의 Energy場 凝縮點이 相互 합일하고 있는지를 결정한다.

(4) 風水勢 Energy場의 合成 同調 核 中心點 평가 설정

風水勢 Energy場 中心點 이동선의 對 穴核 凝縮角이 穴核 Energy體, Energy場 中心點과 相互 同調的 합일을 유지하고 있는가를 평가 확인하여 그 이동 同調 中心點을 결정한다.

(5) 天體 Energy場의 上下 凝縮 合成 同調 核 中心點 평가 설정

穴核과 穴場 부위별 Energy體 및 그 Energy場에 同調하는 天體 Energy場의 諸 凝縮 特性을 把握 分析함으로써 穴核 및 각 부위별 상단부의 圓滿 凝縮 淨潔 立體 細密度와 質的 善美 調潤 安定度를 再評價 確認하여 最上 同調 中心點을 결정한다.

8. 穴場 核 Energy體의 同調 Energy場 Circuit 방향성

(1) 玄水(子) ↔ 朱火(午) 同調 Energy場 Circuit 방향성

〈그림 2-223〉~〈그림 2-234〉를 참조해보듯이 正變易, 垂變易, 橫變易, 隱 變易에서의 기본적 穴核 Energy體 Energy場의 방향성은 거의가 대동소이하 게 결정적으로 이루어진다.

(2) 靑木(卯) ↔ 白金(酉) 同調 Energy場 Circuit 방향성

穴場核 Energy體를 凝縮 同調하는 靑白 Energy場 Circuit방향성은 相互 180°의 相對的 位相角을 확정하면서 穴核 Energy體 중심기점에 정확히 두 Energy場의 Balancing Point를 形成한다. 이에 따라 靑白의 理想 同調的 Energy場 Circuit 均衡 中心點과 그 방향성은 玄水 ↔ 朱火 Energy場 Circuit 同調 中心點과 동일 Point에서 만나게 됨으로써 縱的 Energy場 Circuit 중심기점과 橫的 Energy場 Circuit 중심기점이 穴核 Energy體 중심 기점에서 相互 합일하여 결정되게 된다.

(3) 辰 ↔ 戌, 丑 ↔ 未, 寅 ↔ 申, 巳 ↔ 亥 同調 Energy場 Circuit 방향성

위의 (1), (2)와 같은 原理體系에 따라서 辰 ↔ 戌, 丑 ↔ 未, 寅 ↔ 申, 巳 ↔ 亥의 相互 同調 Energy場 Circuit의 中心點 역시 (1), (2)의 Energy場 Circuit 중심기점과 합일점을 결정하게 된다.

(4) 기타 보조사 Energy體의 同調 Energy場 Circuit 방향성

四神砂內에 發生하는 玄朱日月砂, 독봉사, 금수사, 수구사 등의 同調 Energy場 Circuit가 穴核 Energy體 중심기점과 동일 Point에서 합일하여 결 정되게 된다.

(5) 風水勢 同調 Energy場 Circuit 방향성

風水勢 同調 Energy場 Circuit의 방향성 역시 局 同調 Energy場 Circuit

四神砂 Energy場 Circuit 각종 보조사 Energy場 Circuit의 합성 同調 Energy場 Circuit에 의해 그 風水勢 Energy場 Circuit 同調가 形成되게 됨에 따라 결국 穴核 Energy體 중심기점에 그 Energy場 Circuit 中心點을 합일시켜 결정하게 된다.

(6) 天體 同調 Energy場 Circuit 방향성

天體 同調 Energy場 Circuit 방향성은 入力 Energy가 入首頭腦에 공급되어 穴場을 形成하는 순간 그 전체 入力 Energy場 間에는 相互 同調的 凝縮現像이 發生하게 된다. 이와 동시에 天體 Energy場은 穴板 내의 穴核을 둘러싸고 있는 入首頭腦, 纏脣, 左右 蟬翼의 Energy場을 同調 凝縮하게 되고 그 穴核 Energy體의 中心點에 集合 凝縮 Energy를 지속적으로 공급하게 된다. 따라서 위의 6단계 穴場 同調 Energy場 凝縮 Circuit와 집중 집합적인 天體 Energy場이 合成 凝縮 同調하여 穴板 Energy場을 形成하게 되고 그 중심기점에 穴核 Energy體 및 그 Energy場을 결정하게 됨으로써 그 Circuit의 방향성이 결정된다.

9. 五變易 穴場四象 別 穴核 Energy場 Circuit 방향 設定

1) 正變易 穴場의 四象別 穴核 Energy場 Circuit 방향 설정

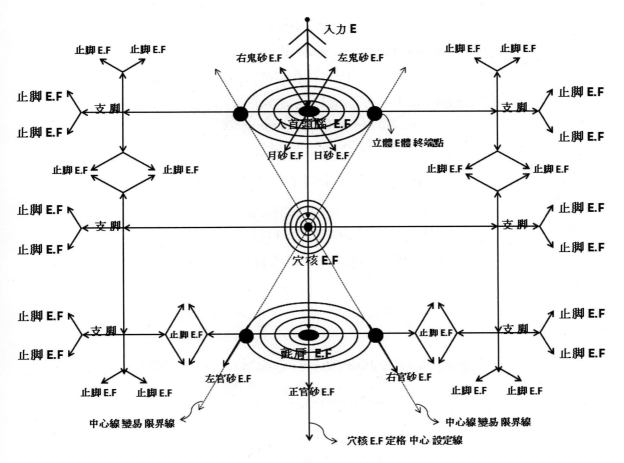

〈그림 2-223〉正變易 穴場의 坐向 移動 設定

2) 縱變易 穴場의 四象別 穴核 Energy場 Circuit 방향 설정

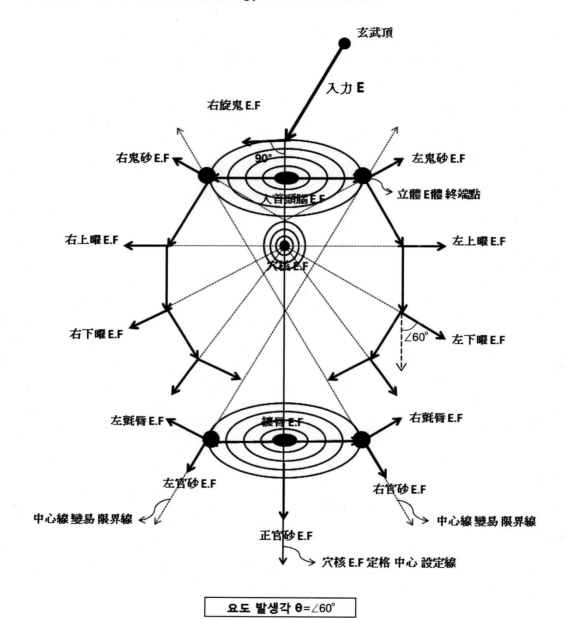

〈그림 2-224〉 縱變易 穴場의 坐向 移動 設定(1)

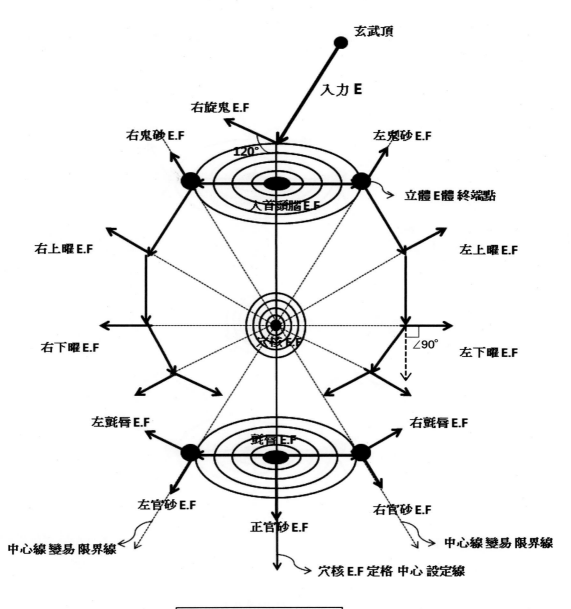

玄武頂

入力 E

右旋鬼 E.F

右鬼砂 E.F

左鬼砂 E.F

120°

立體 E體 終端點

入首頭腦 E.F

右上曜 E.F

左上曜 E.F

右下曜 E.F

穴核 E.F

∠90°

左下曜 E.F

左氈脣 E.F

右氈脣 E.F

氈脣 E.F

左官砂 E.F

正官砂 E.F

右官砂 E.F

中心線 變易 限界線

中心線 變易 限界線

穴核 E.F 定格 中心 設定線

요도 발생각 θ=∠90°

〈그림 2-225〉 縱變易 穴場의 坐向 移動 設定(2)

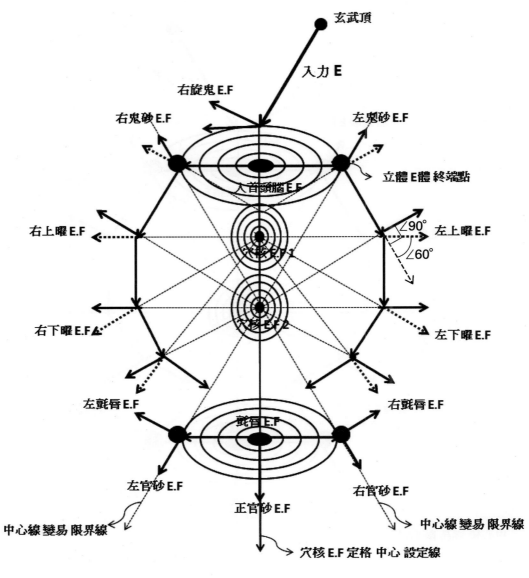

玄武頂

入力 E

右旋鬼 E.F

右鬼砂 E.F   左鬼砂 E.F

立體 E體 終端點

入首頭腦 E.F

右上曜 E.F   ∠90°   左上曜 E.F
                    ∠60°

穴核 E.F 1

右下曜 E.F   左下曜 E.F

穴核 E.F 2

左顴骨 E.F   右顴骨 E.F

顴官 E.F

左官砂 E.F   右官砂 E.F

中心線 變易 限界線   正官砂 E.F   中心線 變易 限界線

穴核 E.F 定格 中心 設定線

- - - - ▶ 요도 발생각 θ=∠60°
———▶ 요도 발생각 θ=∠90°

이중 요도가 발생할 경우 상하 쌍穴이 형성될 수 있다.

〈그림 2-226〉 縱變易 穴場의 坐向 移動 設定(3)

3) 橫變易 穴場의 四象別 穴核 Energy場 Circuit 방향 설정

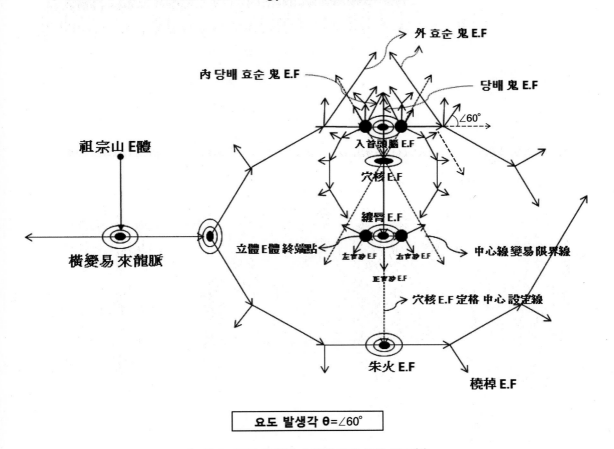

요도 발생각 θ=∠60°

〈그림 2-227〉橫變易 穴場의 坐向 移動 設定(1)

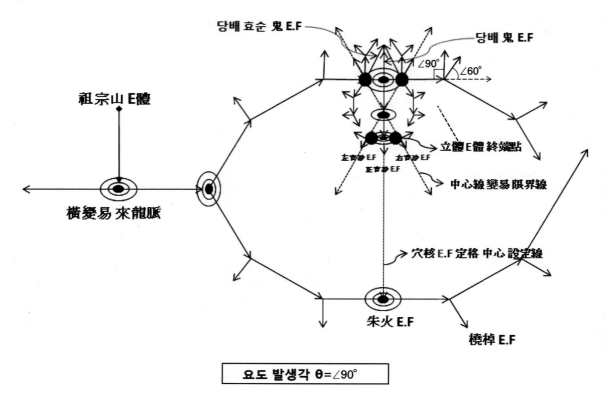

당배 효순 鬼 E.F
당배 鬼 E.F
∠90° ∠60°
祖宗山 E體
橫變易 來龍脈
立體E體終端點
左青砂 E.F 右青砂 E.F
正青砂 E.F
中心線變易限界線
穴核E.F定格中心設定線
朱火 E.F
橈棹 E.F

요도 발생각 θ=∠90°

〈그림 2-228〉 橫變易 穴場의 坐向 移動 設定(2)

4) 垂變易 穴場의 四象別 穴核 Energy場 Circuit 방향 설정

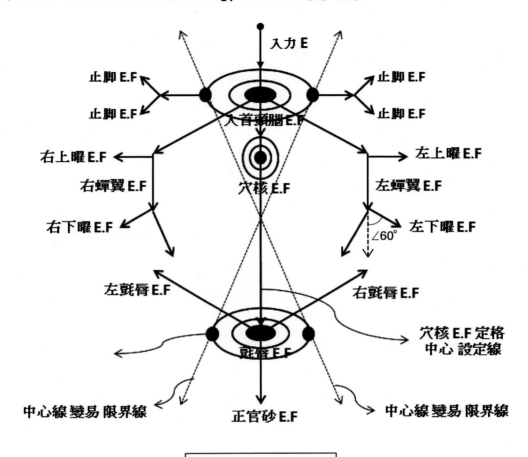

入力 E

止脚 E.F
止脚 E.F

止脚 E.F
止脚 E.F

入首頭腦 E.F

右上曜 E.F
左上曜 E.F

右蟬翼 E.F
左蟬翼 E.F

穴核 E.F

右下曜 E.F
左下曜 E.F

∠60°

左顴骨 E.F
右顴骨 E.F

穴核 E.F 定格
中心 設定線

顴骨 E.F

中心線 變易 限界線
正官砂 E.F
中心線 變易 限界線

요도 발생각 θ=∠60°

〈그림 2-229〉 垂變易 穴場의 坐向 移動 設定(1)

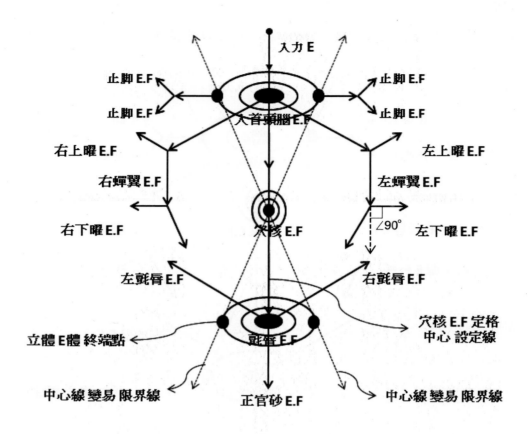

入力 E

止脚 E.F
止脚 E.F

止脚 E.F
止脚 E.F

入首頭腦 E.F

右上曜 E.F
左上曜 E.F

右蟬翼 E.F
左蟬翼 E.F

右下曜 E.F
∠90°
左下曜 E.F

穴核 E.F

左䯒骨 E.F
右䯒骨 E.F

立體 E體 終端點
穴核 E.F 定格
中心 設定線

氈脣 E.F

中心線 變易 限界線
中心線 變易 限界線

正官砂 E.F

요도 발생각 θ=∠90°

〈그림 2-230〉 垂變易 穴場의 坐向 移動 設定(2)

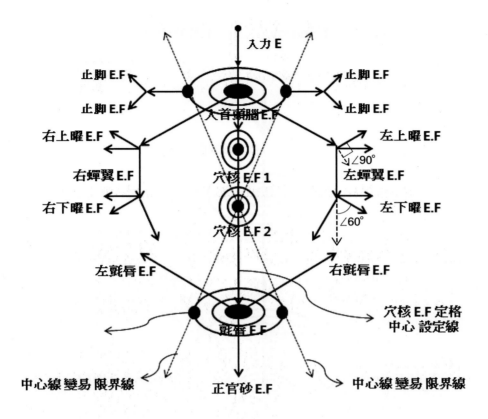

入力 E

止脚 E.F
止脚 E.F

止脚 E.F
止脚 E.F

入首頭腦 E.F

右上曜 E.F
左上曜 E.F

右蟬翼 E.F
∠90°
左蟬翼 E.F

右下曜 E.F
左下曜 E.F

穴核 E.F 1

∠60°

穴核 E.F 2

左顴骨 E.F
右顴骨 E.F

穴核 E.F 定格
中心 設定線

顴骨 E.F

中心線 變易 限界線
中心線 變易 限界線

正官砂 E.F

入力 에너지가 他變易 入力 에너지보다 약하기 때문에 變易 한계도 적다.
따라서 立體 E體 終端點 內에 中心線 變易 限界線이 형성된다.

요도 발생각 θ=∠60°, 요도 발생각 θ=∠90°
이중 요도가 발생할 경우 상하 雙穴이 형성될 수 있다.

〈그림 2-231〉 垂變易 穴場의 坐向 移動 設定(3)

5) 隱變易 穴場의 四象別 穴核 Energy場 Circuit 방향 설정

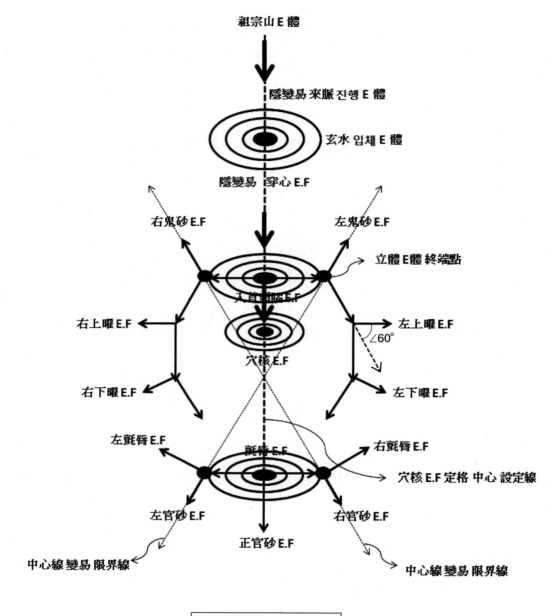

祖宗山 E 體

隱變易 來脈 진행 E 體

玄水 입체 E 體

隱變易 穿心 E.F

右鬼砂 E.F   左鬼砂 E.F

立體 E體 終端點

入首頭腦 E.F

右上曜 E.F   左上曜 E.F   ∠60°

穴核 E.F

右下曜 E.F   左下曜 E.F

左爬脣 E.F   爬脣 E.F   右爬脣 E.F

穴核 E.F 定格 中心 設定線

左官砂 E.F   右官砂 E.F

正官砂 E.F

中心線 變易 限界線   中心線 變易 限界線

요도 발생각 θ=∠60°

〈그림 2-232〉 隱變易 穴場의 坐向 移動 設定(1)

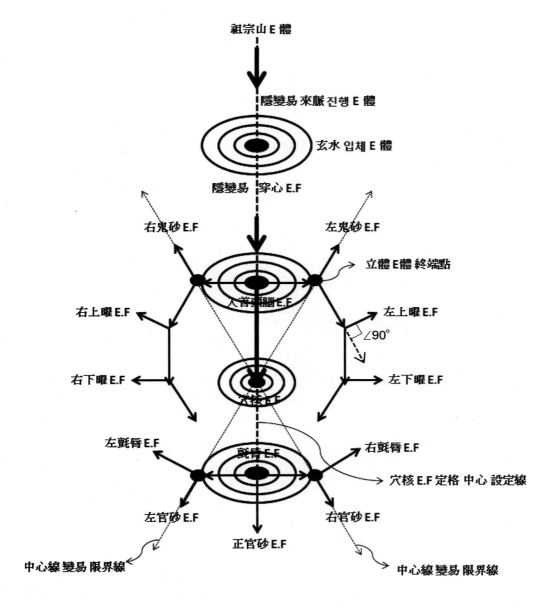

祖宗山 E 體

隱變易 來脈 진행 E 體

玄水 입체 E 體

隱變易 穿心 E.F

右鬼砂 E.F   左鬼砂 E.F

立體 E體 終端點

右上曜 E.F   左上曜 E.F

入首翻腦 E.F   ∠90°

右下曜 E.F   左下曜 E.F

穴核 E.F

左戧骨 E.F   右戧骨 E.F

戧骨 E.F

穴核 E.F 定格 中心 設定線

左官砂 E.F   右官砂 E.F

正官砂 E.F

中心線 變易 限界線   中心線 變易 限界線

요도 발생각 θ=∠90°   (∠30° 요도 동반 필수)

〈그림 2-233〉 隱變易 穴場의 坐向 移動 設定(2)

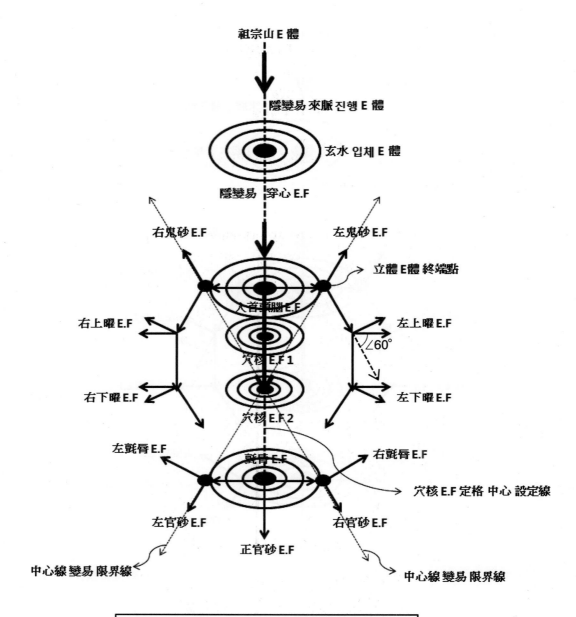

祖宗山 E 體

隱變易 來脈 진행 E 體

玄水 입체 E 體

隱變易 穿心 E.F

右鬼砂 E.F 　　　　　　左鬼砂 E.F

立體 E體 終端點

入首頭腦 E.F

右上曜 E.F 　　　　　　左上曜 E.F

∠60°

穴核 E.F 1

右下曜 E.F 　　　　　　左下曜 E.F

穴核 E.F 2

左戩脣 E.F 　　　　　　右戩脣 E.F

戩脣 E.F

穴核 E.F 定格 中心 設定線

左官砂 E.F 　　　　　　右官砂 E.F

中心線 變易 限界線 　　　　　　中心線 變易 限界線

正官砂 E.F

요도 발생각 θ=∠90°, 요도 발생각 θ=∠90°
이중 요도가 발생할 경우 상하 쌍穴이 형성될 수 있다.

〈그림 2-234〉 隱變易 穴場의 坐向 移動 設定(3)

제12절 穴場 Energy場의 穴核 同調凝縮 理論

1. 穴場 Energy場의 穴核 同調凝縮 理論의 개념과 정의

1) Energy場 同調理論의 개요

(1) 一切現象은 Energy 불멸적 존재계다(生命 Energy).
(2) 一切存在는 그 고유의 Energy 및 Energy場을 지닌다($E=MC^2$, $E=E_m$ field $\propto$ 조직밀도).
(3) 동일한 주파수를 지닌 Energy場은 相互同調한다(주파수 同氣同調).
(4) 相互 Circle 同調 Field가 원형으로 합성되면 그 中心에는 核凝縮 同調 Energy場이 形成된다(穴場 形成).
(5) 核凝縮同調 Energy場 內部에 일정 Energy가 入力되면 그 中心에는 강력한 核 凝縮 Energy가 形成된다(穴核 形成).

2) Energy場 同調理論의 개발 필요성

(1) 來龍脈 聚氣의 입체구조 形成이론 정립을 위한 필요성
(2) 각종 分擘 枝龍, 橈棹, 支脚, 止脚의 發生原理 설명을 위한 필요성
(3) 四神砂 Energy場의 局 同調 Energy場 形成原理를 정립하기 위한 필요성
(4) 穴場 Energy場의 穴核 凝縮同調原理를 설명하기 위한 필요성
(5) 天體 Energy場과 地氣 Energy場의 同調原理를 재정립하기 위한 필요성

3) Energy場 同調理論의 발전적 대안

(1) 차원 높은 풍수 학문의 이론 정립을 위한 물리학적, 지질학적, 천체공학적, 인체공학적 諸 분야의 학술 연구가 보다 구체적이고 조직적으로 집중학습되어야 한다.
(2) Energy場 이론을 실증하기 위한 각종 계기 장치 개발의 필요성이 시급하다.

2. 龍, 砂, 水, 穴場, 方位 Energy場의 成穴 意志

1) 祖宗山 來龍脈 Energy場의 成穴 同調意志

(1) 祖宗山 Energy場의 成穴 同調意志

① 祖宗山 ↔ 朝宗山 Energy場의 相互會合同調特性意志 발로
② 隆起 祖宗山 Energy의 穴核 Energy 供給을 위한 入力 特性同調意志 발로
③ 祖宗 주변 護從砂의 穿心, 入力 Energy 供給特性同調意志 발로

(2) 來龍脈 Energy場의 成穴 同調意志

① 隆起 Energy 유지 보존 意志에 의한 Energy場 同調
② 集合 Energy 유지 보존 意志에 의한 Energy場 同調
③ 移動 Energy 유지 보존 意志에 의한 Energy場 同調
④ 分擘 Energy 회합 취집 意志에 의한 Energy場 同調
⑤ 成穴 Energy 穿心 入力 意志에 의한 Energy場 同調

(3) 來龍脈 開場 Energy場의 成穴 同調意志

① 局 Energy場의 공간 확보 同調意志
② 局 Energy場의 善 구조 확장 同調意志
③ 穿心脈 Energy場의 善 秩序 공급 同調意志

(4) 來龍脈 分擘 枝龍 Energy場의 成穴 同調意志

① Energy 再集合 聚氣 同調意志 → 成穴 Energy場의 穴板 극대화
② Energy 再會合 同調意志 → 成穴 Energy場의 蟬翼 Energy 극대화
③ 中心 Energy 穿心 同調意志 → 成穴 Energy場의 入力 Energy 극대화

(5) 來龍脈 橈棹 변환 Energy場의 成穴 同調意志

① 진행 Energy의 再凝縮 同調意志

② 진행 Energy의 善 방향전환 同調意志

③ 來龍脈 Energy場의 증폭 同調意志

④ 靑白 Energy體 形成 同調意志

⑤ 成穴 凝縮 Energy 形成 同調意志

(6) 來龍脈 支脚 Supporting Energy場의 成穴 同調意志

① 來龍脈 Energy體 균형유지 및 직진안정 同調意志

② 來龍脈 Energy體 일시정지안정 同調意志

③ 來龍脈 Energy體 자력보호 유지안정 同調意志

(7) 來龍脈 止脚 Stopping Energy場의 成穴 同調意志

① 來龍脈 Energy體의 영구정지안정 同調意志

② 來龍脈 Energy體와 주변 Energy體 間 相互同調 安定意志

③ 來龍脈 Energy體의 主副脈 相互同調 安定意志

2) 四神砂 Energy場의 成穴 同調意志

(1) 玄水 Energy場의 成穴 同調意志

① 入首頭腦 入力 Energy場의 용량 극대화 形成 同調意志(聚集安定意志)

② 藏風 Energy場의 穴 安定 효율 극대화 同調意志(通氣 安定意志)

③ 元辰水 Energy場의 穴 凝縮 효율 극대화 同調意志(地氣 調潤 安定意志)

④ 穴場 Energy 안정공급 同調意志(入力 安定意志)

⑤ 善 入力 Energy場의 극대화 形成 同調意志(H Energy 공급, 善性 生起 意志)

(2) 朱火 Energy場의 成穴 同調意志

① 靑白 Energy場의 再凝縮 同調意志

② 穴場 Energy場의 再凝縮 同調意志

③ 穴場, 入首頭腦, 纏脣, 明堂, 蟬翼 Energy場의 善性化 同調意志(O Energy

공급)

(3) 靑木 Energy場의 成穴 同調意志

① 靑蟬翼 左旋 Energy場 形成同調意志

② 靑白 均衡 Energy場 形成同調意志

③ 玄水 ↔ 靑龍 同調 Energy場의 形成意志

④ 靑龍 ↔ 朱火 同調 Energy場의 形成意志

⑤ 穴核 Energy場 凝縮同調意志(N Energy 공급)

(4) 白金 Energy場의 成穴 同調意志

① 白蟬翼 均衡 Energy場 形成 同調意志

② 白靑 安定 Energy場 形成 同調意志

③ 玄水 ↔ 白虎 同調 Energy場의 形成意志

④ 白虎 ↔ 朱火 同調 Energy場의 形成意志

⑤ 穴核 Energy場 凝縮同調意志(C Energy 공급)

3) 風水 환경 Energy場의 成穴 同調意志

(1) 風 Energy場의 成穴 同調意志

① 地氣 Energy場의 生氣 安定 同調意志(N, O Energy 유지보전)

② 局 Energy場의 通氣 安定 同調意志

③ 閉塞 Energy場의 生起 同調意志

④ 水 Energy場의 安定 공급 同調意志

⑤ 穴核 Energy場의 安定 凝縮 同調意志

(2) 水 Energy場의 成穴 同調意志

① 地氣 Energy場 生氣 安定 同調意志(H Energy 유지보전)

② 局 Energy場 調潤 安定 同調意志

③ 穴場 Energy場의 生氣 Energy 공급, 유지보전 同調意志

④ 穴板 Energy場의 소멸방지 同調意志

(3) 기타 환경 Energy場의 成穴 同調意志

① 적정 온도 Energy場의 成穴 同調意志
② 적정 습도 Energy場의 成穴 同調意志
③ 전기장 및 자기장 Energy場의 成穴 同調意志

4) 天體 Energy場의 成穴 同調意志

(1) 祖宗 來龍脈上 天體 Energy場의 成穴 同調意志
(2) 四神砂 局內 天體 Energy場의 成穴 同調意志
(3) 風水砂 Energy場 中 天體 Energy場의 成穴 同調意志
(4) 穴場 中 天體 Energy場의 成穴 同調意志

5) 穴板 Energy場의 穴核 凝縮 同調意志

(1) 入首頭腦 Energy場의 穴核 凝縮 同調意志

① 入首來脈 Energy 再凝縮 同調意志
② 入力 Energy 安定入穴 同調意志
③ 纒脣 Energy 安定供給 同調意志
④ 靑蟬翼 Energy 安定供給 同調意志
⑤ 白蟬翼 Energy 安定供給 同調意志
⑥ 穴核 Energy場 再凝縮 同調意志

(2) 左蟬翼 Energy場의 穴核 凝縮 同調意志

① 入首頭腦 Energy 安定受給 同調意志
② 纒脣 Energy 安定供給 同調意志
③ 白蟬翼 Energy場 均衡安定 同調意志
④ 穴核 Energy 再凝縮 同調意志

(3) 右蟬翼 Energy場의 穴核 凝縮 同調意志

① 入首頭腦 Energy 安定受給 同調意志
② 纏脣 Energy 安定供給 同調意志
③ 靑蟬翼 Energy場 均衡安定 同調意志
④ 穴核 Energy 再凝縮 同調意志

(4) 纏脣 Energy場의 穴核 凝縮 同調意志

① 入首頭腦 Energy 均衡安定 同調意志
② 穴場 餘氣 Energy 安定受給 同調意志
③ 靑蟬翼 Energy 安定受給 同調意志
④ 白蟬翼 Energy 安定受給 同調意志
⑤ 穴核 Energy 再凝縮 同調意志

(5) 鬼砂 Energy場의 穴核 凝縮 同調意志

① 左鬼 Energy場의 靑蟬翼 Energy 安定增幅 同調意志
② 右鬼 Energy場의 白蟬翼 Energy 安定增幅 同調意志
③ 入穴脈 Energy場의 安定增幅 同調意志
④ 穴核 Energy 再凝縮 增幅 同調意志

(6) 曜砂 Energy場의 穴核 凝縮 同調意志

① 靑木蟬翼 曜砂 Energy場의 穴核 Energy 再凝縮 增幅 同調意志
② 白金蟬翼 曜砂 Energy場의 穴核 Energy 再凝縮 增幅 同調意志
③ 穴核 Energy場의 원형 Energy場 再形成 同調意志

(7) 官砂 Energy場의 穴核 凝縮 同調意志

① 明堂 Energy場의 安定形成 同調意志
② 靑蟬翼 Circle Energy場의 安定形成 同調意志
③ 白蟬翼 Circle Energy場의 安定形成 同調意志

④ 穴核 Energy場의 원형 Energy場 再形成 同調 凝縮意志

(8) 穴板 天體 Energy場의 穴核 凝縮 同調意志

① 入首頭腦 Energy場의 上下凝縮 同調意志

② 纏脣 Energy場의 上下凝縮 同調意志

③ 靑蟬翼 Energy場의 上下凝縮 同調意志

④ 白蟬翼 Energy場의 上下凝縮 同調意志

⑤ 穴核 Energy場의 上下凝縮 同調意志

(9) 穴場 基底板 地氣 Energy場의 穴核 凝縮 同調意志

① 入首頭腦 Energy場의 上下凝縮 同調意志

② 纏脣 Energy場의 上下凝縮 同調意志

③ 靑蟬翼 Energy場의 上下凝縮 同調意志

④ 白蟬翼 Energy場의 上下凝縮 同調意志

⑤ 穴核 Energy場의 上下凝縮 同調意志

(10) 穴核 Energy場의 自力的 成穴意志

① 入穴脈 Energy의 安定受給 成穴意志(玄水 入力 Energy 集合融聚 凝縮 秩序)

② 纏脣 Energy場의 安定受給 成穴意志(朱火 反 Energy 集合融聚 凝縮秩序)

③ 靑蟬翼 Energy場의 安定受給 成穴意志(靑木 育成 Energy 集合融聚 凝縮秩序)

④ 白蟬翼 Energy場의 安定受給 成穴意志(白金 育成 Energy 集合融聚 凝縮秩序)

⑤ 天體 Energy場의 安定受給 成穴意志(上下 安定 Energy 集合融聚 凝縮秩序)

6) 기타 補助砂 Energy場의 成穴 同調意志

(1) 玄水 補助砂 Energy場의 成穴 同調意志

① 玄水 Energy場 내에서 形成된 立體 Energy場의 成穴 同調意志
② 玄水 Energy場 내에서 形成된 分擘 Energy場의 成穴 同調意志
③ 玄水 Energy場 내에서 形成된 岩砂 Energy場의 成穴 同調意志

(2) 朱火 補助砂 Energy場의 成穴 同調意志

① 朱火 Energy場 내에서 形成된 立體 Energy場의 成穴 同調意志
② 朱火 Energy場 내에서 形成된 分擘 Energy場의 成穴 同調意志
③ 朱火 Energy場 내에서 形成된 岩砂 Energy場의 成穴 同調意志

(3) 靑木 補助砂 Energy場의 成穴 同調意志

① 靑木 Energy場 내에서 形成된 立體 Energy場의 成穴 同調意志
② 靑木 Energy場 내에서 形成된 曜砂 Energy場의 成穴 同調意志
③ 靑木 Energy場 내에서 形成된 岩砂 Energy場의 成穴 同調意志

(4) 白金 補助砂 Energy場의 成穴 同調意志

① 白金 Energy場 내에서 形成된 立體 Energy場의 成穴 同調意志
② 白金 Energy場 내에서 形成된 曜砂 Energy場의 成穴 同調意志
③ 白金 Energy場 내에서 形成된 岩砂 Energy場의 成穴 同調意志

7) 方位 Energy場의 成穴 同調意志(絶對 및 相對 方位 Energy場 合成)

(1) 玄水 ↔ 朱火 相對 Energy場의 成穴 同調意志

① 中心 相互 Energy場의 成穴 同調意志
② 左右 相互 Energy場의 成穴 同調意志
③ 陰陽 相對 Energy場의 成穴 同調意志

(2) 靑木 ↔ 白金 相對 Energy場의 成穴 同調意志

① 中心 相互 Energy場의 成穴 同調意志
② 上下 相互 Energy場의 成穴 同調意志
③ 陰陽 相對 Energy場의 成穴 同調意志

(3) 玄水 ↔ 靑木 相對 Energy場의 成穴 同調意志

① 中心 相互 Energy場의 成穴 同調意志
② In ↔ Out 相互 Energy場의 成穴 同調意志
③ 陰陽 相對 Energy場의 成穴 同調意志

(4) 玄水 ↔ 白金 相對 Energy場의 成穴 同調意志

① 中心 相互 Energy場의 成穴 同調意志
② In ↔ Out 相互 Energy場의 成穴 同調意志
③ 陰陽 相對 Energy場의 成穴 同調意志

(5) 朱火 ↔ 靑木 相對 Energy場의 成穴 同調意志

① 中心 相互 Energy場의 成穴 同調意志
② 左 關鎖 相互 Energy場의 成穴 同調意志
③ 陰陽 相對 Energy場의 成穴 同調意志

(6) 朱火 ↔ 白金 相對 Energy場의 成穴 同調意志

① 中心 相互 Energy場의 成穴 同調意志
② 右 關鎖 相互 Energy場의 成穴 同調意志
③ 陰陽 相對 Energy場의 成穴 同調意志

3. 穴核 Energy場 同調凝縮의 原理的 고찰

1) 主祖宗山 來龍脈의 穴核 地氣 供給 Energy場 同調原理

(1) 聚氣 分擘 과정에서의 穴核 Energy場 同調原理

① 聚氣 立體 Energy場의 穴核 Energy 供給同調 秩序原理
② 分擘 來龍脈 Energy場의 穴核 Energy 供給同調 秩序原理
③ 分擘 來龍脈 會合 Energy場의 穴核 Energy場 同調 秩序原理

(2) 來龍脈 開帳 과정에서의 穴核 Energy場 同調原理

① 開帳 聚氣 Energy場의 穴核 Energy 供給同調 秩序原理
② 開帳 枝龍脈 Energy場의 穴核 Energy 供給同調 秩序原理
③ 開帳 穿心脈 Energy場의 穴核 Energy 供給同調 秩序原理

(3) 來龍脈 진행 과정(本身 및 枝龍脈)에서의 穴核 Energy場 同調原理

① 正變易 秩序 Energy場의 穴核 Energy場 同調原理
② 垂變易 秩序 Energy場의 穴核 Energy場 同調原理
③ 橫變易 秩序 Energy場의 穴核 Energy場 同調原理
④ 從變易 秩序 Energy場의 穴核 Energy場 同調原理
⑤ 隱變易 秩序 Energy場의 穴核 Energy場 同調原理

(4) 來龍脈 변환 과정(橈棹)에서의 穴核 Energy場 同調原理

① 左突橈棹에서의 穴核 Energy場 同調原理
② 右突橈棹에서의 穴核 Energy場 同調原理
③ 分擘性橈棹에서의 穴核 Energy場 同調原理

(5) 來龍脈 均衡安定 과정(支脚)에서의 穴核 Energy場 同調原理

① 聚氣點 支脚에서의 穴核 Energy場 同調原理
② 過峽點 支脚에서의 穴核 Energy場 同調原理

③ 上昇脈 支脚에서의 穴核 Energy場 同調原理

④ 下降脈 支脚에서의 穴核 Energy場 同調原理

(6) 來龍脈 停止安定 과정(止脚)에서의 穴核 Energy場 同調原理

① 枝龍脈 停止安定 止脚에서의 穴核 Energy場 同調原理

② 橈棹脈 停止安定 止脚에서의 穴核 Energy場 同調原理

③ 支脚 停止安定 止脚에서의 穴核 Energy場 同調原理

(7) 來龍脈 穿心 과정(中出脈)에서의 穴核 Energy場 同調原理

① 穿心 來龍脈 聚氣點에서의 穴核 Energy場 同調原理

② 穿心 來龍脈 過峽點에서의 穴核 Energy場 同調原理

③ 穿心 來龍脈 束氣點에서의 穴核 Energy場 同調原理

2) 四神砂 Energy場의 穴核 Energy場 同調凝縮 原理

(1) 玄水 Energy場의 穴核 Energy場 同調凝縮原理

① 玄水 立體 원형 Energy場에 의한 穴核 Energy場 同調凝縮秩序

② 玄水 開帳 원형 Energy場에 의한 穴核 Energy場 同調凝縮秩序

③ 玄水 穿心 直進 Energy場에 의한 穴核 Energy場 同調凝縮秩序

(2) 朱火 Energy場의 穴核 Energy場 同調凝縮原理

① 朱火 立體 원형 Energy場에 의한 穴核 Energy場 同調凝縮秩序

② 朱火 開帳 원형 Energy場에 의한 穴核 Energy場 同調凝縮秩序

③ 朱火 관쇄 Energy場에 의한 穴核 Energy場 同調凝縮秩序

(3) 靑木 Energy場의 穴核 Energy場 同調凝縮原理

① 靑木 侍立 Energy場에 의한 穴核 Energy場 同調凝縮秩序

② 靑木 曜星 Energy場에 의한 穴核 Energy場 同調凝縮秩序

③ 靑木 保護 育成 凝縮 Energy場에 의한 穴核 Energy場 同調凝縮 秩序

(4) 白金 Energy場의 穴核 Energy場 同調凝縮原理

① 白金 侍立 Energy場에 의한 穴核 Energy場 同調凝縮秩序
② 白金 曜星 Energy場에 의한 穴核 Energy場 同調凝縮秩序
③ 白金 保護 育成 凝縮 Energy場에 의한 穴核 Energy場 同調凝縮 秩序

3) 風水 환경 Energy場의 穴核 Energy場 同調凝縮原理

(1) 風 Energy場의 穴核 Energy場 同調凝縮原理

① 入首風 Energy場에 의한 穴核 Energy場 同調凝縮秩序
② 靑白風 Energy場에 의한 穴核 Energy場 同調凝縮秩序
③ 朱雀風 Energy場에 의한 穴核 Energy場 同調凝縮秩序

(2) 水 Eenergy場의 穴核 Energy場 同調凝縮原理

① 穴場 元辰水 Energy場에 의한 穴核 Energy場 同調凝縮秩序
② 靑白 元辰水 Energy場에 의한 穴核 Energy場 同調凝縮秩序
③ 左右旋 纒護水 Energy場에 의한 穴核 Energy場 同調凝縮秩序
④ 來朝 融聚水 Energy場에 의한 穴核 Energy場 同調凝縮秩序

(3) 기타 환경 Energy場의 穴核 Energy場 同調 凝縮原理

① 수목림 Energy場에 의한 穴核 Energy場 同調凝縮
② 저수지 시설에 의한 穴核 Energy場 同調凝縮
③ 인공산, 인공뚝, 인공제방에 의한 穴核 Energy場 同調凝縮

4) 穴板 Energy場의 穴核 Energy場 同調凝縮原理

(1) 入首頭腦 Energy場의 穴核 Energy 同調凝縮原理

① 入力 Energy 集合 聚氣에 의한 穴核 Energy 同調 凝縮秩序 → 원형 入力 Energy場 供給原理

② 入力 Energy 開帳 垂頭에 의한 穴核 Energy 同調 凝縮秩序 → 원형 保護 Energy場 供給原理

③ 入力 Energy 穿心 入穴에 의한 穴核 Energy 同調 凝縮秩序 → 中心 穴核 Energy 直入 直投原理

(2) 左蟬翼 Energy場의 穴核 Energy 同調凝縮原理

① 靑木 入力 Energy 左旋 安定原理에 의한 穴核 Energy 同調凝縮 → 穴核 Energy 纏護秩序

② 靑木 入力 Energy 侍立 安定原理에 의한 穴核 Energy 同調凝縮 → 穴核 Energy 育成秩序

③ 靑木 Energy 會合 安定原理에 의한 穴核 Energy 同調凝縮 → 穴核 Energy 會合凝縮秩序

(3) 右蟬翼 Energy場의 穴核 Energy 同調凝縮原理

① 白金 入力 Energy 右旋 均衡 安定原理에 의한 穴核 Energy 同調凝縮 → 穴核 Energy 纏護秩序

② 白金 入力 Energy 侍立 安定原理에 의한 穴核 Energy 同調凝縮 → 穴核 Energy 育成秩序

③ 白金 Energy 會合 安定原理에 의한 穴核 Energy 同調凝縮 → 穴核 Energy 會合凝縮秩序

(4) 纏脣 Energy場의 穴核 Energy 同調凝縮原理

① 入穴 餘氣 反 Energy 形成原理에 의한 穴核 Energy 同調凝縮 → 撞背 朱火 反 Energy 供給秩序

② 靑蟬翼 餘氣 反 Energy 形成原理에 의한 穴核 Energy 同調凝縮 → 左旋
反 Energy 供給秩序

③ 白蟬翼 餘氣 反 Energy 形成原理에 의한 穴核 Energy 同調凝縮 → 右旋
反 Energy 供給秩序

(5) 鬼砂 Energy場의 穴核 Energy 同調凝縮原理

① 入力 Energy 再供給 入穴 原理에 의한 穴核 Energy 同調凝縮 → 穴核
Energy 直進力 增幅秩序

② 入力 Energy 左旋 凝縮 原理에 의한 穴核 Energy 同調凝縮 → 穴核
Energy 左旋力 增幅秩序

③ 入力 Energy 右旋 入穴 原理에 의한 穴核 Energy 同調凝縮 → 穴核
Energy 右旋力 增幅秩序

(6) 曜砂 Energy場의 穴核 Energy 同調凝縮原理

① 入力 左旋 Energy 圓形凝縮原理에 의한 穴核 Energy 同調凝縮 → 靑蟬
翼 反 Energy場 再凝縮秩序

② 入力 右旋 Energy 圓形凝縮原理에 의한 穴核 Energy 同調凝縮 → 白蟬
翼 反 Energy場 再凝縮秩序

(7) 官砂 Energy場의 穴核 Energy 同調凝縮原理

① 朱雀 Energy場 反 作用原理에 의한 穴核 Energy 同調凝縮 → 撞背 反
Energy 再凝縮秩序

② 左旋 朱雀 Energy場 反 作用原理에 의한 穴核 Energy 同調原理 → 左旋
反 Energy 再凝縮秩序

③ 右旋 朱雀 Energy場 反 作用原理에 의한 穴核 Energy 同調原理 → 右旋
反 Energy 再凝縮秩序

(8) 穴板 天體 Energy場의 穴核 Energy 同調凝縮原理

天體 Energy → 地氣 Energy 陰陽同調秩序

(9) 穴場 基底板 Energy場의 穴核 Energy 同調凝縮原理

地氣 Energy → 天體 Energy 陰陽同調秩序

5) 기타 補助砂 Energy場의 穴核 Energy場 同調原理

(1) 玄水 補助砂 Energy場의 穴核 Energy場 同調原理

① 입체 원형 Energy體의 원형 Energy場에 의한 穴核 Energy 同調 凝縮原理 → 원형 Energy場 形成秩序

② 開帳 分擘 Energy體의 補調 Circle Energy場에 의한 穴核 Energy 同調 凝縮原理 → Circle Energy場 形成秩序

③ 立體 岩砂 Energy體의 立體 Energy場에 의한 穴核 Energy 同調 凝縮原理 → 再凝縮 Energy場 形成秩序

(2) 朱火 補助砂 Energy場의 穴核 Energy場 同調原理

① 立體 朱火 補助砂의 원형 Energy場에 의한 穴核 凝縮同調 → 원형 立體 Energy場 反 作用秩序

② 朱火 分擘砂의 Circle Energy場에 의한 穴核 凝縮同調 → Circle Energy場 反 作用秩序

③ 水口砂 Energy體에 의한 穴核 凝縮同調 → 特秀 Energy場 反 作用秩序

(3) 靑木 補助砂 Energy場의 穴核 Energy場 同調原理

① 靑木 立體 補助砂 원형 Energy場에 의한 穴核 Energy場 同調 → 원형 立體 Energy場 再凝縮秩序

② 靑木 曜砂 Energy場에 의한 穴核 Energy場 同調 → 원형 Energy場 再凝縮秩序

③ 靑木 岩砂 Energy場에 의한 穴核 Energy場 同調 → 特殊 立體 Energy
場 再凝縮秩序

(4) 白金 補助砂 Energy場의 穴核 Energy場 同調原理

① 白金 立體 補助砂 원형 Energy場에 의한 穴核 Energy場 同調 → 원형 立
體 Energy場 再凝縮秩序
② 白金 曜砂 Energy場에 의한 穴核 Energy場 同調 → 원형 Energy場 再
凝縮秩序
③ 白金 岩砂 Energy場에 의한 穴核 Energy場 同調 → 特秀 立體 Energy
場 再凝縮秩序

6) 方位 Energy場의 相互 同調 關係作用 原理(絶對方位 및 相對方位 合成 槪念)

(1) 玄水 ↔ 朱火 Energy場의 相互 同調關係 作用 原理

主體 入力 Energy 및 그 Energy場과 客體 入力 Energy 및 그 Energy場의
相互 Energy場 同調作用에 의한 陰陽 合一的 凝縮 Energy場 形成 → 穴核
Energy 및 그 Energy場의 同調凝縮秩序 形成

(2) 靑木 ↔ 白金 Energy場의 相互 同調關係 作用 原理

靑白 均衡 意志에서 形成된 원형 Energy場이 左右에서 均等安定凝縮
Energy場을 形成하고 이 Energy場은 穴核 Energy場을 凝縮 同調함으로써 善
美 强健한 安定 원형 Energy場이 穴核 Energy에 공급된다. → 穴核 左右 均衡
凝縮 安定秩序

(3) 玄水 ↔ 靑木 Energy場 同調關係 作用 原理

玄水의 立體 원형 Energy場이 靑木 원형 Energy場을 재창조해가는 과정에
서 穴核 Energy 및 그 Energy場을 再凝縮 同調케 하는 원형 Energy場을 發生
하게 된다. → 穴核 Energy 左旋 再凝縮 同調秩序

(4) 玄水 ↔ 白金 Energy場 同調關係 作用 原理

玄水의 立體 원형 Energy場이 白金 원형 Energy場을 재창조해가는 과정에서 穴核 Energy 및 그 Energy場을 再凝縮 同調케 하는 원형 Energy場을 發生하게 된다. → 穴核 Energy 右旋 再凝縮 同調秩序

(5) 朱火 ↔ 靑木 Energy場 同調關係 作用 原理

先到한 朱火 Energy 反作用에 의해 靑木 末端 Energy場이 원형 Circle Energy場으로 발전하여 左下端 穴核 Energy를 凝縮同調하게 된다. → 朱火 右端 穴核 Energy場 凝縮秩序

(6) 朱火 ↔ 白金 Energy場 同調關係作用 原理

先到한 朱火 Energy 反作用에 의해 白金 末端 Energy場이 원형 Circle Energy場으로 발전하여 右下端 穴核 Energy를 凝縮同調하게 된다. → 朱火 左端 穴核 Energy場 凝縮秩序

7) 天體 Energy場의 穴核 Energy場 同調原理

(1) 祖宗來龍脈上의 天體 Energy場의 穴核 Energy場 同調原理

① 聚氣 集合 立體 Energy場 上下 安定 同調秩序 Energy場 공급
② 分擘 枝龍 Energy場의 上下 安定 進行秩序 Energy場 공급
③ 附屬砂, 橈棹, 支脚, 止脚 등의 上下 安定 發生 秩序 Energy場 공급

(2) 四神砂局內 天體 Energy場의 穴核 Energy場 同調 凝縮原理

① 玄水 Energy場의 上下 安定構造 形成秩序 Energy場 공급
② 朱火 Energy場의 上下 安定構造 形成秩序 Energy場 공급
③ 靑木 Energy場의 上下 安定構造 形成秩序 Energy場 공급
④ 白金 Energy場의 上下 安定構造 形成秩序 Energy場 공급

(3) 風水砂 內 天體 Energy場의 穴核 Energy場 同調凝縮原理

① 風 Energy場의 上下 安定構造 形成秩序 Energy場 공급
② 水 Energy場의 上下 安定構造 形成秩序 Energy場 공급

(4) 穴場 內 天體 Energy場의 穴核 Energy場 同調凝縮原理

① 入首頭腦 Energy場의 立體, 聚氣, 集合, 上下 安定構造 形成秩序 Energy場 공급
② 左右 蟬翼 Energy場의 纒護, 育成, 凝縮, 上下 安定構造 形成秩序 Energy場 공급
③ 纒脣 明堂 Energy場의 穴核 容器, 再凝縮 上下 安定構造 形成秩序 Energy場 공급
④ 穴核 Energy의 上下 圓滿構造 形成秩序 Energy場 공급

4. 祖宗山 來龍脈 Energy場의 成穴 同調 및 干涉作用

1) 同調 Energy場의 成穴 Energy 供給作用

祖宗山으로부터 발달한 來龍脈 전반의 Energy 및 그 Energy場은 전적으로 消滅性 Energy場을 제외하고는 전체적인 陰陽 合成 同調 Energy場을 形成하여 穴場 成穴 Energy場을 形成하는 데에 모든 成穴 同調意志 실현의 책무와 사명을 다한다. → 成穴 Energy 入力 同調作用

① 聚氣 集合 同調 → 圓滿 成穴同調
② 分擘 Energy 供給同調 → 3合 成穴同調
③ 左右 纒護砂 Energy 供給同調 → 2合 成穴同調
④ 橈棹 變換 Energy 供給同調
⑤ 支脚 安定 Energy 供給同調

2) 刑 干涉 Energy場의 成穴 Energy 干涉作用

祖宗山 來龍脈이 成穴意志를 실현하고자 來龍脈을 발달시키고 再集合 聚氣하는 과정에서도 주변의 山脈과 相互 干涉하거나 天體 Energy場의 干涉 또는 풍수 Energy場의 干涉으로 약 75%의 Energy體 및 그 Energy場이 소멸된다. → 그중에서 가장 강한 것 중 하나인 것이 刑 干涉 Energy場의 作用이다.

3) 沖 干涉 Energy場의 成穴 Energy 沖 干涉作用

刑 干涉 作用原理와 동일한 Energy場의 干涉 消滅作用이다(枝龍과 枝龍 間, 橈棹와 橈棹 間 Energy體 干涉 消滅作用이다).

4) 破 干涉 Energy場의 成穴 Energy 破 干涉作用

刑沖 干涉 Energy場보다는 다소 약한 特性의 干涉 消滅作用이다(주로 風水害 또는 劫龍과 橈棹에 의한 용맥 파괴 Energy場이다).

5) 害 干涉 Energy場의 成穴 Energy 害 干涉作用

破 干涉 Energy場보다 다소 약한 干涉 消滅作用이다(주로 支脚과 支脚 間에서 發生한다).

6) 怨嗔 干涉 Energy場의 成穴 Energy 怨嗔 干涉作用

相互 葛藤的 消滅 進行的 Energy場 干涉作用이다(주로 橈棹와 橈棹, 支脚과 支脚 間에서 發生한다).

5. 四神砂 Energy場의 成穴 同調 및 干涉作用(方位 Energy場 概念도 包含)

1) 同調 Energy場의 相互作用

(1) 玄水 ↔ 朱火 Energy場의 相互 同調作用(子-午 水火 Energy 同調作用)

四神砂의 陰陽 同調 Energy場으로서 穴場 Energy 및 그 Energy場을 形成함에 있어서 가장 중요한 相互 同調 生氣作用이다.

(2) 靑木 ↔ 白金 Energy場의 相互 同調作用(寅-戌, 辰-申, 卯-酉 木金 Energy 同調作用)

穴場 Energy 및 그 Energy場을 均衡 安定시키고 穴核 Energy의 縱 構造 特性을 원만케 결정하는 매우 생산적 특성의 Energy場 相互同調作用이다.

(3) 玄水 ↔ 靑木 Energy場의 相互 同調作用(子-寅, 辰 Energy 同調作用)

入力 Energy의 효율적 진행 停止安定과 穴核 Energy의 이상적 圓滿構造를 形成시키는데 필요한 陽 Energy 形成特性의 同調作用이다. 생산과 진취의지를 실현코저 하는 활동적 Energy場 作用이다.

(4) 玄水 ↔ 白金 Energy場의 相互 同調作用(子-戌, 申 Energy 同調作用)

靑木 Energy場 間 均衡安定을 위해 玄水 入力 Energy를 右旋 서클화함으로써 穴核 Energy場을 원만 안정시키고 극대화한다. 주로 穴場 意志를 결속시키고 안정시키며 강건케 한다.

(5) 朱火 ↔ 靑木 Energy場의 相互 同調作用(午-寅, 辰 Energy 同調作用)

朱火 右端 反 Energy 및 그 Energy場을 공급받음으로써 靑木 Energy場을 안정시키고 穴核 Energy를 再凝縮케 한다. 結束意志가 강하고 成穴의 橫 凝縮 Energy場을 공급한다.

(6) 朱火 ↔ 白金 Energy場의 相互 同調作用(午-戌, 申 Energy 同調作用)

朱火 左端 反 Energy 및 그 Energy場을 공급받음으로써 白金 Energy場을 안정시킴은 물론 穴核 Energy를 再凝縮 안정시키고 成穴의 橫 凝縮 Energy場을 공급한다.

2) 干涉 Energy場의 相互作用

(1) 玄水 ↔ 朱火 Energy場의 相互 干涉作用

玄水 ↔ 朱火 Energy場의 相互 刑沖破害怨嗔 干涉作用 → 入首頭腦와 纏脣에 刑沖破害怨嗔 發生(子-午의 刑沖破害怨嗔 作用)

(2) 靑木 ↔ 白金 Energy場의 相互 干涉作用

靑木 ↔ 白金 Energy場의 相互 刑沖破害怨嗔 干涉作用 → 靑龍과 白虎의 內面部에 刑沖破害怨嗔 發生 → 역시 靑蟬翼-白蟬翼-穴場 좌우에 干涉결과가 드러난다(卯-酉, 寅-申, 辰-戌의 刑沖破害怨嗔 作用).

(3) 玄水 ↔ 靑木 Energy場의 相互 干涉作用

玄水, 靑木 間 Energy場 干涉作用이 形成되면 靑龍 過峽 干涉 Energy場에 의한 左蟬翼 어깨側 刑沖破害怨嗔 殺이 發生한다(子寅辰의 刑沖破害怨嗔 作用).

(4) 玄水 ↔ 白金 Energy場의 相互 干涉作用

역시 玄水, 白金 間 Energy場의 干涉作用이 形成되면 白虎 過峽 干涉 Energy場에 의한 右蟬翼 어깨側 刑沖破害怨嗔 殺이 發生한다(子戌申의 刑沖破害怨嗔 作用).

(5) 朱火 ↔ 靑木 Energy場의 相互 干涉作用

朱火 反 Energy場과 靑木 左下端部의 干涉作用으로 靑側 關鎖特性이 불량한

Energy場에 의해서 刑沖破害怨嗔殺이 發生한다. → 左 關鎖 不良 (辰-巳, 午의 刑沖破害怨嗔 作用)

(6) 朱火 ↔ 白金 Energy場의 相互 干涉作用

朱火 反 Energy場과 白金 右下端部의 干涉作用으로 白側 關鎖特性이 불량한 Energy場에 의해서 刑沖破害怨嗔殺이 發生한다. → 右 關鎖 不良(午, 未-申 刑沖破害怨嗔 作用)

6. 風水 Energy場의 成穴 同調 및 干涉作用

1) 風水 Energy場의 成穴 同調作用

(1) 元辰水, 風 Energy場의 成穴 同調作用

元辰 계곡을 타고 흘러드는 風水 Energy場에 의해 穴場板 지질의 Energy 및 그 Energy場 안정과 보존 육성의 효율성이 재고된다. 穴場 ∠180° 방향을 지나가는 風水 Energy場만이 穴核 Energy를 동조할 수 있다.

(2) 左旋水, 風 Energy場의 成穴 同調作用

左旋 계곡을 따라 穴前 ∠180° 방향을 안고 도는 風水 Energy場은 穴核 Energy 및 그 Energy場을 증폭 확대시킴은 물론 靑白砂 Energy體에도 안정된 기운을 공급한다.

(3) 右旋水, 風 Energy場의 成穴 同調作用

右旋 계곡을 따라 穴前 ∠180° 방향을 안고 도는 風水 Energy場은 역시 穴核 Energy 및 그 Energy場을 증폭 확대시킴은 물론 靑白砂 Energy體에도 안정된 기운을 공급한다.

(4) 朝來水, 風 Energy場의 成穴 同調作用

穴場 面前을 향해 들어오는 來朝風水 Energy場은 직접 穴場 Energy場을 凝縮 安定시킴은 물론 玄水, 靑白 Energy場을 효과적으로 안정 동조시키기도 한다.

(5) 融聚水, 風 Energy場의 成穴 同調作用

穴前 融聚水는 모든 風水 Energy가 穴前에 모여 들어오는 Energy場인 까닭에 穴核의 Energy 增幅 同調는 물론 穴板과 주변 穴場 部屬砂 Energy場을 두루 안정시키는 데 효과적인 작용을 한다. 穴場을 때리는 風水 Energy場은 穴前 纏唇砂를 刑함은 물론 靑白砂를 刑함으로써 궁극적으로 穴核 Energy 및 그 Energy場을 파괴시킨다.

2) 風水 Energy場의 干涉作用

(1) 刑 水風 Energy場의 穴核 Energy 干涉作用

① $\theta = \angle 180°$의 刑 水風殺
② $\theta = \angle 90°$의 刑 水風殺

(2) 沖 水風 Energy場의 穴核 Energy 干涉作用

① $\theta = \angle 180°$의 沖 水風殺

(3) 破 水風 Energy場의 穴核 Energy 干涉作用

① $\theta = \angle 90°$의 破 水風殺

(4) 害 水風 Energy場의 穴核 Energy 干涉作用

① $\theta = \angle 30°$의 害 水風殺

(5) 怨嗔 水風 Energy場의 穴核 Energy 干涉作用

① $\theta = \angle 30°$의 怨嗔 水風殺

7. 方位 Energy場의 成穴 同調 및 干涉作用(絶對 方位 槪念)

1) 方位 Energy場의 穴核 Energy 同調作用

(1) 玄水 ↔ 朱火 Energy場의 穴核 Energy 同調作用
(子-午 水火 同調 凝縮 作用)

(2) 靑木 ↔ 白金 Energy場의 穴核 Energy 同調作用
(卯-酉, 寅-戌, 辰-申 木金 同調 凝縮 作用)

(3) 玄水 ↔ 靑木 Energy場의 穴核 Energy 同調作用
(子-寅, 辰 通氣 凝縮 同調 作用)

(4) 玄水 ↔ 白金 Energy場의 穴核 Energy 同調作用
(子-戌, 申 通氣 凝縮 同調 作用)

(5) 朱火 ↔ 靑木 Energy場의 穴核 Energy 同調作用
(午-辰, 寅 再凝縮 同調 作用)

(6) 朱火 ↔ 白金 Energy場의 穴核 Energy 同調作用
(午-申, 戌 再凝縮 同調 作用)

2) 方位 Energy場의 穴核 Energy 干涉作用(絶對方位 槪念)

(1) 玄水 ↔ 朱火 Energy場의 穴核 Energy 干涉作用
(子-午 Energy 刑沖破害怨嗔殺)

(2) 靑木 ↔ 白金 Energy場의 穴核 Energy 干涉作用
(卯-酉, 寅-戌, 辰-申 Energy 刑沖破害怨嗔殺)

(3) 玄水 ↔ 靑木 Energy場의 穴核 Energy 干涉作用
(子-寅, 辰 刑沖破害怨嗔殺, 丑-寅, 辰 干涉殺)

(4) 玄水 ↔ 白金 Energy場의 穴核 Energy 干涉作用
(子-戌, 申 刑沖破害怨嗔殺)

(5) 朱火 ↔ 靑木 Energy場의 穴核 Energy 干涉作用
  (午-辰, 寅 刑沖破害怨嗔殺)

(6) 朱火 ↔ 白金 Energy場의 穴核 Energy 干涉作用
  (午-申, 戌 刑沖破害怨嗔殺)

8. 穴場 Energy場의 穴核 Energy 凝縮 同調 및 干涉作用

1) 穴場 Energy場의 穴核 Energy 凝縮同調作用

(1) 入首頭腦 Energy場의 穴核 Energy 凝縮 同調作用

① 入力 Energy 변환 → 立體 集合 聚氣 Energy場에 의한 穴核 Energy 凝縮作用

② 入穴脈 發生 → 穴核 入力 Energy場에 의한 穴核 Energy 供給作用

③ 纏脣 相對 Energy場 發生 → 穴核 Energy 容器 形成意志와 纏脣 明堂 Energy場 安定意志에 의한 穴核 Energy 再凝縮 同調作用

(2) 左蟬翼 Energy場의 穴核 Energy 凝縮 同調作用

① 入力 Energy의 左旋 會合意志에 의한 穴核 Energy 育成凝縮 同調作用

② 陰陽 Energy 均衡 維持意志에 의한 穴核 Energy 圓滿凝縮 同調作用

③ 左旋 餘氣 Energy場 安定意志에 의한 穴核 Energy 圓型凝縮 同調作用

(3) 右蟬翼 Energy場의 穴核 Energy 凝縮 同調作用

① 入力 Energy의 右旋 會合意志에 의한 穴核 Energy 育成凝縮 同調作用

② 陰陽 Energy 均衡 維持意志에 의한 穴核 Energy 圓滿凝縮 同調作用

③ 右旋 餘氣 Energy場 安定意志에 의한 穴核 Energy 圓型凝縮 同調作用

(4) 纏脣 Energy場의 穴核 Energy 凝縮 同調作用

① 朱火 反 Energy의 回向意志에 의한 穴核 下部 Energy 凝縮 同調作用

② 朱火 右下端 反 Energy 回向意志에 의한 穴核 左下部 Energy 凝縮 同調
作用

③ 朱火 左下端 反 Energy 回向意志에 의한 穴核 右下部 Energy 凝縮 同調
作用

(5) 鬼砂 Energy場의 穴核 Energy 凝縮 同調作用

① 入首頭腦 Energy 및 그 Energy場의 再融聚 同調作用
② 入穴脈 Energy 및 그 Energy場의 再入力 凝縮 同調作用
③ 穴核 Energy 左右旋 特性 增幅 同調作用

(6) 曜砂 Energy場의 穴核 Energy 凝縮 同調作用

① 靑曜砂 左旋意志에 의한 穴核 左方 再凝縮 同調作用
② 白曜砂 右旋意志에 의한 穴核 右方 再凝縮 同調作用
③ 그중 曜砂 左右旋意志에 의한 穴核 Energy 圓滿凝縮 再同調作用

(7) 官砂 Energy場의 穴核 Energy 凝縮 同調作用

① 穴核 餘氣의 朱火 反 Energy 安定凝縮意志에 의한 穴核 Energy 下部 中
心 再凝縮 同調作用

② 靑蟬翼 餘氣의 朱火 反 Energy 安定凝縮意志에 의한 穴核 Energy 左 下
部 再凝縮 同調作用

③ 白蟬翼 餘氣의 朱火 反 Energy 安定凝縮意志에 의한 穴核 Energy 右 下
部 再凝縮 同調作用

(8) 穴 基底板 Energy場의 穴核 Energy 凝縮 同調作用

① 基底 隆起 中心 Energy의 穴核 中心凝縮 同調作用
② 基底 隆起 中心 周邊 Energy의 穴場 凝縮 同調作用
③ 天體 Energy場 均衡維持意志에 의한 上下凝縮 同調作用

2) 穴場 Energy場의 干涉作用

(1) 入首頭腦 Energy場의 穴核 Energy 干涉作用

① 入力 Energy 및 그 Energy場의 刑沖破害怨嗔 干涉作用
② 聚氣 集合 融聚 過程의 刑沖破害怨嗔 干涉作用
③ 入穴過程의 刑沖破害怨嗔 干涉作用
④ 左右旋 蟬翼 Energy 供給過程의 刑沖破害怨嗔 干涉作用
⑤ 纏脣 明堂 均衡安定過程의 刑沖破害怨嗔 干涉作用
⑥ 天體 Energy場 間 同調過程의 刑沖破害怨嗔 干涉作用

(2) 左蟬翼 Energy場의 穴核 Energy 干涉作用

① 入首頭腦 Energy 左旋受給過程의 刑沖破害怨嗔 干涉作用
② 靑木 Energy場 受給過程의 刑沖破害怨嗔 干涉作用
③ 纏脣 Energy場 受給形成過程의 刑沖破害怨嗔 干涉作用
④ 靑白 蟬翼 均衡安定過程의 刑沖破害怨嗔 干涉作用

(3) 右蟬翼 Energy場의 穴核 Energy 干涉作用

① 入首頭腦 Energy 受給過程의 刑沖破害怨嗔 干涉作用
② 白金 Energy場 受給過程의 刑沖破害怨嗔 干涉作用
③ 纏脣 Energy場 受給形成過程의 刑沖破害怨嗔 干涉作用
④ 靑白 蟬翼 均衡安定過程의 刑沖破害怨嗔 干涉作用

(4) 纏脣 Energy場의 穴核 Energy 干涉作用

① 朱火 反 Energy場 受給過程의 刑沖破害怨嗔 干涉作用
② 靑蟬翼 餘氣 Energy 受給過程의 刑沖破害怨嗔 干涉作用
③ 白蟬翼 餘氣 Energy 受給過程의 刑沖破害怨嗔 干涉作用

(5) 鬼砂 Energy場의 穴核 Energy 干涉作用

① 入首頭腦 Energy 再凝縮過程의 刑沖破害怨嗔 干涉作用

② 左旋 Energy 再供給過程의 刑沖破害怨嗔 干涉作用
③ 右旋 Energy 再供給過程의 刑沖破害怨嗔 干涉作用

(6) 曜砂 Energy場의 穴核 Energy 干涉作用

① 靑木 Energy 受給過程의 刑沖破害怨嗔 干涉作用
② 穴核 Energy 再凝縮過程의 刑沖破害怨嗔 干涉作用
③ 纒脣 Energy 供給過程의 刑沖破害怨嗔 干涉作用

(7) 官砂 Energy場의 穴核 Energy 干涉作用

① 朱火 Energy場 受給過程의 刑沖破害怨嗔 干涉作用
② 靑白蟬翼 Energy 再凝縮過程의 刑沖破害怨嗔 干涉作用
③ 入首頭腦 Energy 均衡安定過程의 刑沖破害怨嗔 干涉作用

(8) 穴基底板 Energy場의 穴核 Energy 干涉作用

① 基底板 核 隆起過程의 刑沖破害怨嗔 干涉作用
② 基底板 穴場 形成過程의 刑沖破害怨嗔 干涉作用
③ 基底板 天體 Energy場 同調過程의 刑沖破害怨嗔 干涉作用

3) 天體 Energy場의 穴核 Energy 同調 및 干涉作用

(1) 天體 Energy場의 穴核 Energy 同調作用

① 入首頭腦 Energy의 圓滿 Energy 및 그 Energy場 形成을 위한 同調作用
② 入首頭腦 Energy의 入穴 Energy 및 그 Energy場 形成을 위한 同調作用
③ 左右蟬翼의 圓滿 Energy 및 그 Energy場 形成을 위한 同調作用
④ 纒脣의 圓滿 Energy 및 그 Energy場 形成을 위한 同調作用
⑤ 穴核 Energy 圓型凝縮 Energy場 形成을 위한 同調作用

(2) 天體 Energy場의 穴核 Energy 干涉作用

① 入首頭腦 Energy場 干涉作用

② 入穴 Energy 干涉作用

③ 左右蟬翼 Energy場 干涉作用

④ 纏脣 Energy 干涉作用

⑤ 穴核 Energy 干涉作用

9. 穴場 및 穴核 形成 秩序와 그 Energy場의 同調原理

1) 穴場 및 穴核 形成 秩序와 그 Energy場의 同調原理

(1) 穴場 및 穴核果 Energy 形成原理

穴場은 묘지나 집터의 穴核果로서 중앙 最中心에 穴核을 담고 있는 용기와도 같다. 穴場이 形成되기 위한 來龍脈의 흐름은 太祖山에서 出脈한 수많은 聚氣 集合 立體 Energy體 分擘과 變易과정을 거듭하면서 中祖山과 小祖山을 거쳐 玄武 頂을 비롯한 四神砂 局 Energy場을 形成하기에까지 이른다.

玄武頂에서 다시 出脈한 入首脈은 四神砂 Energy場의 同調凝縮場 安定處에 서 각종 Energy場의 緣分砂를 만나 穴場을 形成하게 되는데, 바로 이 穴場에 대자연의 生命 Energy가 同調 凝縮되는 것이다. 여기서 각종 Energy場 緣分 砂란 穴場을 保護, 育成, 凝縮해주는 局四神砂를 비롯한 24방위의 모든 砂와 水의 Energy場을 말하며 이들이 形成해놓은 穴場 4果 즉, 入首頭腦 Energy 體, 纏脣 Energy體, 靑白蟬翼 Energy體, 그리고 天體 Energy場까지 함께 포 함한다.

이들의 각종 緣分砂 Energy場은 항상 穴場보다 먼저 穴 주변에 도달하여 同 調 Energy場의 穴場 form을 形成하게 되는데 이때 來龍脈으로부터의 成穴意志 穿心脈 Energy體가 그 본연의 核 生命 生氣 意志를 발로하면서 同調 Energy場 form 속에 穿心 入脈 核 Energy를 공급하게 된다.

이와 같은 과정에서 入穴된 核 生命 Energy體는 주변 각종 Energy場 연분 의 凝縮 同調秩序에 따라 核 생명 Energy를 증폭 강화시키게 되고 이 증폭 확대 된 穴核 Energy體는 모든 生命현상의 근본 Energy 및 그 Energy場을 재창조 적으로 개선 공급하게 된다.

(2) 四神砂 凝縮同調 穴核 Energy場 形成秩序

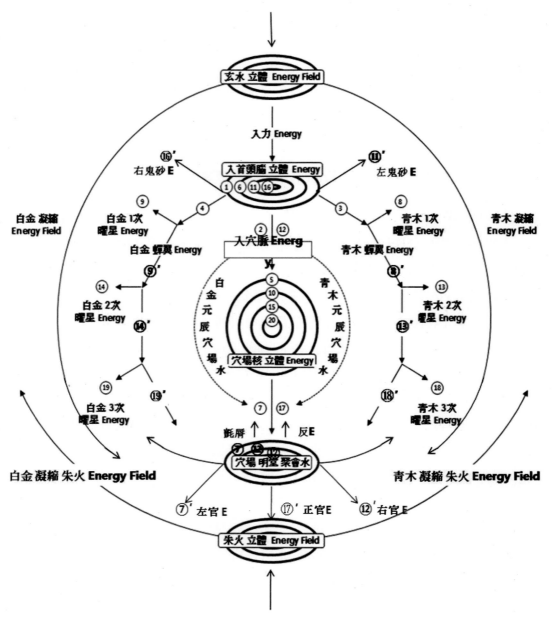

〈그림 2-235〉四神砂 凝縮同調 穴核 Energy場 形成秩序圖

(3) 穴場 및 穴核 形成의 秩序構造

穴場의 穴核 Energy 및 그 Energy場 형성 구조를 자세히 살펴보면 다음과 같은 秩序에 의해 穴場이 형성되고 있음을 알 수 있다.

첫째, 入首脈의 入力 Energy는 聚氣集合 秩序原理에 의해 제1차 安定聚集 点을 형성하여 入首頭腦 Energy 및 그 Energy場을 형성한다. 入首頭腦 Energy體는 立體構造로서 聚集安定特性과 凝縮組織結 생성구조를 지니고 있으며, 마치 결구배추가 생성되는 모습과 유사한 형식으로 1單位 Energy場化 되어 반복적으로 형성된다. 이때 發生하는 鬼砂 Energy는 橈棹發生秩序를 따라 발달한다.

둘째, 入首頭腦 Energy體에서 공급된 入穴 入力 Energy는 Energy 直進秩序原理에 의해 穴場으로 들어가는 入穴脈 Energy가 되어 穴場을 만들기 위한 기초 Energy 및 그 Energy場 기반을 형성한다. 동시에 案山의 朱火 Energy 및 그 Energy場 역시 그 Energy 직진원리에 의해 직진성 Energy 및 그 Energy場을 穴場으로 凝縮하면서 제2차 纏脣 Energy體 安定을 취하게 된다. 동시에 入力 Energy는 直進慣性特性 Energy 생성구조를 지니고 있으며, 朱火 Energy場과 陰陽 均衡安定을 이루게 된다.

셋째, 제3차 入首頭腦의 安定 Energy는 太陽 Energy의 左旋秩序原理에 의해 左旋 Energy인 立線構造의 Energy 및 그 Energy場인 靑龍蟬翼을 만들어 左旋 Circle 穴核 凝縮 同調 Energy場을 형성한다.

넷째, 제4차 入首頭腦의 安定 Energy는 均衡 平等安定原理에 의해 右旋 Energy인 立線構造의 Energy 및 그 Energy場인 白虎蟬翼을 만들어 右旋 Circle 穴核 凝縮 同調 Energy場을 형성한다.

다섯째, 제5차 入首頭腦의 安定 Energy는 四神砂인 玄武, 朱雀, 靑龍, 白虎의 相互同調凝縮과 入穴脈 Energy의 最適安定秩序維持原理에 의해 穴場 中心에 天(穿)心成穴意志 穴核 Energy를 공급하여 穴核 Energy 및 그 Energy場을 형성하게 된다.

여섯째, 제1차 入力來龍으로부터 재공급된 成穴 Energy는 1차로 취집 안정된 入首頭腦 Energy體에 제6차로 재결집 凝縮된다.

일곱째, 제6차 入首頭腦 聚集 凝縮 Energy로부터 재공급되는 穿心 Energy

로서 직진성 秩序原理에 의해 入穴脈 또는 纒脣으로 재공급 凝縮되는 成穴 Energy 및 그 Energy場을 형성한다. 제2차 入穴 Energy 餘氣는 朱火 Energy場의 陰陽 同調原理에 의해 제7차로 纒脣 Energy 및 그 Energy場을 형성하고 이때 발달한 官砂 Energy는 橈棹 發生秩序에 의해 형성된다.

여덟째, 入首頭腦로부터 출발한 제3차 左旋 Circle Energy場이 제8차 靑龍 蟬翼 Energy 및 그 Energy場을 형성하게 되는데 이때에 발달한 曜砂 Energy 는 橈棹 發生秩序原理에 의해 형성된다.

아홉째, 入首頭腦로부터 출발한 제4차 右旋 Cicle Energy場이 또다시 제9 차 白虎蟬翼 Energy 및 그 Energy場을 형성하게 되는데 이때에 발달한 曜砂 Energy는 역시 橈棹 發生秩序原理에 의해 형성된다.

열 번째, 入首頭腦로부터 출발한 제2차 入穴脈 直進特性의 Energy는 다시 제10차로 穴場 中心에 穴核 Energy 및 그 Energy場을 공급하면서 최적안정을 유지한다. 이는 穴場 四果의 凝縮同調 秩序原理에 의해 형성된다.

이와 같은 순서로 순환 반복되면서 穴場에는 穴核果 Energy 및 그 Energy 場이 형성되게 된다.

(4) 穴 凝縮 同調秩序

① 入首頭腦 Energy 및 그 Energy場 形成原理 → Energy體 停止安定廻向 特性秩序

② 入穴脈 Energy 및 纒脣 Energy 形成原理 → 凝縮 Energy 直進 于先 特性과 朱火 Energy 陰陽 均衡安定 特性 秩序

③ 左蟬翼 Energy 形成原理 → 태양-地氣 Energy 左旋 特性秩序

④ 右蟬翼 Energy 形成原理 → 左右蟬翼 Energy 間 陰陽 均衡安定 特性 秩序

⑤ 穴核果 形成原理 → 穴場 四果 : 入首頭腦, 纒脣, 兩蟬翼, 穴核 凝縮同調 Energy 最上 停止 安定 特性秩序(= 生命 Energy 形成原理)

⑥ 穴場 鬼砂 Energy 形成原理 → 玄水 側 後樂砂 Energy場 凝縮 反作用 特性秩序

⑦ 穴場 官砂 Energy 形成原理 → 朱火 側 凝縮 反作用 Energy 特性秩序

⑧ 穴場 曜砂 Energy 形成原理 → 靑白 Energy體 凝縮 反作用 特性秩序

2) 穴場 및 穴核 Energy場의 제반 特性分析

(1) 形勢論的 特性分析

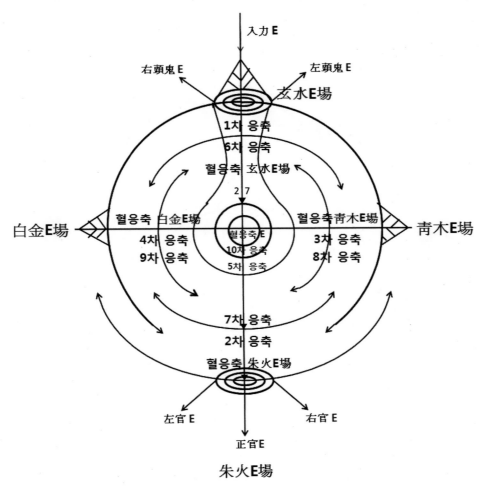

〈그림 2-236〉形勢論的 特性分析圖

※ 形勢論 特性
① 四象 陰陽 特性分析
窩鉗穴場 : ⊖Energy場(窩鉗陰陽 ~ 窩 : ⊖Energy場, 鉗 : ⊕Energy
場) 特性分析

乳突穴場 ：⊕Energy場(乳突陰陽 ～ 乳 ：⊖Energy場, 突 ：⊕Energy
場) 特性分析
② 長短 陰陽 ： 長方穴場 ⊖Energy場 特性分析
短圓穴場 ⊕Energy場 特性分析
③ 縱橫 陰陽 ： 縱垂穴場 ⊕Energy場, 橫垂穴場 ⊖Energy場 特性分析

(2) 構造組織論的 特性分析

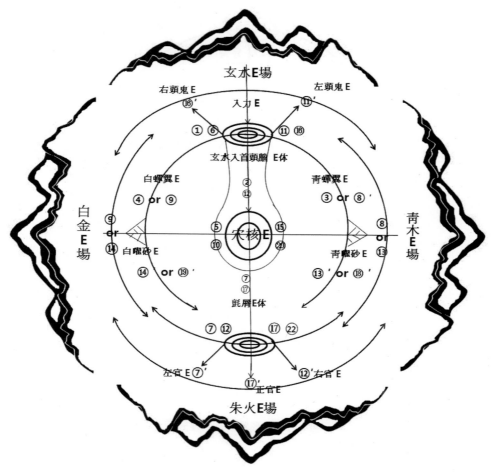

〈그림 2-237〉構造 組織論的 特性分析圖

※ 構造的 特性

① 立體構造 Energy 및 그 Energy場 特性分析(立體面 凝縮 組織 構造)

② 線構造 Energy 및 그 Energy場 特性分析(線面 進行 組織 構造)

③ 複合構造 Energy 및 그 Energy場 特性分析(立體面 先發生 線面 後發生의 複合 組織 構造)

(3) 陰陽論的 特性分析

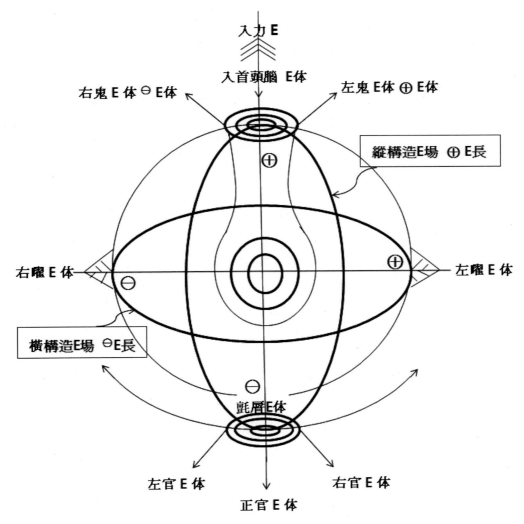

〈그림 2-238〉 陰陽論的 特性分析圖

　① 玄-朱 陰陽 ～ 玄水 Energy體 ： ⊕Energy體
　　　　　　　　　朱火 Energy體 ： ⊖體 特性分析
　② 靑-白 陰陽 ～ 靑木 Energy體 ： ⊕Energy體
　　　　　　　　　白金 Energy體 ： ⊖體 特性分析
　③ 縱-橫 陰陽 ～ 玄朱同調 Energy場 ： 縱同調 ⊕Energy場 特性分析
　　　　　　　　　靑白同調 Energy場 ： 橫同調 ⊖Energy場 特性分析

(4) 五行論的 特性分析

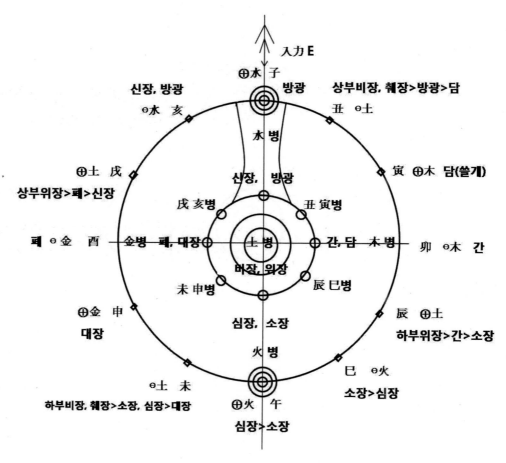

〈그림 2-239〉 五行論的 特性分析圖

※ 五行論 特性: 水火木金土 五行理氣別 穴場 및 穴核 Energy 特性分析

(5) 性象論的 特性分析

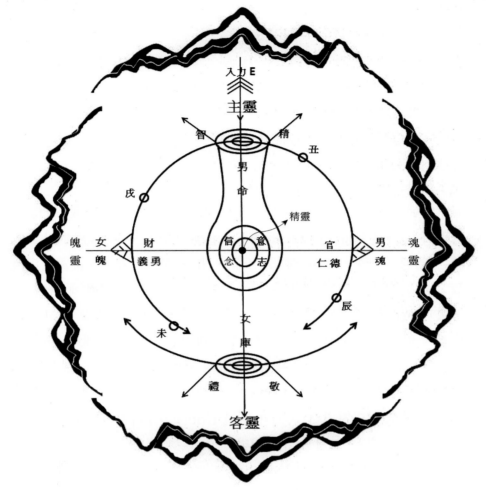

〈그림 2-240〉性象論的 特性分析圖

※ 性象的 特性

善惡, 美醜, 尊卑, 貴賤, 遠近, 立坐, 聚陷, 散集, 凹凸, 深淺, 大小, 强弱,

高低, 長短, 圓方, 曲直, 正斜, 平埈, 端偏, 腹側, 生死, 老少, 起伏, 狹闊,

突起, 陷沒, 背走, 回歸, 背面, 行止 別 特性分析

第5章 　　　　　　　　　　　　　　　　　　　　　　風水論

※ 風水勢의 一般論

風水勢는 一般的으로 穴場 및 穴核과 그 外廓 四神砂를 保護, 維持, 育成, 管理하는 가장 所重한 地表 環境 Energy體이다. 따라서 風水의 Energy 體는 善惡·美醜, 大小·强弱, 正斜·曲直, 陰陽·順逆, 淸濁·深淺, 聚散·廣狹, 長短·遠近, 高低·遲速, 背走·回歸 等의 特性에 따라 穴場의 力量과 特性을 결정케 한다. 물 가는 곳을 따라 바람이 오고 가고, 물의 溫度差에 따라 바람 길이 결정된다. 즉 낮바람은 穴場 아래에서 올라오고 밤바람은 穴場 뒤에서 내려온다. 역시 물의 溫度 또한 낮에는 穴場 아래가 낮고 밤에는 穴場 위가 낮다. 이러한 原理에 따라 穴場의 地表 環境 Energy 場은 수시로 달라지면서 穴場의 環境 Energy場 條件을 調節, 同調, 干涉하여 穴의 力量을 크게 變化시킨다.

※ 藏風은 得水 構造에서만 完成되고 得水는 藏風構造에서만 完成된다. 따라서 藏風과 得水는 不可分의 構造的 相互 相依 關係를 維持하는 까닭에 風水는 마치 夫婦關係와 같은 것이다.

※ 風水 Energy場 및 砂格論의 보다 깊은 理解를 위하여 別冊付祿 風水 및 砂格 諸說論 篇을 編輯하였다. Energy場論的 說明으로 再解釋하였으니 참조 바란다.

제1절 風 Energy場 論

1. 風 Energy와 그 Energy場의 槪念

1) 風 Energy 一般

風 Energy는 地球表面體에서 發生된 水氣 Energy와 地氣 Energy 및 熱 Energy와의 相互關係作用에 의해 形成되는 動體的 移動安定 Energy 構造로서, 그 生成根源이 주로 水의 「用」에 있으므로 水 Energy의 作用特性 Energy 體라고 말할 수 있겠다.

風 Energy場의 根本 生成過程이 주로 「用」的 特性의 相互關係에서 비롯되는 까닭에, 그 體는 보다 變易的으로 活動奔走하여 萬物을 急變速改시키려는 換·革의 特性을 지니고 있다.

특히 風 Energy場은 地氣 Energy體를 保護 育成하고 生氣 Energy를 再生産 安定시키는 水 Energy場의 活動役割에 있어서 없어서는 아니 되는 必須的 Energy體라고 하겠다.

만약의 境遇 水 Energy場을 保護 維持 再生産하는 風 Energy 및 그 Energy場이 存在不能이거나 作用不能이라고 假定하였을 때, 水 Energy體가 받게 되는 閉塞的 停滯 Energy 및 그 Energy場은, 아마도 地球表面의 地氣 Energy를 包含하여 萬物의 生氣를 모조리 가라앉혀 消滅시키는 끔찍한 大事件이 벌어지고 말 것이다.

그러나 反對로 風의 Energy 및 그 Energy場이 太强太過하여 水 Energy 및 그 Energy場을 지나치게 急變速改시킨다고 假定해볼 때, 이 또한 地球表面의 地氣 Energy를 爲始한 모든 生命物質들이 破壞되어 흩어져버릴 것이 分明하다 하겠다.

이와 같이 風 Energy場은 萬物의 生命活動을 북돋우고 地氣 Energy와 水氣 Energy의 生氣를 再生産 增强시키는 Energy 循環變易 安定機能의 「用」的 主體이자 生起變易의 重要 緣分的 因子라고 할 수 있다.

따라서 風 Energy 및 그 Energy場은 自力的 勢力特性을 지니기보다는 他力的 勢力特性을 보다 强하게 드러내기 때문에 그 現象的 變易作用은 매우 可變的이면서 可逆的으로 나타난다.

주로 他勢力에 의해 擴大增强되어 破壞的인 死滅 Energy를 發生하기도 하나, 安定局 Energy場을 만나 一定한 틀의 安定勢力으로 變換케 되면 穴場 穴核 Energy나 穴場 水氣 Energy에 生起變易의 生氣的 活動 Rhythm을 供給하여 Energy 再生産을 돕게 된다.

穴場에 「O」Energy와 「N」Energy를 提供함으로써 地氣生命 Energy體에 中心 活動因子를 發顯케 하는 萬物의 呼吸 役割特性 構造 Energy場이라고 말할 수 있겠다.

2) 生起風과 沖射 空亡風 Energy 및 그 Energy場

(1) 生起風 Energy 및 그 Energy場

生起風 Energy란 地質 組織內 空隙에 스며 들어있는 地下水 Energy가 地氣中에 內在된 生命潛在 Energy를 生命活動 Energy로 生起케 할 수 있도록 地・水 兩氣 Energy體를 合成潤活케 하고 生氣 醇化活動케 하여, 地氣上昇을 促進, 增長, 先導해가는 觸媒的 呼吸的 役割機能의 活性 Energy 및 그 Energy場이라고 말할 수 있다.

(2) 沖射 空亡風 Energy 및 그 Energy場

① 沖 空亡風 Energy 및 그 Energy場

沖空亡風 Energy란 地中에 內在된 地氣 및 地水 Energy를 破壞吸引 背風作用에 依하여 消滅離脫, 分離, 空亡케 함으로써, 地氣組織 Energy體에 刑・沖・破・害 殺의 干涉現象을 일으키게 하는 風氣 Energy를 말한다.

② 射 空亡風 Energy 및 그 Energy場

射空亡風 Energy란 地中에 內在된 地氣 및 地水 Energy를 風의 衝射作用에 依하여 破散 壞滅 空亡케 함으로써, 地氣組織 Energy體에 刑・沖・破・害 殺

의 干涉現象을 일으키게 하는 風氣 Energy를 말한다.

3) 同調風 Energy場과 干涉風 Energy場

(1) 同調 風 Energy 및 그 Energy場

地氣 및 水氣 Energy場의 生命活動을 위하여 砂風 Energy 相互 間의 相生 相乘作用에 의한 生氣增長을 불러일으키는 風 Energy場으로서, 砂脊上에서 同調作用을 일으키거나 界水境에서 同調 生起作用을 일으킨다.

(2) 干涉 風 Energy 및 그 Energy場

地氣 Energy나 水氣 Energy 및 그 Energy場의 飛散 消滅을 불러일으키는 砂風 Energy 相互 間의 相剋 離散作用 Energy場으로서, 亦是 砂脊上에서나 界 水境에서 干涉 破壞作用이 일어난다.

4) 風脈 Energy와 그 Energy場

(1) 風路에 의한 風脈 Energy 및 그 Energy場

地表山 Energy體의 界谷風에 의해 形成되는 風脈으로서 界水谷이나 界水谷 의 刑·沖·破·害 殺 處에 形成된다.

(2) 水路에 의한 風脈 Energy 및 그 Energy場

長大廣闊한 水路에 依하여 形成되는 平野風脈으로서 水路, 風路, 風脈이 동 시에 形成되는 境遇가 많다.

(3) 水脈에 의한 風脈 Energy 및 그 Energy場

地下에 形成된 水脈이 大容量의 水源을 必要로 하는 境遇 自然發生的으로 形 成된 水脈路上에 發達된 風脈 現象이다. 水脈의 太過와 不安定 現象이 水脈路를 形成한 後 風脈으로 轉換된다.

2. 風 Energy場의 形成과 組織

1) 主 來龍脈 風 Energy場의 形成과 組織

(1) 來脈護從 生起 風 Energy場의 形成과 組織

① 本脈 護從 生起 風 Energy場
② 枝脈 護從 生起 風 Energy場
③ 橈棹 護從 生起 風 Energy場
④ 支脚 護從 生起 風 Energy場
⑤ 開帳 護從 生起 風 Energy場
⑥ 止脚 安定 生起 風 Energy場
⑦ 分擘 聚氣 生起 風 Energy場

(2) 來龍脈 刑 · 沖 · 破 · 害 殺風 Energy場의 形成과 組織

① 本脈 過峽 空亡 風 Energy場
② 枝龍 空亡 風 Energy場
③ 橈棹 空亡 風 Energy場
④ 支脚 空亡 風 Energy場
⑤ 外勢 沖殺 風 Energy場
⑥ 主勢 逆龍 風 Energy場

2) 玄武風 Energy場의 形成과 組織

(1) 玄武內風 生起 Energy場의 形成과 組織

① 玄武腦 生起 風 Energy場
② 玄武面 生起 風 Energy場
③ 玄武腹 生起 風 Energy場
④ 玄武脚 生起 風 Energy場
⑤ 玄武 中出肢 生起 風 Energy場

⑥ 玄武 左出肢 生起 風 Energy場

⑦ 玄武 右出肢 生起 風 Energy場

(2) 玄武外風 生起 Energy場의 形成과 組織

① 玄武 後腦 入力 生起 風 Energy場

② 玄武 後面 生起 風 Energy場

③ 玄武 後脊 生起 風 Energy場

④ 玄武 後肢 生起 風 Energy場

⑤ 玄武 後角 生起 風 Energy場

⑥ 玄武 後止脚 生起 風 Energy場

⑦ 玄武 後局 生起 風 Energy場

(3) 玄武內外 刑·沖·破·害 殺風 Energy場

① 玄武本體 空亡 風 Energy의 刑·沖·破·害 殺 Energy場

② 玄武本體 逆勢 風 Energy의 刑·沖·破·害 殺 Energy場

③ 玄武外體 衝氣 風 Energy의 刑·沖·破·害 殺 Energy場

④ 玄武外勢 空亡 風 Energy의 刑·沖·破·害 殺 Energy場

3) 入首 來脈 風 Energy場의 形成과 組織

(1) 入首來脈 護從 生起 風 Energy場의 形成과 組織

① 入首過峽 護從 生起 風 Energy場

② 入首來脈 護從 生起 風 Energy場

③ 入首來脈 枝龍 護從 生起 風 Energy場

④ 入首來脈 橈棹 護從 生起 風 Energy場

⑤ 入首來脈 支脚 護從 生起 風 Energy場

⑥ 入首來脈 聚氣 護從 生起 風 Energy場

⑦ 入首來脈 止脚 安定 生起 風 Energy場

(2) 入首來脈 刑·沖·破·害 殺風 Energy場의 形成과 組織

① 入首來脈 過峽 空亡 風 Energy場

② 入首來脈 枝龍 空亡 風 Energy場

③ 入首來脈 支脚 空亡 風 Energy場

④ 入首來脈 橈棹 空亡 風 Energy場

⑤ 入首來脈 止脚 空亡 風 Energy場

⑥ 入首來龍 衝射 Energy의 刑·沖·破·害 殺風 Energy場

⑦ 入首來脈 主勢 逆龍 風 Energy의 刑·沖·破·害 殺 Energy場

4) 靑·白 纏護 風 Energy場의 形成과 組織

(1) 靑·白 纏護 生起 風 Energy場의 形成과 組織

① 靑·白 來龍 護從 生起 風 Energy場

② 靑·白 橈棹 護從 生起 風 Energy場

③ 靑·白 支脚 護從 生起 風 Energy場

④ 靑·白 止脚 安定 生起 風 Energy場

⑤ 靑·白 聚氣 護從 生起 風 Energy場

⑥ 靑·白 枝龍 分擘 生起 風 Energy場

(2) 靑·白 來脈 刑·沖·破·害 殺風 Energy場의 形成과 組織

① 靑·白 來龍 起伏 空亡 風 Energy場

② 靑·白 來龍 枝龍 空亡 風 Energy場

③ 靑·白 來龍 橈棹 空亡 風 Energy場

④ 靑·白 來龍 支脚 空亡 風 Energy場

⑤ 靑·白 來龍 止脚 空亡 風 Energy場

⑥ 本身 逆枝風 Energy의 刑·沖·破·害 殺 Energy場

⑦ 靑·白 外勢의 刑·沖·破·害 殺 Energy場

5) 穴場 風 Energy場의 形成과 組織

(1) 穴場 內外 生起 風 Energy場의 形成과 組織

① 穴入首 頭腦의 生起 風 Energy場

② 入穴 來脈의 生起 風 Energy場

③ 左右 蟬翼의 內外 生 風 Energy場

④ 穴核前 內明堂의 生起 風 Energy場

⑤ 纏脣의 生起 風 Energy場

⑥ 穴場 破口 生起 風 Energy場

⑦ 穴場 圓暈의 生起 風 Energy場

⑧ 穴場 外護의 生起 風 Energy場

(2) 穴場 內外 刑·沖·破·害 殺風 Energy場의 形成과 組織

① 穴入首 頭腦의 空亡 風 Energy場

② 入穴脈의 空亡 風 Energy場

③ 左右 蟬翼의 空亡 風 Energy場

④ 內明堂의 空亡 風 Energy場

⑤ 纏脣의 空亡 風 Energy場

⑥ 穴場 圓暈의 空亡 風 Energy場

⑦ 穴場 破口의 空亡 風 Energy場

⑧ 穴場 外護의 刑·沖·破·害 殺風 Energy場

6) 朝·案 風 Energy場의 形成과 組織

(1) 朝·案 生起 風 Energy場의 形成과 組織

① 朝山 來脈의 生起 風 Energy場

② 案山 護從의 生起 風 Energy場

③ 案山 開帳의 生起 風 Energy場

④ 朱雀砂 凝縮의 生起 風 Energy場

⑤ 朱雀砂 止脚 安定의 生起 風 Energy場

(2) 朝·案 刑·沖·破·害 殺風 Energy場의 形成과 組織

① 朝山 來脈의 空亡 風 Energy場
② 案山 護從脈 空亡 風 Energy場
③ 案山 開帳砂의 空亡 風 Energy場
④ 朱雀砂 空亡 風 Energy場
⑤ 朱雀砂 止脚 空亡 風 Energy場
⑥ 朱雀砂 刑·沖·破·害 殺風 Energy場

7) 水口砂 風 Energy場의 形成과 組織

(1) 水口砂 生起 風 Energy場의 形成과 組織

① 水口砂 頭 生起 風 Energy場
② 水口砂 腹 生起 風 Energy場
③ 水口砂 肢 生起 風 Energy場
④ 水口砂 翼 生起 風 Energy場
⑤ 水口砂 止脚 生起 風 Energy場

(2) 水口砂 刑·沖·破·害 殺風 Energy場의 形成과 組織

① 水口砂 頭 沖射 空亡 風 Energy場
② 水口砂 腹 沖射 空亡 風 Energy場
③ 水口砂 肢 沖射 空亡 風 Energy場
④ 水口砂 翼 沖射 空亡 風 Energy場
⑤ 水口砂 止脚 沖射 空亡 風 Energy場

8) 局外 風 Energy場의 形成과 組織

(1) 局外 生起 風 Energy場의 形成과 組織

① 局外 主來龍 Energy 生起 風 Energy場

② 局外 玄武 Energy 生起 風 Energy場

③ 局外 靑白 Energy 生起 風 Energy場

④ 局外 朱雀砂 Energy 生起 風 Energy場

⑤ 局外 穴場 Energy 生起 風 Energy場

⑥ 局外 水口砂 Energy 生起 風 Energy場

(2) 局外 刑・沖・破・害 殺風 Energy場의 形成과 組織

① 局外 主來龍脈 刑・沖・破・害 殺 風 Energy場

② 局外 玄武頂 刑・沖・破・害 殺 風 Energy場

③ 局外 靑白砂 刑・沖・破・害 殺 風 Energy場

④ 局外 朱雀砂 刑・沖・破・害 殺 風 Energy場

⑤ 局外 穴場核 刑・沖・破・害 殺 風 Energy場

⑥ 局外 水口砂 刑・沖・破・害 殺 風 Energy場

3. 風 Energy場의 作用原理와 現象

1) 來龍脈風 Energy場의 作用原理와 現象

(1) 主來龍脈 護從 風 Energy場의 生起作用 原理와 現象

① 主脈 護從 風 Energy場의 生起作用 原理와 現象

② 分擘 枝龍 護從 風 Energy場의 生起作用 原理와 現象

③ 橈棹 護從 風 Energy場의 生起作用 原理와 現象

④ 支脚 護從 風 Energy場의 生起作用 原理와 現象

⑤ 止脚 安定 風 Energy場의 生起作用 原理와 現象

⑥ 聚氣 安定 風 Energy場의 生起作用 原理와 現象

(2) 主來龍脈 刑·沖·破·害 殺風 Energy場의 作用原理와 現象

① 主來脈 過峽 空亡風의 作用原理와 現象

② 分擘 枝龍 空亡風의 作用原理와 現象

③ 橈棹 空亡風의 作用原理와 現象

④ 支脚 空亡風의 作用原理와 現象

⑤ 止脚 空亡風의 作用原理와 現象

⑥ 聚氣 空亡風의 作用原理와 現象

⑦ 主勢 逆龍風의 作用原理와 現象

⑧ 外勢 沖射風의 作用原理와 現象

2) 玄武 風 Energy場의 作用原理와 現象

(1) 玄武內風 生起 Energy場의 作用原理와 現象

① 玄武 頭腦 風 Energy場의 生起作用原理와 現象

② 玄武 面 風 Energy場의 生起作用原理와 現象

③ 玄武 腹 風 Energy場의 生起作用原理와 現象

④ 玄武 脚 風 Energy場의 生起作用原理와 現象

⑤ 玄武 左出 安定 風 Energy場의 生起作用原理와 現象

⑥ 玄武 右出 安定 風 Energy場의 生起作用原理와 現象

⑦ 玄武 中出 安定 風 Energy場의 生起作用原理와 現象

(2) 玄武外風 生起 Energy場의 作用原理와 現象

① 玄武 後腦 入力 風 Energy場의 生起作用原理와 現象

② 玄武 後面 生起 風 Energy場의 作用原理와 現象

③ 玄武 後脊 生起 風 Energy場의 作用原理와 現象

④ 玄武 後肢 生起 風 Energy場의 作用原理와 現象

⑤ 玄武 後角 生起 風 Energy場의 作用原理와 現象

⑥ 玄武 後止脚 生起 風 Energy場의 作用原理와 現象

⑦ 玄武 後局 生起 風 Energy場의 作用原理와 現象

(3) 玄武內外 刑·沖·破·害 殺 風 Energy場의 作用原理와 現象

① 玄武 頭腦 空亡 風 Energy場의 刑·沖·破·害 殺 作用

② 玄武 面 空亡 風 Energy場의 刑·沖·破·害 殺 作用

③ 玄武 腹 空亡 風 Energy場의 刑·沖·破·害 殺 作用

④ 玄武 脚 空亡 風 Energy場의 刑·沖·破·害 殺 作用

⑤ 玄武 左出肢 空亡 風 Energy場의 刑·沖·破·害 殺 作用

⑥ 玄武 右出肢 空亡 風 Energy場의 刑·沖·破·害 殺 作用

⑦ 玄武 中出肢 空亡 風 Energy場의 刑·沖·破·害 殺 作用

⑧ 玄武 本體 逆勢 風 Energy場의 刑·沖·破·害 殺 作用

⑨ 玄武 後腦 空亡 風 Energy場의 刑·沖·破·害 殺 作用

⑩ 玄武 後面 空亡 風 Energy場의 刑·沖·破·害 殺 作用

⑪ 玄武 後脊 空亡 風 Energy場의 刑·沖·破·害 殺 作用

⑫ 玄武 後肢 空亡 風 Energy場의 刑·沖·破·害 殺 作用

⑬ 玄武 後角 空亡 風 Energy場의 刑·沖·破·害 殺 作用

⑭ 玄武 後止脚 空亡 風 Energy場의 刑.沖.破.害 殺 作用

⑮ 玄武 後局 衝射 風 Energy場의 刑·沖·破·害 殺 作用

3) 入首來脈 風 Energy場의 作用原理와 現象

(1) 入首來脈 護從 生起 風 Energy場의 作用原理와 現象

① 入首過峽 護從 生起 風 Energy場의 作用

② 入首來脈 護從 生起 風 Energy場의 作用

③ 入首來脈 枝龍 分擘 生起 風 Energy場의 作用

④ 入首來脈 聚起 護從 生起 風 Energy場의 作用

⑤ 入首來脈 橈棹 護從 生起 風 Energy場의 作用

⑥ 入首來脈 支脚 護從 生起 風 Energy場의 作用

⑦ 入首來脈 止脚 安定 生起 風 Energy場의 作用

(2) 入首來脈 刑 · 沖 · 破 · 害 殺 風 Energy場의 作用原理와 現象

① 入首過峽 空亡 風 Energy場의 作用

② 入首來脈 枝龍分擘 空亡 風 Energy場의 作用

③ 入首來脈 支脚 空亡 風 Energy場의 作用

④ 入首來脈 橈棹 空亡 風 Energy場의 作用

⑤ 入首來脈 止脚 空亡 風 Energy場의 作用

⑥ 入首來脈 衝射 風 Energy場의 刑 · 沖 · 破 · 害 殺 作用

⑦ 入首來脈 主勢 逆龍 風 Energy場의 刑 · 沖 · 破 · 害 殺 作用

4) 靑 · 白 護從 風 Energy場의 作用原理와 現象

(1) 靑 · 白 護從 生起 風 Energy場의 作用原理와 現象

① 靑 · 白 來龍 護從 生起 風 Energy場의 作用

② 靑 · 白 橈棹 護從 生起 風 Energy場의 作用

③ 靑 · 白 支脚 護從 生起 風 Energy場의 作用

④ 靑 · 白 聚氣 護從 生起 風 Energy場의 作用

⑤ 靑 · 白 止脚 安定 生起 風 Energy場의 作用

(2) 靑 · 白 來龍 刑 · 沖 · 破 · 害 殺 風 Energy場의 作用原理와 現象

① 靑 · 白 來龍 起伏 空亡 風 Energy場의 作用

② 靑 · 白 來龍 枝龍 空亡 風 Energy場의 作用

③ 靑 · 白 來龍 橈棹 空亡 風 Energy場의 作用

④ 靑 · 白 來龍 支脚 空亡 風 Energy場의 作用

⑤ 靑 · 白 來龍 止脚 空亡 風 Energy場의 作用

⑥ 本身 逆枝 風 Energy場의 刑 · 沖 · 破 · 害 殺 作用

⑦ 靑 · 白 外勢 沖射 風 Energy場의 刑 · 沖 · 破 · 害 殺 作用

5) 穴場 風 Energy場의 作用原理와 現象

(1) 穴場內外 生起 風 Energy場의 作用原理와 現象

① 入首頭腦 生起 風 Energy場의 作用
② 入穴脈 生起 風 Energy場의 作用
③ 蟬翼 內外 生起 風 Energy場의 作用
④ 穴前 內明堂 生起 風 Energy場의 作用
⑤ 穴場 圓暈 生起 風 Energy場의 作用
⑥ 穴場 纏脣 生起 風 Energy場의 作用
⑦ 穴場 破口 生起 風 Energy場의 作用
⑧ 穴場 外護 生起 風 Energy場의 作用

(2) 穴場內外 刑·沖·破·害 殺風 Energy場의 作用原理와 現象

① 入首頭腦 空亡 風 Energy場의 作用
② 入穴脈 空亡 風 Energy場의 作用
③ 左右 蟬翼 空亡 風 Energy場의 作用
④ 穴前 內明堂 空亡 風 Energy場의 作用
⑤ 纏脣 空亡 風 Energy場의 作用
⑥ 穴場 圓暈 空亡 風 Energy場의 作用
⑦ 穴場 破口 空亡 風 Energy場의 作用
⑧ 穴場 外護 刑·沖·破·害 殺風 Energy場의 作用

6) 朝案 風 Energy場의 作用原理와 現象

(1) 朝案 生起 風 Energy場의 作用原理와 現象

① 朝山 來龍 護從 風 Energy場의 生起作用
② 案山 來龍 護從 風 Energy場의 生起作用
③ 案山 開帳 護從 風 Energy場의 生起作用
④ 朱雀砂 凝縮 風 Energy場의 生起作用

⑤ 朱雀 止脚 安定 風 Energy場의 生起作用

(2) 朝案 刑·沖·破·害 殺風 Energy場의 作用原理와 現象

① 朝山 來龍 空亡 風 Energy場의 作用
② 案山 來脈 空亡 風 Energy場의 作用
③ 案山 開帳砂 刑·沖·破·害 殺風 Energy場의 作用
④ 朱雀砂 空亡 風 Energy場의 作用
⑤ 朱雀砂 止脚 空亡 風 Energy場의 作用
⑥ 朱雀砂 刑·沖·破·害 殺風 Energy場의 作用

7) 水口砂風 Energy場의 作用原理와 現象

(1) 水口砂 生起 風 Energy場의 作用

① 水口砂 頭, 生起 風 Energy場의 作用
② 水口砂 腹, 生起 風 Energy場의 作用
③ 水口砂 肢, 生起 風 Energy場의 作用
④ 水口砂 翼, 生起 風 Energy場의 作用
⑤ 水口砂 止脚, 生起 風 Energy場의 作用

(2) 水口砂 刑·沖·破·害 殺風 Energy場의 作用原理와 現象

① 水口砂 頭, 沖射 空亡 風 Energy場의 作用
② 水口砂 腹, 沖射 空亡 風 Energy場의 作用
③ 水口砂 肢, 沖射 空亡 風 Energy場의 作用
④ 水口砂 翼, 沖射 空亡 風 Energy場의 作用
⑤ 水口砂 止脚, 沖射 空亡 風 Energy場의 作用

8) 局外 風 Energy場의 作用原理와 現象

(1) 局外 生起 風 Energy場의 作用原理와 現象

① 主來龍 生起風 局外 Energy場의 作用

② 玄武 生起風 局外 Energy場의 作用

③ 靑龍 生起風 局外 Energy場의 作用

④ 白虎 生起風 局外 Energy場의 作用

⑤ 朱雀 生起風 局外 Energy場의 作用

⑥ 穴場 生起風 局外 Energy場의 作用

⑦ 水口砂 生起風 局外 Energy場의 作用

(2) 局外 刑·沖·破·害 殺風 Energy場의 作用原理와 現象

① 主來龍 刑·沖·破·害 殺風 局外 Energy場의 作用

② 玄武頂 刑·沖·破·害 殺風 局外 Energy場의 作用

③ 靑白砂 刑·沖·破·害 殺風 局外 Energy場의 作用

④ 朱雀砂 刑·沖·破·害 殺風 局外 Energy場의 作用

⑤ 穴場核 刑·沖·破·害 殺風 局外 Energy場의 作用

⑥ 水口砂 刑·沖·破·害 殺風 局外 Energy場의 作用

4. 風 Energy場의 相互 同調와 干涉

1) 玄武 風 Energy場의 相互 同調와 干涉

(1) 玄武 風 Energy場과 朝案 風 Energy場의 同調와 干涉

(2) 玄武 風 Energy場과 靑龍 風 Energy場의 同調와 干涉

(3) 玄武 風 Energy場과 白虎 風 Energy場의 同調와 干涉

(4) 玄武 風 Energy場과 水口 風 Energy場의 同調와 干涉

(5) 玄武 風 Energy場과 穴場 風 Energy場의 同調와 干涉

(6) 玄武 風 Energy場과 局外 風 Energy場의 同調와 干涉

2) 朝·案 朱雀 風 Energy場의 同調와 干涉

(1) 朝·案 朱雀 風 Energy場과 玄武 風 Energy場의 同調와 干涉
(2) 朝·案 朱雀 風 Energy場과 青龍 風 Energy場의 同調와 干涉
(3) 朝·案 朱雀 風 Energy場과 白虎 風 Energy場의 同調와 干涉
(4) 朝·案 朱雀 風 Energy場과 水口 風 Energy場의 同調와 干涉
(5) 朝·案 朱雀 風 Energy場과 穴場 風 Energy場의 同調와 干涉
(6) 朝·案 朱雀 風 Energy場과 局外 風 Energy場의 同調와 干涉

3) 青龍 風 Energy場의 同調와 干涉

(1) 青龍 風 Energy場과 玄武 風 Energy場의 同調와 干涉
(2) 青龍 風 Energy場과 白虎 風 Energy場의 同調와 干涉
(3) 青龍 風 Energy場과 朱雀 風 Energy場의 同調와 干涉
(4) 青龍 風 Energy場과 水口 風 Energy場의 同調와 干涉
(5) 青龍 風 Energy場과 穴場 風 Energy場의 同調와 干涉
(6) 青龍 風 Energy場과 局外 風 Energy場의 同調와 干涉

4) 白虎 風 Energy場의 同調와 干涉

(1) 白虎 風 Energy場과 玄武 風 Energy場의 同調와 干涉
(2) 白虎 風 Energy場과 青龍 風 Energy場의 同調와 干涉
(3) 白虎 風 Energy場과 朱雀 風 Energy場의 同調와 干涉
(4) 白虎 風 Energy場과 水口 風 Energy場의 同調와 干涉
(5) 白虎 風 Energy場과 穴場 風 Energy場의 同調와 干涉
(6) 白虎 風 Energy場과 局外 風 Energy場의 同調와 干涉

5) 水口 風 Energy場의 同調와 干涉

(1) 水口 風 Energy場과 玄武 風 Energy場의 同調와 干涉
(2) 水口 風 Energy場과 青龍 風 Energy場의 同調와 干涉

（3）水口 風 Energy場과 白虎 風 Energy場의 同調와 干涉
（4）水口 風 Energy場과 朱雀 風 Energy場의 同調와 干涉
（5）水口 風 Energy場과 穴場 風 Energy場의 同調와 干涉
（6）水口 風 Energy場과 局外 風 Energy場의 同調와 干涉

6) 穴場 風 Energy場의 同調와 干涉

（1）穴場 風 Energy場과 玄武 風 Energy場의 同調와 干涉
（2）穴場 風 Energy場과 青龍 風 Energy場의 同調와 干涉
（3）穴場 風 Energy場과 白虎 風 Energy場의 同調와 干涉
（4）穴場 風 Energy場과 朱雀 風 Energy場의 同調와 干涉
（5）穴場 風 Energy場과 水口 風 Energy場의 同調와 干涉
（6）穴場 風 Energy場과 局外 風 Energy場의 同調와 干涉

7) 局外 風 Energy場의 同調와 干涉

（1）局外 風 Energy場과 玄武 風 Energy場의 同調와 干涉
（2）局外 風 Energy場과 青龍 風 Energy場의 同調와 干涉
（3）局外 風 Energy場과 白虎 風 Energy場의 同調와 干涉
（4）局外 風 Energy場과 朱雀 風 Energy場의 同調와 干涉
（5）局外 風 Energy場과 水口 風 Energy場의 同調와 干涉
（6）局外 風 Energy場과 穴場 風 Energy場의 同調와 干涉

8) 同調干涉風의 基本秩序

(1) 同調風의 基本的 秩序

① 風勢의 Energy場이 山脊을 넘나들지 않는다.
② 山脊上에서 相互風勢가 醇化 安定된다.
③ 界水谷에서 相互風勢가 醇化 安定된다.
④ 穴場內에서 綜合風勢가 最終 醇化安定된다.

(2) 干涉風의 基本的 秩序

① 山脊을 넘나드는 風勢
② 山脊上에서 相互爭鬪하는 風勢
③ 界水谷에서 相互爭鬪하는 風勢
④ 穴場 內에서 綜合風勢가 最終爭鬪한다.

5. 風脈論

- 地氣 循環 Energy 同調 風脈 : 地中 地氣 Energy 移動 方向과 同一 通路 方向에서 循環 同調하는 風 Energy 脈
- 地氣 循環 Energy 干涉 風脈 : 地中 地氣 Energy 移動 方向과 刑·沖· 破·害 하는 角度에서 干涉하는 風 Energy 脈

1) 干涉 風脈의 形成原理와 그 特性

(1) 主來龍 風脈의 形成秩序와 原理特性

① 主來龍(護從水脈과 Energy 不及 空亡)에 의한 風脈形成
② 外局 刑·沖·破·害 殺 風勢에 의한 風脈形成
③ 外局 風路에 의한 風脈形成

(2) 玄武頂 風脈의 形成秩序와 原理特性

① 玄武頂(保護水脈과 Energy 不及 空亡)에 의한 風脈形成
② 玄武 外局 刑·沖·破·害 殺 風勢에 의한 風脈形成
③ 玄武 外局 風路에 의한 風脈形成

(3) 靑·白砂 風脈의 形成秩序와 原理特性

① 靑·白(護從水脈과 Energy 不及 空亡)에 의한 風脈形成
② 靑·白 外局 刑·沖·破·害 殺 風勢에 의한 風脈形成

③ 靑·白 外局 風路에 의한 風脈形成

(4) 朱雀砂 風脈의 形成秩序와 原理特性

① 朱雀砂(保護水脈과 Energy 不及 空亡)에 의한 風脈形成
② 朱雀砂 外局 刑·沖·破·害 殺 風勢에 의한 風脈形成
③ 朱雀砂 外局 風路에 의한 風脈形成

(5) 穴場 風脈의 形成秩序와 原理特性

① 入首頭腦 Energy 不及 空亡 및 玄武來龍 風脈에 의한 風脈形成
② 蟬翼 Energy 不及 空亡 및 靑白 風脈에 의한 風脈形成
③ 入穴脈 Energy 不及 空亡에 의한 風脈形成
④ 明堂 Energy 不及 空亡에 의한 風脈形成
⑤ 纏脣 Energy 不及 空亡에 의한 風脈形成
⑥ 穴場內 木根에 의한 風脈形成
⑦ 穴場內 水脈에 의한 風脈形成
⑧ 穴場外 風勢 및 風脈에 의한 風脈形成
⑨ 穴場 基底水脈에 의한 風脈形成

(6) 水口砂 風脈의 形成秩序와 原理特性

① 水口砂 Energy 不及 空亡에 의한 風脈形成
② 靑·白砂 關鎖 不及 空亡에 의한 風脈形成
③ 朱雀砂 刑·沖·破·害 殺風에 의한 風脈形成
④ 外局 風脈에 의한 風脈形成
⑤ 水口砂 水脈에 의한 風脈形成

(7) 入首來龍 風脈의 形成秩序와 原理特性

① 入首來脈 本身 Energy 不及 空亡에 의한 風脈形成
② 入首來脈 枝龍 Energy 不及 空亡에 의한 風脈形成

③ 入首來脈 橈棹 Energy 不及 空亡에 의한 風脈形成

④ 入首來脈 支脚 Energy 不及 空亡에 의한 風脈形成

⑤ 靑・白砂 干涉에 의한 風脈形成

⑥ 周邊 風脈에 의한 風脈形成

⑦ 基底 風脈에 의한 風脈形成

⑧ 基底 水脈에 의한 風脈形成

(8) 局外 風脈의 形成秩序와 原理特性

① 風路에 의한 風脈形成

② 水路에 의한 風脈形成

③ 水脈에 의한 風脈形成

2) 風脈의 構造組織

(1) 主來龍 風脈의 構造組織

① 本身 風脈의 構造組織

② 枝龍 分擘 風脈의 構造組織

③ 橈棹 風脈의 構造組織

④ 支脚 風脈의 構造組織

⑤ 聚氣 風脈의 構造組織

(2) 玄武頂 風脈의 構造組織

① 玄武本體 風脈의 構造組織

② 玄武出脈 風脈의 構造組織

③ 玄武支脚 風脈의 構造組織

④ 玄武止脚 風脈의 構造組織

⑤ 玄武基底 風脈의 構造組織

(3) 入首來脈 風脈의 構造組織

① 本身來脈 風脈의 構造組織

② 本身枝龍 分擘 風脈의 構造組織

③ 橈棹 風脈의 構造組織

④ 支脚 風脈의 構造組織

⑤ 入首來脈 基底 風脈의 構造組織

(4) 靑·白砂 風脈의 構造組織

① 靑·白 本身 風脈의 構造組織

② 靑·白 枝龍 分擘 風脈의 構造組織

③ 靑·白 橈棹 風脈의 構造組織

④ 靑·白 支脚 風脈의 構造組織

⑤ 靑·白 止脚 風脈의 構造組織

⑥ 靑·白 基底 風脈의 構造組織

(5) 朱雀砂 風脈의 構造組織

① 朱雀 本體 風脈의 構造組織

② 朱雀 枝龍 分擘 風脈의 構造組織

③ 朱雀 基底 風脈의 構造組織

(6) 水口砂 風脈의 構造組織

① 水口砂 本體 風脈의 構造組織

② 水口砂 基底 風脈의 構造組織

(7) 穴場 風脈의 構造組織

① 入首頭腦 및 鬼砂 風脈의 構造組織

② 蟬翼 및 曜砂 風脈의 構造組織

③ 入穴脈 風脈의 構造組織

④ 明堂 風脈의 構造組織

⑤ 破口 風脈의 構造組織

⑥ 纏脣 및 官砂 風脈의 構造組織

⑦ 穴場 基底 風脈의 構造組織

3) 風脈 Energy場의 相互 同調와 干涉

(1) 玄武 風脈 Energy場의 相互 同調와 干涉

① 玄武 風脈 Energy場과 朱雀 風脈 Energy場의 同調와 干涉
② 玄武 風脈 Energy場과 青龍 風脈 Energy場의 同調와 干涉
③ 玄武 風脈 Energy場과 白虎 風脈 Energy場의 同調와 干涉
④ 玄武 風脈 Energy場과 水口 風脈 Energy場의 同調와 干涉
⑤ 玄武 風脈 Energy場과 穴場 風脈 Energy場의 同調와 干涉

(2) 朱雀 風脈 Energy場의 相互 同調와 干涉

① 朱雀 風脈 Energy場과 玄武 風脈 Energy場의 同調와 干涉
② 朱雀 風脈 Energy場과 青龍 風脈 Energy場의 同調와 干涉
③ 朱雀 風脈 Energy場과 白虎 風脈 Energy場의 同調와 干涉
④ 朱雀 風脈 Energy場과 水口 風脈 Energy場의 同調와 干涉
⑤ 朱雀 風脈 Energy場과 穴場 風脈 Energy場의 同調와 干涉

(3) 青龍 風脈 Energy場의 相互 同調와 干涉

① 青龍 風脈 Energy場과 玄武 風脈 Energy場의 同調와 干涉
② 青龍 風脈 Energy場과 白虎 風脈 Energy場의 同調와 干涉
③ 青龍 風脈 Energy場과 水口 風脈 Energy場의 同調와 干涉
④ 青龍 風脈 Energy場과 朱雀 風脈 Energy場의 同調와 干涉
⑤ 青龍 風脈 Energy場과 穴場 風脈 Energy場의 同調와 干涉

(4) 白虎 風脈 Energy場의 相互 同調와 干涉

① 白虎 風脈 Energy場과 玄武 風脈 Energy場의 同調와 干涉
② 白虎 風脈 Energy場과 靑龍 風脈 Energy場의 同調와 干涉
③ 白虎 風脈 Energy場과 朱雀 風脈 Energy場의 同調와 干涉
④ 白虎 風脈 Energy場과 水口 風脈 Energy場의 同調와 干涉
⑤ 白虎 風脈 Energy場과 穴場 風脈 Energy場의 同調와 干涉

(5) 水口 風脈 Energy場의 相互 同調와 干涉

① 水口 風脈 Energy場과 玄武 風脈 Energy場의 同調와 干涉
② 水口 風脈 Energy場과 朱雀 風脈 Energy場의 同調와 干涉
③ 水口 風脈 Energy場과 靑龍 風脈 Energy場의 同調와 干涉
④ 水口 風脈 Energy場과 白虎 風脈 Energy場의 同調와 干涉
⑤ 水口 風脈 Energy場과 穴場 風脈 Energy場의 同調와 干涉

(6) 穴場 風脈 Energy場의 相互 同調와 干涉

① 穴場 風脈 Energy場과 玄武 風脈 Energy場의 同調와 干涉
② 穴場 風脈 Energy場과 朱雀 風脈 Energy場의 同調와 干涉
③ 穴場 風脈 Energy場과 靑龍 風脈 Energy場의 同調와 干涉
④ 穴場 風脈 Energy場과 白虎 風脈 Energy場의 同調와 干涉
⑤ 穴場 風脈 Energy場과 水口 風脈 Energy場의 同調와 干涉

4) 同調·干涉 風脈의 基本秩序

(1) 同調 風脈의 基本秩序(地氣 循環 Energy 同調風脈)

① 界水脈에 의한 生起風脈 形成秩序(砂間風脈 同調秩序)
② 護從 水脈에 의한 生起風脈 形成秩序(來龍護從風脈 同調秩序)
③ 保護 水脈에 의한 生起風脈 形成秩序(立體構造 保護風脈 同調秩序)
④ 風水路에 의한 生起風脈 同調秩序(局 纏護 呼吸風脈 同調秩序)

(2) 干涉 風脈의 基本秩序(地氣 循環 Energy 干涉風脈)

① 風路에 의한 山脊 切離 風脈 形成秩序

② 砂間 刑・沖・破・害 殺에 의한 破碎風脈 形成秩序

③ 相互 同調와 干涉에 의한 太過 不及 風脈 形成秩序

④ 反穴場 風水路에 의한 破壞風脈 形成秩序

6. 風勢 Energy 作用과 地氣 Energy 變易現象

- 風의 同調 및 刑·沖(衝)·破·害·怨嗔 干涉 및 吉凶 原理

〈표 2-25〉 보우퍼트 方式에 의한 地 Energy 變易

계급	風 의 명칭	地表現象	風速 (m/s)	地氣 E 變易象
0	고요	연기가 똑바로 올라가고 해면이 잔잔하다.	0.0 - 0.2	最適安定
1	실바람	나뭇잎이 흔들리고 얼굴에 감촉되며 해면에 작은 물결이 인다.	0.3 - 1.5	安定的이다.
2	남실바람	가는 가지가 흔들리고 깃발이 흔들리며 흰 물결이 가끔 인다.	1.6 - 3.3	表面地氣 E가 흔들린다.
3	산들바람	가는 가지와 나뭇잎이 계속 흔들리고 흰 물결이 자주 인다.	3.4 - 5.4	表面地氣 E가 조금씩 이탈함
4	건들바람	먼지가 일고 종잇조각이 날리며 해면의 반 정도가 흰 파도이다.	5.5 - 7.9	表面地氣 E가 흩날린다.
5	흔들바람	작은 나무 전체가 흔들리고 강물은 잔물결 해면엔 전체가 흰 파도이다.	8.0 - 10.7	表面地氣 E가 부서진다.
6	된바람	우산받기가 힘들고 큰 나뭇가지와 전선이 흔들리며 흰 파도가 넓게 인다.	10.8 - 13.8	表面地氣 E가 부서져 흩어진다.
7	센바람	나무 전체가 흔들리고 걷기 곤란하며 흰 파도가 차차 높아진다.	13.9 -17.1	表面地氣 E가 심하게 파괴됨.
8	큰바람	나무의 잔가지가 꺾이고 걸을 수가 없으며 풍랑이 높아진다.	연속 17.2 -20.7	地表 E가 消滅된다.
9	큰센바람	건축물과 나무가 다소 파손되고 풍랑이 굉장히 높아진다.	연속 20.8 - 24.4	內部地氣 E가 破損된다.
10	노대바람	건축물 피해가 커지고 풍랑은 사납게 높아진다.	연속 24.5 - 28.4	內部地氣E가 破損되어 흩어진다
11	왕바람	건축물이 크게 파손되고 풍랑은 무섭게 밀려온다.	연속 28.5 - 32.6	內部地氣E가 심하게 破損되어 흩어진다
12	싹쓸바람	보기 드문 큰 재해를 일으키고 중소형 선박이 전복된다.	연속 32.7 이상	內部地氣 E가 消滅한다.

* 參考 : 風의 吉 同調 및 凶 刑·沖(衝)·破害·怨嗔은 위의 보우퍼트 方式에 基準하여 說明한다.

1) 吉風 同調 Energy 및 그 Energy場

(1) 낮바람(同調風) ⊕Energy

① 下 → 上으로 부는 順 同調 風 Energy

3.3 m/s 以下인 0, 1, 2級의 남실바람과 실바람, 고요바람으로서 穴場의 水氣供給과 地氣 Energy 淨化·平等·調節 및 維持·凝縮·保存을 持續케 하는 風 Energy場으로 穴場의 核 Energy를 善性·調潤·强化시키고 凝縮·調節하는 入力 環境 善 Energy場이다. 주로 水氣의 安定된 自潤 生命 Energy를 穴核 Energy에 同調·供給하는 것이 基本 特性이다.

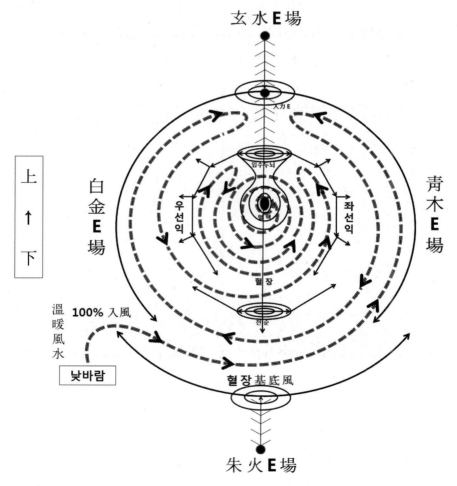

〈그림 2-241〉 낮바람 入力同調 基底風

② 上 → 下로 부는 逆 同調 風 Energy

3.3 m/s 以下인 0, 1, 2級의 남실바람과 실바람, 고요바람으로서 穴場 地氣 Energy를 淨化・平等・調節하여 水氣 供給 및 安定을 完成한 後 殘餘 不安定 廢地氣 Energy를 一部 空中 發散시키거나 風 Energy 入力의 空間 上部 通路를 따라 一部를 排出시킴으로써, 穴場의 核 Energy를 淸淨케 하고 凝縮・淨化・調節하는 出力 安定 Energy場이다. 주로 穴場 Energy가 지닌 水氣地 또는 地氣 廢 Energy를 排出・循環케 하는 것이 基本 特性이다.

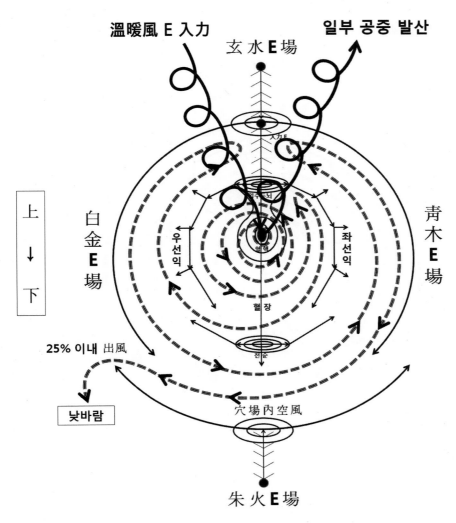

〈그림 2-242〉 낮바람 出力同調 空間風

(2) 밤바람(同調風) ⊖Energy

四神砂의 安定 藏風 機能 役割에 의해 穴場 風 全體의 略 25%에 該當하는 循環 空氣 Energy가 流入되는 原理로서 穴場의 溫度나 地氣 또는 濕度를 크게 變化시키지 않는 範圍 內에서 流入·循環되어 穴場을 安定·凝縮시킨 後 낮바람 通路를 따라 빠져나간다. 물론 낮바람과 같이 順 同調風과 逆 同調風이 發生하긴 하나 밤에는 大槪의 境遇가 後面에서 前面으로 부는 順 同調風으로서 逆 同調風은 매우 微微하다. 주로 山 來脈 地氣 Energy의 淨化·安定된 生氣 生命 Energy를 穴場으로 移動시켜 再供給·凝縮하는 것이 基本特性이다.

① 循環 淨化 吉風

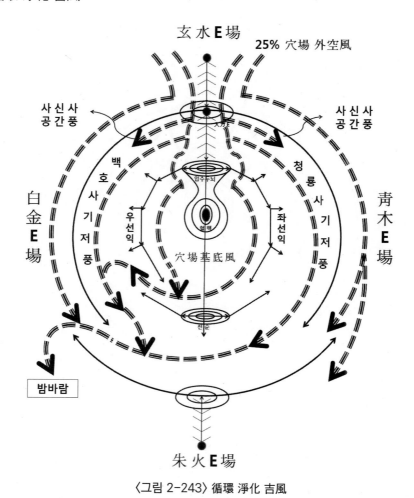

〈그림 2-243〉循環 淨化 吉風

② 來脈地氣 移動 凝縮 吉風

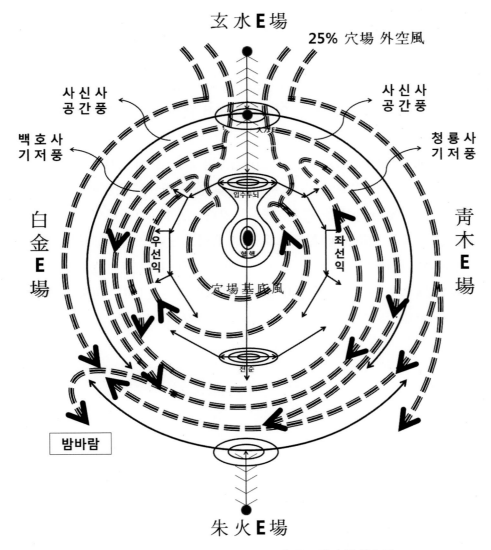

玄 水 E 場

25% 穴場 外空風

사 신 사
공 간 풍

사 신 사
공 간 풍

백 호 사
기 저 풍

청 룡 사
기 저 풍

白
金
E
場

입수두뇌

우선익

좌선익

혈행

穴場基底風

전순

靑
木
E
場

밤바람

朱 火 E 場

〈그림 2-244〉밤바람 內外 同調 空間風 및 穴場 基底風

2) 凶風 干涉 Energy 및 그 Energy場

(1) 怨嗔沖殺風 Energy 및 그 Energy場 : 2, 3, 4級 以下의 干涉 殺風으로
    穴場 地氣를 正面 또는 後面에서 干涉, 離脫케 한다.

(2) 害沖(衝)殺風 Energy 및 그 Energy場 : 3, 4級 以下의 干涉 殺風으로

주로 穴場 中心 $\theta = \angle 30°$ 角度에서 穴場 地氣를 干涉, 離脫한다.

(3) 刑沖(衝)殺風 Energy 및 그 Energy場 : 4, 5, 6級 以下의 閉干涉 殺風으로 주로 穴場 中心 $\theta = \angle 60°$ 角度에서 穴場 地氣를 破壞시키거나 物理的으로 組織을 멍들게 한다.

(4) 破沖(衝)殺風 Energy 및 그 Energy場 : 6, 7, 8級 以下의 閉干涉 殺風으로 주로 穴場 中心 $\theta = \angle 90°$ 角度에서 物理的으로 穴場 組織을 破壞하거나 構造 變化를 일으킨다.

(5) 强沖(衝)殺風 Energy 및 그 Energy場 : 7, 8, 9, 10級 以下의 閉干涉 殺風으로 주로 穴場 中心 $\theta = \angle 90°$ 및 $\theta = \angle 180°$ 角度에서 核 Energy 體 및 그 Energy場을 破壞, 壞滅시킨다. 强沖(衝)殺風이 持續的으로 發生할 때에는 極沖(衝)殺風으로 업그레이드된다.

(6) 極沖(衝)殺風 Energy 및 그 Energy場 : 9, 10, 11, 12級 以下의 閉干涉 殺風으로 주로 穴場 中心 $\theta = \angle 90°$ 및 $\theta = \angle 180°$ 角度에서 穴場 核 Energy體 및 그 Energy場을 破壞, 壞滅시킨다.

3) 낮바람 干涉風과 밤바람 干涉風의 Energy場 DIAGRAM

(1) 낮바람(干涉風) DIAGRAM

① 下 → 上으로 부는 Positive(⊕) 바람

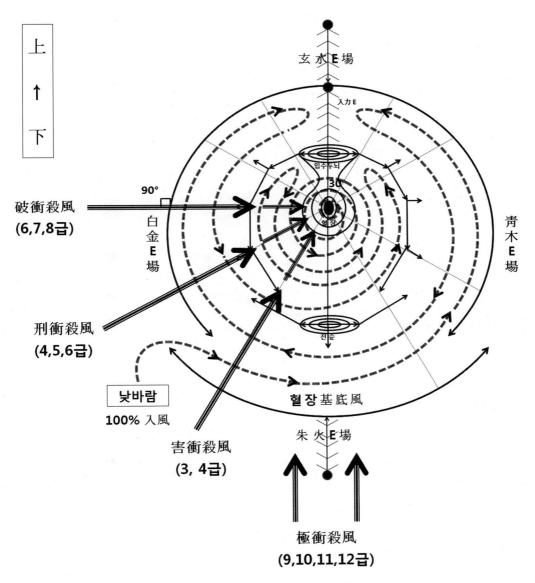

〈그림 2-245〉 낮바람 Positive(⊕) 간섭풍

② 下 → 上로 부는 Negative(⊖) 바람

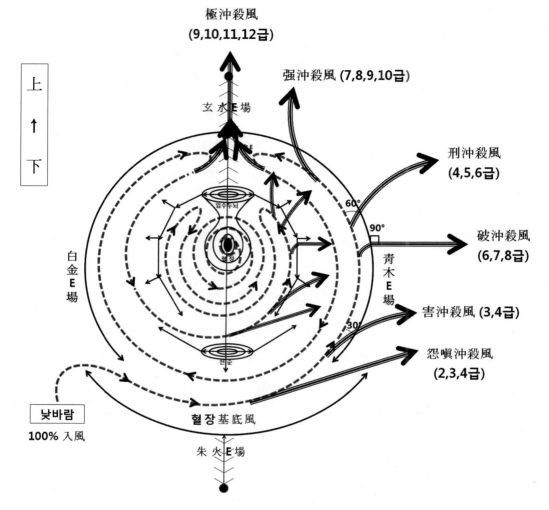

極沖殺風
(9,10,11,12급)

强沖殺風 (7,8,9,10급)

刑沖殺風
(4,5,6급)

破沖殺風
(6,7,8급)

害沖殺風 (3,4급)

怨嗔沖殺風
(2,3,4급)

玄 水 E 場

白金 E 場

靑木 E 場

60°

90°

30°

낮바람
100% 入風

혈장基底風

朱 火 E 場

〈그림 2-246〉 낮바람 Negative(⊖) 간섭풍

③ 上 → 下로 부는 Positive(⊕)·Negative(⊖) 바람

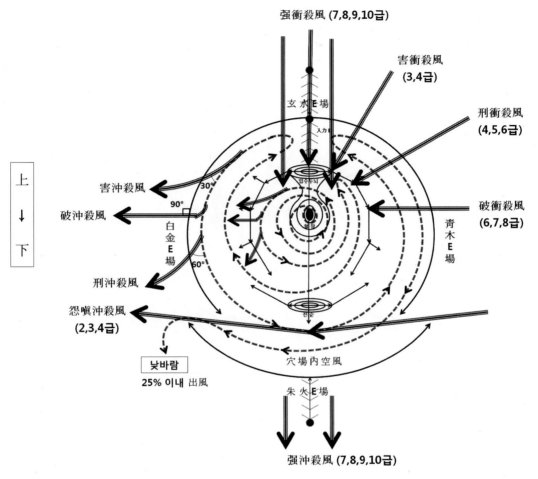

強衝殺風 (7,8,9,10급)

害衝殺風
(3,4급)

刑衝殺風
(4,5,6급)

玄 水 E 場

入力E

破衝殺風
(6,7,8급)

害沖殺風

30°

破沖殺風

90°

白金E場

靑木E場

刑沖殺風

60°

怨嗔沖殺風
(2,3,4급)

穴場內空風

낮바람

25% 이내 出風

朱 火 E 場

强沖殺風 (7,8,9,10급)

上

↓

下

〈그림 2-247〉 낮바람 ⊕ ⊖ 간섭풍

(2) 밤바람(干涉風) DIAGRAM

① 極 干涉風

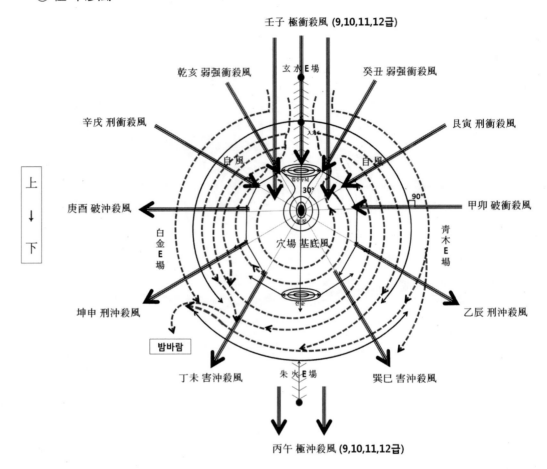

壬子 極衝殺風 (9,10,11,12급)

乾亥 弱强衝殺風

玄水 E 場

癸丑 弱强衝殺風

辛戌 刑衝殺風

艮寅 刑衝殺風

自風

自風

入九

30°

90°

庚酉 破沖殺風

甲卯 破衝殺風

白金 E 場

穴場 基底風

青木 E 場

坤申 刑沖殺風

乙辰 刑沖殺風

밤바람

丁未 害沖殺風

朱火 E 場

巽巳 害沖殺風

丙午 極沖殺風 (9,10,11,12급)

上 ↓ 下

〈그림 2-248〉 밤바람 ⊕⊖ 極 간섭풍

② 强 干涉風

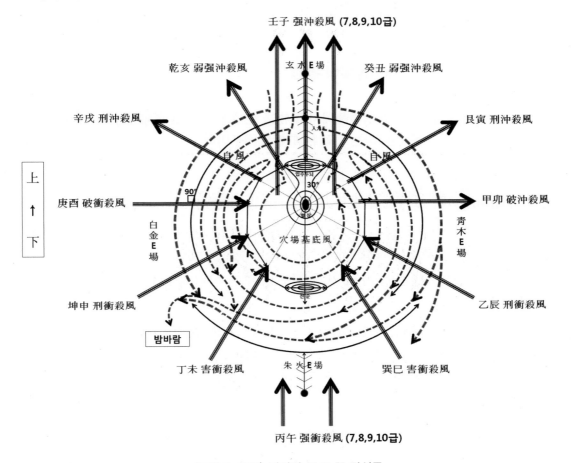

壬子 强冲殺風 (7,8,9,10급)

乾亥 弱强冲殺風

玄水 E場

癸丑 弱强冲殺風

辛戌 刑冲殺風

艮寅 刑冲殺風

入月E

自風

自風

上
↑
下

庚酉 破衝殺風

90°

30°

甲卯 破冲殺風

白金E場

穴場基底風

靑木E場

坤申 刑衝殺風

밤바람

丁未 害衝殺風

朱火 E場

巽巳 害衝殺風

乙辰 刑衝殺風

丙午 强衝殺風 (7,8,9,10급)

〈그림 2-249〉 밤바람 ⊕⊖ 强 간섭풍

제2절 水 Energy場 論

1. 水 Energy와 그 Energy場의 槪念

1) 水 Energy는 地球 表面環境體에서 萬物을 生成 維持하고 再創造 保全하면서 生命 의 根源 Energy를 供給하는 基礎物質 構成因子이다.

地球核 Energy를 包含한 地球 重力場, 地球 引力場, 地磁氣 Energy場, 地 電氣 Energy場, 그리고 地電子力 Energy場, 地熱 Energy場, 地風 Energy場 等 各種 地氣 Energy場은 반드시 本地水 Energy 및 그 Energy場을 獲得하였 을 境遇에만 비로소 生氣的 地氣 Energy場을 完成할 수 있기 때문에, 地表 Energy 現象의 最初 Energy 供給因子일 뿐만 아니라 最終 Energy 結合完成 의 役割因子 特性이라고도 할 수 있다.

특히 地球核 Energy의 根本粒子인 「H」「O」因子를 遺傳相續함으로써 地球 表面 Energy體의 生氣를 形成 維持 運行 管理하는 地表 Energy의 主管者이자 그 通路이기도 하다.

地氣 Energy 構成要素로서의 合成 保護 安定役割은 勿論, 地氣 Energy의 循環 移動過程을 總括 主管하는 管理主體이자 그 運搬機能體인 까닭에, 地氣 Energy의 生氣的 醇化作用이 進行中인 地表 生命活動 過程에 있어서는 무엇보 다도 우선하는 表面的 末梢作用 特性이 地表上에 돋보이게 됨으로써, 때로는 感 性的이면서 活動的이고, 潤活的이면서 血流的이며, 受授的이면서 收藏的인 特 異 Energy 特性의 役割機能이 드러나게 된다.

이러한 地水 Energy 및 그 Energy場은 地氣 中 어느 Energy體보다도 더 強烈한 Energy 安定希求特性과, 어느 Energy場에도 比較할 수 없는 섬세하고 기민한 善惡.美醜와 大小·強弱的 形質構造特性을 함께 保持한 關係로, 그 自身 이 지나치게 太過하거나 不及한 境遇에는 風 Energy場의 太過 不及과 더불어 地表 上에서 가장 強力한 Energy 干涉現象을 일으키는 主體가 되기도 한다.

또한 水氣 Energy場은 恒常 風氣 Energy場을 이끌고 同行하는 風氣同伴特 性을 지님에 따라 相互 同調的 Energy場이 될 때는 萬物을 潤澤케 하고 生命活

動을 旺盛케 함에 있어서 그 發展의 速度가 매우 빠른 결과를 가져오게도 하고, 그 反對로 干涉的 Energy場이 될 때는 萬物을 閉塞케 하거나 漏洩 散飛케 하여 그 生起的 能力의 喪失을 더욱 促進시키기도 한다.

結論的으로, 地表上의 地水 Energy 및 그 集合的 水勢 Energy場은 地氣 Energy體의 生氣 構造組織 完成과, 地氣 Energy場의 安定構造 同調特性을 再創出 維持키 위해 最善最大의 醇化機能과 生起循環能力을 促進시키는 最良最上의 地氣 安定 先導 Energy體라 말할 수 있겠다.

2) 水 Energy 및 그 Energy場의 分布特性

(1) 地表上 水 Energy 및 그 Energy場

地表面上에 流入되는 一切 空間水 Energy 및 Energy場으로서 그 太過 不及에 따라 善·惡·無記 Energy 및 그 Energy場 特性을 나타낸다.

(2) 地表面 浸水 Energy 및 그 Energy場

地表面上에 流入된 地表水가 地表面 內部로 스며들어 地表土를 적시는 浸水 Energy 및 Energy場으로서 그 太過 不及에 따라 善·惡·無記의 Energy 및 그 Energy場 特性을 나타낸다.

(3) 地表下 沈潛水 Energy 및 그 Energy場

地表下 2尺 內外의 表土에 地表面 浸水가 沈下하여 잠기게 되는 沈潛水 Energy 및 Energy場으로서 그 太過 不及에 따라 善·惡·無記의 Energy 및 그 Energy場 特性을 나타낸다.

(4) 地下水 Energy 및 그 Energy場

地表下 3尺 以上의 沈潛水가 地表下 7M 內外의 脈筋組織에 同行하여 地下水路를 形成하는 水 Energy 및 Energy場으로서, 그 太過 不及에 따라 地氣生死 同調 干涉과 善·惡·無記의 Energy 및 그 Energy場 特性이 나타난다.

(5) 地下水脈 Energy 및 그 Energy場

地表下 약 30-40M의 地下에서 脈筋層 水路들이 集合되어 形成되는 地下水脈 Energy 및 Energy場으로서, 그 太過 不及에 따라 地氣生死 同調 干涉과 善・惡・無記의 Energy 및 그 Energy場 特性이 나타난다.

(6) 地中水脈 Energy 및 그 Energy場

地中의 地下水脈 會合이 海拔 水平 內外의 深層에 水脈化하여 地氣 骨組織을 同調 干涉하는 Energy 및 Energy場으로서, 그 太過 不及과 流速의 緩急에 따라 善・惡・無記의 Energy 및 그 Energy場 特性이 나타난다.

3) 生起水와 沖射水 Energy의 基本秩序

(1) 生起水 Energy의 基本秩序

① 地氣構造體에 生氣 Energy를 供給하는 水 Energy體로서 表土 및 脈筋骨 組織의 Energy와 그 Energy場을 維持 保全 管理 移動시키는 Energy場 秩序 일 것.

② 表土地質 空隙의 風 Energy 移動을 遮斷할 수 있는 程度의 微細量의 水 Energy 및 그 Energy場 秩序일 것.

③ 線構造 Energy體의 地氣移動을 護從함에 있어서 地氣 Energy의 閉塞이나 離脫을 招來하지 않는 水 Energy 및 그 Energy場 秩序일 것.

④ 立體構造 Energy體의 地氣安定을 保護함에 있어서 地氣 閉塞의 過多水 Energy가 아닌 地質 空隙 保護의 良質 適定水 Energy 및 Energy場 秩序일 것.

⑤ 地氣構造體 Energy를 漏散케 하거나 地骨組織 構造體 Energy를 破壞시키지 않는 地下 水脈 Energy 및 Energy場 秩序일 것.

(2) 沖射水 Energy의 基本秩序

① 沖 空亡水 Energy 및 그 Energy場 地質 空隙의 地氣 Energy 및 그 Energy場을 離脫 漏洩 空亡케 하는 背走水 Energy 및 그 Energy場으

로서, 表土 空亡沖水, 脈筋土 空亡沖水, 脈骨土 空亡沖水 等의 Energy場
으로 區別할 수 있으며, 그 空亡程度에 따라 刑・沖・破・害 殺의 干涉現
象이 各其 다르게 나타난다.

② 射 空亡水 Energy 및 그 Energy場 地質 空隙의 地氣 Energy 및 그
Energy場을 衝剋, 破損 空亡케 하는 衝射水 Energy 및 그 Energy場으
로서, 表土 衝射水, 脈筋土 衝射水, 脈骨土 衝射水 等의 Energy場으로 區
別할 수 있으며, 그 衝射 程度에 따라 刑・沖・破・害 殺의 干涉現象이 各
其 다르게 나타난다.

(3) 適定水 Energy 및 그 Energy場의 生起作用

生起作用의 適定水 Energy 및 그 Energy場은 地質構造體의 Energy 및 그
Energy場을 離脫 또는 閉塞케 하지 않는 程度로서, 各 地質 構造別, 地層別, 組
織凝縮密度에 따라 그 程度가 各各 달라진다.

따라서 地表土가 지니고 있는 生起水 Energy場 條件과 筋骨組織이 지니고
있는 生起水 Energy場 條件이 各各 다르며, 本身 來龍脈과 橈棹, 支脚, 止脚 等
그 各各의 生起水 Energy場 條件 亦是 各各 다르게 마련이다.

卽, 生起水 Energy 및 그 Energy場은 地質空隙內 異質 Energy體 浸透를
防止하고 地質構造體의 地氣 Energy 및 그 Energy場을 移動 循環케 하여, 生
氣活動 Energy가 維持, 保全, 增長될 수 있게 하는 充分한 것이어야 하며 地表
下 2尺 內外를 除外하고는 一般的으로 生氣地質 構造內 空隙 浸透水量은 風의
空隙侵入을 抑制할 수 있을 程度의 最少含水比率構造가 되는 것이 가장 理想的
인 適定水 Energy場이라 말할 수 있다.

4) 同調水 Energy場과 干涉水 Energy場

(1) 同調水 Energy 및 그 Energy場

各其의 砂中에 形成된 生起水 Energy 및 그 Energy場이 相互 相生 增進하
면서 生起同調하는 界間水 또는 溪谷水 Energy 및 그 Energy場을 말하는 것으
로서, 크게는 江河水로 때로는 溪澗水로 적게는 分界水가 되어 穴凝縮 Energy

同調場을 形成한다.

(2) 干涉水 Energy 및 그 Energy場

各其의 砂中에 形成된 刑・沖・破・害 殺水 Energy 및 그 Energy場이 相互 相剋相沖하면서 沖射干涉하는 界間水 Energy 및 그 Energy場을 말하는 것으로서, 亦是 크게는 江河水로 적게는 分界水가 되어 穴凝縮 Energy 干涉場을 形成한다.

2. 水 Energy場의 構成과 組織秩序

1) 主 來龍脈 護從水 Energy場의 構成과 組織秩序

(1) 來龍脈 護從 生起水 Energy場의 構成과 組織

① 本脈 護從 生起水 Energy場(左・右・上・下 生起水)
② 枝龍 分擘 護從 生起水 Energy場(左・右・上・下 生起水)
③ 橈棹 反 Energy體 護從 生起水 Energy場(左・右・上・下)
④ 支脚 護從 生起水 Energy場(左・右・上・下)
⑤ 止脚 安定 生起水 Energy場(左・右・上・下)
⑥ 來脈 聚氣 生起水 Energy場(上・下・前・後・左・右)
⑦ 來脈 開帳 會合 生起水 Energy場(上・下・前・後・左・右)

(2) 來龍脈 刑・沖・破・害 殺 水 Energy場의 構成과 組織

① 本身 過峽 沖射水 Energy場(左・右・上・下 沖射)
② 枝龍 分擘 沖射水 Energy場(左・右・上・下 沖射)
③ 橈棹 反 Energy體 沖射水 Energy場(左・右・上・下 沖射)
④ 支脚 Energy體 沖射水 Energy場(左・右・上・下 沖射)
⑤ 止脚 Energy體 沖射水 Energy場(左・右・上・下 沖射)
⑥ 來脈 聚氣 Energy體 沖射水 Energy場(上・下・前・後・左・右・沖射)

⑦ 來龍 開帳 Energy體 沖射水 Energy場(上·下·前·後·左·右·沖射)

2) 玄武 內水 Energy場의 構成과 組織秩序

(1) 玄武 內水 生起 Energy場의 構成과 組織秩序

① 玄武 腦 生起水 Energy場(前·後·左·右 生起水)
② 玄武 面 生起水 Energy場(前·後·左·右 生起水)
③ 玄武 腹 生起水 Energy場(前·後·左·右 生起水)
④ 玄武 脚 生起水 Energy場(前·後·左·右 生起水)
⑤ 玄武 中出肢 生起水 Energy場(前·後·左·右 生起水)
⑥ 玄武 左出肢 生起水 Energy場(前·後·左·右 生起水)
⑦ 玄武 右出肢 生起水 Energy場(前·後·左·右 生起水)

(2) 玄武 內水 刑·沖·破·害 殺 Energy場의 構成과 組織秩序

① 玄武 腦 沖射水 Energy場(前·後·左·右 沖射水)
② 玄武 面 沖射水 Energy場(前·後·左·右 沖射水)
③ 玄武 腹 沖射水 Energy場(前·後·左·右 沖射水)
④ 玄武 脚 沖射水 Energy場(前·後·左·右 沖射水)
⑤ 玄武 中出肢 沖射水 Energy場(前·後·左·右 沖射水)
⑥ 玄武 左出肢 沖射水 Energy場(前·後·左·右 沖射水)
⑦ 玄武 右出肢 沖射水 Energy場(前·後·左·右 沖射水)

3) 玄武 外水 Energy場의 構成과 組織秩序

(1) 玄武 外水 生起 Energy場의 構成과 組織秩序

① 玄武 後腦 生起水 Energy場(前·後·左·右 生起水)
② 玄武 後面 生起水 Energy場(前·後·左·右 生起水)
③ 玄武 後脊 生起水 Energy場(上·下·左·右 生起水)
④ 玄武 後肢 生起水 Energy場(上·下·左·右 生起水)

⑤ 玄武 後角 生起水 Energy場(上・下・左・右 生起水)

⑥ 玄武 後止脚 生起水 Energy場(上・下・左・右 生起水)

⑦ 玄武 後局 生起水 Energy場(前・後・左・右 生起水)

(2) 玄武 外水 刑・沖・破・害 殺 水 Energy場의 構成과 組織秩序

① 玄武 後腦 沖射水 Energy場(前・後・左・右 沖射水)

② 玄武 後面 沖射水 Energy場(前・後・左・右 沖射水)

③ 玄武 後脊 沖射水 Energy場(上・下・左・右 沖射水)

④ 玄武 後肢 沖射水 Energy場(上・下・左・右 沖射水)

⑤ 玄武 後角 沖射水 Energy場(上・下・左・右 沖射水)

⑥ 玄武 後止脚 沖射水 Energy場(上・下・左・右 沖射水)

⑦ 玄武 後局 沖射水 Energy場(前・後・左・右 沖射水)

4) 靑・白 護從水 Energy場의 構成과 組織秩序

(1) 靑・白 護從 生起水 Energy場의 構成과 組織秩序

① 靑・白 來龍 護從 生起水 Energy場(左・右・上・下 生起水)

② 靑・白 橈棹 護從 生起水 Energy場(左・右・上・下 生起水)

③ 靑・白 支脚 護從 生起水 Energy場(左・右・上・下 生起水)

④ 靑・白 聚氣 安定 生起水 Energy場(左・右・上・下 生起水)

⑤ 靑・白 枝龍 分擘 生起水 Energy場(左・右・上・下 生起水)

⑥ 靑・白 止脚 安定 生起水 Energy場(左・右・上・下 生起水)

(2) 靑・白 來脈 刑・沖・破・害 殺 水 Energy場의 構成과 組織秩序

① 靑・白 來脈 本身 沖射水 Energy場(左・右・上・下 沖射水)

② 靑・白 來脈 橈棹 沖射水 Energy場(左・右・上・下 沖射水)

③ 靑・白 來脈 支脚 沖射水 Energy場(左・右・上・下 沖射水)

④ 靑・白 來脈 止脚 沖射水 Energy場(左・右・上・下 沖射水)

⑤ 靑・白 來脈 聚氣 沖射水 Energy場(左・右・上・下 沖射水)

⑥ 靑・白 來脈 枝龍 分擘 沖射水 Energy場(左・右・上・下 沖射水)

5) 入首來脈 護從水 Energy場의 構成과 組織秩序

(1) 入首來脈 護從 生起水 Energy場의 構成과 組織秩序

① 入首 本脈 護從 生起水 Energy場(左・右・上・下 生起水)

② 枝龍 分擘 護從 生起水 Energy場(左・右・上・下 生起水)

③ 橈棹 反 Energy體 護從 生起水 Energy場(左・右・上・下 生起水)

④ 支脚 護從 生起水 Energy場(左・右・上・下 生起水)

⑤ 止脚 護從 生起水 Energy場(左・右・上・下 生起水)

⑥ 來龍 聚氣 會合 生起水 Energy場(上・下・前・後・左・右)

⑦ 來龍 束氣 分界 生起水 Energy場(上・下・前・後・左・右)

(2) 入首來脈 刑・沖・破・害 殺水 Energy場의 構成과 組織秩序

① 入首 本脈 沖射水 Energy場(左・右・上・下 沖射水)

② 枝龍 分擘 沖射水 Energy場(左・右・上・下 沖射水)

③ 橈棹 反 Energy體 沖射水 Energy場(左・右・上・下 沖射水)

④ 支脚 Energy體 沖射水 Energy場(左・右・上・下 沖射水)

⑤ 止脚 Energy體 沖射水 Energy場(左・右・上・下 沖射水)

⑥ 來龍 聚氣 沖射水 Energy場(左・右・上・下・前・後 沖射水)

⑦ 來龍 束氣 沖射水 Energy場(左・右・上・下・前・後 沖射水)

6) 穴場 水 Energy場의 構成과 組織秩序

(1) 穴場 內外 生起 水 Energy場의 構成과 組織秩序

① 穴入首 頭腦의 生起 水 Energy場(上・下・前・後・左・右 生起水)

② 穴入首 頭腦 鬼 Energy體 生起 水 Energy場(上・下・左・右 生起水)

③ 左右 蟬翼 Energy體 生起 水 Energy場(上・下・左・右 生起水)

④ 左右 曜 Energy體 生起 水 Energy場(上・下・左・右 生起水)

⑤ 穴前 內明堂 生起 水 Energy場(前·後·左·右 生起水)

⑥ 穴板 圓暈의 生起 水 Energy場(上·下 界間 生起水)

⑦ 穴場 纒脣의 生起 水 Energy場(前·後·左·右 生起水)

⑧ 纒脣 官 Energy體의 生起 水 Energy場(上·下·左·右 生起水)

⑨ 穴板 破口의 生起 水 Energy場(前·後·左·右·上·下 生起水)

⑩ 入穴 來脈의 生起 水 Energy場(上·下·左·右 生起水)

⑪ 穴場 止脚의 生起 水 Energy場(上·下·左·右 生起水)

⑫ 穴場 外護의 生起 水 Energy場(上·下 界間 生起水)

(2) 穴場 內外 刑·沖·破·害 殺水 Energy場의 構成과 組織秩序

① 穴入首 頭腦, 沖射 空亡 水 Energy場

② 穴入首 頭腦 鬼 Energy體, 沖射 空亡 水 Energy場

③ 左右 蟬翼, 沖射 空亡 水 Energy場

④ 左右 曜, 沖射 空亡 水 Energy場

⑤ 穴前 內明堂, 沖射 空亡 水 Energy場

⑥ 穴板 圓暈, 沖射 空亡 水 Energy場

⑦ 穴場 纒脣, 沖射 空亡 水 Energy場

⑧ 纒脣 官, 沖射 空亡 水 Energy場

⑨ 穴板 破口, 沖射 空亡 水 Energy場

⑩ 入穴 來脈, 沖射 空亡 水 Energy場

⑪ 穴場 止脚, 沖射 空亡 水 Energy場

⑫ 穴場 外護, 沖射 空亡 水 Energy場

7) 水口砂水 Energy場의 構成과 組織秩序

(1) 水口砂 生起 水 Energy場의 構成과 組織秩序

① 水口砂 頭 生起 水 Energy場

② 水口砂 腹 生起 水 Energy場

③ 水口砂 肢 生起 水 Energy場

④ 水口砂 翼 生起 水 Energy場

⑤ 水口砂 止脚 生起 水 Energy場

(2) 水口砂 刑·沖·破·害 殺 水 Energy場의 構成과 組織秩序

① 水口砂 頭 沖射 空亡 水 Energy場

② 水口砂 腹 沖射 空亡 水 Energy場

③ 水口砂 肢 沖射 空亡 水 Energy場

④ 水口砂 翼 沖射 空亡 水 Energy場

⑤ 水口砂 止脚 沖射 空亡 水 Energy場

8) 朱·案 水 Energy場의 構成과 組織秩序

(1) 朱·案砂 生起 水 Energy場의 構成과 組織秩序

① 朱·案 來龍脈 生起 水 Energy場

② 朱·案 開帳 分擘 生起 水 Energy場

③ 朱·案 先到砂 生起 水 Energy場

④ 朱·案 凝縮砂 生起 水 Energy場

⑤ 朱·案 止脚砂 生起 水 Energy場

(2) 朱·案砂 刑·沖·破·害 殺水 Energy場의 構成과 組織秩序

① 朱·案 來龍脈 沖射 水 Energy場

② 朱·案 開帳 分擘 沖射 水 Energy場

③ 朱·案 先到砂 沖射 水 Energy場

④ 朱·案 凝縮砂 沖射 水 Energy場

⑤ 朱·案 止脚砂 沖射 水 Energy場

9) 局 外水 Energy場의 構成과 組織秩序

(1) 局外 生起水 Energy場의 構成과 組織秩序

① 局外 主勢 護從 生起 水 Energy場

② 局外 朝勢 護從 生起 水 Energy場

③ 局外 聚會 合堂 生起 水 Energy場

(2) 局外 刑 · 沖 · 破 · 害 殺水 Energy場의 構成과 組織秩序

① 局外 主勢 沖射 水 Energy場

② 局外 朝勢 沖射 水 Energy場

③ 局外 聚會 合堂 沖射 水 Energy場

3. 水 Energy 및 그 Energy場의 作用과 特性

1) 主 來龍 護從 水 Energy場의 作用과 特性

(1) 主 來龍脈 護從 生起 水 Energy場의 作用과 特性

① 本脈 護從 生起 水 Energy場의 作用과 特性

② 枝龍 分擘 護從 生起 水 Energy場의 作用과 特性

③ 橈棹 反 Energy體 護從 生起 水 Energy場의 作用과 特性

④ 支脚 Energy體 生起 水 Energy場의 作用과 特性

⑤ 止脚 Energy體 安定 生起 水 Energy場의 作用과 特性

⑥ 來脈 聚氣 Energy體 安定 生起 水 Energy場의 作用과 特性

⑦ 來脈 開帳 安定 會合 生起 水 Energy場의 作用과 特性

(2) 主 來龍脈 刑 · 沖 · 破 · 害 殺水 Energy場의 作用과 特性

① 本身 過峽 沖射 水 Energy場의 作用과 特性

② 枝龍 分擘 沖射 水 Energy場의 作用과 特性

③ 橈棹 反 Energy體 沖射 水 Energy場의 作用과 特性

④ 支脚 Energy體 沖射 水 Energy場의 作用과 特性

⑤ 止脚 Energy體 沖射 水 Energy場의 作用과 特性

⑥ 來脈 聚氣 Energy體 沖射 水 Energy場의 作用과 特性

⑦ 來脈 開帳 沖射 水 Energy場의 作用과 特性

2) 玄武 內水 Energy場의 作用과 特性

(1) 玄武 內水 生起 Energy場의 作用과 特性

① 玄武 腦 生起 水 Energy場의 作用과 特性

② 玄武 面 生起 水 Energy場의 作用과 特性

③ 玄武 腹 生起 水 Energy場의 作用과 特性

④ 玄武 脚 生起 水 Energy場의 作用과 特性

⑤ 玄武 中出肢 生起 水 Energy場의 作用과 特性

⑥ 玄武 左出肢 生起 水 Energy場의 作用과 特性

⑦ 玄武 右出肢 生起 水 Energy場의 作用과 特性

(2) 玄武 內水 刑·沖·破·害 殺 Energy場의 作用과 特性

① 玄武 腦 沖射 水 Energy場의 作用과 特性

② 玄武 面 沖射 水 Energy場의 作用과 特性

③ 玄武 腹 沖射 水 Energy場의 作用과 特性

④ 玄武 脚 沖射 水 Energy場의 作用과 特性

⑤ 玄武 中出肢 沖射 水 Energy場의 作用과 特性

⑥ 玄武 左出肢 沖射 水 Energy場의 作用과 特性

⑦ 玄武 右出肢 沖射 水 Energy場의 作用과 特性

3) 玄武 外水 Energy場의 作用과 特性

(1) 玄武 外水 生起 Energy場의 作用과 特性

① 玄武 後腦 生起 水 Energy場의 作用과 特性

② 玄武 後面 生起 水 Energy場의 作用과 特性

③ 玄武 後脊 生起 水 Energy場의 作用과 特性

④ 玄武 後肢 生起 水 Energy場의 作用과 特性

⑤ 玄武 後角 生起 水 Energy場의 作用과 特性

⑥ 玄武 後止脚 生起 水 Energy場의 作用과 特性

⑦ 玄武 後局 生起 水 Energy場의 作用과 特性

(2) 玄武 外水 刑·沖·破·害 殺 Energy場의 作用과 特性

① 玄武 後腦 沖射 水 Energy場의 作用과 特性

② 玄武 後面 沖射 水 Energy場의 作用과 特性

③ 玄武 後脊 沖射 水 Energy場의 作用과 特性

④ 玄武 後肢 沖射 水 Energy場의 作用과 特性

⑤ 玄武 後角 沖射 水 Energy場의 作用과 特性

⑥ 玄武 後止脚 沖射 水 Energy場의 作用과 特性

⑦ 玄武 後局 沖射 水 Energy場의 作用과 特性

4) 靑·白 護從 水 Energy場의 作用과 特性

(1) 靑·白 護從 生起 水 Energy場의 作用과 特性

① 靑·白 來龍 護從 生起 水 Energy場의 作用과 特性

② 靑·白 橈棹 護從 生起 水 Energy場의 作用과 特性

③ 靑·白 支脚 護從 生起 水 Energy場의 作用과 特性

④ 靑·白 止脚 安定 生起 水 Energy場의 作用과 特性

⑤ 靑·白 聚氣 安定 生起 水 Energy場의 作用과 特性

⑥ 靑·白 枝龍 分擘 生起 水 Energy場의 作用과 特性

(2) 靑·白 來脈 刑·沖·破·害 殺水 Energy場의 作用과 特性

① 靑·白 來脈 本身 沖射 水 Energy場의 作用과 特性

② 靑·白 來脈 橈棹 沖射 水 Energy場의 作用과 特性

③ 青·白 來脈 支脚 沖射 水 Energy場의 作用과 特性

④ 青·白 來脈 止脚 沖射 水 Energy場의 作用과 特性

⑤ 青·白 來脈 聚氣 沖射 水 Energy場의 作用과 特性

⑥ 青·白 來脈 枝龍 分擘 沖射 水 Energy場의 作用과 特性

5) 入首來脈 護從 水 Energy場의 作用과 特性

(1) 入首來脈 護從 生起水 Energy場의 作用과 特性

① 入首 本脈 護從 生起 水 Energy場의 作用과 特性

② 入首來脈 枝龍分擘 生起 水 Energy場의 作用과 特性

③ 入首來脈 橈棹 反 Energy體 生起 水 Energy場의 作用과 特性

④ 入首來脈 支脚 護從 生起 水 Energy場의 作用과 特性

⑤ 入首來脈 止脚 護從 生起 水 Energy場의 作用과 特性

⑥ 入首來脈 聚氣 會合 生起 水 Energy場의 作用과 特性

⑦ 入首來脈 束氣 分界 生起 水 Energy場의 作用과 特性

(2) 入首來脈 刑·沖·破·害 殺水 Energy場의 作用과 特性

① 入首 本脈 沖射 水 Energy場의 作用과 特性

② 枝龍 分擘 沖射 水 Energy場의 作用과 特性

③ 橈棹 反 Energy體 沖射 水 Energy場의 作用과 特性

④ 支脚 Energy體 沖射 水 Energy場의 作用과 特性

⑤ 止脚 Energy體 沖射 水 Energy場의 作用과 特性

⑥ 來脈 聚氣 沖射 水 Energy場의 作用과 特性

⑦ 來脈 束氣 沖射 水 Energy場의 作用과 特性

6) 穴場 水 Energy場의 作用과 特性

(1) 穴場 內外 生起 水 Energy場의 作用과 特性

① 穴入首 頭腦 生起 水 Energy場의 作用과 特性

② 穴入首 頭腦 鬼 Energy體 生起 水 Energy場의 作用과 特性

③ 左 蟬翼 內外 生起 水 Energy場의 作用과 特性

④ 右 蟬翼 內外 生起 水 Energy場의 作用과 特性

⑤ 左右 曜 Energy 生起 水 Energy場의 作用과 特性

⑥ 穴板 圓暈 Energy 生起 水 Energy場의 作用과 特性

⑦ 穴前 內明堂 生起 水 Energy場의 作用과 特性

⑧ 穴場 纏唇 Energy 生起 水 Energy場의 作用과 特性

⑨ 纏唇 官 Energy 生起 水 Energy場의 作用과 特性

⑩ 穴板 破口 生起 水 Energy場의 作用과 特性

⑪ 入穴 來脈 生起 水 Energy場의 作用과 特性

⑫ 穴場 止脚 生起 水 Energy場의 作用과 特性

⑬ 穴場 外護 生起 水 Energy場의 作用과 特性

(2) 穴場 內外 刑·沖·破·害 殺水 Energy場의 作用과 特性

① 穴入首 頭腦 沖射水 Energy場의 作用과 特性

② 穴入首 頭腦 鬼 Energy體 沖射水 Energy場의 作用과 特性

③ 穴場 左蟬翼 內外 沖射水 Energy場의 作用과 特性

④ 穴場 右蟬翼 內外 沖射水 Energy場의 作用과 特性

⑤ 穴場 左右 曜 Energy 沖射水 Energy場의 作用과 特性

⑥ 穴場 入穴 來脈 沖射水 Energy場의 作用과 特性

⑦ 穴板 圓暈 Energy 沖射水 Energy場의 作用과 特性

⑧ 穴前 內明堂 沖射水 Energy場의 作用과 特性

⑨ 穴場 纏唇 沖射水 Energy場의 作用과 特性

⑩ 纏唇 官 Energy 沖射水 Energy場의 作用과 特性

⑪ 穴板 破口 沖射水 Energy場의 作用과 特性

⑫ 穴場 止脚 沖射水 Energy場의 作用과 特性

⑬ 穴場 外護 沖射水 Energy場의 作用과 特性

7) 水口砂水 Energy場의 作用과 特性

(1) 水口砂 生起水 Energy場의 作用과 特性

① 水口砂 頭 生起水 Energy場의 作用과 特性
② 水口砂 腹 生起水 Energy場의 作用과 特性
③ 水口砂 肢 生起水 Energy場의 作用과 特性
④ 水口砂 翼 生起水 Energy場의 作用과 特性
⑤ 水口砂 止脚 生起水 Energy場의 作用과 特性

(2) 水口砂 刑·沖·破·害 殺水 Energy場의 作用과 特性

① 水口砂 頭 沖射水 Energy場의 作用과 特性
② 水口砂 腹 沖射水 Energy場의 作用과 特性
③ 水口砂 肢 沖射水 Energy場의 作用과 特性
④ 水口砂 翼 沖射水 Energy場의 作用과 特性
⑤ 水口砂 止脚 沖射水 Energy場의 作用과 特性

8) 朱雀 案山水 Energy場의 作用과 特性

(1) 朱·案砂 生起水 Energy場의 作用과 特性

① 朱·案 來脈 生起水 Energy場의 作用과 特性
② 朱·案 開帳 分擘 生起水 Energy場의 作用과 特性
③ 朱·案 先到砂 生起水 Energy場의 作用과 特性
④ 朱·案 凝縮砂 生起水 Energy場의 作用과 特性
⑤ 朱·案 止脚砂 生起水 Energy場의 作用과 特性

(2) 朱·案砂 刑·沖·破·害 殺水 Energy場의 作用과 特性

① 朱·案 來脈 沖射水 Energy場의 作用과 特性
② 朱·案 開帳 分擘 沖射水 Energy場의 作用과 特性
③ 朱·案 先到砂 沖射水 Energy場의 作用과 特性

④ 朱·案 凝縮砂 沖射水 Energy場의 作用과 特性

⑤ 朱·案 止脚砂 沖射水 Energy場의 作用과 特性

9) 局 外水 Energy場의 作用과 特性

(1) 局外 生起水 Energy場의 作用과 特性

① 局外 主勢 護從 生起水 Energy場의 作用과 特性

② 局外 朝勢 護從 生起水 Energy場의作用과 特性

③ 局外 聚會 合堂 生起水 Energy場의 作用과 特性

(2) 局外 刑·沖·破·害 殺水 Energy場의 作用과 特性

① 局外 主勢 沖射水 Energy場의 作用과 特性

② 局外 朝勢 沖射水 Energy場의 作用과 特性

③ 局外 聚會 合堂 沖射水 Energy場의 作用과 特性

4. 水 Energy場의 相互 同調와 干涉現象

1) 主 來龍脈 護從水 Energy場의 相互 同調와 干涉現象

(1) 主來脈 護從水 Energy場의 相互 同調

① 主來脈 護從水 Energy場과 局外水 Energy場의 相互 同調

② 主來脈 護從水 Energy場과 玄武水 Energy場의 相互 同調

③ 主來脈 護從水 Energy場과 靑龍水 Energy場의 相互 同調

④ 主來脈 護從水 Energy場과 白虎水 Energy場의 相互 同調

⑤ 主來脈 護從水 Energy場과 水口水 Energy場의 相互 同調

⑥ 主來脈 護從水 Energy場과 朱·案水 Energy場의 相互 同調

⑦ 主來脈 護從水 Energy場과 穴場水 Energy場의 相互 同調

(2) 主來脈 護從水 Energy場의 相互 干涉

① 主來脈 護從水 Energy場과 局外水 Energy場의 相互 干涉

② 主來脈 護從水 Energy場과 玄武水 Energy場의 相互 干涉

③ 主來脈 護從水 Energy場과 靑龍水 Energy場의 相互 干涉

④ 主來脈 護從水 Energy場과 白虎水 Energy場의 相互 干涉

⑤ 主來脈 護從水 Energy場과 水口水 Energy場의 相互 干涉

⑥ 主來脈 護從水 Energy場과 朱·案水 Energy場의 相互 干涉

⑦ 主來脈 護從水 Energy場과 穴場水 Energy場의 相互 干涉

2) 玄武水 Energy場의 相互 同調와 干涉現象

(1) 玄武水 Energy場의 相互 同調

① 玄武水 Energy場과 主來脈 護從水 Energy場의 相互 同調

② 玄武水 Energy場과 朱·案水 Energy場의 相互 同調

③ 玄武水 Energy場과 靑龍水 Energy場의 相互 同調

④ 玄武水 Energy場과 白虎水 Energy場의 相互 同調

⑤ 玄武水 Energy場과 水口水 Energy場의 相互 同調

⑥ 玄武水 Energy場과 穴場水 Energy場의 相互 同調

⑦ 玄武水 Energy場과 局外水 Energy場의 相互 同調

(2) 玄武水 Energy場의 相互 干涉

① 玄武水 Energy場과 主來脈 護從水 Energy場의 相互 干涉

② 玄武水 Energy場과 朱·案水 Energy場의 相互 干涉

③ 玄武水 Energy場과 靑龍水 Energy場의 相互 干涉

④ 玄武水 Energy場과 白虎水 Energy場의 相互 干涉

⑤ 玄武水 Energy場과 水口水 Energy場의 相互 干涉

⑥ 玄武水 Energy場과 穴場水 Energy場의 相互 干涉

⑦ 玄武水 Energy場과 局外水 Energy場의 相互 干涉

3) 朱·案水 Energy場의 相互 同調와 干涉現象

(1) 朱·案水 Energy場의 相互 同調

① 朱·案水 Energy場과 主來脈 護從水 Energy場의 相互 同調
② 朱·案水 Energy場과 玄武水 Energy場의 相互 同調
③ 朱·案水 Energy場과 靑龍水 Energy場의 相互 同調
④ 朱·案水 Energy場과 白虎水 Energy場의 相互 同調
⑤ 朱·案水 Energy場과 水口水 Energy場의 相互 同調
⑥ 朱·案水 Energy場과 穴場水 Energy場의 相互 同調
⑦ 朱·案水 Energy場과 局外水 Energy場의 相互 同調

(2) 朱·案水 Energy場의 相互 干涉

① 朱·案水 Energy場과 主來脈 護從水 Energy場의 相互 干涉
② 朱·案水 Energy場과 玄武水 Energy場의 相互 干涉
③ 朱·案水 Energy場과 靑龍水 Energy場의 相互 干涉
④ 朱·案水 Energy場과 白虎水 Energy場의 相互 干涉
⑤ 朱·案水 Energy場과 水口水 Energy場의 相互 干涉
⑥ 朱·案水 Energy場과 穴場水 Energy場의 相互 干涉
⑦ 朱·案水 Energy場과 局外水 Energy場의 相互 干涉

4) 靑龍水 Energy場의 相互 同調와 干涉現象

(1) 靑龍水 Energy場의 相互 同調

① 靑龍內水 Energy場과 主來脈 玄武水 Energy場의 相互 同調
② 靑龍外水 Energy場과 主來脈 玄武水 Energy場의 相互 同調
③ 靑龍內水 Energy場과 朱·案水 Energy場의 相互 同調
④ 靑龍外水 Energy場과 朱·案水 Energy場의 相互 同調
⑤ 靑龍內水 Energy場과 白虎水 Energy場의 相互 同調
⑥ 靑龍外水 Energy場과 白虎水 Energy場의 相互 同調

⑦ 靑龍內水 Energy場과 水口水 Energy場의 相互 同調
⑧ 靑龍外水 Energy場과 水口水 Energy場의 相互 同調
⑨ 靑龍內水 Energy場과 穴場水 Energy場의 相互 同調
⑩ 靑龍外水 Energy場과 穴場水 Energy場의 相互 同調
⑪ 靑龍內水 Energy場과 局外水 Energy場의 相互 同調
⑫ 靑龍外水 Energy場과 局外水 Energy場의 相互 同調

※ 白虎水 : 白虎內水 Energy場과 白虎外水 Energy場別 各各
※ 穴場水 : 穴場內水 Energy場과 穴場外水 Energy場別 各各
※ 水口水 同一

(2) 靑龍水 Energy場의 相互 干涉

① 靑龍內水 Energy場과 主來脈 玄武水 Energy場의 相互 干涉
② 靑龍外水 Energy場과 主來脈 玄武水 Energy場의 相互 干涉
③ 靑龍內水 Energy場과 朱·案水 Energy場의 相互 干涉
④ 靑龍外水 Energy場과 朱·案水 Energy場의 相互 干涉
⑤ 靑龍內水 Energy場과 白虎水 Energy場의 相互 干涉
⑥ 靑龍外水 Energy場과 白虎水 Energy場의 相互 干涉
⑦ 靑龍內水 Energy場과 水口水 Energy場의 相互 干涉
⑧ 靑龍外水 Energy場과 水口水 Energy場의 相互 干涉
⑨ 靑龍內水 Energy場과 穴場水 Energy場의 相互 干涉
⑩ 靑龍外水 Energy場과 穴場水 Energy場의 相互 干涉
⑪ 靑龍內水 Energy場과 局外水 Energy場의 相互 干涉
⑫ 靑龍外水 Energy場과 局外水 Energy場의 相互 干涉

※ 白虎水 : 白虎內水 Energy場과 白虎外水 Energy場別 各各
※ 穴場水 : 穴場內水 Energy場과 穴場外水 Energy場別 各各
※ 水口水 同一

5) 白虎水 Energy場의 相互 同調와 干涉現象

(1) 白虎水 Energy場의 相互 同調

① 白虎內水 Energy場과 主來脈 玄武水 Energy場의 相互 同調

② 白虎外水 Energy場과 主來脈 玄武水 Energy場의 相互 同調

③ 白虎內水 Energy場과 朱·案水 Energy場의 相互 同調

④ 白虎外水 Energy場과 朱·案水 Energy場의 相互 同調

⑤ 白虎內水 Energy場과 靑龍水 Energy場의 相互 同調

⑥ 白虎外水 Energy場과 靑龍水 Energy場의 相互 同調

⑦ 白虎內水 Energy場과 水口水 Energy場의 相互 同調

⑧ 白虎外水 Energy場과 水口水 Energy場의 相互 同調

⑨ 白虎內水 Energy場과 穴場水 Energy場의 相互 同調

⑩ 白虎外水 Energy場과 穴場水 Energy場의 相互 同調

⑪ 白虎內水 Energy場과 局外水 Energy場의 相互 同調

⑫ 白虎外水 Energy場과 局外水 Energy場의 相互 同調

※ 靑龍水 : 靑龍內水 Energy場과 靑龍外水 Energy場別 各各

※ 穴場水 : 穴場內水 Energy場과 穴場外水 Energy場別 各各

※ 水口水 同一

(2) 白虎水 Energy場의 相互 干涉

① 白虎內水 Energy場과 主來脈 玄武水 Energy場의 相互 干涉

② 白虎外水 Energy場과 主來脈 玄武水 Energy場의 相互 干涉

③ 白虎內水 Energy場과 朱·案水 Energy場의 相互 干涉

④ 白虎外水 Energy場과 朱·案水 Energy場의 相互 干涉

⑤ 白虎內水 Energy場과 靑龍水 Energy場의 相互 干涉

⑥ 白虎外水 Energy場과 靑龍水 Energy場의 相互 干涉

⑦ 白虎內水 Energy場과 水口水 Energy場의 相互 干涉

⑧ 白虎外水 Energy場과 水口水 Energy場의 相互 干涉

⑨ 白虎內水 Energy場과 穴場水 Energy場의 相互 干涉

⑩ 白虎外水 Energy場과 穴場水 Energy場의 相互 干涉

⑪ 白虎內水 Energy場과 局外水 Energy場의 相互 干涉

⑫ 白虎外水 Energy場과 局外水 Energy場의 相互 干涉

※ 靑龍水 : 靑龍內水 Energy場과 靑龍外水 Energy場別 各各

※ 穴場水 : 穴場內水 Energy場과 穴場外水 Energy場別 各各

※ 水口水 同一

6) 水口水 Energy場의 相互 同調와 干涉現象

(1) 水口水 Energy場의 相互 同調

① 水口 入水 Energy場과 主來脈 玄武水 Energy場의 相互 同調

② 水口 出水 Energy場과 主來脈 玄武水 Energy場의 相互 同調

③ 水口 會合水 Energy場과 主來脈 玄武水 Energy場의 相互 同調

④ 水口 入水 Energy場과 朱・案水 Energy場의 相互 同調

⑤ 水口 出水 Energy場과 朱・案水 Energy場의 相互 同調

⑥ 水口 會合水 Energy場과 朱・案水 Energy場의 相互 同調

⑦ 水口 入水 Energy場과 靑・白 內合水 Energy場의 相互 同調

⑧ 水口 出水 Energy場과 靑・白 外合水 Energy場의 相互 同調

⑨ 水口 會合水 Energy場과 靑・白 會合水 Energy場의 相互 同調

⑩ 水口 入水 Energy場과 穴場水 Energy場의 相互 同調

⑪ 水口 出水 Energy場과 穴場水 Energy場의 相互 同調

⑫ 水口 會合水 Energy場과 穴場水 Energy場의 相互 同調

⑬ 水口 入水 Energy場과 局外水 Energy場의 相互 同調

⑭ 水口 出水 Energy場과 局外水 Energy場의 相互 同調

⑮ 水口 會合水 Energy場과 局外水 Energy場의 相互 同調

※ 水口水 : 靑白 關鎖水

※ 局外水 : 四神砂 밖의 遠來水

(2) 水口水 Energy場의 相互 干涉

① 水口 入水 Energy場과 主來脈 玄武水 Energy場의 相互 干涉

② 水口 出水 Energy場과 主來脈 玄武水 Energy場의 相互 干涉

③ 水口 會合水 Energy場과 主來脈 玄武水 Energy場의 相互 干涉

④ 水口 入水 Energy場과 朱·案水 Energy場의 相互 干涉

⑤ 水口 出水 Energy場과 朱·案水 Energy場의 相互 干涉

⑥ 水口 會合水 Energy場과 朱·案水 Energy場의 相互 干涉

⑦ 水口 入水 Energy場과 靑·白 內合水 Energy場의 相互 干涉

⑧ 水口 出水 Energy場과 靑·白 外合水 Energy場의 相互 干涉

⑨ 水口 會合水 Energy場과 靑·白 會合水 Energy場의 相互 干涉

⑩ 水口 入水 Energy場과 穴場水 Energy場의 相互 干涉

⑪ 水口 出水 Energy場과 穴場水 Energy場의 相互 干涉

⑫ 水口 會合水 Energy場과 穴場水 Energy場의 相互 干涉

⑬ 水口 入水 Energy場과 局外水 Energy場의 相互 干涉

⑭ 水口 出水 Energy場과 局外水 Energy場의 相互 干涉

⑮ 水口 會合水 Energy場과 局外水 Energy場의 相互 干涉

※ 水口水 : 靑白 關鎖處의 內外 入出 會合水
※ 局外水 : 四神砂 밖으로부터 遠來하여 關鎖處 앞에서 會合하는 朝應水

7) 穴場水 Energy場의 相互 同調와 干涉現象

(1) 穴場水 Energy場의 相互 同調

① 穴場水 Energy場과 主來龍脈水 Energy場의 相互 同調

② 穴場水 Energy場과 玄武水 Energy場의 相互 同調

③ 穴場水 Energy場과 朱·案水 Energy場의 相互 同調

④ 穴場水 Energy場과 靑龍水 Energy場의 相互 同調

⑤ 穴場水 Energy場과 白虎水 Energy場의 相互 同調

⑥ 穴場水 Energy場과 水口水 Energy場의 相互 同調

⑦ 穴場水 Energy場과 局外水 Energy場의 相互 同調

(2) 穴場水 Energy場의 相互 干涉

① 穴場水 Energy場과 主來龍脈水 Energy場의 相互 干涉
② 穴場水 Energy場과 玄武水 Energy場의 相互 干涉
③ 穴場水 Energy場과 朱・案水 Energy場의 相互 干涉
④ 穴場水 Energy場과 青龍水 Energy場의 相互 干涉
⑤ 穴場水 Energy場과 白虎水 Energy場의 相互 干涉
⑥ 穴場水 Energy場과 水口水 Energy場의 相互 干涉
⑦ 穴場水 Energy場과 局外水 Energy場의 相互 干涉

8) 局外水 Energy場의 相互 同調와 干涉現象

(1) 局外水 Energy場의 相互 同調

① 局外水 Energy場과 主來龍脈水 Energy場의 相互 同調
② 局外水 Energy場과 朱・案水 Energy場의 相互 同調
③ 局外水 Energy場과 青龍水 Energy場의 相互 同調
④ 局外水 Energy場과 白虎水 Energy場의 相互 同調
⑤ 局外水 Energy場과 穴場水 Energy場의 相互 同調
⑥ 局外水 Energy場과 水口水 Energy場의 相互 同調
⑦ 局外水 Energy場과 玄武水 Energy場의 相互 同調

(2) 局外水 Energy場의 相互 干涉

① 局外水 Energy場과 主來龍脈水 Energy場의 相互 干涉
② 局外水 Energy場과 朱・案水 Energy場의 相互 干涉
③ 局外水 Energy場과 青龍水 Energy場의 相互 干涉
④ 局外水 Energy場과 白虎水 Energy場의 相互 干涉
⑤ 局外水 Energy場과 穴場水 Energy場의 相互 干涉
⑥ 局外水 Energy場과 水口水 Energy場의 相互 干涉

⑦ 局外水 Energy場과 玄武水 Energy場의 相互 干涉

5. 水脈論

1) 水脈의 形成原理와 그 特性

(1) 立體構造 Energy體의 水脈 形成原理와 그 特性

① 地表 水源에 의한 立體構造 Energy體의 水脈化 現象

　　㉠ 降雨 및 降雪水源에 의한 立體構造 Energy體의 水脈
　　㉡ 地表 貯藏 水源에 의한 立體構造 Energy體의 水脈
　　㉢ 地表 流入 水源에 의한 立體構造 Energy體의 水脈
　　㉣ 立體構造 Energy體의 地表水源 集合移動特性과 水脈化 現象

② 地中 水源에 의한 立體構造 Energy體의 水脈化 現象

　　㉠ 堂內 地中水源의 集合에 의한 水脈化 現象
　　㉡ 外郭 流入 地中水源의 集合에 의한 水脈化 現象
　　㉢ 堂內外 集合水源의 集合에 의한 水脈化 現象
　　㉣ 立體構造 Energy體의 地中水 集合移動特性과 水脈化 現象

③ 基底 水脈에 의한 立體構造 Energy體의 水脈化 現象

　　㉠ 地表組織構造 水源과 無關한 基底水脈의 堂內水脈化 現象

(2) 線構造 Energy體의 水脈 形成原理와 그 特性

① 地表 水源에 의한 線構造 Energy體의 水脈化 現象

　　㉠ 降雨 降雪에 의한 線構造 Energy體의 水脈
　　㉡ 地表 貯藏 水源에 의한 線構造 Energy體의 水脈
　　㉢ 地表 流入 水源에 의한 線構造 Energy體의 水脈
　　㉣ 線構造 Energy體의 地表水源 集合移動特性과 水脈化 現象

② 地中 水源에 의한 線構造 Energy體의 水脈化 現象

　㉠ 堂內 地中水源의 集合에 의한 水脈化 現象

　㉡ 外郭 流入 地中水源의 集合에 의한 水脈化 現象

　㉢ 堂內外 集合水源의 集合에 의한 水脈化 現象

　㉣ 線構造 Energy體의 地中水 集合 移動特性과 水脈化 現象

③ 基底 水脈에 의한 線構造 Energy體의 水脈化 現象

　㉠ 地表組織構造 水源과 無關한 基底水脈의 堂內水脈化 現象

(3) 板構造 Energy體의 水脈形成原理와 그 特性

① 地表 水源에 의한 板構造 Energy體의 水脈化 現象

　㉠ 降雨 降雪에 의한 板構造 Energy體의 水脈化 現象

　㉡ 地表 貯藏 水源에 의한 板構造 Energy體의 水脈化 現象

　㉢ 地表 流入 水源에 의한 板構造 Energy體의 水脈化 現象

　㉣ 板構造 Energy體의 地表水源 集合移動特性과 水脈化 現象

② 地中 水源에 의한 板構造 Energy體의 水脈化 現象

　㉠ 堂內 地中水源의 集合에 의한 水脈化 現象

　㉡ 外郭 流入 地中水源의 集合에 의한 水脈化 現象

　㉢ 堂內外 集合水源에 集合에 의한 水脈化 現象

　㉣ 板構造 Energy體의 地中水 集合 移動特性과 水脈化 現象

③ 基底 水脈에 의한 板構造 Energy體의 水脈化 現象

　㉠ 地表組織構造 水源과 無關한 基底水脈의 堂內水脈化 現象

2) 水脈 Energy場의 構造와 組織秩序

(1) 主來龍 水脈 Energy場의 構造 組織秩序

① 主來龍 基底 水脈 Energy場의 構造와 組織秩序

② 主來龍 護從 水脈 Energy場의 構造와 組織秩序

③ 主來龍 外護 合成 水脈 Energy場의 構造와 組織秩序

④ 主來龍 當體 水脈 Energy場의 構造와 組織秩序

(2) 玄武頂 水脈 Energy場의 構造組織秩序

① 玄武頂 基底 水脈 Energy場의 構造와 組織秩序

② 玄武頂 凝結 安定 水脈 Energy場의 構造와 組織秩序

③ 玄武頂 出脈 安定 水脈 Energy場의 構造와 組織秩序

④ 玄武頂 外護水脈 Energy場의 構造와 組織秩序

(3) 入首來龍 水脈 Energy場의 構造組織秩序

① 入首來龍 基底 水脈 Energy場의 構造와 組織秩序

② 入首來龍 護從 水脈 Energy場의 構造와 組織秩序

③ 入首來龍 外護 合成 水脈 Energy場의 構造와 組織秩序

④ 入首來龍 當體 水脈 Energy場의 構造와 組織秩序

(4) 穴場 水脈 Energy場의 構造 組織秩序

① 穴場 基底 水脈 Energy場의 構造와 組織秩序

② 穴場 頭腦 聚氣 水脈 Energy場의 構造와 組織秩序

③ 穴場 入穴脈 保護水脈 Energy場의 構造와 組織秩序

④ 穴場 蟬翼 橫凝縮 水脈 Energy場의 構造와 組織秩序

⑤ 穴場 圓暈 界水脈 Energy場의 構造와 組織秩序

⑥ 穴場 明堂 會合水脈 Energy場의 構造와 組織秩序

⑦ 穴場 纏脣 縱凝縮 水脈 Energy場의 構造와 組織秩序

⑧ 穴場 破口 調節 水脈 Energy場의 構造와 組織秩序

⑨ 穴場 外護 合成 水脈 Energy場의 構造와 組織秩序

(5) 靑·白 龍虎 水脈 Energy場의 構造와 組織秩序

① 靑·白 龍虎 基底 水脈 Energy場의 構造와 組織秩序
② 靑·白 龍虎 內護 水脈 Energy場의 構造와 組織秩序
③ 靑·白 龍虎 外護 水脈 Energy場의 構造와 組織秩序
④ 靑·白 龍虎 內護 會合水脈 Energy場의 構造와 組織秩序
⑤ 靑·白 龍虎 外護 會合水脈 Energy場의 構造와 組織秩序
⑥ 靑·白 龍虎 當體 水脈 Energy場의 構造와 組織秩序

(6) 水口砂 水脈 Energy場의 構造와 組織秩序

① 水口砂 基底 水脈 Energy場의 構造와 組織秩序
② 水口砂 當體 水脈 Energy場의 構造와 組織秩序
③ 水口砂 外護 水脈 Energy場의 構造와 組織秩序

(7) 朱·案砂 水脈 Energy場의 構造와 組織秩序

① 朱·案砂 來脈 護從 水脈 Energy場의 構造와 組織秩序
② 朱·案砂 基底 水脈 Energy場의 構造와 組織秩序
③ 朱·案砂 開帳 分擘 水脈 Energy場의 構造와 組織秩序
④ 朱·案砂 先導案內 水脈 Energy場의 構造와 組織秩序
⑤ 朱·案砂 凝縮 水脈 Energy場의 構造와 組織秩序
⑥ 朱·案砂 聚氣 安定 水脈 Energy場의 構造와 組織秩序
⑦ 朱·案砂 止脚 安定 水脈 Energy場의 構造와 組織秩序

(8) 局外 水脈 Energy場의 構造와 組織秩序

① 祖山 發源 遠來 會堂 水脈 Energy場의 構造와 組織秩序
② 朝山 發源 遠來 會堂 水脈 Energy場의 構造와 組織秩序

3) 水脈 Energy場의 役割과 機能

(1) 主來龍 護從 水脈 Energy場의 役割과 機能

① 主來龍 本身 護從 水脈 Energy場의 役割과 機能
② 主來龍 開帳 聚氣 水脈 Energy場의 役割과 機能
③ 主來龍 枝龍 分擘 水脈 Energy場의 役割과 機能
④ 主來龍 橈棹 變位 水脈 Energy場의 役割과 機能
⑤ 主來龍 支脚 安定 水脈 Energy場의 役割과 機能
⑥ 主來龍 止脚 安定 水脈 Energy場의 役割과 機能
⑦ 主來龍 過峽 水脈 Energy場의 役割과 機能
⑧ 主來龍 基底 水脈 Energy場의 役割과 機能

(2) 玄武頂 水脈 Energy場의 役割과 機能

① 玄武頂 基底 水脈 Energy場의 役割과 機能
② 玄武頂 凝結 安定 水脈 Energy場의 役割과 機能
③ 玄武頂 出脈 安定 水脈 Energy場의 役割과 機能
④ 玄武頂 外護 水脈 Energy場의 役割과 機能

(3) 入首來龍 水脈 Energy場의 役割과 機能

① 入首來龍 基底 水脈 Energy場의 役割과 機能
② 入首來龍 護從 水脈 Energy場의 役割과 機能
③ 入首來龍 聚氣 分擘 水脈 Energy場의 役割과 機能
④ 入首來龍 橈棹 變位 水脈 Energy場의 役割과 機能
⑤ 入首來龍 支脚 安定 水脈 Energy場의 役割과 機能
⑥ 入首來龍 止脚 安定 水脈 Energy場의 役割과 機能
⑦ 入首來龍 過峽 水脈 Energy場의 役割과 機能

(4) 穴場 水脈 Energy場의 役割과 機能

① 穴場 基底 水脈 Energy場의 役割과 機能

② 穴場 頭腦 聚氣 水脈 Energy場의 役割과 機能

③ 穴場 入穴脈 保護 水脈 Energy場의 役割과 機能

④ 穴場 蟬翼 橫凝縮 水脈 Energy場의 役割과 機能

⑤ 穴場 圓暈 界水脈 Energy場의 役割과 機能

⑥ 穴場 明堂 會合 水脈 Energy場의 役割과 機能

⑦ 穴場 纒脣 縱凝縮 水脈 Energy場의 役割과 機能

⑧ 穴場 破口 調節 水脈 Energy場의 役割과 機能

⑨ 穴場 外護 合成 水脈 Energy場의 役割과 機能

(5) 靑 · 白 龍虎 水脈 Energy場의 役割과 機能

① 靑 · 白 龍虎 基底 水脈 Energy場의 役割과 機能

② 靑 · 白 龍虎 內護 水脈 Energy場의 役割과 機能

③ 靑 · 白 龍虎 外護 水脈 Energy場의 役割과 機能

④ 靑 · 白 龍虎 內護 會合 水脈 Energy場의 役割과 機能

⑤ 靑 · 白 龍虎 外護 會合 水脈 Energy場의 役割과 機能

⑥ 靑 · 白 龍虎 枝龍 分擘 水脈 Energy場의 役割과 機能

⑦ 靑 · 白 龍虎 橈棹 變位 水脈 Energy場의 役割과 機能

⑧ 靑 · 白 龍虎 支脚安定 水脈 Energy場의 役割과 機能

⑨ 靑 · 白 龍虎 止脚安定 水脈 Energy場의 役割과 機能

(6) 水口砂 水脈 Energy場의 役割과 機能

① 水口砂 基底 水脈 Energy場의 役割과 機能

② 水口砂 當體 水脈 Energy場의 役割과 機能

③ 水口砂 外護 水脈 Energy場의 役割과 機能

(7) 朱 · 案砂 水脈 Energy場의 役割과 機能

① 朱 · 案砂 來脈 護從 水脈 Energy場의 役割과 機能

② 朱 · 案砂 基底 水脈 Energy場의 役割과 機能

③ 朱·案砂 開帳 分擘 水脈 Energy場의 役割과 機能

④ 朱·案砂 先導 案內 水脈 Energy場의 役割과 機能

⑤ 朱·案砂 凝縮 水脈 Energy場의 役割과 機能

⑥ 朱·案砂 聚氣 安定 水脈 Energy場의 役割과 機能

⑦ 朱·案砂 止脚 安定 水脈 Energy場의 役割과 機能

(8) 局外 水脈 Energy場의 役割과 機能

① 祖山 發源 遠來 會堂 水脈 Energy場의 役割과 機能

② 朝山 發源 遠來 會堂 水脈 Energy場의 役割과 機能

③ 局外 基底 水脈 Energy場의 役割과 機能

4) 水脈 Energy場의 相互 同調와 干涉現象

(1) 主來龍 諸水脈 Energy場의 相互 同調와 干涉現象

① 主來龍 諸水脈 Energy場과 玄武頂 諸水脈 Energy場의 相互 同調와 干涉

② 主來龍 諸水脈 Energy場과 入首來龍 諸水脈 Energy場의 相互 同調와 干涉

③ 主來龍 諸水脈 Energy場과 靑龍 諸水脈 Energy場의 相互 同調와 干涉

④ 主來龍 諸水脈 Energy場과 白虎 諸水脈 Energy場의 相互 同調와 干涉

⑤ 主來龍 諸水脈 Energy場과 朱·案砂 諸水脈 Energy場의 相互 同調와 干涉

⑥ 主來龍 諸水脈 Energy場과 穴場 諸水脈 Energy場의 相互 同調와 干涉

⑦ 主來龍 諸水脈 Energy場과 水口砂 諸水脈 Energy場의 相互 同調와 干涉

⑧ 主來龍 諸水脈 Energy場과 局外 諸水脈 Energy場의 相互 同調와 干涉

⑨ 主來龍 諸水脈 Energy場 間 相互 同調와 干涉現象

(2) 玄武 諸水脈 Energy場의 相互 同調와 干涉現象

① 玄武 諸水脈 Energy場과 主來龍 諸水脈 Energy場의 相互 同調와 干涉

② 玄武 諸水脈 Energy場과 入首來龍 諸水脈 Energy場의 相互 同調와 干涉

③ 玄武 諸水脈 Energy場과 靑·白 諸水脈 Energy場의 相互 同調와 干涉

④ 玄武 諸水脈 Energy場과 穴場 諸水脈 Energy場의 相互 同調와 干涉

⑤ 玄武 諸水脈 Energy場과 水口砂 諸水脈 Energy場의 相互 同調와 干涉

⑥ 玄武 諸水脈 Energy場과 朱·案砂 諸水脈 Energy場의 相互 同調와 干涉

⑦ 玄武 諸水脈 Energy場과 局外 諸水脈 Energy場의 相互 同調와 干涉

⑧ 玄武 諸水脈 Energy場間 相互 同調와 干涉現象

(3) 入首來龍 諸水脈 Energy場의 相互 同調와 干涉現象

① 入首來龍 諸水脈 Energy場과 主來龍 諸水脈 Energy場의 相互 同調와 干涉

② 入首來龍 諸水脈 Energy場과 玄武頂 諸水脈 Energy場의 相互 同調와 干涉

③ 入首來龍 諸水脈 Energy場과 靑·白 諸水脈 Energy場의 相互 同調와 干涉

④ 入首來龍 諸水脈 Energy場과 穴場 諸水脈 Energy場의 相互 同調와 干涉

⑤ 入首來龍 諸水脈 Energy場과 水口砂 諸水脈 Energy場의 相互 同調와 干涉

⑥ 入首來龍 諸水脈 Energy場과 朱·案砂 諸水脈 Energy場의 相互 同調와 干涉

⑦ 入首來龍 諸水脈 Energy場과 局外 諸水脈 Energy場의 相互 同調와 干涉

⑧ 入首來龍 諸水脈 Energy場 間 相互 同調와 干涉現象

(4) 靑·白 諸水脈 Energy場의 相互 同調와 干涉現象

① 靑·白 諸水脈 Energy場과 主來龍 諸水脈 Energy場의 相互 同調와 干涉

② 靑·白 諸水脈 Energy場과 玄武頂 諸水脈 Energy場의 相互 同調와 干涉

③ 靑·白 諸水脈 Energy場과 穴場 諸水脈 Energy場의 相互 同調와 干涉

④ 靑·白 諸水脈 Energy場과 水口砂 諸水脈 Energy場의 相互 同調와 干涉

⑤ 靑·白 諸水脈 Energy場과 朱·案砂 諸水脈 Energy場의 相互 同調와

干涉

⑥ 靑·白 諸水脈 Energy場과 入首來龍 諸水脈 Energy場의 相互 同調와
干涉

⑦ 靑·白 諸水脈 Energy場과 局外 諸水脈 Energy場의 相互 同調와 干涉

⑧ 靑·白 諸水脈 Energy場 間 相互 同調와 干涉現象

(5) 穴場 諸水脈 Energy場의 相互 同調와 干涉現象

① 穴場 諸水脈 Energy場과 入首來龍 諸水脈 Energy場의 相互 同調와 干涉

② 穴場 諸水脈 Energy場과 玄武頂 諸水脈 Energy場의 相互 同調와干涉

③ 穴場 諸水脈 Energy場과 靑·白 諸水脈 Energy場의 相互 同調와 干涉

④ 穴場 諸水脈 Energy場과 主來龍 諸水脈 Energy場의 相互 同調와 干涉

⑤ 穴場 諸水脈 Energy場과 水口砂 諸水脈 Energy場의 相互 同調와 干涉

⑥ 穴場 諸水脈 Energy場과 朱·案砂 諸水脈 Energy場의 相互 同調와 干涉

⑦ 穴場 諸水脈 Energy場과 局外 諸水脈 Energy場의 相互 同調와 干涉

⑧ 穴場 諸水脈 Energy場 間 相互 同調와 干涉現象

(6) 水口砂 諸水脈 Energy場의 相互 同調와 干涉現象

① 水口砂 諸水脈 Energy場과 主來龍 諸水脈 Energy場의 相互 同調와 干涉

② 水口砂 諸水脈 Energy場과 玄武頂 諸水脈 Energy場의 相互 同調와 干涉

③ 水口砂 諸水脈 Energy場과 靑·白 諸水脈 Energy場의 相互 同調와 干涉

④ 水口砂 諸水脈 Energy場과 入首來龍 諸水脈 Energy場의 相互 同調와
干涉

⑤ 水口砂 諸水脈 Energy場과 朱·案砂 諸水脈 Energy場의 相互 同調와
干涉

⑥ 水口砂 諸水脈 Energy場과 穴場 諸水脈 Energy場의 相互 同調와 干涉

⑦ 水口砂 諸水脈 Energy場과 局外 諸水脈 Energy場의 相互 同調와 干涉

⑧ 水口砂 諸水脈 Energy場 間 相互 同調와 干涉現象

(7) 朱·案砂 諸水脈 Energy場의 相互 同調와 干涉現象

① 朱·案砂 諸水脈 Energy場과 主來龍 諸水脈 Energy場의 相互 同調와 干涉

② 朱·案砂 諸水脈 Energy場과 玄武頂 諸水脈 Energy場의 相互 同調와 干涉

③ 朱·案砂 諸水脈 Energy場과 入首來龍 諸水脈 Energy場의 相互 同調와 干涉

④ 朱·案砂 諸水脈 Energy場과 靑·白 諸水脈 Energy場의 相互 同調와 干涉

⑤ 朱·案砂 諸水脈 Energy場과 穴場 諸水脈 Energy場의 相互 同調와 干涉

⑥ 朱·案砂 諸水脈 Energy場과 水口砂 諸水脈 Energy場의 相互 同調와 干涉

⑦ 朱·案砂 諸水脈 Energy場과 局外 諸水脈 Energy場의 相互 同調와 干涉

⑧ 朱·案砂 諸水脈 Energy場 間 相互 同調와 干涉現象

(8) 局外 諸水脈 Energy場의 相互 同調와 干涉現象

① 局外 諸水脈 Energy場과 主來龍 諸水脈 Energy場의 相互 同調와 干涉

② 局外 諸水脈 Energy場과 玄武頂 諸水脈 Energy場의 相互 同調와干涉

③ 局外 諸水脈 Energy場과 入首來龍 諸水脈 Energy場의 相互 同調와 干涉

④ 局外 諸水脈 Energy場과 靑·白 諸水脈 Energy場의 相互 同調와 干涉

⑤ 局外 諸水脈 Energy場과 穴場 諸水脈 Energy場의 相互 同調와 干涉

⑥ 局外 諸水脈 Energy場과 水口砂 諸水脈 Energy場의 相互 同調와 干涉

⑦ 局外 諸水脈 Energy場과 朱·案砂 諸水脈 Energy場의 相互 同調와 干涉

⑧ 局外 諸水脈 Energy場 間 相互 同調와 干涉現象

6. 水勢 Energy場 論

1) 水勢 Energy場의 槪念

(1) 地表 水路에 의한 水 Energy場의 勢力形成과 發達

① 四神砂 地表水路에 의한 水 Energy場의 勢力形成과 發達
② 水口 入出 水路에 의한 水 Energy場의 勢力形成과 發達
③ 外明堂 聚會 水路에 의한 水 Energy場의 勢力形成과 發達
④ 局外 水路에 의한 水 Energy場의 勢力形成과 發達

(2) 地下 水脈에 의한 水 Energy場의 勢力形成과 發達

① 四神砂 地下 水脈에 의한 水 Energy場의 勢力形成과 發達
② 水口 水脈에 의한 水 Energy場의 勢力形成과 發達
③ 局外 水脈에 의한 水 Energy場의 勢力形成과 發達
④ 基底 水脈에 의한 水 Energy場의 勢力形成과 發達

(3) 水 Energy의 構造特性에 의한 水 Energy場의 勢力形成과 發達

① 水 Energy의 質量的特性에 따른 水 Energy場의 勢力形成과 發達影響
② 水 Energy의 形態特性에 따른 水 Energy場의 勢力形成과 發達影響
③ 水 Energy의 位相特性에 따른 水 Energy場의 勢力形成과 發達影響

2) 水勢 Energy場의 特性別 構造秩序

(1) 水 Energy의 善·惡·美·醜에 의한 水勢 Energy場의 構造秩序

① 善惡特性에 의한 水勢 Energy場의 構造秩序
② 美醜特性에 의한 水勢 Energy場의 構造秩序

(2) 水 Energy의 大·小·强·弱에 의한 水勢 Energy場의 構造秩序

① 大小特性에 의한 水勢 Energy場의 構造秩序

② 强弱特性에 의한 水勢 Energy場의 構造秩序

(3) 水 Energy의 集合 離散에 의한 水勢 Energy場의 構造秩序
① 集合特性에 의한 水勢 Energy場의 構造秩序
② 離散特性에 의한 水勢 Energy場의 構造秩序

(4) 水 Energy의 沖射 特性에 의한 水勢 Energy場의 構造秩序
① 沖空特性에 의한 水勢 Energy場의 構造秩序
② 衝射特性에 의한 水勢 Energy場의 構造秩序

(5) 水 Energy의 滯留 別離에 의한 水勢 Energy場의 構造秩序
① 滯留特性에 의한 水勢 Energy場의 構造秩序
② 別離特性에 의한 水勢 Energy場의 構造秩序

(6) 水 Energy의 流速 特性에 의한 水勢 Energy場의 構造秩序
① 緩流特性에 의한 水勢 Energy場의 構造秩序
② 急流特性에 의한 水勢 Energy場의 構造秩序

(7) 水 Energy의 回歸 背走에 의한 水勢 Energy場의 構造秩序
① 回歸 特性에 의한 水勢 Energy場의 構造秩序
② 背走 特性에 의한 水勢 Energy場의 構造秩序

(8) 水 Energy의 動靜 續斷에 의한 水勢 Energy場의 構造秩序
① 動靜特性에 의한 水勢 Energy場의 構造秩序
② 續斷特性에 의한 水勢 Energy場의 構造秩序

(9) 水 Energy의 深淺 特性에 의한 水勢 Energy場의 構造秩序

① 深水特性에 의한 水勢 Energy場의 構造秩序
② 淺水特性에 의한 水勢 Energy場의 構造秩序

(10) 水 Energy의 高低 特性에 의한 水勢 Energy場의 構造秩序

① 高 位相 特性에 의한 水勢 Energy場의 構造秩序
② 低 位相 特性에 의한 水勢 Energy場의 構造秩序

(11) 水 Energy의 長短 特性에 의한 水勢 Energy場의 構造秩序

① 長流 特性에 의한 水勢 Energy場의 構造秩序
② 短流 特性에 의한 水勢 Energy場의 構造秩序

(12) 水 Energy의 遠近 廣狹에 의한 水勢 Energy場의 構造秩序

① 遠近 特性에 의한 水勢 Energy場의 構造秩序
② 廣狹 特性에 의한 水勢 Energy場의 構造秩序

(13) 水 Energy의 正斜 曲直에 의한 水勢 Energy場의 構造秩序

① 正斜 特性에 의한 水勢 Energy場의 構造秩序
② 曲直 特性에 의한 水勢 Energy場의 構造秩序

(14) 水 Energy의 充缺 特性에 의한 水勢 Energy場의 構造秩序

① 充滿 特性에 의한 水勢 Energy場의 構造秩序
② 空缺 特性에 의한 水勢 Energy場의 構造秩序

(15) 水 Energy의 明暗 淸濁에 의한 水勢 Energy場의 構造秩序

① 明暗 特性에 의한 水勢 Energy場의 構造秩序
② 淸濁 特性에 의한 水勢 Energy場의 構造秩序

(16) 水 Energy의 冷熱 特性에 의한 水勢 Energy場의 構造秩序

① 冷水 特性에 의한 水勢 Energy場의 構造秩序
② 熱水 特性에 의한 水勢 Energy場의 構造秩序

(17) 水 Energy의 風 特性에 의한 水勢 Energy場의 構造秩序

① 冷風 特性에 의한 水勢 Energy場의 構造秩序
② 熱風 特性에 의한 水勢 Energy場의 構造秩序

(18) 水 Energy의 破·穿 特性에 의한 水勢 Energy場의 構造秩序

① 破 特性에 의한 水勢 Energy場의 構造秩序
② 穿 特性에 의한 水勢 Energy場의 構造秩序

(19) 水 Energy의 箭·割 特性에 의한 水勢 Energy場의 構造秩序

① 箭 特性에 의한 水勢 Energy場의 構造秩序
② 割 特性에 의한 水勢 Energy場의 構造秩序

(20) 水 Energy의 刑·剋 特性에 의한 水勢 Energy場의 構造秩序

① 刑 特性에 의한 水勢 Energy場의 構造秩序
② 剋 特性에 의한 水勢 Energy場의 構造秩序

(21) 水 Energy의 去來 秩序에 의한 水勢 Energy場의 構造秩序

① 去水 秩序에 의한 水勢 Energy場의 構造秩序
② 來水 秩序에 의한 水勢 Energy場의 構造秩序

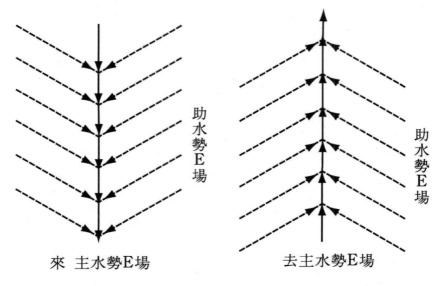

助水勢E場

助水勢E場

來 主水勢E場

去主水勢E場

〈그림 2-250〉 水 Energy의 去來 秩序에 의한 水勢 Energy場의 構造秩序

3) 水勢 Energy場의 同調와 干涉現象

(1) 水勢 Energy場의 同調現象

① 穴 Energy場 凝縮同調

② 靑·白 Energy場 纒護同調

③ 玄武 Energy場 出力同調

④ 入首脈 Energy場 入力同調

⑤ 主來脈 Energy場 育成同調

⑥ 朱·案 Energy場 案內, 先到, 凝縮同調

⑦ 局 Energy場 安定同調

⑧ 水口排出 Energy場 安定同調

(2) 水勢 Energy場의 干涉現象

① 主來脈 Energy場의 刑·沖·破·害 殺 作用

② 玄武 出力 Energy場의 刑·沖·破·害 殺 作用

③ 靑·白 纒護 Energy場의 刑·沖·破·害 殺 作用

④ 入首脈 入力 Energy場의 刑·沖·破·害 殺 作用

⑤ 朱·案 先到 凝縮 Energy場의 刑·沖·破·害 殺 作用

⑥ 局安定 Energy場의 刑·沖·破·害 殺 作用

⑦ 穴凝縮 Energy場의 刑·沖·破·害 殺 作用

⑧ 水口排出 安定 Energy場의 刑·沖·破·害 殺 作用

4) 水勢 Energy場의 同調·干涉에 따른 諸 形態特性

(1) 直朝來 水勢 Energy場의 諸 形態特性(朱·案 水勢 Energy場)

① 直來後 明堂 聚會 貯藏 水勢 Energy場

江河水나 溪澗水가 直來後 外明堂에서 聚會貯水되어 서서히 그 모습을 감추게 되면 이는 分明 善美하고 强大한 良質의 水勢 Energy場을 지닌 것이라고 볼 수 있다.

그러나 直來後의 會合水勢가 貯水 Energy場을 形成하지 못하거나 그 水勢의 모습이 外觀으로 드러나게 흘러나가는 것은, 穴場 Energy와 局 Energy를 散亂漏洩케 하는 매우 凶한 Energy場의 水勢構造라 할 수 있다.

直來水勢의 Energy場은 크면 큰 대로의 나름대로, 적으면 적은 대로의 나름에 따른 適當한 安定 貯藏水勢를 形成시킨 連後에 고요하게 그 모습을 감추고 나가는 것을 가장 吉한 水勢 Energy場으로 判斷한다.

따라서 아무리 크고 거칠게 穴場을 直來하는 水勢 Energy場이라 할지라도 外明堂에 聚會하여 貯水勢를 完成하면 이미 穴場 및 纏脣官砂 Energy場은 安定되고 물, 바람도 고요해지는 것이다.

② 直來後 穴場 左旋行 水勢 Energy場

穴場에 直來하는 水勢가 外明堂을 안고 白虎終端을 거쳐나갈 때 무엇보다 重要한 事項은 白虎終端 Energy體에 어떠한 刑·沖·破·害 殺의 干涉 Energy場이 發生하고 있는가? 하는 点이다(白虎先發先到, 靑龍後發後着).

直來하는 水勢 Energy場이 穴場을 左旋行하는 境遇의 白虎終端部 Energy體는 어떠한 形態特性에서라도 靑龍終端部 Energy體보다는 더 길고 健實해야

하며 이러한 境遇 左旋水勢의 물 흐름은 恒常 고요하고 그 가는 水勢의 모습 또한 자취를 드러내지 않아야 한다.

만약의 境遇 白虎終端部 Energy體가 靑龍終端部 Energy體보다 훨씬 짧고 弱해서 그 가는 물의 흐름이 길게 드러나 보일 때는, 이미 水勢의 大小를 떠나 穴場 Energy 및 그 Energy場은 刑·沖·破·害 殺의 干涉作用을 받아 善美한 穴核特性을 잃고 만다.

그런가 하면 直來左旋水勢가 보다 健實한 靑龍終端 Energy體를 刑·沖·破·害 殺하여 穴場을 두들기는 Energy場으로 될 때는, 이미 穴核 Energy는 그 善美한 特性을 喪失하고 不吉한 Energy場을 드러내게 된다.

따라서 穴場을 直來하여 左旋하는 水勢 Energy場은 반드시 穴場明堂과 纏脣 Energy體 및 靑·白 Energy體를 刑·沖·破·害 殺케 하지 않는 善美 고요한 물 흐름을 完成하여 穴核 Energy를 안정시키는 것이 가장 緊要한 事項이라 할 것이다. 結局은 白虎先到, 靑龍後着時에만 可能한 現象이다.

③ 直來後 穴場 右旋行 水勢 Energy場

穴場 左旋行 水勢 Energy場과는 反對 境遇로서 直來한 水勢가 外明堂을 안고 靑龍終端을 안고 가면서 一切의 刑·沖·破·害 殺 干涉 Energy場을 發生하지 않은 채 고요히 그 모습을 감추는 水勢 Energy場은 비록 江河의 直來水라고 할지라도 靑·白 Energy體의 關鎖調和가 훌륭하여 吉한 것이 되고 만다.

勿論 이 境遇에도 白虎 Energy體보다는 靑龍 Energy體의 終端部가 보다 길고 强健하여 直來水를 充分히 거두어들일 수 있는(靑龍先發先到하고 白虎後發後着한 關鎖構造) 條件이어야 한다.

따라서 直來水勢 Energy場은 반드시 外明堂을 가르거나 穴場 纏脣 Energy 場을 刑·沖·破·害 殺케 함이 없이 고요한 安定水勢를 형성한 후 靑龍終端을 자취 없이 감돌아 흘러감이 善·美·强·大한 것이 된다.

(2) 左來 左旋 水勢 Energy場의 諸 形態特性(靑龍 水勢 Energy場)

① 外明堂 聚會貯藏 左旋水勢 Energy場

內外 靑龍局으로부터 流入되는 諸 靑龍水勢 Energy가 外明堂前에 衆會하여 한바퀴 以上을 左旋하며 감도는 貯藏水勢 Energy場을 形成한 後 고요히 그 자취를 감추고 白虎 밖으로 흘러가는 것을 가장 吉한 靑龍水勢 Energy場으로 본다.

靑龍 Energy體의 龍脈數가 적고 貧弱하게 되면 外明堂 聚會 水勢 Energy場 亦是 弱小 貧窮하여 左旋 凝結力量이 不足하게 되는 것이고, 內外 靑龍局이 廣濶 多脈하여 그 勢力이 旺盛하게 되면 靑龍水勢 Energy場 또한 廣濶强大하여 善美 良質의 左旋水 Energy場을 穴核에 多量 供給하게 된다.

따라서 靑龍水勢 Energy場이 善美强大하게 明堂前을 聚會하여 감돌기 위해서는 靑龍脈數가 單一脈이 아닌 多重脈으로 構成되어 先到된 白虎 Energy體의 保護的 關鎖秩序 속에 穴核을 纏護 育成 凝縮하는 自己 責務를 完成할 수 있어야 한다.

더욱이 左來 左旋水勢 Energy場이 善美强大한 良質의 穴 同調場을 結成하기 위해서는 반드시 靑龍內外 Energy體나 纏脣 Energy體를 刑·沖·破·害 殺케 해서는 아니 된다.

② 外明堂 環抱 左旋水勢 Energy場

內外 遠近 靑龍局으로부터 流入되는 靑龍水勢가 外明堂前에서 감돌아 貯水됨이 없이, 明堂 밖을 크게 감돌아 白虎終端 Energy體 뒤로 종적을 감춤으로써 靑龍水勢 Energy場의 役割機能을 다하게 된다.

이 境遇의 靑·白 Energy 및 그 Energy場은 거의 均等平衡 Energy體 構造에 의해서 半圓形의 Positive的 同調秩序를 維持하게 마련이고, 相對的으로 穴場 纏脣 Energy體의 發達 亦是 平等한 陽 半圓의 Positive的 同調秩序 Energy場 構造를 形成케 되어 매우 豊富한 朱火 Energy를 穴核에 供給하게 된다.

특히 靑·白 曜 및 纏脣 官砂의 終端 Energy體 構造가 刑·沖·破·害 殺의 干涉을 당하지 않도록 그 水勢의 흐름이 安定되고 고요함을 잃지 않는 것이 가장

重要한 特性이다.

따라서 靑 Energy體가 白 Energy體 終端을 감아 돈다거나, 白 Energy體가 靑龍 左旋水勢를 포용하지 못하는 如何한 境遇도 穴場을 刑・沖・破・害 殺하는 理致가 되는 것이므로 大小強弱緩急의 程度에만 差異가 있을 뿐 그 凶禍는 없어지지 않는다.

③ 外明堂 遠近 環抱 左旋水勢 Energy場

靑龍水 Energy가 一但 外明堂을 環抱하게 되는 左旋水勢 Energy場은 靑 Energy體가 白 Energy體를 안고 있지 않는 限 어떠한 形態이건 善吉한 것임에는 틀림이 없다.

그런데 明堂을 環抱한 左旋水가 外白虎의 山勢에 밀려 明堂 右端近處에서 背走하는 水勢를 形成한 後 다시 再 環抱하며 左旋하게 되는 境遇가 있게 되는데, 이때에는 背走水勢의 遠近과 大・小・強・弱 및 緩急에서 그 吉凶 善惡의 程度가 區分되게 된다.

때문에 外明堂 環抱 左旋水勢 Energy場은 右端에서 背走狀態가 길어지거나, 짧은 거리 내에서 再 環抱가 다시 일어나지 않으면, 이는 結局 穴場에 凶禍를 안겨주는 不良한 水勢 Energy場이 되고 만다.

이러한 境遇는 內白虎 Energy體가 비록 大過 없이 現象維持를 해나가고 있을지라도, 外白虎 Energy體가 지닌 特性이 매우 不規則的이거나 無秩序하여 그 Energy 勢力이 離脫되거나 空亡을 일으키면서 穴 Energy場을 散亂 破損케 할 것임이 分明하다.

따라서 外明堂 左旋水勢 Energy場 構造體系에서는 반드시 外白虎 Energy體의 拒水役割이 더욱더 分明해야 하고, 亦是 外靑龍보다도 先發先到하는 外白虎 秩序體系가 確立되지 않으면 아니 된다.

左旋環抱水勢 Energy場이 外明堂 멀리서 形成되고 있음은 靑・白 水勢 Energy場이 보다 크고 멀리에서 멈추고 있음이며, 反對로 穴場 明堂의 가까이서 環抱하고 있는 것은 靑・白 水勢의 Energy場이 짧게 마감을 하거나 朱・案 水勢 Energy場이 가까이에서 穴場을 凝縮하고 있기 때문이다.

(3) 右來 右旋 水勢 Energy場의 諸 形態特性(白虎 水勢 Energy場)

① 外明堂 聚會貯藏 右旋水勢 Energy場

內外 白虎局의 水勢가 外明堂前에 衆會하여 한 바퀴 以上을 右旋하며 감도는 貯藏水勢 Energy場을 形成한 後 고요히 그 자취를 감추고 靑龍 밖으로 安定되게 흘러가는 것을 가장 吉한 白虎水勢 Energy場으로 본다.

聚會貯水되지 않고 單純히 右旋하는 白虎水勢 Energy場보다는 훨씬 더 많은 良質의 水勢 Energy場을 穴場에 供給하게 되므로 언제나 고요 平穩하고 廣潤強大하다.

水勢가 貧弱하고 急하면 聚會過程에서도 合水勢가 貧弱하고 相互鬪爭하며 그 勢力이 갈등으로 變하며 明堂의 均衡과 安定을 破損시키고 만다.

② 明堂 環抱 右旋水勢 Energy場

內外 遠近 白虎局으로부터 流入되는 白虎水勢가 明堂前에서 감돌아 貯水됨이 없이, 明堂 밖에서 크게 감고 돌아 靑龍終端 Energy體 뒤로 고요하게 그 자취를 감춤으로써 白虎水勢 Energy場의 役割機能을 다하게 된다.

靑龍 白虎 Energy 및 그 Energy場의 均等 同調秩序가 穴場 및 明堂의 Energy場을 厚富潤澤케 하는 基礎가 되는 가운데, 靑 · 白 水勢의 同調 Energy場은 必然的으로 靑 Energy 先發先到하고 白 Energy 後發後着하면서 右旋 水勢 Energy場을 包容하는 靑龍 Energy體 構造秩序가 完成되지 않으면 穴核 Energy 및 그 Energy場은 반드시 破損되는 것이 原則이다.

靑 · 白 Energy體의 曜砂構造나 纏脣 官砂 및 明堂의 構造體를 刑 · 沖 · 破 · 害 殺케 하지 않는, 고요하되 強健한 環抱水勢라야 穴核 Energy를 增長 同調하는 善吉의 Energy場이 될 수 있는 것이다.

③ 明堂 遠近 環抱 右旋水勢 Energy場

內外 白虎 Energy體로부터 明堂으로 流入되는 右旋水 Energy가 外明堂前으로부터 가까이 감아 흐르는가 아니면 멀리서 감아 흐르는가 하는 것은, 右旋水勢의 根源體인 內外 白虎砂의 終端 構造와 外明堂砂의 마무리 및 靑龍砂의 抱容

力量에 의해서 決定된다고 할 수 있다.

그러한 까닭에 內外 白虎砂의 構造가 지나치게 强大하여 靑龍 Energy體를 감싸 안을 程度로 그 Energy가 太强하게 되면, 아무리 많은 量의 强大한 右旋水가 外明堂前을 감아 안는다고 할지라도 이는 결코 外明堂을 破害하는 結果만을 가져올 뿐 穴場 Energy를 同調하는 것은 不可能하다.

반드시 靑龍 Energy體는 白虎 Energy體보다 先發先着하지 않으면 아니 되고, 靑·白 Energy體가 길어서 外明堂 밖 멀리에서 環抱水勢가 形成될 때는 朱·案 Energy體의 善吉한 Energy場이 가장 必要하게 되며 朱·案 Energy體가 穴前 가까이 있음으로 해서, 外明堂 가까이 環抱右旋水勢가 形成되면, 靑·白 Energy體의 關鎖 同調秩序가 가장 分明하게 確立되어야 한다.

5) 水의 同調 및 刑·沖(衝)·破·害 干涉과 彎弓·反弓水의 吉凶 原理

(1) 吉水 : 물이 깊고 고요하며 맑다.

- 靑龍·白虎 關鎖點 內에서 融聚處가 생기면 吉水로 본다.
- 靑白 안에서 물이 回轉하면 그 앞에 모래가 쌓인다.
- 바닷물은 거품을 일으키면서 잔잔하게 들어오면 吉水로 본다.

① 朝來水 : 穴前을 向해 朝來하는 물이 穴前에서 融聚한 後 靑龍·白虎砂 內·外壁을 破壞하지 않고 外壁을 감고 돌아가는 물은 朝來 吉水가 된다.

㉠ 三合 朝來水 : 穴前 關鎖點 中心線으로부터 $\theta = \angle 60°$ 角度의 左右 세 갈래 合成 朝來水가 穴前 靑·白 關鎖點에서 融聚한 後 環抱하는 물

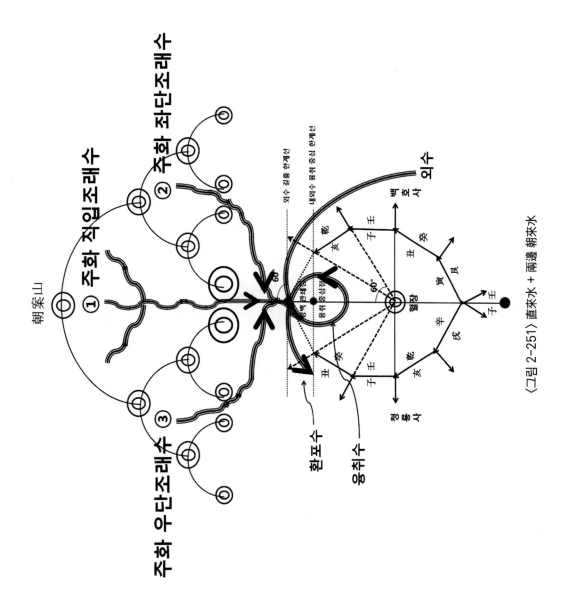

〈그림 2-251〉 直來水 + 兩邊 朝來水

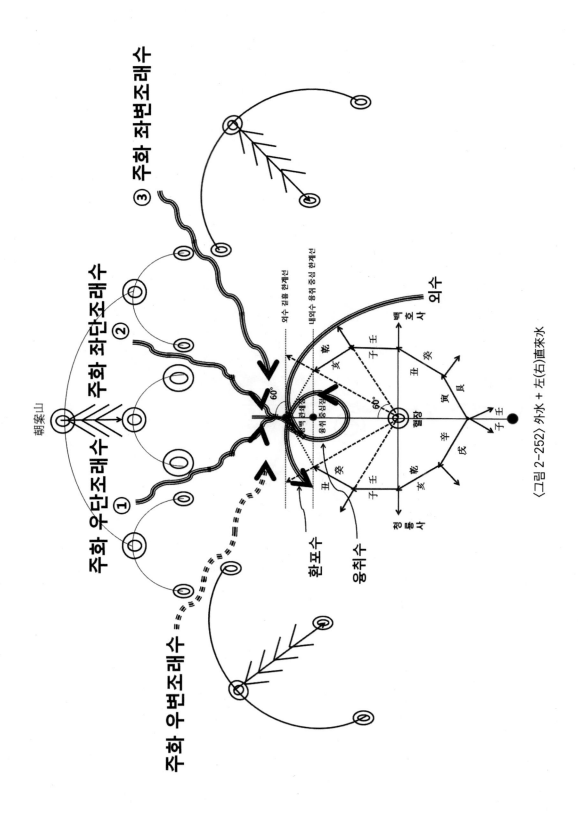

〈그림 2-252〉 外水 + 左(右)直來水

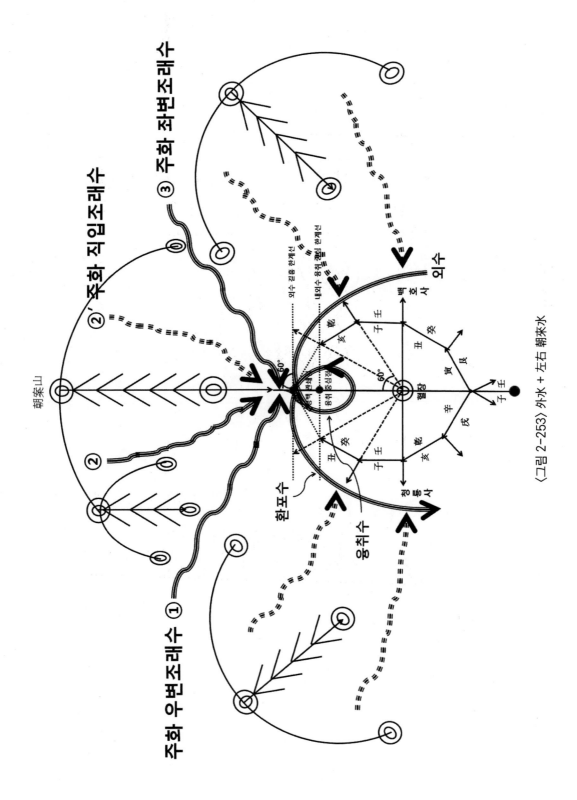

朝案山

① 주화 우변조래수

②' 주화 직입조래수

③ 주화 좌변조래수

환포수

응취수

외수

<그림 2-253> 外水 + 左右 朝來水

ⓒ 二合 朝來水 : 穴前 關鎖點 中心線으로부터 左右 θ=∠60° 角度로 서로 만나 靑·白 關鎖點에서 朝水 融聚한 後
　　　 環抱하는 물

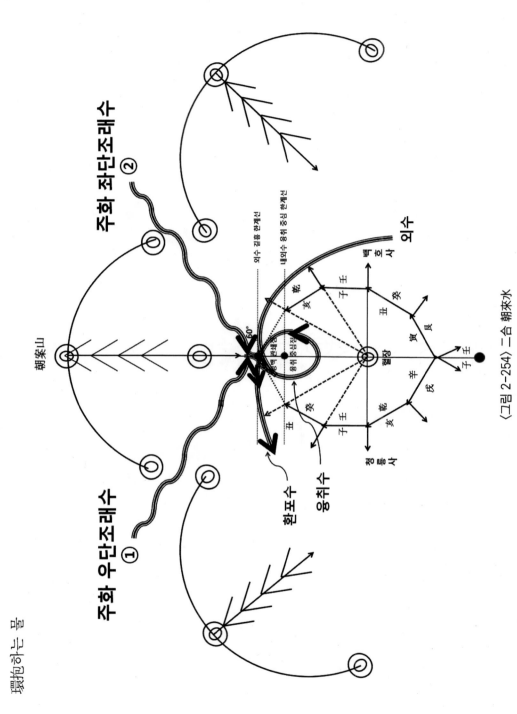

주화 좌단조래수 ②

朝案山

주화 우단조래수 ①

환포수

응취수

외수

〈그림 2-254〉 二合 朝來水

ⓒ 單一 朝來水 : 穴前 關鎖點 中心線 左 또는 右 θ=∠30° 角度 內에서 朝來하는 靑·白 關鎖點이 融聚한 後 環抱하
는 물

단일 조래수

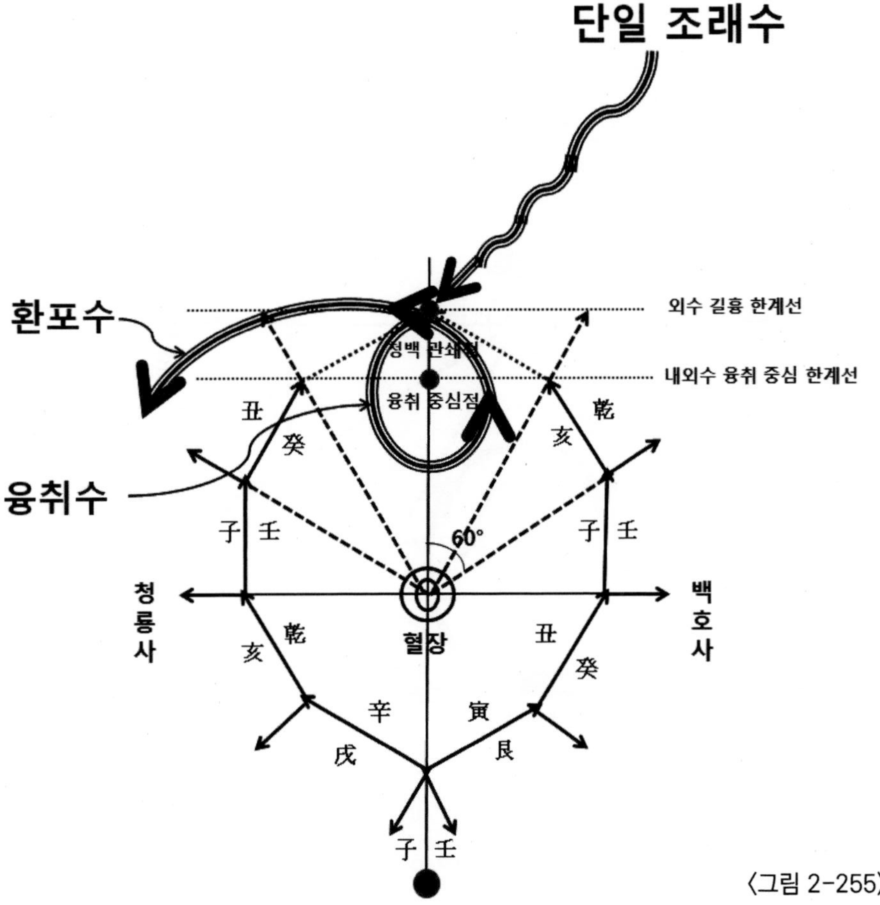

〈그림 2-255〉 單一 朝來水

② 朝塘水

㉠ 朝來 融聚 遭塘水 : 朝來水가 靑白 關鎖點 안에서 작은 연못을 만드는 것

㉡ 內水 融聚 地塘水 : 內部의 明堂水가 穴前에 모여서 연못을 만드는 것

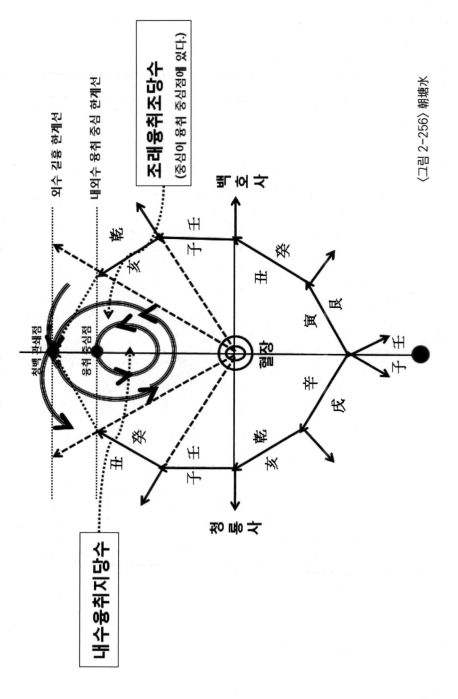

조래융취조당수
(중심이 융취중심점에 있다.)

내수융취지당수

외수 길흉 한계선

내외수 융취 중심 한계선

백호사

乾
亥
壬
子
丑
癸
寅
艮
壬
子

청룡사

청백 관쇄점

융취 중심점

혈장

辛
戌
壬
子

丑
癸
壬
子
亥
乾

〈그림 2-256〉 朝塘水

③ 環抱水 : 左 또는 右旋하는 물이 穴前 關鎖點 中心線 左右 θ=∠60°를 감아 안고 도는 물

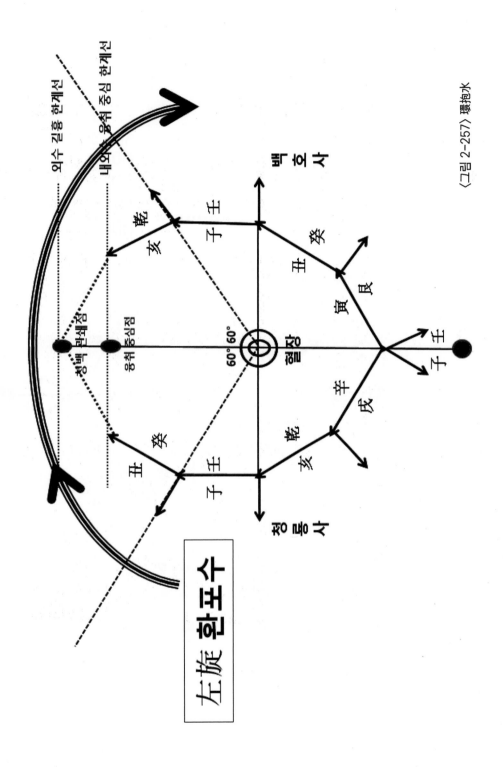

〈그림 2-257〉 環抱水

④ 環抱 彎弓水 : 左 또는 右旋하는 물이 穴前 關鎖點 中心線 基準 左右 θ=∠90° 角度 以上을 環抱하는 물

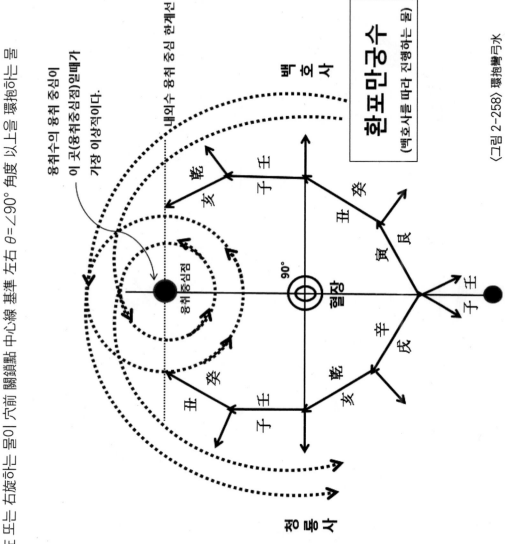

응취수의 응취 중심이
이 곳(응취중심점)일때가
가장 이상적이다.

백호사

환포만궁수
(백호사를 따라 진행하는 물)

〈그림 2-258〉 環抱彎弓水

⑤ 融聚水

㉠ 環抱融聚水 : 左右旋水가 靑龍 · 白虎砂 關鎖點 中心에서 穴場 앞으로 감아 돌고 나가는 물(拒水砂)이 있어야 形成된다.

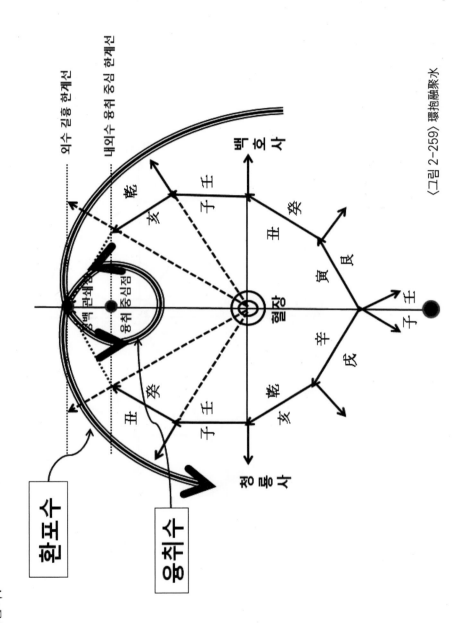

외수 갈흉 한계선

내외수 융취 중심 한계선

백 호 사

乾

亥

壬

子

壬

丑

癸

艮

寅

子

壬

청백 관쇄점

융취 중심점

혈장

辛

戌

癸

壬

乾

丑

子

壬

亥

청 룡 사

환포수

융취수

〈그림 2-259〉 環抱融聚水

ⓒ 朝來融聚水 : 朝來水가 靑龍·白虎砂 關鎖點 中心에서 穴場 앞으로 감아 돌고 나가는 물(穴前 朱雀砂)이 發達
되어야 形成된다.

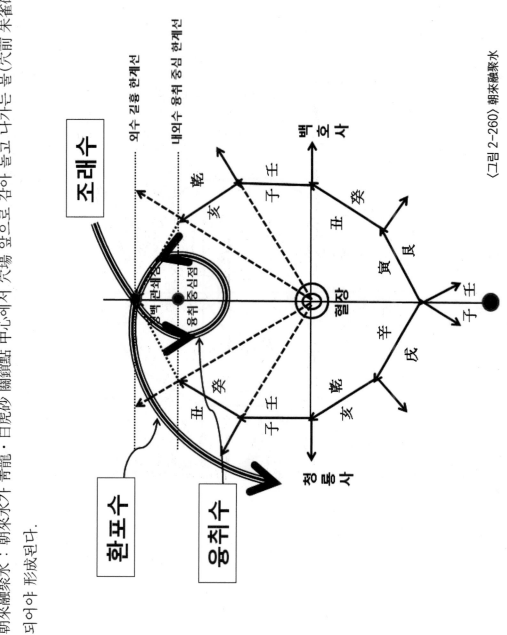

〈그림 2-260〉 朝來融聚水

ⓒ 吉水 同調 護從水 : 祖宗山 來龍脈으로부터 發生되는 根源 地氣 Energy
를 保護・調潤・育成・凝縮하는 護從同調水로서 山 地氣 Energy를
淨化・安定시키고 發散되는 生氣 Energy를 穴場으로 移動・供給・
凝縮시키는 根源 Energy 同調 特性을 지녔다.

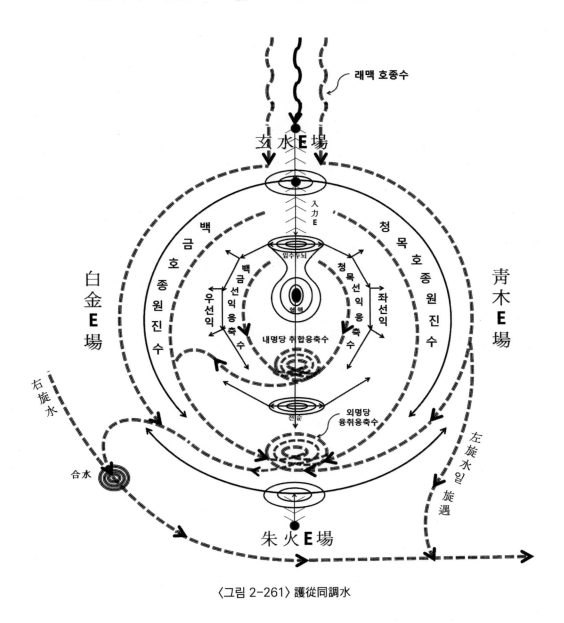

〈그림 2-261〉 護從同調水

(2) 凶水(⊕衝 및 ⊖沖水)

빠르고 强大한 물이 水口를 때리면 凶水가 된다. 穴場 혹은 青·白 및 纏脣
Energy體가 破壞되면서 絶壁이 形成된다. 검고 탁한 바닷물 또한 凶水로 본다.

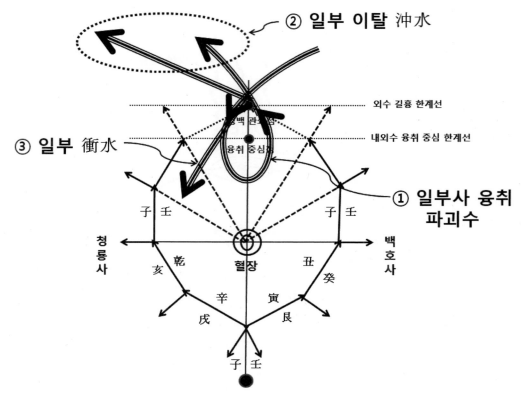

〈그림 2-262〉 ⊕衝의 原理

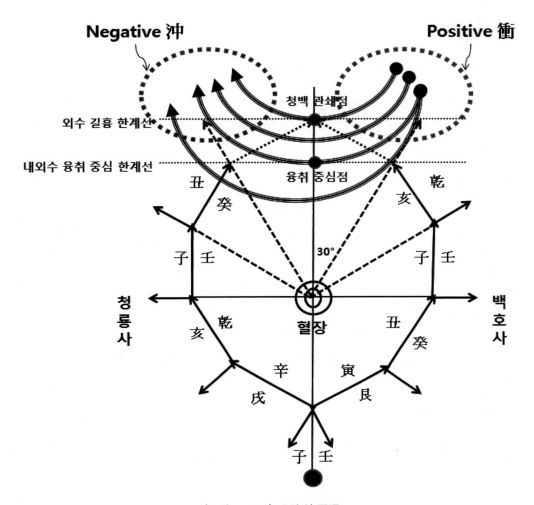

Negative 沖   Positive 衝

청백 관쇄점

외수 길흉 한계선

내외수 융취 중심 한계선   융취 중심점

丑   亥
癸   乾

子 壬   30°   子 壬

청   백
룡   호
사   사

혈장

亥 乾   丑 癸

辛   寅
戌   艮

子 壬

〈그림 2-263〉 ⊖沖의 原理

① 殺水 : 穴場 또는 靑 · 白 Energy體를 $\theta=\angle90°$로 刑 · 沖(衝) · 破 · 害 · 怨嗔하거나 强하게 때리는 빗물, 洪水, 暴雨에 의한 一時的인 破壞水, 半吉半凶水 等과 같이 干涉하는 一般諸水

② 刑殺水 : 外水가 穴場 또는 靑 · 白 Energy體를 穴前 中心 $\theta=\angle30°$ ~ $\theta=\angle60°$ 角度에서 들어와 $\theta=\angle90°$ 角度로 刑하는 衝沖水. 內外水 融聚 中心 限界線을 넘어 刑하는 물

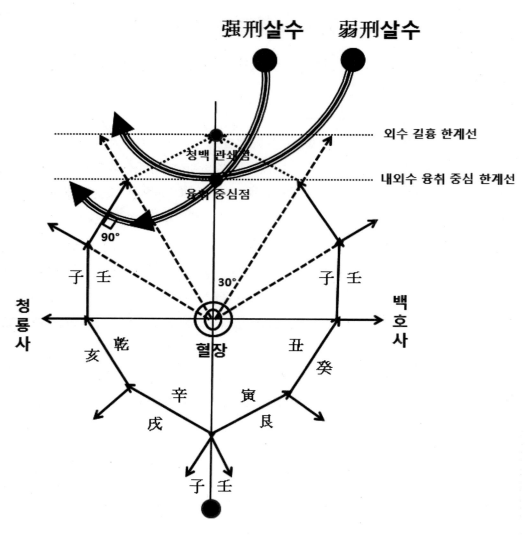

〈그림 2-264〉 刑殺水

③ 害殺水 : 外水가 穴場 또는 靑·白 Energy體를 穴前 中心 $\theta = \angle 30°$ 角度
에서 害하는 衝沖水. 外水 吉凶 限界線 上에서 害하는 물

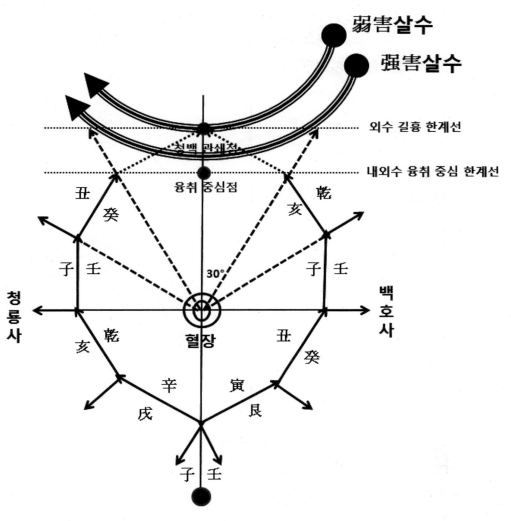

〈그림 2-265〉害殺水

④ 怨嗔殺水 : 靑・白 中 拒水砂가 없는 左右旋 外水로서 穴場 Energy를 洩氣시킵니다.

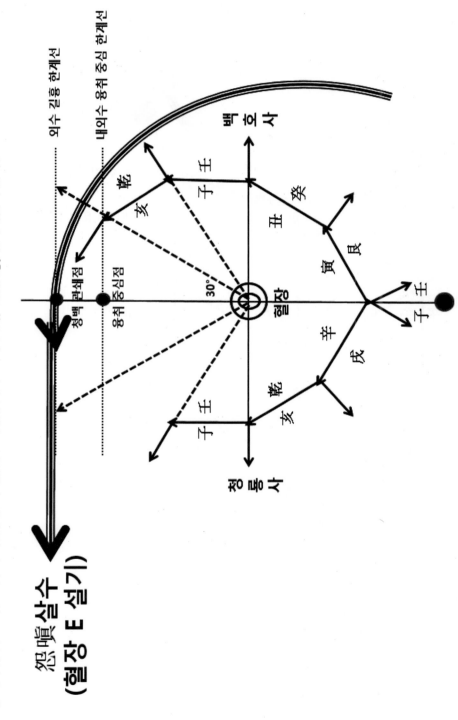

⑤ 破殺水 : 穴場 또는 靑 · 白 Energy體를 穴前 中心 $\theta = \angle 90°$ 角度에서 破
하는 衝沖外水

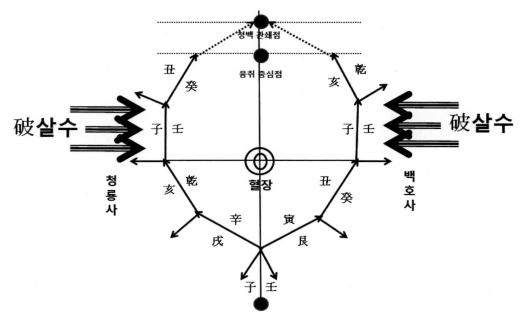

〈그림 2-267〉 破殺水

⑥ 沖殺水 : 穴場 또는 青·白 Energy體를 穴前 中心 $\theta = \angle 180°$ 角度로 離 脫하는 內外 沖去水

충살수(沖殺水)

(穴前 180°)

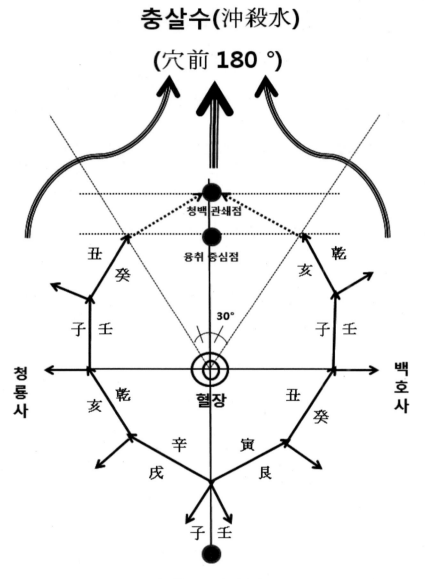

〈그림 2-268〉 沖殺水

⑦ 衝殺水 : 穴場 또는 靑・白 Energy體를 穴前 中心 $\theta = \angle 180°$ 角度(穴場
   을 向해 垂直으로 進行)로 衝擊하는 衝射外水. 단, 穴前 水口砂가 이를 安
   定시키면 오히려 吉水가 된다.

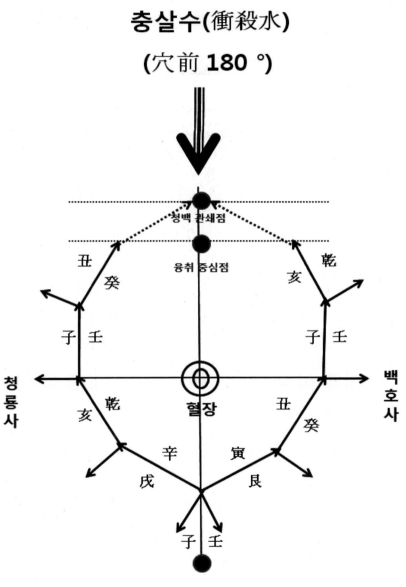

충살수(衝殺水)
(穴前 180 °)

청백 관쇄점

丑
癸

乾
亥

융취 중심점

子 壬

子 壬

청룡사

혈장

백호사

亥 乾

丑 癸

辛

寅

戌

艮

子 壬

〈그림 2-269〉衝殺水

⑧ 大凶殺水 : 穴場 또는 靑 · 白 Energy體를 衝 또는 沖하는 强大水 → 大川

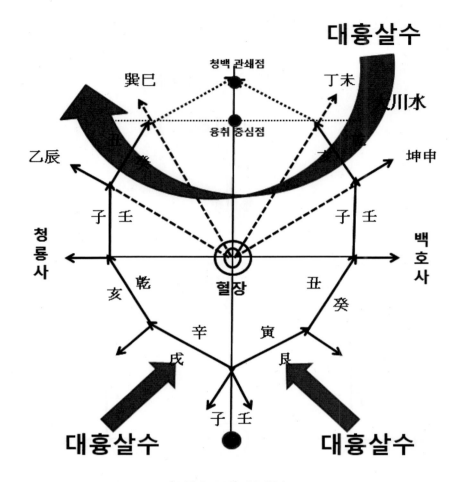

〈그림 2-270〉大凶殺水

⑨ 極凶殺水 : 穴場을 直射하는 太强水 → 大江水

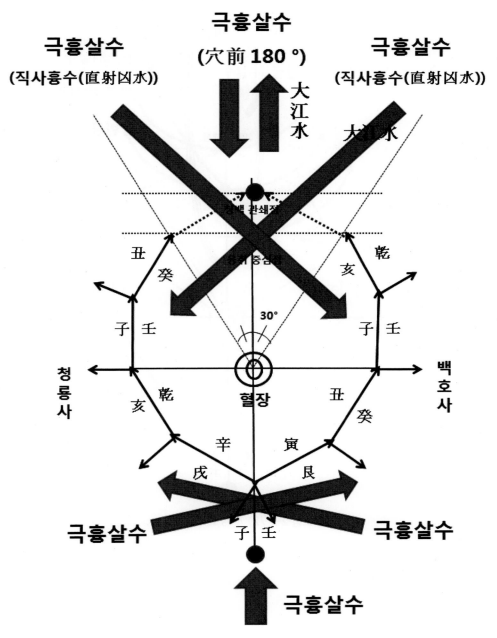

<그림 2-271> 極凶殺水

⑩ 反弓水 : 穴前 中心 $\theta=\angle180°$를 基準하여 左右 $\theta=\angle60°$ 以內를 反弓 背走하는 물

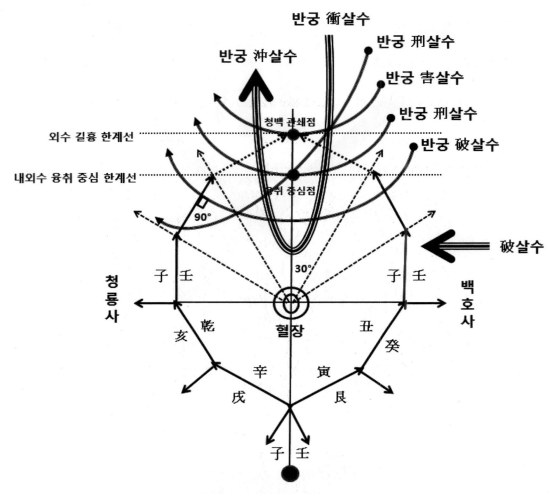

〈그림 2-272〉反弓 殺水의 形態

(3) 小結

① 吉水와 凶水의 差異

壬子 中心 穴場 基準으로 $\theta = \angle 60°$ 以內로 들어오는 물은 平溫하고 *潺潺*하면 吉水도 되지만 强大하고 빠르면 凶水도 된다.

穴場 및 靑白 Energy體에 刑・沖(衝)・破・害・怨嗔 殺을 주었는지에 따라 決定되며, 穴場과 靑・白 Energy體를 破損시켰느냐 破損치 않았느냐의 差異이다. 穴場과 靑・白 Energy體가 安定되면 吉水, 安定이 破壞되면 凶水이다.

② 彎弓水의 條件

穴前 中心 $\theta = \angle 180°$ 를 基準하여 左右 $\theta = \angle 60°$ 이상을 彎弓 環抱하는 물로서, 穴場과 靑・白 凝縮 Energy體 및 그 Energy場을 刑・沖(衝)・破・害하지 않고 靑・白 Energy場의 發生 角度를 따라 감아 안고 흐르면서 穴場 Energy를 凝縮하는 左右旋水이다.

③ 反弓水의 條件

穴前 中心 $\theta = \angle 180°$를 基準하여 左右 $\theta = \angle 60°$ 以內를 反弓 背走하는 물로서, 穴場과 靑・白 凝縮 Energy體 및 그 Energy場을 刑・沖(衝)・破・害・怨嗔 殺한다. 被害程度는 刑・沖(衝)・破・害・怨嗔의 程度에 따라 決定되며 反弓水는 殺水가 된다.

※ 極凶의 程度 : 反弓 衝/沖殺水 〉反弓 破殺水 〉反弓 刑殺水 〉反弓 害殺水, 反弓 怨嗔殺水

(4) 反弓水와 彎弓水의 差異

反弓水는 水口處가 깊고(深廣) 穴場 전면 中心으로부터 左右 $\theta = \angle 30°$를 넘어 들어와 內外水 融聚 中心 限界線을 깨고 背走하는 물이다. 이는 殺水로서 穴場 Energy體를 刑・沖(衝)・破・害・怨嗔殺한다.

彎弓水가 되면 水口處가 얕고 넓어 沙水가 融聚한다. 靑・白의 進行 角度를 따라 左右旋하며 감아 돈다. 이는 吉水로서 穴場 Energy體를 同調, 凝縮한다.

제3절 風水路 및 地氣 Energy場의 回路圖
(Circuit Diagram Of Earth Energy Field)

1. 風水路 및 그 Energy場의 Circuit Diagram(地表面 Energy 回路)

1) 風路 및 그 Energy場의 回路構成

    （1）板構造 地表面 風路 및 그 Energy場의 回路 槪要

    （2）立體構造 地表面 風路 및 그 Energy場의 回路 槪要

    （3）線構造 地表面 風路 및 그 Energy場의 回路 槪要

    （4）複合構造 地表面 風路 및 그 Energy場의 回路 槪要

    （5）主山 來龍脈 風路 및 그 Energy場의 回路

    （6）玄武 Energy體 風路 및 그 Energy場의 回路

    （7）入首 來脈 風路 및 그 Energy場의 回路

    （8）靑・白 Energy體 風路 및 그 Energy場의 回路

    （9）水口門 風路 및 그 Energy場의 回路

    （10）朱・案 先到 風路 및 그 Energy場의 回路

    （11）穴場板 風路 및 그 Energy場의 回路

    （12）局內外 綜合 風路 및 그 Energy場의 回路

2) 水路 및 그 Energy場의 回路構成

    （1）板構造 地表面 水路 및 그 Energy場의 回路 槪要

    （2）立體構造 地表面 水路 및 그 Energy場의 回路 槪要

    （3）線構造 地表面 水路 및 그 Energy場의 回路 槪要

    （4）複合構造 地表面 水路 및 그 Energy場의 回路 槪要

    （5）主山 來龍脈 水路 및 그 Energy場의 回路

    （6）玄武 Energy體 水路 및 그 Energy場의 回路

    （7）入首來脈 水路 및 그 Energy場의 回路

(8) 青·白 Energy體 水路 및 그 Energy場의 回路

(9) 水口門 水路 및 그 Energy場의 回路

(10) 朱·案 先到 水路 및 그 Energy場의 回路

(11) 穴場板 水路 및 그 Energy場의 回路

(12) 局內外 綜合 水路 및 그 Energy場의 回路

2. 風水脈과 그 Energy場의 Circuit Diagram(地中 Energy 回路圖)

1) 風脈 및 그 Energy場의 回路構成

(1) 板構造 地中 風脈 및 그 Energy場의 回路 槪要

(2) 立體構造 地中 風脈 및 그 Energy場의 回路 槪要

(3) 線構造 地中 風脈 및 그 Energy場의 回路 槪要

(4) 複合構造 地中 風脈 및 그 Energy場의 回路 槪要

(5) 主山 來龍脈 地中 風脈 및 그 Energy場의 回路

(6) 玄武 Energy體 地中 風脈 및 그 Energy場의 回路

(7) 入首來脈 地中 風脈 및 그 Energy場의 回路

(8) 青·白 Energy體 地中 風脈 및 그 Energy場의 回路

(9) 水口門 地中 風脈 및 그 Energy場의 回路

(10) 朱·案 Energy體 地中 風脈 및 그 Energy場의 回路

(11) 穴場板 地中 風脈 및 그 Energy場의 回路

(12) 局內外 地中 綜合風脈 및 그 Energy場의 回路

2) 水脈 및 그 Energy場의 回路構成

(1) 板構造 地中 水脈 및 그 Energy場의 回路 槪要

(2) 立體構造 地中 水脈 및 그 Energy場의 回路 槪要

(3) 線構造 地中 水脈 및 그 Energy場의 回路 槪要

(4) 複合構造 地中 水脈 및 그 Energy場의 回路 槪要

(5) 主山 來龍脈 地中 水脈 및 그 Energy場의 回路

（6）玄武 Energy體 地中 水脈 및 그 Energy場의 回路

（7）入首 來脈 地中 水脈 및 그 Energy場의 回路

（8）青·白 Energy體 地中 水脈 및 그 Energy場의 回路

（9）水口門 地中 水脈 및 그 Energy場의 回路

（10）朱·案 Energy體 地中 水脈 및 그 Energy場의 回路

（11）穴場板 地中 水脈 및 그 Energy場의 回路

（12）局內外 地中 綜合 水脈 및 그 Energy場의 回路

3. 地氣 Energy場의 綜合 回路圖

1) 土脈 土氣 Energy場의 回路構成

（1）板構造 土脈 土氣 및 Energy場 回路 槪要

（2）立體構造 土脈 土氣 및 Energy場 回路 槪要

（3）線構造 土脈 土氣 Energy場 回路 槪要

（4）複合構造 土脈 土氣 Energy場 回路 槪要

（5）主山 來龍脈 土脈 土氣 Energy場 回路

（6）玄武 Energy體 土脈 土氣 Energy場 回路

（7）入首 來脈 土脈 土氣 Energy場 回路

（8）青·白 Energy體 土脈 土氣 Energy場 回路

（9）水口砂 土脈 土氣 Energy場 回路

（10）朱·案 Energy體 土脈 土氣 Energy場 回路

（11）穴場板 土脈 土氣 Energy場 回路

（12）局 基底 綜合 土脈 土氣 Energy場 回路

2) 金脈 金氣 Energy場의 回路構成

（1）板構造 金脈 金氣 Energy場의 回路 槪要

（2）立體構造 金脈 金氣 Energy場의 回路 槪要

（3）線構造 金脈 金氣 Energy場의 回路 槪要

(4) 複合構造 金脈 金氣 Energy場의 回路 槪要

(5) 主山 來龍 金脈 金氣 Energy場의 回路

(6) 玄武 Energy體 金脈 金氣 Energy場의 回路

(7) 入首 來脈 金脈 金氣 Energy場의 回路

(8) 靑·白 Energy體 金脈 金氣 Energy場의 回路

(9) 水口砂 金脈 金氣 Energy場의 回路

(10) 朱·案 Energy體 金脈 金氣 Energy場의 回路

(11) 穴場板 金脈 金氣 Energy場의 回路

(12) 局 基底 綜合 金脈 金氣 Energy場의 回路

3) 水脈 水氣 Energy場의 回路構成 : 2-2) 參照

(1) 板構造 水脈 水氣 Energy場의 回路 槪要

(2) 立體構造 水脈 水氣 Energy場의 回路 槪要

(3) 線構造 水脈 水氣 Energy場의 回路 槪要

(4) 複合構造 水脈 水氣 Energy場의 回路 槪要

(5) 主山 來龍脈 水脈 水氣 Energy場의 回路

(6) 玄武 Energy體 水脈 水氣 Energy場의 回路

(7) 朱·案 Energy體 水脈 水氣 Energy場의 回路

(8) 靑·白 Energy體 水脈 水氣 Energy場의 回路

(9) 入首來脈 水脈 水氣 Energy場의 回路

(10) 穴場板 水脈 水氣 Energy場의 回路

(11) 水口砂 水脈 水氣 Energy場의 回路

(12) 局 基底 綜合 水脈 水氣 Energy場의 回路

4) 風脈 風氣 Energy場의 回路構成 : 2-1) 參照

(1) 板構造 風脈 風氣 Energy場의 回路 槪要

(2) 立體構造 風脈 風氣 Energy場의 回路 槪要

(3) 線構造 風脈 風氣 Energy場의 回路 槪要

(4) 複合構造 風脈 風氣 Energy場의 回路 概要

(5) 主山 來龍脈 風脈 風氣 Energy場의 回路

(6) 玄武 Energy體 風脈 風氣 Energy場의 回路

(7) 朱·案 Energy體 風脈 風氣 Energy場의 回路

(8) 靑·白 Energy體 風脈 風氣 Energy場의 回路

(9) 入首來脈 風脈 風氣 Energy場의 回路

(10) 穴場板 風脈 風氣 Energy場의 回路

(11) 水口砂 風脈 風氣 Energy場의 回路

(12) 局 內外 綜合 風脈 風氣 Energy場의 回路

5) 熱脈 火氣 Energy場의 回路構成

(1) 板構造 熱脈 火氣 Energy場의 回路 概要

(2) 立體構造 熱脈 火氣 Energy場의 回路 概要

(3) 線構造 熱脈 火氣 및 場의 回路 概要

(4) 複合構造 熱脈 火氣 Energy場의 回路 概要

(5) 主山 來龍 熱脈 火氣 Energy場의 回路

(6) 玄武 Energy體 熱脈 火氣 Energy場의 回路

(7) 入首 來脈 熱脈 火氣 Energy場의 回路

(8) 靑·白 Energy體 熱脈 火氣 Energy場의 回路

(9) 水口砂 熱脈 火氣 Energy場의 回路

(10) 朱·案 Energy體 熱脈 火氣 Energy場의 回路

(11) 穴場板 熱脈 火氣 Energy場의 回路

(12) 局 基底 綜合 熱脈 火氣 Energy場의 回路

6) 地磁氣 Energy場의 回路構成

(1) 板構造 地磁氣 Energy場의 回路 構成 概要

(2) 立體構造 地磁氣 Energy場의 回路 構成 概要

(3) 線構造 地磁氣 Energy場의 回路 構成 概要

(4) 複合構造 地磁氣 Energy場의 回路

(5) 主山 來龍 地磁氣 Energy場의 回路

(6) 玄武 Energy體 地磁氣 Energy場의 回路

(7) 入首 來脈 地磁氣 Energy場의 回路

(8) 靑·白 Energy體 地磁氣 Energy場의 回路

(9) 水口砂 地磁氣 Energy場의 回路

(10) 朱·案 Energy體 地磁氣 Energy場의 回路

(11) 穴場板 地磁氣 Energy場의 回路

(12) 局 基底 綜合 地磁氣 Energy場의 回路

7) 地電氣 Energy場의 回路構成

(1) 板構造 地電氣 Energy場의 回路 構成 概要

(2) 立體構造 地電氣 Energy場의 回路 構成 概要

(3) 線構造 地電氣 Energy場의 回路 構成 概要

(4) 複合構造 地電氣 Energy場의 回路

(5) 主山 來龍 地電氣 Energy場의 回路

(6) 玄武 Energy體 地電氣 Energy場의 回路

(7) 入首 來脈 地電氣 Energy場의 回路

(8) 靑·白 Energy體 地電氣 Energy場의 回路

(9) 水口砂 地電氣 Energy場의 回路

(10) 朱·案 Energy體 地電氣 Energy場의 回路

(11) 穴場板 地電氣 Energy場의 回路

(12) 局 基底 綜合 地電氣 Energy場의 回路

8) 地電子氣 Energy場의 回路構成

(1) 板構造 地電子氣 Energy場의 回路 構成 概要

(2) 立體構造 地電子氣 Energy場의 回路 構成 概要

(3) 線構造 地電子氣 Energy場의 回路 構成 概要

(4) 複合構造 地重力 Energy場의 回路

(5) 主山 來龍 地重力 Energy場의 回路

(6) 玄武 Energy體 地重力 Energy場의 回路

(7) 入首 來脈 地重力 Energy場의 回路

(8) 青·白 Energy體 地重力 Energy場의 回路

(9) 水口砂 地重力 Energy場의 回路

(10) 朱·案 Energy體 地重力 Energy場의 回路

(11) 穴場板 地重力 Energy場의 回路

(12) 局 基底 綜合 地重力 Energy場의 回路

11) 地引力 Energy場의 回路

(1) 板構造 地引力 Energy場의 回路 構成 槪要

(2) 立體構造 地引力 Energy場의 回路 構成 槪要

(3) 線構造 地引力 Energy場의 回路 構成 槪要

(4) 複合構造 地引力 Energy場의 回路

(5) 主山 來龍 地引力 Energy場의 回路

(6) 玄武 Energy體 地引力 Energy場의 回路

(7) 入首 來脈 地引力 Energy場의 回路

(8) 青·白 Energy體 地引力 Energy場의 回路

(9) 水口砂 地引力 Energy場의 回路

(10) 朱·案 Energy體 地引力 Energy場의 回路

(11) 穴場板 地引力 Energy場의 回路

(12) 局 基底 綜合 地引力 Energy場의 回路

12) 地斥力 Energy場의 回路

(1) 板構造 地斥力 Energy場의 回路 構成 槪要

(2) 立體構造 地斥力 Energy場의 回路 構成 槪要

(3) 線構造 地斥力 Energy場의 回路 構成 槪要

(4) 複合構造 地斥力 Energy場의 回路

(5) 主山 來龍 地斥力 Energy場의 回路

(6) 玄武 Energy體 地斥力 Energy場의 回路

(7) 入首 來脈 地斥力 Energy場의 回路

(8) 靑・白 Energy體 地斥力 Energy場의 回路

(9) 水口砂 地斥力 Energy場의 回路

(10) 朱・案 Energy體 地斥力 Energy場의 回路

(11) 穴場板 地斥力 Energy場의 回路

(12) 局 基底 綜合 地斥力 Energy場의 回路

13) 地核力 Energy場의 回路

(1) 板構造 地核力 Energy場의 回路 構成 槪要

(2) 立體構造 地核力 Energy場의 回路 構成 槪要

(3) 線構造 地核力 Energy場의 回路 構成 槪要

(4) 複合構造 地核力 Energy場의 回路

(5) 主山 來龍 地核力 Energy場의 回路

(6) 玄武 Energy體 地核力 Energy場의 回路

(7) 入首 來脈 地核力 Energy場의 回路

(8) 靑・白 Energy體 地核力 Energy場의 回路

(9) 水口砂 地核力 Energy場의 回路

(10) 朱・案 Energy體 地核力 Energy場의 回路

(11) 穴場板 地核力 Energy場의 回路

(12) 局 基底 綜合 地核力 Energy場의 回路

※ 天體同調 Energy場의 回路 構成

4. 地氣 Energy場의 相互 同調와 干涉 回路圖

1) 風 Energy場의 相互 同調와 干涉回路

(1) 風 Energy場과 水 Energy場의 相互 同調와 干涉 回路
(2) 風 Energy場과 熱 Energy場의 相互 同調와 干涉 回路
(3) 風 Energy場과 諸 地氣 Energy場의 相互 同調와 干涉 回路

2) 水 Energy場의 相互 同調와 干涉 回路

(1) 水 Energy場과 風 Energy場의 相互 同調와 干涉 回路
(2) 水 Energy場과 熱 Energy場의 相互 同調와 干涉 回路
(3) 水 Energy場과 諸 地氣 Energy場의 相互 同調와 干涉 回路

3) 熱 Energy場의 相互 同調와 干涉 回路

(1) 熱 Energy場과 風 Energy場의 相互 同調와 干涉 回路
(2) 熱 Energy場과 水 Energy場의 相互 同調와 干涉 回路
(3) 熱 Energy場과 諸 地氣 Energy場의 相互 同調와 干涉 回路

4) 地氣 Energy場의 相互 同調와 干涉 回路

(1) 地氣 Energy場과 水 Energy場의 相互 同調와 干涉 回路
(2) 地氣 Energy場과 風 Energy場의 相互 同調와 干涉 回路
(3) 地氣 Energy場과 熱 Energy場의 相互 同調와 干涉 回路

5. CIRCUIT DIAGRAM(回路圖)의 設計

1) Energy場 DIAGRAM의 配置計劃

(1) 基底板 Energy場의 配置 設計

(2) 山 Energy體 및 그 Energy場의 配置 設計

(3) 風 Energy 및 그 Energy場의 配置 設計

(4) 水 Energy 및 그 Energy場의 配置 設計

(5) 熱 Energy 및 그 Energy場의 配置 設計

(6) 기타 諸 地氣 Energy場의 配置 設計

(7) 諸 同調 Energy場의 配置 設計

(8) 諸 干涉 Energy場의 配置 設計

(9) 風脈 水脈 熱脈等 諸 地中 Energy 脈의 配置 設計

(10) 風路 水路 熱路 等 諸 地上 Energy 通路의 配置 設計

2) Energy場 흐름과 安定의 表示 計劃

(1) Energy場 흐름 表示 : 直線화살표시 ⟶ 또는 ⋯➤

(2) Energy場 安定表示 :

(3) Energy場 同調表示 :

(4) Energy場 干涉表示 :

3) Energy場別 色相 表示 計劃

(1) 基底板 Energy體의 表示 : 黑色 點線

(2) 山 Energy體의 表示 : 黑色 大實線

(3) 水 Energy 및 그 Energy場의 表示 : 靑色 小點線

(4) 水脈 Energy場의 表示 : 靑色 大實線

(5) 風 Energy 및 그 Energy場의 表示 : 綠色 小点線

(6) 風脈 Energy場의 表示 : 綠色 大實線

(7) 熱 Energy 및 그 Energy場의 表示 : 赤色 小点線

(8) 熱脈 Energy場의 表示 : 赤色 大實線

(9) 諸 地氣 Energy場의 表示

    ① 土脈 Energy場의 表示 : 黃色 띠

    ② 金脈 Energy場의 表示 : 褐色 띠

(10) 諸 同調 Energy場의 表示色相 : 黃色 點線

(11) 諸 干涉 Energy場의 表示色相 : 灰色 點線

(12) 穴核 凝縮 Energy場의 表示 : 黃色板

4) 其他 부호 表示 計劃

(1) Energy體 진행 표시 ◎⟨⟨⟨⟨⟨⟨⟨⟨⟨⟨⟨⟨→

(2) Energy 聚氣 표시 ◎

(3) Energy 分擘 표시 ◎←←←⟨

(4) Energy 枝龍脈 표시 ◎←←

(5) Energy 橈棹 표시 ◎←←

(6) Energy 枝脚 표시 ◎→

(7) Energy 支脚 표시 ◎→

(8) Energy 鬼官曜 표시 ◎→→→→→→⊣

(9) 相衝 표시 ——◎←

(10) 自衝, 自沖 표시   ←———◎———→

(11) 回沖 표시   ←—— ◎ ←——

(12) 怨害 표시   ⊘

(13) 無記 표시   □

第6章　　　　　　　　　　　　　　　　　陰陽論

제1절 太極思想과 陰陽論

1. 太極思想

無極 → 太極 → 陰陽 → 四象 → 八卦 → 森羅萬象

1) 無極

極이 없는 것, 나타나지 않는 것, 없는 것, 고요 寂靜, 寂滅, 고요까지 滅한 것, 고요의 고요, 直觀/靈的 境地로서 靈的究竟을 穴場에서 깨우칠 수 있어야 한다.

現象 空(텅 비어버린 空)과는 다른 眞空(가득 찬 空)의 狀態이다.

① 無極境 : 窮極境, 寂靜, 寂滅境*, 解脫境, 涅槃境
② 本性의 一如境 : 本性歸一, 心靈的 合一道

2) 太極

陰陽無記의 內在的 調和가 곧 太極이다.
觀照的 깨우침(以下直觀法, 無思量無分別智)

---

* 人間의 感性을 완전히 解脫한 고요하고 고요한 境地.

實體的 眞實을 들여다보는 그 自體는 思量分別心을 超越하여, 無思量分別智의 直觀으로 깨우쳐야 한다.

3) 陰陽

太極의 未發的 陰陽無記가 現像으로 發露된 狀態 秩序體系이다.

→ 陰陽 把握法 : 眞理(智)를 보지 못하고 知識(知)으로 보면 하나의 잣대로서 現象을 보게 된다. 現象的 眞實로 把握하지 말고 實體的 眞實로 把握해야 한다.

〈표 2-26〉 陰陽 把握法

無極	太極	陰陽
• 絶對境 • 本性一如 (本性歸一)	• 絶對的 相對 世界	• 善·惡·無記 3性, 相對的 世界
	• 顯現未發	• 顯現象
	• 觀照的 깨우침 • 無思量分別智 → 無思量分別心	• 思量分別知 → 思量分別心
	• 智 : 眞理(道理) 攄得	• 知 : 現象 把握, 法의 잣대, 道德的 價値, 格物致知
	• 實體的 眞實	• 現象的 眞實
	• 無 잣대(無思量), 無心(無分別)	• 習 잣대, 思量 分別

※ 陰陽觀 : 영남대 환경설계학과 풍수지리 전공 풍수세미나 발표자료, 2012년 6월 2일, '性象論的 特性分析 參考'

4) 四象

陰陽에서 四象이 나온다.

純粹한 陰陽은 4象이나 陰陽無記는 6象이 된다.

(無記 × 無記는 死無記가 되어 나타나지 않는다.

死無記는 消滅 Energy이므로 生命力을 잃는다.)

→ 六象 : ⊕⊕太陽, ⊕⊖陽無記, ⊕⊖少陰, ⊖⊕少陽, ⊖⊕陰無記, ⊖⊖太陰

5) 八卦論 : 八相은 12相論으로 再整理가 必要하다.

- 十方 : 8相 + 上下 → 天體 Energy相 概念이다.
  陰陽으로 四象을 固執하다 보니 나온 것이 8相이다.
  (穴場도 네모반듯한 4相이 아닌 六角形의 6相이 많다)
- 十二相 : 地氣 Energy相 → 地球는 太陽 周圍를 30°씩(1달) 變化하면서 한 바퀴(12달)를 돈다. 따라서 太陽 一周마다 12개의 Energy場 마당이 地球 表面에 形成된다.
- 穴場 觀法은 12相 槪念으로 해야 한다(穴을 12마당으로 나눌 것).
- 太極 → 陰陽無記 → 6象 → 12象

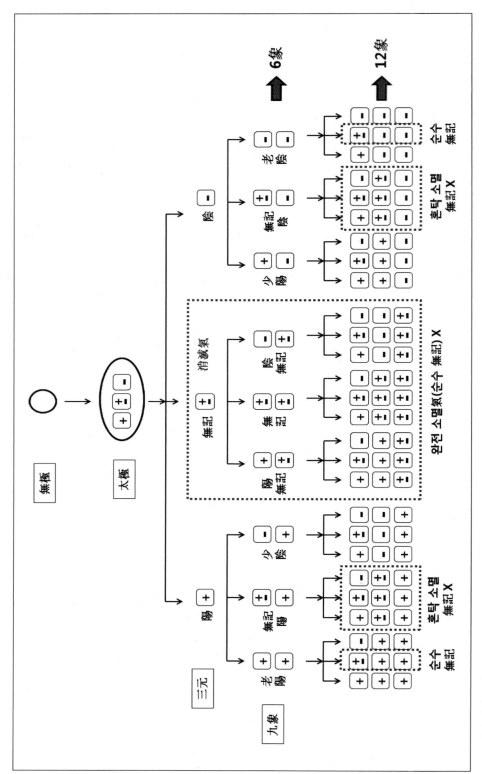

→ 混濁消滅無記와 完全消滅無記를 제외한 陰陽과 純粹無記는 총 12象이다.

〈그림 2-273〉 太極의 變易圖

2. 風水地理의 陰陽調和

1) 來龍脈의 陰陽調和

① 進行過程의 陰陽調和 ($\theta = \angle 30° \times n$의 原理)
② 起伏의 陰陽調和 ($\theta = \angle 30° \times n$의 原理)

    ㉠ 進行(左右, ⊖) 〈 起伏(上下, ⊕) : 上下가 左右보다 于先한다.
    ㉡ 起伏이 없는 龍脈에서는 Y 염색체(種子)가 生産되지 않는다.

2) 五變易의 陰陽調和

① 正變易의 陰陽調和
② 垂變易의 陰陽調和

    ㉠ ⊕Energy場(泡)만 있다.
    ㉡ 泡와 泡를 連結하는 過峽은 不可脈性으로 脈의 性格을 지니지 않아 陰陽을 論할 수 없으므로 ⊖이라 볼 수 없다.
    ㉢ ⊕Energy場에서는 獨子가 出生하나 無子孫이다(立體인 泡에서 枝龍脈이 形成되지 않으면 無子孫).

③ 從變易의 陰陽調和

    ㉠ 陰陽不調和로 立體가 形成되지 않으면 子孫이 나오지 않는다. 不姙. 無子.

④ 橫變易의 陰陽調和
⑤ 隱變易의 陰陽調和

3) 四神砂의 陰陽調和(⊕Energy場)

(1) 四神砂의 陰陽

① 玄 陽(⊕) − 朱 陰(⊖)
② 靑 陽(⊕) − 白 陰(⊖)
③ 玄・朱 陽(⊕) − 靑・白 陰(⊖)

④ 玄·靑 陽(⊕) – 玄·白 陰(⊖)

⑤ 玄 陽(⊕) – 靑 陰(⊖)

⑥ 玄 陽(⊕) – 白 陰(⊖)

⑦ 靑 陽(⊕) – 朱 陰(⊖)

⑧ 白 陽(⊕) – 朱 陰(⊖)

〔主意〕朱火, 靑·白이 Energy場으로 存在할 境遇

生殖 次元에서 朱火는 母(⊕), 靑·白은 子(⊖)이나 氣의 形態的 原
理에서는 電子, 原子의 原理에 따라(原子 周圍를 電子가 돈다) 朱火
가 ⊖, 靑·白이 ⊕이 된다.

(2) 核 Form 形成 目的(窮極的으로 四神砂는 穴核 Energy場의 Form이다.)

陽(⊕) Energy場의 內向的 陽突 凝縮性(立體化 過程, 聚氣 凝集 過程)과 陰
(⊖) Energy場의 包容的 陰屈 凝縮性(凝縮 反 Energy를 供給하는 過程, 朱雀)
을 把握한다.

4) 風水의 陰陽調和

(1) 風의 陰陽調和

① 낮바람 ⊕, 밤바람 ⊖

② 入風 ⊕, 出風 ⊖

③ 左旋風 ⊕, 右旋風 ⊖

(2) 水의 陰陽調和

① ⊕水 – ㉠ 朝來水 : ⊕Energy場

　　　　 ㉡ 融聚水 : ⊕Energy場

　　　　 ㉢ 還抱水 : ⊕Energy場

　　　　 ㉣ 穴場水 : ⊕Energy場

　　　　 ㉤ 元辰水 : ⊕Energy場

    (ㅂ) 拒水水 : ⊕Energy場

    (ㅅ) 回曲水 : ⊕Energy場

    (ㅇ) 居水水 : ⊕Energy場

② ⊖水 – (ㄱ) 去流水 : ⊖Energy場

    (ㄴ) 漏氣水 : ⊖Energy場

    (ㄷ) 洩氣水 : ⊖Energy場

    (ㄹ) 衝擊水 : ⊖Energy場

    (ㅁ) 刑沖破害水 : ⊖Energy場

    (ㅂ) 直殺水 : ⊖Energy場

    (ㅅ) 散氣水 : ⊖Energy場

〈原則〉

- 先陰後陽은 吉이다(殺水 혹은 沖水처럼 穴場으로 向하다가 어떤 砂에 의해 方向을 바꾸어 穴場을 감아 돌거나 融聚, 環抱, 拒水하면 吉).

- 先陽後陰은 凶이다.

- 純陰은 凶 中 凶이다(純陰水는 大凶(衝殺水)).

- 純陽水 : 中凶(太過水)

- 先陽後陰水 : 小凶(刑・沖・破・害 中 하나의 水. 結果的으로는 ⊖水가 되어 穴場을 때리므로 凶)

- 大水가 깊은 웅덩이를 만들면 凶(融聚水 太過)

5) 天地 陰陽調和

(1) 天陽論 : 陽突特性, 天體 Energy場의 品格

① 來龍脈 主勢 Energy體 및 그 Energy場(祖宗山 中 祖山, 小祖山의 陽突的 品格) : 主峰 立體 Energy體, 分擘 立體 Energy體, 橈棹 立體 Energy體의 品格

② 來脈小祖入首脈 陽突的 品格 : 來脈 立體 Energy體, 來脈 分擘 Energy體, 橈棹 立體 Energy體의 品格

③ 四神砂 Energy體의 陽突的 品格 : 玄水, 朱火, 靑白 立體 및 分擘, 橈棹 立體 Energy體의 品格

④ 穴場 Energy體의 陽突的 品格 : 入首頭腦 Energy體, 穴核 Energy體, 纏脣 Energy體 및 靑白 一部 立體

⑤ 靑龍入首脈纏護風水의 陽氣的 品格 : 靑龍入首脈纏護風水의 In 入 品格

⑥ 其他 砂水風의 陽氣的 品格 : 玄水補助砂, 朱崔補助砂, 靑·白補助砂 品格

(2) 地陰論 : 陰屈特性, 地氣 Energy場의 品格

① 來龍脈 主勢 Energy體 및 그 Energy場의 陰性的 特性(祖宗, 中祖, 小祖 Energy體의 陰屈的 品格) : 來脈 上 過峽, 立體의 出脈, 纏護砂의 進行, 分擘枝 支脚, 橈棹 止脚의 陰屈側 品格

② 來脈小祖入首脈의 陰屈的 品格 : 立體 出脈, 過峽, 分擘枝, 橈棹, 支脚, 止脚 等의 陰屈側 品格

③ 四神砂 Energy體의 陰屈的 品格 : 玄水 出脈, 過峽, 分劈 靑·白枝, 橈棹, 支脚, 止脚의 陰屈側 品格

④ 穴場 Energy體의 陰屈的 品格 : 入首頭腦 後端 屈處, 入穴脈 屈處, 分界水 屈處, 纏脣 屈處, 鬼/橈/官砂 屈側 品格

⑤ 靑龍入首脈纏護風水의 陰氣的 品格 : 靑龍入首脈纏護風水의 Out 出 品格

⑥ 其他 砂水風의 陰氣的 品格 : 其他 砂水風의 陰屈側 品格

(3) 穴場의 天陽.地陰論

① 穴場의 天陽論 : 天體 Energy場
  ㉠ 入首頭腦 Energy體의 陽突的 天陽 品格
  ㉡ 纏脣 Energy體의 陽突的 天陽 品格
  ㉢ 穴核 Energy體의 陽突的 天陽 品格
  ㉣ 左右 蟬翼 Energy體의 陽突的 天陽 品格

② 穴場의 地陰論 : 地氣 Energy場
  ㉠ 入首頭腦 Energy體의 陰屈的 地陰 品格 : 入首頭腦 後端 陰屈地

© 纏脣의 Energy體의 陰屈的 地陰 品格 : 纏脣 下端 陰屈地

© 穴場 界水의 陰屈的 品格

© 靑·白 蟬翼 Energy體의 陰屈的 品格 : 靑·白 蟬翼 外側 陰屈地

© 全體 合成 評價

③ 穴場의 陽突 Energy體 合成 評價值와 穴場의 陰屈 Energy場의 合成 評價值 合成 均衡 分析

④ 穴場의 合成 陰陽 分析 評價值와 四神砂의 合成 陰陽 評價值 間의 均衡 分析

　　㉠ 穴場 ⊕Energy場 評價, 四神砂 ⊖Energy場 評價

※ 平地 突穴의 陰陽調和

① 四神砂의 Energy : Form이 있어야 穴이 形成된다. Form이 없는 穴은 單純 穴로서 力量이 떨어진다. 이런 곳은 短 發福地로서 持續的이지 않다. 陽宅으로서도 發福이 길게 維持되지 않는다.

② 平地 突穴은 陰陽調和가 이루어지지 않아 絶孫 可能性이 있다.

※ 穴場 評價 順序

① 入首頭腦의 陽突處와 陰平處를 살핀다.

② 入穴脈과 纏脣의 陽突處와 陰平處를 살핀다.

③ 入首頭腦와 纏脣의 價值를 評價한 後 穴核의 價值를 評價한다.

④ 靑龍의 陽突處와 陰平處를 評價한다.

⑤ 白虎의 陽突處와 陰平處를 評價한다.

⑥ 穴場의 陽突處와 陰突處를 살피고 穴核 E體 力量을 評價한다.

⑦ 入首頭腦, 纏脣, 穴核, 靑龍, 白虎를 全體的으로 合成 評價한다.

　　(陽突構造 合成 評價 後 陰平構造 合成 評價)

※ 安定 來龍脈과 進行 來龍脈의 評價 條件 = 1 : $\sqrt{3}$: 2 分析

① 陽突處 : 陰平處 = $\sqrt{3}$: 1 → 停止 安定 條件, 永久 停止

② 陽突處 : 陰平處 = 1 : $\sqrt{3}$ → 進行 安定 條件, 一時 停止하나 進行 來龍脈

제2절 龍·砂·水·穴場·方位의 行止 陰陽 特性 原理

1. 先到後着의 陰陽 特性 原理

- 先到後着은 恒常 相對的으로 볼 수 있어야 한다.

(1) 祖山과 朝案山 : 祖宗山이 先到하고 朝案山이 後着한다(祖宗山은 먼저 到着해서 기다렸다가 며느리인 朝案山이 到着하면 아들인 玄武頂을 내보낸다).

(2) 朝案山과 小祖/玄水 : 朝案山이 先到하고 小祖(玄水)는 後着한다(며느리는 먼저 到着하여 아들을 기다린다).

(3) 小祖/玄水와 朱雀砂 : 小祖/玄水가 先到待期하고 朱雀砂는 後着한다(아들이 먼저 到着 後 아내를 맞이한다).

(4) 入首頭腦 蟬翼과 纏脣朱雀砂 : 入首頭腦와 蟬翼은 先到해 대기하고 纏脣朱雀砂는 後着해 자손을 기다린다.

(5) 穴場과 纏脣朱雀砂 : 纏脣朱雀砂가 先到하고 穴場核은 後着한다(아내가 먼저 到着 後 左右 팔을 벌려 穴場 子孫을 맞아 穴核果 後孫을 낳는다).

→ 到着順序

⊕	⊖	⊕	⊖
① 祖山	② 朝案山	③ 玄武/小祖山	④ 朱雀砂

⑤ 入首頭腦	⑥ 纏脣	⑦ 穴核
⊕	⊖	⊕

◎ 纏脣 朱雀砂와 朝案山의 區別

　　纏脣 朱雀砂 : 엄밀히 말하면 穴場의 靑白 關鎖砂가 朱雀砂가 된다.

　　혹은 穴前 獨峰砂(立體砂)가 纏脣朱雀砂가 된다.

　　→ 兩蟬翼 關鎖點 또는 穴場 餘氣 纏脣.

　　　朝案山 : 水勢 바깥의 山(물 건너 山)이다.

◎ 朱雀砂는 玄武頂보다 後着하나 穴場보다는 先到한다. 그러므로 陰陽 關係
는 恒常 相對的으로 볼 수 있어야 한다.

2. 來脈의 前節과 後節의 陰陽 特性 原理

- 來脈前節 : 性은 드러나고자 하고 相은 後節에 의해 묻힌다.
　　　　　⊕性, ⊖相 (先到)
- 來脈後節 : 後着한 來脈은 來脈前節에 안기고자 하고 相은 일어난다.
　　　　　⊖性, ⊕相 (後着)

※ 來脈의 先到 意志와 前節의 特性 原理는 同一하다.
　 모든 行止의 先到 핵심 : 그 性은 움직이려고 하나, 相은 고요해야 한다.

◎ 來龍脈 陰陽 : 그 秩序가 持續的으로 維持될 때(陽突 → 陰屈 → 陽突 →
陰屈) 來龍脈은 살아서 움직인다.
　 陰陽의 持續性은 最少 3번 以上 反復되어야 한다.
　 (聚氣 ⊕ → 過峽 ⊖)
◎ 行止의 陰陽 : 龍, 砂, 水, 穴場, 方位의 陰陽

1) 龍의 陰陽

(1) 來龍脈 行止의 陰陽

朝山來脈 – ⊕性, ⊖相(先到來脈) ⎫
靑木來脈 – ⊕性, ⊖相(先到來脈) ⎪
　　　　　　　　　　　　　　　　⎬ 相對的
主山來脈 – ⊖性, ⊕相(後着來脈) ⎪
白金來脈 – ⊖性, ⊕相(後着來脈) ⎭

行脈 - ⊕性, ⊖相
止脈 - ⊖性, ⊕相 : 聚氣 ⊖性, ⊕相
　　　　　　　　　分劈點 ⊖性, ⊕相
　　　　　　　　　橈棹 ⊕性, ⊖相
　　　　　　　　　支脚 ⊖性, ⊕相
　　　　　　　　　止脚 ⊖性, ⊕相

立體 構造 - ⊖性, ⊕相 / 穴場 Energy體 - ⊖性, ⊕相
線　　構造 - ⊕性, ⊖相 / 來龍脈 - ⊕性, ⊖相

※ 山 來脈 ⊕性, ⊖相 / 風水 ⊖性, ⊕相
　　橈棹는 山의 原理와 同一하여 山 全體의 特性을 決定한다.
　　行龍의 特性은 山 來脈의 特性과 同一하다.

(2) 來龍脈의 前節과 後節의 陰陽

來脈前節 - ⊕性, ⊖相(先到) / 來脈後節 - ⊖性, ⊕相(後着)

(3) 橈棹와 支脚의 陰陽

橈棹 - ⊕性, ⊖相(先發) / 支脚 - ⊖性, ⊕相(後發)

2) 砂水의 陰陽

(1) 玄水來脈 - ⊕性, ⊖相(先到) / 小祖(後着) - ⊖性, ⊕相(後着)
(2) 朱火來脈 - ⊖性, ⊕相(後着) / 朝案來脈(先到) - ⊕性, ⊖相(先到)

3) 穴의 陰陽 : 陰 中 陽 / 陽 中 陰

(1) 太極의 本性을 드러낸다.
(2) 持續的 陰陽 現象 中 陰의 支配的(75% 이상) 現象이 發하면 陰, 陽의 支

配的(75%) 現象이 發하면 陽이다.

3. 立體 Energy體 構造와 線 Energy體 構造의 陰陽 特性 原理

- 立體 Energy體 構造 : ⊖性, ⊕相. 그 性은 고요하고자 하고 相은 動하고
자 한다(立 特性).
- 線 Energy體(山來脈) 構造 : ⊕性, ⊖相. 그 本性은 움직이고 싶어 하나
(行, 動 特性), 來脈은 누워 그 相은 靜하고자 한다.

cf. 聚氣 : 그 性은 靜하고자 하기 때문에 ⊖性이나 그 模樣은 聚突 ⊕相이다.

4. 穴場의 陰陽 特性 原理

(1) 立體(入首頭腦, 穴核, 纏脣)가 커야 한다.
(2) 靑白 蟬翼은 짧게 進行하여 穴을 關鎖해야 한다(蟬翼이 길면 洩氣된다).
(3) 穴 自體의 模樣은 立體로 드러나 있지만(⊕相), 性은 安定/고요하고자
한다(⊖性).

5. 橈棹와 支脚의 陰陽 特性 原理

1) 橈棹

(1) 方向轉換이 目的이다(方向을 轉換하는 것은 陰陽과 和合하기 위한 것이
다. 그러므로 先發한다).
(2) 性格은 움직이려고 하나(⊕性) 모습은 일단 멈춘다(⊖相).

※ 橈棹는 바로 움직이지 않고 힘을 모아 일단 停止 後 方向 轉換한다.
　橈棹는 山來脈의 特性과 그 原理가 同一하다(⊕性, ⊖相).

山의 原理를 깨우치기 위해서는 橈棹의 變化 움직임을 살펴야 한다.
橈棹 原理의 特性 속에는 動하고자 하는 山의 特性이 內在되어 있다.

2) 支脚

(1) 均衡이 目的이다(來龍脈이 불안정할 境遇 發生, 後發).

(2) 來龍脈의 左右 均衡을 圖謀하기 위해 靜하고자 한다(⊖性). 그러나 모습은 ⊕相이다.

(3) 支脚은 스스로의 均衡을 위해 만들어진 것이다. 强健하거나 安定을 취한 來龍은 支脚을 發生시키지 않고 聚氣하거나 立體를 形成한 後 穴을 만든다. 止脚은 最終安定을 위해 만들어진다.

6. 玄武頂과 案山의 陰陽 特性 原理

• 玄武頂의 特徵 : 大立體, 中出 安定, 立體 構造 特性이 强하다(⊖性, ⊕相).
• 案山의 特徵 : 小立體, 線構造 無中出 安定, 線 構造 特性이 强하다(⊕性, ⊖相).

1) 玄武頂의 特性

(1) 玄武 Energy 特性이 案山 立體 Energy 特性보다 더 强하다.

(2) 立體 Energy體로부터 모든 出力 Energy를 入首來脈을 通해서 穴場에 供給한다.

(3) 반드시 中出來脈을 發達시켜야 한다.

(4) 性은 靜코저 하고(⊖) 相은 動코저 한다(⊕).

(5) 不適格 玄武

① 穴場 反背는 玄武가 아니다.

② 立體 不凝縮이면 不可하다.

③ 案山과 相對하지 못하면 玄武가 不可하다.

④ 一時 停止하지 못하면 玄武가 不可하다.

⑤ 線 Energy體 玄武는 不可하다.

2) 案山의 特性

(1) 立體 Energy의 特性보다는 線 Energy의 特性이 玄武頂보다 더 커야
한다.

(2) 穴場을 向한 案山의 正面은 立體를 形成하되, 반드시 線構造로 進行하여
左右出 案山 來龍脈이 穴場을 안아주어야 穴이 安定을 취한다.

(3) 中出脈이 없어야 한다. 中出脈이 없는 것은 고요하고자 함이다(中出脈
發達은 成穴意志이기 때문).

(4) 線構造의 特性 自體가 계속 움직이려고 하는 現在進行의 特性이다. 대신
짧게 끝나기 때문에 玄武頂을 안고자 하는(進行하려고 하는, 그러나 進
行하지 않은) 性格만 남아있다.

性은 계속 움직인다(穴場을 계속 안으려고 한다). ⊕性

相은 靜하고자 한다(相은 停止하고자 한다). ⊖相

(5) 不適格 案山

① 性相이 함께 움직이면 案山이 아니다.

② 線 Energy가 계속 進行을 거듭하면 案山이 아니다. 案山은 계속 움직
이려는 特性이 있어야 한다. 그러나 穴場을 안지 않고 계속 움직이기
만 하면 案山으로서 쓸 수 없다(穴場의 纒脣이 뒤틀린다).

③ 案山이 穴場 앞(180°)으로 들어온다 하더라도, 山이 外廓에서 穴場과
靑·白을 쏘면 화살이 지나가는 것과 같아 穴場이 損傷된다.

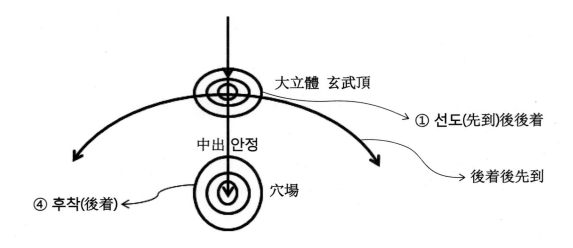

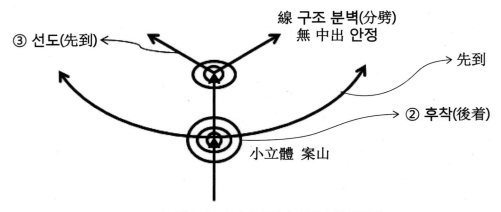

<그림 2-274> 玄武頂과 案山의 立體 特性圖

7. 靑龍/白虎 于先 局勢와 陰陽 特性 原理
(靑·白 間의 ⊕⊖은 根本的으로 靑 ⊕性, 白 ⊖性으로 決定된다.)

1) 靑木 ⊕性 于先龍 局

靑木 來龍脈이 穴場을 關鎖하여 마무리를 하면 眞龍이다. 이 境遇 穴心에서
도 靑木이 于先이다.

(1) 靑龍 于先龍 局에서 물이 右旋할 境遇 合이 된다.

이는 外白虎가 있다는 證據이다(外白虎가 없으면 물이 右旋하여 흐를 수 없다). 外白虎가 靑龍 于先龍 局을 補償하므로 合格局으로 본다.

(2) 靑龍은 强한데 白虎가 弱한 境遇와 물이 左旋할 境遇

靑龍 于先龍 局이나 靑·白 均衡이 무너져 있는 局勢로 原理的으로는 合格局이나 不合格局으로 본다. 長子孫 于先이나 山水同去로 孫이 虛하다.

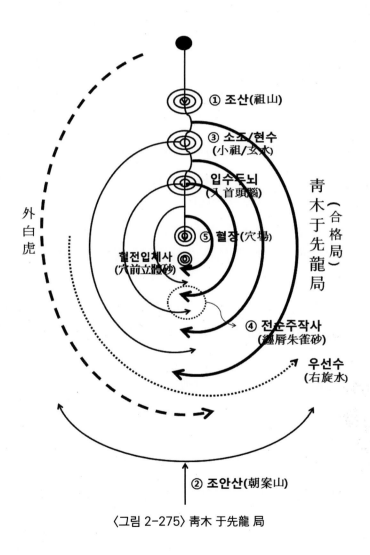

〈그림 2-275〉 靑木 于先龍 局

- 물이 左旋할 境遇 不合格局이 되는 까닭은 원인이 陰陽 不調和 現象(靑龍 太過, 白虎 不及) 때문이다.
  ① 물이 左旋하는 것은 外白虎가 없기 때문
  ② 水勢 洩氣(山水同去)
  ③ 風勢 洩氣
  ④ 穴場의 不平衡 甚化

(3) 穴場은 正格인데 外靑/白이 무너져 있는 境遇

來龍脈이 刑沖破害 받은 것이므로 穴場이 正格으로 보일지라도 嚴格하게 分析해보면 穴場 또한 刑·沖·破·害를 받아 온전하지 않다.

2) 白金 ⊖性 于先龍 局

白金 來龍脈이 穴場을 關鎖하여 마무리를 할 境遇 穴心에서도 白金蟬翼이 靑木蟬翼보다 더 發達해 있다. 靑木 Energy가 不足하여 靑龍이 相對的으로 짧아 白金蟬翼이 穴心을 안은 것처럼 보인다.

이 境遇 白金 Energy의 發達로 次子孫이 于先하고, 當代(30년)에 長孫이 夭折한다. 當代 後(그다음 代)의 長孫은 穴場 밖의 靑木 來龍脈이 온전할 境遇 孫을 이어갈 수 있다.

즉, 穴心 밖에서는 靑·白 Energy가 均等히 發達하고, 穴心에서 白金 Energy가 强하고 靑木 Energy가 不足할 境遇는 1代 長子孫만 夭折하는 일이 생긴다.

(1) 白金 于先龍 局에서 물이 左旋할 境遇 合이 된다.

이는 外靑龍이 있다는 證據이다(外靑龍이 없으면 물이 左旋하여 흐를 수 없다). 外靑龍이 白虎 于先龍 局을 補償하므로 合格局으로 본다.

(2) 白虎가 太過(强)하고 靑龍이 不及(弱)한 境遇

靑·白 均衡이 무너져 있는 국세, 女孫과 次男 于先, 長孫은 絶孫되기 쉽다.

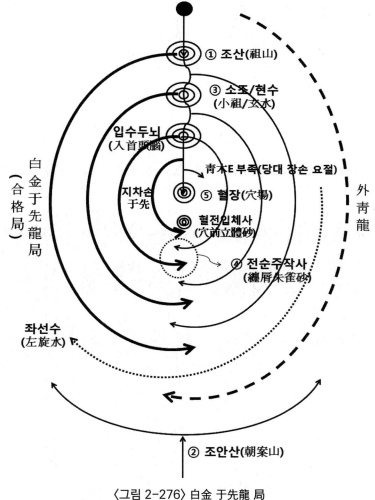

입수두뇌
(入首頭腦)

① 조산(祖山)

③ 소조/현수
(小祖/玄水)

靑木E 부족(당대 장손 요절)

지차손
于先

⑤ 혈장(穴場)

혈전입체사
(穴前立體砂)

④ 전순주작사
(纏脣朱雀砂)

外靑龍

白金于先龍局
(合格局)

좌선수
(左旋水)

② 조안산(朝案山)

〈그림 2-276〉白金 于先龍 局

- 물이 右旋할 境遇 不合格局이 되는 까닭은 원인이 陰陽 不調和 現象(白虎 太過, 靑龍 不及) 때문이다.
  ① 물이 右旋하는 것은 外靑龍이 없기 때문
  ② 水勢 洩氣(山水同去)
  ③ 風勢 洩氣
  ④ 穴場의 不平衡 甚化

제3절 四象 穴場 形成 原理

1. 穴場의 太極象論

穴核은 즉 太極本性이다. 太極의 根本象은 本是 象으로 나타나지 않는 無象이나 그 槪念은 外圓暈과 內圓暈으로 본다. 이미지象, 槪念象으로 圓滿象이며, 現象 空과 眞空이 함께 하는 것이 太極이다.

※ 圓暈 : 둥근 性格을 가지고 태어난 現象, 즉 太極을 닮은 子孫
　　(둥근 圓暈으로 存在하는 것은 太極의 本質이 들어 있다.)

(1) 穴場 Energy體 및 그 Energy場 4大 要所의 太極性
　　入首頭腦, 兩蟬翼, 纏脣 Energy體 및 그 Energy場 → 外暈
　　穴核 Energy體 및 그 Energy場 → 內暈으로 存在
(2) 穴核 Energy體 및 그 Energy場의 太極性
　　穴核 Energy體에도 內外 圓暈이 存在한다.
(3) 局 Energy場의 太極性
　　四神砂 Energy體 및 그 Energy場 → 外圓暈
　　穴場 Energy體 및 그 Energy場 → 內圓暈

2. 穴場의 兩儀象論(陰陽象論)

(1) 穴場 Energy體 및 그 Energy場의 兩儀象
　　入首頭腦, 兩蟬翼, 纏脣 Energy體 및 그 Energy場 → 外圓暈 $\ominus/\oplus$ 圓暈
　　穴核 Energy體 및 그 Energy場 → 內圓暈 $\oplus/\ominus$ 圓暈
(2) 穴核 Energy體 및 그 Energy場의 兩儀象
　　穴核의 外圓暈 → $\ominus/\oplus$ 暈象
　　穴核의 內圓暈 → $\oplus/\ominus$ 暈象

(3) 局 Energy場의 兩儀象

　　局 四神砂 Energy體 및 그 Energy場 → 外圓暈 ⊖/⊕ 暈象

　　穴場 Energy體 및 그 Energy場 → 內圓暈 ⊕/⊖ 暈象

• 穴 形成 陰陽原理 : 어떤 穴核이든 穴核場 圓暈으로부터 核心을 向해 持續
　的으로 ⊕-⊖-⊕-⊖-⊕-⊖의 秩序가 形成되게 되어 있다.
　- 入首頭腦 ⊕ → 入穴脈 ⊖ → 穴場 ⊕ → 界水 ⊖ → 纏脣 ⊕
　　(順序 : 穴場의 子午 方向)
　- 穴場 ⊕ → 穴板 ⊖ → 穴核 ⊕
　- 蟬翼 ⊕ → 界水 ⊖
　- 靑龍白虎 ⊕ → 골짜기 ⊖

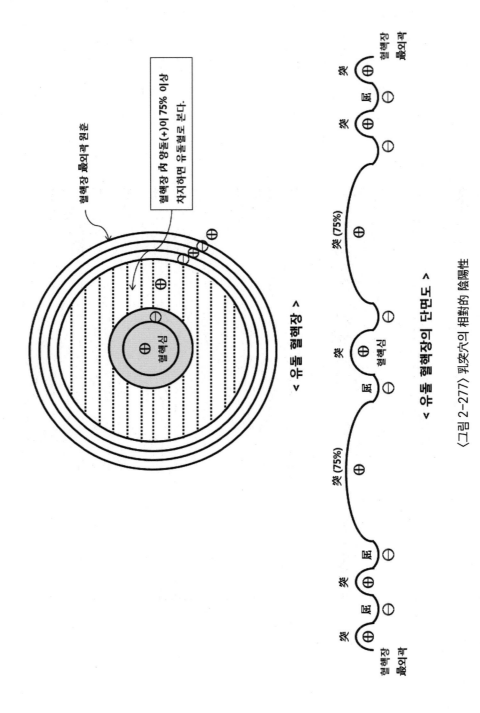

혈핵장 內 양돈(+)이 75% 이상
차지하면 유돈혈로 본다.

혈핵장 最외곽 원훈

혈핵심

< 유돈 혈핵장 >

癸 (75%)

屈

癸

혈핵심

癸

屈

癸

屈

癸

屈

癸

癸

혈핵장
最외곽

癸 (75%)

혈핵장
最외곽

< 유돈 혈핵장의 단면도 >

〈그림 2-277〉 乳突穴의 相對的 陰陽性

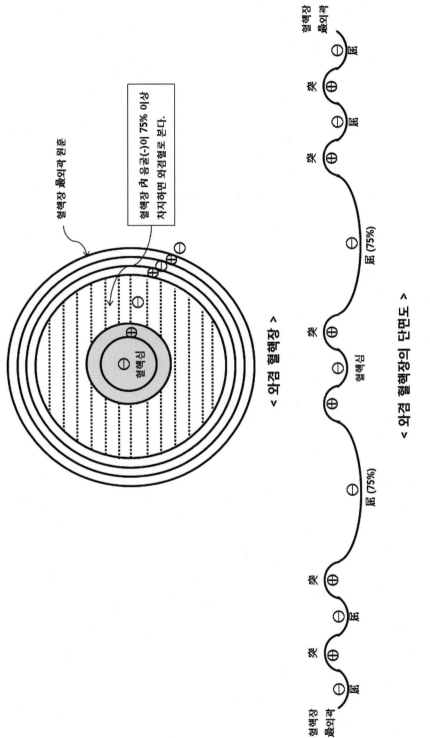

< 외겹 혈핵장 >

혈핵장 最외곽 윤곽

혈핵장 內 음극(-)이 75% 이상
차지하면 외겹혈로 본다.

혈핵심

< 외겹 혈핵장의 단면도 >

혈핵장
最외곽

屈

癸

屈

癸

屈(75%)

癸

혈핵심

屈

癸

屈(75%)

屈

癸

屈

癸

屈

혈핵장
最외곽

〈그림 2-278〉高鍼穴의 相對的 陰陽性

→ 安定 Point : 穴核場에서 75% 이상 차지하는 部分

　　　　　　　　屍身을 埋葬하는 可用地 혹은 陽宅地이다.

〈備考〉3節 陰陽 變化

　　① 물은 3節 以上 陰陽으로 굽이굽이 흘러야 한다.

　　　直으로 穴을 쏘는 것은 殺水가 된다.

　　　3節 以上 陰陽으로 去水할 境遇 去水地에 穴이 있다.

　　　陰陽 變化가 持續되면서 흐르는 去水는 穴場의 洩氣를 막는다.

　　② 바람은 고요히 굽이쳐서 穴場을 감아 돌아야 한다.

　　　바람이 直으로 穴場을 때릴 境遇 殺風이 된다.

◆ 無常性이 一切 現象으로 顯顯한다 할지라도 3節 以上 陰陽變化를 維持하
는 持續性을 지니고 있을 때는 살아있는 生氣 生命體로 본다. 즉, 持續的
現象일 때 陰陽 原理가 살아있는 것이다. 그러나 3節 以下의 陰陽 變化로
그칠 때는 그 現象은 無記 또는 死滅되는 것으로 본다.

3. 穴場의 四象論

1) 穴場 Energy體 및 그 Energy場의 四象

入首頭腦, 入穴脈, 兩蟬翼, 纏脣 Energy體 및 그 Energy場

(穴場 四神砂) 現象이 ⊕突일 境遇 穴核은 陰屈象 - 窩鉗象

⊖屈일 境遇 穴核은 陽突象 - 乳突象 → 穴場四神砂(入首頭腦, 入穴脈, 兩蟬
翼, 纏脣)가 둥글고 강하고 높으면(外圓暈) 穴核場은 相對的으로 陰屈해진다
(內圓暈).

陽突 中 陰屈하므로 窩鉗相으로 본다.

반대로, 外圓暈이 穴場에 比해 相對的으로 屈하면 穴核場은 陽突로 일어난다.

陰屈 中 陽突하므로 乳突相으로 본다.

2) 穴核 Energy體 및 그 Energy場의 四象

外暈 陽突 즉 內暈 陰屈象 - 窩鉗象
外暈 陰屈 즉 內暈 陽突象 - 乳突象
→ 穴 核心(內暈)이 陰屈하면 太陰 혹은 少陽이다.
　穴 核心이 陽突하면 太陽 혹은 少陰이다.
　穴 核心(內暈)이 陽突하면 ⋯ 穴核을 둘러싼 外暈은 相對的으로 陰屈하고
　⋯ 穴場을 둘러싼 兩 蟬翼은 相對的으로 陽突하다(⊕ 穴場 四神砂 ⋯ ⊖
　穴場 ⋯ ⊕ 穴核心).
　따라서, 穴核이 屈하면 가장 바깥 外暈(兩蟬翼)도 屈하고, 穴核이 突하면
　兩蟬翼도 突하다.

◎ 결론 : 穴核의 陽突陰屈 與否에 따라 窩・鉗・乳・突이 決定된다. 따라서
　最終 穴核의 安定 Point(陰宅에서는 사람의 몸길이, 陽宅에서는 집 한 채
　의 길이)가 ⊕突이면 乳突, ⊖屈이면 窩鉗으로 본다.

3) 局 Energy場의 四象

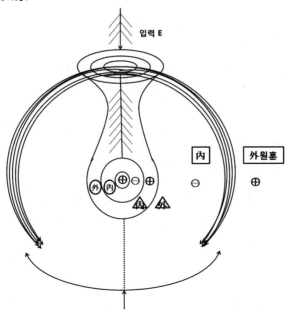

〈그림 2-279〉 穴場의 相對的 內外暈

- 太陰少陽 : 四神砂 外暈 Energy體 및 그 Energy場이 陽突일 境遇 內暈 穴
  場은 陰屈象 → 窩鉗象
- 太陽少陰 : 四神砂 外暈 Energy體 및 그 Energy場이 陰屈일 境遇 內暈 穴
  場은 陽突象 → 乳突象

四象과 八卦는 決定된 것으로 알고 있지만, 陰陽, 四象, 八卦는 모두 相對的
이다(周易의 爻 또한 卦象이 계속 變化한다).

四象이 相對的으로 변하는 것을 모르고 穴象을 窩・鉗・乳・突의 4象으로 한
정한 것은 잘못된 것이다.

中國의 風水古典에 의하면 窩는 太陽 혹은 太陰이라고도 한다.

分明한 것은 陽은 突하고 陰은 屈한다. 陰陽의 相對性에 의해 窩穴은 太陽 혹
은 太陰으로 定義될 수 있다.

〈備考 1〉

中國은 穴場에 대해 4象論(窩・鉗・乳・突)에 重點을 두어 入首頭腦, 蟬翼,
纏脣 Energy體 및 그 Energy場의 現象에 대해서만 論하였다.

郭璞의 葬書 – 穴證 : 乘金相水, 穴土印木의 再解析

　　　　　乘金 : 金을 올라탐은(딱딱한 金氣를 얻는 것은)

　　　　　相水 : 물을 相對(意志)해야 하는 것이고(相依), 金生水로 물
　　　　　　　　 을 相對하지 않는 穴場은 金氣가 메말라 없어진다.

　　　　　穴土 : 그런즉 穴土는

　　　　　印木 : 곧바로 木으로서 印可한다.

木氣와 貴官曜砂 氣運을 말하며 특히 靑木曜와 纏脣의 官砂 氣運을 일컫는다.
(同意 印＝비치다, 曜＝빛나다)

木의 내재된 氣運 – 어질 仁, 어질다는 것은 고요함과 德을 얻어서 인증한다
(得). 도장을 찍어서 완결하듯이 고요로써 모든 걸 證明한다. 得道, 깨달음을 完
成한다. 靑龍蟬翼(木氣)은 穴土에 根源 Energy를 供給하여 穴場을 完成하므로

木氣는 重要하다.

→ '金氣를 乘함은 물을 相依함이고, 따라서 穴土는 木氣를 得하여 그 고요함을 이룬다'(穴場에는 五氣가 있어야 함을 강조).

現在의 解析 : 乘金을 到頭砂, 弦陵砂 / 印木을 纏脣으로 解析

水를 論하자면 오히려 入首頭腦(玄水)에 가깝고, 金의 性質에 의해 蟬翼으로, 穴은 穴土로 解析함이 더 論理整然하다. 現在의 解析은 乘金과 印木 解析에 대한 蓋然性이 不足하다.

郭璞은 穴場 五氣를 說明하려고 했던 것으로 보인다. 葬書나 人子須知에도 '火氣는 氣運이 分散되고 離散되는 故로 火氣는 穴場에 許容치 아니한다.'라는 文句도 있다.

하남선생의 '明堂論'에는 穴證에 대한 具體的 說明이 명료하게 설명되어 있다.

〈備考 2〉 中國과 韓國의 山勢地形 特性 分析

- 中國 : 1次的으로 板이 形成된 후 2次的으로 山이 만들어졌으므로 中國의 山勢地形에서는 相 中心 理論이 安當하다. 즉, 板이 固定된 狀態에서 立體 山이 形成되었다.
- 韓國 : 韓國의 山勢地形은 固定된 狀態가 아닌 進行形으로, 움직이고자 하는 性이 强하다. 線 構造로 龍이 變化無雙하게 進行한다. 그러므로 性 爲主로 風水 原理를 展開해야 한다. 우리나라의 山脈은 線 構造가 더 많다.
- 陰陽의 理致는 性을 主張하느냐, 相을 主張하느냐에 따라 다르다.
- 中國은 相에 執着하여(象形文字 中心) 물을 陽相이라 하고(相 : 물은 흐르면서 움직인다) 山을 陰相이라 하나(相 : 停止되어 있음) 韓國은 性을 中心으로 하기 때문에 물을 陰性으로 하고(性 : 물은 停止하고자 움직인다) 산을 陽性이라 한다(性 : 停止된 듯 보이나 움직이기 위해 靜한다).
- 陰陽은 相對性이다. 性과 相 또한 相對性이다. 性으로 보느냐 相으로 보느냐에 따라 陰陽原理가 달라진다. 地理 把握을 잘 하기 위해서는 性의 差別 特性과 相의 差別 特性을 확연히 들여다볼 수 있어야 한다.

〈備考 3〉

① 靑烏經, 葬書 : 陰來陽受, 陽來陰受

入首 뒤에서 來龍脈이 고개를 들고(높이) 들어와서(陽來) 入首頭腦에서 下降하면서 둥지를 틀면(陰受) 窩·鉗穴을 일으킨다. 서서 들어온 脈(陽來)이 계속 고개를 들고 進行하면(陽受) 穴을 形成하기 어렵다. 즉, 솟아오른 來龍脈이 (陽來) 入首에서 下降하면서 平으로 進行하면(陰受) 窩·鉗이 되기 쉽다. 入首에서 來龍脈이 솟아 올라와 立體가 되면 乳突穴이 되기 쉽다.

(은은하게 들어온 脈(陰來)이 聚氣 集合하여 일어나면(陽受) 乳·突이 되기 쉽다 → 平地突穴, 들판에 穴이 우뚝 솟는다.)

② 楊筠松

峽이 낮게 두툼하게 내려간 것은 陽脈이라 하고, 좁게 進行한 것은 陰脈이라 한다. 脈이 높게 進行한 것은 陽이고, 낮게 進行한 것은 陰이라 한다.

→ 過峽 兩 옆으로 살이 붙어 두툼하면 陽峽, 過峽이 狹小(좁고 가늘면)하면 陰峽이라 한다. 이것은 陽脈, 陰脈은 아니다. 陽脈은 높게 進行하는 것이다. 높게 進行하되 幅이 狹小한 象만을 보고 陰脈이라고 해서는 안 된다. 脈의 貴賤尊卑만이 있을 뿐이다. '陽突은 無條件 陽氣이고 陰屈은 無條件 陰氣'는 아니다. 陽突과 陰屈은 相對的이다.

→ 陽脈과 陰脈(隱脈) : 五變易의 胎動
- 窩·鉗·乳·突 穴이 生成되는 根本 原則
  玄武頂에서 來龍脈이 三出脈으로 進行할 境遇
  - 左右出脈이 中出脈(穿心脈)보다 强할 境遇 : 左右出 來龍脈이 고개를 들고 强하게 서서 進行하므로 中心脈이 相對的으로 貧弱하다. 玄武頂에서 左右出脈으로 2/3 以上의 Energy가 供給되면 中出脈으로 1/3의 地氣가 供給되어 入首에서는 隱脈으로 進行하기 쉽다. 穴場은 靑白에 比해 相對的으로 낮아 陰屈脈이 된다.
    外靑白이 넓게 벌어지면 穴場에서도 兩 蟬翼이 넓게 벌어진다.

- 中出 穿心脈 - ⊖脈, 左右出脈 - ⊕脈

　現象 → 窩鉗 太陰少陽 成穴

　- 中出穿心脈의 氣運이 左右出脈보다 强할 境遇 : 玄武頂에서 穿心脈으로 1/2 以上(50%)의 氣運이 供給되면 左右出脈으로 供給되는 氣運이 각각 1/4씩 나뉘므로 靑白이 相對的으로 弱하고 낮게 進行한다. 穿心脈은 두 텁고 强하며 엎드린 채로 천천히 進行한다.

- 中出 穿心脈 - ⊕脈, 左右出脈 - ⊖脈

　現象 → 乳突 太陽少陰 成穴

　　　　　突穴 : 正變易 90° 進行, 入力 Energy 75% 以上
　　　　　乳穴 : 入力 Energy 50% 以上

正變易은 힘이 强하므로 中出脈으로 힘이 集中될 수밖에 없다(⊕脈).
穿心脈으로 全 入力 Energy의 1/2 以上의 ⊕脈 氣運이 集中되면 無條件 乳突穴이다. 入首 穿心脈이 隱脈(⊖脈)으로 進行할 境遇(1/2 以下의 ⊖脈 氣運이 供給) 無條件 窩·鉗穴이다.

③ 人子須知의 隱脈과 陽脈의 定義

　그 氣가 隱隱하게 들어오는 것을 隱脈이라 한다.
　그 氣가 顯顯해서 陽突로 들어오는 것을 陽脈이라 한다.
　그 氣가 隱隱 微微하게 陰屈로 들어오는 것을 陰脈이라 한다.

4. 窩·鉗·乳·突의 陰陽 原理

1) 窩鉗 - 陰(太陰, 少陽)

　① 窩穴(太陰, 陰 中 陰 / 陰 中 陽)
　② 鉗穴(少陽, 陰 中 陽)

2) 乳突 - 陽(少陰, 太陽)

① 乳穴(少陰, 陽 中 陰)

② 突穴(太陽, 陽 中 陽 / 陽 中 陰)

少陽은 陰에서 나온 것, 少陰은 陽에서 나온 것이다.

위에서 前記한 바와 같이 穴은 穴核場 圓暈으로부터 核心을 향해 持續的으로 ⊕-⊖-⊕-⊖-⊕-⊖의 秩序가 形成되게 되어 있다.

예) 乳穴의 太極 : 乳穴의 젖무덤 模樣은 陽突, 그中 들어간 부분은 陰屈, 그 中 가장 中心 젖꼭지는 陽突, 젖꼭지 中心의 구멍은 陰屈로서 陰 中 陽, 陽 中 陰이 持續的으로 나타난다.

→ 窩 中 乳가 있고, 乳 中 窩가 있다.

3) 無記穴 (제4절 참고)

※ 無記穴이 될 수 있는 根本 要素 因子

① 祖宗山 無記   ⑧ 支脚 無記   ⑮ 下降 無記

② 來龍脈 無記   ⑨ 橈棹 無記   ⑯ 進行 無記

③ 過脈 無記   ⑩ 止脚 無記   ⑰ 停止 無記

④ 分擘 無記   ⑪ 基底板 無記   ⑱ 會合 無記

⑤ 聚起 無記   ⑫ 陽突 無記   ⑲ 凝縮 無記

⑥ 中出脈 無記   ⑬ 陰屈 無記   ⑳ 變易 無記

⑦ 枝龍脈 無記   ⑭ 上昇 無記

(1) 陽無記脈

生脈에 불룩 튀어나온 ⊕惑이 있다. 陽陽無記⊕⊕⊕ 脈의 한쪽은 正常인데 반대쪽에만 惑이 있다. 突穴도 乳穴도 아니다. 길쭉한 오이처럼 되어 있다(長乳보다 더 길다). 壬子脈 左右로 惑(亥, 癸)이 하나 더 붙어 있는 脈壬子 → 亥壬子 → 壬子癸 → 壬子로 進行하는 龍은 陽無記脈이 된다.

(2) 陰無記脈

生脈에 ⊖혹이 붙은 것. 陰陰無記⊖⊖⊕ 凝縮이 제대로 안 되어 말 여물통처럼 길쭉하다. 壬子 → 亥壬 → 子癸 → 壬子로 進行하는 龍은 陰無記脈이 된다.

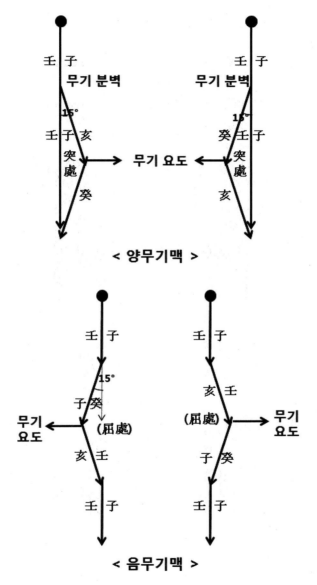

〈그림 2-280〉 陽無記脈과 陰無記脈

→ 陽無記脈은 橈棹 반대편의 屈處가 없다. 生脈에 혹橈棹나 혹脈이 붙어있다.

穴에도 無記穴이 存在한다. 陰陽이 調和가 되지 않은 穴(案山이 없을 境遇)에서는 穴核果가 맺히지 않는다. 遲進兒나 低能兒는 陽陰 無記穴에서 나온다. 그 外 死無記穴에서는 流産된다.

(3) 無記突穴 : ⊕⊕⊕, 太陽無記

相은 突穴인데 穴土가 나오지 않는다. 너무 굵거나 튀어나온 相 全體가 딱딱한 바위로만 되어 있다(內部組織은 뼈 構造). 分擘性 凝縮에 의해 停止凝縮이 아닌 進行凝縮이 된다(無記). 分擘 後 止脚으로 끝난다.

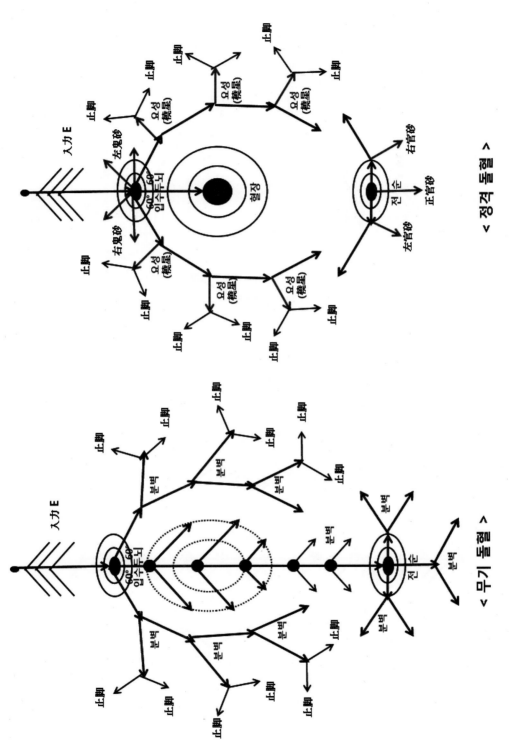

< 정격 돌혈 >

入力 E

左鬼砂
右鬼砂
60° 60°
입수두뇌
혈장

요성(曜星)
요성(曜星)
요성(曜星)
요성(曜星)
요성(曜星)
요성(曜星)
요성(曜星)
요성(曜星)

止脚
止脚
止脚
止脚
止脚
止脚
止脚
止脚

전순
左官砂
正官砂
右官砂

< 무기 돌혈 >

入力 E

60° 60°
입수두뇌

전순

분벽
분벽
분벽
분벽
분벽
분벽
분벽
분벽
분벽
분벽
분벽
분벽

止脚
止脚
止脚
止脚
止脚
止脚
止脚
止脚
止脚

〈그림 2-281〉突穴

(4) 無記乳穴

⊖⊖⊕, 少陰無記. 너무 꼬거나 넘으면 無記乳穴이다. 入首頭腦에 鬼砂가 發達하지 않는다. 分擘 後 한 번 더 分擘한다.

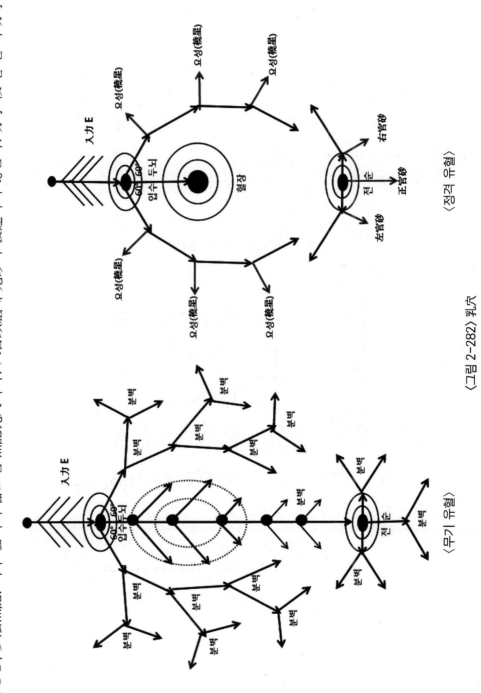

〈무기 유혈〉

〈정격 유혈〉

〈그림 2-282〉 乳穴

(5) 無記鉗穴

⊖⊕⊕, 少陽無記. 鉗 다리가 分擘하여 分擘性 橉棹가 되어야 하나, 鉗 다리가 枝龍脈이 아닌 支脚일 境遇 가운데 콜

이 져서 穴이 形成될 수 없다. 鉗 다리는 枝龍脈이어야 한다.

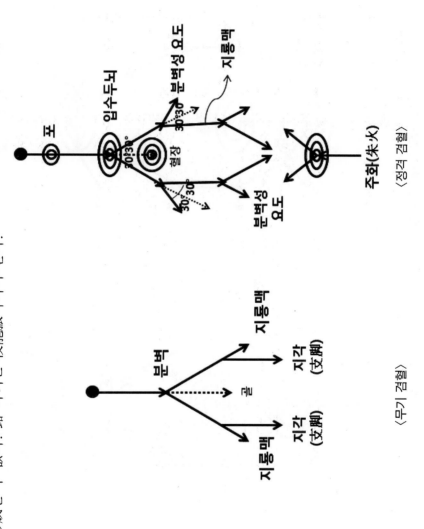

〈그림 2-283〉 鉗穴

(6) 無記窗穴

⊕⊖⊕, 太陰無記. 穴은 穴인데 陰陽이 不分明하여 乳 中에 窩가 보이지 않는다.

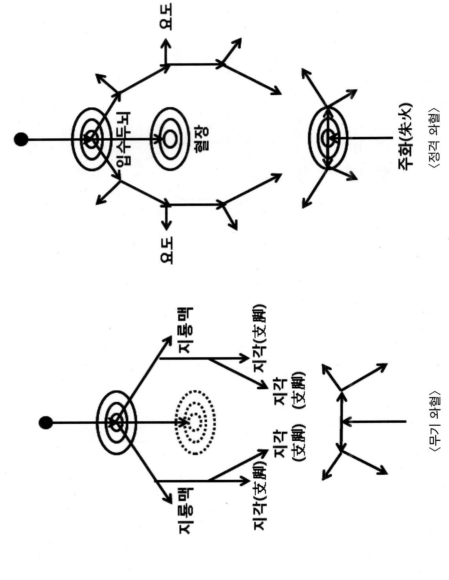

〈그림 2-284〉窩穴

※ 窩穴과 鉗穴의 共通點과 差異點

　－ 窩鉗穴이 陰穴이라 해도 入首頭腦는 聚氣가 되어 어떤 形態로든지 立體
　　가 된다. 力量의 差異만 있을 뿐이다.

　－ 窩鉗穴은 中出入穴脈이 隱脈으로 엎드려서 進行하여 잘 보이지 않는다.

　－ 入首頭腦 前端에서 束氣가 되거나 起峰하여 入首頭腦가 된다.

　－ 窩穴은 橈棹에 의해 생긴다. 分擘性으로 進行하면서 穴을 關鎖할 境遇는
　　鉗穴이 된다.

5. 五變易別 穴 形成 構造 特性에 따른 四象的 選擇(窩 · 鉗 · 乳 · 突 別)

1) 正變易 眞龍眞的 處 穴

（1）正入首, 正坐로 土體穴(90°分擘의 境遇) 一字 平坦 構造로서 上下, 前後
　　左右에서 보아도 一字이다. 土體穴의 中心, 즉 頭上 中心에 穴이 있다(直
　　龍은 死脈).

（2）不見左右峽水, 穴上不見去水處

（3）形成 原理 : 安定, 均等 分擘하여 左右出脈의 角度가 같고 中出脈이 있으
　　면 正變易이다(中出脈 穴 形成).

　　① 30°分擘 : 穴 形成 分擘(穴 力量은 60°分擘에 미치지 못하나 分擘 後
　　　바로 밑에서 穴이 形成된다).

　　② 60°分擘 : 穴 安定 形成 準備 段階

　　③ 90°分擘 : 穴 力量 極大化 分擘, 十字脈(直入首, 直坐). 그러나 庸劣
　　　한 龍이 直入首, 直坐인 境遇 死穴

〈備考〉分擘角이 不均等하면 不正分擘이다.
　　　　不正分擘에는 穴이 形成되지 않는다.

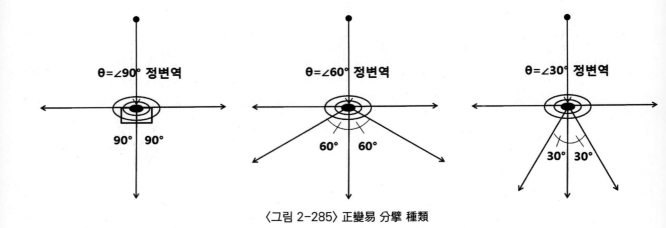

〈그림 2-285〉 正變易 分擘 種類

※ 窩·鉗·乳·突 別 正變易 穴場
   90° 分擘 - 突穴
   60° 分擘 - 窩穴 〉鉗穴
   30° 分擘 - 鉗穴, 乳穴

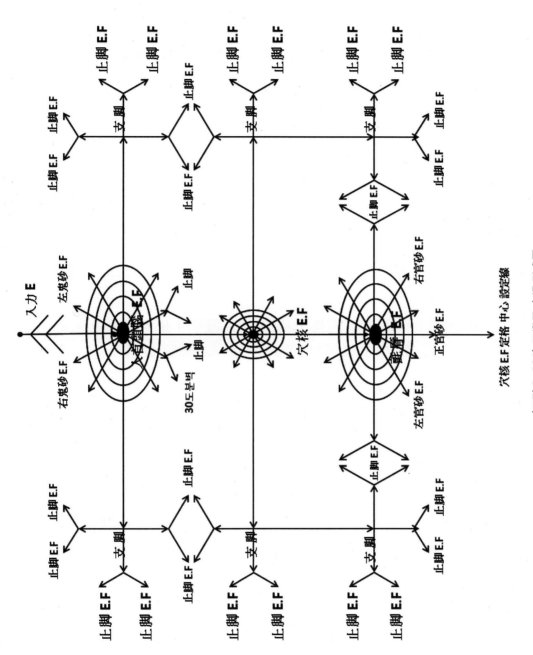

〈그림 2-286〉 正變易 穴場 形成圖

2) 橫變易 穴

(1) 金體穴이 大部分이다. 臍中 穴(5部 稜線 위), 臥穴, 廣穴
(2) 形成原理 : 開場脈이 回龍하는 過程에서 그 코너 지점에서 形成된다.
　　 코너는 變換點이자 技巧點으로 變化를 그 特性으로 한다.
　　 ① 撞背鬼砂, 孝順鬼砂에 의해 穴 凝縮
　　 ② 穴 前 案山과 先到한 靑白砂의 Energy場에 의해 形成되는 特性이 强
　　　 하다.
　　 ③ 本脈은 지나가고 本脈의 側面에 생긴다. Energy體 入力 特性보다
　　　 Energy場 入力 特性이 强하다.

3) 從變易 穴

(1) 水體穴이 大部分이다. 水邊, 山盡處(3部 稜線 아래), 혹은 回龍하여 山
　　 의 末端에서 穴 形成
(2) 주로 小穴. 左旋 또는 右旋 穴場, 左右水邊하되 拒水해야 한다.
(3) 之, 玄 脈, 從 方向으로 앉되 垂頭한 穴(入首頭腦 發達)

4) 垂變易 穴

(1) 木體 發達
(2) 起伏 反復 後 臍下에서 穴 形成
(3) 直入首 直坐 垂變易에서 案山을 못 만나면 死龍이 된다.
(4) 脈이 左右로 開場하더라도 그 脈은 支脚性, 非枝龍脈으로 蟬翼 發達 미약
(5) 直入首 直坐 穴이 形成되더라도 枝龍脈이 弱하여 狹立穴 形成
(6) 不見越見水
(7) 左右蟬翼이 弱하여 入穴脈이 길고, 傾斜가 急하다.

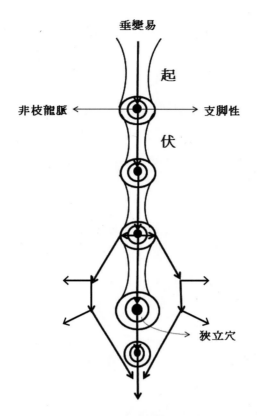

图 상단 레이블: 垂變易, 起, 非枝龍脈, 支脚性, 伏, 狹立穴

〈그림 2-287〉 垂變易 穴場 形成圖

5) 隱變易 來龍脈 眞的 穴

(1) 金體穴 발달
(2) 平地 突穴, 頓起穴, 臍突穴. 隱潛旽起穴, 穿心十道穴 또는 水邊穴
(3) 穴上不見去水處. 不見左右峽水. 立體穴

〈備考〉

平地의 언덕 : 頓起 後 洩氣 現象, 다른 穴場의 水口砂, 獨峰砂 役割을 하고 穴場은 되지 못한다(頓起穴 : 頓起 後 凝縮 現象, 蛇頭穴).

隱變易에도 窩鉗乳突 穴이 形成 可能하나, 주로 突穴이 形成되어야 力量이 最吉하다. 隱變易은 Energy가 持續的이지 않고 끊어졌다가 이어지기를 反復하므로 隱變易에서 窩鉗이 생기면 그 穴의 力量은 떨어진다.

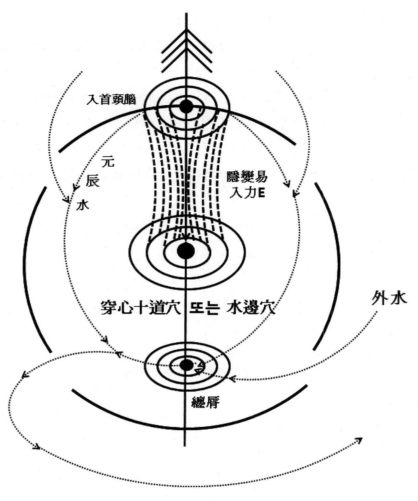

入首頭腦

元
辰
水

隱變易
入力E

穿心十道穴 또는 水邊穴

外水

纏脣

〈그림 2-288〉 隱變易 穴場 形成圖

제4절 風水學的 無記論의 展開

1. 天地 Energy 相合論에서의 無記 槪念

(1) 戊己 : 天體 Energy場의 中黃土性

(2) 辰戌丑未 : 天體 Energy場의 中心黃土性이 地氣에 照臨함으로써 地氣
運行 邊土氣相 Energy場으로 變易한 것.

(3) 無記 : 語源은 現象眞諦 性相을 善性·惡性·無記 性相으로 分類한 佛敎的
現象 性相論에서 傳來하였고, 그중 無記性을 中道的 意志로써 解釋하기
도 하고 陰陽論的 中性意志로써 解釋하기도 한다.

(4) 이를 風水學的 中性 意志로 표현키 위해 原理講論에서 導入한 理論이 無
記論이다.

天體 Energy場과 地氣 Energy場은 相互 10干12支 配合 秩序에 의해서 現
象 地球에 그 Energy 및 그 Energy場으로 發現시켰다. 그 代表的 形成體가 地
表 Energy 및 그 Energy場이고 거기에서 生成된 것이 人間 및 地球萬物이다.

따라서 地球萬物 中 無記特性體의 性相을 分析해보면 超越的 中道智(卽 解
脫的 中道智)的 無記境地인 人間의 無記 性相과 陰陽 未發的 中性인 戊己 및 그
邊土인 辰戌丑未 已發現像을 統稱하여 無記라고 설명하고 이를 風水原理講論
上 특히 祖宗山來龍脈의 形成秩序가 10干12支의 配合原理 結果인 變易 安定角
$\theta = \angle 30° \times n$의 變化 原理에 符合하지 못하는 一切 現象을 無記秩序體로 定義하
였다.

그 應用으로 패철 上 나타나는 壬子, 癸丑, 艮寅, 甲卯, 乙辰, 巽巳, 丙午, 丁
未, 坤申, 庚酉, 辛戌, 乾亥의 中心線 上에 變化中心線이 發露치 못한 如何한 山
Energy體 變化는 모두 無記性으로 看做한다.

2. 山의 無記와 穴場 無記

(1) 山 Energy體 聚突 無記(上下 秩序)
(2) 來脈進行 無記(上下左右 秩序)
(3) 過峽 無記(均等 秩序)
(4) 分擘 無記(均衡 秩序)
(5) 靑·白 無記(侍立 秩序)
(6) 支脚 無記(옆구리 出生 秩序)
(7) 橈棹 無記(어깨 出生 秩序)
(8) 止脚 無記(停止角度 秩序)
(9) 入首 無記

(10) 蟬翼 無記
(11) 入穴脈無記
(12) 明堂 無記
(13) 纏脣 無記
(14) 案山 및 朝山 無記
(15) 風勢 無記
(16) 水勢 無記
(17) 天地不配 無記

3. 先到 後着 無記 秩序

※ 朱火 先到를 爲한 入力 Energy 待期 原理

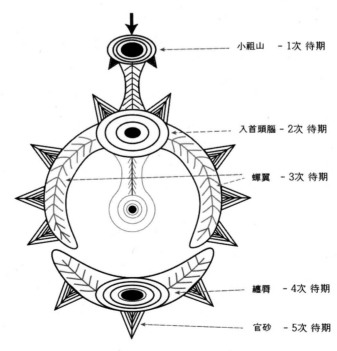

小祖山 - 1次 待期
入首頭腦 - 2次 待期
蟬翼 - 3次 待期
纏脣 - 4次 待期
官砂 - 5次 待期

〈그림 2-289〉朱火 先到를 爲한 入力 Energy 待期 現象

1) 本山 發 靑白이 延長되어 形成된 案山 Energy體 및 그 Energy場의 理想的 條件

(1) 小祖山 待期 後着 聚氣峰을 形成할 것(立體 分擘 數量이 增加한다).

(2) 小祖山 待期가 不可能할 境遇(入力 Energy가 不及한 境遇, 朱火 遠離) 계속 進行하여 入首頭腦에서 2次 待期 後着 聚氣한다(鬼 Energy體 發生 回數 增加).

(3) 兩 蟬翼砂 Energy體에서 3次 待期 後着 聚氣(蟬翼曜의 發生 回數가 늘어난다).

(4) 靑·白蟬翼 延長 Energy體로 形成되는 纏脣 Energy體에서 4次 待期 後着 聚氣

(5) 纏脣 官砂 Energy體에서 5次 待期 後着 聚氣

※ 靑木 Energy場의 代數別 吉凶 現象(白金 Energy場의 境遇도 同一原理)

※ 靑木 Energy場의 代數別 吉凶 現象 (①은 첫째 子孫 ②는 둘째 子孫 ③은 셋째 子孫)						
當代	①100%			②25%		
2代	①100%	②75%	③100%	①75%	②25%	③75%
3代	①100%	②50%	③100%	①50%	②25%	③50%
4代	①100%	②25%	③100%	①25%	②25%	③25%

2) 外山發 朝案 Energy體 및 그 Energy場의 無記

(1) 左旋 朝案 Energy體 및 그 Energy場의 無記

(2) 右旋 朝案 Energy體 및 그 Energy場의 無記

(3) 直來直朝案 Energy體 및 그 Energy場의 無記

※ 四神砂 Energy場 均衡 安定 原理

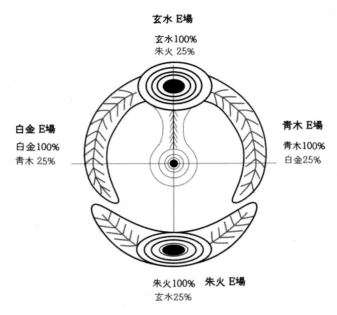

玄水 E場
玄水100%
朱火 25%

白金 E場
白金100%
靑木 25%

靑木 E場
靑木100%
白金25%

朱火100%　朱火 E場
玄水25%

〈그림 2-290〉四神砂 Energy場 同調 作用率

4. 無記 Energy體 및 그 Energy場의 構造原理

1) 山 Energy體 聚突 無記(水 · 木 · 火 · 土 · 金體의 無記)

  (1) 水體 山形의 無記 構造 : 上下起伏 無記 & 縱橫 變易 無記
      - 水體 變 木體 時 觀點 : 前端 水體의 刑·沖·破·害를 살피고
      - 水體 變 金體 時 觀點 : 金體 後端의 水體 刑·沖·破·害 殺을 살펴라.
      - 水體가 不止 즉 無記이다.
  (2) 木體 山形의 無記 構造 : 起立角의 秩序가 安定될 것.
      - 金木形 木體 無記 : 金木體 중 一位의 刑·沖·破·害를 살펴라.
  (3) 火體 山形의 無記 構造 : 火體는 根本이 Energy 發散構造이므로 그 發
      散 形態를 보고 無記를 논한다.
      - 火體의 形態가 均等치 않을 때 無記 : 火中 木이 刑·沖·破·害를 받

을 때.

　　- 火體 後端 土體 또는 金水體 不生 時 無記火體이다.

　　- 火體 無記는 스캔들이다.

　　- 火體가 完全할 時는 五形山이 具足해진다.

(4) 土體山形의 無記 構造 : 正變易 山 Energy體의 無記 觀察.

(5) 金體山形의 無記 構造 : 前後左右의 均衡을 觀察.

　　- 金體 太過 卽 無記이고 不及해도 無記이다.

※ 서울의 수도는 先到하고 관악은 後着인 故로, 白岳木覓이 無記的 不安定
　玄-朱 構造體이다.

2) Energy場 無記 構造

(1) 조종산 Energy場의 불균형

(2) 래룡맥 Energy場의 무질서

(3) 취돌 구조 Energy場의 불안정

(4) 입수맥 Energy場의 불확실

(5) 成穴 Energy場의 불명확

(6) 사신사 Energy場의 불평등

(7) 풍수 Energy場의 不可得

(8) 방위 Energy場의 비대칭·부조화

5. 來龍脈 進行 無記

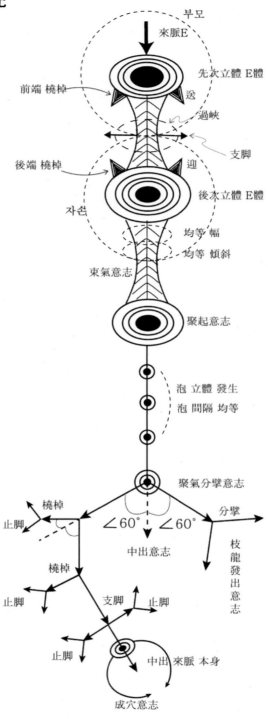

〈그림 2-291〉 來龍脈 進行 定格

1) 祖宗山 過峽 前後端 定格과 無記

(1) 先次 立體 Energy體와 後次 立體 Energy體 間 來脈 連結은 반드시 過峽을 거치기 마련인데 過峽 前後 送迎部의 秩序에 의해 來龍脈의 眞僞가 決定된다. 卽, 送砂의 定格은 필히 兩側 靑白橈棹를 送達시켜야 하고 그 橈棹의 無記 與否를 觀察한다. 역시 過峽 後端에서도 迎砂가 橈棹(鬼砂) 또는 支脚에 의해 來脈 Energy를 歡迎해야 한다. 非無記를 요함.

(2) 騎龍穴 : 枝龍이 去八, 來八 構造로써 반드시 去八이 來八에 안겨야 한다.

(3) 送迎의 發達은 相續意志의 表現이다.

2) 來脈 本身의 無記

過峽의 前後端이나 進行 來龍脈 本身은 필히 그 定格을 維持함이 可하다(不 可 卽 無記).

(1) 均衡安定 進行意志(幅, 傾斜)

(2) 生氣 聚起 意志(泡, 立體 發生, 泡 間 거리 均等 安定)

(3) 橈棹 또는 支脚의 發生 意志(橈棹 및 支脚 構造形態 및 그 Energy 秩序에 따라 來脈 本身의 定格과 無記가 決定됨)

(4) 分擘의 發生意志(生龍 來脈은 필히 그 本身을 保護하기 위한 左右 中出의 來脈 聚氣 分擘意志가 分明해야 한다)

(5) 枝龍의 發出意志(來脈 本身을 保護, 育成, 凝縮하기 위한 必然의 過程으로써 반드시 均等, 均衡을 要함)

(6) 中出 穿心 意志(左右 枝龍의 護衛를 얻으면 그 中心 勢力을 形成하기 위한 中出 穿心脈을 發達시키지 않으면 아니 된다)

(7) 成穴 意志(中出 穿心 來脈 本身 Energy 및 Energy場은 반드시 束氣 및 聚氣하여 穴場을 融結함이 可하다)

(8) 止脚 發生 意志(모든 山 Energy體는 止脚 發生의 定格秩序에 의해서만 그 行止 成果 意志를 確認시켜줄 수 있다($\theta = \angle 90°$).

※ 無記의 3大格(3大 無記意志)
   1. 先天 無記意志
   2. 後天 消滅性 無記意志
   3. 後天 生起的 生命意志

※ 1. 局 觀 : 天地 同調 觀察
   2. 來龍 觀 : 天地 同調 리듬 觀察(來龍脈 리듬)

6. 過峽 無記

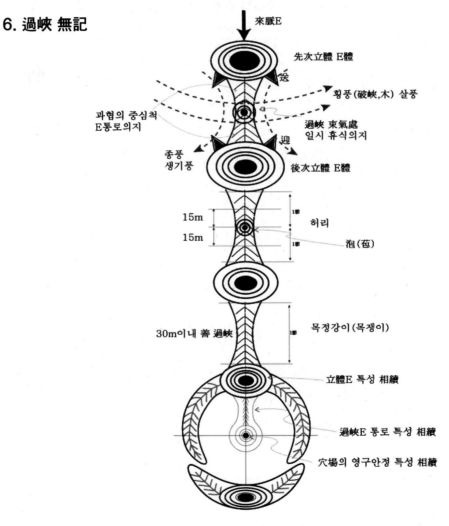

〈그림 2-292〉 過峽의 定格

1) 過峽의 定義

(1) 1節 30m 以內의 길이일 것

(2) 幅 : 前後端 평균 幅의 1/2

(3) 過峽 束氣 幅의 중심이 明了할 것(有脊過峽)

(4) Energy 흐름의 休息處이므로 짧을수록 善吉. 1節(30m) 以上 되면 無記로 定義

- 立體 Energy體와 立體 Energy體의 연결통로로써 一時 休息處

2) 過峽無記

(1) 送迎砂 Energy場의 無記에 의한 非定格
(送迎砂에 의한 均衡 縱凝縮 秩序 不振) 마디, 길이, 密度

(2) 靑·白 護從砂 Energy場의 無記에 의한 非定格.
(靑·白 Energy場의 橫凝縮 秩序 不振) 마디, 幅, 密度

(3) 祖朝 Energy場의 不安定(非同調)에 의한 非定格
(朝山 Energy體의 Energy 供給 秩序 不振) → 生氣 不足, 굽거나 퍼지고 깨진다.

(4) 過峽은 Energy 移動의 一時 休處인 고로 短해야 한다(살아 있다. 숨쉬는 중). 皮毛光澤

(5) 橫風이 渡峽 卽 殺過峽 → 吹風, 中風, 肝膽病
縱風이 順調 卽 生過峽 → 肝膽 健實

(6) 線立體 聚氣点 後端이 陷할 境遇 過峽無記이다.

(7) 過峽之道, 中庸之道 穴場形成意志

(8) 過峽은 山의 목쟁이, 허리, 팔목, 발목(木氣)

(9) 有束氣 有泡 : 上吉峽

有束氣 無泡 : 中吉峽

無束氣 有泡 : 中吉峽

無束氣 無泡 : 無記峽

(10) 觀峽 要點

- 목쟁이의 橫風縱風을 觀한다.
- 鶴膝, 蜂腰의 眞僞를 觀한다.
- 過峽의 길이와 幅의 眞僞를 觀한다.
- 凝縮 마디와 密度를 觀한다.
- 脊 均等과 生氣相을 觀한다(陜 左右 傾斜角 均等).

7. 分擘 無記, 靑 · 白 無記

1) 分擘의 槪念

分擘의 根本意志는 成穴이라 中出意志가 本이나,

分擘 卽 靑 · 白이요, 分擘 卽 中出意志다. 中出 卽 分擘, 靑 · 白 卽 分擘이다.

故로 分擘 無記 卽 靑 · 白 無記요, 靑 · 白 無記 卽 分擘 無記다.

2) 分擘의 構造 秩序

① 分擘角 $\theta = \angle 30° \times n$의 秩序에 符合하여야 하고
② 容量, 容積 均等
③ 姿勢가 均等
④ 身言書判 : 山의 身(姿勢), 言(바람소리 물소리, 냄새), 書(색깔),
  判(意志)

祖宗山 來龍脈 Energy가 成穴 同調意志를 實現키 위한 現象 發現으로 分擘 現象을 지님으로써 中出 成果核 Energy를 纏護, 育成, 凝縮시킬 수 있는 相互 同調 Energy體를 分擘形式으로 秩序化하고 있다. 이러한 秩序는 반드시 三出 正分擘 形態(30°, 60°, 90°)가 가장 理想的이고 次序로써 正二分 均衡 分擘 形態가 그 分擘의 定格이다.

따라서 根本的 成穴 同調意志는 Energy體 및 그 Energy場의 分擘 現象이어

야 하므로 다음과 같은 分擘 原則과 秩序가 따라야 하고 이에 該當치 못한 것은 無記 分擘으로 본다.

3) 分擘의 定格 意志

(1) 分擘点의 定格 : 聚氣突 定格

(2) 分擘角의 定格 : 三出 時 正分角, $\theta = \angle 60°$(成穴点 長), $\theta = \angle 30°$(成穴 点 短)

(3) 分擘枝龍의 定格 : 右出定格 - 白金意志
　　　　　　　　　　　中出定格 - 本身黃土意志
　　　　　　　　　　　左出定格 - 青木意志

　　非對稱 非定格 分擘 - 無記化 可能性

(4) 成穴 同調的 分擘의 定格 : 聚突起 後 三出 分擘

(5) 獨立成穴的 分擘의 定格 : 拒水砂 本身意志, 順水砂 從屬意志 等이 分明 할 것

　　※ 拒水砂 本身 成穴意志(再分擘 後 中出成穴 證據)
　　　順水砂 從屈 保穴意志(필히 侍立하여 成穴脈 護從 證據)
　　　(成穴 時는 拒水砂를 發達시킨 三出脈化할 것

(6) 進行持續意志 分擘 定格 : 均衡 또는 橈棹性 : 分擘 3節 以內 終了해야 橈棹性 分擘이다(平分擘도 可하다).

(7) 開帳意志의 分擘의 定格 : 필히 分擘 後 支脚을 同伴하고 分擘角 $\angle 120°$ 이상일 것

(8) 回龍顧祖 成穴意志의 分擘 定格 : 分擘角 $\angle 180°$일 것. 會合意志를 지닐 것. 필히 分擘 後 會合橈棹 발생할 것

(9) 橫變 穴場 成穴意志의 分擘 : 成穴 本身과 纏護 案帶砂 간의 次序가 分明 할 것

(10) 青·白發生意志의 分擘 : 青木 또는 白金 枝龍脈 特性(侍立 特性)이 分 明한 會合橈棹를 발생할 것

(11) 案山 穴 育成意志의 分擘 定格 : 開帳이 클 것, 案帶의 回龍意志 强大

(12) 立體分化意志의 分擘 定格 ： 生分化意志 ⇒ 有立體 分擘

死分化意志 ⇒ 無立體 分擘

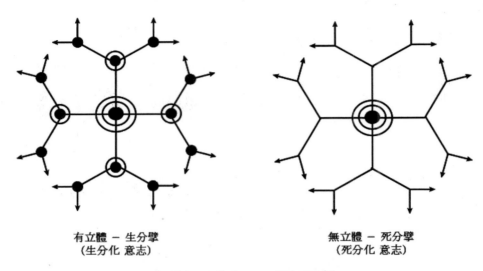

有立體 – 生分擘
(生分化 意志)

無立體 – 死分擘
(死分化 意志)

〈그림 2-293〉 Energy 分擘 現象圖

※ Energy 分化 現象

Energy 分化 現象은 그 意志에 따라 生分化와 死分化로 나뉜다. 有立體
는 生分化 過程이고 無立體는 死分化 過程이라 한다. 生分化 過程은 分化
가 進行될수록 全體 構造體가 强化되는 반면 死分化 過程은 分化가 반복
될수록 構造體가 弱化되면서 결국 消滅化된다.

※ 靑·白 定格은 自體 成穴意志를 포기하고 侍立, 纏護, 育成, 凝縮 意志
일 것.

4) 枝龍脈의 無記 證狀

(1) 分擘点에 聚突과 均等, 分擘角 維持 條件의 不備
(2) 分擘枝龍脈의 橈棹, 支脚, 枝脚, 止脚의 必須的 定格 維持의 不備
(3) 2次 出点의 位相 定格의 不確實

8. 枝脚, 橈棹, 支脚, 止脚 및 기타 成穴 無記論

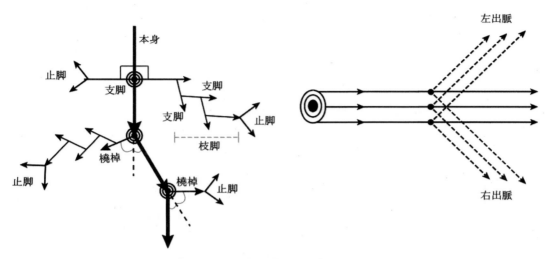

〈그림 2-294〉枝脚, 橈棹, 支脚, 止脚의 定格

(1) 支脚 : 單純 來龍脈의 支持脈인 故로, 來脈의 均衡을 維持하는 進行方向의 90° 左右方 出支脈 Energy體이다. 그 出身은 枝龍 또는 橈棹와 달라서 來脈 어깨側보다 더 아래 3/4部에서 放出된다. 그 方向은 一直線 構造體여야 하고 他의 來脈 또는 保護砂를 刑·沖·破·害치 않도록 末端部에 반드시 止脚을 同伴함이 吉하다. 卽, 來龍脈 어깨下에서 直角을 支持하여야 止脚으로 마감치 못하는 것은 無記가 된다.

(2) 枝脚 : 支脚의 單純 Energy體로는 本身 基底에 그 支持勢力을 完城치 못할 경우 支脚의 重複勢力으로 基底板까지의 安定 支撑裝置를 發達시킨 것.

(3) 止脚 : 脈의 末端部에서 定格 ∠90°角의 終端 Energy 停止形態 完成될 것.

(4) 止脚 ∠120°인 경우는 枝龍脈의 分擘性 止脚이므로 陽基穴이 된다.

9. 成穴 無記

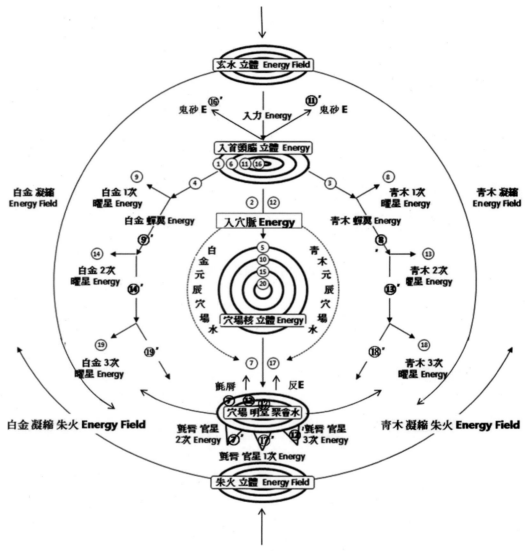

〈그림 2-295〉四神砂 凝縮同調 穴核 Energy場 形成秩序圖

(1) 成穴의 原理

祖宗山 來龍脈 Energy體로부터 출발하여 여러 형태의 變易과 分擘의 과정을
거치면서 四神砂 Energy 및 Energy Field를 形成한다. 穴場을 保護, 育成, 凝

縮해주는 局四神砂를 비롯한 24방위의 緣分砂 Energy Field는 항상 穴場보다 먼저 穴 주변에 到達하여 同調 Energy Field의 穴場 form을 形成하게 된다. 이때 來龍脈으로부터의 成穴意志 穿心脈 Energy體가 그 本然의 核 生命 生氣意志를 발로하면서 同調 Energy Field form 속에 穿心 入脈 核 Energy를 供給하게 된다. 이러한 틀 안에서 藏風局을 이루고 주변 水勢를 이끌면서 元辰得水 Energy Field를 形成케 한 후 核 生命 Energy인 穴核果를 結果한다. 이것은 차원 높은 地氣生命 Energy體의 生命 Energy 維持·保全·再創造 활동이며 存在界의 거룩한 意志라고 말할 수 있다.

(2) 成穴의 凝縮同調 秩序

① 入首頭腦 Energy 및 그 Energy Field 形成原理 → Energy體 停止安定 廻向 特性 秩序

② 入穴脈 Energy 및 纒脣 Energy 形成原理 → 凝縮 Energy 直進 于先 특성과 朱火 Energy 陰陽均衡安定 特性 秩序

③ 左蟬翼 Energy 形成原理 → 太陽-地氣 Energy 左旋 特性 秩序

④ 右蟬翼 Energy 形成原理 → 左右 蟬翼 Energy 間 陰陽 均衡安定 特性 秩序

⑤ 穴核果 形成原理 → 穴場 四果 : 入首頭腦, 纒脣, 兩蟬翼, 穴核 凝縮同調 Energy 最上 停止 安定 特性 秩序(= 生命 Energy 形成原理)

⑥ 穴場 鬼砂 Energy 形成原理 → 玄水 側 後樂砂 Energy場 凝縮 反作用 特性 秩序

⑦ 穴場 曜砂 Energy 形成原理 → 靑白 Energy體 凝縮 反作用 特性 秩序

⑧ 穴場 官砂 Energy 形成原理 → 朱火 側 凝縮 反作用 Energy 特性 秩序

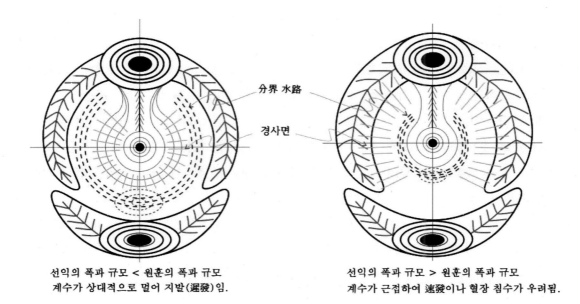

선익의 폭과 규모 < 원훈의 폭과 규모
계수가 상대적으로 멀어 지발(遲發)임.

선익의 폭과 규모 > 원훈의 폭과 규모
계수가 근접하여 速發이나 혈장 침수가 우려됨.

〈그림 2-296〉 穴場 界水의 遠近 原理

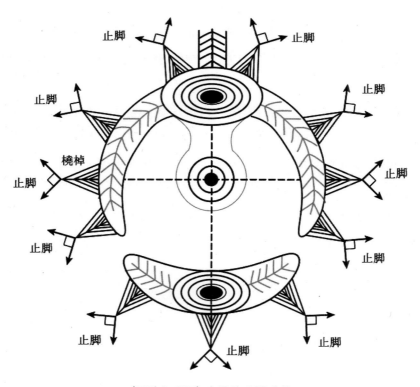

〈그림 2-297〉 穴場의 止脚 定格

(3) 入首頭腦 無記

① 圓滿端正하지 못하고 刑·沖·破·害를 當한 것. 醜惡 卽 無記
② 聚突角이 圓正하고 入穴脈과 左右蟬翼 Energy 分配가 均等하지 못한 것
③ 破面이나 擁腫이 있는 것
④ 斜側 入首頭腦 卽 無記

(4) 蟬翼 無記 : 左右均衡 垂直侍立 周密 組織 穴核 環抱가 不良하거나 風水
　　에 刑·沖·破·害를 當한 것
(5) 入穴脈 無記 : 入穴組織이 直線 入穴組織일 것, 斷組가 없을 것. 굽거나
　　기울거나 튀어 나오거나 삐져나옴이 없을 것
(6) 明堂 無記 : 밝지 않은 것, 界水 會合이 없는 것. 온도·습도·풍량이 不良
　　한 것
(7) 纏脣 無記 : 案山 凝縮 不良, 官 Energy體 不良, 立體秩序 不良
(8) 破口 無記 : 外水 環抱 不良, 案山 凝縮 不良, 靑·白 關鎖 不良(辰巽巳,
　　未坤申)破口 不良
(9) 朝案山 無記 : 先到 不良, 進行 無記, 刑·沖·破·害 無記
(10) 風水勢 無記 : 고요 安定 不良, 出入通路 不良, 太過不及 無記
(11) 天地不配 無記 : 局勢力 不良, 組織勢 不良, 聚起 不良, 先到後着 不良,
　　　風水勢力 不良, 賊殺, 天殺, 地殺, 水殺, 風殺, 劫殺, 相府殺, 顚倒殺,
　　　凹凸殺, 相避殺 等 不配合殺

10. 天地配合의 無記 特性

(1) Energy場 틀의 不安定
(2) 陰陽 不配合
(3) 刑·沖·破·害·殺의 發生
(4) 善美, 剛健, 圓滿端正의 不良
(5) 凝縮同調秩序가 不安定

(6) $\theta = \angle 30° \times n$의 原則 Energy場 構造의 乖離

(7) 起伏秩序 不安定

※ 七不可葬地

① 山 無記穴

② 風水, 方位 無記

③ 斷山 : 折山('S'字 山), 破碎山(刑·沖·破·害), 'S'字 脈(上下 3節 이상
  脈), 閃脈, 斷組脈, 逆龍(3節 以上), 水劫脈

④ 禿山 : 地表 Energy 및 그 Energy場 發散(風水 刑破), 天殺

⑤ 獨山 : 孤寒突露(無同調 Energy體), 斷滅性
  (獨山 中 突穴일 경우는 非獨山 ⇒ 突穴性, 天心十道穴)

⑥ 過山 : 無停止不安定處(㉠過峽, ㉡鬼曜官星, ㉢止脚, ㉣支脚, ㉤節中間)
  ⇒ 無停止不安定度 强 ㉠ ↔ ㉤ 弱

⑦ 石山 : 醜凶石巖, 中心離脫石, 全峯石山, 너덜山
  (美麗石山, 石前後土山, 石中土山은 吉)

出版後記：風水原理講論 改訂版을 내면서

本 風水原理講論은 그동안 著者가 70餘 平生을 두고 研究講論하며 오는 過程에서 自然攝理로부터 얻어진 智慧와 天地神明의 도움에 의해 完成된 自然風水地理學의 正論的 道學이다.

늘상 새로운 理論의 出發은 神命의 啓示로부터 始作되었고, 이러한 啓示的 原理들은 대부분이 難解하고 深奧한 어려움의 表現들이 너무 많았다. 이 소중한 啓示錄들을 다시 再解釋 分析하고 現代科學的 理論으로 쉽게 照明, 記錄, 整理함으로써 名實相符한 理事無礙의 大圓融 正法 正論이 되게 하고자 오랜 時間을 勞心焦思 努力하고 窮究하면서 오늘에 이르렀다.

그동안 本 風水原理講論을 感聽해주시고 物心兩面으로 精誠을 다해 研究 編集해주신 弟子들에게 眞心으로 感謝드리면서 本 風水原理講論 出版의 빛나는 功績을 모든 弟子들에게 되돌려주려고 한다.

本 風水原理講論의 出版이 後世의 風水道學들에게 커다란 길잡이가 되어주기를 忠心으로 期待한다.

(1) 風水原理講論 初版 編輯 및 研究 弟子

김명환, 이두호, 임덕근, 황일중, 황인욱, 맹희순, 황현하

(2) 風水原理講論 增補版 編集 및 研究 弟子

　　研究 編集 委員長 김기덕(건국대학교 문과대학 학장)
　　研究 編集 委員 이진영(대구대학교 부동산학과 겸임교수)
　　研究 編集 委員 임병술(The-K 교직원나라㈜ 대표이사)
　　研究 編集 委員 황인욱(동국대학교 철학과 초빙교수)

(3) 風水原理講論 研究 및 出版 弟子

① 風水原理講論 研究 出版 寄與 弟子

　　박기현(지이엔㈜ 회장)
　　박무흠(前 동국대학교 풍수지리학과 책임교수)
　　허동보(前 동국대 평생교육원 원우회 회장)
　　허태광(영산대학교 부동산학과 풍수지리학 겸임교수)
　　강태원(중앙랜드 대표)
　　이재덕(금성가구 대표)
　　윤선화(시디즈 금성가구 이사)
　　이한국(도원대학당 이사장)
　　정재인(재인개발 대표)
　　김영석(석동건업 대표)
　　황일중(시그니처 대표)
　　박순호(육영숲어린이집 이사장)
　　권정희(대광안경회사 회장)
　　윤석철(동국풍수전문대학원 회장)
　　김명환(전 비봉풍수지리학회 회장)
　　김정배(동양컨설턴트㈜ 전무)
　　김기덕(건국대학교 문과대학 학장)
　　이두호(비봉풍수지리학회 부회장)
　　황문범(건축업 대표)
　　임덕근(철우테크㈜ 현장소장)

박대윤(안국저축은행 상임감사)

인벽스님(서암사 주지스님)

선용스님(서암사 총무스님)

대용스님(서암사 스님)

노진혁(장성주택 대표)

김명화(명가빌 대표)

최현주(동국대 교수)

진각스님(황룡사 주지스님)

이종섭(산청군 농협 이사)

김상옥(前 농협 지점장)

한종호(정한㈜ 대표이사)

② **風水原理講論 出版物 報施 弟子**

김용대 감사(부산전기안전기술 기술이사)

청훈스님(현불사 스님)

안영철(송일주유소 대표)

김준갑(한국IBM 부장)

윤길정

이상효(대광 대표)

송두상

공재일(금강ENG 대표)

배형준(행진 대표)

박주연(행진 대표)

하태주(안양대학교 겸임교수)

백태용(㈜신조엔지니어링 대표)

김택진(삼우씨엠건축사사무소 상무이사)

김인영(한국씨엠개발㈜ 부사장)

탁재균(세원가설산업 대표)

이열경(前 기아자동차 인천지역영업본부장)

김봉석(로인테크㈜ 대표이사)

최길호(동방대 현장풍수 교수)

박재희(중앙대 의과대학 임상수기센터 선생)

김종우(현대자동차 기사)

채지은(공인중개사 소장)

강성호(前 치과기공사)

이동삼(협성㈜ 대표이사)

③ **風水原理講論 硏究 出版 弟子(硏究 出版 受講 弟子) (가나다 순)**

강윤용(사주랜드 대표)

강재현(대한민국공감포럼 대표)

강준섭(前 준K과학학원 대표)

경문스님(권미경 도연사 스님)

곽해영(중석서학연구소 소장)

김나경(㈜에스알티브이 대표)

김영태(재향군인회 부회장)

김운용(前 일우건설산업㈜ 팀장)

김정기(SK 부사장)

김정호(여주중원농원 대표)

류형주(회사원)

무보 윤요섭

박병화(삼성전자 Principal Engineer)

박배근(건강할배농장 대표)

박혜정(가람인 풍수문화연구소 소장)

박호수(한국생활풍수연구원 원장)

서현상(前 과천중앙고 교장)

심재호(한국역술인협회 회장)

안완식(에어코리아㈜ 감사)

오상열(백운탑공인중개사무실 대표)

유해로(회사 대표)

윤예심(승현정밀 대표이사)

윤희동(공무원)

이안희(농원 대표)

이재경(㈜씨엔씨네트 대표)

장세택(前 삼성바이로직스 과장)

전병연(화성서부경찰서 경감)

정수옥(비봉풍수학회 부회장)

정감영(부산시청 특별사법경찰과 팀장)

정일규(씨큐원 직원)

최명숙(㈜승리기공 대표)

최승묵(SM중기 대표)

편희영(EnV2, CEO & PRESIDENT)

황범식(자영업 대표)

* 영남대학교 대학원 석사과정 풍수지리전공 弟子

강현주, 곽해영, 김인수, 김종대, 류한태, 박성욱, 석수예, 송승호, 이명식, 이우, 장윤서, 정상철, 정영근, 조호원

④ 風水原理講論 硏究 및 受講 弟子(原理講論 硏究 弟子)

* 부산 부경대학교 풍수지리학과 박무흠 敎授 任員 弟子

박홍철(선웅스님), 최재병, 박연수, 김대주, 박근연, 강동주, 박대기, 이봉환, 이강인, 민영삼, 한철수, 강동원, 김태곤, 김윤경, 설동원, 조연희

* 대구대학교 부동산학과 이홍태 外來敎授 弟子

이홍태 박사, 권종곤 박사수료, 손동필 박사수료, 정원스님 석사, 정화윤 박사수료

* 경주 동국대학교 평생교육원 생활풍수지리 허태광 教授 弟子

강귀향, 고해달, 금동희, 김근묵, 박홍영, 서형진, 안정숙, 이광식, 이의관, 이장우, 임덕일, 장성한, 최병화, 허기철

(4) 歷代 任員團

회장단 　정창모, 김명환, 김정배, 김재홍, 임덕근
부회장단 김창구, 김정오, 성형식, 박무흠, 이두호, 박대윤, 박기현, 정수옥
학술회장 윤석철
총무단 　박경정, 강태원, 전병연
감사단 　오신석, 이재경, 김용대

(5) 原理講論 出版 共同 推進委員長

윤석철, 김명환, 김재홍, 이두호, 임덕근, 박무흠, 황문범, 박대윤, 박기현

(6) 原理講論 出版 事務局長

강태원, 전병연

서기 2019년 6월 7일
불기 2563년 6월 7일

飛鳳風水地理學會 指導教授

飛 鳳 山 人　黃 英 雄 合 掌